江苏省发展和改革委员会服务业重大课题

江苏省现代服务业发展研究报告

Development Report of Jiangsu Modern Service Industry

（2016）

主编　张为付

南京大学出版社

图书在版编目(CIP)数据

江苏省现代服务业发展研究报告. 2016 / 张为付主
编.—南京：南京大学出版社，2017.1
ISBN 978 - 7 - 305 - 17992 - 1

Ⅰ. ①江… Ⅱ. ①张… Ⅲ. ①服务业—经济发展—研
究报告—江苏— 2016 Ⅳ. ①F726.9

中国版本图书馆 CIP 数据核字(2016)第 301614 号

出版发行 南京大学出版社
社 址 南京市汉口路 22 号 邮 编 210093
出 版 人 金鑫荣

书 名 **江苏省现代服务业发展研究报告（2016）**
主 编 张为付
责任编辑 王日俊 秦 露 容弟朔
照 排 南京紫藤制版印务中心
印 刷 常州市武进第三印刷有限公司
开 本 880×1230 1/16 印张 26.25 字数 716 千
版 次 2017 年 1 月第 1 版 2017 年 1 月第 1 次印刷
ISBN 978 - 7 - 305 - 17992 - 1
定 价 480.00 元

网址:http://www.njupco.com
官方微博:http://weibo.com/njupco
官方微信号:njupress
销售咨询热线:(025)83594756

指导委员会

主　　　任：陈震宁　宋学锋

副 主 任：赵芝明　鞠兴荣

委　　　员：陆建康　张为付　宣　烨　原小能　杨向阳

编 委 会

主　　　任：张为付

副 主 任：陆建康　李兴华　宣　烨

成　　　员：（按笔画排序）

于　诚　王　猛　毕朝国　许祥云

孙昌民　孙　俊　孙　巍　杨向阳

杨青龙　李兴华　李思慧　李冠艺

李逢春　吴　滨　张月友　张岳然

张　莉　张　明　周新建　胡雅蓓

徐　园　徐梦鹰　高　俊　戴开忠

本书为江苏省发展和改革委员会服务业重大课题、江苏高校优势学科建设工程（PAPD）、江苏现代服务业协同创新中心（CNISCC）、江苏高校人文社会科学校外研究基地"江苏现代服务业研究院"（JIMSI）和江苏省重点培育智库"现代服务业智库"的研究成果。

本书出版得到江苏省服务业重大课题专项资金、江苏高校优势学科建设工程（PAPD）、江苏现代服务业协同创新中心（CNISCC）、江苏高校人文社会科学校外研究基地"江苏现代服务业研究院"（JIMSI）和江苏省重点培育智库"现代服务业智库"的资助。

目　录
Contents

综　合　篇
Part Ⅰ　Comprehensive Report

地 区 篇
Part Ⅱ Area Report

行　业　篇
Part Ⅲ　Industrial Report

集聚区篇

Part Ⅳ　Nest zone particle

政　策　篇

Part Ⅴ　Policy particle

数 据 篇

Part Ⅵ Date particle

综合篇

第一章　2015 年江苏省现代服务业现状分析

经济发展的趋势性变化表明,我国经济正在向产业形态高端化、产业分工精细化、产业结构合理化的方向演进。在这一趋势下,发展战略转型、发展方式转变、发展路径转轨、发展动力转换成为当前和今后一个时期我国经济发展面临的挑战和机遇。作为转型增长的领军产业,现代服务业的健康发展具有重要的战略意义。面对严峻的国内外环境和经济下行压力加大的复杂局面,江苏全省上下认真贯彻党中央、国务院特别是习近平总书记对江苏的针对性要求,坚定发展信心,紧扣主题主线,以"调高调轻调优调强"为导向,紧盯关键领域,狠抓薄弱环节,多措并举,江苏经济发展呈现新态势。2015 年,江苏省地区生产总值达 7.01 万亿元,成为继广东之后第二个 GDP 突破 7 万亿元的省份,经济总量在全国 31 个省(直辖市、自治区)中稳居第二位。随着全省经济由高速增长期进入以结构调整为主的中高速增长新阶段,江苏省将现代服务业发展作为推动产业结构调整的重中之重,走出一条追赶式、跨越式的现代服务业发展新路。现代服务业正在成为江苏经济发展的新引擎,对经济增长的拉动率明显提高;成为经济转型的主力军,对产业结构调整的作用日益明显。

一、服务业总体发展稳中向好

(一)规模总量持续扩大

2015 年,江苏省实现服务业增加值 34085.88 亿元,比 2014 年增长 9.4％,再次超过工业增加值。从省际横向比较看,江苏省服务业增加值居全国第二位,与第一名广东省的差距进一步减少为 2870 亿元,超过第三名山东 5500 亿元,差距进一步拉大。2015 年,江苏省服务业增加值占地区生

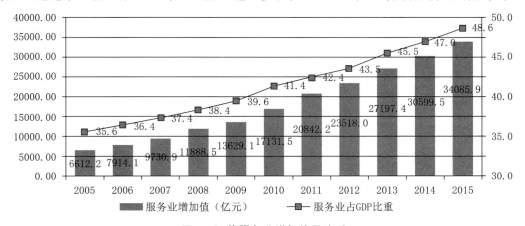

图 1　江苏服务业增加值及比重

注:本表按当年价格计算。
数据来源:江苏省统计局。

产总值比达到48.6%,比2014年提高1.6个百分点。2005—2015年,江苏服务业占GDP比重从35.6%上升到48.6%,共提高了13个百分点,年均提高1.18个百分点,是东部沿海服务业占比提速最快的省份之一。

(二)结构占比再创新高

2015年,江苏结构调整取得积极成效,产业结构持续优化,三次产业增加值比例调整为5.7∶45.7∶48.6,产业结构首次实现"三二一"的标志性转变。"十二五"期间,江苏第三产业比重提高6.2个百分点,年均增长1.2个百分点,广东、浙江和上海分别提高5.5、5.9和9.8个百分点。2015年,全国服务业增加值比重达到50.5%,服务业占比首次过半,"三二一"产业结构继续巩固。但是,与全国平均水平相比,2015年江苏第三产业比重仍低1.9个百分点,在全国所有省份中排名第11位,处于中等水平。

表1　四省一市第三产业比重比较　　　　　　　　　(单位:%)

	2011年	2012年	2013年	2014年	2015年	提高百分点
江苏	42.4	43.5	44.7	47	48.6	6.2
广东	45.3	46.5	47.8	49.1	50.8	5.5
浙江	43.9	45.2	46.1	47.9	49.8	5.9
山东	38.3	40.0	41.2	43.5	45.3	7
上海	58.0	60.4	62.2	64.8	67.8	9.8
全国	43.4	44.6	46.1	48.2	50.5	7.1

数据来源:全国、各省统计年鉴及2015年国民经济和社会发展统计公报。

表2　2015年全国31个省市第三产业情况比较

位次	地区	第三产业增加值	位次	地区	第三产业占比
—	全国	341567	—	全国	50.5
1	广东	36956.24	1	北京	79.7
2	江苏	34085.88	2	上海	67.8
3	山东	28537.35	3	西藏	53.9
4	浙江	21346.60	4	海南	53.3
5	北京	18301.94	5	山西	53.0
6	上海	16914.52	6	天津	52.2
7	河南	14611.33	7	广东	50.8
8	辽宁	12976.80	8	黑龙江	50.7
9	湖南	12760.20	9	浙江	49.8
10	湖北	12736.79	10	甘肃	49.2

位次	地 区	第三产业增加值	位次	地 区	第三产业占比
11	四 川	12132.56	11	江 苏	48.6
12	河 北	11978.69	12	重 庆	47.7
13	福 建	10643.50	13	山 东	45.3
14	天 津	8640.74	14	辽 宁	45.1
15	安 徽	8206.60	15	云 南	45.0
16	黑龙江	7652.09	16	新 疆	45.0
17	重 庆	7497.75	17	贵 州	44.9
18	陕 西	7213.93	18	宁 夏	44.4
19	内蒙古	7213.51	19	湖 南	43.9
20	山 西	6790.18	20	湖 北	43.1
21	广 西	6542.41	21	青 海	41.4
22	江 西	6463.50	22	福 建	41.0
23	云 南	6169.41	23	四 川	40.3
24	吉 林	5340.77	24	河 北	40.2
25	贵 州	4715.00	25	内蒙古	40.0
26	新 疆	4200.72	26	陕 西	39.7
27	甘 肃	3341.01	27	河 南	39.5
28	海 南	1971.81	28	广 西	38.9
29	宁 夏	1294.26	29	江 西	38.6
30	青 海	1000.81	30	吉 林	37.4
31	西 藏	553.31	31	安 徽	37.3

数据来源:全国、各省统计年鉴及2015年国民经济和社会发展统计公报。

二、服务业增长贡献坚实有力

(一)产业增长平稳有力

20世纪90年代以来,江苏现代服务业发展速度明显加快。从1991年到2011年,江苏服务业增速均在10%以上。比较服务业和GDP的增速,两者整体变化趋势一致,表现出同步的周期性波动。2005年到2011年,江苏服务业的发展速度明显高于同期地区生产总值增长率(见图2)。"十一五"期间,服务业高于同期地区生产总值增速0.9个百分点。进入"十二五",随着经济下行压力加大,服务业增速有所放缓。2015年江苏服务业实现提速发展,服务业增加值增速达到9.4%,增长速度实现了"三高"：即高于江苏 GDP 增速 0.9 个百分点，继续保持服务业增长领先的态势，在 2014 年的基础上进一步将服务业和工业增加值的绝对差距扩大；服务业固定资产投资高于去年同期 0.8 个百分点；江苏服务业增速高于全国服务业增速 1 个百分点。

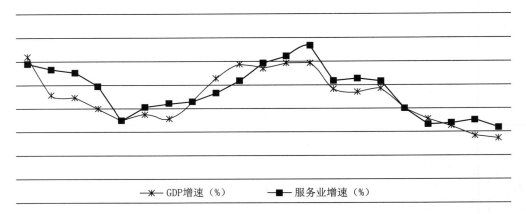

图 2　江苏服务业增速趋势图

注：本表按当年价格计算。

数据来源：根据中经网统计数据库相关数据计算整理而得。

服务业固定资产投资较快增长。2015 年，服务业固定资产投资额达 22781.97 亿元，高于去年固定资产投资 1734.6 亿元，增长 8.2％，是 2011 年的 1.86 倍，占全部投资比重由上年的 48.4％提高到 49.6％。2015 年，江苏全省全年完成固定资产投资 45905.17 亿元，第一、第二、第三产业分别完成投资 232.24 亿元、22890.96 亿元、22781.97 亿元，占全省投资总量的 0.5％、49.9％和 49.7％，同比分别增长 12.2％、12.7％和 8.2％。

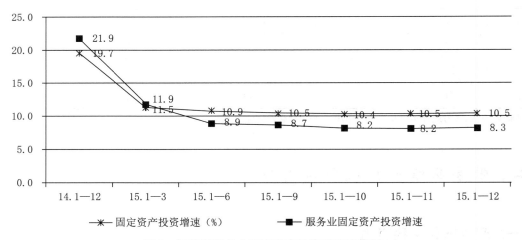

图 3　江苏省服务业固定资产投资增速趋势图

数据来源：江苏省统计局。

（二）带动贡献继续增强

江苏现代服务业已成为经济发展的重要引擎。在经济新常态背景下，全省经济能够保持平稳发展，服务业的持续较快增长为此做出了积极贡献。2015 年，服务业对 GDP 增长的贡献率为

46.5%,比 2011 年提高 6.7 个百分点,拉动 GDP 增长 4 个百分点。江苏现代服务业税收贡献稳步提高,服务业已经成为财政税收的主要来源。2015 年,全省实现服务业税收 5468.3 亿元,增长 13.2%,比上年加快 4.7 个百分点,高于全部税收增速 3.6 个百分点。分行业看,租赁和商务服务业、金融业税收增长较快,分别增长 34.9% 和 18.9%。随着服务业税收的较快增长,服务业税收收入占国税地税总收入的比重明显提升,达到 47.0%,比上年同期提高 1.5 个百分点,其中地税服务业税收收入占地税收入比重达到 68.1%,比上年同期提高 1.3 个百分点。江苏现代服务业就业带动功能继续增强。近年来,江苏经济持续发展,综合实力不断增强的同时,服务业在就业带动方面发挥了积极的作用,就业结构不断优化,基本实现了经济结构调整和劳动力结构调整的协调推进。江苏农村劳动力从第一产业中剥离出来,向第二、三产业转移。第一产业从业人员比重不断下降,第二产业和第三产业从业人员比重持续上升,使从业人员在三次产业间的分布逐步趋向合理。2015 年末,江苏全省就业人口 4760.83 万人,其中第一产业为 918.84 万人,第二产业为 2047.16 万人,第三产业为 1794.83 万人。三次产业就业比重分别为 19.3%、43%、37.7%,与 2005 年末相比,第一产业比重下降了 11.2 个百分点,第二产业比重上升了 5.3 个百分点,第三产业的比重则上升了 5.9 个百分点。服务业已成为吸纳就业的重要渠道。2014 年全省服务业从业人员净增 26.7 万人,而全社会从业人员只净增 0.62 万人。

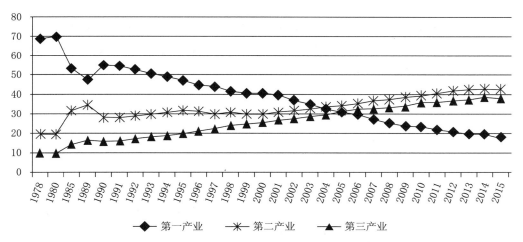

图 4　江苏三次产业从业人员分布情况(%)
数据来源:江苏省人力资源和社会保障事业发展统计公报。

服务业收入增长效应明显。2015 年江苏省城镇单位从业人员年平均工资 66196 元,比 2014 年提高 5323 元,在岗职工年平均工资为 67200 元,比 2014 年提高 5417 元。在 19 个国民经济行业中,金融业以年平均工资 119198 元连续八年位居各行业首位;信息传输、软件和信息技术服务业超过电力、热力、燃气及水生产和供应业列在第二位;电力、热力、燃气及水生产和供应业列为第三位,分别达到了 117294 元和 113893 元。服务业内部行业工资水平差距明显,以金融、IT 为代表的现代服务业从业人员报酬远远高于其他行业,如金融业工资是江苏省平均工资的 1.8 倍,相对而言,以住宿和餐饮业为代表的传统服务业从业人员报酬明显偏低,如住宿和餐饮业工资为 42391 元,仅达到江苏省平均工资的 64.03%。

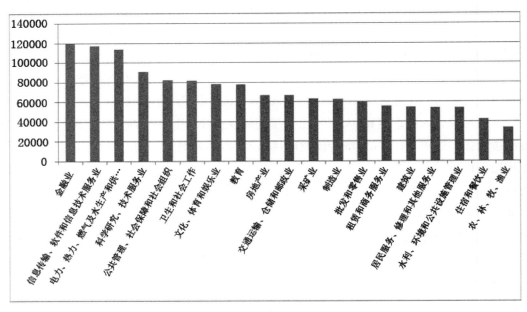

图5　2015年江苏省分行业城镇单位从业人员年平均工资

数据来源：《江苏统计年鉴2016》。

节能减排效应继续扩大。随着产业结构转型升级的加快，现代服务业已经成为促进节能减排的重要角色。江苏服务业能耗只占全省能耗总量的10％左右。据测算，全省服务业占比每提高1个百分点，万元GDP能耗可以下降1个百分点左右，服务业的快速发展为江苏顺利实现"十二五"节能目标发挥至关重要的作用。

三、行业结构组合不断优化

"十二五"以来，伴随着经济结构转型升级的推进和城市化进程的加快，服务业产业结构不断优化，在传统服务业保持平稳发展的同时，现代服务业呈现快速发展态势。金融业成为支柱产业，现代物流业增效明显，科技服务业快速发展，软件和信息服务业居全国首位，文化产业提质转型，旅游业发展保持全国前列，电子商务蓬勃发展。此外，商务服务业持续稳定发展，家庭服务业和健康、养老等新兴服务业态发展迅速，有望成为服务业重要的新增长点。

江苏服务业包含的行业中，增加值所占比重最高的是批发和零售业，2015年增加值总计为6559.03亿元，占地区生产总值比重为10％，占服务业增加值的比重达到20.5％。其次为金融业和房地产业，2015年金融业增加值为5302.93亿元，占服务业增加值比重15.56％；房地产业增加值为3755.45亿元，占服务业增加值比重11.02％。从总量来看，与传统服务业相比，江苏现代服务业所占比重不高。从增速来看，2015年江苏营利性服务业、金融业、信息技术服务业增加值增速超过10％，分别达到13.4％、12.3％和18.4％；交通运输、批发零售等行业增长有所放缓，增速分别为4.4％和6.6％；住宿餐饮业增加值增速也不高，为8.7％。

表3　江苏省第三产业分行业地区生产总值构成

行　　　业	2010 年	2011 年	2012 年	2013 年	2014 年	2015 年
地区生产总值	**100.0**	**100.0**	**100.0**	**100.0**	**100.0**	**100.0**
按三次产业分						
第一产业	6.1	6.3	6.3	5.8	5.6	5.7
第二产业	52.5	51.3	50.2	48.7	47.4	45.7
第三产业	41.4	42.4	43.5	45.5	47.0	48.6
批发和零售业	10.7	10.9	10.6	10.3	10.1	10.0
交通运输、仓储和邮政业	4.3	4.3	4.4	4.1	4.0	3.9
住宿和餐饮业	1.7	1.9	1.9	1.7	1.7	1.7
信息传输、软件和信息技术服务业	1.5	1.8	2.0	2.3	2.4	2.7
金融业	5.1	5.3	5.8	6.6	7.3	7.6
房地产业	6.3	5.6	5.5	5.5	5.5	5.3
租赁和商务服务业	2.1	2.4	2.6	3.4	3.8	4.1
科学研究和技术服务业	0.9	1.0	1.1	1.3	1.3	1.4
水利、环境和公共设施管理业	0.5	0.6	0.6	0.6	0.6	0.7
居民服务、修理和其他服务业	1.1	1.2	1.3	1.5	1.6	1.8
教育	2.5	2.5	2.6	2.8	2.9	3.1
卫生和社会工作	1.2	1.3	1.4	1.5	1.6	1.7
文化、体育和娱乐业	0.5	0.5	0.6	0.7	0.8	0.9
公共管理、社会保障和社会组织	3.0	3.1	3.1	2.9	3.1	3.4

数据来源：江苏统计年鉴(2016)。

表4　江苏省第三产业分行业地区生产总值　　　　　　　　　　（单位：亿元）

行　　　业	2010 年	2011 年	2012 年	2013 年	2014 年	2015 年
地区生产总值	**41425.48**	**49110.27**	**54058.22**	**59753.37**	**65088.32**	**70116.38**
按三次产业分						
第一产业	2540.10	3064.78	3418.29	3469.86	3634.33	3986.05
第二产业	21753.93	25203.28	27121.95	29086.08	30854.50	32044.45
第三产业	17131.45	20842.21	23517.98	27197.43	30599.49	34085.88
批发和零售业	4447.50	5341.39	5704.66	6123.46	6559.03	6992.68
交通运输、仓储和邮政业	1768.30	2127.93	2352.40	2425.11	2591.15	2705.44
住宿和餐饮业	710.98	919.13	1045.21	1027.97	1094.45	1189.40
信息传输、软件和信息技术服务业	605.28	910.86	1103.84	1361.42	1579.55	1870.81

续　表

行　　业	2010 年	2011 年	2012 年	2013 年	2014 年	2015 年
金融业	2105.92	2600.11	3136.51	3958.79	4723.69	5302.93
房地产业	2600.95	2747.89	2992.82	3308.40	3564.44	3755.45
租赁和商务服务业	868.34	1191.29	1415.19	2033.78	2469.55	2845.33
科学研究和技术服务业	365.17	496.42	612.53	774.22	884.50	998.71
水利、环境和公共设施管理业	215.34	280.76	321.98	382.91	428.27	496.67
居民服务、修理和其他服务业	447.86	568.78	685.95	877.51	1073.53	1259.45
教育	1022.72	1217.21	1420.47	1680.21	1866.58	2195.15
卫生和社会工作	500.72	664.54	731.58	887.94	1015.45	1230.89
文化、体育和娱乐业	220.80	268.01	302.99	418.85	536.56	635.64
公共管理、社会保障和社会组织	1251.57	1507.89	1691.85	1752.72	2003.97	2376.46

数据来源:江苏统计年鉴(2016)。

(一)生产性服务业新优势逐渐形成

生产性服务业是指从企业内部生产服务部门分离和独立发展起来的,主要为生产经营主体而非直接向消费者提供的服务,其本质上是一种中间投入。2015 年 5 月,江苏省引发《省政府关于加快发展生产性服务业促进产业结构调整升级的实施意见》,进一步加大对生产性服务业发展的指导和扶持。江苏生产服务业继续保持快速增长的态势,其中证券业、研发科技交流和推广服务业、邮政业、软件业等生产性服务业增速达到 30% 左右,银行业、保险业、商务服务业等行业均保持两位数增长。

1. 金融服务业

金融作为现代经济的核心,在资源配置中处于枢纽地位。金融业已经成为江苏支柱产业。2014 年江苏省加强金融市场体系建设,有序发展和创新金融服务,优化社会融资结构,金融服务实体经济的能力进一步提升,基本建立起银行、证券、保险等组织机构健全以及创投、担保、小贷、产权交易、互联网金融等服务功能完备的金融体系。江苏金融服务业对全省地区生产总值和服务业增加值的贡献度不断提升,2015 年金融业实现增加值 5302.93 亿元,同比增长 12.3%,占服务业增加值和 GDP 的比重分别达到 15.56% 和 7.6%,成为现代服务业的核心板块和全省经济的支柱产业。

第一,银行业综合实力稳步提升。2015 年末,江苏省银行业金融机构资产总额达 13.5 万亿元,同比增长 11.6%。机构数量稳步增加,年末地方法人金融机构数量达 164 家,比年初新增 8 家(见表 1)。62 家农合机构改制工作圆满收官,6 家非银机构顺利筹建和开业,10 家台资银行落户江苏。盈利增长趋缓,全年银行业金融机构实现税后净利润 1450.8 亿元,比上年下降 4.5%。金融对实体经济支撑作用进一步增强,全年实现金融业增加值 5332.9 亿元,同比增长 15.7%,其中,银行业增加值在 70% 以上。

第二,证券业运营平稳。2015 年末,江苏省共有法人证券公司 6 家,其中,华泰证券和国联证券年内在香港上市。全省6家证券公司总资产近5000亿元,全年实现营业收入384.4亿元,同比增长114.8%;实现利润总额164.8亿元,同比增长140.3%。私募基金蓬勃发展,全省共有1115家私募基金管理人登记备案,管理基金规模突破两千亿元,为中小微企业早期健康发展、治理结构加速完善提供重要支持。

第三,保险业稳步发展。截至2015年末,江苏省共有法人保险机构5家,全年实现保费收入1989.9亿元,同比增长18.2%,赔付支出732.6亿元,同比增长18.8%。分险种看,财产险保费收入672.2亿元,同比增长10.9%,人身险保费收入1317.7亿元,同比增长22.3%。江苏省保险资金投资余额1867.9亿元,涉及保障房、城乡一体化建设、基础设施建设等一批重大项目。保险业共承办全省93个基本医保统筹区中75个统筹区的大病保险项目,统筹区覆盖率达81%,服务人口4853万人,赔付金额超过8亿元。

第四,金融市场创新活跃。截至2015年末,江苏省共有沪深上市公司276家,较上年新增23家,上市公司总数和新增上市公司数都占全国的十分之一。拟上市公司190家,数量居全国第一。IPO融资在全国位居前列。2015年,全省上市公司首发融资107.7亿元,再融资1104.9亿元。全年新增新三板挂牌公司480家,总数达到651家,取得了"两年600家,一年翻一番"的佳绩。南京证券、东海证券、创元期货等一批金融企业加入新三板行列,提升了全省新三板挂牌公司整体质量。同时,在新三板通过多种方式进行融资的企业数量大幅增加,融资总额超过100亿元。区域性资本市场创新发展,省股权交易中心已有385家挂牌企业,累计为广大中小企业融资也超过100亿元。4.期货业稳步发展。截至2015年末,全省共有法人期货公司10家,全年利润总额3.2亿元,同比增长43.7%;保证金余额126.8亿元,同比增长28.0%。弘业期货在香港成功上市。

2. 现代物流业

现代物流是资源和人力之外的"第三利润源"。2015年,江苏物流产业呈现需求稳步增加,总量规模不断壮大,创新驱动活力增强的蓬勃发展态势。

(1)全社会物流需求基本平稳。2015年度,全省实现社会物流总额超过24万亿元,增长9.7%,物流需求基本平稳,需求结构分化较为明显。其中工农业物流需求增速平稳,工业品物流总额为13.8万亿元,同比增长10%,比上年同期回落0.4个百分点,占社会物流总额比重为74.1%;进口货物物流总额9951.08亿元,同比下降4.2%,增速下降6.6个百分点;电子商务、快递业快速增长进一步拉升了消费物流需求,单位与居民物品物流总额继续保持高速增长态势,同比增长47.8%,增速上升17.9个百分点,上升12.6个百分点;外省市商品购进额同比增长13.5%,增速下降2.9个百分点,略有下降,占社会物流总额的比重为19.3%。

(2)物流运行效率稳步提升。2015年度,全省社会物流总费用接近1万亿元,增长10.3%。全省社会物流总费用与GDP的比率为14.9%,下降0.2个百分点,物流运行效率稳步提升。其中,运输费用为5240亿元,同比增长9%,增速上升1.2个百分点;保管费用3890.2亿元,增长12.3%,增速上升2.8个百分点,主要是受配送、包装和信息服务等费用增速较高带动;管理费用1062.7亿元,增长9.5%,增速上升2.8个百分点。运输费用、保管费用和管理费用占社会物流总费用的比重分别为51.4%、38.2%和10.4%,物流增值业务比重继续呈上升趋势。

表5　2015年江苏各种运输方式完成运输量

运输方式	货物周转量		货运量		旅客周转量		客运量	
	绝对数（亿吨公里）	比上年增长（%）	绝对数（万吨）	比上年增长（%）	绝对数（亿人公里）	比上年增长（%）	绝对数（万人）	比上年增长（%）
总计	7374.0	5.0	209120.7	2.5	1566.4	1.0	153942.6	−1.3
铁路	303.7	−12.3	5065.7	−16.8	613.5	8.1	16115.9	7.6
公路	2054.0	3.8	117526.0	2.7	835.0	−1.9	134553.0	−2.0
水路	4392.0	7.6	73641.0	4.2	2.7	−10.9	2392.1	−6.7
民航	1.0	−4.4	7.0	−1.3	115.2	8.5	881.6	8.9
管道	623.3	1.2	12881.0	1.0	—		—	

3. 高技术服务业

高技术服务业(High Technology Services,HTS)是以网络、信息及生物技术等高新技术为支撑,服务于社会各方并为其提供高科技含量与高附加值服务的现代服务业,包括研发设计服务、知识产权服务、检验检测服务、科技成果转化服务、信息技术服务、数字内容服务、电子商务服务和生物技术服务八个领域。江苏紧紧围绕建设创新型省份目标,以加快转变经济发展方式为主线,大力推进自主创新,加快构建区域科技创新体系,大力发展高新技术及其产业,加速科技成果向规模产业化转化,科技进步对经济增长和社会发展的支撑引领作用进一步增强。2015年,区域创新能力连续七年保持全国第一。全省科技进步贡献率达60%,比上年提高1个百分点。全年授权专利25万件,其中发明专利3.6万件。全年共签订各类技术合同2.5万项,技术合同成交额达700亿元,比上年增长6.8%。全省企业共申请专利27.5万件。

高新技术产业较快发展。组织实施省重大科技成果转化专项资金项目182项,省资助资金投入15.3亿元,新增总投入119亿元。全省按国家新标准认定高新技术企业累计达1万家。新认定省级高新技术产品9802项,已建国家级高新技术特色产业基地139个。

科研投入比重提高。全社会研究与发展(R&D)活动经费1788亿元,占地区生产总值比重为2.55%,比上年提高0.05个百分点。全省从事科技活动人员120.3万人,其中研究与发展(R&D)人员74.6万人。全省拥有中国科学院和中国工程院院士96人。全省各类科学研究与技术开发机构中,政府部门属独立研究与开发机构达144个。全省已建国家和省级重点实验室97个,科技服务平台290个,工程技术研究中心2989个,企业院士工作站329个,经国家认定的技术中心95家。

4. 电子商务业

随着大数据、云计算和互联网＋的广泛应用,江苏电子商务业发展迅速。截止到2015年底,江苏有145992家购物网站、248508家网店。其中,苏州网店数量最多,有64976户,占到了1/4以上。南京也有39682家网店,占15.97%。到去年底,江苏共有127个淘宝村、11个淘宝镇、沭阳和睢宁2个县都进入全国十大淘宝村集群。江苏网络交易平台总交易规模达4939.45亿元。其中,B2B总交易规模达到3645.60亿元。B2C领域交易达1290.05亿元,同比增长了168.18%。

5. 商务服务业

商务服务业是为各种商业经济活动提供专门服务的统称。2015年,江苏省商务服务业经济效

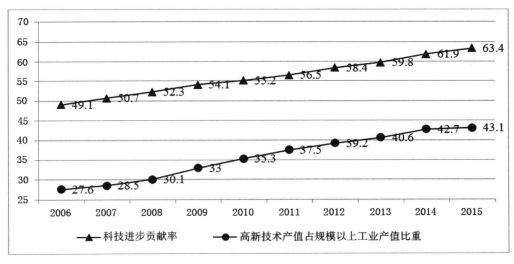

图6 江苏科技创新工程主要指标

数据来源:江苏省科学技术厅,江苏省统计局。

益提升明显,营业收入5327亿元,同比增长18.2%,总量在30个重点服务业调查大类中名列第一。其中,企业管理服务、广告业、人力资源服务、旅行社及相关服务、咨询与调查、会议及展览服务、信用担保服务成为全省商务服务业的七大重点优势行业。随着大型经济总部和实业投资活动主体的效益回升,商务服务业的营业利润快速增长,继续2013年营业利润快速增长的态势,2015年实现营业利润101.3亿元,增长16.7%。从地区看,南京、苏州、南通和淮安商务服务业发展名列前茅。2015年南京市662家规模以上商务服务业企业资产合计8073.1亿元,比去年同期增长16.7%;吸纳就业人员11.3万人,占全市规模以上服务业企业从业人员比重达16.7%,实现应付职工薪酬76.9亿元。其中,有17家企业管理服务类企业资产过百亿,有上百家商务服务业企业年营业收入超亿元。

(二)生活服务新业态不断涌现

积极发展与人民生活密切相关的生活服务业,既可以提升群众生活质量,又可以扩大消费。江苏在促进传统生活服务业加快发展的同时,重点发展健康、养老、旅游等民生热点领域,在扩大内需、改善群众生活方面发挥了重要作用。

1.健康服务业

健康服务业以维护和促进人民群众身心健康为目标,主要包括医疗服务、健康管理与促进、健康保险以及相关服务,涉及药品、医疗器械、保健用品、保健食品、健身产品等支撑产业。美国健康产业占GDP比重达到18%,而中国还不足2%,健康服务行业发展前景广阔。预测到2020年,我国政策助推总规模将超过8万亿元。截至2015年底,全省共有各类卫生机构32015个。其中医院、卫生院2622个,卫生防疫防治机构165个,妇幼卫生保健机构109个。各类卫生机构拥有病床40.7万张,其中医院、卫生院拥有病床37.9万张。共有卫生技术人员48.7万人,其中执业医师、执业助理医师18.3万人,注册护士20万人,卫生防疫防治机构卫生技术人员7352人,妇幼卫生保健机构卫生技术人员 8244 人。新型农村合作医疗人口覆盖率达 98% 以上。县级公立医院综合改革全面启动。

2. 养老服务业

江苏是中国人口老龄化程度较高的省份之一,截至 2015 年底,60 岁以上老年人口达 1648.29 万人,占户籍总人口的 21.36%;65 岁以上老年人口 1115 万,占户籍人口的 14.45%,80 岁以上老年人口 255 万,占老年人口数的 15.47%,老龄化比例位于全国各省之首。随着人口老龄化的加速发展和"四二一"家庭的增多,传统的以家庭提供养老的方式受到前所未有的挑战,社会养老服务供需矛盾日益突出,发展养老服务业的空间巨大。近几年来,江苏出台了一系列政策措施,以提升养老服务能力为重点,全面发展居家养老服务网络、着力办好公办保障性养老机构、全面推进医疗卫生与养老服务融合发展、切实提高养老服务信息化水平等,多措并举夯实养老服务业的发展基础。江苏全省共有各类养老机构 2568 家,其中公办机构 223 家(含 177 家公建民营)、社会办机构 1226 家、农村敬老院 1119 家;各类养老床位数超过 58 万张,每千名老人拥有床位数 35.2 张。

3. 文化产业

截至 2015 年底,江苏省文化企业达到 10 万家左右,从业人员突破 110 万人,企业资产总规模、主营业务总收入分别达到 1 万亿元。江苏省文化产业增加值首次突破 3000 亿元,达到 3167 亿元,位列全国第二,占 GDP 比重超过 5%,具备国民经济支柱产业形态。江苏把握文化创意跨界融合发展的新趋势,推进文化科技融合发展,围绕创意设计、动漫游戏、演艺娱乐、艺术品和工艺美术等五大领域,积极实施中小文化创意企业成长、文化产业园区基地提升、特色文化产业发展、数字文化产业发展等"四大工程",文化产业发展水平不断提升。

4. 旅游业

江苏省拥有丰富的旅游资源、完善的旅游设施和优质的旅游服务,加快推进旅游强省建设步伐,旅游业发展水平在全国处于前列。2015 年江苏省旅游业继续实现稳步增长,全年接待境内外游客 62238.7 万人次,比上年增长 8.4%;实现旅游业总收入 9050.1 亿元,增长 11.1%。接待入境过夜旅游者 305 万人次,增长 2.7%。其中:外国人 200.8 万人次,增长 1.9%;港澳台同胞 104.2 万人次,增长 4.1%。旅游外汇收入 35.3 亿美元,增长 16.3%。接待国内游客 61933.7 万人次,增长 8.4%,实现国内旅游收入 8769.3 亿元,增长 11.5%。旅游业增加值占地区生产总值比重达到 5.6%,比上年提高 0.1 个百分点。"十二五"期间,全省接待境内外游客累计达到 26 亿人次,年均增长 11.5%;实现旅游总收入 3.66 万亿元,年均增长 14.1%;旅游业增加值年均增长 14.1%,高于全省国民经济发展的平均水平。全省新增 4A 以上景区 106 家,A 级景区总数有 601 家,其中 5A 景区 20 家,位居全国第一。

四、开放型经济总体稳定

2015 年,江苏继续扩大对外开放,充分发挥开放型经济优势,积极引导服务业外资引进和对外投资的有序发展,加快扶持服务业尤其是生产性服务业走出去,服务业对外开放不发进一步加快。

（一）外资利用水平保持稳定

2015 年世界经济形势仍然延续了低迷的态势,也成为自 2008 年金融危机以来增长水平较低、国际投资持续放缓的一年。顶住世界经济形势下滑的巨大压力,江苏省努力拓展外商投资渠道,采取各种措施保持利用外资的稳定。2015 年,全年新批外商投资企业 2580 家,新批协议外资 393.6 亿美元;实际到账注册外资 242.7 亿美元,比上年下降 13.8％。新批及净增资 9000 万美元以上的外商投资大项目 235 个。全年新批境外投资项目 879 个,比上年增长 19.4％;中方协议投资 103 亿美元,比上年增长 42.8％。2015 年,江苏实际利用外资规模为 242.75,首次低于广东退居全国第二。江苏利用外资压力增大,连续多年高速增长的江苏外资,进入了新的爬坡期,协议与实际利用外资金额同比都呈下降趋势。

2015 年,江苏服务业全年吸收外资保持正增长,呈现较快增长的发展态势。全省新批服务业外资项目 1539 个,协议外资 186.1 亿美元,实际完成外商直接投资 113.16 亿美元,占全省利用外资总量的 46.6％。利用外资项目数虽较 2014 年有所下降,但利用外资的合同投资和实际投资同比分别增长 16.31％和 22.67％。

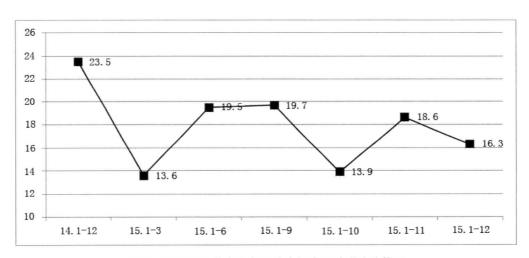

图 7　2015 年江苏省服务业外商投资累计增速趋势图
数据来源:江苏省现代服务业联合会,2015 年全省服务业运行情况。

2015 年江苏吸收外资有以下特点:

一是服务业利用外资占比快速提高。2015 年,服务业利用外资项目、合同外资、实际外资三项指标在全省总量中的比重分别为 59.65％、47.27％ 和 46.62％。2014 年这三项指标的比重为 43.68％、41.22％ 和 46.31％。2015 年服务业外资占比的提高对江苏保持外资利用规模做出了重要贡献。

二是服务业利用外资结构进一步调整。与 2014 年相比,2015 年江苏服务业的 13 个分行业中有 8 个行业实际直接利用规模实现不同程度增长,分别是:批发和零售业,金融业,房地产业,租赁和商务服务业,科学研究、技术服务和地质勘查业,教育,卫生、社会保障和社会福利业,文化、体育和娱乐业。

三是亚洲地区是投资主要来源地。2015 年,亚洲十国(地区)(中国香港、中国澳门、中国台湾、日本、菲律宾、泰国、马来西亚、新加坡、印尼和韩国)对华实际投入外资金额 1762865 万美元,占江苏全省的 72.62%,仍为江苏最大的外资来源地。从国别地区看,中国香港、日本、新加坡居于外资来源的前三位。

表 6　2011—2015 年江苏服务业外商直接投资情况

	项目(个)	合同外资(万美元)	实际投资(万美元)
2015 年	1539	1860642	1131591
2014 年	1633	2043671	1648267
2013 年	1527	1847836	1396322
2012 年	1554	1536364	1117651
2011 年	1439	1670330	1173439

数据来源:江苏统计年鉴(2016)。

(二)服务贸易发展成效显著

江苏坚持外向型经济战略,积极探索贸易方式创新,大力发展服务贸易,取得了良好的成效。服务贸易转型升级不断加快,江苏服务贸易的地位和影响力持续扩大。

一是服务贸易规模显著扩大。2015 年,全省服务贸易进出口总额超过 450 亿美元;服务贸易在全省对外贸易总额、全国服务贸易总额的比重进一步提高。

二是服务贸易结构不断优化。2015 年,运输、旅游、工程承包与劳务输出等劳动密集型服务出口继续扩大,文化创意、信息技术、商业服务、中医药服务等新兴资本技术密集型服务占我省服务贸易出口总额的比重进一步提高,金融、咨询、分销、研发等新兴行业蓬勃发展。

三是服务贸易国际竞争力不断增强。运输、旅游、文化创意、信息技术、商业服务、中医药服务等行业服务出口规模显著扩大,与货物贸易和境外投资协调发展,一批拥有自主知识产权和知名品牌的重点企业不断涌现,打造"江苏服务"。积极支持服务贸易企业"走出去",境外商业存在数量明显增加。一批具备国际资质和品牌的服务外包企业,国际市场开拓能力逐步提升。

四是服务贸易区域协调发展。科学合理规划,实施差异化发展战略,实现良性互动、优势互补、充满活力、各具特色、区域协调的服务贸易发展格局初步形成。苏南地区充分发挥人才、物流、信息和资金等方面的集中优势,会展、商业、物流、工业设计、文化产业等发展迅速,加强对其他地区和城市的辐射和带动效应。苏中、苏北地区加强与苏南地区的合作,延伸苏南服务贸易产业链,培育服务贸易增长带。

五是技术贸易水平不断提升。通过进一步加大对技术引进再创新工作的扶持力度,引导企业提高技术研发的投入,企业自主创新能力不断提升。通过对知识产权交易中心等公共服务平台建设的扶持,企业知识产权管理、运用、交易的水平逐渐增强。

(三)服务外包层次进一步攀升

作为新型生产方式的服务外包,在江苏起步早,发展快,服务外包产业逆势向上。2015 年前三季度,全省完成服务外包合同额340.7亿美元,同比增长24.1％,增速比今年上半年回落0.1个百分点。其中,离岸合同额187.6亿美元,同比增长19.8％,比上半年提高3.9个百分点。前三季度,全省完成服务外包执行额286亿美元,同比增长23.9％,比上半年提高2.2个百分点。其中,离岸执行额158.8亿美元,同比增长20.7％,增速比上半年提高5个百分点。

业务流程外包和知识流程外包等中高端业务快速增长,且增速比上半年明显加快。前三季度,全省完成信息技术外包执行额286亿美元,增长23.9％,比上半年提高7.3个百分点;完成业务流程外包执行额29.3亿美元,增长46.2％,比上半年提高7.9个百分点;完成知识流程外包92.7亿美元,增长34.6％,比上半年提高7.1个百分点。

从承接服务外包目的地国家和地区看,承接的来自国内业务执行金额127.2亿美元,占比44.5％,同比增长28.3％。美国业务居第二位,执行金额33.7亿美元,占比11.8％,增长35.6％。承接的来自中国香港、中国台湾、日本业务执行额居第三、第四和第五位,占比分别为7.4％、5.8％和5.4％,分别增长40.1％、41.3％和17.2％。

（四）对外投资步伐进一步加快

自2000年江苏省政府制定出台《关于实施"走出去"开放战略的意见》以来,全省对外投资实现了快速发展,取得了积极成效。对外交流合作日益深化,"走出去"步伐不断加快,2015年对外投资突破100亿美元;全年新批外商投资企业2580家,新批协议外资393.6亿美元;实际到账注册外资242.7亿美元,比上年下降13.8％。新批及净增资9000万美元以上的外商投资大项目235个。全年新批境外投资项目879个,比上年增长19.4％;中方协议投资103亿美元,比上年增长42.8％。江苏的服务企业国际化已进入快速发展的新时期,"走出去"规模和质量均呈现良好发展态势。常林股份在印度、俄罗斯、巴西等7个国家建立营销网点(包括营销中心、直营销售门店和配件仓库等),全面开展营销、售后服务、配件供应、市场开拓和物流等各项业务。苏宁电器控股日本乐购仕(LAOX)株式会社后,引入其运营模式,实施双品牌运作。通过境外发展,江苏培育了一批企业治理结构完善以及投资决策、资本运作和跨境运营管理水平逐步提升的大企业大集团。全省服务业境外投资规模保持稳定增长的同时,主要呈现出以下特点:

(1)境外投资领域逐步扩大。境外投资领域由初期的贸易、餐饮业逐步拓展到批发零售、商务服务和研发等领域,实现了由商品输出向产业输出转变,由引进形成主导产业向输出转移比较优势产业转变。

(2)境外投资方式呈现多样化。从贸易投资起步,经过绿地投资、参股投资,逐步提升到目前项目并购和境外上市,形成了由贸易投资到产业投资再到资本运营的升级。并购参股已成为江苏省企业参与国际竞争的重要路径。

(3)境外投资呈现园区化集聚化趋势。推进境外产业园建设,积极推动企业抱团"走出去",在已有两个国家级境外经贸合作区基础上,积极发展境外经贸合作区,推动企业以集聚方式开展对外投资和经济合作。

(4)市场多元化扩展。境外投资区域遍布全球137个国家和地区。2015年,全省企业赴亚洲、非洲、欧洲、拉丁美洲、北美洲、大洋洲地区投资规模分别占58％、7％、5％、11％、12％、7％。

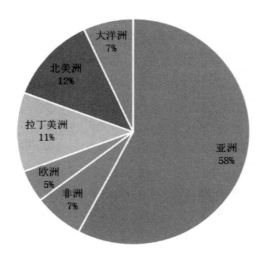

图8 2015年江苏境外投资地区分布情况(%)
数据来源:江苏统计年鉴(2016)。

(5)境外投资输出地相对集中。江苏境外输出地主要集中在苏南地区,2015年,苏南地区对外投资中方协议投资额占全省比重超过三分之二,其中,南京、苏州、无锡三市对外投资中方协议投资额全省占比分别为20.%、20%和17%。

表7 2015年江苏分地区境外投资情况

地　区	2014 年		2015 年	
	新批项目数 (个)	中方协议投资 (万美元)	新批项目数 (个)	中方协议投资 (万美元)
全　省	**736**	**721571**	**880**	**1030460**
苏南	525	527432	648	683111
苏中	131	125784	141	168086
苏北	80	68355	91	179263
南京市	110	146605	170	206155
无锡市	107	145298	115	174764
徐州市	22	24819	31	73526
常州市	64	46699	67	75530
苏州市	209	170029	252	204754
南通市	78	92004	78	113910
连云港市	22	24095	23	50962
淮安市	5	3070	6	6660
盐城市	25	14818	25	46295
扬州市	24	21559	25	38859
镇江市	35	18801	44	21908

地 区	2014 年		2015 年	
	新批项目数 （个）	中方协议投资 （万美元）	新批项目数 （个）	中方协议投资 （万美元）
泰州市	29	12221	38	15317
宿迁市	6	1553	6	1821

数据来源：江苏统计年鉴（2016）。

五、集聚区功能进一步增强

现代服务业集聚区是现代服务业产业集聚发展的最重要载体和阵地，其高起点的规划、完善的配套、优越的环境，成为国内外各类服务企业和总部型、功能型机构争相集结的地区。自江苏省发展改革委颁布《关于加快建设现代服务业集聚区的意见》（苏发改服务发〔2007〕52 号）以来，江苏现代服务业集聚区建设日益加快，现代服务业载体建设水平明显提档升级。截至 2015 年底，江苏已建成省级现代服务业集聚区 122 家，市级现代服务业集聚区 300 余家。2015 年江苏省级现代服务业集聚区合计实现营业收入超过 1 万亿元，实现营业利润 617 亿元，税收 288 亿元，吸纳入区企业约 7 万余家，就业人员超过 110 万人。江苏现代服务业集聚区在建设发展过程中呈现出功能区内部管理水平不断提升、现代物流配送等公共服务不断完善、现代生活性服务业不断健全、商务环境日益优化、行业信息发布引领作用持续增强、专业市场影响力持续扩大、区域创新能力显著提升、对当地区域经济社会贡献持续增大的良好发展态势。

（一）强力支撑产业转型升级

江苏现代服务业集聚区基本涵盖了批发、物流、科技、商贸、信息服务、文化服务、商务服务以及居民服务等重要的生产和生活性服务业门类。在现有的 122 个省级现代服务业集聚区中，有现代物流业集聚区 36 个，科技服务集聚区 23 个，综合交易市场集聚区 19 个，软件和信息服务集聚区 15 个，创意产业集聚区 12 个，商务服务集聚区 11 个和综合性生产服务集聚区 6 个，促进了产业结构调整，为传统产业转型升级提供了发展载体。

江苏从实际出发，加快推动加工贸易转型升级。在全国率先开展南北共建开发区建设，引导苏北地区积极承接加工贸易梯度转移。常州、淮安、盐城等地加快电商物流园区的规划布局，一批以电子商务交易服务为龙头，基础设施、物流配送、网络支付、电子商务软件、安全和信用认证等相配套的电商快递物流园区正在崛起。

做大做强一批重点文化科技企业和文化科技产业园。江苏首批评选 80 家省重点文化科技企业、18 家省级文化科技产业园；南京、无锡入选第二批国家级文化科技融合示范基地，居全国各省市之首；组织开展重点文化产业园区评选，首批认定 23 家省级重点园区。

（二）持续提升辐射带动效应

江苏各地积极引进龙头期间企业和重点基地型项目，推动产业链扩展和配套融合，努力打造优质产业链和产业集群。加大资源整合和调整，注重土地集约利用、资源集中共享，最大限度发掘发展潜力，集聚区辐射作用更加凸显，辐射面、影响力、知名度、美誉度和对区域经济社会发展的支撑力、贡献力均大大增强与提升。例如，以新街口金融现代服务业集聚区为例，集聚区的功能定位是以现代化的商务业、金融业、信息业、文化业等商务服务产业为基础，打造形成具有国际化特征、规模大、能级高、综合竞争力强的全省现代服务业中心高地。集聚区内目前有各类金融机构67家，其中，银行总部及区域型总部12家，包括中国人民银行大区行、南京银行总部、东亚银行、比利时联合银行等占南京全市的42.9%。一万平方米以上的商务楼宇有40栋，入驻企业3562家，其中税收超100万元的企业有120余家，汇集了德勤华永会计师事务所、天衡会计师事务等知名商务服务企业。2010年集聚区入区企业达到1208家，就业人员35000人，实现营业收入270亿元，年度税收达到12.6亿元。2011年一季度入区企业达到1230家，就业人员35640人，分别比挂牌时增加22家企业和640人就业，季度实现营业收入65亿元，实现税收4.5亿元，同比增长了27%和18%。

（三）逐步完善管理服务体系

近年来，围绕现代服务业集聚区建设，江苏省政府以及各地市县政府、相关职能部门从资金补助、用地保障、项目建设、税费减免、人才集聚等方面对集聚区建设给予政策支持和指导督促，促进113家省级现代服务业集聚区建立完善的服务管理工作体系，理顺管理体制，提高行政效能，优化发展软环境。根据服务业集聚区发展实际需要，加强包括公安、交警、城管、消防、工商、质监、国税、地税、卫生等执法职能部门的共同支撑与保障。

江苏省级服务业发展引导资金采取投资补助、贷款贴息和奖励三种方式对省级现代服务业集聚区基础设施和公共服务平台建设项目、省级现代服务业集聚区星级平台、符合发展规划的省级现代服务业集聚区载体建设、现代服务业集聚区提升工程先进单位予以重点支持。

（四）积极建设公共服务平台

江苏高标准建设集聚区公共服务平台，在全省范围内积极开展集聚区星级公共服务平台评选活动，引导和支持各级各类服务业集聚区通过自建或公开招标建设的方式，围绕研发设计和科技创新服务体系，总部经济、展示交易和中介服务体系，专业化信息和软件服务体系以及物流综合服务体系打造优质公共服务平台。以新街口商圈为主的电子商务综合信息服务平台，王家湾（丁家庄）物流基地建设的专业第三方电子商务物流信息交易平台，南京空港物流园建设的电子商务服务管理平台和物流设备研发制造交易平台，无锡高新物流中心打造的全新口岸业务流转平台等，一系列公共服务平台的加快建设使现代服务业集聚区的公共服务不断健全，行业服务持续增强。

第二章　全球现代服务业发展分析

一、全球现代服务业发展概况

随着现代服务业的崛起,全球经济正在经历从服务经济向现代服务经济的转型,自20世纪70年代以来,世界经济全面向服务经济转型。这是继工业革命后一次新的产业革命,可以称为"服务革命"。经济增长阶段理论认为,现代经济增长的本质是一个结构转换过程,表现为三次产业在经济发展过程中所处地位的变化。随着全球进入服务经济时代,服务业在全球经济发展中的战略性地位不断提高,服务业产值在整个经济活动中取得了支配性的主导地位,服务业成为引领全球技术创新和商业模式创新的主导力量。服务经济是从产业角度对经济发展阶段和特征的把握,一般用服务业增加值占GDP的比重、服务业就业比重来衡量经济体是否进入服务经济发展阶段。如果一种经济形态中服务业增加值在GDP中的相对比重超过60%,或者服务业的就业人数在整个国民经济就业人数中的相对比重超过60%,则可初步认为它处于服务经济发展阶段。全球服务业受世界经济复苏缓慢、增长低迷的影响,总体呈现出低速增长、稳中趋缓的态势。但是,与整个世界经济相比,服务业仍然有较好的表现,全球服务业跨国直接投资、服务贸易的增速均高于全球跨国直接投资(FDI)和世界贸易增速;跨境电商、物联网、互联网金融、众包、大数据、共享经济等新兴服务业、新的服务模式蓬勃发展,成为拉动全球服务业增长的主要引擎;新业态的不断涌现推动了各国服务业政策的不断创新。各国经济发展阶段的巨大差异,导致不同经济体之间服务业发展极度不平衡,发达国家仍保持绝对优势,同时发展中国家也具有较大增长空间和潜力。

(一)全球服务业保持稳定向上增长

据世界银行统计,2015年全球服务业增加值超过58万亿美元,服务业增加值占GDP比重已超过70%,服务业在国民经济中的比重处于不断上升的态势。选取1996—2015年间世界三次产业的年度经济数据进行分析,具体见图1。

近年来,农业和制造业所占比重持续下降。农业占国民经济的比重已在5%以下徘徊,农业增加值占GDP比重由1996年的5.30%下降到2015年的3.01%,下降了2.29个百分点。制造业也早已不是国民经济的主力军,制造业增加值占GDP比重由1996年的33.15%下降到2015年的26.53%,下降了6.62个百分点。与之相对应,唯有服务业比重一直保持持续增长的态势,1996年世界服务业增加值占GDP的比重为64.21%,到2015年达到71.17%,比重几乎是制造业的三倍,18年间增长了6.96个百分点。服务业在国民经济和世界经济中位于核心地位,成为经济增长和效率提高的助推器、经济竞争力提升的牵引力、经济变革与经济全球化的催化剂。

对各个不同收入组别国家进行横向比较,美国等高收入国家工业化水平较高,随着经济的发

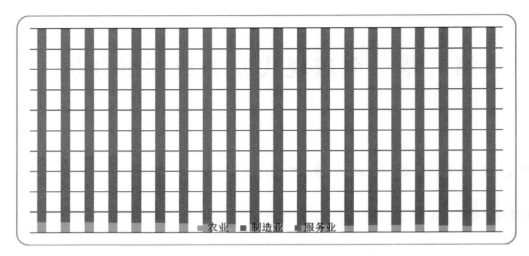

图9 世界三次产业增加值占 GDP 比重（%）

数据来源：World Bank，World Development Indicators 2016。

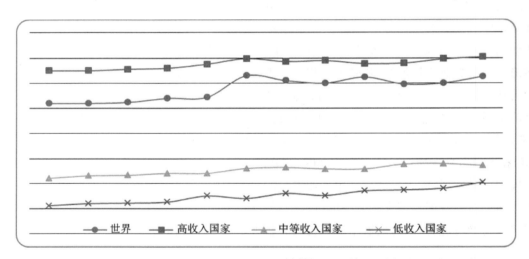

图例：● 世界　■ 高收入国家　▲ 中等收入国家　× 低收入国家

图10 按收入分各国服务业增加值占 GDP 比重（%）

数据来源：World Bank，World Development Indicators 2016。

展,必然会遵循配第—克拉克定律来调整产业结构,在"二战"之后即相继从工业经济社会进入服务经济社会。这些国家的共同特点是工业发展成熟,均处于"后工业化"阶段,服务业在国民经济中占主导地位。2011 年服务业增加值占 GDP 的比重已达到 74.0％,比世界平均水平高大约 4 个百分点,服务业成为经济的绝对主体和动力源泉。与之有别的发展中国家则普遍处于传统农业社会向现代工业社会过渡的阶段,服务业比重相对较低。2015 年,中等收入国家服务业的平均比重为54.6％;2015 年,低收入国家的服务业比重平均为 49.2％,与发达经济体的差距超过 20 个百分点。服务业发展滞后成为制约发展中国家基础设施改善、贸易便利化、国际竞争力提升、民生改善乃至经济可持续发展的结构性障碍。发展中经济体正面临着工业化和服务化的双重任务,即在促进工业化转型升级、实现新兴工业化的同时,完成整体经济的服务化转型。

（二）服务业经济贡献带动作用持续增大

服务业增长对就业贡献巨大,服务业的快速发展有力地带动了劳动需求,为劳动力市场提供了有力支撑。全球服务业吸收劳动力占社会劳动力的比重自 20 世纪 80 年代以来一直在稳步上升。1994 年,全球服务业就业人数占总就业人口的比重为 36.3%,到 2004 年达到 46.6%,提高了 10.3 个百分点。2008 年在全球金融危机影响下,服务业就业比重出现了负增长,但进入 2010 年 3 月以来,服务业就业下降趋势结束,全球服务业就业保持温和增长,基本占到全部就业人口的 45%。2015 年 12 月,全球服务业就业指数达到 55.9%,较上月的 53.8% 上升 2.1 个百分点。在主要国家中,美国、英国、爱尔兰、中国、德国、西班牙、印度和巴西的服务业就业活动均保持增长。

经济越发达,服务业吸纳的就业人数越多。发达国家服务业就业人员占总就业人数的比重基本在 60%～75%,中等收入发展中国家的比重在 45%～60%,低等收入发展中国家的比重则在 30%～45%。例如,OECD 国家服务业就业人数占总就业人口的比重在 2008 年已经超过 70%,2011 年达到 76%,这意味着发达国家有将近四分之三的人从事服务业。其中,美国服务业就业比重最高为 84%,土耳其最低为 48%。与 2000 年相比,爱尔兰、葡萄牙、斯洛文尼亚和西班牙四国服务业的就业比重增长最快,12 年间服务业就业比重增长超过了 15%。

从服务业内部就业结构来看,以知识技术密集型为本质特征的现代服务业占服务业就业比重不断增加。现代服务业对高技术的密集使用,使其对从业人员的知识层次要求也不断提高。只有高度熟练的劳动力,才能够满足现代服务业高度竞争的商业环境和多样化的消费需求。2000 年以来,大多数 OECD 国家知识密集型服务业的就业比重均呈增加态势,2011 年,OECD 国家知识密集型服务业的就业比重平均占到总就业的 12%。信息与通信,金融与保险,专业、科学与技术活动等领域的就业人数比重不断提高。特别是专业、科学与技术活动领域的就业人数占了知识密集型服务业领域约一半,成为推动知识密集型服务业发展的最重要力量。

（三）服务业增长周期性规律较为明显

通过对服务业增速与 GDP 增速的比较,可以发现服务业增长与经济周期的关联度明显,和宏观经济周期波动表现出同步变化的特征。总体来看,1994 年至 2015 年 22 年间,服务业年均增长率 3.02%,同期 GDP 年均增长率为 2.85%,服务业增速高于 GDP 增速,表明服务业是一个生机蓬勃、充满朝气的朝阳产业,在推动产业发展、促进经济繁荣方面正发挥越来越大的作用。

从经济周期波动来看,当经济增速处于上升期时,服务业产值增速未必高于 GDP;当经济增速处于下滑期时,服务业产值增速却明显高于 GDP。这表明,服务业尤其是消费性服务业需求弹性小,市场需求相对稳定,服务业增长具有稳定特性,能有效地平复经济波动。这一点在进入 21 世纪以来表现得尤为明显。例如,在 2007 年美国次贷危机爆发并迅速波及全球,全球经济持续低迷的情况下,服务业无论产值还是就业都是三次产业中波动最小的,服务业对经济周期的波动起到了缓和作用。

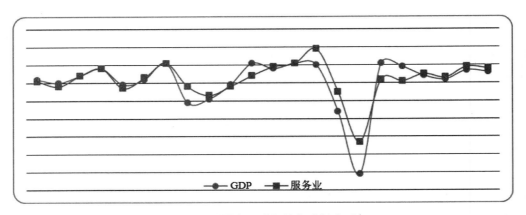

图 11　世界服务业增加值年增长率(%)
数据来源：World Bank，World Development Indicators 2016。

（四）服务业开放发展趋势鲜明

1. 服务贸易

现代服务业(产品)所表现出的可迁移的新属性日趋显著,使得全球服务贸易活动频繁,贸易规模持续扩大。2015年,世界服务业进出口总额为96746亿美元,同比增长5.4%,高于同期货物贸易2.3%的增速。2015年世界服务贸易增速虽仍远低于2010年的10%和2011年的11%,但与2013年3%、2014年的3.2%的名义增速相比,增长速度已有所恢复。2012年,世界服务贸易进出口总额为86570亿美元,在2005年至2012年间年增长率为8%。2012年世界服务出口额占世界商品和服务贸易出口合计总额的比重为19.3%,不足1/5。但是因为传统的贸易统计是按贸易流量总额计算而不是按生产各阶段的增加值计算,这可能低估了服务贸易对国际贸易的贡献。

表 8　世界贸易年增长率(%)

	出　口						进　口					
	2010	2011	2012	2013	2014	2015	2010	2011	2012	2013	2014	2015
货物贸易	22	20	0	3.6	6	6	21	19	0	3.2	6	5
服务贸易	10	11	2	4.5	8	8	10	11	2	4	7	7

数据来源：WTO，International Trade Statistics。

根据WTO对服务贸易的定义,将服务贸易大致分为三大类:运输服务、旅游服务和其他商务服务。运输和旅游属于传统的服务贸易项目,其他商务服务则主要为现代服务贸易。与传统服务业形态相比,现代服务形态呈现出更加迅猛的发展趋势,开始在服务贸易中占据主导地位。2015年,现代服务贸易在服务贸易中占比达到54.09%。由表2所显示的数据可知,2005—2015年,运输和旅游行业年均增长均为7%,而同期的其他商业服务等现代服务形态增长率则为10%,远高于运输和旅游等传统服务产业。在"其他商业服务"下细分的服务贸易子目中,计算机和信息服务增长最快,2005—2015年均增长达到14%,保险服务和建筑服务则分别增长了11%和13%。

表9 全球服务贸易出口及增长

	出口额(亿美元)	占比(%)	年增长率(%)			
	2015	2015	2012	2013	2014	2015
商业服务	49077	113	11	12	2	9
运输	9996	23	18	10	2	8
旅游	12481	29	10	13	4	8
其他商业服务	26543	61	9	13	1	11
其中:	—	—	—	—	—	—
通信服务	1129	3	3	11	−3	9
建筑服务	1243	3	−4	9	3	11
保险服务	1129	3	1	0	2	12
金融服务	3388	8	8	13	−4	9
计算机和信息服务	2993	7	13	15	7	15
版税与许可费	3219	7	9	15	−2	10
其他商务服务	12933	30	10	14	2	10
个人与文化娱乐服务	395	1	15	14	3	8
备记:货物与商业服务(国际收支平衡BOP)	254364	—	21	20	1	9
世界商品贸易	49077	113	11	12	2	9

数据来源:商品贸易数据由 WTO 秘书处估算,商业服务贸易数据 WTO 和联合国贸发会议 UNCTAD 秘书处估算。

从地区间发展的差异看,2008—2015 年,世界服务贸易出口增长最快的是最不发达国家(Least Developed Country, Ldcs),年均增长率接近 11%,其中,计算机和信息服务、保险和建筑服务三个增长最快的细分行业的年增长率约为 30%,但在最不发达国家出口中所占比重仍较小,合计占比 8%。独联体也是世界服务贸易进出口快速增长的地区,2015 年,独联体出口 1270 亿美元,增长 10%;进口 1782 亿美元,增长 2.4%。独联体的快速增长基本上是由俄罗斯的快速增长所决定的,其 2015 年的服务贸易出口和进口分别增长了 10% 和 16%。在服务贸易出口方面,中东地区以 9.2% 的增幅位居独联体之后,中南美洲(含加勒比地区)和亚洲增长 6%,非洲和北美分别增长 5% 和 4%,增长最低的为欧洲,与欧盟一样下降 2%。在服务贸易进口方面,中南美洲和亚洲分别以 9% 和 8% 位居独联体之后,亚洲、中东和北美增长 2%~3%,欧洲下跌 3%,居最后。

2. 服务外包

服务外包是指生产经营者将非核心辅助型服务流程以商业形式发包给本企业以外的服务提供者的经济活动。服务外包的本质是企业以价值链管理为基础,将其非核心业务通过合同方式发包、分包、转包给本企业之外的服务提供者,以提高生产要素和资源配置效率的跨国生产组织模式。整合资源、节约成本、支持创新成为推动全球服务外包市场发展的主要动因。依据国际数据公司(IDC)数据,2015 年全球范围内的 IT 服务外包、业务流程外包和研发设计外包三大项服务支出合计约 15589 亿美元,较 2014 年增长 9.5%。其中全球 IT 服务支出达到 7773.4 亿美元,较 2014 年增

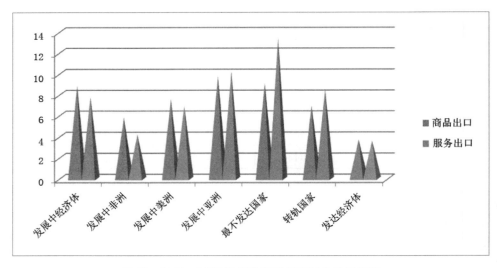

图 12   2008—2015 年货物和服务出口年均增长率
资料来源：UNCTAD And WTO。

长 5.6％，占到了全球服务外包市场的 49.8％；业务流程外包（BPO）服务支出达到 4174.8 亿美元，较 2014 年增长了 4.7％，占到全球服务外包市场的 29.7％；研发设计服务外包支出达到 2850.2 亿美元，较 2014 年增长了 8.2％，增长率在三部分中最高，占全球服务外包市场的 18.3％。

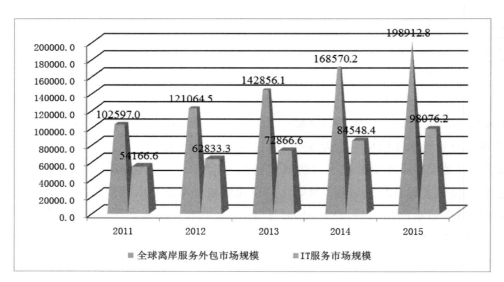

图 13   全球离岸服务外包市场规模（百万美元）
资料来源：UNCTAD And WTO。

受制于全球金融危机，世界经济复苏乏力，西方国家陷入了结构性经济衰退周期，全球客户普遍面临着削减成本的压力，而离岸服务外包作为优化成本结构、助力转型升级的有效手段，获得了蓬勃发展的重要机遇。2015 年全球离岸服务外包市场规模达到 198212.8 百万美元，其中 IT 服务达到 98076.2 百万美元，占比 49.31％。国际数据公司（IDC）预计未来几年全球离岸服务外包市场规模复合增长率达到 18.0％，IT 服务增长率达到 16.0％。到 2020 年，随着世界各个服务外包承接国的比较优势逐渐形成，国际离岸外包服务市场进入专业化分工和协作阶段，全球服务外包产业将步入成熟期。

在离岸服务外包蓬勃发展的同时,全球离岸服务外包市场格局基本稳定。美国、西欧、日本是主要发包国家和地区。2015 年,美国的离岸服务外包发包额居全球首位,占全球总额 62%,西欧为全球第二大离岸服务外包需求市场,占比 13%,日本排在第三位,占比 9%。

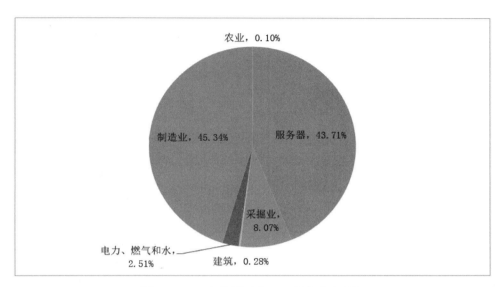

图 14　2015 年美国对内 FDI 行业分布(%)
资料来源:UNCTAD And WTO。

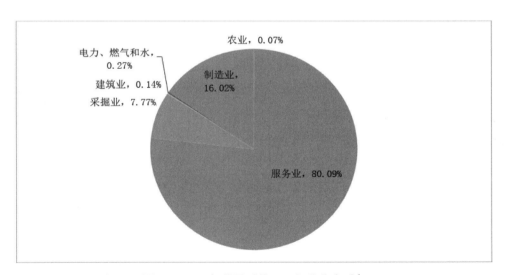

图 15　2015 年美国对外 FDI 行业分布(%)
资料来源:UNCTAD And WTO。

3. 服务业国际转移

长期以来,国际产业转移一直以制造业转移为主。受制于服务本身无形性、不可储存性、异质性等特征,服务业国际转移进程一直发展缓慢。然而,随着信息技术的发展,服务产品不可贸易的限制被打破,跨国企业全球资源配置成本大幅较低;一系列多边贸易协定的签署以及各国开放程度的加深，大大减少了服务贸易与投资的制度性壁垒；跨国公司服务职能的进一步剥离更是加快了服务业国际化的步伐。进入20世纪90年代后，跨国公司非核心服务环节的剥离以及服务业中间需求的增加，推动国际产业转移的结构层次不断提升。呼叫中心、软件设计、研发以及地区总部等生产性服务开始出现离岸化；同时，服务业开始向金融保险、房地产、运输通信、商务服务等为制造业提供支持服务的新兴领域转移，协同趋势进一步加强。制造业与服务业的协同性表现为产业转移从产业链单个环节转向产业链多个环节的系统化转移、从制造功能的转移转向制造与服务功能融合的产业生态链条转移的新趋势（五）服务业跨界融合日益深入，业态创新不断涌现

作为便于一切经济交易的产业，现代服务业具有的高集聚性和强辐射性使得其成为促进产业融合和经济融合的黏合剂。现代服务业与制造业、农业的产业融合，甚至不同服务行业之间的融合发展，成为服务业发展和发挥作用的重要途径。

近年来，以云计算、大数据、社交网络和移动互联为核心的新兴技术为服务业跨界融合和网络化发展提供了新的动力，加速了经济服务化和服务业与三次产业的融合进程。服务业跨界融合的发展，为提升服务业发展质量、消费体验和增值能力提供了新的手段和参照系，正在成为服务业创新的新引擎、服务业产业融合的新增长点。服务业跨界融合依托服务业，但其影响却远远超出服务业自身，甚至覆盖相关产业链，惠及产业体系。

当前全球行业用户的IT花费中，与业务部门相关的比例已经占到65%，2015年直接由业务部门决策的新的IT项目的比例已经达到41%，国际数据公司（IDC）预计2017年这一比例将上升到40%。这就意味服务业务只有嵌入到特定行业企业的业务流程中去，才能够给企业带来更大的价值，才能逐渐升级为高利润业务。

4. 现代服务业与制造业的产业融合

在服务业发展的影响下，制造业发生了很多质的变化，比如日趋轻型化、高附加值化，服务与货物的互补性、服务业与制造业各行业的融合性在增强。现阶段服务业与制造业产业融合的突出特征是，制造业企业活动外置带动现代新兴服务业的发展，现代服务业加速向现代制造业生产前期研发、设计，中期管理、融资和后期物流、销售、售后服务、信息反馈等全过程渗透，现代制造业内部逐渐由以制造为中心转向以服务为中心。

例如，香港利丰集团原属制造业，但现在它没有一家工厂、一个工人，却能一年出口价值80亿美元的服装，依靠的是一批网络协调员通过互联网等数字技术手段掌控着它的供应链：在巴基斯坦采购棉花，在中国内地采购纽扣，在日本采购拉链，在孟加拉国制衣，在中国香港实现销售和出口。

5. 现代服务业与农业的产业融合

传统第一产业与新兴第三产业突破产业之间的界限，相互扩散渗透融合，在现代服务业的引领下，现代农业与服务业之间将形成相互依赖、相互促进的良性互动关系。在发达国家，农业服务已经社会化，服务内容由单纯农业生产环节服务向产前生产资料供应、资金信贷和保险服务以及产后收购、运输、销售、加工、储藏乃至产品广告服务扩展，形成产前—产中—产后的系列化全程服务。这一方面有利于服务业拓展发展空间，丰富产业内涵，将科技、金融、信息、商务等要素延伸进入第一产业的范畴；另一方面更有利于改造传统产业的产业结构，提升其价值创造能力，促进其产业的"生产、生活、生态"多功能性能级提升，使得农业这一传统产业焕发出新的活力，朝着"高端、高效、高辐射"的方向发展。

农业旅游就是第一产业与第三产业融合而成的新型业态,是农业与旅游业之间相互延伸融合的产物,通过对有旅游价值的农业资源的挖掘,使旅游吸引物的内容得以丰富,旅游活动的范围由此扩展到了物质产业部门;而旅游服务向农业部门的延伸,也使农业从满足人们生存需要扩展到了满足人们发展与享受的需要,使农业服务业得到了优化发展,是农业劳动生产率提高的有效途径。

6. 现代服务业内部的产业融合

在现代服务业的发展过程中,从其内部结构来看,研发、通信、金融、保险、物流、批发、外包、采购等的联系越来越紧密。建立在专业化分工的基础上,服务业内部各行业以不同的方式融合发展。例如,互联网公司开展金融业务、金融机构利用互联网转型,互联网金融在 2014 年实现了超乎寻常的裂变式发展。与上年相比,该领域体现出几个新特征:互联网与金融的结合正在全球范围内加速发展,与之相应的风险投资活动扩大到更多国家和地区;除了众筹、P2P 贷款、在线理财等新兴业务外,保险、证券、基金、资产管理等领域也加快了互联网化的步伐;以电商、物流与大数据为牵引的金融生态链正在形成。

二、全球现代服务业重点行业发展分析

(一)现代物流业

传统物流行业前途光明道路曲折,效率待提升。在市场规模和历史发展方面,社会物流需求快速上升,幅度明显高于同期 GDP 增幅;社会物流总费用占国内生产总值比例约为 16.6%,远高于发达国家;分散的管理、信息的不对称等造成物流产业整体效率低、成本高;物流业进入壁垒相对低,物流企业数量多,行业的集中度低,整体效率低下,对应了赢弱的盈利能力。

1. 现代物流的信息化和国际化趋势进一步加深

物流信息化已成为全球企业降低物流成本、改进客户服务、提高企业竞争力的基本手段,更成为物流企业提供第三方物流服务的前提条件。全球诸多企业纷纷采用条形码技术和射频识别技术,提高信息采集效率和准确性;采用基于因特网的电子数据交换技术进行企业内外的信息传输,实现订单录入、处理、跟踪、结算等业务处理的无纸化;应用仓库管理系统和运输管理系统来提高运输与仓储效率,如沃尔玛利用卫星联网的全球配送信息传输网在全球店铺之间进行信息传送与运输车辆的定位及联络;运用 JIT(Just-In-Time)(准时生产方式,又称零库存)、CPFR(协同式供应链库存管理,也称协同规划或预测与补货)、VMI(Vendor Managed Inventory,供应商管理库存)/SMI(Supplier-Managed Inventory,供应商管理库存)、JMI(联合管理库存)等供应链管理技术,实现供应链伙伴之间的协同商务,降低供应链的物流总成本,提高供应链的竞争力;通过网上采购辅助材料降低成本。随着经济全球化进程的逐渐加快,物流企业全球采购、全球生产和全球销售的国际化发展料、网上销售多余库存,以及通过电子物流服务商进行仓储与运输交易等手段,借助电子商务来降低物流成本趋势也日益明显。纵观全球跨国物流企业,均不同程度涉足了国际物流市场,具有明显的国际化特征。随着全球和区域经济一体化的深度推进,以及信息技术尤其是互联网在多个国家的广泛应用,全球物流业的发展经历了深刻的变革并获得了越来越多的关注。目前,现代物流已经发展成包括合同物流(第三方物流)、地面运输(公路和铁路系统提供的物流)、快递及包裹、货运代理、第四方物流、分销公司在内的庞大体系。2015年,全球物流业市场的规模已经超过8.5万亿美元,相比于2009年6.62万亿美元的规模增长29.58%,年复合增长率为6.69%。从国别市场来看,中国物流业市场规模达1.59万亿美元,占全球的18.6%,再次位居世界第一。排名第二的是美国,物流业市场规模为1.36万亿美元,占全球的15.8%。

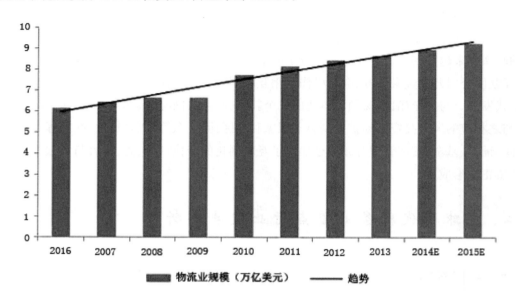

图16　2006—2015年全球物流业发展趋势

2. 全球区域发展存在差异,中国物流业竞争力待提升

受经济发展水平和各国区域和产业结构差异影响,全球物流市场的区域发展差异较为明显,快发展中的亚太地区的市场份额最高,其次是北美、欧洲。南美的物流业市场规模只占到世界的7%,这与南美洲国家经济发展总体水平不高,基础设施不健全,物流体系建设落后等因素有较大的关系。

国家的物流业总体竞争力不仅取决于基础设施建设水平,还取决于整个物流产业的管理水平、第三方物流企业发展水平和第四方物流企业的整合能力。从国家层面来看,世界银行发布的报告显示,在全球物流业竞争力排行榜(Logistics Performance Index)中,欧洲国家表现最为突出,前20名中超过60%的企业来自欧洲,亚洲物流业竞争力最强的国家/地区是日本(排名第十),其次为中国香港和台湾地区,中国大陆在全球仅排名第28。总体而言,发展中国家在基础设施、国际运输、物流能力、交货及时性等方面还与欧美等发达国家存在较大的差距,物流业的全球竞争能力还十分有限。

表10　全球物流业竞争力排名(部分)

国家	排名	得分	国家	排名	得分
德国	1	100	法国	13	91.2
英国	4	96.6	中国香港	15	90.5

国家	排名	得分	国家	排名	得分
新加坡	5	96.2	澳大利亚	16	90
瑞典	6	94.9	韩国	21	85.4
美国	9	93.5	马来西亚	25	83
日本	10	93.4	中国	28	81.1
加拿大	12	91.5	土耳其	30	80.1

数据来源:http://field.10jqka.com.cn/20160510/c590113413.shtml。

2.第三方物流市场蓬勃发展

作为物流业的新兴领域,第三方物流在国外的物流市场上已占据了相当可观的分量,欧洲目前使用第三方物流服务的比例约为76%,美国约为58%,日本约为80%;同时,欧洲有24%、美国有33%的非第三方物流服务用户已积极考虑使用第三方物流;欧洲62%、美国72%的第三方物流服务用户认为他们有可能在未来几年内再增加对第三方物流服务的需求。美国IDC公司进行的一项供应链和物流管理服务研究表明:全球物流业务外包将平均每年增长17%。在美国,通过第三方物流进行业务的重组,物流成本从1980年占GDP的17.2%下降到了1997年的10.5%,再到2015年的9.6%。实践证明,第三方物流服务的营运成本和效率,远远优于企业自营物流。它可以帮助企业精干主业,减少库存,降低成本,提高核心业务的竞争力。因而,作为后发物流产业和物流市场大国,应树立新观念,立足于高起点,力争实现中国物流业跨越式发展。

但从市场的成熟度来看,全球市场还存在比较大的发展差异。以美国为代表的发达国家物流市场呈现的是低物流支出占比、高第三方物流占比。大部分发达国家第三方物流占比都在10%以上,而相应的其物流支出占GDP比例一般在10%一下。而以中国和印度为代表的发展中国家物流市场则相反,呈现出的是高物流支出占GDP比、低第三方物流占比。以中国印度为例,两个国家的物流支出占GDP比例都在13%以上,而第三方物流的占比都不到10%。造成这种差异的可能原因有很多,包括区域地理环境多样化,基础设施落后,地区发展不均衡,以及物流管理理念相对落后等。

（二）商务服务业

商务服务(英文:Business Services)行业是指为企业提供服务的行业划分。其分类涵盖了诸多行业如:法律服务、商旅服务、信息咨询、广告服务、公关服务、教育培训、特许经营、金融服务、保险理财等二十几个行业。商务服务业作为现代新兴的生产服务业,综合发达国家、地区和我国商务服务业发展的实践,商务服务具有以下四个特征:

一是高成长性。商务服务业作为现代新兴的生产服务业(Advanced Producer Services,APS),一个突出的特点就是成长性强,尤其是在工业化中后期表现出较高的增长速度。

二是具有高人力资本含量、高技术含量、高附加值三高特征。商务服务业提供的服务以知识、技术和信息为基础,对商业活动的抽象分析和定制化程度高,以知识要素投入生产过程,表现为人力资本密集型。

三是具有顾客导向型的价值增值效应。商务服务企业通过与顾客的不断交流和合作,提供专业化的增值服务,使其自身蕴涵的价值效应得以放大和增强。知识、经验、信息、品牌和信誉是知识密集的专业服务公司赖以创造价值的要素,也是专业服务公司各条价值链的主体部分。

四是强集聚性和辐射力。国际经验表明,商务服务业高度聚集于国际大城市,强力辐射相关工业产业。跨国公司以此进行全球统一管理和协调,提高其区域控制力。

在全球化的大背景下,商务服务业国际贸易和国际转移呈现加快趋势。世贸组织和联合国贸发会议初步统计显示,2011年全球商务服务出口同比增长11%,进口同比增长10%。出口方面,美国为世界第一大服务出口国,2011年商务服务出口额达5863.2亿美元,同比增长10.6%;英国和德国分列第二和第三,出口额分别为2842.1亿美元和2521.8亿美元;中国位列第四,出口额1819.4亿美元,同比增长6.9%。进口方面,美国是世界第一大服务进口国,2011年服务进口额3930.1亿美元,同比增长6.8%;德国世界第二,进口额2871亿美元;中国位列第三,进口额2368.1亿美元,同比增长23.2%。商务服务业国际转移主要以跨国投资为主。近年来,万宝盛华、马士基、毕马威、德勤等国际知名商务服务企业纷纷落户中国,在北京、上海、广州等地设立独立或非独立分支机构,广泛分布于调查咨询、市场研究、客户服务、企业管理、财务结算、投资服务、人力资源、会计、电子商务、服务外包等行业。

1. 管理咨询服务业

随着现代科技的迅猛发展,企业所面临的经营环境发生了巨大变化,企业竞争日趋激烈,如新产品/技术的推广与应用、解决市场危机、组织结构重组、流程再造等都面临着严峻的挑战,由此也催化了管理咨询业的飞速发展。在发达国家,管理咨询凸现出其在经济增长和社会发展中的重要性。管理咨询国家协会欧洲联合会(Federation Europeene Des Associationa De Conseils En Organization,FEACO)统计,2011年欧洲管理咨询业较2010年增长6.6%,2012年比2011年增长5.8%,总收入为977亿欧元,已经连续两年保持了较快的增长速度。与此同时,为应对日趋激烈的竞争态势,商务服务企业通过并购、重组、联盟等方式来增强实力,表现出规模化经营的趋势,从业人数在2011年出现明显减少。细分行业来看,商务咨询业占到全部管理咨询业收入的50%以上,且占比呈持续增长态势。此外,IT咨询业在管理咨询业中的比重也出现较快提升的现象。

2. 会展业

会展业是会议业和展览业,节事活动的总称。是一个新兴的服务行业,影响面广,关联度高。会展经济逐步发展成为新的增长点,而且会展业是发展潜力大的行业之一。在新时期,必须大力发展会展业,全面提升会展经济。会展业地位和作用日益凸现会展业涉及工业、农业、商贸等诸多产业,对结构调整、开拓市场、促进消费、加强合作交流、扩大产品出口、推动经济快速持续健康发展等发挥重要作用,在城市建设、精神文明建设、和谐社会构建中显示出其特殊的地位和作用,并日益显现出来。

近20年来,国际会展业呈现比较平稳的发展趋势。全球会展行业的发展预期在2015年和2016年上半年将有积极增长的态势。2014年22个欧洲国家召开经过统计确认的展会2181个,展览占地221百万平方米,涉及601323个参展商和6.05亿名展会游客。35%的展会为经贸类,36%的展会为公共类,其余29%兼具上述两种目标功能。总营业额调研结果显示,在所有地区,平均6/10的公司声明在2015年和2016上半年其会展营业额会呈增长态势;相比2014年,美国和欧洲的发展非常稳定,而亚太区、中东和非洲则会出现缓慢的增长态势。营业利润调研结果显示,除亚太区外,2/5 的公司声明在 2014 年和 2015 年的营业利润增长均超过 10%,相比 2013 年呈稳定的增长态势;在亚太区,仅 3/10 的公司声明其在 2014 年的营业利润超过 10%,但结果显示有 1/2 的公司将在 2015 年提高表现;在中国,58% 的公司积极预期 2015 年的营业利润将超过 10%。在调研的 10 个地区中,2/3 的公司认为经济危机对其业务发展的影响将在 2015 年或 2016 年消失。根据对业务发展问题的调研结果显示,80% 的公司认为以下问题为影响业务的重要因素:国家的经济状况(占比 25%),公司内部管理的挑战(占比 19%),本地/国内会展业的竞争(占比 18%),全球经济的不确定性(占比 16%),市场环境的挑战(占比 9%)。

从经济总量和经济规模角度来考查,世界各国的会展发展很不均衡。发达国家凭借其在科技、交通、通讯、服务业水平方面的优势,在世界会展经济发展过程中处于主导地位、占有绝对优势。作为世界会展业的发源地,欧洲会展业整体实力强,规模最大,其中德国是世界头号会展强国。北美(主要是美国、加拿大)是世界会展业的后起之秀。亚洲会展业规模和水平仅次于欧美,比拉美和非洲强。其中新加坡曾被 UIA 评为世界第五大会展城市。日本、新加坡、阿联酋和中国的香港地区凭借其经济发展的巨大潜力和其广阔的市场,或凭借其发达的基础设施、较高的服务业水平、较高的国际开放度以及较为有利的地理区位优势分别成为亚洲的会展大国和地区。大洋洲会展业发展水平仅次于欧美,规模小于亚洲。主要代表是澳大利亚。拉美国家会展业发展较好的依次是巴西、阿根廷和墨西哥,其他的国家会展业基本处于起步阶段,规模很小。非洲大陆与拉美类似。北部非洲以埃及为代表,南部非洲以南非发展最好。纵观历史,一国会展业实力与发展水平是与该国综合经济实力和经济总体规模及其发展水平相对应。发达国家凭借各个方面的优势在会展业中处于主导地位并向世界各地扩张。会展业呈现出蓬勃生机事实上,我国会展业起步较早,特别是近年来会展业异军突起,呈现出良好的发展态势。

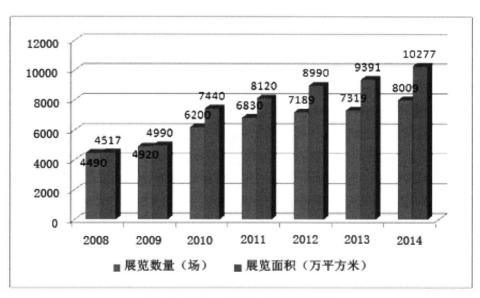

图 17　2008—2014 年我国会展数据

（三）信息服务业

随着互联网＋时代的到来,大数据、云计算等新兴技术在人们生产、生活中的应用越来越广泛,信息技术在全球范围内有稳定而持续的需求,信息服务业的发展前景非常广阔。目前,全球信息服务业正处于产业恢复、产业变革和产业跨越的战略叠加期,信息服务投资市场以及服务外包市场均保持持续增长的态势。

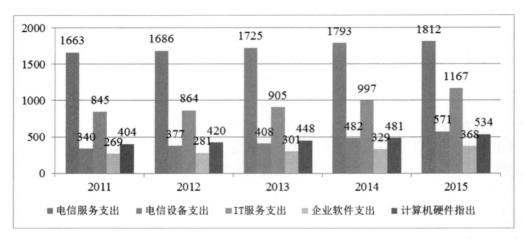

图 18　全球信息服务业市场(十亿美元)

数据来源：Gartner,Https：//Www.Gartner.Com。

1. 信息服务业增长稳定

世界知名 IT 市场调查及研究企业 Gartner 研究数据表明,2015 年各类软件与信息技术产业(包括计算机硬件、企业软件、IT 服务、电信设备、电信服务)支出达到 4.968 万亿美元,比 2014 年增长 4.26％,预测 2016 年全球信息技术产业支出较 2015 年将增长 5.1％,全球支出保持持续稳定的增长态势。其中,电信服务在信息服务行业支出中所占份额最大,2015 年相关支出达到 1.862 万亿美元,约占软件与信息技术产业支出总额的 44.61％。软件行业是增长最快的领域之一,相关支出在 2015 年达到 3561 亿美元,比 2014 年增长 8.24％。

2. 服务外包市场健康发展

信息技术服务外包是 IT 服务中的关键组成部分。根据 Gartner 的分析,随着自持设备(BYOD)和基础设施服务(Iaas)的发展,2014 年全球信息技术外包(ITO)支出达到 2715 亿美元,与 2013 年的 2613 亿美元相比,增长 3.92％。由于企业正采用越来越多的移动设备,包括智能手机、平板电脑及其他手持设备,支持移动终端用户设备的外包将会强劲增长,许多智能管理服务提供商(MSP)将从中获益。Gartner 预计未来 4 年全球信息技术外包支出的复合年增长率将达到 3.8％,到 2016 年全球信息技术外包支出将达到 2922 亿美元。

3. 服务外包稳定发展

2015 年,在全球经济复苏缓慢、国内经济下行压力加大的背景下,中国服务外包产业发展总体向好,2015 年中国服务外包主要呈现以下几个特点:离岸服务外包保持稳步发展。2015 年中国企业签订服务外包合同金额 1309.3 亿美元,执行金额 966.9 亿美元,分别同比增长 22.1％和 18.9％。

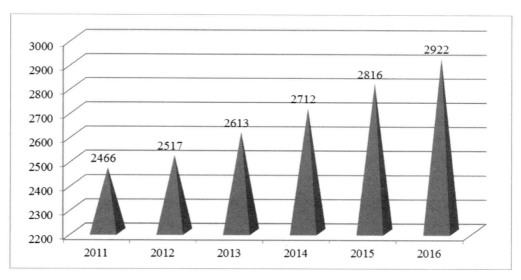

图 19 全球信息技术外包支出规模（亿美元）
数据来源：Gartner，Https：//www.Gartner.Com。

其中，离岸服务外包合同金额 872.9 亿美元，执行金额 646.4 亿美元，分别同比增长 21.5％和 15.6％；在岸服务外包合同金额 436.4 亿美元，执行金额 320.6 亿美元，分别同比增长 23.3％和 26.1％。主要发包市场格局相对稳定。2015 年，中国企业承接美国、欧盟、中国香港和日本的服务外包执行额分别为 150.6 亿美元、98 亿美元、95 亿美元和 54.8 亿美元，分别同比增长 17.5％、17.6％、28％和—9.8％，合计占中国离岸服务外包执行额的 61.6％。受日元持续贬值和中日政治大环境的影响，中国企业承接日本市场业务意愿不高，日本对中国发包呈下降趋势。

（四）金融服务业

全球金融危机以来，在过去七年的时间里，金融服务业通过优化资产负债表以重建信心，加大力度进行内部重组来走出恢复期，巩固一个更加稳定的商业运营环境。总体来看，金融服务业业绩复苏明显，但仍面临严峻的挑战。

1. 互联网金融裂变式发展

不管是传统金融机构，还是新兴金融产业，越来越多的行业巨头迅速行动，加大了对互联网领域的投资与合作力度。比特币等虚拟货币的出现已经促进了金融体系的根基——支付手段的变革，而它带来的思想、技术、模式的冲击将继续深化，并有力推动"无现金社会"的到来。作为重要的基础行业，金融业的互联网化对监管部门提出了新的要求。普华永道最新全球信息安全状况调查显示，全球信息安全事故正不断增长。2015 年，全球被检测到的信息安全事件总数同比增长 25％，其中金融服务业信息安全事件的增长高达 170％。

2. 风投交易活跃

2015 年全球金融服务行业风险投资交易数量 408 起，在各行业中排名第六；披露交易额 54 亿美元，列各行业第七。中国市场交易数量 52 起，占比 13％；其中 23 起披露交易额 8.3 亿美元，占比 18％。值得一提的是，伴随美国正式退出量化宽松，各国金融市场呈现剧烈震荡，风险投资领域在

2014 年共发生 12 起大额投资交易,披露交易额 8271 万美元。

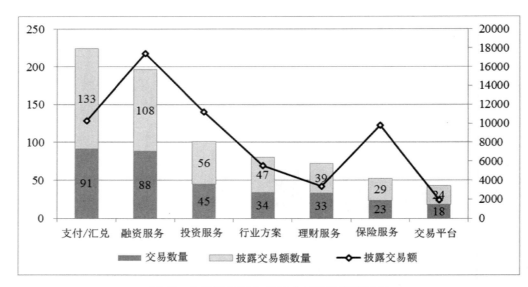

图 20　金融服务行业 2015 年度风险投资数据
资料来源:中国人民银行数据库。

3. 金融业监管规则深入执行

在全球层面,巴塞尔Ⅲ协议对银行一级资本金的要求以及对流动性覆盖比率(LCR)的明确要求成为银行加强其资产负债表的主要动力。而在欧美各国,针对高风险的投资银行的不同业务做出分类监管的法规也在逐步完善之中。全球金融监管机构正试图改革金融监管制度,尤其是在隔离银行业高风险活动与基本存款业务方面,美国有"沃尔克规则"(Volcker Rule),英国有"维克斯框架"(Vickers Framework),欧盟则有 2012 年芬兰央行行长利卡宁(Erkki Liikanen)提出的报告。显而易见,这些规则对金融业的业务重组施加了直接压力。

4. 削减固定成本增加外包

由于监管上的压力、抵押贷款再融资活动减少和银行非利息收入下降等原因,金融服务业近年来净资产回报率不断缩减。对此,金融服务业不断采取措施以降低成本,在削减增量成本比如员工津贴等的同时,削减固定成本比如复杂的技术系统、大型的运营设施。此外,金融机构通过审查所有业务部门,区分核心竞争力业务与可商品化业务,对可商品化业务越来越多地通过外包方式利用行业资源得以实现,比如标准化的证券产品参考数据等。

(四)文化创意产业

根据联合国数据,文化创意产业在全球有 1.3 万亿美元的产值,是当今世界经济增长最迅速的产业之一,文化创意产业已成为现代后工业时代和知识经济的重要支柱。通过提供一种"体验",创意产业在许多经济体中代表了一种新的、日益增长的价值来源。这些行业生产的消费品传达的生活方式和价值兼具信息和娱乐功能,生产的创造性服务涵盖有形的和无形的活动。创意产业现已成为一个独特的经济部门,将商品和服务的创作、生产和分配有机地结合在一起。发达经济中越来越受欢迎的休闲和娱乐活动在一定程度上促进了创意产业的增长。文化已经成为经济增长和创造就业的一个重要来源,特别是在发达的城市经济中。发达国家自 20 世纪 90 年代以来对文化创意产业的发展越来越重视。

2008 年至 2015 年,文化产业增加值的年复合增长率高于中国名义国内生产总值的年复合增长率,凸显出文化产业成长为未来国民经济支柱产业的潜力。中国文化产业增加值由 2008 年的7630 亿元增长至 2015 年的 20256 亿元,年复合增长率达 24.1%。文化产业实现较快增长的同时,在国民经济中的份额稳步提高,2008 年至 2015 年,文化产业增加值占中国名义国内生产总值的比重由 2.43%增长至 4.68%;文化产业对 2015 年经济总量增长的贡献为 6.2%。另外,我国近年来产业构成保持相对稳定,2015 年文化制造业法人单位实现增加值 9024 亿元,同比增长 17.4%;文化批零业实现增加值 1698 亿元,增长 9.4%;文化服务业实现增加值 10069 亿元,增长 16.7%。文化制造业、文化批零业和文化服务业增加值占文化产业法人单位增加值的比重分别为 40.1%、6.6%和53.3%。

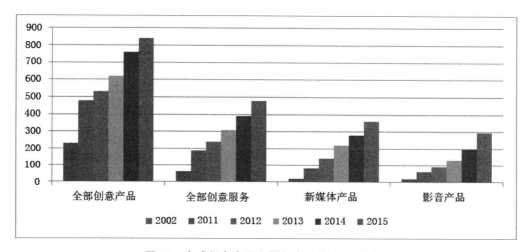

图 21　全球创意产品和服务出口值(百万美元)
资料来源:UNCTAD and WTO。

国际文化创意产业快速发展,文化创意经济在创造收入、创造就业机会和出口收入方面成果卓著,已经成为强劲的发展驱动力。联合国贸易和发展会议(UNCTAD,2016)的数据表明,创意产品和服务的全球贸易额在 2015 年达到 8682 亿美元,是 2002 年的 2.5 倍多,在此期间的年均增长率为9.1%。当前,发达国家创意经济正处在越界、扩容与转型升级之中,正在蓄积和展开更大的能量。以美国为例,全国的创意企业有 54.8 万家(占全国企业总数的 4.3%),就业人数达 299 万(占总就业人数的 2.2%)。发展中国家则在迅速走向国际文化创意经济的前台,正在形成与发达国家不一样的创意经济模式。例如,作为发达国家创意产业最重要主体的个体艺术家在发展中国家难以成为产业链的核心,发展中国家的创意更多的是由管理人员、企业家、生产商、中介机构等发起的更广泛的企业活动的一部分。发展中国家正成长为全球文化创意经济的一支新军。2002 年到 2015 年间发展中国家创意产品和服务出口年均增速达到 11.6%。发展中国家面临的挑战包括需要获取可靠数据来理解创意产品的生产和分配价值链,缺乏治理相关贸易的有效模式和知识,以及在知识产权的保护下通过技术整合来创造机会等。

三、大数据对现代服务业发展的引领与冲击

作为云计算、物联网之后信息社会又一次革命性技术的突破,大数据正将信息社会发展引入一个新的阶段。以大数据为代表的IT技术将催生生命科学、新材料、新能源等技术的融合,促发人类巨大的革命。我们在这个条件下所讨论的现代服务业其实是指在科学技术,特别是信息技术为主要支撑条件下新的商业模式、服务方式和管理基础上的一些服务业,包括现代技术对传统服务业的改造和提升。

(一)大数据的价值

大数据具有体量大、种类多、商业价值高和处理速度快的特征。这四个特征在2009年前后得以集中突破,使整个大数据的应用呈现出爆炸式增长。大数据资源将像人力资源、自然资源一样,成为一个国家十分重要的禀赋,并对我们的生产生活、行政管理产生非常深远的价值。这些价值主要体现在几个方面:

一是商业价值,可以实施精准的营销,不断发现商机。根据典型的案例分析,在充分利用大数据的条件下,零售商可以实现将近60%的利润增长,制造商可以降低50%的成本。比如,亚马逊根据消费记录,推测不同消费者的消费偏好和潜在需求;世界第二大零售商乐购从用户的购买记录中解析了每一个用户的类别,进行品种推送和精准营销。

二是经济价值,会催生新产业和促进产业升级。当前,从事数据掌控、数据交换、数据分析的企业雨后春笋般出现,并衍生出数据设计、数据制造、数据营销等新产品或服务。几年来,全国大数据技术与服务业的市场增速远远高于IT产业增速,大数据产业的发展令人期待。

三是社会价值。越来越多的政府利用大数据进行医疗健康、食品卫生、道路交通、地质灾害、社会舆情、国防安全等服务,大数据也对行政效能的提高大有裨益。麦肯锡的研究表明,欧洲部门应用大数据以后,行政管理费用降低2500亿美元。

四是思维价值,大数据可以拓展思维形式。大数据几乎包含信息数据的全部,我们可以直接从中得到最精准的分析,所以大数据科学很可能成为继实验科学、理论科学、计算科学之后的第四种科学。

五是战略价值。美欧日都在加快实施大数据战略,特别是美国2012年启动大数据研发计划,这是美国的又一次重大科研战略部署。欧盟地平线2020计划、日本新ICT战略研究计划都将大数据作为研究重点。

(二)大数据与电子商务

电子商务是崭新的模式,也是现代服务业的重要组成部分。由于大数据的支撑,电子商务正在成为世界经济中一个崭新的亮点,并将深刻改变人们的消费、流通和生产,有力地推动全球化。纵观人类发展的各个阶段,商品交换和贸易始终是推动经济发展和社会进步的因素。电子商务和传统商业没有根本区别,都是为了开拓市场、争夺市场、占领市场,这也是市场经济下所有商业模式的一个基本特征。在信息化时代,电商实际上是插上了大数据的翅膀,飞到了全球各地,提供传统商

业做不到的一些服务,是一种升级版的商品贸易。

中国传统商业和物流的不完全发育,给电商发展提供了一个比世界上任何国家都好的机遇。目前,中国网民数量已达 6 亿,应用第三方电子商务平台的中小企业已经突破 1700 万家,电子商务服务企业超过了 1 万家,中国成为世界第二大电商国家。

中国电商的发展呈现几个特点,一是超强发展,贡献卓越。2012 年电子商务市场交易规模为 8 万亿元。从 2008 年到 2012 年网络零售商业增长达到 79%,网络创业创造了 1000 多万个工作岗位,2015 年预计将达到 3000 万个。电商对拉动国内消费的贡献很大。我们曾请麦肯锡做过全面分析,几年下来的结论是,电商的营业额里面有 60% 左右是从传统市场分流过来的,有 40% 是因为这种购物形式而新增加的。

二是模式不断健全。目前电商形成了 B2B、B2C、C2C 和 C2B 四种模式,还有一种 O2O 的模式正在试验尝试中。2012 年,B2B 的交易额达到 6.3 万亿元,占了电商市场份额的 80%,包括 B2C 和 C2C 在内的网络零售额达到 1.3 万亿元,份额为 17%。今年,我国有望超过美国,成为世界第一大网络零售市场。

大数据时代不仅使电商的零售份额增加,还解决了未来个性化定制和批量生产之间的矛盾,这将使 C2B 逐渐兴起,而且真正实现消费决定生产。如广东的商品宅配家居,通过为客户家居做免费设计,聚合起其中 70% 的分散分布但数量庞大的用户需求,形成一个强大的采购和加工制造集团,实现了仅用 15 天就能将一套新房子从设计到最后完全安装好。几年的时间,这家企业已成为销售过亿元的全国知名电子商务家居设计制造企业。

三是平台模式和自营模式在国内的电商发展中得到融合。电商经营的模式大致分为两类:一类是平台式的电商,为电子商务企业搭建网上平台,但自身不参与交易,比如美国的易贝、中国的阿里巴巴;另外是自营模式,直接进行交易,比如亚马逊、京东、苏宁、1 号店等等。我国电商市场快速增长,为这两种模式提供了足够的发展空间并呈现出融合趋势。如京东、苏宁、1 号店已经开始开放电商平台,腾讯 2012 年定位开放平台加自营的模式。同时,电商们正不断跨界发展,如通过掌握大量中小企业的交易数据,向金融界跨界,建立一套信用体系,使得贷款不再依赖抵押品和担保,坏账率远远低于 1%,有效缓解了当前中小企业流动资金贷款,特别是小微企业贷款短缺的问题;阿里巴巴正在打造菜鸟物流平台,京东也出巨资自建物流网络,向物流等其他行业跨界。

四是电商们正抢占移动市场商机。2012 年,移动市场实现销售额 965 亿元,同比增长 35%,今年有望达到 1300 亿元。围绕着移动电商市场的争夺,今后可能会愈演愈烈,如微信将成为一个巨无霸卖场。今年 9 月,阿里推出了一款名为"来往"的即时通信软件,这是与微信竞争的开始。4G 牌照的发放将进一步拓展移动电商市场。我觉得只要竞争是有规则和公平透明的,最终的结果一定是更加有利于消费者,有利于经济发展。

五是跨境电商的发展迅速。2015 年海关快件超过 3.5 万亿元,同比增长 17.5%,远远高于外贸整体增速。阿里平台直接订单就有 270 亿美元,超过了浙江全省的出口额,京东今年出口 100 亿元。跨境的电子商务极大地拓宽了中国企业进入世界经济的路径,也为抵制反倾销、反补贴提供了一个新的路径。利用电商扩大进口,对中国未来实现国际收支平衡、引导潜在消费、提升国内产品质量和稳定奢侈品的价格方面都有极大的现实意义,也是今后开放政策方面下功夫的着力点。

据统计,2008 年到 2012 年,电商的 B2C 市场年均增长 68%,C2C 增长 66%,传统零售业增长只有16％，这使得网络零售品比重或于2015年突破10％，2017年甚至有望达到15％。与此同时，2013年8月，全国50家重点大型零售企业增速持续下降，从4月份的12.6％下降到8月份的9.9％。现在人们过多谈论电商如何冲击百货和零售，而对百货和零售如何在信息时代加快自身转型升级的关注远远不够。消费者的偏好决定了电子商务和传统商业不应该存在你死我活的矛盾，而应该优势互补共同发展。

当前，传统商业面临的困难不仅仅是电商模式的挑战，更有店面成本、费用和企业内部治理结构的压力，唯有综合改革，才能找到一条新的发展出路。一是线上、线下融合，打造O2O模式；二是和信息化结合，积极利用大数据和移动互联网技术，在商场为商户统一建立数据分析平台和发布促销信息。三是区域商圈的整合，通过共享信息，共享导购，共享一些礼券的使用。四是改变单纯商业形态，走向吃、穿、娱乐为一体的多元化业态。

历史证明，每一次成功的经济起飞或走出困境都离不开技术带来的突破和引起的思想变革、产业提升和管理创新。从当前的认知水平看，大数据很可能为人工智能的发展铺平道路，人类社会的思维方式将由此得到深刻改变。未来这个时代的商业模式是什么，我们现在还难以假定，但必须未雨绸缪，勇敢探索和应对。

第一，要把构建和应用大数据放到重要的战略位置，包括成为国家的战略，让大数据成为整个民族的一种意识，成为我们提高效率、精准分析各个经济指标的一种手段。首先是确立战略地位，其次是在行政、市场两个层面推动创新，比如政府的医药、卫生、信用、社会舆情的管理。最后还要夯实大数据发展基础，让大数据工程得到超前投资。

第二，要促进电子商务依法快速发展，进一步增强电子商务的重要地位，鼓励电商向工业、农业、服务业领域渗透，向跨境贸易、服务贸易拓展，促进传统产业转结构、调方式。要完善法律法规，加强国家层面对电商的统筹规划和顶层设计，加强一些接口标准的统一设计等等。要保护创新、保护竞争，要看到新生事物对我们国家缩小流通成本、化解小微企业融资、由消费引导生产等方面的巨大作用。如，目前我国流通费用占GDP的18％，而发达国家全国物流总费用大概是GDP的10％，起码我们还有8个点可以下降，但如果没有大数据和电商这种新的商业形式支撑是很难实现的。

第三，未来的商业不仅是买卖商品的问题，应该从买卖商品走向买卖服务。一方面，消费者的知识水平会越来越高，仅在商场或网上介绍一下商品的品牌、式样、如何操作等等已经远远不够，必须非常精准地把一个商品的结构解剖出来，把它的各种性能指标都告诉大家，这就要靠大数据来支撑。另一方面，现在人们要买的往往不是一种简单的商品，而是一揽子解决方案，需要系统集成和服务。未来的商场应引进一系列的设计单位来整体完成服务方案，并将大量的商品配进去，我想这也许是将来我们的商业要改造的一个方向，从卖单一的商品到卖一揽子方案、卖我们的服务，这也会使商业回归到真正的现代服务业。

第三章 新常态下江苏现代服务业发展分析

当前,新常态已成为思考我国经济社会发展问题的基本语境,其直观表现是经济增长速度从高速转向中高速。这既是经济增长客观规律的体现,更是追求更高质量、更好效益增长目标下的主动调控,其实质是在发展目标层面上,质量效益对于单一速度的超越。从新常态的内涵来看,在增速换挡中实现更高的增长质量和效益是目标,优化经济结构是实现目标的根本路径,创新是促进结构优化、实现发展目标的动力源泉。现代服务业,是服务业发展的高级阶段,是衡量一个国家或地区经济社会发展现代化程度的重要标志。现代服务业以生产服务业为核心,以信息化、知识技术密集和高增值为特征,其发展水平对于区域产业结构优化与产业竞争力提升具有重大的推动作用,已成为现代经济的主要推动力。全面推进现代服务业发展,对加快江苏发展意义重大。"十二五"服务业发展规划的中期进展情况表明,江苏经济发展方式转变进一步加快,进一步纳入科学发展轨道,但是成效尚未巩固,存在反复和逆转的可能。因此,江苏现代服务业将继续处于加快发展、提升发展的重大战略机遇期,应以全面纳入科学发展轨道为主题,抓住发展机遇,打造经济升级版。

一、新常态下江苏省现代服务业发展面临的环境

改革开放以来,江苏经济取得了巨大的成就,从 1978 年到 2004 年,江苏的 GDP 由 249.24 增加到 15512.35 亿元,年平均增长速度为 12.85%,2005 年到 2010 年增速分别超过 12%,尽管高速增长速度不再,2015 年江苏各市除扬州外 GDP 增幅均有下浮,总体上看,13 个市增幅均在 10% 这道"平均线"上下浮动。与 7.0% 的全国增长水平相比,江苏没有一个市"拖后腿"。但是这种高速度的经济增长与产业结构的变动相伴而行。自 20 世纪 90 年代后,江苏始终把产业结构调整及优化升级作为经济发展的一项重要战略措施。实践表明,江苏经济发展是在经济结构的不断调整中实现的,经济结构的不断调整是经济发展的永恒主题。

早在 2008 年国际金融危机前后,江苏就致力于推进经济发展方式转型,并取得实质性成效,尤其是在转型升级中带来的增长新动能,不断蓄积并逐渐率先形成增长新引擎。"十三五"时期,受要素成本上升、人口红利消失等因素影响,江苏经济潜在增长率将有所下滑,由此会进一步压缩经济增长空间,但由于包括江苏在内的长三角核心区预计"十三五"期间,江苏以加工贸易为典型代表的传统增长动力逐步衰减,同时以战略性新兴经济和现代服务业为代表的经济新动能将从力量积蓄期进入动能全面释放期,江苏经济有望在小幅波动中进入新稳态增长区间。同时,由于经济体量加大,未来江苏经济增速虽可能有所放缓,但实际增量可观,发展质量也将迈向新台阶。

经济新常态对江苏经济结构调整提出了全新的要求。为了适应新常态,推动经济社会可持续发展,近年来,江苏围绕经济结构调整进行了积极探索,经济结构呈现高度化、合理化、协调化等显著特征。尽管经济调整已初见成效,但产业结构不合理的状况还没有根本改变,总体上仍然处于经

济结构链条的中低端,依靠要素成本优势驱动、大量投入资源和消耗环境的发展方式已难以为继;三产产值比例偏低,发展仍然相对滞后;二、三产业吸收劳动力的能力比较低;多年积累的结构性矛盾在经济转型过程中凸现出来,已经成为困扰经济发展的最大制约因素。经济结构调整必须向更深层面和更广领域推进。

实践表明,经济发展很大程度上是有不同经济部门增长动力的消长和变动实现的。经济结构调整和优化升级与经济的持续增长具有强相关性。发展中的经济体进入起飞阶段后,长时期的较快增长都是以经济结构的快速转换为基础的。工业化过程既是经济总量不断增长的过程,也是经济结构的调整升级过程。在结构调整中,通过技术进步、经济转换、体制和组织创新,一方面淘汰落后生产能力,另一方面形成新的经济增长点,从而为经济的进一步发展提供动力。

另外,经济结构调整和优化升级是增强经济竞争力的关键。经济结构调整和优化升级使整个经济结构的技术含量不断提高。用高技术改造传统经济和发展高技术经济,促进经济创新,使各行业的生产率将得到比较大的提高,从而各行业的整体素质也会有所提高,经济国际竞争力得到增强。

(一)新常态下江苏经济结构新态势

"主动适应经济发展新常态",是江苏13个市2015年"两会"政府工作报告的一致表述,为了适应经济发展的新常态,推动经济社会的健康可持续发展,经济结构优化调整被确立为经济活动的主线,江苏围绕经济结构调整进行了积极探索和不懈努力。改革开放以来,江苏经济规模不断扩大,先后实现了三次经济结构的跃迁。2015年,江苏省第三产业增加值首超第二产业增加值,三次经济结构实现从"二三一"向"三二一"的标志性转变。2015年上半年全省服务业增加值首次超过第二产业,占GDP比重达48.3%,超过第二产业比重0.6个百分点。服务业增长加快、比重提升,总量超过第二产业,凸显出江苏结构转型的大趋势和积极信号。随着供给侧结构性改革不断推进和稳增长政策效应持续释放,经济结构呈现高度化、合理化、协调化等特征。

1. 经济层级高度化

经济结构高度化是经济结构演进规律的内在要求,实质上是对经济结构高级状态的理性追求,也正是这种永无止境的追求为江苏经济结构调整注入了持久的牵引动力。2014年,从第三经济的高端组成部分——现代服务业来看,无论是产值规模还是产值比重均有显著提升,现代服务业占第三产业的比重超过60%,其中生产性服务业占服务业比重达52.4%。

高新技术经济是现代经济结构中的高端组成部分,其不仅本身能够创造巨大的经济产值,而且具有显著的正向外溢效应。江苏高新技术经济主要集中于电子及通信设备制造业、智能装备制造业和新材料制造业,2015年这三大经济的产值比重分别为22.74%,29.63%,28.17%,合计占比高达80.54%。2016年上半年,全省高新技术产业产值同比增长7.2%,增速比一季度加快0.7个百分点,占规模以上工业总产值比重高达40.5%。

从区域层面来看,2015年苏南五市高新技术产值占全省的比重分别为22.75%,10.12%,9.64%,8.11%,7.07%,合计占比高达57.69%。苏中三市高新技术产业产值14609.50亿元,占全省的23.80%;苏北五市高新技术产业产值11358.35亿元,占全省的18.51%。高新技术经济的良好发展势头,加上区域自主创新体系建设和各种高新技术经济优惠政策的出台,将为以高新技术经济为目标的经济结构高度化提供良好支撑。

战略性新兴经济逆势上行,渐成拉动经济增长的新引擎。2013年末,江苏有战略性新兴经济法人企业6.7万个,占全省二、三经济法人企业的7.4%,占全国战略性新兴经济法人企业的40%。节能环保经济和新材料经济,构成当前战略性新兴经济的主体。江苏上述两个经济的法人企业数量分别为3.1万个、2.2万个,合计5.3万个,占全部战略性新兴经济法人企业总数的79%,全国这两个经济的占比为71%。从战略性新兴经济从业人员看,江苏有828万人,全国有2362万人,江苏占全国的35%。

截至2015年,江苏省十大战略性新兴产业销售总量实现四年倍增,增速继续高于面上工业4个百分点以上。实现销售收入超过4.5万亿元,同比增长11%左右,占比达到30%以上。其中物联网和云计算、新能源汽车产业增速超过35%。2016年上半年,全省战略性新兴产业实现销售收入2.4万亿元,同比增长10.6%。以网络购物为代表,新业态增势强劲,全省网上零售额同比增长37.7%,增速比全国快9.5个百分点。高附加值、高技术含量的工业产品显示出良好的市场成长性,全省统计的11种新产品中有10种产品产量实现两位数增长,其中,智能手机增长1.5倍,工业机器人增长69%。

"苏州工业园重点发展的纳米技术、生物医药、云计算三大战略性新兴经济,产值年均增幅近40%,2014年均达到200亿元规模,八大战略性新兴经济产值超2200亿元,占规模以上工业总产值的比重超60%";"南京软件谷实现软件及信息服务销售收入1330亿元,同比增长32.3%,占全市比重达40%";"中国医药城签约落户医药类项目128个,在建经济化项目103个";"无锡物联网及相关经济业务收入增长40%以上";"盐城东风悦达起亚汽车产销64.6万辆,全市汽车经济销售突破千亿元"发展高新特经济等等,13个市都在"换挡加速"。

2. 产业结构合理化

三次经济结构实现从"二三一"向"三二一"标志性转变。2015年,三次产业增加值比例调整为5.7∶45.7∶48.6,第一经济比重持续下降,从1990年的25.1%下降到2015年的5.7%;较2014年的5.6∶47.7∶46.7,实现产业结构"三二一"标志性转变,第三产业比重首超第二产业。作为经济总量居全国第二、工业总产值居全国第一的江苏省,近二三十年,第三产业增长并不慢,但是由于第二产业总量太大而且增速也很快,所以三次产业结构从"二三一"调整为"三二一",更是一种不同寻常的结构优化。

经济活力继续增强。2015年全年非公有制经济实现增加值47398.7亿元,比上年增长8.8%,占GDP比重达67.6%,其中私营个体经济占GDP比重为43.4%,分别比上年提高0.2个和0.6个百分点。年末全省工商部门登记的私营企业达182.2万户,新增39.4万户,注册资本72965.4亿元,比上年增长30.7%;个体户387.2万户,新增63.7万户。

投资结构持续调优。一是工业投资结构持续优化。全省完成高新技术产业投资7965.1亿元,同比增长11.1%,比全部投资增速高0.6个百分点,其中软件业投资同比增长40.7%、仪器仪表制造业投资同比增长22.7%、新能源制造业和智能装备制造业同比分别增长16.8%和13.3%。全省高耗能行业投资同比增长4.8%,低于全部投资增速5.7个百分点,占全部投资比重仅9.3%,比上年回落0.5个百分点。

二是工业技术改造投资持续快增。全省完成工业技术改造投资12345.6亿元,同比增长

25.6%,增速比工业投资增速快 13.2 个百分点,占工业投资总量的比重达 54.2%,同比提升 5.7 个百分点。三是服务业项目投资继续加快。全省服务业项目投资完成 14628.3 亿元,同比增长 14.2%,高于全部投资增速 3.7 个百分点,服务业项目投资占全部投资比重达 31.9%,占全部服务业投资比重达 64.2%,比上年分别提高了 1.1 个和 3.3 个百分点,民生相关行业投资中卫生和社会工作投资增长 63%,批发和零售业投资增长 46.9%。

四是基础设施投资保持较快增长。2015 年,全省完成基础设施投资 7468.5 亿元,同比增长 14.2%,增速高于全部投资 3.7 个百分点,占全部投资比重达 16.3%,比上年提升 0.6 个百分点。2016 年上半年,全省工业技改投资占工业投资比重达 54.7%,同比提升 4.8 个百分点;服务业投资同比增长 8.4%,比一季度加快 1.9 个百分点。值得特别关注的是,在同期全国民间投资创出 2.8% 的增速新低的背景下,江苏民间投资却逆势飞扬,同比增长 11.1%,比全部投资快 1.4 个百分点,占全部投资的比重达 70.4%。

消费作为经济第一拉动力的地位进一步得到巩固。2016 年上半年全省消费需求对经济增长的贡献率达 52.2%,同比提升 1 个百分点,比投资的贡献率高 5.4 个百分点,消费作为经济第一拉动力的地位进一步得到巩固。

现代农业加快推进。2016 年高标准农田比重超过 50%,农业科技进步贡献率提高到 65%,家庭农场、农民合作社分别达到 2.8 万家和 7.2 万个,农村产权交易市场建设进展顺利。

江苏以劳均产值(增加值/从业人数)衡量的平均劳动生产率不断提高。2015 年第一、二、三次经济的劳均产值分别为 4.55 万元/人、15.66 万元/人、18.56 万元/人,分别是全国平均水平的 1.64、1.30、1.78。

3. 区域发展协调化

全省城镇化率达到 66.5%,比上年提高 1.3 个百分点。苏南转型升级步伐加快,苏中整体发展水平提升,苏北全面小康社会建设取得新成效。2015 年,苏南、苏中、苏北地区分别实现一般公共预算收入 4179.9 亿元、1278.9 亿元、1885.9 亿元,同比增长 9.2%、13.9%、12.9%,苏北增幅比全省平均高 1.9 个百分点。分别实现规模以上工业增加值 16904.4 亿元、7618 亿元、8404 亿元,同比增长 6.3%、10.6%、11%,苏北增幅比全省平均高 2.7 个百分点。沿海开发有力推进,沿海地区实现生产总值 12521.5 亿元,比上年增长 10.1%,对全省经济增长贡献率达 19.4%。

2014 年,苏北五市地区生产总值突破 1.5 万亿元,公共财政预算收入达 1671 亿元,分别是 2010 年的 1.7 倍和 2.1 倍,人均 GDP 由 2010 年的 2.9 万元提至 2014 年的 5.1 万元。2011 至 2014 年,苏南、苏中、苏北 GDP 年均分别增长 10.5%、11.7% 和 12.2%。在苏南经济发展质量和效益不断提升的同时,苏中、苏北对全省经济增长的贡献率由 39% 提高到 44.6%。2015 年,苏北大部分经济指标高于全省平均水平,苏中、苏北经济总量对全省的贡献率达 46.2%,比上年提高 1.4 个百分点。

2015 年,按常住地来分,江苏城镇居民人均可支配收入 37173 元,增长 8.2%;农村居民人均可支配收入 16257 元,增长 8.7%。从这个角度来看,江苏城乡居民收入差距进一步缩小。

由上可见苏中、苏北的发展态势仍明显好于苏南,江苏区域发展更趋协调。

4. 投入产出低碳化

经济结构低碳化是以低碳可持续发展理念为指导,创新低碳发展技术,优化资本、技术、劳动、土地特别是化石能源的配置效率,调整经济结构布局,重点发展低能耗、低污染、低排放的经济,限制发展高能耗、高污染、高排放的经济,从而不断降低整个经济体系的碳排放量的经济结构调整过程。

2015年,江苏在节能减排方面取得了一定的成就,单位GDP能耗、单位GDP电耗、单位工业增加值能耗持续降低,完成了既定的目标任务,有力地推动了江苏经济结构的低碳化。与2010年相比,全省单位GDP能耗下降22%,单位GDP建设用地规模下降33%。2016年上半年,全省节能降耗成效明显,单位工业增加值能耗同比下降5.27%。全省原煤、水泥、平板玻璃、民用钢质船舶产量同比分别下降24.6%、2.8%、15.3%、24.3%。2015年,全省化学需氧量、氨氮、二氧化硫、氮氧化物排放总量分别为105.46万吨、13.77万吨、83.51万吨、106.76万吨,较2014年分别削减4.13%、3.43%、7.70%、13.38%,均超额完成年度目标。

为了切实保障经济结构向低碳化方向迈进,江苏持续加大环境保护投资,加强对工业三废的治理力度。2013年,江苏工业污染防治施工项目完成投资74.48亿元,同比增长24.97%,分别为2000年和2010年的4.26倍和4倍;当年完成环保验收项目环保投资311.72亿元;一般工业固体废物综合利用率和工业废水排放达标率分别为95.73%和98.07%,江苏在环境保护和污染治理方面的努力,既促成了环保相关经济的繁荣发展,为经济结构注入了低碳内容,又大大降低了高能耗经济的碳排放量,减轻了整个经济结构的碳压力。

积极推进生态环境保护制度综合改革。出台《江苏省排污许可证发放管理办法(试行)》,进一步扩大排污权交易试点的污染物种类、地域及行业范围。完善水环境资源上下游"双向补偿"政策,全年区域补偿资金近4亿元。制定《江苏省环保信用体系建设规划纲要(2015—2020)》,组织全省2万多家企业开展环保信用评价,落实环保"黑名单"联合惩戒制度。

5. 对外开放国际化

经济结构国际化主要指一个国家或地区通过在全球范围内获取和配置经济发展要素,在全球市场上实现产品或服务价值,依托全球价值链升级和经济布局调整,实现经济结构优化升级的过程。江苏在经济结构调整过程中明确地选择了国际化取向,积极吸引和利用外资,大力发展对外贸易,在经济结构国际化方面铸造了辉煌业绩。江苏连续多年实际利用外商直接投资居全国首位。

"十二五"时期江苏利用外资继续保持两位数的年均增长速度,2014年实际利用外商直接投资281.74亿美元,占全国总额的23.6%。2015年,实际利用外商直接投资242.7亿美元,新设及净增资3000万美元以上企业605个。外商直接投资对江苏经济结构调整做出了重要贡献,一方面,外资有利于缓解经济结构调整的资金瓶颈问题;另一方面,外资能够通过技术外溢效应为经济结构调整升级提供技术动力,特别是在研发支出投入方面外资企业做出了很大贡献。2013年全省规模大中型工业企业研究与发展经费内部支出为802.73亿元,其中外商投资企业和港澳台商投资企业分别贡献了226.38亿元和105.18亿元,二者合计占比高达41.3%。

如果说外商直接投资主要是从要素供给层面影响经济结构调整的话,那么对外贸易则是主要从市场需求层面对经济结构调整产生影响。虽然江苏自改革开放以来就一直致力于发展对外贸易,特别是21世纪初加入WTO使江苏对外贸易发展迎来了黄金期,外贸依存度一度超过100%。

不过,随着国际经济形势的波动以及国际市场的持续疲软,加上国内宏观政策由外需向内需的转型,江苏开放型经济已经出现了种种放缓迹象。从推动经济结构国际化的第一利器——外资来看,随着劳动力成本优势的弱化,增长速度明显放缓,某些年份由于受国际金融形势的影响甚至出现负增长。同时,随着国内经济的繁荣发展,经济活动对外资的依赖在减弱,外资占全社会固定资产投资的比重呈显著下降趋势,这一指标 2008 年为 18.85%,2010 年下降为 13.00%,2013 年进一步下降为 12.04%。

二、新常态下江苏现代服务业面临的重大挑战

经过 30 多年的发展,江苏经济已站在一个较高的平台上,但发展中积累的结构性矛盾也逐渐显现,经济发展方式转变尚未取得实质性突破,面临的新挑战依然突出。

(一)产业转型升级"任重道远"

尽管 2015 年,三次产业增加值比例实现了从"二三一"向"三二一"的标志性转变,但江苏省农业基础依然薄弱、工业大而不强、服务业发展滞后。

从农业看,江苏人多地少、耕地后备资源紧缺。伴随工业化、城市化的进程,耕地资源不断趋紧,现有耕地人均不足 0.9 亩,耕地质量也呈下降趋势,可以说,耕地资源已成为江苏农业发展最大的制约因素。农村劳动力转移率超过了 70%,种地老龄化、兼业化的问题就更明显;农村土地经营权流转比重超过了 50%,维护农民权益问题就更突出。

从农田基础设施看,农田水利设施标准不高、配套不全、老化失修,抗灾标准低,与现代农业发展不相适应。现有的农田沟、渠、路、桥、闸、涵等配套设施以及供排水机械、收割机械拥有量与高产稳产的田块要求仍有很大差距。亟待重新修建水利设施和配套完善。从农业生产经营方式看,一方面,江苏农业务农人员老龄化、兼业化,而目前基层从事农技推广的人员较少,影响了农业技术的指导和推广,用种量过大、田间管理粗放、关键措施不能迅速落实到位等情况在普通农户中仍然广泛存在,一旦遭遇不利气候就会造成粮食产量下降,粮食种植方式科学化仍需推进;另一方面,种粮大户、粮食生产合作社逐渐兴起,但由于资金、技术、土地租用等因素制约,土地集中经营在粮食生产中优势及生产潜力尚未完全发挥,经营方式仍需优化,技术水平仍需提高。

农业投入品过量使用,农业资源综合利用水平不高,农业生态环境依然脆弱。据调查,目前江苏单位面积化肥、农药使用量分别是世界平均水平的 5 倍和 3 倍,每年使用的 65 万吨农膜回收率只有 60%左右,农业投入品使用量超过合理水平,造成面源污染,加上工业、生活污染,农村环境问题较为突出,对农产品质量安全和农业长远发展造成的影响不容忽视。

从工业看,产业总体处在全球分工体系和价值链的中低端,处于加工组装环节,其产品多以中间环节的零部件和材料为主,高端产品和技术较少、中低端产品和技术较多。企业生产服务需求中对批发零售、运输仓储等低端服务需求比重较大,而对研发设计、知识产权、品牌经营等高端服务需求比重较小,制造业与服务业之间的内在关联性较弱。这导致了制造业对高端的生产性服务需求不足,限制了服务业的发展空间。

从服务业情况看,首先,生产性服务业比重偏低,对制造业发展的推动力不足。目前全球服务业占比平均超过 60%,2015 年江苏服务业增加值占 GDP 比重仅 48.6%。欧美发达国家生产性服务业占服务业比重普遍在 70%左右,占 GDP 比重大多在 43%左右,较为发达的生产性服务业为发达国家制造业的发展提供了强有力的支持。2011—2015 年,江苏省生产性服务业增加值占服务业

增加值和 GDP 的比重,分别由 2011 年的 51.2％和 21.8％,提高到 2015 年的 56.5％和 27.5％,但与欧美发达国家相比,差距仍比较大。对经济转型升级起重要作用的研发、营销、金融、商务、保险、物流等现代生产性服务业发展仍显滞后,生产性服务业的滞后使得服务业难以满足制造业企业的专业化需求,在一定程度上制约了江苏省制造业的转型升级。

(二)创新驱动增长原力不强

发展创新型经济,是江苏经济进行"第三次转型"的核心内容。近年来,江苏实施创新驱动战略成效显著,江苏区域创新能力连续七年保持全国第一,其中企业创新能力、创新环境两个单项排名第一。但在基础创新力、知识创新能力、知识获取能力创新绩效等领域仍存在诸多薄弱环节,比如知识创新能力低于北京,知识获取能力低于上海,创新绩效低于广东。

自主创新能力不足。2013 年江苏基础研究和应用研究的经费支出占总研发经费的比重分别在 3％和 10％以下,低于先进省份水平。原创性基础研究投入不足导致江苏核心技术的开发能力较弱,自主创新能力不足,专利总量的 70％集中在传统产业和外围技术,关键部件、器件和材料主要依靠进口。江苏对外技术依存度约为 60％,而大部分发达国家都在 30％以下,其中美国和日本低于 10％。客观而论,以往江苏经济发展也是创新驱动,只不过其创新驱动的意义更多在于切入发达国家跨国公司主导的全球价值链,实现跟随和模仿,具有高强度投资的重要特征。此种意义上的创新与真正意义上的自主创新并非同一概念。总体而言,江苏自主创新特别是原创力还不够强,对外技术依存度比较高,这是我省开放型经济发展在全球产品价值链和国际经济链中处于附加值较低的环节的根本原因所在,也是"新常态"下江苏经济实施"创新驱动"发展重点所需突破的难点之一。

整合全球创新要素能力较为欠缺。从本质以及微观角度看,当前以全球要素分工为主导的国际分工,实质就是跨国公司在全球范围内整合和利用全球优势要素和资源。过去江苏发展开放型经济,受到江苏自身的要素禀赋结构限制,或者说主要依托以初级要素参与国际分工的事实特征,决定了我们在全球要素分工中主要处于"被整合"的地位。虽然多年的开放型经济发展使得江苏集聚或者说吸引全球生产要素的能力不断提高,但是"集聚"能力并非等同于"整合"能力。实际上,江苏整合全球生产要素能力亟待提高,本土企业"走出去"整合全球生产要素包括创新要素的能力还比较弱,具备"走出去"整合全球生产要素和创新要素能力的本土跨国公司数量还极为有限。

企业的创新驱动发展主体地位尚未完全确立。实施开放型经济创新驱动发展战略,最终要落到作为微观经济体主体的企业身上。虽然经过多年的发展,江苏在完善市场经济体制方面做出了很多有益探索并取得了巨大进步,但市场在资源配置中的决定性作用尚未从根本上得到确立,企业微观活力难以得到有效释放。仍然存在着市场环境需要进一步优化、政府干预需要进一步减少、竞争机制需要进一步完善等问题。普遍观点认为我们的企业缺乏创新能力,而更本质地看,与其说创新能力的缺失是技术困境所致,倒不如说是企业作为创新主体的地位尚未得到完全确立的困境所致。因此,如何通过进一步的改革,让企业在市场公平有序的竞争中发挥创新想象能力以及选择自负其责的技术路线,会更为有效地激发企业创新动力市场活力,充分发挥"创新"要素的真正创新作用。

(三)经济实力与广东存在一定差距

广东比江苏经济起步更早,率先进入了工业化后期,进入工业化后期以后最明显的特点就是第三产业比重提升。2015年,广东第三产业比重达到50.8%,而江苏则为48.6%,这2.2个点的差距也意味着按目前的速度而言有就是3—5年当中的差距。而且,江苏可能会经历产业结构调整带来的增速的放缓。相比江苏,广东在产业结构方面更加优化。2015年,广州三产比重达到66.1%,南京三产占比为57.3%,广州高出南京8.8个百分点。除广州之外,深圳和制造业重镇东莞三产占比都超过了50%。而江苏除省会南京外,其他经济重镇,三产比重均未超过50%。其中,苏州为49.9%。

从固定资产投资占GDP比重来看,2015年广东固定资产投资额为29950.48亿元,而同期江苏为45905.17亿元,超出广东大约1.5万亿。而江苏的投资率,更是高达65.5%。2015年,广东固定资产投资占GDP比重为41.1%,具体到城市,深圳更是只有18.8%。事实上,从2003年开始,江苏的固定资产投资就已经超过了广东,至今已逾十年。过于依赖投资驱动的经济增长,其不仅边际效应会呈下滑趋势,更会由此对经济转型造成阻碍。

广东的内需比江苏更为强劲。在社会消费品零售总额方面,已有的统计显示,2012年广东为3.13万亿元。江苏为2.59万亿元,广东多出江苏5400亿。在2015民营企业500强中,江苏入选的企业多于广东。不过,江苏的经济,对于外企依赖性比较大,强势企业多出自外企,而广东的本土经济更为突出。广东的高新产业与战略性新兴产业,如通用飞机基地、华为、中兴、腾讯、元征、金蝶等均为广东本土企业。

江苏在高新技术产业,以及高端制造业领域,建立了相对优势"新苏南模式"的起点相对比较高。江苏制造业在全国具有领先优势,但在互联网经济等新经济领域与广东、浙江等地区相比存在明显差距。虽然江苏的高端制造更为强劲,但是广东的产业结构更为丰富多元。

三、新常态下江苏现代服务业发展的新机遇

新常态下江苏发展的外部环境和内在条件正在发生深刻变化,但仍处于大有可为的重要战略机遇期。新常态将给未来江苏经济发展再上新台阶带来"五大机遇"。

(一)机遇之一

新常态下经济增速虽然放缓但实际增量依然可观,人均发展水平潜藏着进一步提升的巨大空间。2013年全省GDP增速降至个位数,为9.6%,比金融危机前的2007年(14.9%)低5.3个百分点。但由于基数提高,GDP增量仍在扩大。2013年,全省GDP增量按现价计算为5104亿元,约相当于1995年全年的总量。

过去30多年间,江苏人均发展水平实现了大幅跃升,2015年江苏人均GDP突破1.4万美元。2013年全省人均GDP达12047美元,相当于20世纪70年代后期的美国、80年代初的日本、80年代中后期的德国和英国、90年代中后期的韩国。这表明,一方面江苏发展追赶的任务仍相当艰巨,另一方面也预示着经济仍有巨大的发展空间,经济增长仍存在着巨大的韧性、潜力和回旋余地。完全可以再创一个较长的"黄金发展期"。

(二)机遇之二

新常态下经济结构从增量扩能为主转向调整存量与做优增量并存的深度调整,结构调整孕育

新突破。一是产业结构将深度调整优化,新产业、新业态、新产品大量涌现,促进产业层次向中高端迈进。近年来,江苏大力发展战略性新兴产业和现代服务业,产业结构已悄然变化。2015年全省服务业增加值占GDP比重达48.6%;高新技术产业实现产值61373.61亿元,占规模以上工业产值的比重达41.4%。二是需求结构将进一步改善,内需增长特别是消费的支撑作用增强。2016年上半年全省消费对经济增长的贡献率达52.2%,比投资贡献率高5.4个百分点,经济增长主要依靠投资、出口拉动的局面初步有所改观。三是创新体系逐步完善正释放出越来越多推动经济发展的"正能量",将加速结构优化升级。《中国区域创新能力报告2015》显示,江苏区域创新能力实现"七连冠",其中企业创新、创新环境两项指标居全国第一。

(三)机遇之三

新常态下经济发展动力正从传统增长点转向新的增长点,未来经济发展的支撑力将呈现多元化。一是城镇化将释放出消费和投资增长的巨大潜力。目前江苏城镇化率虽然已达65%以上,但到2020年全省常住人口城镇化率将达到72%,由此每年约增加90万左右的城镇人口,则需要每年增加公共支出900亿元,所形成的基础设施、住房建设投资需求和居民消费需求,将成为江苏经济发展的强大动力。二是网络经济将成为经济增长的新引擎。2013年江苏的电商交易额约1.2万亿元,2016年上半年全省网上零售额同比增长37.7%,增速比全国快9.5个百分点。三是绿色环保产业市场前景广阔。发展节能环保产业不仅有助于降低能源消耗、减轻环境污染,而且通过提供需求快速扩张的生态产品,能够拉动有效投资,激发绿色消费,形成新的增长动力。2013年,江苏规模以上节能环保企业1600多家,实现主营业务收入超过4700亿元。

(四)机遇之四

新常态下各项改革开放政策逐步深化,"改革红利"将极大地激发经济发展的内在活力。改革开放本质上是一种制度创新,改革通过优化要素配置促进全要素生产率的提高,从而不断释放出经济增长的动力和活力。近年来,江苏发挥政府与市场的正向叠加效应,加大简政放权力度,坚持和完善基本经济制度,积极发展混合所有制经济,改革效应逐步显现。2015年全年非公有制经济实现增加值47398.7亿元,比上年增长8.8%,占GDP比重达67.6%,其中私营个体经济占GDP比重为43.4%,分别比上年提高0.2个和0.6个百分点。年末全省工商部门登记的私营企业达182.2万户,当年新增39.4万户,注册资本72965.4亿元,比上年增长30.7%;个体户387.2万户,当年新增63.7万户。要素价格调整、国企改革、事业单位分类改革、农村土地改革等,都将为促进经济高效均衡发展转型注入活力。

(五)机遇之五

多重国家战略叠加效应加速释放,经济战略地位将进一步增强。"十三五"时期,"一带一路"、"长江经济带"、"长三角一体化"、苏南现代化建设示范区、苏南国家自主创新示范区、江苏沿海开发等国家战略在江苏密集实施,为江苏加强战略统筹,更好发挥综合效应,提供了新的历史机遇。多重国家战略的密集实施,为江苏经济发展不断注入新的活力与动力,并从国家意志与地区发展的互动中构成江苏发展的特殊战略机遇期。多个国家战略在江苏的布局实施,不仅将带来政策、资源、项目、投资集聚,也将营造出独特的发展环境,丰富江苏战略机遇期的内涵,并将成为江苏未来经济增长的强大动力源,江苏将成为代表国家参与全球竞争与合作的重要区域,在全国发展全局中的战略地位有望进一步提升。

四、新常态下江苏现代服务业发展的重要举措

全省服务业工作将准确把握中央和省经济工作会议精神,坚持稳中求进工作总基调,坚持以提高经济发展质量和效益为中心,主动适应经济发展新常态,把"转方式,调结构"放到更加重要位置,努力追求稳增长和调结构之间的最优平衡,积极发现培育新增长点。以江苏省"十三五"服务业发展规划和现代服务业发展五年行动计划的编制和实施为主抓手,突出把握好培育我省现代服务业竞争新优势的有效路径,全面优化江苏服务业发展的市场主体、产业生态、动力机制和制度保障,不断增强现代服务业的引领和支撑作用,着力推动产业结构向中高端迈进。

(一)把握现代服务业与先进制造业协同发展驱动路径,促进生产性服务业向价值链高端攀升

一是推动生产性服务业规模扩张和质态提升并重。突出抓好规模实力优、带动作用强的科技服务、信息技术服务、金融服务、现代物流、商务服务、服务外包等六大重点产业,培育壮大成长潜力大、市场前景广的电子商务、节能环保服务、检验检测、售后服务、人力资源服务、品牌和标准化等六个细分领域和行业,确保年度生产性服务业增速高于服务业增速,生产性服务业增加值占全省服务业增加值比重逐年提高。二是推动制造业智能化数字化和网络化服务化并进。培育一批制造业服务化示范企业,实施一批制造业服务化示范项目。引导企业加大产品整合力度,从产品供应商向整体解决方案提供商转变,为客户提供总集成总承包服务和专业化继承方案,支持企业外包产品加工环节,专注于产品设计、运营维护、零销分摊等高附加值业务,提供线上线下智能化垂直化服务,围绕客户需求开展个性化产品设计、众包设计、众筹设计等网络制造新模式。三是推动生产性服务业集聚载体提升和龙头企业培育并行。实施生产性服务业"双百工程",制定出台专门实施方案,采取年度滚动管理的方式,启动2016年度"双百工程"一期计划。围绕生产性服务业重点领域,培育形成百家在全国有较强影响力和示范作用的生产性服务业集聚区,不断完善园区主导产业体系和配套服务功能,增强其要素吸附能力、产业支撑能力和辐射带动能力;培育壮大百家处于行业领先地位、具备显著创新能力的生产性服务业企业,引导企业加快技术创新、管理创新、制度创新和模式创新,全面提升生产性服务业企业核心竞争力。四是推动要素集聚和政策叠加并举。进一步放开生产性服务业领域市场准入,营造公平竞争环境,完善土地、价格、财税政策。合理安排生产性服务业用地,促进节约集约发展。鼓励社会资本以多种方式发展生产性服务业。建立完善主要以市场决定价格的生产性服务业价格形成机制,规范服务价格。开发适合生产性服务业特点的各类金融产品和服务。根据生产性服务业产业融合度高的特点,完善促进生产性服务业的财税政策。

(二)把握扩大内需和消费升级驱动路径,促进生活性服务业高品质精细化发展

全面贯彻落实国家新近出台的生活性服务业发展意见,研究制定我省实施意见,明确我省生活

性服务业发展导向、重点领域和主要任务。一是以民生需求为纲持续增加服务有效供给。鼓励各类市场主体创新服务业态和商业模式,增加对短缺服务的关注和投入,开发新型服务产品和手段。遵循产城融合、产业融合和宜居宜业的要求提升发展城市生活性服务业,科学规划产业空间定位,优化布局网点,完善服务体系和功能。以改善基础条件、满足农民需求为重点加快发展农村生活性服务业,鼓励城镇生活性服务业网络向农村延伸,不断完善以城带乡、城乡互动的生活性服务业发展机制,促进区域结构更加均衡。二是以消费升级为引领深度开发生活性服务市场。深度开发人民群众从衣食住行到身心健康、从出生到终老各个阶段各个环节的生活性服务,积极拓展新兴服务消费市场。在发展重点上,充分根植江苏城乡居民消费偏好、传统文化特点、民俗风情特色,围绕商贸流通、健康养老、文化创意、旅游休闲、家庭服务、教育培训、体育服务等领域,精细服务环节,延伸服务链条,发展智慧服务。三是以服务质量为本显著提升生活性服务品质。开展江苏生活性服务业品质提升行动,鼓励生活性服务企业将服务质量作为立业之本,坚持诚信经营,强化质量责任意识,积极制定各类国家级和省级服务标准和规范,积极运用新理念和新技术,促进"老字号"生活性服务品牌焕发新生机,推进生活性服务业多元化、精细化、品牌化、标准化、职业化发展,确保生活性服务质量和服务品牌实现显著双提升。

(三)把握"互联网十"融合创新驱动路径,促进服务业新增长点不断涌现

一是大力培植互联网平台经济规模优势。依托我省先进制造业和总部经济的发展基础和比较优势,大力支持本土有综合实力、有发展潜能的平台企业跨地区、跨行业、跨所有制整合资源,鼓励总部型服务业企业平台化发展,重点引进国内外具有发展潜力的平台经济总部,加快培育一批具有行业带动力和国际影响力的龙头型平台企业,以此为依托,加速对产业上下游环节的整合,有效拓宽平台经济的发展空间。制定实施《江苏省互联网平台经济"百千万"工程实施方案》,在六大重点领域做优做强100家重点平台企业,实现千亿元利税收入,创造万亿元产业规模。二是全面促进互联网与实体经济的融合嫁接。发挥江苏实体经济发达的优势,加快与互联网经济深度融合发展,引导制造业企业向"互联网十"的服务环节转型延伸,强化对生产工艺流程进行柔性化改造,依托网络开发定制产品;指导传统服务业企业积极学习并灵活运用现代网络和信息技术实施改造升级,进一步拓展网络消费领域,加快线上线下融合,重点发展信息消费,丰富信息消费内容和形式。积极鼓励将云计算、物联网、大数据、3D打印、可穿戴设备等高新技术广泛深入应用于生产生活中,提供个性化定制化服务,提升服务精细化、智能化水平,创造拓展新产品、新业务和新模式,构建连接一切的服务业产业新生态。

(四)把握开放合作共享驱动路径,促进现代服务业国际化水平加快提升

在"十三五"发展更高层次的开放型经济大背景下,积极融入国家扩大开放战略的大格局,加强国际交流合作,打造开放战略平台,发掘服务业跨国和跨地区合作的新良机,打造服务业以开放促转型的新样板。一是坚持引资引技和引智同步,提升利用外资水平。有序开放金融、教育、文化、医疗、旅游等服务业领域,鼓励外资设立或参股金融机构和金融租赁、互联网金融组织等新兴金融市场主体,引进优质教育资源开展中外合作办学,吸引外商投资文化创意、动漫游戏、数字产业、出版发行等行业,鼓励外资优先投向医疗资源稀缺的区域以及特需医疗服务短缺的领域。放开养老、建

筑设计、商贸流通、电子商务等领域，加快跨境电子商务试点城市建设。创新利用外资方式，推动引进外资本与引进先进理念、关键技术、高端人才紧密结合，鼓励优质外资重组、并购本土服务业企业。二是建立健全服务贸易促进体系，扩大服务贸易比重。加快推动运输服务、加工服务、信息服务等重点领域服务贸易发展，培育发展文化贸易、技术贸易、中医药贸易等新领域，鼓励发展新型贸易方式，重点发展跨境电子商务、外贸综合服务企业等，推广新型外贸经营综合服务平台。支持苏南服务外包产业带、江苏沿江服务外包示范城市群建设，支持有条件的地区争创服务贸易创新示范城市和国家服务外包示范城市。三是衔接省走出去倍增计划，加快服务业企业国际化步伐。完善服务业"走出去"综合服务体系建设，打造一批主业突出、竞争力强的大型跨国服务业企业，培育若干具有较强国际影响力的服务品牌，鼓励支持服务业企业开展组建跨行业跨地区战略联盟等行动，在全球化产业分工和重组新格局中赢取主动权。

（五）把握区域协调联动和示范试点改革驱动路径，促进服务业发展格局更趋优化

一是以"两级四带多板块"为框架统筹规划空间布局。在十三五服务规划编制过程中，初步提出"两极四带多板块"的布局构思，以南京、苏州现代服务业发展为重要核心极，沿江城市群、沿海、沿东陇海及沿大运河四大服务业发展带为重点产业带，并宁镇扬、锡常泰、（沪）苏通、徐州淮海经济区、淮河生态经济走廊及连云港新亚欧大陆桥头堡等六个服务业发展重要板块打造为现代服务新的增长极。二是以现代服务业示范区建设为方向探索更优集聚模式。探索研究现代服务业示范区建设的意见设想，分析把握服务业发展的战略重点、区域特色和形态演变趋势，借鉴工业园区、高新技术产业园区、现代农业生态园区发展经验，尝试建立现代服务业示范区这一新兴载体模式，从主导产业提升、公共服务功能建设、新业态新模式拓展以及服务业对外开放等方面完善园区规划引导，从产业政策、用地政策、税收政策、财政政策等方面集成资源要素，推动示范区高端化、集聚化、特色化、开放化发展，努力打造我省新兴服务产业集聚发展先导区和先进制造业与现代服务业融合发展的先行区。三是以国家新一轮服务业综合改革试点为契机推进区域先行先试。以深化经济体制改革为主轴，以土地、人力资源、专业技术等要素市场、金融资本市场、价格形成机制、市场竞争秩序等为重点，健全服务业市场体系；以深化国有企业改革、支持民营资本投向服务业需求旺盛领域、发展混合所有制的服务业企业和企业集团为重点，激发市场主体活力；以行政管理体制改革、财税和投融资体系改革、政府公共服务体系建设为重点，提高服务效能。抢抓国家计划中的新一轮服务业综合改革试点这一重要机遇，积极争取国家试点政策，适时扩大省级服务业综合改革试点范围，在新一轮服务业体制机制改革探索中力争走在全国前列。

地 区 篇

第一章 苏南现代服务业发展报告

"十二五"以来,苏南五市始终把加快发展现代服务业作为深化产业结构调整的战略重点,坚持规划引领,创新体制机制,以现代服务业"十百千"行动计划为统领,加大推进力度,狠抓政策落实,现代服务业提速发展取得明显成效,呈现出比重提高、结构优化、水平提升的良好态势,为经济转型升级和持续健康发展提供了有力支撑。"十三五"期间是苏南调整产业结构、转变发展方式一个极其重要的攻坚阶段,苏南服务业发展具有新的时代背景和特征内涵,任务也更加艰巨。

一、苏南现代服务业发展的现状分析

在研究苏南、苏中和苏北地区现代服务业发展状况之前,首先我们简要分析一下江苏省的现代服务业状况。表1显示了从2011年以来江苏省服务业发展规模,可以看到江苏省现代服务业规模在不断扩大,如果按当年价格计算,每年实现两位数的增长,"十二"五期间年均增长15.9%。全省服务业增速总体保持快于GDP增速的发展势头。2015年,全省服务业增加值超过3万亿元,同比增长11.4%,占GDP比重达到48.6%,比上年提高1.9个百分点,比"十二五"初提高6.2个百分点左右。全年服务业固定资产投资22781.97亿元,同比增长8.2%,占全社会固定资产总投资的比重接近50%,对全社会投资增长的贡献率达到65%。

"十二五"期间,江苏坚持把加快发展现代服务业与全面提升传统服务业紧密结合起来,使服务业发展的产业质态日趋优化。重点发展金融、现代物流、软件信息、科技研发、文化创意等生产性服务业,生产性服务业占全口径服务业增加值比重达到61.5%。服务业对外开放水平不断提升,2015年服务外包离岸合同金额、离岸执行金额总量均约为2010年的3.4倍,近年来一直保持全国第一。

表1 江苏省服务业产值(亿元)

行 业	2011 年	2012 年	2013 年	2014 年	2015 年
地区生产总值	49110.27	54058.22	59161.75	65088.32	70116.38
第三产业	20842.21	23517.98	26421.65	30599.49	34085.88
批发和零售业	5341.39	5704.66	6123.46	6559.03	6992.68
交通运输、仓储和邮政业	2127.93	2352.40	2425.11	2591.15	2705.44
住宿和餐饮业	919.13	1045.21	1027.97	1094.45	1189.40
信息传输、软件和信息技术服务业	910.86	1103.84	1361.42	1579.55	1870.81
金融业	2600.11	3136.51	3958.79	4723.69	5302.93
房地产业	2747.89	2992.82	3308.40	3564.44	3755.45
租赁和商务服务业	1191.29	1415.19	2033.78	2469.55	2845.33

续　表

行　业	2011 年	2012 年	2013 年	2014 年	2015 年
科学研究和技术服务业	496.42	612.53	774.22	884.50	998.71
水利、环境和公共设施管理业	280.76	321.98	382.91	428.27	496.67
居民服务、修理和其他服务业	568.78	685.95	877.51	1073.53	1259.45
教育	1217.21	1420.47	1680.21	1866.58	2195.15
卫生和社会工作	664.54	731.58	887.94	1015.45	1230.89
文化、体育和娱乐业	268.01	302.99	418.85	536.56	635.64
公共管理、社会保障和社会组织	1507.89	1691.85	1752.72	2003.97	2376.46

资料来源:《江苏统计年鉴2016》。

按可比价格计算,服务业对GDP增长的贡献率总体上也在不断提高,从2011年的42.4%逐渐提高到2015年的48.6%,增长了6.2个百分点,现代服务业在拉动江苏经济增长中起到越来越大的作用。从服务业内部结构来看,2015年产值最大的产业分别是批发和零售业、金融业、房地产业,分别占到当年服务业增加值的20.5%、15.6%和11%,租赁和商务服务业、信息传输、计算机服务和软件业等行业产值相对较低,但是增长速度很快,远远高于服务业总体的增长率,反映了高端生产性服务业的快速增长。

(一)服务业成为推动苏南经济增长的重要产业

作为江苏经济的领跑者,苏南地区服务业"十二五"以来蓬勃发展,表2显示了苏南5市服务业增加值状况,在苏南五市中,2015年南京市实现服务业增加值5571.61亿元,比上年增长11.8%,成为经济增速领跑苏南的有力推手;服务业增加值占GDP的比重这一指标为57.3%,较上年大幅提升0.8个百分点,是全省唯一一个占比超过50%的省辖市,已经逐步形成以服务经济为主的产业结构体系。苏州市实现服务业增加值7243.24亿元,服务业总量位于全省第一,比上年增长9.5%,占地区生产总值的比重达49.9%,同比提高1.5个百分点。无锡市服务业增加值4183.11亿元,占地区生产总值比重达49.1%,同比提高1.5个百分点。常州市服务业增加值2610.56亿元,占地区生产总值的比重达49.5%,提高1.4个百分点。镇江市服务业增加值1642.63亿元,占GDP比重为46.9%,同比提高0.8个百分点。总体看,苏南五市2015年服务业增加值增幅和占GDP的比重,保持全省领先水平。服务业发展明显呈现出从南到北阶梯分布的特点,且南北差距也越来越大,反映出各地区服务业发展规模和水平与经济发展总体水平的相关性。地区发展差距拉大,不利于提升我省服务业的整体水平。

表2　苏南苏中苏北地区第三产业增加值(亿元)

	2011 年	2012 年	2013 年	2014 年	2015 年
苏　南	13287.61	15416.80	17391.63	19473.43	21251.15
南　京	3220.41	3845.73	4422.50	4983.02	5571.61
镇　江	938.29	1095.11	1309.07	1499.89	1642.63
常　州	1518.37	1742.74	2046.26	2355.30	2610.56

续　表

	2011 年	2012 年	2013 年	2014 年	2015 年
无　锡	3029.05	3418.90	3594.90	3971.29	4183.11
苏　州	4581.50	5314.32	6018.90	6663.93	7243.24
苏　中	3528.72	4074.41	4832.74	5549.77	6236.78
苏　北	4209.43	4853.59	5724.13	6455.58	7249.03

资料来源:《江苏统计年鉴 2016》。

从各地区内部产业结构来看,苏北、苏中地区的服务业发展也相对落后。2015 年苏中地区第三产业增加值占 GDP 比重为 45%,比苏南低 6.2 个百分点,苏北地区第三产业增加值占 GDP 比重为 43.8%,比苏南低 7.4 个百分点,差距比较明显,并且可以发现与十二五初期相比,苏南服务业占 GDP 比重增长较快,增长了 6.4.个百分点,而苏中和苏北增长较为缓慢。区域服务业发展不均衡,是由于所处发展阶段不同以及资源禀赋差异等方面原因,差距在一定范围内是可以接受的,但若过大则会影响到全省整体服务经济的发展。

表 3　2011 和 2015 年苏南苏中苏北第三产业增加值及占比

区域	2015 年			2011 年		
	绝对值 (亿元)	占 GDP 比重 (%)	占全省服务业比重(%)	绝对值 (亿元)	占 GDP 比重 (%)	占全省服务业比重(%)
苏南	21251.15	51.2	61.2	13287.61	44.8	63.2
苏中	6236.78	45.0	18.0	3528.72	38.6	16.8
苏北	7249.03	43.8	20.8	4209.43	40	20

资料来源:《江苏统计年鉴 2016》。

表 4　江苏各地级市服务业增加值占 GDP 比重　　　　　(单位:%)

	2010 年	2011 年	2012 年	2013 年	2014 年	2015 年
按省辖市分						
南　京	51.9	52.4	53.4	54.7	56.5	57.3
无　锡	42.8	44.0	45.2	46.2	48.4	49.1
徐　州	39.7	40.5	41.5	43.4	45.2	46.2
常　州	41.4	42.4	43.9	46.0	48.1	49.5
苏　州	41.4	42.7	44.2	46.4	48.4	49.9
南　通	37.2	38.5	40.0	42.1	44.2	45.8
连云港	39.0	39.1	39.6	41.4	41.4	42.5
淮　安	39.3	39.8	40.8	42.5	44.1	45.9
盐　城	37.0	37.8	38.2	39.9	40.7	42.1
扬　州	37.6	38.7	40.0	41.9	42.9	43.9
镇　江	39.5	40.6	41.6	44.0	46.1	46.9
泰　州	37.6	38.8	39.8	41.5	43.4	45.0

续　表

	2010 年	2011 年	2012 年	2013 年	2014 年	2015 年
宿　迁	37.4	37.6	38.0	38.8	38.9	39.4
按区域分						
苏　南	43.7	44.8	46.2	48.0	50.0	51.2
苏　中	37.5	38.6	40.0	41.9	43.6	45.0
苏　北	38.6	39.2	39.8	41.5	42.6	43.8

资料来源:《江苏统计年鉴2016》。

服务业增加值占 GDP 的比重是衡量地区经济结构调整和转型升级的关键要素。梳理 13 市成绩单可以看出,南京、无锡、苏州、常州、镇江五市服务业发展成绩显著,服务业增加值在 GDP 中的占比分别为 57.3%、49.1%、49.9%、49.5%、46.9%,苏南五市服务业增加值占 GDP 比重为 51.2。可见苏南五市由于经济基础、地缘优势、优惠政策等因素,已经在推动服务业发展,发展服务经济,优化产业结构方面在省内起到了排头兵的作用。

(二)服务业发展和贡献率逐步提高

从表 5 可以看出,2015 年苏南服务业固定资产投资额为 12823.19 亿元,对服务业增加值的贡献率为 60.3%,苏中为 4519.50 亿元,对服务业增加值的贡献度为 72.5%,苏北为 5439.28 亿元,对服务业增加值的贡献率为 75%。从绝对值来看,苏南地区固定资产投资额远高于苏中和苏北投资额之和,这与各区域服务业发展水平是较为一致的,从贡献率来看,苏北服务业发展依靠投资拉动的比例最高,说明苏北拉动服务业的手段主要靠新增资本,而不是存量的优化升级,也说明了苏南服务业发展除了投资拉动外,依靠消费和出口这两驾马车为抓手。

表5　各区域服务业固定资产投资额及对服务业增加值贡献率表

地　区	投资额(亿元)	贡献率
苏　南	12823.19	60.3%
苏　中	4519.50	72.5%
苏　北	5439.28	75.0%

资料来源:《江苏统计年鉴2016》。

(三)服务业发展要素呈现集聚态势

从服务业就业人数变化的绝对值看(见表6),全省各地区服务业就业人员逐步递增变化趋势符合配第克拉克定理:经济发展到一定水平和程度,劳动力应该逐渐向第三产业转移。从 2015 年苏南第三产业就业人数为 853.9 万人,比 2014 年增加 14.4 万人,就业比重增加 0.7 个百分点,苏中第三产业就业人数为 346.8 万人,比 2014 年增加 9.4 万人,就业比重增加 1.2 个百分点,苏北第三产业就业人数为 636.1 万人,比 2014 年增加 18.2 万人,就业比重增加 1 个百分点;从各地区服务业占比来看,苏南服务业就业占比 42.5%,高于苏中 8 个百分点,高于苏北 6 个百分点,说明苏南服务业发展解决了较多的就业问题;从 13 个地级市来看,南京服务业就业人数从绝对值和比例来看都位居第一位,这和南京服务业的发展水平是基本一致的,宿迁的服务业绝对值和比例都在末位,说明宿迁服务业发展水平和层次与其他城市相比有一定差距。

表6 2014—2015年各地区总体从业人数和第三产业从业人数表　　　　（单位:万人）

地区	2014 年			2015 年		
	从业人数	第三产业	三产占比	从业人数	第三产业	三产占比
全　省	**4760**	**1794**	**37.7%**	4758.5	1836.8	38.6%
按省辖市						
南　京	453.0	255.7	56.4%	455.0	259.7	57.1%
无　锡	389.5	151.2	38.8%	390.0	153.0	39.2%
徐　州	480.9	167.5	34.8%	482.1	173.7	36.0%
常　州	281.0	104.4	37.2%	281.0	106.8	38.0%
苏　州	693.4	249.1	35.9%	691.4	253.1	36.6%
南　通	462.0	144.3	31.2%	460.0	148.3	32.2%
连云港	251.1	90.8	36.2%	250.3	90.9	36.3%
淮　安	281.9	114.1	40.5%	281.3	114.7	40.6%
盐　城	445.5	168.1	37.7%	446.4	174.1	39.1%
扬　州	265.6	96.6	36.4%	265.7	98.4	37.2%
镇　江	192.7	79.1	41.0%	192.1	81.3	42.1%
泰　州	285.0	96.5	33.9%	284.2	100.1	35.6%
宿　迁	279.2	77.4	27.7%	276.4	82.7	29.4%
按区域分						
苏　南	2009.6	839.5	41.8%	2010.5	853.9	42.5%
苏　中	1012.6	337.4	33.3%	1005.8	346.8	34.5%
苏　北	1738.6	617.9	35.5%	1742.2	636.1	36.5%

资料来源:《江苏统计年鉴2016》。

（四）苏南服务业重点项目占全省的半壁江山

江苏省发展改革委印发的《关于下达现代服务业"十百千"行动计划重点项目2015年投资计划的通知》,公布了"十百千"行动计划重点项目2015年投资计划表,全省共150个重点项目。其中,苏南地区列入76个重点项目,占全省重点项目总数的一半,这批重点项目的实施,将进一步推进苏南现代服务业迈上新台阶。加快服务业重点项目建设,是深入实施"八项工程",全面落实"十项举措",着力推进省现代服务业"十百千"行动计划的重要举措,对于在经济新常态下推动转型升级特别是加快现代服务业发展,实现"迈上新台阶、建设新江苏"的目标定位具有十分重要意义。根据《江苏省现代服务业"十百千"行动计划(2012—2015)》、《省发展改革委关于进一步加强省级服务业重点项目管理工作的意见》精神,江苏围绕重点发展的十大产业领域,按照年度调整、滚动管理的要求,形成2015年度投资计划。150个重点项目总投资5598.8亿元,年度投资946.5亿元。省发展改革委要求各地、各部门,加强组织领导,全力推进重点项目建设;加强管理与服务,保障重点项目顺利推进;完善监督检查,实施项目滚动管理。

苏南地区列入江苏省现代服务业 2015 年投资计划的 76 个重点项目,具有区域发展优势的科技服务、软件和信息服务、现代物流、旅游健康、商贸会展、创意设计六大产业领域最多,占到 65 个。其中,科技服务 20 个(全省 25 个)、软件和信息服务 14 个(全省 25 个)、现代物流 12 个(全省 45 个)、旅游健康 8 个(全省 15 个)、商贸会展 7 个(全省 14 个),创意设计 4 个(全省 5 个);此外,还有传统服务业升级 5 个(全省 11 个),文化教育 3 个(全省 5 个),节能环境服务 2 个(全省 2 个),金融服务 1 个(全省 3 个)。76 个重点项目建设地点分布在以下辖区:南京市 19 个,苏州市 17 个,无锡市 16 个,常州市 14 个,镇江市 10 个。苏南地区 76 个重点项目显示,按照《苏南现代化建设示范区规划》,在深入实施现代服务业"十百千"行动计划方面,苏南切实重视并统筹抓好省服务业重点项目建设,充分发挥重大项目在扩大有效投入、优化投资结构、提升产业层次中的关键作用,注重突出实体经济,带动现代服务业向规模化、品牌化、高端化发展,全力推进苏南打造现代服务业高地,加快"建设特色鲜明、功能完善、辐射带动能力强的现代服务业集聚区,成为具有国际竞争力的现代服务业中心。"从而,为"到 2020 年,服务业增加值占地区生产总值比重达到 60%"提供重要支撑。

(五)政府在现代服务业发展中起了积极作用

现阶段,江苏省正处于加快构建以服务经济为主的现代产业体系、推进产业结构调整走向纵深的关键时期。在国家明确提出加快构建以服务经济为主的现代产业体系要求的同时,江苏省委、省政府制定了《关于进一步加快发展现代服务业的若干意见》,同时出台《江苏省现代服务业"十百千"行动计划(2012~2015)》,把培育服务业创新示范企业作为深入推进转型升级工程、大力发展现代服务业的重要抓手,促进服务业企业加快转变发展方式,提升自主创新能力,在行业和区域发展中发挥创新引领作用。为此,江苏省在省级层面围绕放宽市场准入、实施税费优惠、加强财政支持、规范政府服务、加大人才引进培养以及深化改革开放等方面,出台了一系列加快发展现代服务业的政策措施。特别是省级财政采取补助、贴息、产业基金等多种方式,加大对服务业新兴业态、省级现代服务业集聚区公共服务平台、省级服务业重点项目、创新企业和创新团队的支持力度。政府主导的服务业扶持政策,已基本覆盖整个产业发育生长的全过程。

二、苏南现代服务业发展的问题分析

(一)现代服务业与制造业发展不均衡

新环境下江苏现代服务业发展的制约因素之一则是苏南地区的制造业供给严重过剩,与服务业许多行业的投资不足和产出瓶颈现象同时并存,表现为"总需求向服务业集中而总供给向制造业倾斜"的结构性矛盾。后者要求我们在内需不足的前提下实施出口导向战略,而前者则是使人民生活在中国经济高增长态势下感到幸福感不强、和谐度不高的主因。这与中国经济实力不断增强、人民收入水平不断提升的现实相悖。由此,一方面由于缺少作为知识资本、技术资本和人力资本密集的现代生产性服务业投入,使制造业呈现出"大而不强"的特征并缺乏竞争力;另一方面,也因为与民生直接相关的服务业,如住宅、教育、医疗、养老等不够发达,造成人民的生活质量与经济增长的现实及趋势严重不匹配。另外,还使得制造业因供给过剩不得不维系单一的出口导向发展模式和粗放发展的基本格局。

同时,苏南制造业虽然有的发展较好,已经有独立的品牌和知识产权,但大部分企业还处于"微笑曲线"底端的"制造"层面,离"设计"、"创造"与"自创品牌"层面还有一定的距离。无论是以加工贸易为指向的 FDI 企业(外商直接投资),还是为 FDI 企业提供配套的本土加工企业,其制造环节所带来的中间服务需求绝大多数并不在国内,甚至在国内就没有产生对高端服务的需求,因为研发设计、资金融通和销售等服务基本都是由跨国公司的母国企业提供的。加工贸易主导的贸易结构割裂了制造业和生产性服务业的产业关联,代工制造业的发展不但没有形成对生产性服务的有效需求,反而在要素获取方面与生产性服务业形成竞争。由此可见,虽然苏南制造业的总量很大,但是对生产性服务的有效需求较为有限,无法形成有力的市场支撑。

(二)传统服务业过剩与现代服务业不足并存

苏南地区与整个国家一样,传统服务业进入过度与现代服务业进入不足同时并存,表现为传统服务企业的低利润甚至大量亏损倒闭,与一些垄断性的现代服务企业获取暴利的现象同时并存。进入过度的是那些与城市和农村的剩余劳动力就业有关的低技能的劳动密集型行业,而进入不足的是那些技术资本密集的现代服务业,如"流通、交通、通信、融通"等,这些行业普遍与政府管制和行政垄断密切联系。例如,据 2010 年 3 月中国 626 家上市公司披露的年报计算,无论是毛利率、净资产收益率,还是管理层薪酬均值(行业薪酬合计除以公司家数)最高的五大行业,金融服务业位居暴利行业之首,最高的五大行业中,还包括竞争严重不足的交通运输、房地产、信息服务等。

(三)现代服务业发展的动力较为单一

苏南地区制造业的全球化与服务业的本地化同时并存,发展动力严重不对称。过去苏南地区的制造业在经济全球化动力驱使下,其增长受全球市场需求的支持,但是服务业的发展方式因受其技术特征的影响和制约,还基本上是本地化的,受制于本地狭隘的消费市场。尤其是在过去人均收入较低和劳动收入占国民收入的份额有所下降的情境下,由于本地化的市场需求不振,因此,服务业的比重就难以有实质性的提升。相反,经济发达的苏南地区其服务业的比重还随着制造业的快速增长而呈现不断下降的趋势。由此看来,转变服务业的发展方式,必须基于苏南地区加入全球产品内分工的特征,突破服务业在技术上不可贸易的初级特征,在信息技术等支撑下寻求全球化发展的理念和手段,大力发展服务贸易和国际服务外包。

(四)知名企业、品牌企业与上海等地相比较少

苏南知名企业、品牌企业与上海、广东等服务业发展较好的地区比相对较少,导致现代服务业发展的主体支撑较为薄弱。江苏作为制造业大省,涌现出了一批在国内具有较强品牌效应的知名企业,但其现代服务业领域的规模企业、知名企业和品牌企业相对较少。2015 年,在江苏百强企业中,服务业企业仅有 26 家;而在江苏服务业百强企业中,苏南营业收入超过 200 亿元的仅有 10 家,服务业百强企业的平均营业收入不足 150 亿元,与同期全省百强企业的平均营业收入差距明显。

从服务业百强企业的名单可以看出,虽然金融、现代服务业等企业的上榜数量有所增加,但传统商贸型企业的比重依旧较大,超过60%。

(五)行业垄断、歧视性政策导致现代服务业的发展受到束缚

苏南在我国经济发达地区的竞赛中,以对外开放度最高、参与国际竞争最激烈而著称。但是,其在现代服务业领域却没有形成与国内领先、国际接轨的服务经济的发展环境。究其原因,一是行业门槛过高,对社会资本的进入限制太多,部分行业垄断行为未能被打破,存在明显壁垒,特别是金融保险、公用事业和信息媒体等行业的市场化进程相对滞后,加之服务质量和价格方面的问题较多,抑制了需求增长。二是行业管理体制存在缺陷,部分行业存在多头管理、行政分割的现象;相关机构、企业的设立和业务扩展面临较多的审批事项与烦琐的审批程序。三是税收体制不合理,在营业税改增值税后,分销服务业由于税率和抵扣等因素,出现实际税负不降反升的问题。同时,在政策执行方面,由于一些地方的配套措施不衔接或没有及时跟进,导致国家和地方出台的部分优惠扶持政策没有能够执行到位。

(六)区域间服务业资源竞争激烈、产业协同效应难以显现

区域间服务业资源竞争激烈、产业协同效应难以显现,导致现代服务业发展缺乏整体内源性动力。近年来,为吸引服务业投资资源,我国各地服务业同质化竞争激烈,苏南也不例外。在江苏,无论是在经济发达的苏南、苏中地区,还是在发展相对滞后的苏北地区,都在大力发展现代服务业,但许多邻近地区的结构层次和业态分布都非常接近,区域资源竞争激烈。同时,一些地方政府仍然采用粗放式的发展模式,将"做大规模"作为现代服务业发展的第一要务,在引进新项目时,对项目缺乏系统的规划与引导,对于项目投产后所处价值链环节、发展层级缺乏筛选机制,忽略了新项目与原有项目的内在联系、价值链衔接。一些地区在发展现代服务业时带有很大的盲目性,产业选择追求"高、大",导致资源利用效率不高,从而使得现代服务业的发展缺乏内源性动力。

三、推动苏南现代服务业发展的对策建议

(一)苏南服务业发展的环境分析

"十三五"甚至其后的一段时间,苏南服务业面临着新的发展环境。从国际上看,服务经济占世界经济的地位将再次上升,加快发展服务业成为全球化的大势所趋。中国加入包括美国和欧盟在内的全球主要发达国家和地区近年致力于推动的多边《服务贸易协定》(TISA)谈判,表明了更深融入全球市场,并倒逼国内服务业和服务贸易发展的决心。我国将在"十三五"时期有序扩大服务领域对外开放,打破"所有制垄断"和"地区垄断"已势在必行,鼓励更多的服务业"走出去"。

从国内看,新常态指引经济发展的大逻辑,为服务业更好更快发展提供了倒逼压力。"十三五"时期服务业在经济新常态下引领着转型方向,是蕴藏着巨大潜能的新增长点,并将成为引领新一轮开放发展的重要引擎。新型城镇化是我国现代化进程中的大战略和历史性任务,是扩大消费的长期动力,有助于拉动投资、催生新兴产业,释放更大的内需潜力,顶住下行压力,为中国经济平稳增

长和持续发展增添动能,在"十三五"这一关键时期的意义尤为重大。2015 年江苏城镇化率达到 66.5％,整体已步入成熟的城镇化社会,根据世界普遍规律仍处于快速发展区间。科技创新催生服务新业态和新模式,成为服务业高端化智慧化发展的内生动力。制造业服务化逐步成为新的趋势,从以产品制造为核心,向产品服务和整体解决方案并重转变,金融服务、信息服务、研发及科技服务、文化创意、电子商务、环境服务行业等迎来新的快速增长期。

(二)新常态下苏南服务业发展的总体思路

江苏省"十三五"服务业发展的总体要求是要坚决贯彻党的十八大、十八届三中全会、四中全会精神和习近平总书记对江苏工作的一系列重要指示精神,按照努力建设经济强、百姓富、环境美、社会文明程度高的新江苏的目标,积极适应经济发展新常态,发现和培育新的经济增长点,主动融入世界经济发展新格局和国家区域发展战略新布局,以产业结构优化升级为取向,以深入实施转型升级工程为抓手,以对内对外开放倒逼服务业领域改革为重要思路,以提高服务业发展质量和效益为核心,坚持现代服务业与先进制造业、现代农业融合发展,优化江苏服务业发展的市场主体、产业生态、动力机制和制度保障,着力构建以服务经济为主体的现代产业发展体系,加快推动江苏经济凤凰涅槃、转型升级,为全面实现更高水平小康社会、开启基本实现现代化新征程提供更为强劲的发展支撑。

一是立足我国经济新常态的重大战略判断,以服务业提速发展为突破口推进产业结构优化升级。要深化拓展"十百千"行动计划内涵和外延,狠抓重大项目建设、集聚区提升和企业创新三大关键环节,大力发展生产性服务业和现代服务业,充分发挥其低投入、高产出、高附加值、低能耗、智力密集型等特点,促进产业结构加快向中高端迈进。

二是坚持产业结构调整与经济体制改革联动推进,以服务业市场环境和体制机制改革催生增长新动力。全面深化改革,更大力度简政放权,积极研究制定有利于服务业发展的市场体系、财税体制、金融体制等一揽子改革举措,协同推进服务业领域混合所有制改革,形成国资、民资、外资共同推动服务业发展的良好态势。

三是把握国家深化开放型经济体制改革的宝贵机遇,以新一轮服务业对外开放打造发展新引擎。苏南要提升服务业对外开放的战略眼光和紧迫意识,吸引外商优质资本的同时特别注重引进国际先进服务理念、管理技术和知名品牌,加大"引进来"和鼓励"走出去"相结合,促进重点行业服务贸易出口,大力发展离岸服务外包,在全球化产业分工和重组新格局中赢取主动权。

四是适应全球产业技术革命的演变趋势,以服务业智慧化、制造业服务化导向延伸产业新链条。把握信息技术革命进入全面渗透和深度应用的新阶段特点,围绕云计算、物联网、大数据、智能传感、电子认证、网络信息安全等关键核心技术,加大研发和产业化力度。

(三)苏南现代服务业发展的对策建议

1. 推动现代服务业融合创新发展

(1)鼓励服务型企业自主创新研发策略鼓励服务业自主进行研发与创新。首先服务业要认识到创新的必要性以及要有创新的意愿,只有这样政府提供的政策鼓励措施才能发挥作用。因此,一方面,要通过创新政策与创新信息的宣传,激发企业的创新思维和创新文化氛围的构建,提升服务业创新的认知和意愿;另一方面,政府应根据服务业的创新特征和需求,有针对性地出台鼓励扶持政策和政策措施。

(2)服务业创新人才和项目的引进策略。服务业的创新发展离不开创新创业人才。在推动我国现代服务业融合创新发展的过程中,除内部培育外,还应积极引进外部服务业创新创业人才以及高端的创新创业项目,通过人才和项目的双向引进,推动服务型企业在产业链中的整合发展,助推服务业尤其是知识密集型服务业的快速成长和发展。

(3)市场促进策略。市场的竞争有利于驱动企业的创新开发。服务业是直接与客户互动的产业,因此消费者行为的偏好以及客户满意度的调查都是非常重要的市场资讯,它有助于创新开发,应积极鼓励对消费者行为的研究,通过市场研究发现潜在市场或高质量服务市场,驱动服务业企业的创新发展与高值化。

(4)创新能力的累积策略。在区域创新体系中,高校和研发机构扮演着研发创新能力创造与累积的重要角色,包括创新技术与创意开发、知识创造与累积、创新人才培育、提升技能、联结国际研发创新水平、建立创新资料库等。实施累积策略,将有助于创新环境的建立与优化。

(5)产学研合作策略。服务业应强化与大学、研究机构、中介组织的合作开发或技术转移,获得新的创新技术、创新知识或开发新的商业模式,使创新动力源源不竭。异业交流与合作能够产生创新的火花,政府应建立异业交流与合作的网络平台,举办各类活动建立行业间技术交流和知识分享的平台,推动异业的合作创新。

2. 以新兴行业、新兴业态为主要发展模式

推进现代服务业结构优化、层级提升苏南目前及未来现代服务业发展的重点方向不应是低端(传统)行业、传统业态,而是要聚焦于价值链上端研发设计和下端增值服务强势环节的新兴行业,以及基于互联网的服务业新兴业态,如电子商务、智慧物流服务、工业云服务及大数据集成服务等。这既是优化服务业内部结构的根本之道,又是培育现代服务业竞争新优势的必然选择。主要做法有:注重从新兴产业、高端环节和新兴业态的培育入手,以增量扩张实现比重提高、结构优化和层级提升实现"传统行业提升"与"新兴行业培育"同步,更加注重质态提升,尤其是将信息和知识密集型的新兴服务业作为发展重点,为制造业转型升级和战略性新兴产业发展提供更高水平、更低成本的生产性服务。同时要在承接国际服务外包市场所形成的基础设施和所积累的经验的基础上,利用服务外包的内需市场日益扩大的机遇,抢抓国内服务外包市场这块大蛋糕。服务外包是一种新兴的生产方式,过去由发达国家的跨国公司基于全球战略性动机和节约成本的要求而发动。在"十二五"规划时期,中国发展战略从出口导向转为扩大内需战略后,国内市场的高度竞争将触发企业的外包动机,必然把那些缺乏比较优势的服务业环节外包给专业化企业,因而,服务外包的内需市场将成为未来中国重要的经济增长点。但是,由于目前在市场认可度、标准和诚信体系建立、信息畅通性等方面还存在一些问题,还需要有一个较长的市场培育期。

3. 优化服务业内部结构提升竞争优势

(1)突出生产性服务业发展的重中之重。充分发挥苏南制造业基础雄厚、创新资源丰富的优势,引导企业分离和外包非核心业务,鼓励企业向价值链高端发展,推进农业生产和工业制造现代化,加快生产制造与信息技术融合,促进产业结构逐步由生产制造型向生产服务型转变,努力把生产性服务业打造成"苏南服务"的核心品牌。

（2）抢占互联网服务业发展的重大先机。江苏省已提出力争到2020年江苏互联网产业经济规模达到发达国家水平,部分互联网企业迈入国际先进行列,互联网技术与服务业紧密结合将是激活经济巨量潜能的主要路径。苏南首先要以网络平台经济发展扩大苏南的规模优势经济。其次是以新业态新模式发展培育新的增长点。再次是培育领军企业提升产业整体质态。

（3）挖掘生活性服务业发展的重要潜能。首先要以民生需求为导向,大力发展养老服务业、健康服务业和家庭服务业,使社会力量逐步成为发展主体,进一步健全具有特色的生活服务体系。其次要以消费升级为动力,带动服务产品向多元化、个性化、高端化发展。再次以城市转型为依托,集中布局各类服务功能区,在新型城镇化战略和智慧城市建设中推进产城融合。

（4）把握产业跨界融合发展的重点趋势。找准产业跨界融合发展现代服务业的重点领域,以技术融合为依托、以市场需求为导向,着重将苏南高端服务业和先进制造业的融合发展作为推动产业结构优化升级的重要战略选择。以现代服务业集聚区和示范区建设为载体,打造跨界融合的产业链和产业集群。

（5）优化服务业区域协调发展的重大布局。主动融入国家"两带一路"、城镇化和城乡一体化等重大战略布局,确立"优势互补、一体联动、合作共赢"的发展理念,明确苏南、沿江、沿运河服务业发展空间布局和产业发展重点。

4. 建设高端服务业和先进制造业协同发展

高端服务业与先进制造业协同发展的关键在于建立高效的基础平台,形成两者协同发展的支撑体系。目前,苏南缺乏服务业与制造业之间的互通渠道和信息交流通道。一方面,不少制造业企业因为不满意外部的服务,而选择服务部门内部化;另一方面,服务业企业因为没有充足的市场空间,无法进一步发展。要利用苏南庞大制造业的"市场需求"优势,在现有制造业转型升级的基础上,实现现代服务业与制造业协调发展。制造业的需求规模和其升级要求的优势,是苏南地区发展现代服务业的最大的市场潜力。为此,苏南一方面要利用制造业的市场需求潜力,制定更加特殊的政策和形成更具美誉度的诚信体系,大力吸引那些目前仍处于国外的服务业尽早进入苏南服务业集聚区;同时应建立服务业公共信息平台,通过信息共享,加快多方平台交流,提高信息服务资源的潜在利用效率。同时,整合信息资源的提供商、信息技术的服务商和其他一些中介服务商,通过集成多层次、互补性的专业化力量,建立先进制造业与高端服务业的网络化协作平台和特色产业联盟,实现高端服务业与先进制造业的无缝对接,建立高端服务业与先进制造业协同发展的产业生态系统。

5. 注重高层次人才、知识技术和创新

资源等高端要素的引进与培育,以能力成长推动现代服务业竞争新优势的培育在实施新一轮对外开放的背景下,江苏现代服务业竞争新优势的培育除了要考虑市场基础、制度环境等不可缺少的因素,关键还是要看其是否具有相应的能力,包括知识创造能力、技术开发能力以及业态与模式的创新能力等。具体做法有:① 调整要素供给结构,优化江苏高等院校、科研机构的人才培养模式,激发企业开发活力,进一步开发优势资源,促进知识技术的积累,培育专业服务机构,继续实施创新人才、创业人才工程,特别是加大对生产性服务业领军人物和高层次人才的引进及培育力度,为生产性服务业的发展提供核心资源。② 营造企业创新氛围,从依赖"引进"转变为在开放条件下坚持自主开发的技术进步方式,鼓励和鞭策本土企业走上自主开发的道路,改变它们原有的行为模式,将现代服务业的发展建立在自主知识产权的基础上,以知识生产、创新能力的提升推动现代服务业向高端发展。

6. 推动现代服务业市场化和全球化发展

(1)要像过去推进工业化一样,去推进现代服务业的规模化和集聚化发展。过去局限于传统服务业的视角,在狭小的区域市场范围内发展传统服务业,使服务业的发展缺少规模经济和范围经济。而现代服务业在信息技术等高科技的融合和改造下,往往运用现代的组织方式和管理方式运作,因此,完全可以把过去发展制造业的政策和措施,运用到发展现代服务业上来。例如,运用空间集中和集聚的思路发展大物流产业、大金融集聚区,运用产业园区的思路发展文化创意产业、服务外包产业等。尤其是上海,要利用人力资本和知识资本集中集聚的优势,借助于现代建筑群体大力发展现代总部经济,使上海的现代服务业成为长三角地区产业发展的"新引擎"和"新动力"。

(2)要像过去推进制造业市场全球化一样,去推动现代服务业市场的全球化。苏南地区在下一轮发展时期中,提高资源的全球配置能力主要表现为让服务业深度参与全球价值链的高端分工,逐步使其市场突破区域性的限制而融入全球化,逐步控制全球价值链的研发设计和品牌网络营销环节,通过新的全球化战略实现产业转型升级。为此,要求我们像过去推进制造业市场"两头在外"一样,通过形成更加优良的基础设施特别是软性基础设施,去塑造服务业发展的优良生态环境;通过吸收国内外服务企业的直接投资,大力开发国际服务外包市场;通过更优惠和更优秀的发展平台和生活环境的塑造,大力引进先进国家的人才、技术和智力。服务业市场的全球化,是继制造业全球化之后,苏南地区把发展的战略机遇期转化为一个崭新的黄金发展期的最重要的体现。

7. 充分发挥政府的引领作用和服务功能

(1)分类指导选择服务业企业的创新转型方向,大力培育服务业领军型企业应准确把握不同领域服务业企业的基本特点,一业一策,因企制宜,明确创新发展的任务和重点,比如技术创新型企业要着重强化信息技术渗透,提升自主研发水平,抢占前沿技术高地;业态创新型企业要着重树立先进理念,创新商业模式,变革服务方式;品牌创新型企业要着重创建自主品牌,强化品牌营销管理,提升品牌核心价值。以系统支持政策鼓励支持广大服务业企业以技术、业态、品牌三大创新为重点,理清创新发展思路,完善创新支撑体系,提高创新发展水平。

(2)进一步明晰服务业企业的扶持重点,突出"创新能力"的价值导向逐年增加服务业发展引导资金,加大财政资金对服务业各重点行业和领域的支持。政府机构应重点对具有转型条件和较为成熟的企业给予政策倾斜,着力培育转型的新生主体和力量,并且在长期跟踪服务业转型方面总结做法和经验,深入研究转型特点和内在要求,为其他服务业企业转型发展提供借鉴和指导。除南京市之外,江苏省大多数城市的"名片"型企业仍是制造业,在服务业领域难以找到具有规模的、前沿性的企业,或者没有形成领军企业梯队,直接导致企业竞争水平低、对市场和技术机会识别能力差等问题。政府对服务业企业政策激励的重点应放在"创新的产出能力"上,激励的重点不应仅停留在企业经济意义上的规模产出能力,而应放在"品牌、专利、技术标准、技术先进性"等自主创新方面的产出能力上。无论是新增项目投资、企业技术改造投资,还是科技项目投入、公共服务平台建设,抑或是对企业的各项奖励等方面的政策,都要突出提升"创新能力"的核心价值导向。

(3)完善支持服务业企业创新转型的配套政策,放大政策支持的杠杆效应基于互联网的新兴服务产业具有技术更新快、市场规模小等特点,容易导致创新过程中的颠覆性破坏,造成投资的高沉淀性成本,政府、企业、社会机构等形成一体化的保障机制,最大限度地化解市场风险。在实施税费减免优惠方面,要在切实抓好现行国家税收优惠政策落实的基础上,进一步落实扶持现代服务业发展的税收优惠政策,对鼓励发展的服务业落实税费减免优惠。如对具有高科技含量、高人力资本投入、低资源消耗的高端服务业包括创新金融、现代物流网络信息、创意设计等行业给予税收优惠。在完善金融支持政策方面,应加快培育现代服务业信用评级市场,建立融资平台,推进各类现代服务业企业担保机构发展。同时鼓励金融机构多为现代服务业提供融资咨询、项目评估、融资设计等特色服务,加快开发面向服务业企业的信贷产品。

(4)加大对服务业企业引进和培养高端人才的政策支持人才是现代服务业企业发展的核心力量,企业要想实现成功转型,必须实施人才战略。以金融保险、服务外包、软件和信息服务、现代物流和商务服务人才等为重点,建立健全现代服务业人才培养和引进机制。省级的"双创计划"团队、"双创计划"人才、"科技企业家培育工程"等应进一步向现代服务业人才倾斜。大力资助引进现代服务业类创新团队,重点加强现代服务业复合型领导人才、高层次企业管理人才和高素质专业技术人才队伍建设。进一步完善企业引进和使用人才的政策,加强与国际国内高端人才服务机构、高等院校、职业学校、科研院所的交流合作,开办现代服务业人才交流平台。立足十大领域,着重围绕高技术和专业知识服务领域,加快高校相关学科建设,鼓励建立现代服务业人才公共实训基地,强化紧缺人才和实用型高技能人才培养,为企业转型升级提供人才支撑。

【主要参考文献】

[1] 闫星宇,张月友.我国现代服务业主导产业选择研究[J].中国工业经济,2010(6).

[2] 夏海力,廖瑛.发展苏州市知识密集型服务业的对策研究[J].科技管理研究,2008(7).

[3] 顾焕章.江苏服务业发展研究[J].江苏社会科学,2006(2).

[4] 李红.知识密集型服务业集群研究述评[J].科学管理研究,2005(6).

[5] 邓志能,洪曲波.我国知识密集型服务业国际竞争力研究[J].经济纵横,2006(8).

[6] 刘靖.服务业发展的国际经验及启示[J].商业时代,2006(17).

[7] 何骏.长三角区域服务业发展与集聚研究[J].上海经济研究,2011(8).

[8] 杜慧,陈伟达.基于三维灰色趋势关联度的江苏省现代服务业区域协调性[J].华东经济管理,2012,26(12).

[9] 侯茂章.基于全球价值链视角的地方产业集群国际化发展研究[M].北京:中国财政经济出版社,2010.

[10] 龚丽敏,江诗松,魏江.产业集群创新平台的治理模式与战略定位[J].南开管理评论,2012,15(2).

[11] 江小涓.服务业增长:真实含义、多重影响和发展趋势[J].经济研究,2011(4).

[12] 朱孔来.国民经济和社会发展综合评价研究[M].济南:山东人民出版社,2004.

[13] 李小胜,陈珍珍.如何正确应用SPSS软件做主成分分析[J].统计研究,2010,27(8).

[14] 潘安娥,杨青.基于主成分分析的武汉市经济社会发展综合评价研究[J].中国软科学,2005(7).

[15] 马社强,邵春福,左忠义,马壮林.基于主成分和聚类分析的区域道路交通安全综合评价[J].武汉理工大学学报(交通科学与工程版),2010,34(6).

第二章　苏中现代服务业发展报告

一、苏中现代服务业的发展现状

（一）服务业发展提速明显，经济拉动能力提高

随着沿江和沿海开发战略的不断实施和地区经济的不断腾飞，为苏中地区的现代服务业发展提供了良好的机遇。苏中三市服务业都呈现出良好的发展态势，发展提速，占GDP比重稳步提升，拉动经济能力提高。表1显示了2011年以来苏中地区各市服务业增加值状况，相比2011年，2015年南通、扬州和泰州服务业名义增加值增加了近两倍，平均每年增长率保持两位数以上。在苏中三市中间，南通规模最大，扬州、泰州次之。2015年泰州市服务业增加值增长11.2%，高于GDP 1.0个百分点，增幅居全省第5位；服务业增加值占GDP比重为45.0%，同比提升1.6个百分点。全年完成服务业税收收入216.30亿元，增长13.9%，高于税收收入0.2个百分点；服务业税收收入占全部税收的比重为47.5%，同比提升1.6个百分点；2015年南通市服务业增加值为2816亿元，增长10.5%，高于GDP增速0.9个百分点，服务业对经济增长的贡献率为42.5%，拉动GDP增长4.1个百分点，对经济的支撑作用不断增强。全市围绕转型升级工程，着力优化产业结构，大力发展现代服务业的各项举措得到体现，服务业增加值占GDP的比重为45.8%，比去年同期提高1.6个百分点，提升幅度在13市列第2位，三次产业结构由上年的6.0∶49.8∶44.2优化为5.8∶48.4∶45.8；2015年，扬州市服务业呈现出总量快速增长、贡献率稳步攀升的良好态势，各项指标全面完成预定目标。实现服务业增加值1762.88亿元，占地区生产总值比重达43.5%，较去年提升1个百分点，对经济增长的贡献首次超过二产位居首位。

表1　苏中地区服务业增加值　　　　　　　　　　　　　　　　　　　（亿元）

	2011 年	2012 年	2013 年	2014 年	2015 年
南　通	1571.53	1825.47	2069.98	2500.78	2815.97
扬　州	1017.89	1173.55	1333.86	1584.80	1762.88
泰　州	939.29	1075.39	1226.95	1464.19	1657.93
苏　中	3528.72	4074.41	4670.3	5549.77	6236.78

资料来源：《江苏统计年鉴 2016》。

随着服务业占GDP比重的提高，服务业的带动作用不断增强，拉动经济能力不断提升。整体来看，苏中地区服务业占GDP比重由2014年的43.6%提升至45.0%，提高了1.4个百分点。具体来看，南通市服务业占GDP比重为45.8%，比上年提高1.6个百分点，居苏中第一位。扬州2014年

服务业增加值占比 43.9%，服务业提高 1 个百分点。泰州服务业增加值占 GDP 比重达到 45%，增长 1.6 个百分点，占比排名苏中第二位。

表 2　苏中地区服务业占 GDP 比重　　　　　　　　　　　　　　　　（%）

	2011 年	2012 年	2013 年	2014 年	2015 年
南　通	38.5	40.0	42.1	44.2	45.8
扬　州	38.7	40.0	41.9	42.9	43.9
泰　州	38.8	39.8	41.5	43.4	45.0
苏　中	38.6	40.0	41.9	43.6	45.0

资料来源：《江苏统计年鉴 2016》。

表 3　苏中地区服务业增加值指数　　（%）（按可比价计算，上年＝100）

	2011 年	2012 年	2013 年	2014 年	2015 年
南　通	113.2	112.3	112.9	112.0	110.5
扬　州	113.2	112.1	112.9	112.0	110.7
泰　州	113.1	113.0	112.7	112.3	111.2
苏　南	112.5	112.3	116.6	111.1	110.6
苏　中	113.2	112.5	112.8	112.1	110.7
苏　北	113.9	113.1	113.1	112.3	111.3

资料来源：《江苏统计年鉴 2016》。

（二）服务业税收逐年增长，投资增速渐趋上行

苏中三市 2015 年服务业增加值都获得较快发展，同时税收支撑作用较为显著。2015 年南通市完成服务业税收 481.09 亿元，同比增长 20.9%，快于全市税收增速 8.8 个百分点，快于全省税收增速 7.2 个百分点，在 13 市中增幅第一。其中房地产业、金融业、租赁商务服务业和批发零售业分别完成税收 183.40 亿元、101.95 亿元、59.16 亿元和 57.09 亿元，四大行业税收收入占到整个服务业税收的 83.5%。租赁商务服务业增速继续保持高位增长，为 78.6%。我市服务业税收已占全部税收总收入的 53.4%，较去年同期提升 3.9 个百分点，其对全市经济的支撑作用提升。2015 年南通市完成服务业投资 2143.70 亿元，同比增长 16.5%，增速呈放缓趋势，但仍分别高于全部投资和工业投资 4.2 和 7.9 个百分点。服务业投资占全部投资比重逐季提高，全年占比 49.0%，投资结构进一步优化。扬州市服务业固定资产投资 1330 亿元，同比增长 24.5%，超目标 5.5 个百分点，增速位列全省第 2。

（三）集聚效应逐渐显现，主推服务业特色发展

2015 年全省现代服务业集聚区获得了蓬勃发展，各项指标超额完成。2015 年扬州市 43 家市级以上服务业集聚区完成营业收入 917.8 亿元，同比增长 13.5%，实现服务业税收 26.6 亿元，同比增长 11.2%。积极开展企业创新示范工程培育工作，汇银家电、庆松化工等 5 家企业入选省级"服务业创新百企示范工程"，获评省级创新团队 1 个，笛莎等 23 家企业入选省级创新企业库，成功建

立市级 30 家创新示范企业培育库,评出 11 个"市级服务业创新团队";2015 年南通市各县(市)区从各自实际出发,推动服务业特色发展、错位发展。海安县加快提升集聚区要素吸附能力,1—8 月海安现代商贸物流集聚区实现营业收入 102 亿元、上缴税收 8 亿元,同比分别增长 38%、21%。如皋市加快创新服务业统计工作,实现服务业统计代理机构全覆盖。如东县加快推进项目建设,1—8 月服务业投资增长 25.7%,全市第一。海门市以叠石桥国际家纺城市场采购贸易方式试点获批为契机,与淘宝速卖通联手,发展跨境电子商务。启东市成功举办第十六届中国启东天汾科技五金交易会,参展企业近千家,意向成交额 60 亿元。崇川区加快发展主题楼宇,成功举办了"星光耀—外贸港"推介会和"五洲国际创意港"概念推介会两场主题楼宇招商推介活动。港闸区加快发展动漫产业,成功举办互联网＋动漫创新趋势峰会,正式启动了赛格动漫基地。通州区加快集聚电商企业,建立了"中国创纺 e 站"孵化器,吸引 40 多家电商企业入驻家纺电子商务产业园。市开发区加快发展服务外包,1—8 月服务外包执行额 18.5 亿元,全市第一。苏通园区服务业税收增速居全市前列,滨海园区应税销售增速为全市第一。

(四)项目建设取得新进展,助推服务业提速发展

2015 年扬州市"四新"重大项目认定和产出贡献取得新成果,按照"两突出"项目认定导向,全年共认定服务业新开工重大项目 42 个,新竣工项目 29 个,广陵区 Y－MSD 项目实现全市百亿规模服务业重大项目"零的突破"。9 个列省服务业"十百千"的重大项目全年完成投资 41.5 亿元,圆满完成投资计划。载体平台建设水平有效提升,顺利开展 38 家服务业集聚区星级评估工作,新认定虹桥坊旅游、小纪健康产业和广陵新城中央商务等新兴业态市级服务业集聚区 10 家;南通市制定下发《2015 年度服务业重点项目和重大项目计划》,按季开展亿元以上新开工项目推磨式检查。到 8 月底,全市 168 个市级服务业重点项目完成投资 325 亿元,占年度计划的 67.5%。其中,宝湾物流一期、星光耀广场、世茂广场等 20 个项目竣工运营;丰树现代物流产业园、林森物流三期、国际供应链管理基地等 45 个项目开工建设。

(五)现代服务业不断创新融合发展

苏中三市根据自身服务业发展的特点,不断加速传统服务业与现代服务业、制造业与现代服务业的融合,积极发展生产性服务业和新兴服务业。2015 年,泰州市委、市政府联合下发《泰州市旅游业跃升发展三年行动计划(2015—2017)》,提出将康养旅游打造成为泰州旅游新名片,把泰州建设成为长江经济带上集"药、医、养、游"于一体的大健康旅游集聚示范城市,建设成为长三角旅游休闲度假胜地和国内一流的旅游目的的。创建康养旅游示范基地,是医药产业和旅游产业的融合发展,是泰州打造"药、医、养、游"康泰之州的节点性工作和控制性工程。2015 年南通市服务外包产业规模扩大,共有服务外包企业 997 家,较 2014 年同期增加 113 家;2015 年服务外包合同额达到 84.31 亿元,同比增长 49.0%;服务外包执行额 79.11 亿元,同比增长 47.7%,全市服务外包的产业规模持续扩大。另外,服务外包业务领域向高端延伸,形成软件开发、呼叫服务、工业设计、数据分析、技术研发、医药研发六大服务外包特色产业集群。外包企业加快落户,功夫动漫、微众传媒、炫一下秒拍微视频等一些与世界知名大公司合作的项目先后落地南通市。2015 年扬州以软件信息、文化旅游、科技服务为代表的新兴业态加速发展,服务业产业整体结构不断优化。生产性服务业取

得突破,2015 年全市生产性服务业占服务业增加值比重达 50.23%,首次实现过半,其中软件和信息技术服务业收入增长 40%以上,科技服务业收入增长 15%,现代物流、商务服务、文化创意等产业也保持了较快增速。制定出台《扬州市生产性服务业示范企业认定办法(试行)》,首批认定生产性服务业示范企业 25 家。积极推进"三室经济"发展和互联网经济招商,成功举办京东扬州馆启动暨江都名优产品互联网推介峰会,目前已有近百家扬州特色企业入驻京东扬州馆。生活服务业转型提速,围绕健康养老产业发展,牵头成立"长三角协调会健康服务业"专业委员会,筹建"长三角区域健康服务业"专家库。起草《鼓励民间资本参与健康和养老服务项目建设和运营的意见》,综合运用长三角健康资源和社会资本加快健康和养老产业发展,有效发挥牵头示范作用。推进家庭服务业职业化、品牌化建设,累计登记注册家庭服务企业近千家,吸纳就业人数 7 万多人,其中华南公司、陆琴脚艺获评"全国驰名商标"。

(六)政府纷纷出台推动现代服务业的政策文件

2015 年 2 月泰州市政府印发了《关于加快养老服务业发展的实施意见》(泰政规〔2015〕1 号,以下简称《意见》),明确泰州将通过政府、市场、社会联动,合力推进养老服务业发展,确保到 2020 年,全面建成以居家为基础、社区为依托、机构为支撑、信息为辅助,布局合理、规模适度、功能完善、服务优良、覆盖城乡的养老服务体系,其中,养老床位总数每千名老年人达到 40 张;城乡社区居家养老服务实现全覆盖,标准化社区居家养老服务中心建成率分别达到 80%、40%。《意见》共分四部分:一是工作目标,《意见》明确指出,到 2020 年,泰州市要全面建成以居家为基础、社区为依托、机构为支撑、信息为辅助,布局合理、规模适度、功能完善、服务优良、覆盖城乡的养老服务体系;二是工作任务,提出了加快完善养老服务设施、大力发展居家养老服务、稳步推进养老机构改革、积极推动医养融合发展、统筹发展农村养老服务、大力发展养老服务产业等六项具体工作任务,并阐述了具体工作措施和方法内容。三是政策措施,重点从保障养老设施建设用地、加大公共财政扶持力度、落实税费优惠政策、完善老年人政策性保险和关爱制度、加强人才培养和队伍建设、提高养老服务信息化水平、积极探索投资融资政策、建立养老服务评估制度等八个方面,提出了一系列含金量高、指导性强、具体可行的保障措施。四是工作要求,指出各级政府是促进养老服务业发展的责任主体,要切实加强领导,全面落实社会养老服务体系建设任务,加快推进养老服务业发展。民政、财政、人社、卫生、规划等部门要统一思想、整合现有养老资源,理顺行政管理体制,相互协作、各司其职,为养老服务业健康发展创造良好环境。

2015 年,南通市提出新兴服务业全新发展思路:以优化结构和提高竞争力为目标,重点发展总部经济、电子商务、工业设计;加快发展知识流程外包、供应链管理、物联网服务、云计算服务;培育壮大数字文化和环境服务;强化重点项目、集聚区和企业三大抓手;突出规划引领、政策配套、要素保障等五项重点工作,推动新兴服务业与其他相关产业融合发展。重点发展一批,即以建设长三角北翼总部经济第一城为目标,加快发展特色产业总部经济;以争创国家电子商务示范城市为目标,鼓励企业加快开展电子商务应用,加快提升电子商务产业规模和发展水平;以打造长三角北翼一流的工业设计中心为目标,加快提升产业发展水平。加快发展一批,即着眼于承接上海等发达地区外包产业转移,积极打造长三角北翼知识流程外包首位城市;以建设长三角北翼供应链管理应用中心城市为目标,推动供应链管理产业逐步发展壮大;以打造全省具有影响力的物联网产业基地和应用示范中心为目标,加快培育物联网信息服务新模式;以建设长三角北翼云计算服务高地为目标,加快打造包括芯片、硬件、终端、网络、云中心建设运营、云应用在内的完整产业链。培育跟进一批,即加快发展数字影视动漫,积极发展互联网信息服务,加快发展数字教育;大力开展污染治理设施社会化运营服务、大力推进环境咨询服务业、加快发展环境技术服务。

扬州在"十三五"期间力争推动"五个转型"服务业产业创新,推动服务业包容内生发展。一是业态转型。积极发展新兴服务业态,培育经济新增长点。以"互联网+"战略实施为突破点,引导产业创新,促进跨界整合,探索适应各产业发展趋势与特点的业态模式,推动传统服务业转型升级。二是空间转型。统筹大空间谋划与小空间尺度,推进"组团格局"与"节点分布"向"带状延伸"与"网络联结"转型,打造普惠性服务网络节点与高端化精致服务高地有机结合的服务业空间格局。三是功能转型。围绕产业链引进和培育专业化生产性服务机构,构建定位清晰的特色产业生态圈,强化集聚辐射功能。鼓励产业创新与功能复合,打造面向扬州及周边城乡居民的高端城市综合体,提升城市配套服务功能。推进实施基本公共服务均等化,完善城乡居民基本保障功能。四是主体转型。推动制造企业服务化与服务型制造,促进制造与服务一体化,构建产业链联盟。鼓励大型龙头企业转型升级,培育发展平台经济。引导中小微企业依托产业发展平台,增强特色化、精致化、品质化服务供给能力。五是政策转型。理顺政府与市场的关系,确立企业在产业发展中的主导地位,发挥政府在提供公共产品(服务)和规范市场规则方面的重要作用,制定服务业工具箱和政策库,为扬州市服务业转型升级保驾护航。

二、苏中现代服务业的问题分析

(一)苏中现代服务业发展的现存问题

1. 传统服务业比重仍然较高

目前苏中第一大服务行业仍为传统服务业中的"批发和零售业",2015年苏中"批发和零售业""交通运输、仓储及邮电通信业""住宿和餐饮业"等传统服务业在全部服务业增加值中所占比重达到1/3。而发达地区恰好相反,第一大服务行业为现代服务业中的"金融,保险,房地产及租赁业","批发贸易""零售贸易""运输和仓储业""住宿和餐饮服务业"等传统服务业在全部服务业增加值中所占比重不到1/4。

2. 生产性服务比重亟待进一步提高,部分服务行业供给不足

美国经济学家Shelp曾指出,农业、采掘业和制造业是经济发展的"砖块",而服务业(主要是生产性服务业)则是把它们黏合起来的"灰泥"。在工业化后期,制造业结构升级、制造业与生产性服务业融合发展是实现经济转型的重要方向。"微笑曲线"的两端即生产的上下游阶段,是以研发、销售、物流、售后服务等为主要内容的生产性服务,这些阶段的附加值较高。"微笑曲线"的底部即生产的中游阶段主要是制造、加工或组装过程,这一阶段的利润空间较小。朝向"微笑曲线"的两端发展,制造业升级越来越依靠生产性服务业的推动与融合发展,因此对生产性服务业的发展提出了更高的要求。以研发服务为例,从某种意义上讲,我国被称为"世界工厂"意味着只有强大的加工环节留在国内,而"微笑曲线"两端的利润更高的服务环节则培育了发达国家众多的服务提供商。苏中

生产性服务业发展不足,制约制造业升级。与钢铁、水泥等制造业行业存在产能过剩问题相反,苏中部分服务行业存在供给不足问题。例如,当前苏中居民对健康、养老、医疗等服务需求旺盛,这些行业的供给能力事关民生的改善,但这些行业发展严重滞后、供给不足,不能满足居民的消费需求。

3. 新的消费热点难以形成

从苏中服务业内部行业结构看,传统产业仍占主导地位。2014 年交通运输、仓储业和批发零售贸易、餐饮业增加值占服务业增加值的比重较。新兴产业尤其是信息产业发展与世界发达国家相比差距较大。此外,苏中全省制造业产业链过于侧重实体产品的生产,物质材料消耗占产品成本比重较大,与产品制造相关的金融服务支出、市场销售服务支出、人力资源服务支出、外购信息技术服务占全部支出的比重偏小,生产服务需求偏少。例如,与发达城市相比,南通的网络零售发展相对滞后,网购快递流入包裹的数量明显多于外送的数量,按照卖方统计的社消零数据明显"缩水"。此外,由于南通时尚、高端上档次的百货零售企业不多,加之赴上海、苏州、南京的交通便捷,一些高端消费明显外流,南通市新的消费热点难以形成。

4. 服务业企业成本上升

南通对规模以上服务业企业做了问卷调查,在问及企业当前面临的突出问题(最多选三项)时,排在前四位的依次是:58.5%的被调查企业认为"用工成本上升快",43.2%的企业认为"市场需求不足",25.4%的企业认为"招工难",17.8%的企业认为"原材料成本上升快",企业用工成本上升排第一位。四季度,有 20.3%的被调查企业反映单位营业成本比上季度上升,环比增加 3.2 个百分点;有 16.9%企业反映"盈利减少",环比减少 4.2 个百分点。在问及企业单位成本上升主要影响因素时,有 91.7%的被调查企业认为是"劳动力成本",环比增加 25.0 个百分点;8.3%企业认为是"原材料价格",环比减少 15.5 个百分点。另外,有 88.1%的被调查企业反映没有获取新技术等科技成果的途径。

5. 招聘专业技术人员困难

南通规模以下服务业企业在问及企业招聘具有专业技术水平的员工难易程度时,44.0%的被调查企业选择"较难",15.3%的企业选择"困难",另有 30.5%和 10.2%的企业选择"比较容易"和"容易"。选择"难"的比选择"容易"的高出 18.6 个百分比。另外,有 52.5%被调查企业反映企业招聘普通员工"比较容易",21.2%的企业认为"容易",有 16.1%的企业认为"较难",只有 10.2%的企业认为"困难"。

(二)苏中服务业发展滞后的原因分析

1. 垄断和准入限制过多

行业垄断和准入限制过多是造成苏中服务业发展滞后的主要原因。目前,苏中服务业中,除了批发零售、餐饮、旅游等传统的劳动密集型服务业准入限制较少外,诸如金融保险、电信、邮政、电力、铁路、民航、港口、新闻出版等现代服务业仍然具有很强的行政垄断色彩,国有企业占据绝对地位,非国有经济面临严格的准入限制,市场机制的资源配置作用远没有发挥出来。服务业的大发展需要中小企业成为市场的主体,而苏中服务业市场化程度较低,将绝大多数潜在投资者拒之门外,既造成服务业部门资源流入不足,抑制了服务供给能力的扩张,也造成服务业竞争活力和发展动力不足,影响了服务业生产效率的提高。

2. 行政审批环节过多

行政审批环节过多也是抑制苏中服务业发展的重要原因之一。国家发改委等联合调研组曾对服务业行政审批做过一个不完全统计,显示服务业前置审批项目涉及 17 部国家法律、33 部国务院行政法规、20 个国务院政策文件,此外还涉及 106 个中央和国务院有关部门的部门规章、文件。在地方层面,各地根据这些法律、法规和规章、文件制定的配套性和操作性规定就更加数不胜数。过多、过滥和过时的行政审批规定与现代服务业新业态、新模式、新形势的快速变化格格不入,给服务业企业的设立和运行带来了许多干扰。

3. 公平准入落实不到位

党和国家制定出台了一系列促进服务业发展的政策措施,然而实践中却没有得到有效实施。如,早在 1992 年,党中央和国务院就颁布了《关于加快发展第三产业的决定》,提出使第三产业有一个全面、快速的发展;2007 年,国务院出台《关于加快发展服务业的若干意见》,提出建立公开、平等、规范的服务业准入制度,凡是法律法规没有明令禁入的服务领域,都要向社会资本开放;2012 年《服务业发展"十二五"规划》进一步提出,鼓励和引导民间资本进入金融、商贸流通、交通运输、电信、医疗卫生、教育、文化、体育、市政等行业,等等。然而时至今日,社会资本在上述行业的市场准入、融资服务、税费优惠等方面,仍然受到实质性歧视。

4. 对外开放不足

长期以来,我国服务业对外开放程度相对低,参与全球化不足,对外开放对服务业的带动作用比较小。对外资准入资格、进入形式、股权比例和业务范围等方面存在较多限制,导致服务业对外开放不足。2014 年我国服务贸易占对外贸易的比重仅为 15%,不仅低于美国(24%)、英国(34%)等发达国家,也低于印度(28%)等发展中国家。当前我国几个自贸区在服务业对外开放上已经引领全国,但上海自贸区的 122 项负面清单中,仍有 83 项属于服务贸易领域。服务业对外开放不足,使得服务业不能像制造业一样更好地引进外资及外国先进技术和管理,服务业的供给、服务质量和服务手段也就难以像制造业一样迅速发展改善。

三、苏中现代服务业发展的对策建议

(一)苏中现代服务业发展的国内外环境

1. 国际环境及其的影响

从国际发展环境看,全球经济呈现弱复苏态势,双速增长还将持续,经济增长重心缓慢向东转移,中国将可能加速成为全球第一大经济体。亚洲新兴经济体在金融危机之后一枝独秀,全球的消费中心、贸易中心和制造中心不断向亚洲转移,从而加速了全球经济中心向东转移,亚洲在未来全球制造业中的地位将进一步提升。科技创新更加活跃,新技术的应用进一步改变了全球生产方式和生活方式。"十三五"期间,世界科技革命、产业革命仍将处于孕育期,但新技术群体性突破态势将更加明显,网络信息领域的深度应用将成为常态化,生物技术将发挥更加积极的作用,纳米技术的市场空间将继续扩展,新型材料的重要性将继续显现。全球生产方式加快转变,随着新的生产理念、技术和模式不断涌现,全球生产方式将面临全新变革,生产的社会化更加显著,网络成为新的生产方式,以社交生产为代表的在线生产新形态悄然升起,众包众筹日益兴起,生产的协同化日益盛行。科技与经济加速对接,科技交叉催生新产业、新业态、新技术、新模式,"四新"经济将成为未来发展的必然趋势。一方面,科技创新推动全球制造软化。随着发达国家将高端制造与IT产业、现代服务业融合作为制造业复苏的重要内容,科技与制造将深度融合,依托高新技术的生产性服务业将蓬勃发展。另一方面,科技创新将促进服务业业态模式创新。科技与现代服务业的结合日益紧密,科技金融、互联网金融、电子商务、智慧物流、家电社交、移动互联网医疗、大数据服务等新兴业态将不断涌现。

2. 国内环境的影响

(1) 从国内环境看,经济发展处于新常态,呈现新的阶段性特征

一是从消费需求看,排浪式的消费需求基本结束,逐渐向个性化多样化消费加速转变;二是从投资需求看,传统产业基本饱和,但基础设施的互联互通以及基于新技术的新产品、新业态、新模式的投资机会大量涌现,对创新投融资方式提出新要求;三是从国际收支看,企业走出去将成为我国外向型经济的常态;四是从生产能力和组织方式看,小型化、智能化、专业化成为产业组织的新特点;五是从生产要素的投入方式看,从要素驱动逐渐转向人力资本驱动和技术驱动转变;六是从竞争方式来看,从价格竞争转向品质竞争;七是从资源配置模式看,既要利用市场机制,又要发挥政府作用,靠市场力量探索未来产业发展方向。

(2) "十三五"期间,国内经济增长动力从要素驱动向创新驱动转变,推动以科技创新为核心的全面创新

从经济发展的驱动力看,主要从依靠劳动力、土地、原材料投入推动,依靠增量资本投入,加速向创新驱动转变;从市场作用看,主要从发挥市场配置资源的基础性作用,转向市场在资源配置中发挥决定性作用;从动态优势看,从主要依靠传统比较优势向更多发挥综合竞争优势转换;从全球价值链看,主要从国际产业分工中的低端逐渐向中高端提升;从创新角度看,从"中国制造"逐步向"中国智造"转变,装备制造业将成为科技创新的主战场。

(3) "十三五"期间,稳增长、促改革、调结构、惠民生成为我国发展的主题

今后一个时期经济中高速增长将成为常态,新的增长动力正在形成之中,外部需求收缩,内部多种矛盾聚合,经济运行走势分化,下行压力仍然较大;改革是经济发展的动力源泉,全面深化改革将推动经济结构调整、民生有效改善,保持经济运行处在合理区间,金融、财政、医疗、卫生等重点领域改革逐步推进;经济结构战略性调整逐步深化,需求结构、生产结构、企业组织结构、产品结构、商业模式将发生幅度较大的调整,新的增长点逐渐涌现;城乡公共就业服务体系将逐步健全,社会保障统筹层次和保障水平稳步提高,保障房制度全面推进,扶贫救助更为精准实效,基础设施逐步改善。

(4) "十三五"期间,生态文明、可持续发展成为经济增长的新诉求

绿色发展成为经济转型的趋势,生态文明是科学发展的标志,环境保护和经济发展实现"共赢"是经济增长的新诉求。发展工业文明的同时,要大力弘扬生态文明,国土空间开发格局逐步优化,生产空间、生活空间、生态空间渐趋合理。秉承尊重自然、顺应自然、保护自然的生态文明理念,生态文明建设与现代化建设相互融合,加快转变经济发展方式,在发展中保护、在保护中发展,通过转型发展,实现发展经济、改善民生、保护生态共赢,实现经济社会的可持续发展。

3. 长三角发展环境的影响

（1）长江经济带国家战略全面实施，为苏中跨越发展提供历史机遇

长江经济带国家战略的实施，加速了长江沿线相关区域产业分工合作和资源整合，将有力推动沿江产业由要素驱动向创新驱动转变，有助于发展战略性新兴产业、改造提升传统产业、提高服务业比重，引导产业合理布局和有序转移。作为长江经济带的重要支点，苏中将获得与周边地区经济合作的新空间，可有效整合沿江资源，发展港口经济，带动整体经济发展。

（2）长三角一体化加速推进，为苏中接轨苏南、跨江联动提供新机遇

长三角一体化进程的快速推进有利于苏中在更大范围内优化配置资源，开辟更加广阔的发展空间。作为长三角地区的先进产业基地，苏中要充分依托长江黄金水道和沿海港口群，利用区域经济发展环境变化的契机，加强与上海的区域分工和紧密合作，深度接轨苏南，实现跨江融合，融入苏南沿江临港产业集群，并推动先进生产要素由南向北梯度扩散。

（3）上海自贸区双重效应日益显现，苏中开放发展面临机遇与挑战

上海自贸区等国家战略的深入实施，为苏中产业转型升级、外向型经济发展、城市功能提升等带来了重要的发展机遇。但上海自贸区也会对苏中产生一定的虹吸效应，上海自贸区的政策优势将进一步吸引高端制造业和现代服务业向上海转移，企业和集团总部向上海集聚，吸引和转移众多中小企业的进出口业务，吸引民间资本向自贸区政策高地集聚，这一切都将对苏中招商引资形成挤压，造成苏中的资本、技术、人才等高端要素外流，会在一定程度上弱化靖江的竞争优势。

（二）苏中现代服务业发展的对策建议

1. 以新兴行业、新兴业态为重点，推进现代服务业结构优化、层级提升

苏中目前及未来现代服务业发展的重点方向不应是低端（传统）行业、传统业态，而是要聚焦于价值链上端研发设计和下端增值服务强势环节的新兴行业，以及基于互联网的服务业新兴业态，如电子商务、智慧物流服务、工业云服务及大数据集成服务等。这既是优化服务业内部结构的根本之道，又是培育现代服务业竞争新优势的必然选择。主要做法有：① 注重从新兴产业、高端环节和新兴业态的培育入手，以增量扩张实现比重提高、结构优化和层级提升；② 实现"传统行业提升"与"新兴行业培育"同步，更加注重质态提升，尤其是将信息和知识密集型的新兴服务业作为发展重点，为制造业转型升级和战略性新兴产业发展提供更高水平、更低成本的生产性服务。

2. 建设高端服务业和先进制造业协同发展的平台，推动网络化产业生态系统形成

高端服务业与先进制造业协同发展的关键在于建立高效的基础平台，形成两者协同发展的支撑体系。目前，苏中缺乏服务业与制造业之间的互通渠道和信息交流通道。一方面，不少制造业企业因为不满意外部的服务，而选择服务部门内部化；另一方面，服务业企业因为没有充足的市场空间，无法进一步发展。因此，应建立服务业公共信息平台，通过信息共享，加快多方平台交流，提高信息服务资源的潜在利用效率。同时，整合信息资源的提供商、信息技术的服务商和其他一些中介服务商，通过集成多层次、互补性的专业化力量，建立先进制造业与高端服务业的网络化协作平台和特色产业联盟，实现高端服务业与先进制造业的无缝对接，建立高端服务业与先进制造业协同发展的产业生态系统。

具体做法一是重点发展生产性服务业。大力发展融资租赁、第三方物流、服务外包等重点产

业,推进生产性服务业与先进制造业、现代农业联动发展,推动产业向研发、设计、营销、物流等上下游延伸。围绕"十三五"时期重点发展的电子商务、云计算服务、物联网服务等新兴产业,找准发展定位和突破口,力争形成新的增长点。二是推进民生服务业统筹发展。围绕推进"两个率先"和保障民生的总体要求,促进商贸流通、旅游、餐饮住宿等行业扩张规模体量、转变发展方式,以适应社会需求不断提高的要求。推动教育培训、医疗健康、家庭服务和农村服务等领域加速发展、提升质量。三是加快信息产业与先进制造业的融合发展。充分利用软件和信息产业的领先优势,进一步加强电子信息服务的功能,促进工业产品的升级,延伸电子信息产业链,培育信息化产业集群,推进先进制造业与软件、通信、网络等信息产业的有机融合。

3. 注重高层次人才、知识技术和创新资源等高端要素的引进与培育,以能力成长推动现代服务业竞争新优势的培育

在实施新一轮对外开放的背景下,苏中现代服务业竞争新优势的培育除了要考虑市场基础、制度环境等不可缺少的因素,关键还是要看其是否具有相应的能力,包括知识创造能力、技术开发能力以及业态与模式的创新能力等。具体做法有:① 调整要素供给结构,优化江苏高等院校、科研机构的人才培养模式,激发企业开发活力,进一步开发优势资源,促进知识技术的积累,培育专业服务机构,继续实施创新人才、创业人才工程,特别是加大对生产性服务业领军人物和高层次人才的引进及培育力度,为生产性服务业的发展提供核心资源。② 营造企业创新氛围,从依赖"引进"转变为在开放条件下坚持自主开发的技术进步方式,鼓励和鞭策本土企业走上自主开发的道路,改变它们原有的行为模式,将现代服务业的发展建立在自主知识产权的基础上,以知识生产、创新能力的提升推动现代服务业向高端发展。

4. 开展现代服务业重大项目工程,培育知名品牌和龙头企业

重大项目在推动产业发展、培育竞争优势中具有明显的示范效应和功能性作用。因此,在现代服务业发展规划中应实施现代服务业重大项目工程,以区域性服务业高地为契机,加大对产品附加值高、有实力的骨干和龙头企业的扶持力度,充分发挥这些企业的行业辐射、带动作用,提升产业链整体技术水平。同时,鼓励这些企业跨行业、跨所有者并购重组,加快规模化、集团化发展的步伐,培植若干个超百亿元、超十亿元的具有行业影响力的知名品牌和龙头企业,使其成为现代服务业发展的中坚力量。

5. 实施"走出去"战略,拓展现代服务业发展的国际空间

当前,世界服务贸易增长速度和服务业对外投资增长速度不断加快,出现了服务业结构调整和产业转移的新趋势。跨国公司相继把一部分服务业务,如电话客户服务、金融保险、人力资源管理、后勤保障、IT服务等,转移到成本相对低廉、人员素质相对较高的国家和地区。世界银行统计表明,在多数工业化国家,服务业的外国直接投资占这些国家一半以上的外国直接投资。20世纪70年代初,服务业只占全球外商直接投资总量的1/4,1990年这一比重达到50.1%,此后一直保持在一半以上的份额。江苏要充分利用契机,大力鼓励生产性服务业吸收外商直接投资,主动承接国际生产性服务业的转移。围绕外资制造业,有针对性地吸引关联性外资服务业进入,变单纯的制造业集聚为集成制造与服务功能的产业链集聚;着力吸引跨国公司总部、研发中心、设计中心、营销中心和软件开发等服务企业落户苏中;创新服务业聚集区功能和制度设计,在承接服务业外包的国际竞争中抢占有利位置;积极有序引入战略投资者,对目前仍带有垄断性的生产性服务业进行改革重

组,促进其提高管理水平和服务效率;大力发展服务贸易,适当扩大服务进口,既为国内经济发展提供高质量的生产性服务投入,又引入市场竞争,促进国内生产性服务业质量的改善。

在现代服务业发展规划中,应实施"走出去"战略,密切跟踪国际经济发展新趋势、把握国际产业分工新特点,在更高层次、更大范围、更宽领域参与国际经济合作,整合全球资源,推动江苏优势服务业产能转移,促进对苏中现代服务业竞争新优势的培育。具体做法有:① 鼓励和支持优势企业"走出去",从事建筑、贸易分销、物流、家政、金融、保险、证券、旅游、教育、医疗、出版、发行、影视、文化传媒、电子信息、技术设计、中介咨询、运营管理和售后服务等业务。② 鼓励江苏新华传媒集团、江苏凤凰集团和江苏苏广传媒有限公司等文化企业"走出去",传播苏商精神,打造苏商文化品牌;推动舜天国际集团、汇鸿国际集团、苏豪国际集团、国泰国际集团、江苏省海外企业集团、开元国际集团和弘业国际集团等各类中介机构在境外开展各类服务贸易活动;力争取得突破,不断扩大江苏现代服务业"走出去"的领域和规模,为江苏服务贸易的快速发展拓展国际空间。

6. 加快生产性服务业的快速发展

一是消除体制性障碍,引入和规范市场竞争机制。政府要调整服务业管制框架及其政策,进一步放宽行业进入的限制,合理引导民间资本和外资参与国有企业改组改造,增加生产性服务竞争主体供给,推进非基本服务行业的资源配置由政府为主向市场为主转变。建立健全江苏服务业法规体系、行业规范和行业标准,创造高效有序的生产性服务市场环境。江苏生产性服务业发展中尚有许多不规范的行为和不合理的竞争现象。因此,需要对企业管理规则、商标管理规则、会计管理规则、广告管理规则、工程设计招标管理规则、金融保险管理规则等进行检查和修订,创造良好的市场秩序,提高江苏生产性服务业的服务效率。二是引导制造企业生产性服务环节剥离社会化推动企业。通过管理创新和业务流程再造,将一些非核心的生产性服务环节剥离为社会化的专业服务,以核心竞争优势整合配套企业的服务供给能力,大力发展产业内部的专业化分工体系。三是加大生产性服务业投资和扶持力度。继续加大基础设施投入力度,完善生产性服务业条件。基础设施重点是加快"三港三路"建设,"三港"即江海港、空港和信息港;"三路"即铁路、公路和光路。江海港口方面,重点加快南通港等主要港口建设;空港方面,重点加快电子政务网络、"诚信江苏"网站,物流信息、商务服务、科技服务、基础信息交换等公共服务平台等工程建设。铁路方面,加快京沪铁路江苏段电气化改造、京沪高速铁路江苏段建设。公路方面,重点是新增必要的高速公路、国省道干线公路网改造、农村公路建设。光路方面,重点是长途光缆和本地网光缆建设.在扩大服务业投资总量规模的同时,利用各种经济手段,如资金资助、税收减免、信贷贴息或补助等,来推动研发设计、成果转化、教育培训等重点现代生产性服务业的发展,充分发挥江苏服务中心的集聚和辐射作用。四是培育中介服务机构,完善生产性服务体系。建立健全中介体系,实现社会化服务与制造环节的"无缝式对接"。江苏商务成本偏高的原因很多,其中商务中介组织发展不足是重要原因之一。为此,要完善中介市场准入制度,放宽对民营等非国有经济的准入限制,大力培育中介服务机构,完善生产性服务体系。

7. 积极转变政府职能,促进现代服务业健康发展

一是继续深化行政审批制度改革。全面梳理服务业审批事项,突出重点进行攻关,更好地向社会和市场放权。对关系人民群众切身利益和可能妨碍市场公平竞争等事项,要切实加强事中事后监管,规范优化审批流程,提升审批效能和服务质量。二是强化公共服务。确立服务业企业投资主体地位,在继续加大财政支持的同时,通过贴息、奖励等方式引导社会资金投入,开放服务业投资领域,培育多元化投资和运营主体。坚持节约集约,科学确定服务业用地计划,探索服务业重点项目的用地供给新途径。全面清理规范对服务业企业的收费,落实服务业企业的税收优惠政策。及时协调解决服务业企业在建设、生产、经营过程中遇到的实际困难和问题。三是加强金融要素供给。加快建立统一的地方金融市场监管体制,统筹推进地方金融改革创新,丰富金融市场层次和产品,拓展多元化投融资渠道,满足服务业企业多样化的金融需求。尽快研究出台知识产权的资产评估政策,形成完整的知识产权评估准则体系,积极破解文化、软件和信息产业类轻资产企业融资难题。四是加强信用体系建设。重视社会诚信的宣传和教育,营造诚信文化,制定和实施现代服务业企业信用档案和信用评价体系,加快推进服务业企业信用基础数据的整合、共享和应用,完善守信激励和失信惩戒机制。五是拓展发展空间。充分发挥行业协会、服务业企业以及科研机构的积极作用,形成多方发力、共推现代服务业健康发展的良好格局。积极落实国家扩大服务业对外开放政策,有序拓展开放领域,主动争取更多试点。加快与上海自贸区全方位对接,充分利用辐射功能,积极推动区域分工和联动发展,培育我省现代服务业发展的新优势。

8. 狠抓现代服务业发展的着力点,力争关键环节取得突破性进展

一是强化重大项目推进机制。对已有项目要跟踪落实,不失时机推动更多事关全局、惠及长远的服务业重大项目乘势而上,形成可持续的发展后劲。注重有效投入的增长,层层落实责任分工,加强统筹协调和跟踪服务,确保项目建设顺利推进。二是持续提升集聚集约水平。推动现代服务业集聚区载体建设提档升级,理顺集聚区管理体制,力争企业相互关联、集聚形成规模、产业形成优势。大力引进龙头旗舰企业和基地型项目,努力打造优质产业链和产业集群,使集聚集约特色更加鲜明、带动发展能力更加突出。三是加强重点企业培育。继续加大对新兴服务业和区域特色产业项目的引导支持,促进其开展技术、业态、模式和品牌创新,鼓励开展服务标准研发。对不同领域重点服务业企业进行分类指导、分业施策,突出规划引领、典型示范,逐步提升发展质量。

9. 继续加大政策引导和扶持力度,营造良好发展环境

一是科学规划,统筹布局。在市级层面加强相关部门的信息互通和工作协调,加强对共性问题的研究。根据各地的产业基础、资源禀赋和现实条件,引导其开展共融合作、错位发展,避免产业的重复布局和同质化竞争,努力形成优势互补、层次分明的区域产业布局。二是理顺机制,规模发展。深入推进公用事业改革、政府机关和企事业单位后勤及配套服务改革,推动教育、文化、医疗等领域营利性服务与公共服务分离,引入竞争机制,增强发展活力。打破所有制分割和行业垄断,合理引导民资、外资参与国有服务企业的改组改造,通过重组、兼并、上市、联合等途径做大做强。三是完善统计,明确指标。建立健全现代服务业统计制度和指标体系,尽快明确电子商务、高新技术服务业等统计口径,注重统计网络建设,提高统计数据的准确性和权威性,建立评价体系,完善考核制度,以便于全省范围内的统一理解和准确适用。四是重视督查,落实政策。加强对服务业发展政策落实情况的监督检查,全面推动已经出台的相关政策落实落地,密切关注金融机构执行收费项目减免的进展情况,不折不扣地执行服务业企业在水、电、气等资源使用价格方面和工业企业并轨等相关扶持政策,为服务业企业可持续发展打造良好的政策环境。

【主要参考文献】

［1］倪蔚颖.服务业集聚水平评价指标体系的构建［J］.经济研究,2011(01).

［2］张旺,申玉铭.京津冀都市圈生产性服务业空间集聚特征［J］.地理科学进展,2012(06).

［3］张涑贤,戴峰.基于区位熵指数的西安市现代服务业集聚区研究［J］.科技管理研究,2011(10).

［4］李红.知识密集型服务业集群研究述评［J］.科学管理研究,2005 (6).

［5］邓志能,洪曲波.我国知识密集型服务业国际竞争力研究［J］.经济纵横,2006(8).

［6］刘靖.服务业发展的国际经验及启示［J］.商业时代,2006(17).

［7］陈宪,黄建锋.分工、互动与融合:服务业与制造业关系演进的实证研究［J］.中国软科学,2004(10).

［8］Romer,David. Advanced Macroeconomics［M］.Boston:McGraw-Hill,2000

［9］张红娟,蒋涛,沈正平,刘海荣.生产性服务业与制造业互动发展的实证分析——以徐州市为例［J］.淮海工学院学报(社会科学版·学术论坛),2011(9).

［10］孙红军,戚建强,李红.发展现代服务业,助推战略新兴产业发展［J］.科技创新导报,2012(1).

［11］吴海涛,杨应德.兰州都市区零售区和批发业集聚水平的实证研究［J］.工业技术经济,2011(08).

［12］王文静.天津金融服务业集聚的测度与评价［J］.统计与决策,2012(15).

［13］杨勇.中国服务业集聚实证研究［J］.山西财经大学学报,2008(10).

［14］任英华.现代服务业集聚统计模型及其应用［M］.长沙:湖南大学出版社,2011(04).

［15］阎薇,陈伟.基于基尼系数的辽宁省现代服务业集聚与分散实证［J］.大连交通大学学报,2010(02).

第三章　苏北现代服务业发展报告

"十三五"时期,全球经济仍将处在"双速增长"期,全球化红利和科技创新将在新的基础上深化发展,与此同时,中国将进入经济增长的"新常态",面临经济增速换挡、结构调整阵痛以及改革发展攻坚"三期叠加"的特点。在这一背景下,苏北应主动适应新常态,抢抓新机遇,调整转换增长动力,加快现代服务业发展。

一、苏北现代服务业的发展现状

（一）服务业总量稳步增长,占 GDP 比重逐年提升

苏北地区经济的快速增长为苏北五市现代服务业的发展提供了基础,服务业规模不断扩大,从表1可以看到,苏北作为一个整体,服务业增加值从 2011 年的 4209.43 亿元增加到 2015 年的7249.03 亿元,增长了 72.2%,苏北五市中,服务业增加值规模最大的为徐州,其次是盐城和淮安。2015 年徐州市第三产业增加值 2460.07 亿元,增加值同比增长 10.2%,增速分别快于 GDP 和二产0.7 个、0.4 个百分点,占比为 46.2%,首次超过二产 1.9 个百分点,产业结构实现由"二三一"向"三二一"的重要转变。2015 年淮安市实现服务业增加值 1260.76 亿元,同比增长 11.3%;服务业增加值占 GDP 比重达 45.9%,较上年提高 1.8 个百分点,实现了三次产业比重由"二三一"到"三二一"的历史性转变。"4+3"服务业特色产业快速崛起,完成增加值 964.7 亿元,占全市服务业增加值比重的 76.5%。2015 年盐城市完成服务业增加值 1772.5 亿元,增长 12.5%,高于同期 GDP 增速 2个百分点,占 GDP 比重比上年提高 1.2 个百分点;完成服务业投资 1328.2 亿元,同比增长 25.5%,分别高于工业投资增速和固定资产投资 5.1 个和 2.9 个百分点;实现全社会消费品零售总额 1468.6亿元,同比增长 11.9%;实现服务业税收收入 291.4 亿元,同比增长 13.2%,对全部税收贡献近半;新登记服务业企业 20330 户,注册资本合计 9445.65 亿元,从业人员 10.53 万人。2015 年连云港市第三产业实现增加值 918.95 亿元,增长 12.4%。三次产业协调性增强,逐步形成一、二、三产业相互促进发展的格局。2015 年宿迁服务业实现增加值 836.75 亿元,同比增长 11.1%,增速连续三年超过 GDP 增幅。服务业在调整经济结构、转变发展方式、繁荣城乡市场、扩大消费需求、促进城乡就业等方面发挥了积极作用。

表 1　苏北地区第三产业增加值　　　　　　　　　　　　　　　　　　　　（亿元）

	2011 年	2012 年	2013 年	2014 年	2015 年
苏　北	4209.43	4853.59	5724.13	6455.58	7249.03
徐　州	1440.07	1665.60	1885.12	2244.13	2460.07

续 表

	2011 年	2012 年	2013 年	2014 年	2015 年
连云港	552.13	634.88	718.83	814.23	918.95
淮 安	672.36	783.73	900.13	1082.44	1260.76
盐 城	1048.24	1191.00	1350.34	1563.71	1772.50
宿 迁	496.63	578.38	655.67	751.07	836.75

资料来源:《江苏统计年鉴2016》。

表 2 苏北服务业增加值指数

	2011 年	2012 年	2013 年	2014 年	2015 年
徐 州	114.5	113.4	112.8	109.2	110.2
连云港	113.4	113.3	113.1	112.8	112.3
淮 安	114.3	113.2	113.3	112.3	111.3
盐 城	114.0	112.9	113.4	112.5	112.5
宿 迁	112.3	112.0	113.0	113.7	111.1
苏 南	112.5	112.3	111.6	107.7	110.6
苏 中	113.2	112.5	112.8	111.2	110.7
苏 北	113.9	113.1	113.1	111.5	111.3

资料来源:《江苏统计年鉴2016》。

由于服务业规模的快速发展,服务业占GDP的比例不断提高,从表3可以看到,苏北服务业占GDP的比例从2010年的38.6%增加到2014年的42.6%,提高了4个百分点,接近了苏中的水平,但是和苏南50%的水平还有一定的差距。从苏北五市来看,徐州的服务业比重最高,其次是淮安和连云港,以及盐城与宿迁,这和该地区的经济发展水平是一致的。除了服务业总体发展迅速之外,服务业大部分主要行业也呈较快增长态势,新兴服务业也开始出现明显增长。

表 3 苏北地区服务业占GDP比重 （%）

	2011 年	2012 年	2013 年	2014 年	2015 年
徐 州	40.5	41.5	43.4	45.2	46.2
连云港	39.1	39.6	40.3	41.4	42.5
淮 安	39.8	40.8	41.8	44.1	45.9
盐 城	37.8	38.2	38.9	40.7	42.1
宿 迁	37.6	38.0	38.4	38.9	39.4
苏 南	44.8	46.2	47.4	50.0	51.2
苏 中	38.6	40.0	41.0	43.6	45.0
苏 北	39.2	39.8	40.6	42.6	43.8

资料来源:《江苏统计年鉴2016》。

（二）服务业产业结构调整迈上新台阶

"十二五"期间是苏北产业机构调整的重要时期,五市服务业都在努力调整服务业发展的内部结构,如盐城生产性服务业快速发展。2015年以现代物流、电子商务、软件服务为先导的生产性服务业在相关扶持政策的刺激和引导下,表现出强劲发展态势。全市沿海港口货物吞吐量快速放大,吐纳能力增强,航空、公路、铁路等运输同比增长较快。电商销售成为企业开拓市场的重要渠道,增速快,成效大,据统计,前三季度共完成电子商务交易额和网络零售额分别增长29.5%和49%。软件和信息服务业基础扎实,重点项目开工及时,发展势头强劲,实现快速增长目标。金融支撑更加有力,存、贷款余额增长较多,列全省第2位和第1位。旅游业软硬件设施配套日臻完善,接待能力增强,游客人次增长迅速。前三季度,游客量333.8万人次,同比增长25.3%,门票收入2980万元,同比增长41.7%。2015年,宿迁市服务业工作紧紧围绕发展提速、比重提高、结构提升的总体目标,扎实推进服务业四大新型产业,全市服务业继续保持快速发展的良好态势。重点发展的"电子商务、现代物流、健康养老、文化旅游"四大服务业新型产业发展势头良好。电子商务产业蓬勃发展,2015年实现电子商务交易额460亿元、增长74.9%。中国宿迁电子商务产业园成功创建国家电子商务示范基地。全市全年接待国内外游客1602.5万人次,实现旅游总收入175.6亿元。国家4A级景区数量增至9家。2015年盐城借助省政府出台加快生产性服务业发展的专项政策,推进现代物流、软件服务等生产性服务业发展。2015年该市软件产业销售收入突破100亿元,电子信息产品制造业销售收入突破250亿元,全年共获批双软认证企业7家,认证产品26个。作为传统强项的物流业,盐城市完成社会物流总额1.25万亿元,增长16.2%,物流业增加值350亿元,增长16.7%,沿海港口完成货物吞吐量7574.8万吨,增长24.1%,南洋机场实现旅客吞吐量85.2万人次,增长61.1%,增速全省第一,货邮吞吐量3005.7吨,增长39%,增速全省第一。2015年淮安不断优化服务业产业机构,物流业方面,投资10亿元的传化公路港签约落地,日日顺物流、空港仓储物流园投入使用,淮安交运物流成为苏北第二个获批省级甩挂运输试点的企业。全市A级以上物流企业总数达15个,数量位居苏北前列。金融方面,全市金融机构存贷款余额不断扩大,分别达到2328.63亿元、1864.76亿元,同比增长16%、15.3%。全市累计有32户企业登陆多层次资本市场,今世缘酒业、井神盐业主板成功上市。旅游业方面,该市累计接待游客2325万人次,同比增长11.2%,实现旅游收入266亿元,同比增长13%。淮安周恩来故里景区成功获批国家5A级旅游景区,围绕"一河一湖一园一线",共实施重点项目43个,完成投资148亿元,向上争取资金1550亿元。电子商务方面,淮安电子商务现代物流园成功获批"国家级电子商务示范基地"、"苏北快递产业园"和"省级现代服务业集聚区";淮安软件园、江苏顺丰电子商务产业园创成"省级电子商务示范基地",淮工深蓝软件有限公司通过ITSS(信息技术服务标准)认证,成为目前苏北唯一一家通过认证的企业。

（三）集聚区集聚能力不断增强

近年来,苏北各级政府始终把服务业载体平台建设作为现代服务业发展的主阵地,构建起用地、资金、政策等要素向集聚区倾斜的保障体系。如为增强服务业发展后劲,盐城市着力培育企业和集聚区载体。围绕集聚区公共服务平台建设、成长性、创新性等方面主题,组织研究人员赴大丰市大数据产业园、市人力资源产业园、市大数据产业园等新业态的园区深入调研,积极提升生产性服务业集聚区的服务功能,对尚未建立服务业集聚区的 13 个产业园区,逐个研究生产服务需要,规划建设包含科技、物流、商品市场、金融、信息、商务等服务在内的配套生产服务区,着力推进园区制造业和服务业融合互进、共同发展。积极指导 9 个生活类服务业集聚区,以立足盐城,辐射苏中、苏北为基本市场定位,拓宽视野,抓紧创特色、做品牌、广宣传,迅速集聚人气,扩大影响,形成规模,努力建成区域集散中心。在各方共同努力下,盐城市 8 个省级服务业集聚区完成投资 132.5 亿元,实现营业收入 460.3 亿元,实现税收 19.8 亿元。继续加大 31 个市级以上服务业集聚区推进力度,2015 年,全市 31 个市级以上服务业集聚区完成投资 227.5 元,占年度计划 101.5%;已运营的 29 个服务业集聚区完成营业收入 534 亿元,实现税收 21.2 亿元,占年度计划的 101.9% 和 101.2%。全市 100 个投资亿元以上服务业重点项目完成投资 334.6 亿元,占年度计划的 100.8%。30 个服务业龙头企业实现营业收入 205.2 亿元、税收 7.5 亿元,分别增长 18.9% 和 15.1%。2015 年淮安的 29 家省、市级服务业集聚区完成营业收入 254 亿元,实现利润 14.5 亿元,入驻企业超过 1.3 万家,实现就业 10.5 万人。全市省级现代服务业集聚区增至 6 个,新增规模以上服务业企业 248 家,累计达到 1117 家。

(四)加快培育新兴业态,大力推进项目建设

相应国家服务业供给侧改革的战略部署,苏北五市在调整服务业内部结构的同时,积极发展供给严重不足的新兴服务业,如盐城全面提升发展能级,激发市场消费潜力。推进汽车制造业和服务业联动发展,加快打造"千亿级"的汽车产业链。大力培育发展互联网平台经济,启动实施交易平台建设工程、配套服务支撑工程、平台经济创新工程、发展载体培育工程等四大工程,推进盐城大宗商品展示交易平台等一批大宗商品、生活服务、信息资讯等平台做大做强,打造服务业新亮点和新增长点。积极对接国家战略实施和省"十三五"规划编制的重要机遇期,重点谋划提出一批重大项目,积极争取列入省服务业"十三五"规划。盐城市列入省服务业"十百千"重点项目中的 11 个项目完成,计划年度投资 76.2 亿元,实际完成投资 87.1 亿元,完成年度计划的 114.3%;列入省服务业重点项目的 3 个项目计划年度投资 33 亿元,实际完成投资 33.6 亿元,完成年度计划的 101.8%。宿迁市始终把项目建设作为发展服务业工作的重点。2015 年初,根据全市各地各部门申报本年度服务业项目情况,精心筛选出本年度计划总投资 247 亿元的 100 个服务业重点项目。全市服务业重点项目完成年度投资 280 亿元,完成年度计划任务的 113%。重点项目推进有利于带动相关行业发展,也使得服务业全面工作的推进有了抓手。2015 年淮安市共编排 5000 万元以上"4+3"服务业项目 202 个,年度计划投资 489 亿元,实际完成投资 504 亿元,投资完成率达 103.1%。古淮河西游文旅区、里运河文化长廊部分景区建成开放,智慧谷、中兴智慧产业园等一批服务业重点项目加速推进,淮安金融中心已有 5 家银行机构、6 家保险公司签署入驻意向书。

(五)各市纷纷出台服务业发展的规划方案

如徐州市印发《打造区域性现代服务业高地实施方案》,通过 3—5 年努力将我市打造成为淮海经济区现代服务业高地,着力构建"333"现代服务业新体系。徐州打造区域性现代服务业高地的主要内容一是三大生产性服务业:现代物流、现代金融、科技服务,构建以物流节点为依托、物流平台为支撑、第三方物流为主导的现代物流新格局;构建服务体系健全、产业链条完整、业态与消费升级

融合发展的现代金融新格局;构建自主创新能力强、成果转化效果明显的科技服务新格局。二是三大生活性服务业:商贸文化旅游、房地产、健康养老,以符合现代产业发展需求的项目为载体,以电子商务、连锁经营、体验式消费、旅游服务、新型文化等业态为支撑的商贸文化旅游服务新体系;以延长产业链、多元化发展为导向,以满足多层次需求为目的,供给结构优化、市场供需平衡、建筑绿色节能低碳、租赁市场初具规模、中介和物业管理服务规范的房地产业新体系;以居家为基础,社区为依托,机构为支撑,服务网络健全、养老环境优美的健康养老新体系三是三大新兴服务业:商务服务、平台经济、软件与服务外包。打造成本低、质量高、环境优的商务服务新环境;打造产业平台市场化、公共服务规范化的平台经济新环境;打造以云计算、大数据、物联网、移动互联网等为支撑,信息技术外包、知识流程外包和业务流程外包为重点,具有区域竞争力的软件与服务外包新环境。

连云港编制的新一轮《连云港市服务业产业发展规划纲要(2015—2020)》(以下简称《纲要》),2015年在全省率先出台。作为全市产业发展规划纲要的子篇,该《纲要》依据国家最新出台的各项关于服务业发展的指导意见结合连云港市产业发展的实际情况,对该市2015—2020年的服务业产业发展提出了具体的发展目标及思路,并与第一、二产业的规划编制同时进行,着力实现各次产业的协调融合发展。《纲要》提出今后一段时期连云港市服务业发展的主要任务,是优先发展现代物流业、旅游休闲业、商贸流通业三大主导产业,创新提升金融保险、商务会展、科技服务、电子商务四大重点产业,培育壮大文化创意、互联网平台、软件信息、养老、服务外包五大新兴产业,统筹发展教育、健康、体育、家庭服务等公共服务业。通过《纲要》的实施,最终达到服务业增速较快增长、服务业比重明显提高、产业结构明显优化、集聚功能明显增强、竞争力明显提升五大目标。

淮安的"4+3"发展战略,是指加快发展四大基础服务业,即物流、金融、旅游、商贸和三大新兴服务业,即电子商务、健康养生、文化创意,以推动全市服务业发展,使得服务业对经济发展贡献度不断增强。2015年前三季度,淮安服务业增加值占GDP比重达42.5%,高于去年同期2.2个百分点;实现服务业增加值800.96亿元,同比增长10.8%,其中"4+3"服务业特色产业增加值达609.3亿元,占全市服务业增加值比重达到76.5%。"4+3"发展战略突出行业的引领力,使淮安服务业呈多极化发展态势。金融业发展势头迅猛,全市12户企业登陆多层次资本市场,其中安洁医疗、德润环保、乔扬机械、世昌农牧4户企业挂牌新三板,鼎欣智能科技、泓州设计、金字塔装饰、我要吃电子商务、御传堂生物科技、凯润建设、鑫辉建材、杰创科技8户企业在区域性股权市场挂牌。此外,井神盐化IPO通过发审会,年内有望实现A股挂牌上市,成为该市第二家在境内主板上市企业。电子商务稳步推进,前三季度全市预计实现电子商务交易额127.3亿元,在淘宝、天猫平台上活跃网店有2万多个。7月3日,淮安首家文化银行签约组建,重点支持经营业绩好、成长潜力大的优质中小微文化企业。"4+3"发展战略突出项目的带动力。2015年淮安共实施5000万元以上"4+3"服务业特色产业重点项目202个,截至9月底,完成投资362.1亿元,占年度计划投资的74%。淮安金融中心已有5家银行机构、4家保险公司签署入驻意向书;古淮河·西游文化旅游产业园内龙宫大白鲸嬉水世界试营业;淮安智慧谷A1号19层交易展示服务楼、A2号科研实验楼室、B1号科研孵化楼墙体砌筑完成;淮安综合大市场内龙凤旺万家婚庆礼品创业园1号楼主体封顶,2、3和4号楼安装施工;淮安中兴(淮安)智慧产业园开工。

2015年盐城市坚持把加快现代服务业作为促进全市经济结构转型升级、提升产业层次的重要举措,加大产业政策扶持和服务力度。首先重点加强对大数据、互联网+、电子商务、健康养老等服务业新兴产业的支持力度,市相关部门共同组织推进,并出台相关文件,市级服务业引导资金将给予重点支持。该市先后出台了扶持汽车服务业、电子商务、养老服务业、智慧盐城建设、现代保险、互联网经济的专项政策或行动方案,效果较为明显。该市去年电子商务交易额达 1200 亿元,同比增长 26.3%;网络零售额达 158 亿元,同比增长 31.6%。江苏中恒宠物用品公司成为苏北首家国家级电子商务示范企业,建湖县几百粒等 4 家企业被认定为省级电子商务示范企业,鼎鸿电商在 Q 板成功上市。

二、苏北现代服务业发展的问题分析

(一)苏北现代服务业发展的现存问题

1. 区域竞争压力较大

长三角地区服务业呈加快发展的势头,大量的资金、人才和技术向周边的大中城市集聚,而苏北地处长三角经济圈的边缘地带,与苏南地区相比发展落后比较明显,导致服务业的发展会受到苏南等发达地区的竞争压力,从而在吸引资本、人才等方面构成严峻挑战。此外,苏北相邻市县在服务业发展上的同质化现象明显,抢占市场资源要素较为突出,如周边区域具有较强的综合功能,在发展高端服务业、吸引大型服务业项目和企业落户等方面具有比较优势,区域竞争压力较大,将对苏北现代服务业发展形成很大的竞争压力。

2. 龙头企业相对缺乏,区域辐射带动能力偏弱

主导产业中缺少能够广泛参与国际标准修订、对国内产业政策制订和市场价格确定具有较大话语权的领军企业和知名品牌,大多数还是以传统产业为主的企业。龙头企业带动作用不强,吸收配套能力较弱。对产品质量和品牌建设方面投入的资金和精力不够,由于对低成本、低价格等竞争策略的过度依赖,大多数企业从事的只是产业链中边缘环节的一节,产品附加值较低,在市场竞争中处于劣势,易受制于人,企业发展波动较大。很少有企业下决心通过提升质量、品牌创建和改善服务来引领和创造市场需求,不断提高产品附加值和竞争力。同时,招商引资来的企业往往看中了当地的土地、税收等优惠政策,对融入本地发展的思考不多、愿望不强,把低利润、低等次产业环节放在当地,很大程度影响了当地主导产业核心竞争力的提升。

3. 生产性服务业相对落后,对制造业的支撑相对偏弱

生产性服务业发展滞后于制造业发展。"十二五"期间,苏北工业化进程加快,制造业加速增长,而生产性服务业发展相对滞后,第二产业增速都快于第三产业增长。在制造业领域中,跨国企业凭借着生产性服务业(产品研发,设计、品牌、资本等)比较优势,占据了产业价值链的高端,赚取高额利润。而我国的加工或装配活动在制造业产业价值链中处于低端产业,"中国制造"的产品往往资源消耗大、经济效益低。同时生产性服务业与制造业互动发展欠缺。在生产性服务业和制造业趋向一体化的供应链管理中,生产性服务业还没有充分发挥出应有的作用。苏北制造业产业规模相对较小,产业链条短,具有优势的产业集群尚未形成,与周边地区经济联系比较松散,区域产业配套能力不强,制约了生产性服务业的跨区和溢出功能的有效拓展和发挥,制造业对生产性服务业的"拉力"不足。而目前产前、产后的生产性服务业发展不充分,生产性服务业企业同质化现象严重,缺乏核心服务能力,不能完全满足企业专业化的需求,制约了现代制造业的发展,生产性服务业

对制造业的"推力"不够。这样的结果,使得大量本应市场化服务的生产性服务业变成了制造企业自我提供服务,既严重压抑了生产性服务业的需求,也降低了服务业效率和质量,因为制造企业毕竟不是专业的服务产品供应商。

4. 人才瓶颈问题较为突出,中高端人才吸引政策支持力度有待提高

当前服务业竞争的剧烈,要求人才所具备的技能越来越有多元化以及专业化的趋势。近些年来苏北现代服务业已进入快速发展阶段,对人才的需求已从劳动密集型服务业往知识密集型服务业方向发展。但苏北现代服务业的发展对于人才的需求还存在服务业人才总量不足,难以满足发展需求;专业人才引进难度较大,现代物流、金融保险、科技研发、信息软件、电子商务等领域表现尤为明显,对中高端服务业人才的支持政策体系尚不健全,在人才开发、人才奖励、保障条件等方面还有较大改进空间。服务业人才开发不平衡的现象可以说是服务业产业发展过程中必然会存在的现象和问题,最终会影响同一地区不同行业或不同地区服务业发展的不平衡,且随着后期的发展,这种不平衡会逐步加剧,甚至会造成地方发展巨大差距和社会不稳定的情况出现,因而控制人才开发不平衡是必要的。与当下服务业呈现科技化、信息化和与互联网紧密结合等特点相应的,服务业人才需求方面也发生了一定的变化。当下服务业发展的人才应该是综合型人才。这种人才不仅是懂得服务业,还需懂得诸如信息技术、相关的科技知识及互联网知识等,因而当下人才需要多方面锻炼以使自己具有相关的知识而成为综合型人才。其次,当下服务业发展的人才应该具有较强的学习能力。较强的学习能力表现在快速学习和快速更新自身知识系统的能力。无论是互联网发展,还是信息科技的发展,其生命周期较短,更新速度快,要实现服务业的发展,需要掌握最先进的相关技术,这就需要人才方面的储备。

5. 现代服务业信息化程度不高

一方面,信息化程度偏低,根据调查结果显示:服务业拥有信息系统和信息网络的比例仅为20％和40％左右,说明在服务业企业的内部管理与市场营销方面,大多数的都把主要精力放在传统的人员组织和宣传上,而对通过信息化改造以提高工作效率和获取信息手段关注不够,投资不足;企业之间建立信息联系的比例几乎为10％,说明企业与企业之间的联系还是停留在传统的沟通方式上,这样必然会造成信息的延迟性和工作的低效率;大多数的企业没有开展电子商务系统,更不要说应用供应链管理等。江苏省服务业信息化程度偏低也制约了服务企业在市场上的相应能力。另一方面,标准化程度不够,苏北服务业标准化水平相对较低。目前,物流业、电子商务、商业零售连锁业和餐饮连锁业的行业还没有建立起统一的行业标准。现代服务业需要标准化的规则来规范行业的发展,如果没有一定的规范,市场将会变得极其混乱。因此,江苏省应尽快建立起服务业统一行业标准。基于业务信息实体模型并可向任何语法描述映射的电子文档格式以及业务过程和信息模型等,将满足和适应不断发展和出现的新技术要求,进一步促进数据共享、系统互操作性。

(二)苏北现代服务业的发展机遇

"十三五"时期,我国经济增速换挡、结构调整阵痛以及改革发展攻坚"三期叠加"的特点日臻显著,将使得经济运行中不稳定性、脆弱性等问题将增多,长期积累的潜在风险会逐步释放。在这一背景下,邳州经济增长不确定性的风险增加。但同时,更为重要的是,"新常态"也为苏北的发展提供了难得的机遇。

1. 现代服务业跨越式发展迎来战略机遇

苏北目前正处于工业化"中期"向"中后期"跨越阶段。按照国际经验,在此阶段,城镇化率快速提升,服务业将成为引领经济增长的重要引擎。随着产业转型升级,产业间物资产品中间投入不断增加,促使服务业中间投入增加,实现生产型制造向服务型制造的转变,生产性服务业的内需潜力进一步释放,为"十三五"时期苏北生产性服务业加速扩张提供了广阔的市场空间。此外,伴随着人民收入水平加快提升,社会保障体制不断完善,产城融合程度将不断增强,促使居民消费结构由温饱型、舒适型向发展型、享受型转变,逐步实现从"物资消费为主"向"服务消费为主"转变。

2. 为苏北实现从"制造为主"向"制造与服务双轮驱动"的转变提供机遇

借助对接"一带一路"国家战略,区域间互联互通程度不断加深,区域内产业一体化趋势明显,要素流动更加频繁,市场更加开放,要素重组效应更加明显,将进一步凸显苏北沿海优势、铁路优势、区位优势,为苏北从"大生产"向"大商贸、大物流"延伸提供了市场需求和发展机遇,有助于"制造与服务双轮驱动"战略的有效实施。

3. 生产性服务业与制造业深度互动融合的机遇

制造业服务化、服务产品化趋势,要求苏北"十三五"时期加大推动生产性服务业与制造业在更高水平上有机融合,利用"大、云、平、移"等现代信息技术,加快提升优势产品的附加值,创新销售模式、增强品牌效应,以此提升传统优势产品的市场知名度和产业竞争力。20世纪80年代以来,西方发达国家经济发展的显著特点之一就是服务业尤其是现代服务业的迅速崛起并逐步取代制造业成为经济增长的主要动力和创新源泉。目前,全球服务业增加值占国内生产总值比重达到60%以上,主要发达国家达到70%以上,即使是中低收入国家也达到了43%的平均水平;在服务业吸收劳动力就业方面,西方发达国家服务业就业比重普遍达到70%左右,少数发达国家达到80%以上。

4. "四新"经济促进新兴服务业态不断涌现

"十三五"期间,世界科技革命、产业革命仍处于孕育期,但新技术、新模式、新业态、新产品的"四新"突破将更为明显。随着科技与经济加速对接,科技交叉催生的产业融合将推动全球制造业软化,促进服务业业态模式创新,科技金融、互联网金融、电子商务、智慧物流、移动互联网医疗、大数据服务等新业态不断涌现。

5. "新常态"下服务经济大发展时代来临

"十三五"时期,步入新常态后,我国产业结构不断深度调整,服务业将成为引领经济增长的最重要引擎。随着生产型制造向服务型制造的转变,生产性服务业的内需潜力进一步释放。而居民消费层次的不断提升,也将促进交通通信、文教娱乐、健康医疗、旅游休闲、批发零售、商贸流通等服务行业迎来更加广泛的市场需求。

三、苏北现代服务业发展的对策建议

(一)国内外现代服务业迅速发展的背景

1. "新常态"愿景下,发展现代服务业是寻找经济增长新动力的内在选择

世界发达国家经济增长的路径表明,在经济发展到一定程度后,工业化已经不能驱动经济的再

次高速增长,只有靠经济服务化才能驱动经济的"二次增长"。从世界发达国家的经济发展史来看,许多国家在高速工业化后面临着经济再次发展的瓶颈。例如,美国经济在 20 世纪 50 年代和 60 年代工业化时期,经济增长的速度接近 4.5%,但是到 20 世纪 70 年代工业化后期时经济增长降低到了 3%左右。这是由于随着工业化进程的加速,比较优势逐步变为比较劣势。为此,美国经济开始逐步向服务经济转型,整个 20 世纪 70 年代美国服务业整体增速仍能维持在 3%以上,远高于第二产业增速。其中增速较快的行业有信息、教育保健、专业商业服务、批发贸易和金融地产等现代服务业。对于我国经济增长动力而言,依靠投资拉动经济增长的动力已经衰竭,推动增长的主要力量将转向主要依靠产业转型升级、生产率提升和多元创新等方面。所以,发展现代服务业是经济增长新常态背景下寻找经济增长新动力的内在需要。

2. 低碳经济趋势下,发展现代服务业是转变经济发展方式,实现经济可持续发展的迫切需要

气候变化是全人类面临的最严峻的挑战之一。为了应对这种挑战,世界范围内正进行一场经济发展模式的变革,即努力建立一种低碳经济发展模式。多年来,我国作为全球制造业的主要承接中心,在促进经济增长、拉动 GDP 的同时,也带来了高耗能、高污染等问题。面对我国工业化、城镇化高速发展的现实,用高新科学技术改造传统产业、优化产业结构、大力发展现代服务业显得尤为重要。现代服务业相对于传统工业发展具有能耗低、污染小等特点,加快金融、旅游、教育、文化等产业的发展可以有效地减轻我国的碳排放强度,是我国发展低碳经济的重要组成部分。发展现代服务业是低碳经济背景下转变经济发展方式,实现经济可持续发展切需要。

3. 第二次全球化浪潮下,发展现代服务业是提升产业国际竞争力,占领产业发展制高点的重要战略

进入二十一世纪,全球各主要发达国家产业结构均呈现出由"工业型经济"向"服务型经济"的迅猛转变,现代服务业领域的竞争已成为世界经济发展和国际竞争的新焦点。发达国家现代服务业不仅吸引了大量就业,而且在国民生产总值中所占比重越来越大,其发展水平已成为衡量一个国家经济社会现代化程度的重要标志。科学技术尤其是信息技术对现代服务业发展起着重要的支撑和引导作用,是"服务型经济"快速成长和发展的重要推动力量。由于现代服务业具有资源消耗少、环境污染少等优点,是地区综合竞争力和现代化水平的重要标志。可以说,现代服务业已成为一个区域(城市)乃至一个国家产业发展的制高点,是区域与国际竞争的核心。为此,在国际竞争背景下,发展现代服务业是提升产业国际竞争力,占领产业发展制高点的重要战略。

4. 区域经济不均衡背景下,发展现代服务业是实现产业后发优势向竞争优势转变的现实需求

改革开放以来,随着对内搞活、对外开放方针的贯彻落实,我国各地区经济都有了较大的发展,人民生活水平也获得了较明显的提高,但是由于我国地域辽阔,各地区所处的地理条件、拥有的资源禀赋不同、改革开放的程度不同以及国家投资倾斜重点差异等原因,各地的经济发展水平呈现出较大的梯度。对于我国区域经济发展差距而言,工业上的发展差距要远远大于服务业上的发展差距。为此,对于经济发展落后地区而言,通过优先发展现代服务业服务,逐步向产业链分工的中高端延伸,引领落后地区逐步摆脱产业的后发优势,不断提升在国际产业体系中的战略地位,逐步实现产业的后发优势向先发优势转变。在中国区域经济发展不平衡的背景下,发展发展现代服务业是实现产业后发优势向竞争优势转变的现实需求。

（二）推动苏北现代服务业发展的对策建议

1. 不断提升现代服务业的信息化水平，提升产业竞争力

一是加大投入构建现代服务业的技术支撑平台。随着现代服务业的不断发展，数据库技术和计算机通信技术的更新进步，为加快现代服务业提供了更多技术支持，同时也对现代服务业也提出了更多新的要求，需要构建科学、合理、完善的技术支撑平台。如接入技术、交换技术、数据传输技术及智能网技术等。还有如物联网技术的开发与利用等，也必将在提升现代服务业的技术支撑平台上发挥重要作用。

二是开发适应不同区域经济发展水平的层次丰富的信息网络平台。针对江苏省不同地域的经济发展水平存在一定程度差距的现状，有必要开发不同层次的信息网络系统。如对江苏省较发达地区，这些地区经济发展优势明显，信息化建设程度较高，可以加快推进先进的通信网络，加快数字电视网的建设和IPTV的建设，同时在网络服务方面，可以加快建设多媒体数据应用。建设不同层次的信息网络服务平台也需要从宏观和长远的角度综合规划。

三是加快信息技术对与苏北人民生活密切相关服务产业的改造和提升。比如社区医疗服务、旅游服务、数字娱乐服务、社区信息化服务等方面的发展。为加强这些服务业的改造升级，就必须利用现代信息技术的支持，所以，加快信息技术的开发利用成为对与苏北人民生活密切相关服务产业的发展的重要手段。

2. 要进一步扩大开放、引入竞争，加快服务业发展的国际化水平

一是打破垄断，放宽市场进入。现代服务业是专业化程度很高、资源整合能力很强、适于大规模操作的产业。因此，它的市场化程度低于一般传统服务业，而高于现代化的传统服务业，其垄断程度处于中等，市场上通常会产生相对集中的少数领航者。但是，需要指出的是，这种一定程度的垄断是由现代服务业的业态特征决定的，具有自然垄断的性质，而不是行政垄断。据调查，苏北目前所有的服务业领航者基本上都是国有企业，当前国有企业带有很强的行政垄断色彩。比如电信服务业中，尽管政府为中国电信配备了网通等几个"小兄弟"，但中国电信一家独大的垄断地位是十分牢固的。行政垄断企业可以获得巨额垄断利润，但服务效率和质量低下，全行业的效益难以增加，不能增进社会福利。因此，现代服务业要想健康发展，就必须打破行政垄断，放宽市场准入限制，引入竞争机制，由现代服务业发展的内在要求来决定行业的市场结构。

二是坚持深化改革、扩大开放。探索扩大服务业利用外资领域，提高利用外资的品质和水准，扩大服务业国际交流与合作。探索放宽市场准入，鼓励和引导各类资本投向服务业。要进一步扩大开放，引入竞争，为苏北现代服务业的发展提供良好环境。根据对现代服务业的业态分析可知，现代服务业是专业化程度很高、资源整合能力很强、适于大规模操作的产业。因此，它的市场化程度低于一般传统服务业，而高于现代化的传统服务业，其垄断程度处于中等，市场上通常会产生相对集中的少数领航者。但是，需要指出的是，这种一定程度的垄断是由现代服务业的业态特征决定的，具有自然垄断的性质，而不是行政垄断。据零点研究咨询公司的调查，目前所有的服务业领航者基本上都是国有企业，只有IT行业中有一家民营企业携程网和一家外资企业阿里巴巴网。因此加强苏北各市集聚区间的交流，互通合作，优化资源配置，壮大本土服务业企业。通过优惠政策，招商引资、招财引智，抢抓当前服务业加快转移的契机，引入域外资本及先进技术，投入服务业重点产

业,扩大本土集聚区规模,优化服务业投资结构。培大育强,增强服务业企业核心竞争力,通过平台经济,增强跨区域合作。鼓励本土优势企业"走出去",鼓励本土薄弱产业领域"引进来",加快全市现代化服务业整体水平稳步增长。

3. 不断优化服务业内部结构,向价值链高端环境攀升

一是优先发展生产性服务业,促进产业转型升级。改革开放以来,凭借惊人的市场制造能力和不断涌现的新产品,"中国制造"迅速崛起,成为全球经济不可或缺的一部分。但是"中国制造"的崛起更多的是依赖于低廉劳动力成本优势,很多制造企业处在产业链低端环节。随着劳动力和商务成本上升、人民币持续升值、国外贸易壁垒日渐增多,"中国制造"瓶颈日益严重,转型与升级已势在必行。生产性服务业作为独立的生产部门,以其强大的支撑功能成为制造业增长的牵引力和推进器,是制造业起飞的"翅膀"和"聪明的脑袋",生产性服务业既是催生其转型和升级的最重要动力,也是部分制造企业"华丽转身"的重要方向。从发达国家近年来经济发展的实践看,生产性服务业作为现代服务业中最具活力的部门,其发展速度已超过了制造业,许多传统的制造企业也正在向服务企业转型。越来越多的国家及其企业重视通过发展生产性服务业来提升产业竞争力和全球经济的控制力。比如大家熟悉的IBM(国际商业机器公司),过去是以"硬件制造商"的形象来给自己定位。但进入20世纪90年代,随着硬件等IBM传统的支柱产品进入衰退期,IBM陷入了前所未有的困境。1993年的亏损就高达81亿美元,公司濒临破产边缘,IBM被迫转型,即从硬件制造商到提供软件和信息服务,公司重新焕发出活力,成功地实现了产业转型升级,成为世界上最大、最有影响力的信息技术和业务解决方案公司。苏北还处在工业化中期向中后期加速发展阶段,现代制造业和生产性服务业"双轮驱动"将是苏北经济发展战略重要的、长期的选择。既不能沿用传统制造业老路子,也不能脱离制造业去单枪匹马发展生产性服务业。要在分工、融合、互动中实现现代制造业与生产性服务业的"双赢"。特别要围绕制造业这个"实体经济"大力发展生产性服务业,通过发展生产性服务业促进制造业转型升级和竞争力提升。推进生产性服务业大发展一个重要的出路,就是要细化专业化分工,鼓励制造业的服务环节从企业剥离,推进业务外包。即制造企业将一系列以前由内部提供的生产性服务活动进行垂直分解,实施外部化,比如将研发、设计、内部运输、采购等活动外包给生产性服务企业。企业将内部的非核心的服务经济活动外包给专业的服务商来做,不仅使制造企业提升了自己的核心竞争力,同时也推进了生产性服务业的发展,是"一箭双雕"的选择。

二是努力培育新兴服务业,催生经济增长新引擎。新兴服务业是利用现代理念、网络技术、新型营销方式,以及服务创新发展起来的服务业,它具有高成长性、高技术含量、高风险性、高人力资本含量和低消耗五个基本特征。大多新兴服务业附加值高,对资源的依赖程度较低,对转变经济发展方式、拓展新的经济增长领域有着重要的意义。新兴服务业的范围很广,也是不断动态变化的。我们可以把新兴服务业归纳为三大类:一是为新的市场需求服务的服务业。例如,节能服务业、海洋服务业、邮轮旅游业、信息通讯服务业、文化创意业等。二是在传统服务业基础上由于运用新资源、新技术或新方法发展起来的新兴服务业:例如,电子银行业、电子认证、卫星科技服务等。三是由新的服务模式所形成的产业:远程教育、远程医疗、地理信息服务系统、网络购物、连锁经营、折扣店等。随着科技进步和商业模式的变化还会不断产生新的服务业态和新兴服务产业。要通过市场和政府的双重努力,将新兴服务业和服务业新兴业态培育成为带动经济发展、吸纳劳动就业的新

引擎。

三是全面提升消费性服务业,改善民生福利水平。消费性服务业是为满足消费者最终需求服务的服务产业。丰富的物质产品和高水平的服务供应是改善民生服务福利的重要保障。随着居民收入水平不断提高、城镇化进程的加快,以及消费结构的变迁,居民消费将从衣食住行为主逐渐过渡到康体娱乐为主、从对物质产品需求为主过渡到以文化精神需要为主。而满足文化精神需要和康体娱乐需求主要是靠消费性服务业。即便是衣食足行这样最基本的民生也是离不开服务的供应。所有这些都告诉我们,发展消费性服务业是改善民生的内在要求。居民收入是多层次的,民生福利也是多样化的,因此,我们要面向城乡居民生活,丰富服务产品类型,努力扩大服务供给,不断提高服务质量,满足居民多样化需求。从实际情况看,商贸服务业、文化产业、旅游业、健康产业、家庭与养老服务产业等是下一步消费性服务业发展的重中之重。商贸服务业是我国传统的消费性服务业,我们既要挖掘其发展潜力,更要加快传统商贸业改造升级步伐,推动科技进步和现代流通方式在商贸流通领域的广泛应用,发展电子商务、网络营销、连锁经营、便利店、社区菜店等多样化商业业态。鼓励城市商业企业向农村延伸开设商业网点,引导农产品进城直销,完善农资和日用工业品配送下乡的服务方式。文化产业正迎来其难得的发展机遇。城乡居民对文化需求既有共性的一面,也有多样性、多元化的一面。要满足这种多样化的需求,就必须丰富文化业态,拓宽文化产业领域。既要大力发展人民群众喜闻乐见的文化娱乐产业,也要努力发展文化创意、移动多媒体、数字出版、动漫游戏等新型文化业态。加强文化产业与资本和科技对接是其重要的发展途径。精彩绝伦的 2008 年北京夏季奥运会开闭幕式和每年的春节晚会,都是高科技元素与文化、艺术精妙结合的结果。文化产业的大发展也离不开资本市场的支持,从国内外一些成功的知名文化企业发展经验看,借助资本市场发展文化产业是很重要的途径。积极发展旅游业。旅游消费正成为新的消费热点。旅游业资源消耗低,带动系数大,就业机会多。要适应城乡居民旅游需求,推动旅游产品多样化发展,加强旅游基础设施建设,提高旅游信息化水平,加强行业自律和诚信建设,提高旅游服务质量。健康服务产业是 21 世纪的朝阳产业。美国的大健康产业已经成为国民经济最大的产业。苏北健康服务业也有着广阔的发展前景,需求十分旺盛。但总体看,还处于起步阶段,中高端健康服务市场份额小、知名品牌少、产业带动作用还不大,健康服务业资源分布不平衡,供求矛盾仍然突出,健康服务业产业体系不完整,产业链偏短。要不断丰富健康产业内容,挖掘健康产业附加值,拓展健康产业链,努力将其培育成新兴支柱服务产业。家庭与养老服务产业是我国极具发展潜力的消费性服务业。随着城镇化进程加快,生活和工作节奏也日益加快,对家庭服务业的需求快速增加,但合格家庭服务从业者却明显不足。另外,我国的养老服务业的需求也在急剧增加。中国老年人口数量是世界上最多的,2010 年全国 60 岁以上老年人口达 1.78 亿,2015 年全国老年人口预计达到 2.21 亿。2010 年,全国 65 岁以上"空巢老人"有 4150 万人,到 2015 年将超过 5100 万人。目前我国城乡空巢家庭超过了 50%,部分大中城市达到了 70%。这对于中国传统的家庭养老模式形成了强烈冲击,社会化养老服务的需求不断增强。

4. 充分发挥政府的服务职能,加强政策扶持

一是鼓励服务于实体经济的服务业优先发展。这一轮国际金融危机爆发后,学界普遍认为是美国以及欧洲部分国家的经济发展脱离了实体经济。德国在这次金融危机中受到的冲击相对较小,是与其强大的实体经济支撑分不开的。为此,国际上很多声音强调要更加注重发展实体经济。

这里需要明晰的是,服务业既有实体经济属性的部分,也有虚拟经济属性的部分。当服务业脱离实体经济进行过度自我服务且在国民经济中的比例增加到一定程度时,就会导致产业空心化现象的出现,不仅会影响经济发展,扩大社会贫富差距,还会增加甚至放大经济金融风险和社会风险。2011年12月召开的中央经济工作会议提出了"要牢牢把握发展实体经济这一坚实基础",实质上是给出了未来服务产业的发展方向。如果服务业的发展逐渐失去实体经济的支撑,完全自我循环,整个社会经济发展本质上就形成一种看似繁荣实则"体虚"的状况。服务业也最终成为无源之水而衰退,难以实现可持续发展。因此,要从产业政策等方面,鼓励以实体经济为导向的服务业优先发展。

二是实施有利于服务业发展的财税体制机制。(1)完善公共财政体系,增加对现代服务业的投入。发展服务业,主要依靠市场机制的基础作用,同时也要注意发挥政府的引导和带动作用。完善服务业引导资金政策,增加对现代服务业的公共投入,充分发挥财政资金"四两拨千斤"的作用。扩大政府采购范围,改变以前货物类采购畸重、服务类采购畸轻的状况,把服务业领域如公务消费、会展、会议、物业管理等纳入其中,引进竞争机制,面向全社会服务行业公开招投标。(2)对民间资本投资高技术服务产业实施税收优惠政策。放宽民间资本投资的税收抵免政策和纳税扣除适用范围,可规定:如果民间资本投资具有高技术含量的服务产业,对其来源于这些产业的投资收益设置一定免税期。另外,在一定时期内可就其投资额一定比例抵免应纳税所得额,并在收入认定、成本扣除等方面享受一定税收优惠。(3)对小微型服务业企业实施税收优惠政策。小微型服务企业负担比较重,赢利空间有限,需要采取比较灵活的税收政策和措施促进其发展,对其交纳企业所得税给予特殊课税规定,赋予小型公司选择不同的纳税方式,特别要鼓励这些中小型服务业企业的创新行为,比如其研发投入享受企业所得税扣除等优惠政策。(4)继续深化服务业增值税的"扩围"改革。在部分现代服务业领域推行营业税改征增值税试点工作的基础上,总结经验,研究相关配套措施,积极稳妥地在更多地区和更广泛的服务业领域实施这一"税收新政"。

三是构建支持服务业发展的金融政策体系。建立完善多层次、多元化金融服务体系。鼓励发展天使投资、创业投资,支持融资性担保机构发展。通过多层次资本市场体系建设,满足不同新兴服务业的融资需求。需要强调的是,大量民营服务业在发展初期普遍是小型甚至是微型企业,建议借鉴韩国的经验,设立"服务业特别基金",为符合国家产业政策的小型微型服务企业发展提供资金支持,破解融资瓶颈。还要针对服务业特别是小微型服务企业抵押物较少、经营规模不大的特点,逐步建立起有利于服务业和小型微型企业发展的"草根金融"体系,比如探索发展服务业小型、微型企业的联保贷款业务等;积极稳妥推进金融创新。金融是服务业的重要组成部分,即支持服务生产,也可以通过金融创新,比如消费金融业务就可以让人们提前消费,扩大服务消费需求。许多服务业的核心资本是人力资本,没有多少可以抵押的实物资产,迫切需要金融提供适合的融资方式助其起步和发展。国务院副秘书长江小涓同志曾经设想通过开展各种形式的"倒按揭"业务推动养老服务业发展,就是一个很好的启发。当然,这只是一个例子。在发展现代服务业过程中,金融创新有许多方式和途径。比如,拓宽机构对现代服务业企业贷款抵押、质押及担保的种类和范围,加大金融创新对现代服务业的支持力度,破解服务业融资难的"瓶颈";积极发展包括中小企业集合债券、短期融资券、中期票据等各类债务融资工具,为现代服务业企业提供灵活的融资方式。

四是优化服务业投资结构,调整服务业投资政策。扩大内需是我国的基本战略政策取向。但投资重点应该转向战略新兴产业、先进制造业、现代服务业等。在扩大服务业投资规模的同时,更要重视优化服务业投资结构问题。适度减少交通运输、餐饮住宿等传统服务业投资，增加高技术服务业、软件与信息服务业、电子商务、人力资源服务业、文化创意产业、节能环保服务业等领域的投资。这些服务业基础薄弱，但市场潜力大、发展前景较为广阔，是服务业投资的重点领域。充分发挥政府投资对社会投资的引领带动作用，吸引社会资本进入，实现"以政府投资为主"向"以社会投资为主"的有序转换。政府对服务业的投资重在引导和带动，服务业发展的资金主要还是要依靠市场力量解决。通过改善投资环境，创造公平准入条件，吸引社会资本、民间资本投资服务业，是解决服务业发展资金问题的根本途径。

五是实施有利于现代服务业发展的土地管理政策。土地管理政策是现代服务业促进政策中的一项重要内容。2007年《国务院关于加快发展服务业的若干意见》和2008年《国务院办公厅关于加快服务业若干政策措施》都提出了"调整城市用地结构、合理确定服务业用地比例，对列入国家鼓励类的服务业在供地安排上给予倾斜"等意见。这些意见很好地引导了服务业快速发展，作用较为显著。但毕竟这只是一些原则性的意见，还需要研究更有针对性和操作性的政策意见。随着经济建设规模越来越大和城市化进程越来越快，发展现代服务业与土地紧缺的矛盾日益凸显。这就需要创新一些新的土地管理政策，包括积极支持以划拨方式取得土地的单位利用工厂厂房、仓储用房、传统商业街存量房产、土地资源兴办信息服务、研发设计、文化创意等现代服务业，土地用途和使用权人可暂不变更；在符合城市规划、土地利用总体规划前提下，充分利用集体建设用地流转政策，鼓励现代服务业项目利用集体建设用地进行开发建设；建立灵活的土地出让机制，发挥土地收储的调控性作用，对园区或集聚区内的重点项目及列入鼓励类的新兴服务业重大项目，在供地安排上，具有优先选择权，实现对服务业发展用地有效供给。

六是改善服务业发展的软环境。服务业具有无形性、多样性和信息不对称特点，道德风险和逆向选择的可能性更大，良好的信用环境是服务业发展的重要基础支撑。只有健全社会信用体系、加强服务业信用管理、尊重和保护知识产权、制定和实施服务业标准，才能降低服务产品和服务行为的交易成本、提高交易效率，实现现代服务业快速、健康、有序发展。人才是现代服务业发展的关键，现代服务业最主要的"投入"就是人力资本。培养、引进高素质的现代服务业人才是政府义不容辞的责任。改革传统的人才培养方法，重点发展特色职业教育，支持各类高等教育、职业教育和培训机构开展现代服务业复合型、技能型人才的学习与培训。按照"不求所有，但求所用"的原则，积极推进技术入股、管理人员持股、股票期权激励等新型分配方式，建立人才柔性流动机制，鼓励更多的高端服务业人才向苏北聚集。

【主要参考文献】

[1] 程大中,等.中国服务业相对密集度及其对劳动生产率的影响[J].管理世界,2005(3).

[2] 魏巍,原毅军.中国区域现代服务业投资环境评价研究[D].大连理工大学硕士论文,2010.

[3] 李娟.我国现代服务业发展影响因素分析[J].商业研究,2010(2).

[4] 毕秀晶,等.上海现代服务业外资企业空间格局及其机理研究[J].城市规划学刊,2010(1).

[5] 刘斌.上海生产性服务业集聚区发展对策研究[J].华东经济管理,2012(1).

[6] 曾光.长三角地区城镇居民人均可支配收入的差距分析[J].统计与决策,2008(10).

[7] 王启仿.区域经济差异及其影响因素研究——以江苏省为例的实证分析与检验[D].南京农业大学,2003.

[8] 张吉鹏,吴桂英.中国地区差距:度量与成因[J].世界经济文汇,2012(4).

[9] 黄贤金.江苏省循环经济发展:基本态势、区域差异与建议[J].科技与经济,2005(3).

[10] 孔德洋,陈守明.中国生产性服务业发展的战略角色与路径[J].经济论坛,2008(5).

[11] 顾乃华,毕斗斗,任旺兵.生产性服务业与制造业互动发展:文献综述[J].经济学家,2006(6).

[12] 雷菁,郑林,陈晨.利用城市流强度划分中心城市规模等级体系——以江西省为例[J].城市问题,2006(1).

[13] 陶修华,曹荣林,刘兆德.基于城市流分析的城市联系强度探讨——以山东半岛城市群为例[J].河南科学,2007(1).

[14] 刘承良,等.武汉都市圈经济联系的空间结构[J].地理研究,2007(1).

[15] 朱英明,于念文.沪宁杭城市密集区城市流研究[J].城市规划汇刊,2002(1).

行业篇

第一章　江苏省软件与信息服务业发展报告

　　软件与信息服务业利用计算机、通信和网络等现代信息技术从事信息的生成、收集、处理加工、存储、传递、检索和利用,向社会提供各种信息产品或服务,从而实现信息价值增值的行业集合体。软件产业是最典型的高知识型产业,从事以软件产品为代表的知识生产及服务,属于知识密集型服务业。其中,软件企业主要从事产品创新、过程创新、人员相关的创新和结构创新,既可以作为知识密集型服务的用户,也可以作为知识密集型服务的提供者,对于其他产业而言是一个重要的创新要素。信息服务业是生产性服务业的重要组成部分,属于新兴的知识密集型产业,是国民经济的基础性和先导性产业;是可持续发展的战略性产业,具有知识密集、技术密集、附加值高等特点;是推动经济发展方式转变的催化剂;是参与国际竞争的主力军;是推动经济发展方式转变、维护社会稳定和谐的重要支撑。软件和信息服务业是关系国民经济和社会发展全局的基础性、战略性、先导性产业,具有技术更新快、产品附加值高、应用领域广、渗透能力强、资源消耗低、人力资源利用充分等突出特点,对经济社会发展具有重要的支撑和引领作用。发展和提升软件和信息技术服务业,对于推动信息化和工业化深度融合,培育和发展战略性新兴产业,建设创新型国家,加快经济发展方式转变和产业结构调整,提高国家信息安全保障能力和国际竞争力具有重要意义。经济全球化进程的深入,世界范围内的经济结构调整、产业转移和新技术、新业务融合步伐的进一步加快,为软件产业发展创造了更多新的需求、发展契机以及更广阔的市场。

　　软件和信息服务业是现代产业体系的重要组成部分。根据党的十八大报告,要"着力增强创新驱动发展新动力,着力构建现代产业发展新体系","坚持走中国特色新型工业化、信息化、城镇化、农业现代化道路,推动信息化和工业化深度融合、工业化和城镇化良性互动、城镇化和农业现代化相互协调,促进工业化、信息化、城镇化、农业现代化同步发展"。我国目前正处于"十三五"时期,是全面建成小康社会的决胜阶段,是适应把握引领经济发展新常态的关键时期,是抢占全球新一轮产业竞争制高点的战略机遇期。大力推进信息化和工业化深度融合,加快新旧发展动能和生产体系转换,提高供给体系的质量效率层次,对于推动我国制造业转型升级、重塑国际竞争新优势具有重大战略意义。伴随着云计算、大数据、移动互联网、CPS与物联网等新技术的兴起,信息化已经覆盖了国民经济的所有行业,正有力地推进其他"三化",而大力发展软件与信息服务业正是实现信息化的重要保证。软件与信息服务业的发展不仅仅是一个行业、一个产业的问题,它关系到国民经济与社会发展的全局。

　　2015年,江苏省认真贯彻党的十八大精神,解读"十三五"规划,全力实施聚焦信息化创新战略,全省城乡信息化蓬勃发展,政府和企业的信息化建设正在从以应用为中心到以数据为中心转变,进一步提升科学管理能力,并借鉴互联网思维,利用大众的智慧提升服务水平,这一趋势又将会带动多种形式的创新发展,构筑新的软件与信息服务业生态圈,为推动地方经济社会可持续发展做出积极贡献。

一、江苏省软件与信息服务业发展现状

软件和信息技术服务业是我国国民经济的支柱产业、基础产业和战略性产业,得益于我国经济快速发展、政策支持、强劲的信息化投资及旺盛的 IT 消费等,已连续多年保持高速发展态势,产业规模不断壮大。目前江苏正处于"迈上新台阶、建设新江苏"取得重大进展的关键时期,准确把握新常态下信息化发展的趋势和重点,全面推进信息化与工业化的深度融合,是践行"四个全面"、实现"两个率先"、建设"强富美高"新江苏的重大战略选择。纵观 2015 年江苏软件与信息服务业发展全局,产业总体保持良好的发展态势,体现在如下几方面:

(一)产业规模

2015 年江苏省软件与信息服务业与 2014 年相比,整体运行态势稳中趋缓,全省规模以上软件和信息服务企业达 5314 家,较 2014 年有微幅增长,累计完成业务收入 7062 亿元,是 2005 年的 22.7 倍,是 2008 年的 6.56 倍,业务总量不断实现新的突破,继续稳居全国第一。2015 年,江苏省软件与信息服务业业务收入占全国比重达 16.3%,产业规模持续保持增长,同比增长 9.68%,经济效益良好。产业规模不断扩张,企业与就业人数也持续增加,江苏省软件与信息服务业的发展已经步入良性循环,逐步渗透到社会生活和生产各个领域中,并发挥出产业关联的经济效应。

表1　2008—2015 全国及江苏软件与信息服务主营业务收入与增速情况

全国	2008 年	2009 年	2010 年	2011 年	2012 年	2013 年	2014 年	2015 年
主营业务收入(亿元)	7535	9513	13897	18400	25033	30587	37235	43249
增速(%)	29.16	26.25	46.09	32.4	36.05	22.19	20.2	16.6
江苏	2008	2009	2010	2011	2012	2013	2014	2015
主营业务收入(亿元)	1114.1	1605.5	2291	3106.3	4305.6	5177.3	6439	7062
增速(%)	—	44.1	42.7	35.59	38.61	20.25	24.4	9.68
江苏省占全国的比重(%)	14.79	16.88	16.49	16.88	17.2	16.93	17.29	16.3

数据来源:江苏工业与信息化厅、中国工业与信息化部。

图 1 和图 2 分别是 2008—2015 年全国和江苏省软件与信息服务业主营业务收入、增速及占比的变化情况。2008—2010 年间,全国软件与信息服务业的收入呈现出大幅上升的趋势,由 29.16% 上升至 46.09%,江苏省在 2009—2010 年间则始终居于 40% 以上的增速水平。但在 2010 年之后两者均呈现出急剧下降的趋势,2013 年、2014 年、2015 年分别下降至 20.2%、24.4% 和 9.68%。但是从图 2 中可以看到江苏省软件与信息服务业每年的业务收入占全国的比重呈现微幅上升并趋缓的形势。在 2014 年,该占比达到近几年最大 17.29%,2015 年微幅下降至 16.3%。因此,尽管软件与信息服务业整个行业的发展趋势有所波动,但江苏省在全国的地位却始终保持平稳发展的状态,反映出江苏省软件与信息服务业的发展已经步入良性循环,对社会生活和生产各个领域的渗透和关联带动作用十分稳定,经过前期政策的消化作用,其经济效果也相应有所体现。

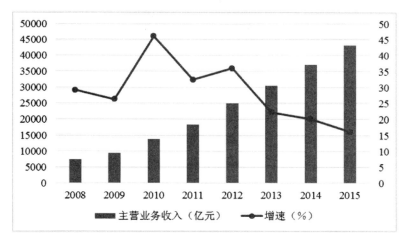

图 1　2008—2015 年全国信息与软件服务业务发展情况
数据来源:中国工业与信息化部。

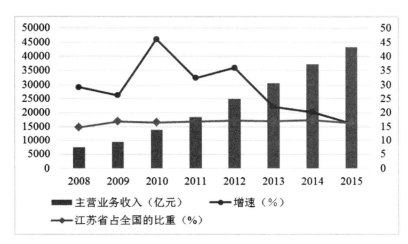

图 2　2008—2015 年江苏省信息与软件服务业务发展情况
数据来源:江苏工业与信息化厅。

　　江苏软件与信息产业的规模已连续三年超过北京,总体业务收入连续多年稳居全国第一,持续保持稳定增长的良好态势。从全国数据分地区来看,2015 年东部地区完成软件业务收入 3.29 万亿元,同比增长 17.2%,低于 2014 年 5.2 个百分点。西部地区完成软件业务收入 4410 亿元,同比增长16.6%,低于 2014 年 4.6 个百分点。中部地区完成软件业务收入 1978 亿元,同比增长 19.3%,低于2014 年 1.5 个百分点。东北地区完成软件业务收入 3943 亿元,同比增长 10.7%,增速低于全国平均水平 5.9 个百分点。全国 15 个中心城市软件业聚集效应明显,收入占全国的比重超过 56.6%,同比增长 16.8%,高出全国平均水平 0.2 个百分点,但低于 2014 年 4.7 个百分点。其中软件业务收入超过千万元的中心城市达到 11 个,比 2014 年新增加两个城市。2015 年,江苏、广东、北京和上海四省市的总收入占全国的比重超过 53.11%,仍是我国软件与信息服务业的第一阵营。从增速上来看,除上海业务收入有小幅增长以外,全国及其他三城市均有不同程度的增幅回落。江苏省业务收入增幅较 2014 年有较大幅度的下降,显著低于广东和上海,但显著高于北京;从业务总量上来看,2015 年,江苏省软件与信息服务业累计完成业务收入 7062 亿元,位列全国第一。

表 2　2014—2015 年江苏软件与信息服务业与广东、北京、上海的比较

地　区	2014 年		2015 年	
	业务收入(亿元)	增速(%)	业务收入(亿元)	增速(%)
全国	37235	20.2	43249	16.15%
广东	6019	22.7	7105	18.05%
北京	5400	11	5423	0.42%
上海	2899	14.19	3381	16.62%
江苏	6439	24.4	7062	9.68%

数据来源:江苏、广东和北京工业与信息化局、中国工业与信息化部,经作者整理计算。

(二)产业结构

当前,软件产业发展迅速,云计算、物联网、移动互联网、大数据、智能技术等新技术、新产品、新应用层出不穷,带动出软件产业新的增长点不断孕育形成。

以南京市为例,软件业是南京市着力培育的第一大主导产业和支柱产业。2015 年,实现软件业务收入 3094 亿元,同比增长 13.08%,位列北京、上海之后,位居全国城市第三、全省第一,且南京市在中国工业和信息化部公布的 2015 年中心城市软件业排名第一。同时,南京市软件和信息服务业规模继续保持较快增长,其中软件业务收入同比增长 13.09%,规模占全国的 7.2%,占全省的43.8%。工信部发布的"2016 年(第 15 届)中国软件业务收入百强企业"名单中,南京市的南瑞、熊猫、集群、省通服、国电南自、金智、联创、润和 8 家企业入围,占全省总数的 80%。同时在 2016 福布斯中国上市潜力企业 100 强榜单中,南京市中生联合、三六五网和中国擎天软件等 3 家上市公司继2015 年之后连续入选。2016 中国软件和信息技术服务综合竞争力百强企业华为、中兴、腾讯位列前三位,江苏有 6 家企业上榜,其中有 3 家南京企业,上榜的企业分别是南京南瑞集团公司、国电南京自动化股份有限公司、江苏省通信服务有限公司、南京联创科技集团股份有限公司、江苏金智集团有限公司和江苏国光信息产业股份有限公司。南京市紧密围绕高标准建设中国软件名城目标,全力推动软件产业规模化、特色化、品牌化发展,产业综合实力逐步增强,软件企业和软件产品实现了数量质量双提升,南京市的"双软认定"数继 2014 年后继续蝉联全省第一位。"双软认定"数是反映软件产业发展的重要指标,也是落实国家软件服务业政策的基础数据和关键依据。经"双软认定"的企业、产品可享受投融资、税收、产业技术、出口、收入分配、人才吸引与培养等多方面国家政策优惠,有助于推动和促进软件产业的发展壮大。

表 3　2015 年全国及江苏软件与信息服务分类业务相关指标情况

指 标 名 称	单位	全国		江苏	
		2015 年	增速(%)	2015 年	增速(%)
企业个数	个	40941	10.35	5291	−0.43%
软件业务收入	亿元	43249	16.6	7062	9.68%

指　标　名　称	单位	全国		江苏	
		2015 年	增速（%）	2015 年	增速（%）
其中：(1) 软件产品收入	亿元	14048	16.4	1633	−1.11%
（2）信息技术服务收入	亿元	22123	18.4	2839	24.43%
（3）嵌入式系统软件收入	亿元	7077	11.8	2590	15.66%

数据来源：江苏省工业与信息化局、中国工业与信息化部，经作者整理计算。

表 4　2015 年中心城市软件业统计数据：以南京、深圳、广州为例

指　标　名　称	单位	南京	深圳	广州
企业个数	个	1759	2097	1695
软件业务收入	万元	30940236	42176299	22595572
其中：(1) 软件产品收入	万元	9522498	7503225	8132900
（2）信息技术服务收入	万元	18213494	16543033	13346751
（3）嵌入式系统软件收入	万元	3204244	18130042	1115921

数据来源：江苏省工业与信息化局、中国工业与信息化部，经作者整理计算。

表 5　2014—2015 年南京市软件与信息服务行业相关业务指标情况

指　标　名　称	单位	2015 年	同比增幅	2016 年 1—9 月	同比增幅
企业个数	个	1759	−3.56%	1553	—
软件业务收入	万元	30940236	13.09%	45879000	0.1314
其中：(1) 软件产品收入	万元	9522498	3.49%	24600000	0.125
（2）信息技术服务收入	万元	18213494	22.12%	8167200	0.101
（3）嵌入式系统软件收入	万元	3204244	−1.24%	13111800	0.164

数据来源：中国工业与信息化部，经作者整理计算。

再从 2016 年 1—9 月份的最新数据上来看，软件和信息技术服务业累计完成业务收入 6051 亿元，同比增长 14.3%，比去年同期下降 2 个百分点。从产业结构来看，软件产品实现收入 1529 亿元，同比增长 4.0%，增速比去年同期下降 9.2 个百分点；信息技术服务实现收入 2274 亿元，同比增长 6.7%，增速比去年同期下降 12.6 个百分点；嵌入式系统软件实现收入 2248 亿元，同比增长 32.7%，增速高于去年同期 17.4 个百分点，从三大业务类型的增速与去年同期相比来看，软件产品和信息技术服务收入增速均有所下降，而嵌入式系统软件收入增速则显著高于去年同期，表明产业结构处于持续调整期。比较全国 1—9 月份的最新数据来看，江苏省的软件和信息技术服务业增幅通全国水平持平，其中嵌入式系统软件收入较全国水平有较大提升，达到了 32.7%，高出全国水平 14 个百分点。

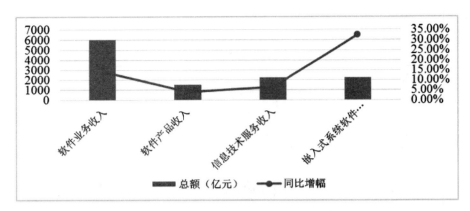

图 3　2016 年 1—9 月份江苏省信息与软件服务业务发展情况
数据来源:江苏工业与信息化厅。

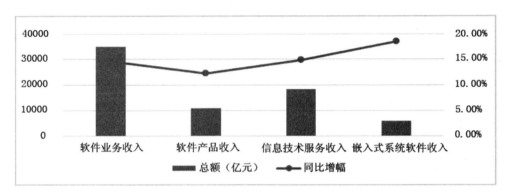

图 4　2016 年 1—9 月份全国信息与软件服务业务发展情况
数据来源:中国工业与信息化部。

　　表 6 是 2016 年 1—9 月全国 29 个省份、自治区和直辖市软件与信息服务业的产业结构情况。从表中可以看出江苏省的软件业务收入占全国的比例高达 18.82%,仅次于广东省的 18.99%,在全国排名第二。从业务收入类别层面看,江苏省软件产品收入占全国的比重为 14.55%,位列第一;信息技术服务收入占全国比重为 13.13%,仅次于广东省的 17.93%,位列各省市第二。总体来看,2016 年前三季度,江苏省软件与信息服务业发展态势良好。

表 6　2016 年 1—9 月全国各省份软件与信息服务业的业务结构比重情况

单位名称	企业个数	软件业务收入		(一)软件产品收入		(二)信息技术服务收入	
		本期累计	占比	本期累计	占比	本期累计	占比
北京市	2670	5930503	9.56%	2118310	11.15%	3666556	11.69%
天津市	630	1603285	2.58%	398152	2.10%	815133	2.60%
河北省	285	223733	0.36%	29694	0.16%	183418	0.58%
山西省	146	13192	0.02%	4654	0.02%	7295	0.02%
内蒙古区	50	99369	0.16%	19500	0.10%	79469	0.25%

单位名称	企业个数	软件业务收入		（一）软件产品收入		（二）信息技术服务收入	
		本期累计	占比	本期累计	占比	本期累计	占比
辽宁省	3027	3947458	6.36%	1310850	6.90%	2318414	7.39%
吉林省	935	466576	0.75%	120601	0.63%	286695	0.91%
黑龙江省	465	126958	0.20%	50240	0.26%	64361	0.21%
上海市	2900	5605000	9.03%	1961000	10.32%	3464000	11.04%
江苏省	6877	11677265	18.82%	2763367	14.55%	4117605	13.13%
浙江省	1423	3743433	6.03%	1052679	5.54%	2178143	6.94%
安徽省	299	176351	0.28%	79454	0.42%	80598	0.26%
福建省	1602	2608304	4.20%	986842	5.19%	1328813	4.24%
江西省	103	79225	0.13%	29182	0.15%	47705	0.15%
山东省	3668	4644912	7.48%	1760110	9.27%	2019990	6.44%
河南省	277	118693	0.19%	47834	0.25%	66781	0.21%
湖北省	2511	1813949	2.92%	979530	5.16%	734557	2.34%
湖南省	501	242256	0.39%	120705	0.64%	96288	0.31%
广东省	4215	11784130	18.99%	2696090	14.19%	5625164	17.93%
广西区	210	173427	0.28%	84647	0.45%	85876	0.27%
海南省	130	37637	0.06%	13497	0.07%	23958	0.08%
重庆市	857	1771454	2.85%	435778	2.29%	1031872	3.29%
四川省	1615	3104587	5.00%	1368943	7.21%	1697885	5.41%
贵州省	276	138900	0.22%	52614	0.28%	85780	0.27%
云南省	76	34527	0.06%	6534	0.03%	27837	0.09%
陕西省	1910	1813694	2.92%	488234	2.57%	1171031	3.73%
甘肃省	100	38408	0.06%	9148	0.05%	29042	0.09%
青海省	24	1059	0.00%	30	0.00%	907	0.00%
新疆区	120	42318	0.07%	8017	0.04%	34185	0.11%
合计	37902	62060603	1	18996235	1	31369357	1

数据来源：中国工业与信息化部、中经网产业数据库，经作者整理计算。

（三）产业成果

2015 年，江苏省软件与信息服务业硕果累累，分别从整体成果、特色城市成果以及特色技术成果等方面体现。

1. 江苏省成果

（1）两化融合发展水平迈上新台阶，根据《2015 年中国两化融合发展水平评估报告》显示，我国两化融合发展指数为 72.68，同比增长 3.67。其中，基础环境指数 75.38，增长 3.67；工业应用指数

66.04,增长 6.34;应用效益指数 83.25,增长 9.82。江苏省 2014 年两化融合发展指数达到 97.37,同比增长 5.64,继续领先上海(95.54)、山东(93.00)、北京(91.60),仅次于广东(98.84)和浙江(98.15),居全国第三位。江苏省企业两化融合发展水平处在起步建设、单项覆盖、集成提升和创新突破的企业比例分别为 34.4%、47.6%、12.3%、5.7%,总体企业处于由单项覆盖向集成提升的过渡阶段。无锡、南京、徐州、常州等地区两化融合发展相对较快,增长率均超过 5.5%。国家级两化融合管理体系贯标试点企业和通过评定的企业分别为 119 家和 38 家,均位居全国第一。

（2）江苏省利用集成互联提高工业信息化,通过智能制造逐步夯实基础,发展电子商务促成新型商业模式。江苏省将信息技术渗透到工业各个方面,40%的企业实现了关键业务环节的信息化全覆盖。智能装备在重点行业逐步普及,全省企业生产设备数字化率达到 44.6%,关键工序数控化率达到 42.95%,企业数字化研发设计工具普及率达到 68.58%。江苏省中应用电子商务的企业比例为 61.4%,工业企业网上采购率和网上销售率分别为 21.0%和 22.9%,处于全国领先水平。重点行业电子商务平台初具规模,涌现出苏宁易购、中国制造网等一批电子商务龙头企业。2015 年评选出省级 29 项融合创新示范工程和 28 项融合创新试点工程,其中 10 项工程成为工信部的融合创新试点工程。截至 2015 年全省云计算业务收入 1450 亿元,软件与信息服务业务收入 7306 亿元,物联网产业业务收入 3607 亿元,电子信息产业实现主营业务收入 3.14 万亿元。

（3）江苏省利用软件和信息技术服务业实现战略转型、组织变革、管理创新的新机制。在"十二五"期间认定了 50 个省级两化融合示范区、52 个两化融合试验区,两化融合示范企业 390 家、试点企业 2595 家,全省已建成 10 个省级互联网产业园、20 个众创园及 5 个云计算和大数据产业园,构建了上下齐动、区域联动、各负其责的两化深度融合推进体系。2015 中国十大、年度创新软件企业名单,其中南瑞集团公司、南京国电南自软件工程有限公司和江苏省精创电气股份有限公司位列其中。

2. 特色城市成果

在 2015 年中国工业和信息化部披露的中心城市软件业最终核实的统计数据中,南京市的软件和信息技术业收入的总排名位于 15 个中心中的第二,仅次于深圳市,占整个中心城市原件业总收入的 12.68%,其中软件产品收入和嵌入式系统软件收入均位于第二名,信息技术服务收入位于榜首。在中心城市的软件业企业个数统计数据中,南京市的软件和信息技术服务业企业个数排名第五,充分显示了南京市软件和信息技术服务业企业的活力。在 2015 年的江苏省软件与信息技术服务业的特色产业园中,南京市囊括了三个产业园,分别为中国（南京）软件谷、南京徐庄软件园和南京软件园,分别以大数据特色产业园、电子商务产业园和信息服务产业园为特色。其中,中国（南京）软件谷在 2015 年实现软件和信息服务业收入 1650 亿元,同比增长 24.06%,占全市比重达到 40%,占省的比重近 20%。现已形成了多个产业集群,包括以华为、中兴、亚信等为龙头的通信及智能终端产业集群;以 SAP、欧朋、趋势等为引领的云计算、大数据及移动互联网产业集群;以京东、苏宁等为支柱的电子商务及互联网金融产业集群;以美满、润和等为核心物联网及芯片设计产业集群;以中电十四所、宏图三胞、舜天、苏豪等为平台的旗舰经济。目前是全国最大的通信软件产业研发基地,全国首批、江苏唯一的国家新型工业化（软件和信息服务业）示范基地,并获得中国服务外包基地城市示范区、国家火炬计划现代通讯软件产业基地、国家级服务业标准化试点园区、国家数字出版基地、国家级博士后工作站等多项国家级荣誉。

苏州市的六大支柱产业中,2015年电子信息行业产值5632亿元,同比增长4.9%,占规上工业比重达32.2%,电子信息行业已经成为其支柱产业。2015年,苏州高新产业园区新增高新技术企业72家、高新技术产品410项、新认定江苏省民营科技企业153家,市级"瞪羚企业"入库30家,新增科技企业销售额超过10亿元的1家、超过亿元的4家。苏州高新区推动经济转型升级,经济结构持续优化,新兴产业加快发展。形成了新一代电子信息、轨道交通、医疗器械、新能源、地理信息产业五大战略性新兴产业。其中,以阿特斯光电、保利协鑫科技为龙头的太阳能光伏产业链已初步形成,以中科院苏州生物医学工程技术研究所为核心的医疗器械产业前景广阔,成为江苏省发展战略性新兴产业中的医疗器械产业基地。

无锡软件园是以云计算为特色的产业园区。2015年,无锡知谷网络的"知谷i3Q空港智能服务信息平台软件V1.0"、无锡锐泰节能系统科学有限公司的"锐泰节能监管平台软件V1.0"获评第十三届江苏省优秀软件产品奖。在第十九届中国国际软件博览会上,挪瑞电子海图显示与信息系统软件和东方通虚拟化平台摘得金奖。2015年,无锡市在中国智慧城市发展年会上连续四年获全国智慧城市发展水平评估第一名,并在深圳举办的"第十七届深圳高交会"暨"2015亚太智慧城市发展高峰论坛"上无锡荣膺国家信息中心和IDG授予的"2015年度中国领军智慧城市"奖。

3. 特色技术成果

新兴产业的快速崛起,带动了一系列特色技术的高速发展,物联网、新型显示和新一代高速宽带信息网络等是电子信息产业中的新兴行业领域,代表了电子信息产业未来的发展方向。近年来,江苏在物联网、新型显示和新一代高速宽带信息网络等领域均呈现较快发展之势。

江苏省集成电路产业起步较早,全省产业规模多年来居国内领先地位,2015年全省集成电路产业销售收入810亿元,占全国近三分之一。江苏集成电路产业主要分布在沿江的"硅走廊带"和苏南的"硅谷"两大集聚地,其中苏南地区集聚尤为密集,占全省的92.4%。在集成电路特色工艺线、集成电路封装领域,江苏华润微电子、长电科技、华天科技、南通富士通等一批国内的骨干龙头企业的技术和产品优势明显。目前,江苏企业集成电路制造工艺达到12英寸、30纳米,在芯片制造方面处于国际先进水平,在晶圆级芯片封装技术等方面与国际主流同步发展。其中,华润微电子是国内唯一覆盖集成电路全产业链的企业,涵盖了晶圆处理、芯片设计、制造、封装、材料等产业链各个环节,其8英寸特色工艺生产线国内水平最高、国际先进。长电科技在晶圆级封装、平面凸点封装、快速测试等方面掌握了一批最先进封装测试技术,是国内最大、全球前五的集成电路封装企业,技术水平国内最高,保持国际最高水平行列。

江苏省物联网产业呈现良好发展态势,拥有国家电子信息(传感网)新型工业化产业基地和国家传感网工程研究中心等一批国家级创新平台与载体,基本形成以无锡为核心,苏州、南京为支撑的产业格局。在信息传感、数据传输、协同处理、智能控制等领域突破了一批制约产业发展和应用推广的核心关键技术。在传感器网络接口、传感器网络与通信网融合、物联网体系架构等方面标准研究取得重大进展,成为国际或国家标准。无锡美新半导体研制的全新低功耗、高信噪比的MEMS气体流量计,技术处于国际先进水平,该公司还研制出全球最小的加速度传感器,尺寸仅为1*1.2 mm,广泛应用在汽车停车、紧急刹车、撞击、侧翻、防盗等汽车触觉系统以及各类电子消费品中。无锡识凌科技核心产品无源RFID智能终端SDA达到国际领先水平,填补了我国在物联网该领域的空白。

在新型显示产业上,江苏省的新型显示产业技术水平稳居国内前三,产业链配套齐全,在国内具有较强的影响力。骨干企业技术先进、国际竞争力强。拥有自主技术的有南京中电熊猫液晶显示 8.5 代线和 6 代线、昆山龙腾光电 5 代线及昆山维信诺 4.5 代中试线。其中,昆山维信诺 PM－OLED 显示产品占全球市场份额排名第二。AM－OLED 显示技术获 2011 年国家技术发明一等奖,处于国内领先、国际先进水平。昆山龙腾光电的中小尺寸液晶面板和相关显示产品其关键材料和元器件的本地化配套率达到 70% 以上。苏州苏大维格的光学膜材料、常州苏晶集团的靶材、南京和成新材料的液晶材料、昆山允升吉的光膜板等配套材料和器件在同行处于领先地位。

江苏在无线通信前瞻技术研究、未来网络技术、光通信相关领域拥有一批国内外具有领先地位的创新团队和领军人才。东南大学、中电科技 14 所、28 所、中电熊猫等大院大所和大企业的军民融合通信产品在国内处于领先地位。在 4G 快速发展的同时,5G 技术研发也进入研发快车道,大容量通信、近网技术、量子技术、激光通信等技术取得了突破性进展。以南京市为例,目前位于江宁的"无线谷"已经在对 5G 技术展开攻关。目前,"无线谷"正在实施高等学校创新能力提升计划,组建了无线通信技术协同创新中心,有 8 所大学、4 家企业入驻"无线谷"进行 5G 攻关,并以探索 5G 的全新技术,全新网络构架作为目标。

(四) 主要企业

江苏省 7 家企业入选 2015 年(第十三届)中国软件业务收入百强企业名单,其中南瑞集团进入前十强,分别排在第 6 位,软件业务收入分别达到 104.2 亿。此外,具有"计算机信息系统集成一级资质",是"国家火炬计划重点高新技术企业"、"中国软件 100 强企业"、"中国独立软件开发 30 强企业"、"江苏省文明单位标兵"企业和"联合国采购供应商"。2012 年、2013 年和 2014 年中,江苏省分别有 8 家、9 家、10 家企业入围全国百强。

表 7　2015 年江苏软件七强企业业务收入

全国百强排名	企业名称	业务收入	所在城市
6	南京南瑞集团公司	104.2 亿元	南京
13	熊猫电子集团有限公司	68.8 亿元	南京
26	江苏集群信息产业股份有限公司	42.5 亿元	南京
29	江苏省通信服务有限公司	29.5 亿元	南京
76	江苏国光信息产业股份有限公司	14.9 亿元	常州
77	江苏南大苏富特科技股份有限公司	14.9 亿元	南京
87	江苏金智科技股份有限公司	13.5 亿元	南京

数据来源:中国工业与信息化部。

2015 年中国工业和信息化部按照《信息化和工业化深度融合专项行动计划(2013—2018 年)》,依据 2014 年筛选的 23 家互联网与工业融合创新试点,继续组织互联网与工业融合创新试点遴选工作,最终遴选确定 100 家企业作为互联网与工业融合创新试点企业,并确定了各企业的融合创新试点方向和项目。其中江苏省占据了 10 个试点,并在五个创新方面展开,主要以支撑全业务全流程互联网转型的集成创新为主。

表8　江苏省互联网与工业融合创新试点

企业名称	创新方向	创新内容	所在城市
日出东方太阳能股份有限公司	实现资源共享协同的生产组织创新	互联网营销智慧管理平台	连云港
好孩子集团有限公司	满足个性需求的制造模式创新	满足个性需求的消费品智能化生产线	昆山
惠龙易通国际物流股份有限公司	满足个性需求的制造模式创新	工业企业货运集配电子商务服务平台	镇江
大全集团有限公司	支撑智能绿色的生产运营创新	基于大数据的电气行业智能制造与决策服务云平台	扬中
波司登羽绒服装有限公司	提升用户体验的产品及营销模式创新	服装行业零售云平台及移动应用创新	常熟
徐工集团工程机械股份有限公司	支撑全业务全流程互联网转型的集成创新	基于云计算的全球物联网智能服务应用	徐州
南京我乐家居制造有限公司	支撑全业务全流程互联网转型的集成创新	家居行业个性化定制与智能生产管理平台	南京
卓然（靖江）设备制造有限公司	支撑全业务全流程互联网转型的集成创新	大型石化装置智能制造与全流程协同创新	靖江
连云港港口集团有限公司	支撑全业务全流程互联网转型的集成创新	海铁联运全业务协同创新平台	连云港
金龙联合汽车工业（苏州）有限公司	支撑全业务全流程互联网转型的集成创新	基于互联网、车联网的营销模式优化与创新	苏州

数据来源：中国工业与信息化部。

为进一步推动全省企业技术中心建设，加快完善以企业为主体、市场为导向、产学研相结合的技术创新体系，根据《江苏省认定企业技术中心管理办法》（2010年修订），经企业申报、各地推荐、专家评审、现场核查、部门会审等程序，现认定南京熊猫电子装备有限公司技术中心等194家企业技术中心为省级企业技术中心。此外按照江苏省两化融合示范企业认定工作的部署，依据省两化融合转型升级示范企业认定标准（试行）和评审办法，经各单位申报、各市经信委推荐、省经信委组织专家评审和公示，确定了40家企业为江苏省两化融合转型升级化示范企业，另外219家企业为江苏省两化融合试点企业。在40家示范企业中有2个属于软件和信息技术服务业。

表9　江苏省两化融合升级化示范企业

序号	企业名称	所在城市
1	南京国电南自电网自动化有限公司	南京
2	昆山联滔电子有限公司	昆山

数据来源：江苏省经济和信息化委员会。

二、江苏省软件与信息服务业发展存在的问题

软件与信息服务业是现代服务业发展中最具活力和增长潜力的战略性新兴产业之一。新常态

经济背景下,江苏软件与信息服务业的快速稳步发展,更是促使其已成为江苏经济新的支柱性产业和主要的经济增长点。同时,信息服务业在国民经济各行业中的广泛渗透,提高了经济的运行效率和运行质量,增加了经济的知识含量和附加值。然而,在推进信息化与工业化深度融合、促进产业结构调整、转变经济发展方式等方面,江苏软件与信息服务业的发展仍然存在着企业、产业、要素、地区分布等方面的问题,具体如下:

(一)优质企业规模仍较小,领军企业竞争力仍需提高

江苏省软件信息服务业在全国发展迅速,规模也全国领先,但主要的领军企业竞争力还不强。软件企业仍以中小企业为主,规模以上的优质企业为数不多,优质资本、融资方式、规模、优质产品、品牌产业等方面也还有很大的不足和拓展空间。根据 2015 年的统计报告,联创集团等 8 家江苏企业入围百强。尽管有一定的竞争力,但整体比较上看竞争差距较大。江苏企业并没有出现在前五位中,只有南京南瑞集团公司以 104.2 亿元的软件业务收入位列第六位,而且与位于前两位的华为技术有限公司、海尔集团公司的业务收入也相去甚远,前者的业务收入高达 1482 亿元,是南瑞集团的近 14 倍,后者的业务收入 408 亿元,接近南瑞集团的 4 倍。差距较 2014 年相比,有所缩减,但无法忽视的差距依然存在。持续处于第一位的华为技术有限公司之所以能有竞争力,其产值 70% 来源于国际市场。在国家规划布局的重点软件企业中,深圳最多有 85 家,其次是北京 78 家,上海 49 家,广东 43 家,浙江省 26 家,而江苏只有 20 家。可见,江苏省软件类大企业不够大不够强,小企业不够专不够精。骨干企业整合发展资源的能力不足,带动产业链的作用不突出。产业联盟、技术联盟支撑产业发展的效果还不明显。因此,小规模企业参与国内外竞争的难度非常大,特别是在大力发展信息软件产业的今天更显得信息软件企业规模的偏小和竞争力的薄弱,无法形成完整的产业链和企业聚集效应。超过半数的软件企业技术研发能力不足,核心竞争力不强,承担大型软件工程和系统设计、开发、集成能力相对较弱,在激烈的市场竞争中处于不利地位。

(二)人才瓶颈制约严重,企业创新能力不足

创新发展是未来企业转型的长期发展战略,市场对技术型人才的需求很大,虽然江苏省内多所高校软件学院每年都培养大批专门的软件人才,但是科技优势在软件产业中并没有充分发挥出来。由于江苏省总体工资水平不高,发展机会不如上海、浙江和北京,特别是软件软环境落后于发达省份,有一定规模和品牌知名度的企业较少,软件人才的工资水平与全国相比没有优势,使得江苏省软件和信息服务业人才结构性矛盾依旧存在,缺少经验丰富的软件架构师、项目经理及企业高管等中高端人才,从业人员中大学本科学历以上占比低于 50%,人才培养方式需要改革创新,高端人才引进需要进一步加大力度。多数企业缺少有自主知识产权的核心产品和技术,在自主创新、集成创新上能力不足,特别是在应用创新、模式创新上需要加强。核心技术缺乏,自主创新能力薄弱,国民经济和社会信息化建设所需的核心软件绝大部分依靠进口,信息和网络安全问题日益突出。产业空心化严重,具有自有品牌和自主知识产权的产品少,科研成果转化率地,以企业为主体,产、学、研、用一体化的技术创新体系在江苏大多数企业尚未真正确立。由于缺少自主知识产权的核心技术专利,软件信息企业在国际竞争中受国外专利壁垒、标准壁垒制约严重。这是制约江苏软件企业快速发展一个突出的瓶颈问题。

（三）地区南北差异明显，布局未能有效改善

江苏省软件与信息服务业一直以来经济发展和产业布局情况主要集中于苏南地区，以南京、苏州、无锡、常州为代表，这样的布局有利有弊。一方面有力突出了城市中心区在产业发展中的带动和示范作用，并有利于推动软件园、商务中心区等城市重点区域软件与信息服务业的发展；另一方面也导致了产业分布过于集中，资源配置的难度和使用效率下降，并且难以有效地推动软件与信息服务业在苏中、苏北等经济落后地区的拓展应用，部分城市的产业结构升级缓慢。这种情况的出现，有发展的客观性和历史性的影响，使软件与信息服务业的集聚效应和规模效应得以充分体现，可以在较短的时间里实现产业的跨越式发展，但将软件与信息服务业的各类细分领域都过度密集于苏南经济发达城市，又会产生同质企业间的不良竞争、交通拥堵、经营成本上升等诸多问题。理想的产业布局体系应当是以中心城区为高地、以重点园区为基地、以郊区为腹地的梯队布局形态。江苏苏南地区的中心城区的商务成本日益高企，对信息服务产业发展形成越来越强大的制约，因此引导中低端信息服务产业向苏中和苏北地区转移，是江苏发展信息服务业的必然要求。目前苏中苏北地区发展软件与信息服务业的思路往往复制当初发展工业开发区的思路——重视硬件设施忽视软件设施，重视政策优惠忽视生活配套。但软件信息服务业从业人员以教育文化程度较高的白领阶层为主，其对工作环境、生活质量和公共服务水平的要求通常要远高于制造企业中的从业主体，因此信息服务产业对环境的要求也有别于传统工业，其更偏好区位交通、生活环境、基础设施、产业链等因素，而不是仅仅偏好低成本。

（四）信息机制不健全，社会信用体系不完善

随着软件和信息服务业在国民经济和社会发展各个领域中的不断深化，软件产业在国民经济和社会发展中的重要性日益突出，软件企业的信用建设在当前的关键时期显得尤其重要，如何加强企业信用风险防范能力，规范行业秩序，提高行业信用水平建设，促进行业诚信体系建设，保障软件行业的良性发展成为关键话题。信用评价工作是软件产业诚信体系建设的重要内容，是不同于其他资质的重要品牌指标，是软件企业实力与影响力的综合体现，建立完善的企业信用体系，将会得到更广泛的利用。江苏社会信用体系建设始于 2004 年，在全国较早起步，历经十年先行先试，取得积极进展，形成了良好基础。但是相比社会信用体系建设的大工程，目前取得的成果还稍显单薄，社会信用体系建设的步伐需要加快加强。

三、江苏省软件与信息服务业发展建议与对策

未来面对"十三五"时期，是推动"迈上新台阶、建设新江苏"取得重大进展的关键时期，是江苏省率先全面建成小康社会决胜阶段和积极探索开启基本实现现代化建设新征程的重要阶段。准确把握新常态下信息化发展的趋势和重点，全面推进信息化和工业化深度融合，是践行"四个全面"、实现"两个率先"、建设"强富美高"新江苏的重大战略选择。软件产业是经济社会发展的战略性、支柱性、先导性产业，通过将知识技术物化在软件产品和信息技术服务中并应用到经济社会发展的各个领域。同时，智能家居、智能汽车、智能房屋等领域也将产生强烈的信息消费需求，推动企业级软

硬件及整合服务快速增长。因此,江苏省软件与信息服务业在互联网时代迎来了更多的发展机遇。

(一)深化企业转型升级

在竞争激烈的国内外形势下,2015年软件产业企业竞争能力明显不足。软件产业发展从平稳增长迈入深度转型阶段,面临由大变强、转型升级、提质增效的新挑战。与之相应,产业利润总额下滑明显。新形势下,软件与信息服务企业必须加快转型升级的步伐:一是抓住移动互联网资源和发展浪潮,致力于自主可控的高端创新,明确企业的发展思路和目标,对产业的上下游环节进行持续投资,形成广泛的产业生态链;二是新技术的发展不断地为企业发展提供创新动力,新常态经济也会为企业发展注入新的发展元素,比如互联网的力量、商业模式设计、以客户为中心的创新,以及国际化的融合等。进一步推进沿沪宁线信息产业带建设,在集成电路、物联网、新型显示、网络通信设备及终端等领域形成一批优势明显的产业集群,构建国内领先、全球知名、具有较强竞争力的产业带。促进物联网与云计算、大数据、移动互联网等新一代信息技术的结合不断深化,催生"互联网+"等新兴业态。建立以企业为主体、产学研联合的技术创新联盟,促成一批既竞争又合作的新兴产业集群,不断培养新的增长极,打造全球有影响力的产业科技创新中心和制造中心。结合重点行业特征,开展精准研发、智能工厂、产品全生命周期管理、供应链管理等行业系统解决方案试点,培育一批行业系统解决方案提供商,加快国产优秀解决方案在化工、钢铁、能源、装备等行业的推广普及。分行业开展"互联网+"调研,组织省内软件与信息技术服务企业和优势传统企业对接,筛选一批"互联网+"的典型应用案例,从标准建设着手抓好"互联网+"应用示范工程。针对医药、石化、食品、电子、机械、建材、纺织、冶金、轻工等重点行业集成应用的瓶颈和共性关键问题,推动一批软件和物联网、大数据等新一代信息技术,以及信息化和生产性服务领域相关的关键共性技术攻关,形成示范性解决方案,并在行业范围内推广应用,推动重点行业集成应用水平的整体提升。引导工业互联网、工业大数据等关键技术标准的研制、评估、试点及推广。

注重示范引领作用,持续开展企业两化融合评估诊断和对标引导工作,加强分级分类引导,每年培育一批两化融合重点企业,组织实施设计与制造集成、管控一体化、产供销集成、财务与业务集成等应用示范,推动企业对标提升,提升企业综合集成应用水平。以高水平企业研发机构建设为抓手,努力打造一批具有国际竞争力、引领产业发展的创新领军企业,实现从全球"低端制造分工"向"高端研发分工"的提升。以培育自主知识产权和自主品牌为重点,选择若干具有较大规模优势、较强创新实力、具备发展潜质的骨干企业,采取"一企一策"方式予以重点扶持,吸引集聚全球行业高端人才,开展原创性重大技术研发。争取将全省的产业发展战略目标纳入国家发展规划,注重省级重点项目与国家战略的衔接。围绕我国战略性新型产业发展和国防军事领域的需求,重点在核心芯片、关键零部件、微纳传感器等关键环节攻克一批关键核心技术和共性技术,通过电子信息领域的产业技术创新、商业模式创新以及推广示范应用,为国家重大需求提供重要支撑,提升行业整体实力。

(二)利用"互联网+"带动全局发展

当前,互联网与云计算、大数据、物联网等信息技术不断突破创新、加速应用,深刻改变着企业生产、市场供给、商业服务和生活消费方式,并以前所未有的力度重塑传统产业和催生新兴产业。

互联网丰富了企业创新模式,用户思维、开放式、跨空间、协同化创新将成为主流。互联网打破了传统行业界限,跨界发展、融合发展不断创造新型业态。互联网技术的加速迭代与渗透融合正成为新一轮科技革命和产业变革的重要驱动力,深刻重构经济发展模式和产业竞争格局。"互联网+"行动计划进一步掀起了加快发展互联网经济的浪潮。江苏正处于调整经济结构、加快转型升级的关键时期,要深刻认识互联网经济远未释放的巨大能量,顺应发展大势,抢占发展先机,积极运用互联网思维,促进经济转型升级,主动适应经济发展新常态,加快建设经济强、百姓富、环境美、社会文明程度高的新江苏。当前要着重抓住"互联网+"下的重点,分别在工业、农业、商贸、金融、政务、文化、民生七个方面促进互联网在各行各业深入应用、良性互动。充分整合软件和互联网领域的资源,在电子商务与移动支付、即时通讯与社交、搜索引擎与定位服务、网络与手机游戏等领域,培育若干有特色的互联网产品及服务。支持培育一批为传统行业提供专业服务的互联网服务商,为传统企业量身定制个性化的互联网解决方案,并提供咨询、设计、数据分析挖掘、流程优化、运营管理等服务。通过降低门槛、鼓励大众创业的方式,丰富互联网经济的形式和内容,利用信息消费鼓励跨界做强的思维模式,为互联网警惕提供支撑,另外引进人才,培养领军人物,落实财税政策,加大投资力度,全面构建"宽带、融合、泛在、安全"的信息网络体系。

加快生产设备、装备的互联互通(M2M),集成运用传感网、智能终端、智能控制系统,提升端到端集成水平。加快自动化生产单元推广应用,推动工业网络、智能机器等集成应用,实现生产单元之间的互动协同。加速自动化生产线推广应用,推进生产设备、制造单元、生产线的系统集成和智能对接,建立智能工厂(车间)与柔性化制造系统。加快企业"人机物务"(人员机器、物料设备、生产服务)的互联互通,推进行业信息物理系统(CPS)的关键技术研发和产业化,实现设备联网、远程实时监控、生产过程协同、故障智能诊断、决策支持和安全生产监管等功能。

(三)结合两化融合推进创新

"十二五"期间,是江苏两化融合发展进程中成效显著的 5 年。2013 年以来江苏连续三年两化融合水平居于全国之首,2015 年江苏省企业两化融合发展水平为 61.6 分,明显高于全国企业两化融合发展的平均水平 49.6 分,位居全国前列。江苏企业两化融合的主观能动性日益增强,工业企业的数字化、网络化、智能化水平不断提升,迈入全面普及、深化应用、加速创新、促进转型的新阶段。在"十三五"期间,江苏省应按照智能管控、跨界融合、协同创新、提质增效的要求,推进企业网络化、智能化、集成化、协同化。

培育发展协同式研发设计模式。推动数字化、网络化设计工具在企业产品研发设计中的应用,支持企业完善产品研发设计数字化网络化环境,建立及时响应、持续改进、全流程创新的产品研发设计创新体系,发展众创设计、众包设计、用户参与设计等新型研发设计模式,培育一批基于互联网实现设计与生产联动、产学研异地协同研发的示范企业。鼓励企业开放研发设计资源。支持大中型企业在线实时发布研发设计资源,建立虚拟化产品开发网络和面向全社会的研发设计服务平台,为中小企业新产品开发提供工业设计、研发测试、创业孵化、技术转移等开放服务,鼓励有条件的企业发展创客空间、创新工厂,推动研发设计服务领域延伸和服务模式升级。支持面向行业协同研发创新平台和重点行业平台建设。发挥国家级和省级各类企业研发机构作用,建立装备制造、电子信息、纺织服装、生物医药和轻工等行业开放创新交互平台、在线设计中心,提升重点行业互联网协同研发设计水平。在航空、船舶、汽车、机械、电子等行业骨干企业普及应用三维设计、虚拟仿真、数字化样机等研发设计工具,支持建立基于模型的复杂产品设计制造协同平台,推广产业链协同研发,构建产品全生命周期研发新体系。支持钢铁、石化、冶金等行业深化智能感知、知识挖掘、工艺分析、系统仿真等技术的集成应用,建立持续改进、及时响应、全流程创新的产品研发体系。

(四)利用社会信用体系建设提高新领域监管

优化信用环境,坚持诚信发展的道路,是提升经济发展质量水平的软实力,是实现富民强省的决定性因素,是又好又快推进"两个率先"的重要基础。采用国际通行准则,建设社会信用体系,优化发展环境,有利于更好适应经济全球化的新变化,树立我省开放、守信的良好形象,提升经济和社会发展的综合竞争力。江苏省社会信用体系建设始于2004年,在全国较早起步。历经十年先行先试,取得积极进展,形成了良好基础。提高商务诚信水平是社会信用体系建设的重点,加快商务诚信建设,是扩大内需、促进消费、增强经济发展新动力的有效举措,是维护商务关系、降低商务运行成本、规范商务秩序的基础保障。商务诚信建设重点推进生产、工商、流通、金融、税务、价格、产品质量、工程建设、政府采购、招标投标、交通运输、电子商务、统计、各类中介服务业、会展广告等领域信用体系建设,加大市场监管力度,坚决查处破坏市场经济秩序的违法犯罪行为,联合打击违法经营、制假售假等失信行为,营造诚信市场环境。深化司法体制和工作机制改革,推进执法规范化建设,严密执法程序,坚持有法必依、违法必究和法律面前人人平等,提高司法工作的科学化、制度化和规范化水平。建立失信被执行人"黑名单"制度,完善检察系统行贿犯罪档案查询制度。运用信用机制加强行政管理事中事后监管。研究出台运用信用机制加强行政管理事中事后监管的意见,建立事中事后监管流程和方式,将信用承诺、信用审查和信用报告制度嵌入行政管理的事前、事中、事后全过程。

通过建立社会信用体系,形成良好的社会诚信氛围,通过加强产业政策引导,全面深化改革,创新行业管理方式,加快双软认定制度改革,加强对重点和新兴领域的监管。在软件产品、信息系统集成、服务外包和数据服务等重点领域实施细分化管理,规范市场秩序;在云计算、物联网、移动互联网、大数据和智慧城市等新兴领域加强预研预判,引导行业规范有序发展。除此之外,诚信社会体系为新兴行业发展提供了良好的创新环境和氛围。加强政策、资金的引导作用,推进安全可靠信息系统建设,提高信息安全保障能力。引导软硬件企业加强合作。面向云计算、物联网、移动互联网、大数据等新兴领域,鼓励互联网企业发挥在服务能力、技术以及客户群方面的优势,加强与国内软硬件企业合作,合力推进以用户为核心的行业应用和技术集成解决方案的研发与产业化。以信息体系强化安全保障体系,推动信息安全核心技术突破及应用,依托企业、科研院所、国家机构等多方力量,集中突破云计算等新一代信息系统安全防护及系统恢复核心技术。大力发展开源社区和技术服务平台,为互联网企业特别是中小微企业提供信息安全的基础技术支持。支持安全产品研发及推广,扶持互联网企业采购并部署信息安全产品和服务,对中小微企业政府可通过统一采购等方式提供产品和服务支持。强化信息系统检查及管理,结合云计算、物联网等新一代信息系统特点,建立信息系统安全运行核查机制,完善相应应急预案。在《信息系统灾难恢复规范》的基础上,不断健全信息系统安全防护国家标准体系。加强政企及合作组织的交流与协作,重点围绕信息安全技术创新、信息共享平台建设、应急联系机制完善等主题,共同维护网络安全环境。

【主要参考文献】

[1] 江苏省统计局.2015 年江苏省国民经济和社会发展统计公报[EB/OL].江苏省统计局网站,2016 年.

[2] 江苏省科技厅.2015 年江苏省高新技术产业主要数据统计公报[EB/OL].江苏省科技司网站,2016 年

[3] 江苏省政府.2016 年政府工作报告[EB/OL].江苏省政府网站,2016 年.

[4] 冯梅,王成静.我国各地区软件与信息技术服务业绩效评价研究[J].经济问题,2014(7).

[5] 陈进.我国各地区软件与信息技术服务业绩效评价研究[D].江苏科技大学,2015.

[6] 贾蔚文.关于国家创新系统的几个问题[J].中国软科学,1999(2).

[7] 张巍巍,康争光,陈珍芳.江苏省电子信息产业发展态势研究[J].特区经济,2015(11).

[8] 毛广雄,廖庆,刘传明、曹蕾.高新技术产业集群化转移的空间路径及机理研究——以江苏省为例[J].经济地理,2015(12).

[9] 陈庆江,杨蕙馨,焦勇.信息化和工业化融合对能源强度的影响[J].中国人口资源与环境,2016(1).

第二章　江苏省服务外包业发展报告

服务外包的最初概念是由 Hamel G. 和 Prahalad C. K. 在发表于 1990 年的《企业的核心竞争力》一文中提出的,外包的英文"Outsourcing"是外部资源利用"Outside source using"的缩写,是指企业在内部资源有限的条件下,将其重要的但是非核心的业务通过合同方式分包给其他企业承担。外包的实质是一种资源整合的管理模式,将企业的非核心业务委托给外部的专业公司,从而达到降低营运成本、提高效率、为顾客提供最大的价值和满足度、充分发挥自身核心竞争力以及增强企业对环境的迅速应变能力的目的。

在经济全球化和信息技术高速发展的浪潮中,全球产业发展已经步入全新阶段,产业转移从制造业向服务业延伸,服务业已经成为全球产业结构的主体,由此引发的全球分工变革为服务外包产业的发展带来了前所未有的新机遇,全球现代服务业的转移和服务外包几乎同时发生,服务外包日趋成为服务业转移的主要形式。

作为现代高端服务业的重要组成部分,服务外包产业具有信息技术承载度高、附加值大、资源消耗低、环境污染少、吸纳就业能力强等优良品质。发展服务外包产业是实现产业升级、扩大就业、转变经济增长方式、培育新的经济增长点的重要途径。"十二五"时期,我国服务外包进入了跨越发展阶段,已经成为全球第二大离岸接包国,服务外包企业规模迅速扩大,国际竞争力显著提高,服务质量明显提升,品牌影响力逐步增强。服务外包产业已经成为我国服务贸易增长的重要引擎,在促进产业转型升级、推动服务业对外开放、促进大学生就业、提高我国人力资源素质等方面,发挥着越来越重要的作用。

为促进我国服务外包产业进一步发展,由商务部牵头,发改革、教育部、科技部、工业和信息化部、财政部、人力资源社会保障部、税务总局、外汇局参加,九部委决定将中国的服务外包示范城市将从现有的 21 个增加到 31 个。根据商务部 2016 年 5 月 11 日发布的《关于新增中国服务外包示范城市的通知》,新增的十个城市包括沈阳市、长春市、南通市、镇江市、宁波市、福州市(含平潭综合实验区)、青岛市、郑州市、南宁市和乌鲁木齐市,至此,31 个服务外包示范城市中,江苏占据 5 席,包括:南京、无锡、苏州、镇江和南通。

与此同时,江苏其他城市不断意识到服务外包产业发展的重要性,正在加大政策扶持力度,积极参与国际国内竞争。随着国内外服务外包市场的迅猛发展,江苏省对外贸易结构发生了巨大变化,服务外包成为江苏省经济发展的新增长点,对江苏经济发展具有重要的战略意义。

一、江苏省服务外包业发展现状

近年来,伴随我国服务外包业的快速发展,江苏省服务外包业异军突起,业务规模和总量持续扩大、承接外包的领域不断拓宽,成为我国服务外包业的一支重要力量。在政府的大力支持下,江苏省逐渐形成了以软件外包、动漫创意、工业设计、医药研发、供应链管理、金融后台服务为特色的服务外包产业集群,吸引了世界外包 100 强企业前来投资发展,服务外包业呈现不断增长的态势。

2015 年,江苏省服务外包继续保持较快增长势头,前三季度,全省完成服务外包合同额 340.7 亿美元,同比增长 24.1%,增速比今年上半年回落 0.1 个百分点。其中,离岸合同额 187.6 亿美元,同比增长 19.8%,比上半年提高 3.9 个百分点。前三季度,全省完成服务外包执行额 286 亿美元,同比增长 23.9%,比上半年提高 2.2 个百分点。其中,离岸执行额 158.8 亿美元,同比增长 20.7%,增速比上半年提高 5 个百分点。

业务流程外包和知识流程外包等中高端业务快速增长,且增速比上半年明显加快。前三季度,全省完成信息技术外包执行额 286 亿美元,增长 23.9%,比上半年提高 7.3 个百分点;完成业务流程外包执行额 29.3 亿美元,增长 46.2%,比上半年提高 7.9 个百分点;完成知识流程外包 92.7 亿美元,增长 34.6%,比上半年提高 7.1 个百分点。

从承接服务外包目的地国家和地区看,承接的来自国内业务执行金额 127.2 亿美元,占比 44.5%,同比增长 28.3%。美国业务居第二位,执行金额 33.7 亿美元,占比 11.8%,增长 35.6%。承接的来自中国香港、中国台湾、日本业务执行额居第三、第四和第五位,占比分别为 7.4%、5.8% 和 5.4%,分别增长 40.1%、41.3% 和 17.2%。

目前,江苏省拥有世界外包前一百强和国内外包前五十强企业 60 余家,涵盖了美国、英国、德国、法国、日本、韩国以及中国香港、中国台湾等 100 多个国家和地区,其中美国已经超过日本成为江苏省第一大外包来源地。同时,江苏省拥有国家软件产业基地 1 个(江苏软件园),国家火炬计划软件产业基地 4 个(南京、常州、无锡和苏州软件园),中国服务外包示范城市 3 个(南京、无锡和苏州),江苏省省级服务外包基地城市 6 个(常州、无锡、苏州、昆山、太仓和江阴),以及省级服务外包示范区 33 个,其中昆山花桥国际商务城、南京雨花软件园以及无锡 Park 园区等已成为国内知名品牌载体。特别是昆山花桥国际商务城,成为第一个服务外包认证国家示范区,并连续三年入选中国服务外包园区前十强。2015 年,无论是服务外包合同额还是服务外包执行额,南京、苏州、无锡均位列全省前三名。

2015 年,南京市共有 1978 家服务外包企业,实现服务外包执行额 130 亿美元,同比增长 13.6%;其中,离岸服务外包执行额 60.6 亿美元,同比增长 25.1%,各项指标居于全国、全省前列;无锡完成服务外包业务合同总额 153.6 亿美元,同比增长 27.5%;执行金额 127.6 亿美元,同比增长 29.4%;离岸外包合同金额 101.8 亿美元,同比增长 29%;离岸外包执行金额 81.9 亿美元,同比增长 28.3%;苏州市服务外包接包合同额 119.3 亿美元,离岸执行额 62.5 亿美元,分别比 2014 年增长 14.9% 和 14.0%,全市服务贸易规模达到 125 亿美元。三个国家级示范城市在服务外包发展过程中各自凭借自己的特色奋勇争先。

江苏发展服务外包产业有很多优势,特别是产业优势。江苏工业经济实现规模总量连续多年位居全国第一。全省 8 大主要工业行业规模总量均居全国前列,万亿级行业达到 6 个。规模工业企业、中小企业数,均居全国首位,其中电子信息技术产业领先全国,为服务外包产业发展做了铺垫。在世界经济与贸易不景气的环境下,江苏省服务外包特别是苏南地区服务外包产业逆势向上,很大程度也得益于政策创新。服务外包的竞争很大程度在软环境的比拼,包括政策、人才,还有政策支撑下的平台设施等。

江苏省服务外包产业发展的主要特点可以概括为以下五个方面:

(一)国家级服务外包示范城市持续快速发展,产业集聚效应日趋显著

以无锡、南京和苏州为代表的江苏国家级示范城市服务外包业正在持续快速增长,并基于各城市的禀赋发挥各自的优势,呈现出各具特色的发展特点。

1. 无锡市:规模稳步增长,重点提升信息技术服务外包竞争优势

相比2014年同期,2015年无锡服务外包业务规模总量保持稳步增长。统计数据显示,2015年,无锡完成服务外包业务合同总额153.6亿美元,同比增长27.5%;执行金额127.6亿美元,同比增长29.4%;离岸外包合同金额101.8亿美元,同比增长29%;离岸外包执行金额81.9亿美元,同比增长28.3%。截至2015年12月底,无锡共有1735家企业在商务部服务外包业务管理和统计系统中注册登记,从业人员达到17.1万人,其中大学(含大专)以上学历占从业人员总数71%以上。服务外包规模稳步扩大。2015年,无锡市承接美国服务外包离岸执行额15亿美元,同比增长33%,约占全市总业务额的20%;承接中国香港、台湾离岸执行额16.5亿美元,约占全市总业务额的24%;承接日本、韩国离岸执行额16亿美元,约占全市总业务额的23%。

信息技术外包是无锡服务外包的主要业务类型,高端业务增幅较高。2015年,信息技术外包(ITO)、业务流程外包(BPO)和知识流程外包(KPO)在无锡服务外包整体份额的占比分别为67.5%、3.4%和29.1%,信息技术外包仍占主导地位。高端的KPO业务保持增长态势,同比增长36.7%。离岸外包市场分布日趋合理,对美国、日韩、中国香港、中国台湾业务增长强劲,美国仍是无锡最大的外包业务市场。

重点板块中,宜兴、滨湖完成服务外包离岸执行总额超过时序进度;江阴、新区在服务外包业务总额中增幅较大,增幅均超过40%。在招引服务外包新项目上,滨湖区取得新突破,成功引进世界500强贝塔斯曼欧唯特BPO项目,已投入运营。

2. 南京市:改善政策环境,重视提高规模企业在全市服务外包产业中的地位

近年来,南京市紧贴中国大力发展服务外包产业的形势,将发展服务外包作为转变经济发展方式,推动全市经济转型升级的重要实现方式,抢抓机遇,发挥优势,集中力量,攻坚克难,始终保持平稳较快增长。

从发展态势上看,南京服务外包产业规模不断扩大。2015年,南京市共有1978家服务外包企业,实现服务外包执行额130亿美元,同比增长13.6%;其中,离岸服务外包执行额60.6亿美元,同比增长25.1%,各项指标居于全国、全省前列。

从发展潜力上看,南京发展服务外包环境资源优势突出。南京是历史文化名城,科教资源优势突出,交通便捷,人居环境优良,具有发展服务外包产业的巨大优势。南京是中国智力资源最丰富的城市之一,拥有高等院校53所,在校大学生80万人,每年毕业生达25万,万人大学生数量全国第一,万人研究生数量全国第二;拥有"两院"院士83人、国家"千人计划"专家258人,省级以上重点实验室80家、工程技术研究中心326家;每万人有效发明专利拥有量达30件,居全国前列。南京是中国信息化程度最高城市之一,是国内重要的通信枢纽之一,已建立起包括移动通信、光纤数字通信、网络通信在内的通达世界各地的立体化通信网络;南京是中国最便捷的城市之一,水、陆、空交通便利;南京是中国人文景观最具魅力城市之一,历史悠久,人文荟萃,拥有"全国文明城市"、

"国家园林城市"、"国家卫生城市"、"国家环境保护模范城市"等称号,已成为最适合居住的现代都市之一,拥有发展服务外包不可或缺的人文资源。南京得天独厚的人才优势、产业优势、区位优势、环境优势奠定了南京发展服务外包产业的坚实基础。

从政策体系建立健全的进程上看,近年来,南京市委市政府将服务外包工作摆在经济工作的突出位置,出台《关于加速推进南京国际服务外包产业发展的实施意见》,每年由市级财政拿出近 3000 万元专门用于扶持服务外包产业发展。在此基础上,又先后制定出台服务外包专项资金管理办法,人才培养基地、培训机构认定及示范园区认定办法,综合考核评价办法等系列政策文件,形成了完善的市级政策体系。对南京市服务外包载体建设、企业培育、集聚人才、市场开拓、产业提升等多个方面予以全方位扶持。

从载体平台发展的全面性角度看,作为"全国服务外包示范城市",南京在服务外包平台建设上取得较好成绩,全市现已拥有鼓楼区、玄武区、雨花台区、高新区、江宁开发区 5 个国家级示范区,秦淮区和建邺区 2 个省级示范区,以及中国(南京)软件谷、江苏软件园、南京软件园、白下高新技术产业园、新城科技园等特色园区,打造了软件谷超级云计算服务中心、高新区生物医药谷、南京科技广场动漫技术服务外包等一批公共平台,成立了南京国际服务外包研究中心、南京国际服务外包企业协会等产业促进机构等。

最后,从规模企业对南京服务外包的特殊意义角度看,2015 年,南京市亚信科技入选全球外包100 强企业,江苏省通信服务有限公司入选中国服务外包十大领军企业,福特汽车工程研究(南京)有限公司等 8 家企业被评为中国服务外包百强成长型企业。

2015 年,全市服务外包执行额在 5000 万美元以上的企业达 47 家,其中有 25 家企业执行额超过亿美元;全市承接来自华为、中兴、福特汽车、英特尔、微软、富士通、三星、甲骨文等近 50 家世界500 强及中国百强企业发包的业务占全市业务总额近四成。

3. 苏州市:继续加大园区建设投入力度,提升服务外包集聚水平,发挥规模效应

根据商务部公布的 2014 年度中国服务外包示范城市综合评价结果,苏州在政策措施、产业发展、基础设施等三个单项上优势较为突出,综合得分名列第四。这是三年来国家首次公布年度服务外包示范城市综合评价得分排名。

2015 年 6 月,按照国务院批准的《中国服务外包示范城市综合评价办法》,商务部会同发改委等九个部委对全国服务外包示范城市开展综合评价工作,并于近日公布了 2014 年度中国服务外包示范城市综合评价结果。本次综合评价结果显示,超过平均得分的共有 8 个城市,分别为南京、上海、广州、苏州、杭州、无锡、深圳、北京。其中,南京、上海、广州、苏州在综合得分上有较明显的优势,形成第一梯队。

近年来,苏州依托开放型经济与制造业发展优势,加快发展与制造业紧密相关的服务外包产业,服务外包产业由点到面、由弱变强、量增质升,呈现良性发展态势。2015 年,苏州市服务外包接包合同额 119.3 亿美元,离岸执行额 62.5 亿美元,分别比 2014 年增长 14.9% 和 14.0%,全市服务贸易规模达到 125 亿美元。目前,在商务部服务外包管理系统中登录的苏州服务外包企业累计达2800 余家。此次商务综合评价结果显示,苏州市外包产业发展环境和总体水平居全国前列。

苏州市商务部门认为,苏州应结合现有产业布局,加大对服务外包集聚区内公共服务平台建设的投入和支持。持续推进苏州国际科技园、生物纳米科技园、苏州 2.5 产业园、工业园区独墅湖科

教创新区、高新区科技城、昆山花桥金融服务外包示范区等重点载体的建设,提升产业的层次和承载能力,加快形成服务外包产业新的增长极。加大服务外包扶持资金的支持力度,重点扶持一批"专、精、特、新"的服务外包企业,促进企业做大做强。拓宽服务外包企业投融资渠道,努力解决服务外包企业融资难的问题,大力支持符合条件的服务外包企业在境内外上市。

此外,以南京、苏州、无锡三城为代表的江苏服务外包示范城市能够在竞争中独占鳌头,与以下四个方面的共同特点是密不可分的:

1. 服务外包企业转型思路日渐清晰

转型升级、提升发展质量一直是困扰我国服务外包企业的最大问题。往年相比,服务外包企业转型思路真该逐步清晰。南京、苏州、无锡等城市的服务外包企业已经探索出众多转型发展路径:一是企业逐步明确发展战略,弱化对政府政策扶持的依赖,转向依靠自身技术创新实现长远发展;二是企业积极向高端业务领域发展,争取直接面向最终客户,参与到客户的需求设计阶段;三是面向云计算、大数据、移动互联网等新一代信息技术加速研发创新,转变业务模式、丰富业务形态;四是企业转变定价策略,从成本定价转向服务定价。

2. 公共平台运营模式更加成熟

公共平台的运营模式更加成熟,除了平台本身获得一定的盈利外,也带来更多的社会效应。以苏州国科数据中心和苏州创意云平台为例,苏州国科数据中心是苏州工业园区政府投资的大型技术创新服务平台,面向企业提供 IDC 基础服务和云计算专业服务,2014 年平台服务收入 6498 万元,同比增长 16%,同时,平台通过给予入驻园区一定的优惠吸引了众多优秀服务外包企业入住,在园区招商引资中做出了贡献。苏州创意云平台由蓝海彤翔天河动漫科技有限公司投资建立,通过整合中国传媒大学的行业优势以及国家超级计算机天津中心的资源优势,为创意工作者提供全方位的在线创意支撑与产业链服务,一定程度上解决了动漫研发外包企业在专业软件购置、专业人才招聘、运作资金保障等方面的困难,有望极大的推动整个创意研发产业的发展。

3. 产业园区创新运营和服务模式

基于政策可复制、政策投入与收效不匹配、同质化竞争等因素的考虑,服务外包产业园考试探索从重硬件环境建设转向软环境营造,从政策招商转向服务招商,建立以企业需求为导向的服务体系,延伸服务深度广度,最优化园区资源配置,以满足不同类型、不同规模、不同阶段企业的发展需求。例如,南京白下高新服务外包示范园建成有产业区(总不行研发中心区)、创新园(科技研发孵化区)、服务园(科技中介综合商务区)等;无锡 i-Park 园区以公共技术、投资融资、人力资源、综合服务等公共服务平台为支撑,为企业提供全生命周期服务。

4. 政府深化改革创新管理理念

江苏省服务外包产业的发展成绩离不开地方政府的高度重视和竭力推动,政府顺应服务外包企业发展需要不断创新服务理念和管理模式,即所谓的"放水养鱼"。一方面加强政策服务,提高服务的针对性和有效性,例如,为了解决服务外包企业中、高端人才缺乏的困难,江苏省出台了服务外包中高端人才培养计划;另一方面,重视公共平台建设,扩大服务的广度和深度,比如,建成了中国服务外包人才网络平台(万才网)、举办服务外包大学生创业大赛等;此外,政府重视监管和绩效评估,建立考核体系,考评工作进度,如无锡市商务局特别组织了对外服务外包产业对经济社会贡献的调研与思考,客观评估服务外包产业发展的发展阶段与社会经济效益。

（二）江苏北部城市奋起直追，淮安、盐城异军突起，全省产业布局日趋合理

江苏省结合各地产业特色和优势，突出错位发展，避免同质化竞争，重点促进软件开发、动漫创意、医药研发、工业设计、供应链管理和金融后台服务等六大服务外包产业集群加快发展。在南京、苏州、无锡三个国家级示范城市辐射带动下，苏南国际服务外包产业带的雏形基本形成。苏南国际服务外包产业带建设是苏南现代化示范区建设重要内容之一。其中，作为非示范城市的淮安市和盐城市，其服务外包业的发展极具代表性。

1. 淮安市服务外包产业发展态势：平稳起步

淮安市作为江苏省苏北地区重要的中心城市，连续十年主要经济指标增幅位居全省前列，经济发展成绩显著，目前已经进入平稳较快发展阶段。伴随经济快速发展，淮安市服务外包产业平稳起步，呈现以下三大特征：

产业规模逐步扩大。2015年，淮安市服务外包企业业务收入近5亿元，离岸外包执行金额6302万美元。截至2015年底，淮安市共有服务外包企业400余家，服务外包从业人数超过6000人。

知名企业加快集聚。淮安软件园被认定为省级国际服务外包示范区；淮阴软件科技产业园建成研发中心、BPO园区等功能平台。阿里巴巴、搜狐、南京联创、深圳安芯等知名服务外包企业先后进驻淮安，与中国移动、中国石化等国内知名企业以及南大富士通、盛大网络等服务外包重点企业建立合作。成功引进甲骨文公司的IT人才培训项目、软通动力跨境电商项目和健康科技龙头企业中脉科技项目。

新兴行业增长迅速。淮安市服务外包业务领域不断拓展，目前已覆盖软件开发及服务、动漫制作、网络游戏开发与运营、语音呼叫服务、企业信息化技术服务等方面。新兴领域服务外包增长迅猛，其中文化娱乐服务及电信、计算机和信息服务两行业进出口额分别同比增长978.26%和112.9%。

2. 盐城市服务外包产业发展态势：突出特色优势，实施赶超战略

盐城市作为江苏省建设用地最多、滩涂面积最广、发展空间最大的地级市，拥有宝贵的海洋资源和汽车制造等产业优势，近年来经济发展成绩显著，沿海开放合作取得突破，开放开发潜力巨大。

服务外包产业在盐城市虽然起步较晚，但发展态势良好。现有服务外包企业近500家，从业人员6000余人，2015年实现主营业务收入12亿元，同比增长20%。2015年全市离岸外包合同签约金额1345.9万美元，离岸外包合同执行金额535万美元。盐城市服务外包以信息技术外包（ITO）为主，占比52%，业务流程外包（BPO）与知识流程外包（KPO）分别占比25%和23%。大数据、软件和信息服务、文化创意等领域目前发展较好。

盐城市服务外包产业虽然保持了较快的增长态势，但在产业总量、企业质量和发展环境等方面，与国内先进地区相比还有较大差距。为着力解决目前行业领军企业不多、高层次人才缺乏、离岸业务规模小、发展不平衡等问题，盐城市采取有效措施，积极推动服务外包产业加快发展。

强化政策引领。加强对国家和省级政策的学习和宣传，加大有关资金项目的申报力度。在用好上级扶持政策的同时，先后出台了《关于促进全市服务外包产业发展的实施意见》《服务外包发展基金使用管理办法》《服务外包人才培训基地管理办法》等文件，制定服务贸易促进计划，设立了

服务贸易和服务外包发展基金,累计发放引导资金4500多万元。

突出载体建设。开展"载体建设年"活动,大力建设国际软件园、大数据产业园、文化创意园等园区载体。盐城经济技术开发区国际软件园已有软通动力、南大苏富特、国家物联网研究院(东方赛普)等一批国内外知名软件企业入驻,获批省国际服务外包示范区、中国最具投资价值软件园区等品牌;城南新区大数据产业园获批省级大数据产业园、省级众创集聚区,华为云计算数据中心、南邮大数据研究院、甲骨文(盐城)技术人才创新中心、中关村大数据产业联盟等15个服务外包平台项目,中润普达、东方国信等70多家服务外包企业已落户园区;大丰区东方1号创意产业园,是苏北地区首个文化产业园,已集聚了创维集团创新设计中心、上海木马、苏州斑马、山水空间等30余家创意设计企业和机构。

加大人才集聚。实施"515"人才引进三年行动计划,大力招引服务外包、服务贸易等各方面人才。坚持引进项目和引进人才相结合,盐城经济技术开发区、城南新区、大丰区等地先后设立了院士工作站、"千人计划"人才工作站、企业软件研发平台30多个,着力招引服务外包领军人才。依托盐城师范学院、盐城人才金港、盐城技师学院等省、市服务外包人才培训基地,积极开展服务外包企业适用人才培训,每年培训服务外包人才1000多人次。

3. 盐城市服务外包发展方向:抢抓机遇大力发展特色服务外包

盐城市作为"一带一路"、长江经济带以及长三角一体化、江苏沿海发展等国家战略的交汇区域,已成为东部沿海地区深化对外开放的前沿地带。十三五时期,盐城市应积极抢抓国家"一带一路"战略机遇,主动融入江苏省"一带一群"服务外包产业集聚区建设,充分发挥自身优势,大力发展特色服务外包。

依托中韩盐城产业园,推动产业创新发展。2015年,盐城实现了"一个重大突破"——中韩盐城产业园正式成为中韩两国合作园区,进入国家层面推进机制,将盐城推向全方位开放的最前沿。盐城市应紧紧把握这一机遇,依托中韩产业园,在服务贸易、服务外包的体制机制、发展模式、便利化等方面大胆创新,先行先试,积极争取国家政策支持。

结合主导产业优势,大力发展特色服务外包。汽车制造是盐城产业发展的最大亮点,未来应充分利用这一主导产业优势,推进服务外包企业承接各种有关汽车技术服务方面的业务,在汽车技术、汽车软件开发、汽车电子、汽车后服务、二手车市场等方面做出特色和亮点,打造以汽车后服务为突破口的汽车服务外包产业。同时,提升技术研发外包水平,为传统企业进行智能化改造提供条件,促使机械、纺织等传统优势产业向智能制造、绿色发展方向转变。

实施跟随服务,提升离岸服务外包规模和水平。近年来,盐城市依托自身港口优势,贯彻"走出去"发展战略,大力发展海水淡化与综合利用、海洋工程装备等战略性新兴产业。其中,海水淡化成套设备及运行被确定为援助马尔代夫项目,技术设备已出口印尼等国家,同时在中东和北非等淡水资源缺乏地区进行推广。未来,盐城市应依托"一带一路"等国家重大对外战略和制造业的国际化趋势,借船出海,大力发展跟随服务,设备出口的同时,服务跟随出口,开展全寿命周期的外包服务。鼓励在货物贸易中捆绑相应的服务贸易,引导企业在海外建立加工组装、境外分销、售后服务基地和全球维修体系,推动对外承包工程向项目融资、设计咨询、后续经营等领域拓展,逐步提升离岸服务外包规模和水平,引领服务贸易实现跨越式发展。

（三）产业主体发展水平不断攀升，培养出一大批具有影响力和号召力的龙头企业

根据中国国际投资促进会发布的《2015 年中国服务外包领军和成长型企业分析研究报告》，江苏省企业在中国服务外包领军企业 10 强中占据了两席，分别是药明康德新药开发有限公司和江苏省通信服务有限公司，其中，药明康德新药开发有限公司已是连续第八年入选领军企业。同时，江苏省共有 16 家企业入选 2014 年中国服务外包成长性企业 100 强，名单如表 3 所示：

表 3　2015 年中国服务外包成长型企业 100 强（江苏服务外包企业）

城市	企 业 名 称
南京	福特汽车工程研究（南京）有限公司
	江苏省邮电规划设计院有限责任公司
	江苏润和软件股份有限公司
	南京富士通南大软件技术有限公司
	中博信息技术研究院有限公司
	联迪恒星（南京）信息系统有限公司
	南京擎天科技有限公司
	南京中图数码科技有限公司
苏州	苏州工业园区凌志软件股份有限公司
	昭衍（苏州）新药研究中心有限公司
	苏州西山中科药物研究开发有限公司
	新电信息科技（苏州）有限公司
	松下电器研究开发（苏州）有限公司
	苏州金唯智生物科技有限公司
	中美冠科生物技术（太仓）有限公司
无锡	卡特彼勒技术研发（中国）有限公司

资料来源：中国服务外包网，《2015 中国服务外包领军及成长型企业研究报告》。

此外，中国软件和服务外包网发布的"2015 年中国软件出口和服务外包年度最具竞争力品牌"榜单显示，在入选的十大最具竞争力品牌企业中，江苏省占有两席，分别为南京富士通南大软件技术有限公司和昆山颠峰云智网络科技股份有限公司，成全国最具竞争力的软件出口和服务外包集聚区。

无锡药明康德、软通动力、苏州新宇、文思海辉、联迪恒星、江苏润和等龙头型和骨干型企业在市场竞争中已经具备显著优势，规模化效应初步显现。江苏服务外包企业积极参与国际分工，大幅提升承接、交付和管理流程能力，在企业数量、规模、市场开拓等方面都取得了显著进展。

新宇软件（苏州工业园）有限公司成立于 2003 年，总部在中国-新加坡苏州工业园区，现已成为苏州最大的软件公司之一，华东地区最大的 IT 服务公司之一，中国最领先的 IT 外包服务公司和欧美软件外包公司之一。并在 2007 年初荣膺"全球 IT 服务 100 强"，"亚洲市场十大新星"第二位和"专业应用程序开发供应商十强"第三位。公司在苏州落户之后，已相继在中国北京、上海、大连、昆

山、香港及广州、美国开设了分支机构,全球员工总数达2000余人,苏州为1200余人。公司创始人是在硅谷历练多年的IT精英。先进的管理,创新的意识凝聚了一大批高素质的管理人才,专业的销售精英和优秀的技术骨干。公司一贯注重产品与服务的质量和流程管理,结合公司实际,借鉴国际先进的项目管理和流程规范,建立了完整的项目管理和流程管理体系。公司的项目管理和流程得到众多世界500强公司的认可。作为国际化的企业,新宇软件吸引了来自美国、德国、印度、英国等十多个国家的顶尖人才。为诸多世界500强企业及国际知名企业提供了满意周全的服务。公司注重合作,与北京大学合作建立了技术研发联合实验室,与清华大学合作建立人才培训基地。与达索、SAP、Agile、Intel等建立了紧密的合作关系。2007年,新宇软件同印度领先的IT企业签订了中印服务外包合同,在苏州工业园区建立了大型的BPO基地。

联迪恒星(南京)信息系统有限公司依据20多年的软件开发经验和良好成绩,提供金融、证券、保险、政府、企业应用等多领域的软件应用系统开发服务、软件产品的销售与定制及维护服务、ERP系统导入支援服务、数据录入及单据整理等业务范畴的软件技术服务,追求高品质、高效率、高满意度。在国际、国内市场谋划布局,逐步形成了以南京为总部,以上海、东京、大阪、大连、长春、泰州等为据点的,一点多面的国际化发展格局。自成立以来,先后荣获"中国软件出口企业20强"、"中国软件与信息服务外包优秀企业十强"、"中国软件和服务外包品牌之星"、"中国服务外包成长型企业TOP100强"、《企业信用等级 AAA 证书》等殊荣。公司先后通过 ISO9001 质量体系认证、ISO27001 信息安全体系认证,并于 2012 年 09 月正式启动 CMMI5 级认证。

江苏润和软件股份有限公司成立于 2006 年,是深圳证券交易所创业板上市公司,主营业务是为国际、国内客户提供专业领域的高端软件与信息技术服务。公司聚焦于"供应链管理软件"、"智能终端嵌入式软件及产品"、"智能电网信息化软件"、"金融信息化服务"等专业领域,业务内容以行业解决方案为基础,涵盖咨询、设计、开发、测试、维护等软件全生命周期作业,在零售、制造、移动应用、公用事业、金融服务、电力能源等多个行业积累了丰富的经验。润和软件以南京为总部及研发基地,在北京、西安、上海、深圳、无锡等地设立了国内控股子公司;在日本东京、新加坡、美国波士顿、硅谷设立了海外控股子公司,拥有全球软件服务交付能力,能够为客户提供全面、即时、高效的信息技术服务。凭借深厚的行业知识、丰富的实践经验以及优秀的服务团队,润和软件业已取得诸多行业标杆企业认可,与众多高端客户展开成功合作,其中包括多家世界500强企业。润和软件是信息技术服务国家标准工作组(ITSS)全权成员单位,同时也是中国电子工业标准化技术协会信息技术服务分会理事单位;先后通过了 ISO9001、ISO27001、CMMI L3、系统集成三级等多项资质认证;还获得了国家规划布局内重点软件企业、江苏省高新技术企业、江苏省服务外包重点企业、江苏省技术先进型服务企业和中国服务外包成长型企业等多项荣誉;拥有多项发明专利及省著名商标。

(四) 政策优势逐步显现,发展环境更加优良

"十二五"期间,江苏省将软件和服务外包列为六大新兴产业之一,将在税收优惠、财政支持、融资渠道、土地供应、市场建设、人才激励以及企业服务等方面给予优先支持。多项政策的共同作用,使得江苏省服务外包产业在规模持续扩大的同时,自身结构也不断优化。几年前,软件代码编写、软硬件测试等低端业务是苏州服务外包舞台上的主角;而今天,行业应用服务、研发设计和咨询服务等高端业务占比快速攀升,形成了软件开发、动漫创意、工业设计、生物医药、金融数据处理和现

代物流等 6 大服务外包产业集群。

近年来,江苏省各地积极探索创新服务外包政策。苏州市继制定促进服务外包发展的若干意见和与中央财政服务外包专项扶持资金配套实施细则后,又制定全市"十二五"服务外包专项规划,加大培育促进力度。苏州高新区安排不低于 1 亿元专项资金,用于服务外包企业的房租、地方贡献、国际合作、人才培训等方面的扶持。奋力追赶的镇江市,每年在开放型经济专项资金中设立服务外包专项扶持资金 1000 多万元,帮助争取国家、省级服务外包扶持资金近 3000 万元;南京市商务局与市财政局多次沟通商讨,修订完善了《南京市国际服务外包专项资金管理办法》,对服务外包重点领域、重点企业、重点项目集中使用,优先用于骨干型和成长型企业奖励,进一步提高资金使用效率。为用好部、省级服务外包公共平台资金,市商务局积极联系市发改委、经信委、财政局、科委等部门,对南京高新生物医药公共服务平台、南京超级云计算服务中心平台、江苏软件园等十多家服务外包公共平台进行评审,为上述平台争取 1500 万元的资金支持;无锡制定了服务外包企业"123"计划、率先与国家扶持政策进行 1:2 资金配套、设立了服务外包人才培训专项扶持资金等特殊政策。无锡是服务外包产业政策上最具吸引力和支持力度最大的示范城市之一。目前,无锡集聚了 30 家全球服务外包 100 强和中国服务外包 50 强企业,中国服务外包十大领军型企业已有 9 家在无锡设立区域总部或全球交付中心。2012 年有 40 家服务外包企业开展 84 项高端业务,进入云计算、物联网、生物医药、检验检测等多个领域。一些企业成长为国内行业相关标准制定者或国际著名跨国公司重点外包业务接包商。

(五)人才工程推进有力,吸纳就业作用明显

全省 47 家省级服务外包人才培训基地以及其他各类相关培训机构积极面向社会、企业以及大中专院校开展外包专业培训,有效化解服务产业发展人才不足难题,为江苏省外包产业主体壮大和外包业务增长提供有力支撑,并积极促进大学生就业。据不完全统计,近年来全省每年通过各种途径方式接受培训的人员约 5 万人,到外包企业就业的大学生约 3 万人。多元化、多渠道、多层次、宽领域的服务外包人才培训格局已然形成。南通市充分发挥凯捷公司为世界三大服务外包咨询公司的资源及其品牌优势,着重与凯捷公司在服务外包人才培训及其形成规范高效的人才保障体系,培养对口人才,提高人才培训质量,打造服务品牌等方面开展为期五年的战略合作,为全市服务外包企业的发展提供中高端人才支撑。

二、江苏省服务外包业发展存在的问题

(一)国际市场格局与汇率不稳定对服务外包业带来的冲击

江苏省离岸服务外包产业以美国、日本、欧洲和中国香港等国家和地区为主要市场。离岸服务外包业务涉及两个国际不同经济主体的业务转移和资金的国际结算,汇率波动给离岸服务外包资金结算带来了不确定性和汇兑风险。由于国际经济形势持续动荡,特别是欧洲经济及前景黯淡,日本仍在强化货币量化宽松政策,造成国际外汇市场主要外币汇率大幅波动,直接影响了服务外包公司外汇收入结算后以人民币计价的会计收入。汇率较大幅度的波动必然造成汇兑损益,给江苏省

的服务外包产业的财务状况造成了严重的影响。

随着我国经济的持续发展,长期来看,人民币对于世界主要经济体的货币可能存在升值趋势;但由于中国国民经济增速近几年的下降,导致人民币升值的预期受到削弱。特别是2015年"811"汇改之后,人民币至今对一揽子货币与美元均有贬值的趋势。人民币贬值本身可能会造成离岸服务外包项目的营运成本的下降,有利于服务外包公司财务状况的改善。但外汇市场仍存在着巨大的风险,2015年起,美元进入加息周期,而日本仍在执行"安倍经济学"的"三支箭"宽松政策,导致中国服务外包企业在美国市场的竞争力可能得到加强,而对日外包遭遇较大的障碍。

国际经济格局与国际外汇市场的高波动性,提高了对江苏服务外包企业国际市场风险和外汇风险管理能力的要求,江苏服务外包产业可能遭遇更为频繁的外部市场转换。

(二)服务外包企业亟待转型升级

截至2015年底,江苏省服务外包企业数量继续保持高速增长,但从企业规模看,中小企业仍然占据大多数。比如南京,服务外包企业1978多家,其中规模最大的100家企业集中了76%的业务,其他普遍规模偏小,超过七成仅提供传统的软件外包服务。受到日元等外币汇率大幅度波动以及外围发包市场低迷的影响,2015年江苏服务外包企业整体盈利水平相比前三年平均水平有所下降,经营利润微薄。另外,服务外包企业竞争进一步加强,一方面,随着跨界融合的深入,更多的传统企业将进入服务外包领域;另一方面,中国(上海)自贸区的设立,会吸引更多的外资服务商进入中国市场,这些都会给现有服务外包企业发展带来竞争压力。这意味着,江苏省服务外包企业亟须通过转型升级来实现实质增长。印度Infosys是全球排名前五的服务外包企业,Infosys中国首席运营官刘宏说,全球服务外包出现新趋势:客户希望你能和他一起面对难题,甚至要你独自解决问题,不只是需要一个软件产品。一方面中低端服务外包市场竞争加剧,利润减少;另一方面,新增的服务需求得不到满足。

(三)服务外包同质竞争现象比较突出,示范城市之间的竞争日趋激烈

江苏省服务外包产业起步较晚,与国内服务外包发展领先的其他城市如大连、北京等相比,晚了近10年,导致其拥有的自主品牌大企业较少。南京、苏州、无锡、南通等服务外包城市都是近几年才迅速崛起的,虽然取得了不错的成绩,但它们在快速发展的同时,普遍存在同质化现象。首先,各地方政府出台的政策在外包产业定位、发展目标、优惠政策等方面存在诸多的相似性,没有结合当地产业基础和比较优势,缺乏自身特色。其次,招商引资的对象趋同,都过于重视对世界500强企业的吸引,忽视了具有较强实力的部分中小型企业。另外,服务外包园区建设也存在许多问题,例如更多园区仍旧停留在硬件及物理环境供给层面,缺乏先进的服务理念;缺乏科学规划,产业类目定位不清,盲目低层次重复建设;缺乏行之有效的园区配套细则,无法满足企业正常发展要求等。

(四)外包知识产权保护意识较弱,相关法律法规不够完善

服务外包是知识密集型行业,很多公司在考虑外包服务时,对承接地的知识产权保护状况格外重视,因此,针对外包知识产权保护的重要性就不言而喻了。我国虽然在2008年6月颁布了《国家知识产权战略》,江苏省随后也根据自身产业发展特点出台了相应的知识产权战略纲要及规划,但

目前江苏省服务外包的发展仍然存在商业机密和核心技术等泄露的问题,一些外包企业由于产权意识淡薄,不遵守合同约定而引发纠纷的现象时有发生,直接影响江苏省服务外包产业发展的整体形象,不利于江苏省服务外包业的可持续发展。

(五)服务外包的专业人才队伍缺乏,地区差异大

人才对于一个行业的发展具有重要保障作用,专业人才队伍的建设问题已经成为制约江苏省服务外包产业发展的关键因素之一。江苏省服务外包产业人才存在的问题包括以下四个方面:

第一,高端人才短缺。承接附加值高的国际外包业务需要有全球战略眼光,能够带领大型技术团队承接复杂外包业务订单的行业领袖、高级技术人才、管理人才和国际营销人才。根据最新统计显示,目前江苏省重点服务外包企业的从业人员中,博士不足 2%,硕士仅占 15%,很显然江苏教育大省的优势没有得到充分有效的发挥。由于我国服务外包发展时间短,技术水平、国际化管理能力与印度等国家相比差距较大,尤其是上述几类高级人才缺乏,成为制约我国服务外包产业高端化、规模化、国际化发展的瓶颈。实际中,大量企业反映,技术骨干或具有 5 年以上项目管理经验的人才对于企业发展具有重要作用,但企业自己难以培养,引进也比较困难。

第二,实用型人才供给不足。企业需求的人才主要来源于三种途径:院校培养、培训机构培训、企业内部培训。在印度、爱尔兰等服务外包发展领先的国家,外包人才的培养极其重视理论知识与社会实践的充分融合,在培养了学生对知识融会贯通能力和理论联系实际能力的同时,也培养了独立思考能力,使得高校毕业生一出校门就能很好地融会到实际工作之中。而就江苏省的实际情况来,院校培养、培训机构培训、企业内部培训三种形式目前都不能完全满足企业对于人才的需求。企业普遍反映,目前院校培养复合型、跨行业、外语沟通能力强的实用型人才数量远远不能满足产业发展的需求;专业培训机构多数周期短、师资力量参差不齐,在实际项目操作运用方面与企业业务有一定差距;企业内部培训虽然成效好,但成本较高,员工流动的风险也较大,导致很多企业宁愿直接录用有工作经验的员工,也不愿意花费财力从事新员工培训。

第三,复合型人才力量薄弱。服务外包人才逐渐偏向于复合型发展,一方面需要掌握专业技术,另一方面语言、沟通等能力也成为必备技能。院校毕业或者培训机构培养的毕业生通常不能满足企业承接离岸外包业务的要求。通常存在语言学得好,技术相对弱,或者技术学得好,语言相对弱的现象。虽然我国高校都开设了英语课程的教学,但很多学生对于英语的重视程度不高,没有真正将英语应用到现实生活之中,尤其是用英语与他人沟通的能力一直是很多学生的软肋。反观印度、爱尔兰等国,特别是印度政府高度重视民间英语能力的培养,如今英语在印度已经不算外语,语言上的优势也在很大程度上促进了印度外包的蓬勃发展。因此,江苏省服务外包人才培养还应特别注重外语能力的提升。

第四,人才产出和利用的地域不平衡问题较为严重。目前,江苏省普通高校总数 134 所,其中仅南京就有 44 所高校,25 所本科院校;苏州 21 所高校,2 所本科院校;无锡 12 所高校,2 所本科院校;徐州 9 所高校,4 所本科院校;常州 9 所高校,3 所本科;南通 8 所高校,2 所本科;其他各地级市的本科院校均在 1—2 所。单从高校数量已经看出各地区间人才差距,南京几乎独揽全省最优质的高端人才。同时,由于上海的地理位置和经济条件,对南京高端的服务外包人才形成强大的引力,导致南京的外包人才大量流失。相比南京,其他地级市的人才缺乏情况就更加突出。无锡市商务

局的材料显示,无锡市要在2020年实现服务外包总额300亿美元以上,但人才瓶颈是无锡市面临的一大压力,目前,无锡只有江南大学、太湖学院等本地院校,服务外包人才供应不足。主要依靠外地生源造成无锡人才培训成本较高,加之企业对人才的需求日益扩大,中高级人才紧缺,无锡正面临人才瓶颈问题。目前,无锡迫切需要开展服务外包企业急需的技术总监、项目经理、系统构架师、桥梁工程师、品质管理主管等中高端人才的培养。

(六)在岸服务外包面临种种困难

深耕日本外包市场的江苏润和最近削减了离岸业务,着重开发国内市场。润和转战国内市场的大背景,是国内外包市场的兴起。南京2015年130亿美元的外包执行额中,在岸执行额即国内服务外包超过70亿美元,多于离岸外包。在全球外包市场,中国市场的地位变重,其中政务外包和智慧城市建设成为全球服务外包商争夺的焦点。针对离岸服务外包发展面临的汇率、市场、中高端人才等瓶颈约束,以及国内大力发展服务业带来的商业机会,有不少企业在努力维持离岸外包业务的同时转向开发在岸服务外包,但还面临着如下困难:国内企业(尤其是大型国企)对服务外包的认识有待提高、理念有待更新;有企业反映,目前由于国内商业环境不成熟、发包市场不规范,国内企业招投标不能完全放开、公开、透明,在岸业务不仅存在价格低、利润薄的情况,而且存在发包企业拖欠款项、需求变更频繁、随意变更合同等情况;人才匹配有待调整,原先的技术加外语的人才已培养多年,但与开拓国内业务所需的技能有所差异,人才培养模式需要进一步完善;营业税转增值税以后,有些行业的实际税率反而比营业税来得更高(如电信呼叫中心原先适用3%的营业税,现在适用6%的增值税),服务外包企业可抵扣部分较少,这也导致外包企业实际成本增加、企业发展困难。另外,国家对离岸外包业务有税收减免政策,但对在岸外包业务没有相应鼓励政策。虽然国家已提出鼓励离岸外包和在岸外包业务协调发展,但迄今没有具体激励政策。

(七)服务外包企业融资难的问题

1. 服务外包特有交付模式,融资需求强烈。服务外包特有的先垫付运营再清算尾款的交付模式,首先意味着企业需要承担较大的现金流压力,特别是在研发周期长,投入资金大,交付评审环节多的情况下更容易给企业带来经营风险;其次,不少服务外包企业在积累了一定市场竞争力和品牌荣誉之后,希望尽快扩张规模并提升附加值,但资金缺乏容易将许多有技术没资金的中小企业囿于投入少技术低的低层次外包领域,从而导致所谓格雷欣法则(劣币驱逐良币)现象,不利于外包产业整体升级。

2. 服务外包属于轻资产企业,缺少抵押资产,获得抵押贷款难。目前中国服务外包企业多属中小型企业,注册资本、固定资产相对少,企业价值主要集中在人力资本、知识产权等无形资产方面,且销售收入多以应收账款形式获得。因此,服务外包企业在企业注册资本规模、抵押等方面难以达到商业银行目前通行的放贷标准。企业主要依靠创业人员自筹资金发展,难以通过抵押贷款方式获得自身业务发展所需资金。

3. 信用担保缺位,银行惜贷。我国目前尚缺乏统一有效的中小企业服务管理机构,如规范运营的中小企业担保、中小企业信用评级等中介机构,另外我国对银行债权证券化缺乏完善法律、法规的支持,导致银行债权流动性差,也加剧了金融机构的信贷心理。

4. 中国银行金融创新滞后,贷款审批周期过长。银行现有的信贷产品是在过去几十年制造业发展中的逐步建立起来的,缺少适用于服务外包这种新兴业态的信贷产品。

三、江苏省服务外包业发展建议与对策

(一) 拓展外包业务市场,提升外包业务层次

江苏作为承接离岸服务外包业务的大省,应当进一步加大在全球主要服务外包市场的宣传力度,加强境外外包市场的促进活动,比如举办特色展览会、参与国内外服务包交流峰会等,以寻求更为广泛的合作机会,拓宽国外外包市场。同时也应充分利用现有的平台和资源,坚持在岸外包与离岸外包相结合的原则,积极开拓国内的外包市场。目前,江苏服务外包主要集中在 IT 和软件服务方面,一些附加值较高的业务领域虽已触及但尚不成熟。从承接的外包业务类型来看,高层次的 BPO 和 KPO 的业务还不多,这种形势显然不利于外包行业的持续发展。积极推进企业管理理念和技术创新,发展外包中高端业务,逐步提升 BPO 和 KPO 业务所占比重,降低 ITO 低层业务的比重成为必然。

首先要鼓励服务外包企业进行服务模式的创新,实现从简单承接业务订单向综合服务提供商提升与转变。目前,印度的服务外包企业已经实现了从简单承接业务订单向综合服务提供商提升与转变。中国服务外包企业还处于转变之中,部分领先服务外包企业已经开始尝试从单一承包服务商向综合服务商转型,如文思海辉技术有限公司面对大数据、云计算等新一轮技术革命,立足转型契机制定了新的产品发展方案和服务模式,积极探索创新驱动发展战略,通过设立首席技术官、建立创新机制、实施产品开发,借助云计算和移动互联的模式,利用大数据技术将服务、数据等资源聚合为一个核心基础平台,提供一体化的一站式解决方案,构建智慧模型,提升服务质量。其次,要充分利用大数据和云技术的发展,培育服务外包的新兴业态,从信息技术服务外包(ITO)为主向业务流程外包(BPO)和知识流程外包(KPO)提升,尤其是要重点鼓励以研发设计外包为主的知识流程服务外包(KPO)发展。近几年,江苏省知识流程服务外包(KPO)增长较快,说明江苏省服务外包业务开始逐渐从产业链的中低端向金融外包、生物医药研发、检验检测等高端服务外包拓展。此外,还应当重点发展已有一定基础的研发设计和金融后台等外包优势行业,注重拓展动漫和电信服务等外包业务,大力培育未来主流发展方向的云计算机服务外包,力争将江苏省外包业务在不久的将来实现高端化。

(二) 扩大企业规模,培育国际化的外包企业

产业发展的主体是企业,企业实力的强弱反映出产业的兴衰。虽然江苏省服务外包产业的实力逐年上升,但应注意到,江苏服务外包发展缺乏有影响力的大型国际化本土企业。江苏服务外包企业以注入型外来企业居多,本土企业的发展规模不够,与国内领头外包企业(如海辉软件、东软集团等)相比存在比较大的差距。因此,江苏可以从以下几方面来快速提升本土外包企业的规模和能力:第一,政府应加大对企业金融的支持力度,拓宽企业的融资渠道,为发展潜力大的中小企业解决融资难的课题;第二,进一步加强江苏企业与跨国企业的合作,在合作过程中学习借鉴国外先进的

管理模式、营销方式以及核心技术等,提升本土企业的国际竞争力,实现江苏外包企业真正走出国门,与国际知名企业同台竞争;第三,进一步鼓励已具规模的企业通过并购国内或海外规模相对较小的一些企业来实现迅速扩张,同时鼓励大企业之间强强联手进行资源整合,实现优势互补。

作为市场主体,服务外包企业既是服务外包转型升级的驱动者也是转型升级的最终受益者。因此,多方渠道、想方设法在转型升级上实现突破理应成为企业战略规划的重中之重。首先,企业需要增加研发投入。努力探索核心技术,强化核心知识产权储备,掌握产业链关键环节是转型升级的有力支撑,同时密切追踪新兴技术的发展应用,尤其是云计算、大数据、移动互联网等技术的商业化运作等。其次,创新运营模式。运营模式的背后是商业逻辑的再造和效率的不断优化,通过不断创新运营模式,可以有效帮助企业超预期对接发包方需求,协助发包方实现成本优化和价值提升。再次,提升议价水平并树立品牌意识。议价过程是对发包方需求深入挖掘的过程,较高的议价能力不仅可以使得服务外包企业占据合作主动权,有利于签订长期合同,更有利于引导供需双方深度合作并达成战略联盟。同时要注意塑造品牌意识,树立业界权威。此外,还要注重加强人才储备、创新管理、完善内部结构等方面。

(三)进一步加强知识产权的保护

因江苏知识产权保护意识薄弱,使得其丧失了很多承接高端层次业务的机会。为了消除发包企业的担忧,营造更为成熟规范的外包环境,增强企业知识产权保护已成为刻不容缓的措施。具体说来,一方面培育更为成熟规范的外部市场,与外包协会建立有效的合作机制;另一方面建立行业诚信数据库,推动外包行业的信用管理,完善和健全执法机制,切实保护发包方的数据信息安全,杜绝侵权行为的发生。

(四)引导各地区细分市场,实现差异化发展

江苏省经济发展呈现非均衡的态势,国内外许多知名企业入驻南京、苏州、无锡这三个综合水平较高的国家级服务外包示范城市,经济发展相对落后的苏中和苏北地区明显处于劣势。针对这一情形,我们可以根据各地区产业结构、资源禀赋等差异打造不同的服务外包中心,实现差异化发展。比如南京应当通过政策导向、环境营造和校企联合,充分发挥本地服务外包人才资源丰富这一优势,打造国际化企业和江苏省自主品牌,进而带动江苏省整个服务外包业的发展;苏州市的基础设施和投资环境比较完善,特别是苏州还拥有国家示范基地—苏州工业园、两个省级示范基地和六个省级示范区,因而苏州服务外包业的发展可以通过引进工业设计、生物制药、科技中介等高层次的外包业务来实现其服务外包的良性发展;常州市目前拥有动漫企业100余家,动漫从业人员超过4000人,动漫产业在全国处于领先地位,常州市服务外包业的发展应当以创意动漫产业为突破口;无锡市在全市范围内现已建成服务外包载体250万平方千米,形成"Park"系列园区,并且对日韩市场的服务外包已经逐渐成形,无锡市服务外包业的发展可以在日韩市场成功的基础上,依靠高质量外包载体将其外包推向更高层次。

(五)注重服务外包人才培养,大力实施人才兴业战略

人才尤其是高端人才是影响服务外包产业发展的关键因素之一。江苏省如果想要在日趋竞争

激烈的外包产业中脱颖而出,实现外包产业又好又快的发展,人才的培养是必不可少的条件。可以从以下几方面入手:一是加大服务外包专业复合型人才的培养力度,可以选择在高校开设复合型专业(如:外语＋计算机＋设计),提高学生的外语能力,积极培养复合型人才成为当务之急;二是大力引进服务外包高级人才聚集江苏,向服务外包紧缺急需的项目管理人才和关键技术领军人物给予政策倾斜;三是加大服务外包人员培训的资金支持,在全省范围内建立起多元化的人才培训基地,大量培养适合外包企业实践需要的实用型人才;四是做好稳定服务外包从业人员队伍工作,为他们创造良好的工作条件和生活环境,尽最大努力稳定人才,减少人才的外流。要重视基础人才的培养。国内服务外包产业的梯度转移已逐步展开,未来二、三线城市有望成为服务外包企业主要的业务运营中心,将会出现爆炸性的基础人才需求,而现有人才供给、人才培养难以满足企业发展的需要,所以江苏省要做到未雨绸缪,对服务外包人才培养的机构和院校给予补贴、政策支持,实现服务外包人才在数量和质量上的同步提升。加快中高端人才扶持办法的出台。中高端人才不足长期困扰服务外包企业,如何能够吸引海外优秀人才回国、领军人才进入服务外包行业已经得到江苏省政府的关注。我们建议:一方面推进服务外包从业人员纳入省级各类人才资源库,如江苏省高层次人才、高技能人才、创新人才等,享受各类人才库的奖励措施;另一方面加速研究服务外包中高端人才认定标准,出台相应扶持政策。

(六)加强对在岸服务外包业务的支持

首先,降低目前产业政策中离岸外包业务收入占比的限制门槛。根据《国务院办公厅关于鼓励服务外包产业加快发展的复函》的规定,目前技术先进型服务企业的认定和服务外包培训资金的申请,都要求企业离岸业务额站服务外包业务额比例达到 50％以上。2013 年 2 月出台的国办函〔2013〕33 号,已开始在苏州工业园区试点将先进型服务企业认定条件中离岸服务外包业务收入比例调整为 35％,建议尽快将这一做法推广到其他城市,并同时降低服务外包培训资金申请的比例条件。其次,结合开发新经济增长点和消费增长点的需要,补充服务外包细分行业领域的政策措施。根据中共中央最近关于信息消费、新一代 IT 技术、智慧城市、医疗和健康服务业、电子商务、动漫产业、文化创意和设计服务的发展思路,建议充分发挥服务外包这一商业模式、经济分工模式的优势,配合这些新兴领域发展和新技术的研究开发,有针对性的研究出台包括在岸外包在内的一些重点细分行业领域的服务外包政策措施。最后,按照完善公共服务体系建设的要求,研究制定鼓励规范政府和公共服务领域外包的政策体系。伴随经济社会不断发展和民众改善社会公共服务的强烈愿望,以及进一步深化体制机制改革的需要,同近期国务院已多次开会研究推进政府向社会力量购买公共服务。根据西方发达国家的发展经验,在政府与公共服务领域加快实施和发展服务外包是目前最为有效的路径,建议适时研究出台相应的鼓励支持政策以及规范监督体制,形成较为科学、有效的公共服务外包政策体系,同时推动江苏省在岸外包市场发展。不少企业也认为国内本土市场将释放更多的服务外包需求,增长潜力巨大,尤其是中央政府 2014 年已出台文件鼓励政府采购要面向社会企业,在跨国企业纷纷进入中国市场并坚守中国市场之际,政府应大力培养本土企业,以支持其获得竞争优势。希望探索针对不同的行业领域出台在岸服务外包的扶持政策,以促进江苏省服务产业加快发展。

(七)进一步创新服务外包园区服务支持

服务外包专业园区是多方资源的汇聚点,是城市服务外包产业集群参与全球服务外包产业分工的重要载体。在促进服务外包转型升级方面,园区扮演着重要角色。首先,园区需要重视服务驱动。改变以往只注重硬环境而忽略软服务的思路,将提升园区专业服务能力作为核心,与企业成长发展全过程对接,努力实现全方位、专业化、一站式中介服务,促进和推动中小服务外包企业的快速成长与发展。其次,完善平台建设。通过建立投融资对接、人才培训、技术支撑、信息服务、市场推介、产业联盟等平台来满足企业多层次需求。再次,强化科学布局。通过科学布局明确产业定位,树立主体和特色,促进产业集聚效应的形成。随着服务外包企业的发展壮大,承担一手单的能力逐渐提升,企业再次转包的需求增加,有越来越多的中小企业围绕在龙头企业周围,为了更便于合作联系,个别龙头企业通过自建园区的模式,聚集产业链上下游企业。通过这种模式,龙头企业、上下游企业间容易培养共同的商业理念,共享开发平台资源、人才培训资源等,节约企业成本,形成利益共同体,实现多赢局面。代表园区是江苏润和南京软件外包园。该园区于2010年开发建设,由润和软件全资子公司江苏润和南京软件外包园投资有限公司运营管理。软件外包园占地70亩,预计共容纳2万人规模,20多家企业,园区自用部分占50%左右。软件外包园是南京市级服务外包示范园区,会享受到政府政策的支持,该园区位于南京软件谷内,也相应享受到软件谷的一些优惠政策。为了吸引产业链上下游企业入驻,软件外包园会在房屋租金上予以一定优惠,但更多的是通过共享培训课程、共享公共平台、组织文化交流活动等方式集聚企业,形成合力。据园区负责人介绍,软件外包园的运营不以租金盈利为主要目的,更多的是基于服务外包产业企业联盟发展的趋势、基于社会责任感、基于带动一批中小企业成长为目的。

(八)加强金融服务体系建设,提高服务外包企业的融资能力

融资是每个企业必不可少的,所以提高企业的融资能力是促进服务外包健康发展的必要策略。在今后的发展过程中,江苏可以从以下几点来加强金融服务体系建设,提高服务外包的融资能力。一是要加强金融产品创新,提供更多适合服务外包产业特点金融信贷产品。比如尝试知识产权质押贷款、发展应收账款担保贷款。允许企业利用收益权融资、以多种形式的担保贷款降低企业融资门槛。二是银行要针对服务外包企业的特点,适当调整资信评估的方式,以真实反应服务外包企业的资信状况,给予增信。当前,完全依靠固定资产已经不能很好地反应知识型公司的实际价值。银行给服务外包企业提供信贷时,可以从更多角度来评估外包企业的资信,比如看财务报告是否健康,业务增长情况是否良好,评估企业的成长性;看服务外包企业的客户群,是否有众多国际知名企业作为客户,评估业务的利润水平和业务持续性;三是从周边数据了解企业的实际运营情况,如连续招聘和解聘情况,给员工上社保情况,网络数据流量缴费,用电负荷等。如果各方面都很健康,则可以一定程度上证明企业具备还贷能力,有良好信用。四是可以利用政府财政资金的杠杆作用,引导民间资本投向服务外包企业。政府参与出资成立担保公司,或出资引导成立服务外包基金,或者对银行投向服务外包信贷给予一定的风险补偿都是很有价值的尝试。五是积极推动具备条件的服务外包企业实现上市,到资本市场融资,迅速做大做强。特别地,新三板以及在2009年便已开通的创业板的设立,其重要意义之一即是解决高成长性的中小企业融资难问题。六是引导风险投资关

注服务外包产业,让具有良好发展前景的企业获得更多的机会。服务外包作为高成长性的朝阳产业,完全可以引起风投的兴趣,但是作为股权融资的方式,我们还需要探索合适的资本进入和退出的机制。对于外包企业而言,以这种方式融资在法律、财务、操作方式等方面需要更多的知识援助。

【主要参考文献】

[1] 江苏省统计局.2015年江苏省国民经济和社会发展统计公报[EB/OL].江苏省统计局网站,2016年.

[2] 张为付.江苏商务发展报告2013[M].中国人民大学出版社,2015年2月.

[3] 王颖.发展与创新:苏州服务外包产业的成长实践与转型突破[M].苏州大学出版社,2014年12月.

[4] 孙晓琴.国际服务外包问题研究[M].经济科学出版社,2012年11月.

[5] 陈正儒.国际服务外包的经济效应研究[M].经济科学出版社,2013年11月.

[6] 商务部中国服务外包研究中心.服务外包研究动态[R].2016(1).

[7] 商务部中国服务外包研究中心.服务外包研究动态[R].2016(2).

[8] 商务部中国服务外包研究中心.服务外包研究动态[R].2016(3).

[9] 赵进,史成日.江苏省服务外包产业发展的现状路径探讨[J].对外经济贸易,2013(12).

[10] 江苏省商务厅.改革创新加快推进江苏服务贸易发展[N].国际商报,2014(5).

[11] 王晓红,刘德军.中国服务外包产业发展报告2013～2016[M].社会科学文献出版社,2016年10月.

第三章　江苏省商务旅游业发展研究

《中华人民共和国国民经济和社会发展第十三个五年规划纲要》明确指出要"开展加快发展现代服务业行动""大力发展旅游业",深入实施旅游业提质增效工程,并支持生态旅游、文化旅游、休闲旅游、山地旅游等发展。这是国家在产业发展和培育中的指导思想。在国际发展竞争日趋激烈和我国发展动力转换的形势下,当前中国经济不见得要追求很高的增速,而是要追求可持续、高质量的新的经济动力,这就需要对产业结构进行创新性调整。而旅游作为《十三五》在现代服务业板块中明确指出的重点发展产业,同时也作为目前人民常态消费的重点,其发展可以直接、间接地促进国民经济有关部门的发展,如推动商业、饮食服务业、旅馆业、民航、铁路、公路、邮电、日用轻工业、工艺美术业、园林等的发展,并促使这些部门不断改进和完善各种设施、增加服务项目,提高服务质量,其大力发展必将对于推动国家产业结构调整中起到非常重要的作用。

2015年江苏省深入贯彻落实《国务院关于促进旅游业改革发展的若干意见》和《省政府关于全面构建"畅游江苏"体系　促进旅游业改革发展的实施意见》,坚持以质量效益为中心,以游客需求为导向,以提升游客满意度为宗旨,坚持改革创新,积极适应经济发展新常态,牢固树立科学旅游观,紧紧围绕打造"畅游江苏"品牌总目标,大力推动旅游业"八个强化"、"八个升级",以扎实开展"旅游公共服务提升年"为抓手,全力推进"顺畅、舒畅、欢畅"游江苏,打造江苏旅游发展升级版。2015年共接待境内外游客6.2亿人次,全省旅游业总收入达到9050亿元,"十二五"期间,江苏的旅游业年均增幅达到14.1%,境内外游客数和旅游总收入实现两位数"双增长",年均增速分别达到11.5%和14.1%;全省旅游业增加值占地区生产总值比重达到5.6%;5A级景区、国家级旅游度假区数量全国第一,省级旅游度假区45家,数量居全国前列。旅游发展不是简单地适应需求,而是满足现实需求、引发潜在需求和创造新的需求的综合体现。"十三五"期间,随着工业化、城市化、信息化的加快推进,江苏省旅游业发展的潜力巨大、前景广阔,仍将保持持续较快发展。

一、江苏省旅游业发展的现状分析

(一)江苏省旅游业业发展总体状况

1. 载体建设步伐加快,产品供给日益丰富

把载体建设作为培育万亿元级支柱产业的重要增长极、促进旅游业转型升级的重要平台和关键举措。江苏省全年接待境内外游客62238.7万人次,比上年增长8.4%;实现旅业业总收入9050.1亿元,增长11.1%。接待入境过夜旅游者305万人次,增长2.7%。其中:外国人200.8万人次,增长1.9%;港澳台同胞104.2万人次,增长4.1%。旅游外汇收入35.3亿美元,增长16.3%。接待国内游客61933.7万人次,增长8.4%,实现国内旅游收入8769.3亿元,增长11.5%。全省新增

4A 以上景区 106 家,A 级景区总数达到 624 家,其中 5A 景区达到 20 家,位居全国第一。旅游度假区建设快速推进,省级旅游度假区总数达到 45 家,新增国家级旅游度假区 3 家,总数达到 5 家,位列全国第一,50 家旅游度假区管辖面积达到 3840.49 平方公里。经初步测算,"十二五"期间,全省国家级、省级旅游度假区新增 3000 万元以上的旅游项目 335 个,计划总投资 1708 亿元,实际完成投资 1063 亿元。2015 年,纳入统计的 47 家省级以上旅游度假区共接待游客 1.09 亿人次,实现营业收入 274.63 亿元,实现旅游就业 14.7 万人,旅游度假区正成为我省旅游业新的重要增长点。旅游新业态方兴未艾,落地自驾、房车露营地、低空飞行、漂流滑雪等旅游新产品深受游客欢迎。昨天上午,省局发布的近两年来建成投运的新景区和新线路,就是"十二五"我省旅游发展的一个缩影,反映了我省旅游业发展后劲正在持续增强,产品供给也在不断丰富。

表 1　江苏省旅游业主要发展指标

项 目	2005 年	2006 年	2007 年	2008 年	2009 年	2010 年
旅行社数(个)	1307	1478	1582	1661	1704	1857
星级饭店数(个)	722	799	850	895	944	902
国内旅游接待人数(亿人次)	1.72	1.99	2.32	2.61	2.97	3.55
接待海外旅游者人数(万人次)	378.3	445.19	512.55	544.3	556.83	653.55
外国人	262.15	314.89	369.2	396.11	473.5	537.91
香港同胞	41.34	47.41	48.91	49.75	54.04	56.96
澳门同胞	3.65	4.3	5.02	5.47	7.04	7.17
台湾同胞	71.16	78.59	89.42	92.97	99.68	115.92
国内旅游收入(亿元)	1625.62	2012.15	2508.3	2933.21	3449.5	4287.86
旅游外汇收入(万美元)	22.6	27.87	34.69	38.8	40.16	47.83
项 目	2011 年	2012 年	2013 年	2014 年	2015 年	
旅行社数(个)	1986	2117	2204	2251	2336	
星级饭店数(个)	893	890	970	873	791	
国内旅游接待人数(亿人次)	4.12	4.64	5.15	5.71	6.19	
接待海外旅游者人数(万人次)	737.33	791.54	288.03	297.10	305.01	
外国人	537.91	575.21	193.44	197.04	200.84	
香港同胞	65.60	71.51	12.91	14.42	14.04	
澳门同胞	7.45	8.14	0.51	0.62	0.71	
台湾同胞	126.37	136.67	81.18	85.02	89.42	
国内旅游收入(亿元)	5161.47	6055.80	6940.05	7863.51	8769.31	
旅游外汇收入(万美元)	56.53	63.00	23.80	30.33	35.27	

数据来源:《江苏统计年鉴 2016》。

2. 公共服务优化升级,游客满意度不断提高

"十二五"时期,我省以营造顺畅、舒畅、欢畅的旅游环境为目标,以"旅游惠民八件实事"和"四大专项行动"等为抓手,致力于旅游公共服务优化升级,游客满意度逐年提升。以旅游咨询服务中

心、旅游厕所、旅游景区停车场、旅游交通标识标牌和景区无线通信覆盖为重点,强化问题导向,加大资金投入,坚持统筹协调,全省旅游公共服务能力和水平得到较大提升。2015 年,全省新建旅游厕所 543 座,改扩建 370 座,完成投资 3.13 亿元,完成率 123.7%,居全国第一。投入 20.1 亿元新建、扩建停车位 28561 个,总面积达到 297.3 万平方米。在 9 个市、18 个区县内高速公路沿线设立了标准规范的旅游标识标牌 56 块,在国省干道、城市道路和景区连接线设立 2635 块。4A 级以上景区(点)和四星级乡村旅游区(点)游客集中区域实现了 WiFi 免费覆盖使用。在推进公共服务体系建设过程中,各地创新思路,推出了许多好的做法,如:苏州运用二维码技术,对旅游厕所实行网络在线管理,吴中区建立健全三级游客咨询服务网络;南京、常州等市部分重点景区停车场实现了智能化管理;扬州市旅游局、徐州戏马台景区等协调交通、城管等部门,通过临时租用景区周边机关、院校、企事业单位停车场,应用智慧导游系统并安排景区摆渡车辆,有效缓解节假日停车难问题。经过努力,我省的游客满意度一直走在全国前列。2015 年全省游客满意度综合得分达到 81.98 分,同比提高 0.3 分,高出省政府考核目标 1.98 分。无锡市游客满意度稳步提升,去年季度和全年均名列全省第一。

3. 乡村旅游蓬勃发展,质量效益显著提升

坚持把乡村旅游作为旅游经济新的增长点和为民办实事的重要内容,去年,省政府办公厅下发了《江苏省乡村旅游三年行动计划(2016—2018)》,推动我省乡村旅游向品质化、品牌化、特色化、标准化方向发展。苏州吴中区、宜兴湖父镇、高淳桠溪国际慢城等乡村旅游区,依托本地历史文化和自然资源,形成了各具特色的乡村旅游名品。大丰荷兰花海、南京溧水晶桥镇石山下村等一批规划起点高、创意策划好、个性鲜明的乡村旅游产品一经推出,就获得了"一鸣惊人"的效果。据不完全统计,目前我省拥有各类业态的田园休闲农庄、乡村俱乐部、乡村旅游区(点)等经营单位 7000 余家,中国乡村旅游金牌农家乐 413 个,乡村旅游致富带头人 410 名。纳入统计的 2300 多家乡村旅游经营单位可接待游客床位达 16 万张,接待餐位 76 万个。我省 30 万乡村旅游从业人员中,农民直接就业 24 万人,带动 200 万农民间接就业增收,乡村旅游从业人员人均年收入突破 2 万元。乡村旅游已经成为我省传承历史文化、统筹城乡发展、帮助农民致富、促进社会和谐的重要载体。

4. 依法治旅扎实推进,市场环境持续向好

抓住贯彻落实《旅游法》和修订《江苏省旅游条例》的契机,深入推进依法治旅、依法兴旅。全系统创新工作思路、加强行业管理,推出整顿市场秩序"组合拳",先后开展以"十查十提高"为重点的执法月活动和以旅游景区为重点的环境整治、质量提升"百日行动",强化纠错机制和退出机制,对管理不善、服务缺位的景区、乡村旅游点、旅行社和旅游饭店等,实施警告、降级、摘牌等处罚措施,旅游市场秩序得到明显改善。苏州通过开通"苏州好行"旅游巴士,不仅较好地解决了个别重点景区的"一日游"乱象,也为方便游客观光游览提供了新的途径。连云港花果山景区通过强化组织领导,理顺工作体制,落实工作责任,实行联合执法,不到半年时间,景区秩序出现根本好转,2015 年国庆"黄金周"期间,这个曾经是全省游客投诉的重灾区,一举创出了游客零投诉的"奇迹"。积极倡导诚信旅游,首次与有关部门合作评选出 7 个旅游诚信购物街区和 13 家旅游诚信购物商店。试行热门旅游线路成本公示、景区舒适度指数发布等制度,受到社会关注和游客好评。面对"东方之星"游轮翻沉、泰国曼谷爆炸、巴黎恐袭等突发事件,第一时间掌握情况,妥善应对。加大旅游执法检查和投诉处理力度,五年共开展执法检查 6500 多次,处理旅游投诉 5700 多起,挽回游客损失 600 多

万元,切实规范了旅游市场秩序,有力保障了游客合法权益。

5. 市场营销质效提升,"畅游江苏"品牌彰显

抓住"一带一路"、"长江经济带"等国家战略实施的机遇,积极开展旅游营销活动。全省各地每年举办各类旅游节事活动上百个,形成了"苏台灯会"、"江苏大运河旅游推广月"、江苏省旅行商交易大会、江苏乡村旅游节和南京房车与休闲度假博览会、苏州国际旅游节、徐州汉文化旅游节等品牌活动。针对入境客源市场特点,赴美加、日韩、澳新及"一带一路"沿线国家和地区开展特色旅游营销,多次参与德国柏林旅游展、伦敦旅游交易会、台北旅展等国际知名旅游展会。在中国香港、日本等重要旅游客源地设立了江苏旅游推广中心,采用国际通行做法,实行营销代理模式。邀请海内外旅行商上千人次、驻华使节100多位、媒体记者600多人次走进江苏,考察旅游线路和产品。在米兰世博会"江苏周"和新苏理事会等重大活动期间,江苏旅游作为对外交流合作的重要内容,连续举办和参与了多场推介活动,成为展示"畅游江苏"的重要窗口。近年来,我省注重运用大数据分析结果,加强营销针对性,在开展"畅游江苏"万里行营销推广活动中,更加重视在长三角和泛长三角范围及高铁沿线、航线的重要节点城市,举办以产品为重点的营销活动收到较好效果。

6. 智慧旅游广受重视,探索创新富有成效

积极实施"旅游+互联网"战略,制定出台《江苏省旅游企业智慧旅游建设与应用规范》,与中国电信江苏分公司签订了战略合作协议,深化拓展智慧旅游合作。南京、苏州、无锡、常州、南通、扬州、镇江7个市成为"国家智慧旅游试点城市"。建成省级智慧旅游示范基地11家、示范单位19家,各地产生了一批优秀智慧旅游项目。全省旅游资讯平台正由PC端向移动端、由传统媒体向社交媒体、由网站向网群延伸发展转变。整合推出了江苏旅游微博、微信、微视频和手机客户端"三微一端"平台,开发应用全国首个省级旅游市场客情监测与分析系统,发行畅游江苏卡近5万张,支持途牛网、同程网两大在线旅游企业巨头和八爪鱼、马上游等一批特色互联网旅游企业发展。去年,我省还承办了首届中国"旅游+互联网"大会,常州市获得了中国首个"旅游+互联网"创新示范城市称号,国家12301智慧旅游公共服务平台落户常州,智慧旅游成为推动我省旅游业创新发展的新动力。

专栏1 在线旅游与智慧旅游

在线旅游:依托互联网,以满足旅游消费者信息查询、产品预订及服务评价为核心目的,囊括了航空公司、酒店、景区、租车公司、海内外旅游局等旅游服务供应商及搜索引擎、OTA、电信运营商、旅游资讯及社区网站等在线旅游平台的新产业。核心价值是提供旅游相关信息、提供形成安排预订服务的功能。在线旅游是区别于传统旅游的模式。

智慧旅游:是利用云计算、物联网等新技术,通过互联网,借助便携的终端上网设备,主动感知旅游资源、旅游经济、旅游活动、旅游者等方面的信息,及时发布,让人们能够及时了解这些信息,及时安排和调整工作与旅游计划,从而达到对各类旅游信息的智能感知、方便利用的效果。主要包括导航、导游、导览和导购四个基本功能。智慧旅游是在线旅游的一种具体方式,区别于其他在线旅游方式。是打开在线旅游市场的"金钥匙"。

专栏2 旅游市场结构及产业关联

　　旅游业作为经济发展的朝阳产业,是一种集多种产业和功能于一体的综合产业。旅游市场中供给者向市场提供一系列旅游产品以满足旅游消费者需求,生产性旅游间接推动相关行业的快速发展,消费性旅游直接提升了人们消费水平和生活品质。旅游业涉及"食、住、行、游、购、娱"六种要素,其繁荣发展将会带动餐饮、住宿、交通、食品、娱乐等多行业部门共同发展,推动国民经济持续稳定增长(见专栏1)。2009年,国务院颁布《关于加快发展旅游业的意见》(国发〔2009〕41号),明确指出"把旅游业培育成国民经济的战略性支柱产业和人民群众更加满意的现代服务业",提升了旅游业的产业地位,凝聚了发展合力,为破除产业政策瓶颈、推动旅游业发展创造了难得的机遇。

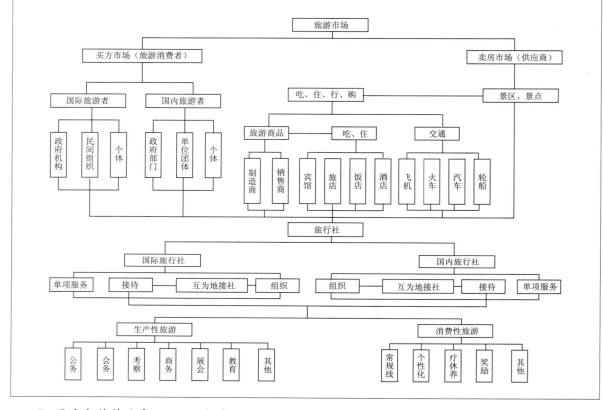

　　7.区域合作势头良好,协调发展再上水平

　　"十二五"期间,我省更加注重区域旅游合作,推进苏南、苏中、苏北优势互补、协调发展。支持苏南创新发展,积极探索旅游新业态、新产品和运营管理新机制。加大对苏中、苏北地区的规划、资金和政策支持,鼓励旅游业跨越式发展。五年来,苏中、苏北旅游业总收入年均增速达到16.2%,比全省平均增速高2.1个百分点,总量翻了一番,在全省旅游总收入中的占比达到30.7%,比"十一五"末提升2.7个百分点。淮安周恩来故里旅游景区和盐城大丰麋鹿园成功晋升国家5A级景区,实现了苏北地区5A级景区零的突破。推动建立区域旅游合作联盟,支持"苏锡常"、"宁镇扬"和"徐连盐"等市旅游部门联合打造旅游新线路。积极推进长三角区域旅游合作,先后两次承办了长三角旅游合作联席会议,形成了长三角旅游发展合作协议和"苏州共识",拓展了江苏的客源地,促进了与沪浙皖二省一市的交流合作。加大旅游援建工作力度,从资金、项目、客源、人才等方面对口支援西藏、新疆旅游业发展,加强对淮安茭陵乡和唐集镇两个扶贫点的帮扶工作,得到了当地党委、政府和人民群众的好评。

8. 人才建设不断加强,队伍素质整体提升

围绕构建"畅游江苏"体系、加快旅游强省建设目标,不断加大旅游人才队伍建设。实施旅游人才"百千万"工程,强化旅游教育培训工作。与省委组织部联合以"旅游强省建设"和"旅游业转型升级"为专题,举办了两期省管领导干部研究班。在全行业推行岗位培训,共对48000多名旅游企业中高层管理人员和450多名旅游行政管理干部及企业负责人分别进行了行业培训和境外专题培训。建成了导游人员在线培训考核平台和"畅游江苏"导游手机客户端系统,实现了信息发布、景区导览、名导咨询、微课堂、在线培训等综合服务功能,建立了18家省级旅游教育培训基地。目前,全省拥有持证导游员达到7.7万人,全国第一;43人入选"全国旅游英才计划",在六个专项计划中,实践服务型人才、技术技能大师工作室等三项居全国第一;17名青年学者入选国家旅游局全国旅游业青年专家培养对象,人数全国最多。积极支持南京旅游职业学院发展,学院连续三年被评为"江苏省职业院校技能大赛先进单位",去年入围省示范性高职院校创建单位。深入开展群众路线教育实践和"三严三实"等专题教育活动,严格落实党风廉政建设责任制,全面排查问题,认真找出短板,切实整改到位,党员干部思想作风、工作作风得到进一步转变,服务基层、服务群众的意识有了进一步增强。

(二)江苏省旅游业的发展优势

1. 拥有丰富的旅游资源

江苏省拥有的A级景区数量位居全国首位。截至2011年底,江苏省拥有A级景区458个,其中4A、5A级景区127个。根据国家旅游局公布的最新信息,目前全国共有5A级景区140个,其中江苏省达到14个,位列全国第一。A级景区的数量可以反映出一个地区旅游资源的丰富度,而5A级景区更能体现出地区旅游资源的竞争力和对国内外游客的吸引力。因此,江苏省应进一步发挥5A级景区对于江苏省旅游业发展的巨大品牌效应。

2. 优秀旅游城市和历史文化名城较多

旅游资源的另两个重要载体是优秀旅游城市和历史文化名城。江苏省拥有优秀旅游城市28座,位居全国第二。历史文化名城或是古都,抑或是古代政治、经济重镇,再或是以文物古迹、工艺品而闻名,对地区旅游业的发展具有重要作用。截至目前,全国共有历史文化名城120座,其中江苏有11座,据全国首位。因此,在推进江苏省旅游业发展的重要时期,应进一步发挥历史文化名城的功能和作用。

3. 星级饭店等旅游设施完善

旅游业涉及交通、住宿、餐饮等多个行业,因此,完善的旅游设施是发展地区旅游业的有力保障。截至2011年,江苏省拥有星级饭店893家,位居全国第三。根据国家旅游局的最新公布数据,江苏省拥有5星级饭店66家,位居全国第二(见上表),为江苏省加快发展旅游业提供了餐饮和住宿保障。良好的交通条件。江苏省拥有高铁、高速公路等优质交通资源。以高速公路为例,截止到2012年底,江苏省高速公路通车里程达到4266公里,密度为每平方公里415.79公里,居全国第四

位(见上表),仅次于上海、天津和北京。如果以区域高速公路密度统计,由江苏、浙江、上海构成的长三角区域的高速公路密度是全国最高的地区之一,区域内各主要城市都能实现高速公路的连接。

4. 较为优质的旅游服务

旅游服务水平体现的是一个地区旅游业的接待能力。在 2010 年全国游客满意度排名中,南京、苏州、无锡三市位列全国城市十强。2010 年,江苏省旅游业就业总人数 420 万人,带动了就业岗位的增加。另外,江苏省是教育大省,2011 年,全省共有普通高等学校、独立学院和成人高校 163 所。普通高等教育本专科共招生 43.61 万人,在校生 165.94 万人,毕业生 47.71 万人;全省有职业技术培训机构 8450 个,注册学生 794.38 万人次,结业学生 813.09 万人次;民办中等职业学校 28 所,在校生 4.59 万人;民办性质普通本专科在校生 42.42 万人;民办培训机构 1341 所,注册学生 216.04 万人次,结业学生 125.86 万人次。根据《规划》,到 2015 年,全省实现旅游业就业人数达到 440 万人。旅游业就业人数的增加、就业者年龄结构、学历结构等的优化都会不断促进旅游服务水平的不断提高,为江苏省加快旅游发展提供人才保障。

二、江苏省旅游业发展存在的问题

(一)古都和部分大城市旅游被重视,中小城市被忽略

我国旅游业的发展是以部分大城市及古都城市为依托起步的。其原因,首先是这些城市受历史社会、自然条件发展的影响,大多数会有丰富的人文自然旅游资源,对旅游者来说具有较强的吸引力,旅客的需求客观上会形成一定规模与数量;其次是这些本身具有旅游潜力的城市原有基础好,大多是各地区政治、经济和文化的中心,并且具有良好的旅游综合服务能力,旅游接待设施和旅游交通方式发达;最后是国家和当地政府通过重点建设这些主要城市,可以使这些城市为主体范围内的旅游资源的开发和旅游设施的建设得到充分发展。可以说,这种以主要城市为主的接待格局是我国旅游业目前发展模式的必然结果,但同时中小城市则被忽略了。

(二)区域发展不平衡

东部和南部沿海地区成为我国旅游业生产力发展的聚集区,其他地区旅游业发展相对不足。导致我国旅游业区域发展不平衡沿海地区旅游业发展迅速的主要原因:一是沿海地区具有较好的地理环境和良好的经济发展实力,交通运输便利,旅游经济生产能力在短时间内能够有较大的提高;二是沿海地区与旅游中转国及国外旅游客源国的空间距离比较近,这样会有较高旅游需求度;三是沿海地区随着邓小平同志提出的对外开放基本国策的深入,达到了国内及各沿海地区与国外的经济、政治、文化联系日趋紧密,使旅游发展的速度与规模进一步得到扩大。

(三)旅游法规不健全,经营秩序混乱

据不完全调查统计,许多发达国家,不仅是在旅游方面的法律形成了比较完整的体系,而且还成了国家法律体系中的重要组成部分。我国作为发展中国家,虽然已经建立起以宪法为基础、以部门法为主干的社会主义市场经济法律框架体系,但是从部门法的角度来看,我国旅游方面的法律仍

然存在着严重滞后性。这些滞后性给旅游业发展带来了不利的影响,市场上甚至出现了只为了赚钱,在开发旅游资源的幌子下搞出破坏环境、浪费资源的项目的企业,这些企业如果没有法律的治理会从根本上扰乱旅游行业经营市场、侵害游客的合法权益,使我国旅游业可持续发展和旅游大环境的建立面临严重的挑战。这些滞后性表现为以下几点:旅游基础法体系不成文;国家级旅游立法数量少,执法不够严格,徇私枉法;地方性旅游立法各自为政,管理人员和不法企业相互勾结,大肆投机倒把。

原因主要有以下几个方面,首先旅游基本法存在问题。《旅游法》无法对政府的行政行为进行有效的制约,例如第三章第二十五条"县级以上人民政府统筹组织本地的旅游形象推广工作。"政府不应当对"旅游形象宣传"这一市场自发行为实行过多的管束,应该以引导为主。还有旅游法中的一些行政处罚相对较轻,如第九章第九十五条"旅行社违反规定的,责令停业整顿,情节严重的,吊销旅行社业务经营许可证;对直接负责的主管人员,处以二千元以上二万元以下罚款。"这里违法的成本相对于违法行为来说就比较低廉了。其次现有旅游相关立法的层次较低。虽然目前已出台了《风景名胜区管理暂行条例》、《旅馆业治安管理办法》、《旅行社管理条例》、《旅游投诉管理暂行规定》来规范和管理旅游业相关领域的行为,但是大多只是条例、通知、暂行规定之类,甚至有的还只是政策性文件,显而易见是不具有普遍和强有力的约束力的。再次部分旅游行政法律制度内容已经过时且缺乏稳定性。我国在保障旅游行业发展的过程中,制定了许多旅游法规以及规章,具有明显的暂时性和应急性,不能适应旅游业和旅游部门的实际需求。这些旅游法律制度刚制定的时候是符合当时的旅游业实际情况的,但是当旅游产业的蓬勃发展起来后,这些法律制度无疑已经成为现代旅游行业发展的桎梏。最后旅游法律法规中某些内容缺乏具体可操作性。制定旅游法律制度,是为了利用法律手段来规范旅游活动和对旅游产业加强约束管理,所以旅游法律要具备技术上的操作性,不然就会变得空洞和不切实际。我国很多旅游法律制度的规定都比较宏观,不注重落实到具体的细节,一味依靠具体实施细则的颁布,这一切无疑会影响到行政部门执法的公正公平和执法的效率。

（四）旅游产品单一

我国的旅游产品刚开始主要是观光,即为客户设计旅游线路,通过各大旅行社将食、住、行、游、购、娱的旅游要素采用包价的方式整合销售。我国的旅游产品在开发和经营中出现了开发的历史继承性、更新的滞后性和体系的残缺性等特点。

在旅游产品的开发和经营方面,我国主要以国内的历史遗迹、自然景观为主,而人文景观则缺乏详细市场调研和开发。即使开发了人文景观,各地也是低水平重复建设和相互模仿,不仅严重违背了市场经济中资源的有效配置的属性,而且低水平的价格竞争,造成经营效益的下滑。

（五）生态旅游发展中缺乏环保意识

优美整洁、方便舒适、轻松愉快的旅游环境,无疑是旅游业生存和发展的基础和条件,直接或间接地影响着旅游业展的经济效益、环境效益和社会效益。目前,解决旅游环境问题成为旅游业发展过程中的突出问题。生态旅游规划缺乏科学理念、不能遵循自然规律、大兴土木、违法建造人造景点、破坏景观和生态系统等现象屡屡可见,从根本上违背了生态旅游业的出发点和目的;还有一些地方本身就不按规划建设，破坏了环境不说，还无法吸引游客，无法获得预期的经济效益。出现这些问题的原因，一是因为某些生态旅游开发没有依法规划和建设，二是因为环境保护部门的监管不到位。

三、江苏省旅游业发展建议与对策

（一）江苏旅游市场管理开发策略

1. 深入调研，创新特色旅游服务项目

目前，江苏12301旅游服务热线整合了江苏各类旅游信息资源，向公众提供旅游信息咨询、旅游业务查询等一体化出游信息服务。但是，据抽查统计，很多人并不知道此热线。建议江苏省旅游管理部门以及景区（点）在利用此热线进行旅游咨询等服务的同时，加强对旅游市场的调研，依靠现代科技手段，推出特色旅游服务项目。比如，节假日很多景区（点）都会搞一些特色活动，但是由于不能及时获知信息，很多人会错过参与活动的机会；再如，在旅游高峰期，知名景区（点）的游客数量非常大。但是如果不能及时发布景区（点）的人流量，可能会导致景点（点）的过度拥挤，超出景区（点）的承载能力。此时，景区（点）可以通过短信、微博、交通广播等手段及时公布各景区的相关信息，使人们能够及时了解，更好地安排出行。

2. 尽快推出覆盖全省的旅游年卡（票）

实现旅游资源共享根据对江苏省各城市的调查发现，目前，几乎所有的地级市都实施了旅游年卡（票）的措施，连昆山、宜兴、常熟等县级市也早已推出了旅游年卡（票）。但是，各地实施的效果并不一样，连云港虽然地处苏北，但是其旅游年票的办理和日常管理就做得很好。年票实行常年滚动式发行，并且本地市民和外地市民都可以办理。同时，开通了"连云港旅游年票网"，对年票的办理、使用等进行详细的说明。昆山自2007年推出旅游年卡，分个人卡和家庭卡两种供市民选择，可不限次数地游览指定景点。南京、镇江、扬州也推出了宁镇扬联合游园年卡。但是目前，还没有推出覆盖全省的旅游年卡（票），在很大程度上制约了江苏省旅游业的整体发展。因此，江苏省应尽快推出全省旅游年卡（票），共享旅游资源，实现全省旅游业协调发展。在旅游年卡（票）的办理和使用过程中，建议采取以下做法：（1）丰富旅游年卡（票）的种类。目前，年卡（票）多为个人年卡（票）和家庭年卡（票）。今后，应加强对游客结构的调研，适时推出情侣年卡（票）、儿童年卡（票）、老年人年卡（票）等品种。同时，可以针对游客的偏好，推出5A级景区年卡（票）、4A级景区年卡（票）等特定景区年卡（票）。另外，还可以依托京沪、沪宁等高铁线路，推出高铁沿线旅游年卡（票），扩大人们的选择空间。（2）积极推进年卡（票）办理和续费的网络化。目前，年卡（票）主要通过到指定的办理点进行现场办理和续费。但是由于有些地区的年卡（票）办理、续费等只限于很短的期限，办卡（票）、续费的人们经常排起长队，浪费了大量的时间和精力。因此，建议年卡（票）的办理和续费借鉴连云港市的滚动式发行模式，人们随时都可以到指定地点办理和续费。同时，应积极利用现代科技手段，加快推进年卡（票）办理和续费的网络化。由省旅游局等部门组织技术人员开发全省年卡（票）网络管理系统，人们可以随时登录该系统，使用身份证、护照等有效证件进行年卡（票）办理和续费，从而消除了现场办理和续费的各种弊端。（3）年卡（票）有效期的优化。目前年卡（票）的有效期限

一般为一年,到期办理续费等业务。这一规定会导致人们办理了年卡(票),由于工作等原因,没有在规定期限内充分使用,并没有真正享受到年卡(票)带来的便利和实惠,导致今后办理年卡(票)的积极性降低。因此,建议年卡(票)的办理可以分为一年期、两年期甚至五年期等多个期限类别,人们可以根据自身的实际情况选择不同期限的年卡(票),这就消除了人们办了年卡(票)却没来得及玩的顾虑,也大大减少了办理和续费的业务量。另外,对于在规定期限内使用次数过少的年卡(票),可以在续费时进行适当的优惠,鼓励人们继续使用年卡(票)。(4)年卡(票)功能的优化。旅游必然涉及餐饮、住宿、交通等多个方面。因此,年卡(票)要注重功能的优化和提升。比如,年卡(票)可以与银联合作,使其具有银行借记卡的存取、消费、支付等功能,一举即可解决餐饮、住宿购票等环节的非现金交易。另外,可以根据人们的个人信用、收入状况、消费习惯等,推出具有信用卡功能的年卡(票),不但可以实现一卡尽享吃、住、行,还可以进行消费积分。

3. 健全景区(点)管理制度,优化旅游环境

江苏省旅游资源丰富,为旅游业加快发展奠定了坚实基础。但是景区(点)管理制度不健全、管理责任不明确等也影响了旅游业管理服务水平的进一步提升。通过调研发现,有些景区(点)管理制度不够健全,景区(点)管理混乱,职责不明确,不少景区存在着指示牌不明确、卫生间等基础设施偏少、垃圾清扫不及时等问题。同时,由于缺乏有效的整理措施和长效管理机制,有些景区(点)周边的环境较差,交通不便,餐饮、住宿等配套设施不完善。因此,建议江苏省旅游管理部门会同地方旅游管理部门,加强景区(点)管理制度的建设,构建景区(点)的长效管理机制。

4. 加强管理,实施全省旅游景区(点)的督查通报机制

游客来自五湖四海,如果有一个景区(点)管理、服务出现重大问题,一经相关网络、报纸、电视等媒体曝光,势必会对江苏省旅游品牌建设造成巨大的负面影响。因此,建议江苏省旅游管理部门实施全省旅游景区(点)督查通报机制。对于旅游经营和管理不规范、服务水平差,甚至出现欺客、宰客等严重问题的景区(点),管理部门给予全省通报批评,并根据其严重程度采取罚款、降低等级、退出旅游联网等惩罚措施。

5. 创新体制机制,深化区域协同合作

江苏省地处长三角地区,该地区旅游资源丰富、历史文化底蕴深厚、旅游设施齐全,旅游业管理服务水平也较高。另外,山东、河南、安徽等周边省份也是旅游大省,与这些地区的合作也会对江苏省实现旅游业发展的战略目标起到巨大的推动作用。因此,江苏应与以上省市进一步创新合作管理体制,深化旅游协同合作机制,发挥高速公路网络、高铁等优质交通资源优势,扩大旅游年卡(票)的覆盖范围,形成多省市旅游资源的共享网络,实现互利共赢。

6. 完善旅游风险防范机制,构建完善的旅游安全保障体系

旅游业涉及交通、游览、住宿、餐饮、购物、文娱等多个方面,且参与人数众多,如果没有充分的保障措施,游客的安全就无法得到保障。因此,建议江苏省进一步完善旅游风险防范机制,构建完善的旅游安全保障体系,落实好旅游保险、应急救援等措施,从而为旅游者提供更好、更安全的保障。

7. 树立环保意识

旅游就是环境的欣赏,与大自然的亲和;旅游就是服务。环境是旅游业发展中非常重要的因素,要正确处理好营造环境与可持续发展的关系,通过保护环境推动经济发展的举措会促使建立优

美环境、优质服务和优良秩序的行业风尚。关于旅游中存在的环境问题,提出以下几个措施:签署和颁布旅游环境保护的协议及相关文件;建立旅游环境及保护的研究机构;召开旅游环境及保护的学术研讨会和报告会;出版和发表旅游环境及保护的研究专著、教材、刊物和文章。

(二)旅游法制建设方面

1.进一步明确国内旅游业的地位,树立"大旅游"概念

国内旅游是整个旅游业的基础,江苏省如果发展国际旅游业就必须以国内旅游业为基础,在稳定国内旅游的同时,兼顾入境旅游,再以科学发展观思想为指导,树立以人为本的人文理念。旅游业发展有助于传播祖国优秀传统文化,提高国民素质。要通过旅游这个载体,全面提升服务质量,通过文明服务、优质服务、人性化服务和细微服务,提升全行业的文明程度。要通过丰富多彩的旅游活动,满足游客的根本利益。

2.多层级、全方位加强旅游法制

拥有健全的旅游法律是稳固旅游资源开发和旅游产业良性发展前提和保障。要加强和完善旅游立法,明确管理部门责任,做到有法可依、有法必依、执法必严、违法必究。地方的法律要服从国家的法律,有特殊问题要及时上报上级部门,国家法与地方法的旅游法在规范、保障、引导旅游资源开发与保护、旅游产业建立、旅游市场秩序维护及旅游监管体制创立与运行等方面要保持一致。这就要加强旅游立法的理论性研究。旅游立法活动是一个协调的统一整体,要有一个坚固翔实的理论基础提供理论支持。我国旅游法出台的时间毕竟较短,以旅游基本法为核心的法律体系还有待修改和完善,所以必须加强旅游法律体系建设,不断完善旅游基本法,用上位法来支持旅游法律的制定和实行。旅游基本法应该不是管理法,而应该是行业法。要始终坚持以市场化为导向,用司法、媒体、舆论全方面监督政府的相关行政行为,并定期把行政部门关于旅游工作项目的执行进度及实际效果向社会公布。《旅游法》中的许多行政处罚都存在相对较轻的情况,应当加重违法的行政处罚力度,加重违法成本,树立法律权威。要明确旅游法律制度中相关法规的基本原则和指导思想。首先,必须从江苏省的省情出发,确定符合江苏省情况的旅游法规制度的基本原则和立法理念,不能生搬硬套国外旅游制度。其次,在旅游法规制度的立法过程中,应当遵循旅游行业的发展原则和旅游市场的发展规律,建立起一个统一、具体的旅游法律规范体系。最后,还应当遵循国内外惯例。江苏旅游产业是中国旅游产业的重要组成部分,也是世界旅游产业的重要组成部分,遵循国际相关旅游法规和惯例,有利于江苏旅游行业的进一步发展,从而进一步增强江苏旅游行业的竞争力。江苏省要协调中央出台旅游专项法律制度。旅游专项法律制度能够对旅游产业的方方面面进行全面而有效的监督约束,但现有的旅游专项法律制度还不够全面,一些旅游产业的方面仍然存在法律空白。应制定如《饭店法》《旅游运输法》《旅行社法》等旅游经营类专项法律,明确旅游车船公司、旅行社、饭店的注册、评级等程序,促进旅游投资多元化发展,细化服务标准。协调好从中央到地方上的旅游法规。目前,我国没有一个从中央到地方的协调统一的旅游立法体系,不论是立法的数量还是质量,中央制定的旅游法律法规已经大大落后于地方,这一情况说明了我国上层的旅游法律制定落后于旅游产业的实际发展,显然不能满足旅游行业迅猛的发展势头。地方上的旅游法律制度的大量涌现,诚然对于规范当地的旅游产业市场是有极大作用的,但是由于各地方旅游业发展的实际情况不同,在立法的内容上如果不协调一致,就会造成了旅游行政法律方面适用的困难。

只有不断完善旅游基本法,让其发挥在旅游法律体系中的核心作用,指导协调好众多的地方旅游法律制度,才能消除中央与地方旅游立法发展不协调的现象,避免产生冲突。注重旅游行政法规的具体可操作性。在讨论制定旅游法律的时候,要尽量注重细节与实际,出台之后有发现过于宏观和宽泛以至于影响实施的规定的,应当及时制定实施细则作出解释,使旅游法律制度更加具有可操作性。中国现阶段的旅游法律制度中,出现了十分多的不合理的不确定性用语,这些不确定性用语,不但会给旅游相关行政执法人员创造滥用权力谋取私利的便利,最重要的是还会使旅游审批标准变得模糊不清,耽误旅游主体进入市场的良好时机。要减少不确定用语在旅游法律法规中出现的频率,有利于增强我国旅游法律制度的可操作性。

(三)旅游人才建设方面

1. 树立以人为本管理理念

在旅游业发展过程中,人力资源扮演着重要的角色,为了实现可持续发展,各旅游企业应明确人的重要性,在开展管理过程中,应树立以人为本的理念,在此理念指导下,结合自身发展存在的问题,采取适合的优化对策。一方面,旅游企业在排序自身各类资源时,应将人力资源放置在首位,注重从业人员个人价值实现与职业生涯规划,待其综合素质提高后,企业竞争力将大幅度提高。与其他行业相比,旅游业人员具有特殊性,最为明显的便是流动性、随意性与自主性,此时人员难以拥有安全感与稳定性,为了解决此问题,企业人力资源管理者应转变管理理念,借助培训、激励等制度,使员工的归属感、满足感与成就感等不断增强,同时经考核与评比,员工的荣誉感、归属感等也将有所增强。

另一方面,旅游企业应关注企业文化建设,此内容作为企业文化资源,源于企业发展过程中各人员的行为习惯、思维方式及价值理念等,同时,它也是现代企业管理的新理论及新方式。从企业内部角度来看,旅游企业应更新自身的思想与价值,在继承传统东方管理理念与方式基础上,要吸收现代西方管理精髓与精华,将重情义、重团队与尊重人格、鼓励竞争有机结合。在统一目标与价值观指导下,旅游业人员的工作动力将更加充足,同时企业的凝聚力与向心力将逐步增强。

2. 完善人力资源管理平台

政府及相关部门应充分发挥自身的作用,指导旅游业发展及其人力资源管理工作,通过相应管理平台的构建,为旅游企业及从业人员提供交流平台,此平台应包括信息服务、就业指导、岗位介绍与创业服务等;同时,政府应积极改革劳动人事制度、岗位认证制度等,提高从业门槛,借助有效机制,以此调动管理人员工作的积极性、主动性与创新性。具体方法为:展开全面调研,规划旅游业人力资源管理工作,为其设定短期与远期规划;组织监督部门与培训机构等,加强人才培养;改革人事制度,要求各人员均要持证上岗,并要定期参加考试,以此了解人员的知识结构;建设信息平台,借此整合旅游人力资源,使此市场发展的信息化与先进化特点更为显著。

3. 健全旅游人才培养体系

根据对部分城市的调研,江苏省目前旅游从业人员的学历以本科以下为主,本科以上所占比例明显偏低,高素质人才以及小语种导游人员严重缺乏,制约了江苏省旅游业管理服务水平的提升。因此,建议江苏省完善旅游管理部门、旅游行业协会、旅游企业和相关院校等各方面的合作机制,加快高学历、高素质专业人才的培养,优化江苏省旅游业从业人员的学历结构,提升旅游业从业人员的学历水平、专业技能和综合素质,为打造旅游强省提供有力的人才保障。

国内院校、培训机构等要与旅游企业保持紧密的合作,通过校企合作,为旅游行业发展提供适合的人才,结合市场需求,培养实用型、复合型人才。在实践过程中,各院校应调整自身的培养方案,将理论与实践有机结合,注重提高学生的文化素养与职业道德,使其综合素质大幅度提高;同时,教育机构还应丰富教学内容,将与旅游业相关的知识融入教学,如休闲管理、礼仪行为等;再者,入职前后,旅游从业人员均要坚实终身学习,通过自主学习、交流与培训,以此适应人才市场的需求。

(四)旅游业转型升级方面

"旅游+互联网"深度融合发展对策建议"旅游+互联网",既要积极推进,又要理性作为,防止过度依赖互联网,滥用互联网,保持清醒,科学分析,探索大数据时代旅游监管的新手段、新方式。

1. 坚持"以人为本",满足游客个性化需求

不管互联网技术如何进步,旅游业作为服务经济的特性没有改变,作为体验经济的内涵也不会改变。"旅游+"的核心是人的体验和服务,整个旅游产业链从产品开发、产品设计、提供服务到服务评价都应该围绕"人"来开展,因此,"旅游+互联网"的融合发展必须始终坚持"以游客为本、服务游客"的方向与准则。互联网时代人们的旅游消费模式呈现新的特征和变化,游客的消费方式更加个性化、散客化和即时化,个性化定制旅游将成为未来旅游的发展方向。利用智慧旅游提供的终端衔接工具,人们可以完成网上旅游咨询、预订服务,还可以根据自己的爱好自主选择游览时间,定制私人旅游线路,进行个性化消费。然而真正的个性化是指旅游网站能够根据游客的具体需求、爱好和此前的购买行为,提供不同的选择,而不是基于游客的类别提供大众化的选择。智慧旅游下的目的地营销可以进行无缝智能营销,为游客提供个性化服务,并对其反馈做出评估与调整。旅游目的地通过智慧旅游平台体系,不断积累游客大数据,利用游客身份特征、爱好、位置、消费模式等信息,对潜在游客开展精准营销,为游客有针对性地推介精确的个性化旅游信息和旅游服务,全方位、实时与游客保持有效地互动沟通,并及时跟踪与反馈旅游相关信息,快速高效地解决游客咨询、诉求、求助等事宜,实现更加直接的市场营销。在智能移动终端的协助下,平台的服务将延伸到游客所在的任何一个角落,游客还可以实时获取当前所在位置周边的各种信息、资讯,如当地特产、酒店住宿及娱乐设施等更多旅游产品信息,同时还可随时随地在平台上与其他游客分享自己的消费体验。

2. 促进传统旅游行业转型升级

近些年作为旅游业龙头产业的旅行社业由于产品创新不足、产品服务同质化、电商的冲击、自由行的趋势等影响因素,使得当前传统旅游产品或经营模式难以满足人们日益增长的旅游消费需求,严重阻碍了传统旅游企业的发展。随着云计算、物联网、移动互联网等技术不断完善和发展,旅行社业转型升级势在必行。未来取代传统旅行社的绝对不可能是旅游电商,而是升级转型成功的新型旅行社。这些旅行社不仅具备先进的互联网技术,更重要的是运用互联网思维,将互联网与传统行业相结合,依托其便捷、快速的优势,从而实现企业的转型与升级。旅行社可以利用大数据的旅游数据收集能力,根据消费者需求设计个性化旅游产品,满足游客的人性化需求;通过大数据的分析能力,创新多元化营销模式,提升服务内涵和经营管理水平;不断丰富线上线下旅游产品,加速深推线上与线下的整合,实现线上线下分工合作,提高旅游服务水平,最终实现传统旅游产业转型

升级和大数据产业快速发展互相促进。

3.推进旅游区域互联网基础设施建设,打造智慧景区服务与管理新模式

目前我国景区存在旅游互联网基础设施投入不足、信息化发展布局不均衡等问题。为了更好地推进旅游区域互联网基础设施建设,可以采取以下措施:首先,依托移动优质智能管道,全面提升旅游区域基础通信设施建设。加快推进旅游区域基础通信设施的无线网络覆盖,逐步实现机场、车站、旅游集散中心、游客服务中心,4A、5A景区等重点旅游区域和智慧乡村旅游试点单位的 WiFi 无线网络、3G 或 4G 无线网络无缝隙全覆盖,保障"旅游＋互联网"的基础条件。其次,推动旅游相关信息互动终端建设。在机场、车站、酒店、景区、旅游购物店、游客集散中心等主要旅游场所提供 PC、平板、触控屏幕、SOS 电话等旅游信息互动终端,为游客提供更全面的旅游信息资讯、旅游路线导览、视频宣传、在线预订等服务,方便游客接入和使用互联网信息服务和在线互动。再次,推动旅游物联网设施建设,实现景区精细化、动态化、全面及时的智慧管理。加快实现旅游景区门票管理、游客定位服务与管理,智能手机 APP 导游系统、景区车辆自动分析系统、智能可视系统、景区容量实时控制系统及景区资源环境监测系统建设,将旅游服务、客流疏导、安全监管纳入互联网范畴。例如九寨沟的"智能导航搜救终端及其区域应用示范系统"项目,利用北斗卫星导航系统等相关技术,在九寨沟实现游客个性化服务、通信无缝覆盖、救援快捷到位、景区智能管理等多种功能。

4.构建旅游数据库,促进智慧旅游公共信息资源开放共享

旅游业是信息密集型、信息依存度极高的产业,旅游数据具有分散性强的特点,现有的行业统计方法有效性、及时性不强,对于预测和评价的支撑度不够。随着大数据分析、物联网、云计算、移动互联网等技术创新及普及,旅游行业信息交流和共享方式、消费模式、经营监督管理等信息化变革已成为可能。智慧旅游公共服务平台建设的核心是建设一个多元渠道的旅游产业数据中心,是政府为旅游者和企业提供公共产品和公共服务的一个平台,它是一个开放的服务系统,可以向广大游客、旅游企业、政府管理部门以及公众提供全面、高效、方便的一站式旅游服务,从而提升旅游体验,促进旅游产业的良性发展。建立智慧旅游公共服务平台,将大数据处理技术应用于游客公共信息服务、旅游管理信息化、旅游产业发展等方面,建立旅游大数据采集机制和数据模型分析,精准市场定位并优化营销策略,完善企业内部管理流程,不仅有利于提升政府旅游管理部门的管理能力和公共服务水平,提高旅游企业和旅游目的地管理水平与接待能力,更有利于为游客提供多元化、人性化的旅游服务和完美的旅游体验。

5.资源跨界整合,实现多领域合作共赢

旅游业涉及行业广泛,连带产业多,旅游产业与相关产业的融合发展是旅游产业本身内在的特征,也是旅游消费需求综合性市场驱动的结果,产业融合的过程中产生了大量的新业态。随着大数据产业的深入发展,行业合作和融合范围逐步扩大,"旅游＋互联网"的跨界融合将成为未来发展趋势。"旅游＋互联网"的跨界融合不仅能够提高旅游品质的新载体,更是旅游投资、旅游消费的新亮点,是拓展旅游发展的新空间和整合资源的纽带。同时,"旅游＋互联网"的融合将是多层次、多方位、多维度的,"＋"的方式也多种多样。"旅游＋互联网"的跨界融合包括:"旅游＋互联网＋金融"、"旅游＋互联网＋交通"、"旅游＋互联网＋乡村扶贫"、"旅游＋互联网＋休闲度假"、"旅游＋互联网＋新型养老"、"旅游＋互联网＋创新创意"、"旅游＋互联网＋会展"等等。如今,旅游金融已经嵌入在线旅游服务的各个交易环节,成为旅游延伸服务中最为重要的一环,正在创新人们的消费理念。

通过全面整合旅游、金融双方资源与优势,支持有条件的旅游企业进行互联网金融探索,打造在线旅游企业第三方支付平台,拓宽移动支付在旅游业的普及应用,为游客提供更加便利、高效、实惠的旅游服务和支付服务。例如国内自助游领军品牌驴妈妈旅游网与中国银联携手,共同推出暑期档立减活动。并同建设银行、交通银行、浦发银行、中信银行等多家银行开展战略合作,凭借线上线下资源优势进行整合营销,为游客提供旅游分期金融服务,旅游理财、旅游保险经纪等多元化的旅游金融类产品和服务。通过实施"旅游+互联网"的深度融合战略,我国旅游业将经历一个大调整、大变革、大跨越的过程,进而实现从量变到质变、从数量增长到质效提升、从粗放经营到集约发展的大变化。如何抓住旅游与互联网深度融合的发展机遇,加速提升我国旅游业服务水平,是我国旅游业面临的严峻挑战。

【主要参考文献】

[1] 郑瑞.新常态下智慧旅游驱动贵阳城市建设研究[J].四川旅游学院学报,2016(04).

[2] 何序君,陈沧杰.城市规划视角下的城市文化建设研究述评及展望[J].规划师,2012(10).

[3] 曹诗图,范安铭.对目前流行的几个旅游观点的质疑和反思[J].思想战线,2016(04).

[4] 王玉松.旅游法:促进和保障我国旅游发展的"宪法"[J].旅游学刊,2012(11).

[5] 王市会.当前我国旅游业存在的问题及其对策[J].经济研究导刊,2016(8).

[6] 李笑白.河南省旅游电子商务现状与发展策略初探[J].科技创业,2006(4).

[7] 郭丕斌.服务创新:欧美旅游电子商务的发展及启示[J].生产力研究,2008(17).

[8] 盛正发.中国旅游电子商务的SWOT分析及战略选择[J].绥化学院学报,2006,26(2).

[9] 刘增涛,赵鸣.江苏"一带一路"旅游产业发展对策研究[J].城市,2016(01).

[10] 李晓维,唐睿.江苏省各城市接待国内旅游人数的时空演化特征分析——基于空间自相关和Hurst指数分析法[J].安徽农业大学学报(社会科学版),2015(11).

第四章　江苏省科技服务业发展研究

科技服务业作为新兴产业已经逐渐成为现代服务业的重要内容,其特征是综合应用现代科学知识、分析研究方法以及经验、信息等要素,面向社会提供智力服务,主要涵盖研究开发、技术转移、检验检测认证、创业孵化、知识产权、科技咨询、科技金融、科学技术普及等方面内容,是促进科技创新、加速成果转化的重要支撑。随着社会经济的发展和科学技术的不断进步,科技服务业在全球范围内迅速发展,已经成为当今世界上发展最快、最活跃的产业之一。科技服务业的迅速发展,推动了主要发达国家科技进步和科技创新成果转化,带动了经济的高效增长。与此同时,随着信息技术的不断发展和创新全球化的进一步深化,科技服务业不断促使出新的业态,专业化和集成化并存的趋势越来越明显。一方面,科技服务不断向专业化方向发展,第三方趋势越来越明显。近年来,在移动互联、生物医药、节能环保和新材料领域,研发设计、技术转移、创业孵化、知识产权等服务环节出现了一大批专业的新型研发组织和机构,通过整合行业资源、构建专业服务团队,向社会提供专业化的第三方服务。另一方面,集成化服务模式是科技服务业发展的重要形态。当前我国科技服务向整个"创新链"拓展,从技术咨询、技术转移、信息服务等单一服务发展到技术熟化、创新创业等综合性服务。一部分综合实力较强的科技服务机构围绕产业集群开展研发外包、产品设计、技术交易、创业孵化、科技金融等综合服务为区域经济与科技发展提供集成化的"一站式服务"。我国科技服务业发展起步较晚,但近几年发展迅猛,年均增速达到20%,经济贡献率逐年增加。随着我国由工业型经济向创新型经济发展步伐加快和创新驱动经济发展方式转型战略的深入实施,我国科技服务业未来发展空间巨大。预计到2020年,我国科技服务业产业规模达到8万亿元,成为促进科技经济结合的关键环节和经济提质增效升级的重要引擎。

2015年,江苏省坚持将科技服务业作为新常态下的新增长点来培育,着力推动重点行业、重点企业、重点项目和重点平台建设,取得了明显成效,科技服务业发展呈现出总量扩大、结构优化、后劲增强的良好态势。展望"十三五",为深入实施创新驱动发展战略,推动科技创新和科技成果转化,促进科技经济深度融合,加快创新型省份建设,根据《国务院关于加快科技服务业发展的若干意见》要求,江苏结合本省实际制定了《加快科技服务业发展的实施方案》。方案提出要大力实施科技服务业升级计划,全面提升研发设计、创业孵化、技术转移、科技金融、知识产权、科技咨询、检验检测认证、科学技术普及等八大科技服务业态发展水平。力争到2020年,基本形成覆盖科技创新全链条的科技服务体系,服务科技创新能力大幅增强,科技服务市场化水平和国际竞争力明显提升,建设10个在国内有影响力的科技服务示范区、20家科技服务特色基地,培育500家营业收入超亿元的科技服务骨干机构、10个国内外知名的科技服务品牌,培养引进3000名高层次科技服务人才,科技服务业产业规模突破1万亿元,科技服务成为促进科技经济结合的关键环节和经济提质增效的重要引擎。

专栏　科技服务业产业链分析

　　科技服务业是指运用现代科学知识、现代技术和信息等向社会提供服务的新兴产业,是一定区域内为加快科技创新和促进科技成果转化而提供专业化、社会化服务的所有企业或机构的总和。科技服务业的产业链较长,科技成果从研发到产出包括很多环节,上游是研究与发展活动、中游是技术转移与推广、下游是产业化服务,以及在技术推广与产业化服务中衍生出的相关专业技术和综合技术服务。

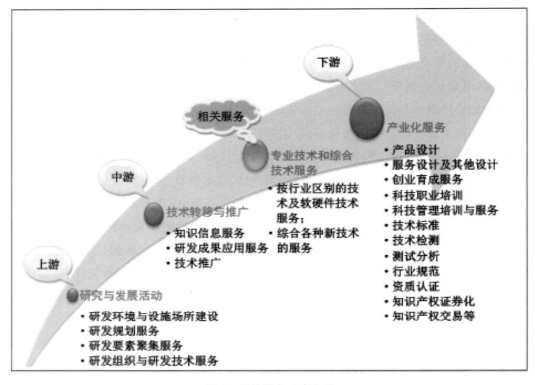

图1　科技服务业产业链

一、江苏省科技服务业发展的现状分析

　　2015年江苏省主动适应经济发展新常态,统筹做好稳增长、促改革、调结构、惠民生、防风险各项工作,经济社会发展总体平稳、稳中有进、稳中有好,实现地区生产总值65088.3亿元,位居全国第二,按可比价格计算,比上年增长8.5%,增幅高于全国平均增幅1.6个百分点。全省人均生产总值87995元,比上年增长8.3%,高于全国平均水平。与此同时,经济的快速发展推动了科技服务业整体水平的进一步提升,科学技术取得更进一步的突破,自主创新能力继续有所提升,产业结构调整和经济转型升级的步伐明显加快。总体来说,2015年江苏科技服务业发展有序、循序渐进、不断突破,保持着持续稳定健康发展。

（一）科技服务业的总体发展状况

1. 科技产出稳步提升

"十二五"以来，江苏全省科技系统大力实施创新驱动战略和科教与人才强省战略，着力推进科技创新工程，在建设创新型省份、推动经济社会持续健康发展方面取得了突出成绩，2015 年江苏区域创新能力连续 7 年位居全国首位，科技进步贡献率提高到 60％，比上年提高 1 个百分点，成为我国创新活力最强、创新成果最多、创新氛围最浓的省份之一。全年授权专利 25 万件，其中发明专利 3.6 万件，大幅增加 16344 件，增幅 83.1％；实用新型专利 11.95 万件，增加 18703 件，增幅 18.55％；外观设计专利 9.48 万件，增加了 1.52 万多件，增幅 19.12％。专利在一定程度上能够反映科技服务业水平，其授权量增长可以反映出科技服务业的发展态势。表 1 汇总了 2010—2015 年江苏省三种专利授权量，从中可知，江苏省专利授权量 2010—2015 年整体上是不断增长的趋势，2011 年、2012 年和 2015 年增加幅度相对较大，2013 年和 2014 年稍有下降趋势，但仍比 2010 年高出 44.55％，说明江苏省科技产出处于平稳快速发展阶段。

表 1　近年来江苏省专利授权量　　　　　　　　　　　　　（单位：件）

项　目	2000 年	2010 年	2011 年	2012 年	2013 年	2014 年	2015 年
授权量合计	6432	138382	199814	269944	239645	200032	250290
发明	341	7210	11043	16242	16790	19671	36015
实用新型	4095	41161	53414	77944	98246	100810	119513
外观设计	1996	90011	135357	175758	124609	79551	94762

数据来源：《江苏统计年鉴 2016》。

2015 年江苏省技术交易成交总量继续保持稳定的增长态势。全年共签订各类技术合同 2.5 万项，技术合同成交额达 700 亿元，比 2014 年增长 6.8％。江苏省技术合同成交额仅次于北京、湖北，位居全国省份第三。2015 年技术成交额的增速相比 2014 年略有下降，但依然保持平稳增长趋势。

表 2　2007—2015 年江苏省技术合同数增长情况

指　标	2007 年	2008 年	2009 年	2010 年	2011 年	2012 年	2013 年	2014 年	2015 年
技术合同数（万个）	1.8	1.41	1.4	2	2.5	2.974	3.14	2.5	2.5
技术合同成交额（亿元）	152.3	94	113.3	317.1	463.1	531.94	585.56	655.3	700
技术合同成交额增速（％）	27.4	20.5	20.5	12.4	46.1	14.86	10.08	11.9	6.8

数据来源：科学技术部火炬高技术产业开发中心。

表 3　全国技术合同认定登记情况排名前十名

地　区	合同数（项）	成交额（亿元）	排名
北　京	72272	3453	1
湖　北	22787	830	2
江　苏	32965	724	3
陕　西	22499	722	4

续　表

地　区	合同数(项)	成交额(亿元)	排名
上　海	22513	708	5
广　东	17344	664	6
天　津	12590	539	7
山　东	20651	340	8
四　川	11262	296	9
辽　宁	12287	292	10

数据来源:科学技术部火炬高技术产业开发中心。

表4给出了2015年全国副省级城市技术输出和吸纳的情况。可以看出,南京作为江苏省会城市输出和吸纳技术均位于前列。吸纳技术的合同成交额为648.16亿元,超过排名第二城市79%;输出技术的合同成交额为198.33亿元,虽排名第5位,但与前四位城市相比差距较大,说明江苏省整体的技术流动性较强,科技驱动的辐射能力也相对较强。从地域角度来看,东部地区领跑全国技术交易,北京、上海、广东、江苏是东部地区技术的主要输出地。而在技术吸纳成交额的榜单上,这四地同样排到了东部地区前列。交易流向显示,当前,企业不再是单向的输出或者吸纳技术,而是"既输出又吸纳",将吸纳的技术进行集成、二次开发再售卖出去。这样一方面可以降低成本,给企业带来高附加值的经济效益;另一方面,可以直接应用,支撑产业的发展。

表4　2015年度全国副省级城市技术流向前10位情况 　　　　　　(单位:项、亿元)

地　区	输出技术			吸纳技术		
	合同数	成交额	排名	合同数	成交额	排名
西安	21395	657.82	1	9356	195.34	3
武汉	15096	440.93	2	9515	361.96	2
广州	5881	269.52	3	6295	192.6	4
成都	9791	236.33	4	7338	170.36	5
南京	25351	198.33	5	14625	648.16	1
沈阳	4216	153.45	6	3023	86.01	7
哈尔滨	1720	110.13	7	2180	86.65	6
杭州	8001	50.76	8	6482	83.92	8
济南	3594	30.99	9	3930	71.77	9
长春	1934	24.46	10	2028	26.02	10

数据来源:科学技术部火炬高技术产业开发中心。

2.高新技术产业增速放缓

高新技术产业是以高新技术为基础,从事一种或多种高新技术及其产品的研究、开发、生产和技术服务的企业集合,这种产业所拥有的关键技术往往开发难度很大,但一旦开发成功,却具有高于一般的经济效益和社会效益。高新技术产业是知识密集、技术密集的产业。发展高新技术产业是落实科学发展观、促进产业结构优化升级和经济发展方式转变的必然选择。目前高新技术产业主要包括信息技术、生物技术、新材料技术三大领域。而高新技术产业产值在很大程度上反映了科技研发、科技服务的发展状况和发展水平。在新常态经济下发展高新技术产业是实施创新驱动战略、推动转型升级的必然选择。

2015年江苏省高新技术产业实现产值6.1万亿元,比上年增长7.2%,增速略有下降。同时,江苏省完成出口交货值12861.91亿元,比去年同期增长−1.03%。表5汇总了2007—2015年江苏省高新技术产业产值情况。从中可以看出,近年来江苏省高新技术产业产值保持稳定增长的同时,增长速度继续下降的趋势(图1)。从2007年的1.5万亿元增加到2014年的5.7亿元,增长4倍。这从侧面反映了科技服务业所取得的丰硕成果,及其在江苏省产业发展中的重要作用。

表5　2007—2015年江苏省高新技术产业产值情况

	2007年	2008年	2009年	2010年	2011年	2012年	2013年	2014年	2015年
产值(万亿元)	1.5	1.8	2.2	3.0	3.8	4.5	5.2	5.7	6.1
产值增速(%)	41.66	25.27	19.48	38.06	26.43	17.36	15.23	10.4	7.2

数据来源:历年江苏省科技统计公报。

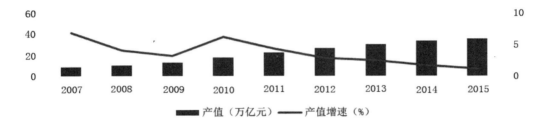

图2　2007—2015年江苏省高新技术产业增长情况

数据来源:历年江苏省科技统计公报。

分行业看,江苏省高新技术产业中,航空航天制造业实现工业总产值316.28亿元,占高新技术产业总产值的0.52%;电子计算机及办公设备制造业实现工业总产值2375.86亿元,占3.87%;电子及通信设备制造业实现工业总产值13955.09亿元,占22.74%;医药制造业实现工业总产值4170.23亿元,占6.79%;仪器仪表制造业实现工业总产值1393.42亿元,占2.27%;智能装备制造业实现工业总产值18182.56亿元,占29.63%;新材料制造业实现工业总产值17289.21亿元,占28.17%;新能源制造业实现工业总产值3690.95亿元,占6.01%。

分区域看,全省高新技术产业主要分布在苏南及沿江地区,苏南五市高新技术产业产值35405.76亿元,占全省的57.69%;苏中三市高新技术产业产值14609.50亿元,占全省的23.80%;苏北五市高新技术产业产值11358.35亿元,占全省的18.51%。

全省组织实施省重大科技成果转化专项资金项目182项,省资助资金投入15.3亿元,新增总投入119亿元。按国家新标准认定高新技术企业累计达1万家。新认定省级高新技术产品9802项,已建国家级高新技术特色产业基地139个。

(二)科技研发投入情况

2015 年,江苏省研究与发展(R&D)活动经费 1788 亿元,占地区生产总值比重为 2.55%,比上年提高 0.05 个百分点。全省从事科技活动人员 120.3 万人,其中研究与发展(R&D)人员 74.6 万人。全省拥有中国科学院和中国工程院院士 96 人。全省各类科学研究与技术开发机构中,政府部门属独立研究与开发机构达 144 个。全省已建国家和省级重点实验室 97 个,科技服务平台 290 个,工程技术研究中心 2989 个,企业院士工作站 329 个,经国家认定的技术中心 95 家。

近年来,在江苏省政府各方面对科技服务业及其对经济发展推动作用的重视下,科技投入有较大幅度增长。2007—2015 年江苏科技服务业投入情况参见表 6。从中可以看出,R&D(研究与发展)经费从 2007 年的 430 亿元一路增加,2015 年则达到 1788 亿元。R&D 经费占地区生产总值的比重从 2007 年的 1.7% 到 2015 年的 2.55%,逐年增加。2015 年的 R&D 人员数量是 2007 年的 4.72 倍,连续数年有大幅度的增加,说明江苏省一直以来持续重视对科技人才的培养。

表 6　2007—2015 年江苏科技服务业投入情况

	2007 年	2008 年	2009 年	2010 年	2011 年	2012 年	2013 年	2014 年	2015 年
R&D 经费(亿元)	430	540	680	840	1070	1230	1430	1630	1788
R&D 经费占 GDP 比重(%)	1.7	1.8	2	2.1	2.2	2.3	2.42	2.5	2.55
R&D 人员(万人)	15.8	17.4	22.3	38	44.6	52.22	60.96	68.96	74.6

数据来源:历年江苏省国民经济和社会发展统计公报。

江苏省各个城市也都在不断加大科技投入的建设力度。苏州紧紧围绕加快实施创新驱动发展战略,截至 9 月苏州高新区累计引进科技型企业 731 家,同比增长 66%;专利申请同比增长 48%,发明专利申请占专利申请总量达 54%,此外,新兴产业产值占规模以上工业总产值比重达到 55%。无锡市全社会研发投入占地区生产总值比重达 2.8%,全市科技进步贡献率达 62%。积极推进产学研资用协同创新,累计建成国家级国际科技合作基地 9 家、省级以上工程技术研究中心 502 家,支持实施超级计算机等一批国家重大科技专项,华中科技大学无锡研究院、华进半导体封装技术研究所入选省产业技术研究院预备所。实施"创新之家"培育计划,开展"众创空间"建设六大行动和"智汇无锡"大学生创业系列活动,建成"众创空间"14 家,新增大学生创业园 10 家。新增高新技术企业 353 家,高新技术产业产值占规模以上工业总产值比重提高到 41.5%,新兴产业产值增长 10%。徐州坚持创新驱动发展战略,新增国家级科技企业孵化器 2 个、国家高新技术企业 67 家、省级以上研发机构 31 家,科技研发投入占地区生产总值比重提升到 1.9%。大力实施战略性新兴产业三年行动计划,高新技术产业和新兴产业产值分别实现 4033 亿元和 4310 亿元,占规模以上工业比重分别达到 34.7% 和 37.1%。南通市坚持创新驱动发展战略,2015 年高新技术产业产值 6203 亿元,高新技术企业和省级以上研发机构分别达 750 家、559 家。以南通高新区、产业技术研究院为龙头的创新创业载体建设成效明显,建成市级以上示范性众创空间 9 家,省级以上产业技术创新联盟达 16 家,"创新南通"、创业融资服务等平台上线运行。出台 10 多个支持科技创新的政策意见,发行"通创币",举办"通创荟"、"江海英才创业周"等系列活动,国家"千人计划"人才达 120 名、省"双创"人才达 211 名,创投、股权投资机构达 160 家。

(三)科技公共服务平台建设情况

为实施创新驱动战略,推进科技创新工程,加快建设创新型省份,2015 年,江苏省政府继续以高水平企业研发机构和省级产业技术研究院建设为重点,聚焦苏南自主创新示范区和省级以上高新区。国家科技部发文认定 2015 年度国家级国际科技合作基地,江苏省依托南京工业大学的柔性电子材料与器件国际联合研究中心,依托江苏省农业科学院的热带亚热带季风气候区食用豆新品种选育国际科技合作基地以及张家港保税区国际科技合作基地等 3 家位列其中。至此,江苏省国家级国际科技合作基地总数已达 38 家,其中国际创新园 3 家、国际联合研发中心 5 家。国家级国际科技合作基地已经成为我省深入实施创新驱动发展战略、集聚全球科技创新资源、探索开放创新、国际化发展的试验区和示范区。科技部公布第二批国家科技服务业区域试点中,江苏有 5 家高新区入围,加上 2015 年获批首批区域试点的苏州国家高新区,我省共有 6 家高新区入围,数量居全国第一。

表 7　部分省份入选科技服务业区域试点名单

省　市	区　域　试　点	批　次
江　苏	苏州国家高新技术产业开发区	首批
	苏州工业园区	第二批
	南通国家高新技术产业开发区	第二批
	江阴国家高新技术产业开发区	第二批
	武进国家高新技术产业开发区	第二批
	镇江国家高新技术产业开发区	第二批
山　东	青岛国家高新技术产业开发区	首批
	济南国家高新技术产业开发区	首批
	淄博国家高新技术产业开发区	第二批
	潍坊国家高新技术产业开发区	第二批
	德州国家高新技术产业开发区	第二批
广　东	深圳国家自主创新示范区南山片区	首批
	广州国家高新技术产业开发区	首批
	东莞松山湖国家高新技术产业开发区	第二批
	清远国家高新技术产业开发区	第二批
浙　江	杨凌国家农业高新技术产业开发区	首批
	宁波国家高新技术产业开发区	第二批
上　海	上海张江国家自主创新示范区	首批
	紫竹国家高新技术产业开发区	第二批
北　京	北京中关村国家自主创新示范区	首批

资料来源:《科技部办公厅关于公布首批科技服务业区域试点名单的通知》《科技部办公厅关于第二批科技服务业区域试点单位名单的通知》。

2012 年,江苏依托主城区或高新区核心区的科教资源优势,探索科技服务示范区建设试点。截止到 2015 年 9 月,江苏省筹建科技服务示范区 6 个,分别是苏州科技广场、常州科教城、扬州科技广场、南京市麒麟科技创新园、无锡(太湖)国际科技园、南通高新区科技新城,总投入 5.975 亿元。2015 年上半年,科技服务示范区共投入建设运行经费 1.62 亿元,主要用于示范区内软硬件环境提升、高层次人才引进、科技服务机构奖励绩效、科技成果转化、科技金融服务、公共服务平台建设和用户方补贴等。完成研发服务场所建设 152.23 万平方米,较 2014 年增长 15.3%;集聚服务骨干机构 198 家,较 2014 年增长 45.6%;拥有专职服务人员 5245 人,其中硕士学历及以上 1658 人,海归人才 206 人。累计提供服务 24.21 万项次,实现服务收入 10.99 亿元。2015 年,江苏省深入推进企业研发机构建设"百千万"行动,新增国家企业重点实验室 8 家,国地联合建设工程研究中心 2 家,国家级达 112 家;大中型工业企业和规模以上高企研发机构数超 10000 家,建有率超过 88%。5 名重点实验室主任新晋两院院士,超过全省新晋院士总数的 70%,获得国家自然科学奖 1 项、国家技术发明奖 3 项、国家科技进步奖 11 项,占江苏的 1/2、1/3、2/5;以省政府名义印发了《江苏省关于加快发展科技服务业的实施方案》《江苏省关于重大科研基础设施和大型科研仪器向社会开放的实施意见》,在促进创新要素高效流动和配置,推行科技资源开放共享方面取得突出成效。2015 年 12 月 18 日,国家科技部下达了 2015 年度国家星火计划项目,江苏省组织申报的"现代作物生产智慧管理技术集成、示范与推广"等 309 项获得立项,立项数再次位居全国第一位,占立项总数的 24.6%,占比数较去年增长 1.3 个百分点,其中重点项目 7 项,获得国拨经费 460 万元。江苏省科技厅深入实施创新驱动发展战略,深化拓展科技创新工程,大力发展科技企业孵化器等创业载体,截至 2015 年底,全省已建各类科技企业孵化器 567 家,孵化面积 3001 万平方米,在孵企业数近 2.9 万家,孵化器数量、孵化面积、在孵企业数均连续多年居全国第一。科技企业孵化器已成为我省孕育和发展创新型经济的主要源头,是我省吸引高层次人才、孵化高科技企业、培训新兴产业的重要载体。此外,苏州工业园区开展开放创新综合试验,成为全国首个开放创新综合试验区域,苏州工业园区将以建设中国开发区升级版、世界一流高科技产业园和国际化开放合作示范区为发展目标,着力构筑开放合作、产业优化升级、国际化创新驱动、行政体制改革、城市综合治理等五个示范平台。目前,20 多个国家级创新基地落户园区,引入美国加州伯克利大学等 26 所高等院校,共有 118 人入选国家"千人计划",137 人入选省双创人才,人力资本投入占到 GDP 比重的 10%。

(四)科技研究能力情况

江苏省科技人才队伍规模不断壮大。"十二五"以来,江苏省将科技人才工作摆在科技创新发展的优先位置,不断加大人力资本投入,科技人才队伍规模快速壮大。中央组织部公布的第十二批国家"千人计划"创业人才公示人选名单中,全国共 57 人,江苏有 21 人入围第十二批创业人才公示,占比 36.8%,继续位居全国第一;中国科学院、中国工程院公布 131 位 2015 年新增的两院院士名单,江苏共 7 位,"十二五"期间的三次院士增选中,江苏共新增 16 位两院院士;继 2014 年引进境外专家首次突破 10 万人次之后,2015 年江苏省引进境外专家达 102098 人次,较上年增长 0.4%,再创历史新高。就全国范围看,江苏省引进境外专家人次仅次于广东,连续 4 年列全国第二位,占全国引进境外专家总人次的 16.4%,外国专家仍是江苏引智主体,2015 年全省引进外国专家 63836 人次,占比 62.5%,不过近 3 年来外国专家占比逐年下降,累计降低 9 个百分点,这一空间由港澳台专家填补,去年港澳台专家占比 37.5%,近 3 年累升 9 个百分点。

创新能力方面,《中国区域创新能力评价报告 2015》①指出,江苏区域创新能力再次名列全国第一,实现"七连冠"。此次,江苏省在企业创新、创新环境两项指标上居全国第一,知识创造、知识获取、创新绩效等方面位列全国第二名。《报告》显示,江苏省大多数指标处于全国前列,创新能力均衡,企业创新能力突出,其中,"发明专利申请受理数"、"规模以上工业企业国内技术成交额"、"外商投资企业年底注册资金中外资部分"、"规模以上工业企业研发活动经费内部支出总额"等 8 项企业创新指标,"国家创新基金获得资金"等 5 项创新环境指标均列全国第一。2015 年,江苏省共有 39 项通用项目获国家科学技术奖励,其中主持完成的 22 项。获奖总数和主持完成的获奖数,除北京之外,继续保持全国各省市第二的位置。39 项通用获奖项目中,自然科学奖 2 项,技术发明奖 9 项,科技进步奖 28 项。继 2014 年东南大学主持项目获国家科技进步一等奖,今年由南京水科院张建云院士主持完成的"水库大坝安全保障关键技术研究与应用"再获国家科技进步一等奖。

二、江苏省科技服务业发展存在的问题

(一) 存在问题

由于主客观因素的制约,江苏省科技服务业的发展与经济结构调整、产业转型升级的新要求还不相适应,突出表现在以下几个方面。

1. 专业能力不能满足快速增长的科技服务需求

专业化复合型人才缺乏。目前大多数从业人员自身专业能力较强,但综合技能欠缺。现有大学院所和培训机构的培养方式难以跟上科技服务这一新兴行业的专业技能培训需求。科技服务高端人才评价、激励、保障机制不够健全。

知名服务品牌机构较少。国外通过发展大型的科技服务集团公司或龙头机构引导行业发展,如德国的史太白技术转移中心等专业机构经过近 40 年的发展,已在 54 个国家设立了 739 个分中心,成为国际化、全方位、综合性的技术服务机构,支撑起德国科技服务业系统。而综观广东目前科技服务业,主要由零散的科技服务机构组成,规模小,力量弱,各服务机构还处于单兵作战状态,未形成合力。传统服务机构以政府投入为主,市场活力不足;新兴服务机构大多复制国外模式,在江苏落地过程存在各种资源匹配问题。缺少国内一流的科技服务机构,更缺乏如美国高智发明等百亿美元级、具有世界影响力的领军机构,还缺少能够建立全球服务网络体系的国际化科技服务机构,以及具备行业号召力、能够主导服务业链条、具有较大影响力的知名科技服务品牌。

2. 科技服务规模能级偏小,对其他产业的支撑能力有待提升

相对于发达国家及国内的广东、上海等先进地区,江苏的科技服务业发展还处于初级阶段,科技成果转化率仍比较低,尚未形成多层次、全方位、结构合理、完备的科技服务体系,特别是存在研发型服务业不发达、数量少、能力弱,科技服务业高层次科技人才匮乏的关键"短板",这些与江苏第

---

① 《中国区域创新能力评价报告 2015》由中国科技发展战略研究小组发布,每年从知识创造、知识获取、企业创新、创新环境和创新绩效等五个方面对全国各省区市(不含港澳台)创新能力进行综合评价。

二经济大省的身份非常不符。2015 年北京科技服务业占 GDP 比重分别为 7.9%,而江苏省当年科技服务业占比仅为 1.4%。科技服务业规模能级偏小,导致其与本省制造业技术融合明显不足,严重制约着对制造业服务支撑能力的发挥。一是与传统制造业技术融合不足。一方面,科技服务业自身的科技辐射和渗透能力不足,对相关制造业换代升级的促进作用有待提高。另一方面,大量科技服务机构未能充分把握制造业的科技需求,为制造业提供的支持不足。对传统服务业集成能力不足。江苏虽然陆续搭建多个平台,但发挥系统集成作用有限,亟待提高集成服务能力。二是对高新技术产业支撑能力不足。江苏科技服务业综合化、专业化、网络化的服务体系显得比较薄弱,不能有效地支撑战略性新兴产业的服务需求。

3. 科技服务创新需求与体制机制改革仍不匹配

国有资本投资受限较大。体制机制的制约使得很多真正掌握科技服务资源、具备科技服务能力的机构或人员并没有实现与市场的真正接轨。部分科技服务业机构尚不能适应市场经济要求,过于依赖政府,服务效率也不高。在发展科技服务业过程中,政府、市场和社会的关系需要结合江苏现代服务业和高端制造业的特点进一步分析定位,要充分调动社会和市场的力量,形成以企业为主体,社会化和市场化兼容的科技服务业发展路径。

4. 资金投入不足,多元化投入机制有待完善

事业性的科技服务机构由于政府资金投入有限,同时有相应的管理规范要求,制约了持续发展能力的提升。同时科技服务机构由于其特殊性,一般无专利、无技术,在认定国家高新技术企业时有困难,研发费用税前加计扣除政策和相关税收减免政策很难落实。江苏科技服务业的社会融资程度不高,市场为科技服务机构融资的引力不大,与国内其他发达地区相比,江苏上市融资以及到全国中小企业股份转让系统挂牌的科技服务机构数很少,多元化的投入体系尚未形成。

5. 科技服务业发展的政策体系不完善

江苏还未形成比较系统配套的科技服务业发展政策,缺乏促进技术转移法规,尚未建立各类科技服务机构认定管理办法,政府对各类科技服务机构的引导、监督和管理还不到位,监督管理机制不健全。管理部门对整个科技服务业体系规划布局不系统,目标和重点指引不清晰,扶持政策不充分,仅在近年的意见中提到发展科技服务业,尚未出台"十三五"专项规划。

(二)发展机遇

1. 国际机遇

从国际趋势来看。根据发达国家经验,进入工业化中期以后,产业结构由"工业经济"主导向"服务经济"主导转变,科技创新成为推动经济发展的主要动力。国际金融危机以来,世界各主要经济体普遍进入了"新常态"的发展时期,通过大力鼓励创新驱动,促进经济发展、科技进步、扩大就业与贸易更加成为全球各国普遍共识。从 R&D 投入经费来看,2013 年全球 40 个国家中 R&D 经费投入总额已超过 1.4 万亿美元。随着各国对科技创新的重视程度和投入力度的不断加大,以及技术的不断进步和科技创新需求的逐渐多样化,科技创新服务链条开始不断细化分解,各创新要素不断进行重组和对接,社会上涌现出了一批新的创新服务模式和业态,包括风险投资机构、产业技术联盟、创业苗圃、研发外包、互联网众包等在内的大量市场化的科技服务机构不断出现并快速发展。这些新型组织的出现一方面迎合了当前创新全球化的历史潮流,另一方面随着科技服务业业态的

逐渐形成,其对全社会科技创新发展的带动和提升效应也日益凸显。科技服务业作为知识技术密集、增值高、消耗少的新型高端服务业态,其发展受到高度重视,现已成为美国等发达国家的主导产业和新的经济增长点。目前,美国科学和技术服务业产值占 GDP 比重达到 7.6%,美国硅谷是全球科技服务业发展最活跃、市场化程度最高的地区,尤其是硅谷的创业孵化服务业更是闻名全球。德国和日本等发达国家,科技服务业产值约占其 GDP 的 3%~5% 或更高。因此,科技服务业作为高质量科技成果转化的重要"黏合剂"和"催化剂",在全球范围内的发展前景将会更加广阔。

2. 国内机遇

从国内发展环境来看。我国正在大力实施创新驱动发展战略,在向世界科技强国目标迈进,处于全面建成小康社会决胜阶段,经济发展方式加快改变,新的增长动力正在孕育形成,新技术、新业态、新模式大量涌现。大力发展科技服务业,为创新驱动提供有力支撑,是实现科技创新引领产业升级、推动经济向中高端水平迈进不可或缺的重要一环。近几年,国家及相关部门做出了加快科技服务业发展、深化科技体制改革等一系列决策部署,为加快科技服务业发展创造了良好的政策环境。

2010 年,我国通过了《第十二个五年规划纲要》,规划中提出要高度重视生产性服务业与制造业的融合发展,把高技术服务作为发展的重中之重。为进一步贯彻落实以上各规划科技部于 2012 年印发了《现代服务业科技》现代服务业科技发展"十二五"专项规划,目的在于大力改造提升生产性服务业,积极培育发展新兴服务业,着力做大做强科技服务业。2014 年,国务院首次对科技服务业发展作出的全面部署。部署培育和壮大科技服务市场主体,创新科技服务模式,延展科技创新服务链,促进科技服务业专业化、网络化、规模化、国际化发展。重点发展研究开发、技术转移、检验检测认证、创业孵化、知识产权、科技咨询、科技金融、科学技术普及等专业科技服务和综合科技服务,提升科技服务业对科技创新和产业发展的支撑能力。此外,国家高度重视改革的先行先试效应,分别于 2015 年、2016 年评选出国家科技服务业区域试点,鼓励试点区域面向区域科技创新和产业发展需求,积极探索有利于本区域科技服务业发展的新路径和新模式,建设科技服务业集聚区,搭建科技服务平台,汇聚科技服务资源,培育科技服务新业态,为区域产业集群提供集成化科技服务,打造科技服务生态系统,提升区域科技创新和产业发展水平。

表8　"十二五"时期国家发展科技服务业相关政策

时间	发文	文件规划名称	要　　点
2012.01	科技部	现代服务业科技发展"十二五"专项规划	提高科技服务能力;加速科技成果转化;促进科技服务产业化;做大做强科技服务业。
2012.12	国务院	服务业"十二五"规划	"十二五"时期,科技服务业社会化、专业化水平明显提高;产业实力明显增强;培育一批创新能力强、服务水平高、带动作用大的科技服务企业;形成一批特色鲜明、优势突出的科技服务产业基地和集聚区。
2013.04	科技部	科技创新服务体系建设试点工作指引	集聚高端要素,优化科技创新服务体系结构;围绕创新需求,增强科技服务能力;加强协同整合,提升科技创新服务系统效能创新体制机制;营造科技创新服务体系发展环境。

续　表

时间	发文	文件规划名称	要　点
2014.10	国务院	关于加快科技服务业发展的若干意见	国务院首次对科技服务业发展作出的全面部署。部署培育和壮大科技服务市场主体,创新科技服务模式,延展科技创新服务链,促进科技服务业专业化、网络化、规模化、国际化发展。
2015.04 2016.03	科技部	《关于公布首批科技服务业区域试点名单的通知》、《关于第二批科技服务业区域试点单位名单的通知》	鼓励试点区域面向区域科技创新和产业发展需求,积极探索有利于本区域科技服务业发展的新路径和新模式,建设科技服务业集聚区,搭建科技服务平台,汇聚科技服务资源,培育科技服务新业态,为区域产业集群提供集成化科技服务,打造科技服务生态系统,提升区域科技创新和产业发展水平。

资料来源:作者整理。

3. 江苏机遇

从江苏发展形势看:**一是创新驱动的发展方式为科技服务业发展创造了巨大的需求潜力。**展望"十三五",江苏面对新常态,经济增长将从高速转为中高速,新旧发展动力逐步切换,经济结构不断优化升级,需要推动经济发展从要素驱动、投资驱动向创新驱动转变。因此,江苏必须进一步强化科技同经济对接、创新成果同产业对接、创新项目同现实生产力对接,在实现向创新驱动型发展方式转变过程中走在全国前列。创新要素的高度集聚以及创新生态的持续优化促使创新成果加速转化,而优质的科技服务则成为不可或缺的黏合剂。**二是苏南国家自主创新示范区为科技服务业发展提供了政策先行优势。**示范区设立以来,江苏省委、省政府高度重视,及时出台《关于建设苏南国家自主创新示范区的实施意见》,并召开大会进行专门部署,出台《苏南国家自主创新示范区示范区发展规划纲要(2015—2020年)》,坚持把高新区作为建设苏南国家自主创新示范区的主阵地,大力集聚创新资源,加快建设一流创新型园区。苏州自主创新广场、常州科教城、苏州高新区国家知识产权服务业集聚发展试验区等科技服务示范区建设已取得明显成效,政策先行效果明显。**三是专项意见密集出台为科技服务业发展提供了科学指导。**2015年,江苏省政府出台《关于加快发展生产性服务业促进产业结构调整升级的实施意见》,将科技服务列为重点提档升级的生产性服务产业,并配合制定《加快科技服务业发展的实施方案》,进一步明确未来5年江苏科技服务业的发展目标、重要任务和主要措施。省各有关部门要抓紧研究制定配套政策和落实分工任务的具体措施,努力为科技服务业发展营造良好环境。

三、江苏省科技服务业发展的建议与对策

发达国家和地区在科技服务业发展方面起步较早,形成了一些比较有代表性的发展模式和经验,相关政策措施值得研究。江苏在进一步培育发展壮大科技服务业时,应积极借鉴并加以吸收。

1. 美国科技服务业发展模式和经验

技术咨询或经纪机构、大学和研究机构的技术转移办公室、孵化器、技术评估组织、技术测试与示范机构构成了美国的科技服务业组织机构。美国科技服务业组织机构类型非常多,这些科技服务业组织机构大部分都依托于大学、研究机构、协会、政府部门、咨询公司、风险投资公司和律师事

务所。美国科技服务业主要有三种模式。第一种是高科技企业孵化器,第二种是技术咨询和技术成果评估企业。第三是为特定领域的专业服务机构。

美国科技服务业的突出经验是充分发挥企业创新主体作用,政府仅进行必要的干预。美国政府非常重视科技服务业的发展,但只从供给、需求和环境保障等几个方面实施一些有利于企业创新的措施,促进美国国内技术创新活动的开展。美国科技服务业的发展经验主要有以下几个方面。一是加大科技经费投入力度。以 2007 年为例,R&D 支出 3687.99 亿美元,是第二大投入国日本的 2.5 倍;2007 年,美国在研发活动上的支出比所有其他七国集团国家(加拿大、法国、德国、意大利、日本和英国)的总和还要多。二是完善和健全科技法律体系和资本市场。美国是世界上实行知识产权制度最早的国家之一,已基本建立起一套完整的知识产权法律体系。通过对其知识产权在全球范围内实施保护,为企业和个人营造了公平竞争的创新环境,维护了本国利益。同时,美国还拥有较为成熟的资本市场体系和风险投资机制,这些都一直使美国在高科技产业处于世界领先地位。三是注重科技人才培养。美国是世界上教育经费支出最高的国家,教育投入占 GDP 的 6%—8%。美国拥有世界上最发达的高等教育,在世界大学前 100 强排名当中,美国的大学要占到一半以上。广泛接纳全球优秀人才,奠定了其超级大国地位的坚实基础。四是形成高度发展的科技服务中介机构系统。美国科技中介服务机构种类繁多,组织形式多样,专业化程度高,除为技术转化和产业化提供信息、咨询、技术、人才和资金等支撑服务外,还直接参与服务对象的技术创新过程。美国的科技服务中介机构在科技创新中发挥着桥梁和润滑剂的重要作用,特别是在硅谷,正是由于众多科技服务中介机构的存在,推进了科技创新和产业化的发展。

2. 日本科技服务业发展模式和经验

日本的科技服务业发展模式主要包括以下几种:大型咨询科技服务业组织机构,主要是针对外资企业和银行系统;非营利性的为支持中小企业创新发展的政府委托科技服务业事业法人机构;民间科技服务业组织机构;科技孵化器。

日本科技服务业发展的突出经验是政府直接干预与重点扶植。战后日本大力发展本国科技服务业,致力于创新科技服务业发展模式,现在已经形成了以政府干预为主导,"产、官、学、研"紧密联合,以"重点化"战略有效推进,实施积极引导和重点扶植的典型发展模式。总体来说,日本科技服务业的发展经验有以下几方面。一是注重政府宏观指导的作用。日本政府不但会为促进企业科技创新制定宏观战略规划,鼓励其积极引进国外先进技术,以推进本国科技服务业发展,而且政府在必要时也会跨越组织协调职能,直接参与企业的科技创新过程之中,建构起"政府—企业"的技术创新体系。二是注重政府经济资助。政府主要通过国家直接投入,财政补贴、税收优惠和贷款优惠等方面予以支持,为企业进行技术创新创造良好的环境和条件。二次世界大战之后,日本还成立了包括"两行、十库、一局"等在内的政策性金融机构,对企业进行技术创新可以先行融资。三是鼓励引进外国资金与技术。日本政府实施两项法案鼓励国内企业积极引进国外资金、技术,同时着眼于保护国内企业和市场,并不鼓励外国在日本直接投资,甚至还有所限制。由此不仅推动企业积极引进、消化、吸收国外资金和技术,而且为本国企业发展留出了国内市场。四是政府对中小企业提供大量中介服务。由于中小企业研究开发能力弱,技术转移慢,日本政府为中小企业技术创新提供了大量的中介服务。一方面,通过政府及地方设立的公立实验研究机构,免费为中小企业提供技术指导;另一方面,政府成立中小企业信息中心和公立实验研究机构的技术信息室,为中小企业提供良好的信息服务。五是高度重视教育及行业人才培养。为了谋求经济的发展,根据企业发展的需要,日本政府非常重视人才的培养。为此,在加大投资力度,发展教育事业的同时,注重改革教学内容和教学方式、方法,以培养适应经济发展的人才。

3. 德国科技服务业发展的模式和经验

德国是世界著名的科技强国,高技术产业领域发展相当发达。在科技服务业发展模式上,德国政府除了注重政策支撑、资金投入和人才培养方面外,其中一个有别于其他国家的突出特点是它聚集了多方面力量大力发展国内的科技中介服务机构。科技中介服务机构在德国科技服务业发展及国家技术创新中发挥了巨大的推动作用。德国的科技中介组织涉及行业广泛,组织体系科学完善,服务功能十分强大,在信息、咨询、职业教育三个方面有突出的优势。

德国科技服务业发展的突出经验是大力发展科技中介服务机构。德国科技服务业的发展主要有以下几方面的经验值得学习。一是德国政府扶持中小企业发展,为中小企业实施特别支持政策。德国中小企业聚集了一批具有战略眼光及全球视野的企业家,但资金的相对缺乏成了制约其发展的最大障碍,因此,国家的资金支持和政策扶持将大大推动其突破发展瓶颈。为此,德国通过政策倾斜扶持中小企业发展,鼓励中小企业科技创新及科技成果的转化。二是建立广泛的技术转让中心,促进科技中介服务机构的发展。为使企业的技术创新保持明显的优势,使各类科研单位的科研成果迅速推向企业,实现产业化,德国政府建立了遍布全国的370家史太白基金会技术转让中心,并要求德国高效和科研机构都建立技术转让办公室,专门从事咨询、开发,专职负责科研成果向工业界传播。与此同时,通过设立技术转移监管和促进机构,为科技中介机构的发展创造良好的氛围,直接资助建立科技中介机构和网络。三是德国政府主动推进科技中介服务,搭建工作平台通过向符合科技创新条件的企业提供专项奖励基金,使企业拥有充足的科研经费,从而促进企业科技人才一的引进,促进企业与科技机构、科技中介服务的互利合作。由此可见,德国政府通过科研专项基金这个杠杆,架起了科研机构、企业、科技中介机构的运作、沟通平台。

4. 台湾推动科技服务业发展的措施

近年来台湾同样受到产业转型升级的挑战,其制造业要从传统代工模式转向高端研发模式,提升微信曲线两端的产品附加值。因此,在发展就业效果好的服务业的同时首要目标是知识密集型产业,如科技服务、金融、信息、通讯媒体等。2004年,台湾制定了专门的《研发服务业发展纲领及行动方案》,旨在发展包括提供研发策略的相关服务。

一是构建良好的科技服务业发展环境:推动研发服务策略联盟;鼓励公民营业、育成机构,协助科技服务业创业;推动科技服务业与学术机构合作,培育科技服务业所需人才;培育跨领域科技服务产业人才等。二是建立科技服务交易机制:建立科技服务业之业务范围、能量、人才及业绩等登录制度,使科技服务业相关信息透明化,并协助业者提升服务能量;整合技术交易相关信息网络,强化技术交易市场整合机制;建立技术经纪制度培育技术交易经纪人才。三是促进科技服务国际化:推动建立台湾科技服务业之国际网站;举办或参加国际性研讨会、展览或论坛,辅导并促成台湾研发服务业者与国际知名大厂进行合作研发或接受委托研发。四是强化科技服务业发展配套措施:为鼓励企业投入经费从事研究发展,以促进产业创新,经济部制度《促进产业创新或研究发展贷款要点》,提供企业贷款资金,适用产业包括技术服务业、流通服务业、文化创意产业等;构建"农业生物技术产业信息网络系统",增进农业生技研究服务业的发展。

（二）借鉴国内外发达国家和地区经验，加快江苏科技服务业发展的对策

根据现阶段的发展状况，促进"十三五"时期江苏科技服务业发展，必须坚持以平台建设为基础，以服务需求为导向，以成果转化为目标，以人才集聚为支撑，以改革创新为动力，建立覆盖科技创新全产业链的科技服务体系，在提升产业创新能力的同时，把江苏科技服务业发展成为万亿产业，打造"互联网＋"世界创新高地。

1. 推动体制机制大突破，释放科技服务业发展活力

（1）改革管理体制机制。进一步统筹、优化科技资源配置，将科技服务业发展需求作为科技专项布局的重要因素。加强科技服务业领域专业机构资金管理及公益服务能力，探索建立依托专业机构管理科研项目的机制。强化资金预算执行和监管，构建科技服务业推进机制。

（2）完善创新激励机制。推进科技领域简政放权、放管结合、优化服务改革，在选人用人、成果处置、薪酬分配等方面，给高校、科研院所开展科研更大自主权。建立科学合理的科技评价制度，实行分类评价，尊重不同创新活动的多元价值。健全高校、科研院所和企业之间科技服务人员柔性流动制度。

（3）推进科研院所改革。进一步理顺省属科研院所的管理体制，推进科研院所分类改革，加快建立现代科研院所制度，在省属科研院所中探索实行理事会制度，完善院所长负责制和绩效评价考核制度，进一步扩大科研院所自主权，赋予创新领军人才更大的科研人财物支配权、技术路线决策权。坚持技术开发类科研机构企业化转制方向，推动转制科研院所深化市场化改革。

（4）推进科技服务示范区建设。加快建设苏州自主创新广场、常州科教城等科技服务示范区，集聚更多科技服务骨干机构，构建贯通产业上下游的科技服务链，拓展服务功能，打造服务品牌，在科技服务业发展中发挥示范带动作用。推动苏南自主创新示范区内有条件的国家高新区纳入国家科技服务业区域试点范围。鼓励有条件的科技园区开展科技服务行业区域应用试点。

2. 创造科技服务大需求，增加科技服务业发展源泉

（1）推动供给侧结构性改革。落实好"三去一降一补"任务，塑造更多依靠创新驱动、更多发挥先发优势的引领性发展，增加公共科技供给，服务广大人民群众。发挥市场在配置资源中的决定性作用，围绕打好"一带一路"、"苏南自主创新示范区"、"江北新区"等国家战略建设的科技需求，推动科技服务业的发展。

（2）激发企业科技服务需求。大力发展新创科技型企业，做大科技型中小微企业总量，加快壮大高新技术企业，强化科技服务对进一步确立企业技术创新主体地位的关键作用，完善创新创业生态，推动构建科技企业"微成长、小升高、高壮大"的梯次培育机制，形成科技型中小微企业铺天盖地、高新技术企业顶天立地的局面。

3. 加快科技创新服务平台建设，实现创新自由开放共享

（1）促进公共研发平台的对外开放。围绕重点区域发展战略实施和产业转型升级需要，统筹推进技术服务平台建设。鼓励国家和省级重点实验室、工程（技术）研究中心、企业技术中心、质检中心（站）等各类创新平台建立现代法人治理结构，面向行业开展技术服务。创新服务模式，加强对研发平台在服务重点产业发展、面向企业开放和协同创新的考核评价，提供引领支持，促进加快发展。

（2）培育新型创新公共服务业态。实施科技创新品牌培育工程,重点培育服务模式创新、市场化水平高、自我发展能力强、服务成效显著的科技创新公共服务平台,带动全省形成布局合理、开放协同、创新创业全链条覆盖的科技创新公共服务体系,提升全省科技创新公共服务供给能力。进一步加大第三方检验检测、认证和标准化服务机构的建设力度,积极培育和引进一批国家政策鼓励支持开放的检验检测机构,为企业提供分析、测试、检验、计量、标准化等全链条服务;鼓励社会资本建设第四方服务平台,探索服务供需对接模式,推动线上检验检测和标准化服务的发展。引导科普服务机构采取市场运作方式,加强科普产品研发,融合大数据、云服务技术,广泛利用新媒体开展科普宣传和信息服务。依托"互联网＋"搭建科技创新云服务平台,实现全省创新服务平台的互联互通。

4. 组织科技创新大项目,提升科技服务业发展水平

（1）提高基础研究水平。重点在信息技术领域的网络空间安全主动防御、大数据计算、计算神经科学、视频与虚拟现实等科学前沿领域的重大方向,加大基础研究投入,培育一批具有源头创新能力的研究服务机构。

（2）组织重大科技攻关。重点围绕北斗导航、新一代集成电路及高端芯片、云计算、大数据、物联网、智能机器人及核心功能部件、智能测控、环境治理、互联网＋节能、能源互联网、文化创意产业等领域实施一批科研基础好、能填补国内空白、近期有望获得突破、发展前景良好的重大科技专项及项目。

（3）开展重大科技示范应用。加快示范应用一批既能扩大内需又能形成新的经济增长点的创新技术和产品,推进基于4G＋/5G的移动互联技术、移动医疗和远程医疗技术、大数据技术、海洋环境实时监测系统、专用软件等的示范应用,强化能够研发推广先进适用技术的研发服务机构。

5. 促进科技人才大集聚,强化科技服务业发展支撑

（1）引育高端科技人才。一是加强高端人才团队引进力度。将科技服务业纳入各类人才引进培养计划的重点领域。引进对产业发展具有重大影响、经济和社会效益显著的领军型创新创业团队。二是实施高层次人才培育计划。实施"高端智力集聚工程",切实加强青年人才培养,推进各领域高层次人才培育工程。

（2）完善服务供给机制。一是加强合作和服务机制建设。对接国内高校、科研院所和各级学会组织、科技社团,建立健全科技型企业专家服务制度和科技创新人才培训合作机制。通过建立服务站、创新驿站和会企创新联盟等载体,建立专家组长效服务工作机制。二是做好培训载体建设。鼓励高校、科研院所和企业产学研合作,建立以行业企业为主体,高等院校为基础,校企合作为纽带,推动科技服务业领域的高技能人才培养示范基地建设。完善相关专业技术职务任职资格评价标准,加强技术经纪人的培训和管理,提高从业人员服务水平。

6. 打造众创空间,为大众创新创业提供载体支撑

（1）加快推进科技企业孵化器向专业化发展。实施科技企业孵化器专业聚焦行动计划,支持规模大、在孵企业数量多的综合性科技企业孵化器,围绕在孵企业聚焦的技术领域,构建针对性强的研发服务平台,提升专业孵化水平。加强科技企业孵化器高水平专业管理人才团队的引进、培育和使用。支持科技企业孵化器按照"开放共享"的原则,搭建专业技术公共服务平台,为在孵企业提供设计、研发、试验、检测等专业技术服务。

（2）创新孵化模式。以高新技术产业开发区、大学科技园和高校院所为依托,构建一批低成

本、便利化、全要素、开放式的众创空间,开展创新创业服务和示范。按照"互联网＋创新创业"模式,通过政府购买服务、提供创业支持等方式,重点培育以创客空间、创业咖啡、网上创新工厂等为代表的创业孵化新业态,满足不同群体创业需要。加强孵化服务集成创新,鼓励科技企业孵化器与生产力促进中心、技术转移、知识产权、科技情报、科技金融等科技服务机构组建孵化服务联盟,促进创新创业服务资源向科技企业孵化器聚集,为在孵企业提供全方位、多层次和多元化的一站式科技服务。

（3）鼓励多途径创建孵化器。鼓励领军企业建设专业孵化器,加速孵化进程,吸引创新创业人才,培育产业后备力量,营造大企业与小微企业共同发展的生态环境。支持高等院校在大学科技园内建立大学生见习基地、大学生创业苗圃,扶持大学生创新创业。支持孵化器与高等院校合作,通过异地孵化、网络孵化、虚拟孵化等线下与线上相结合的方式,由孵化器提供企业注册、财务管理、创业辅导、融资等创新创业服务,联建提供物理空间和物业服务。

（4）加强创业辅导。将创业导师培育工作作为科技企业孵化器绩效评价的重要内容。支持企业家担任创业导师,营造大企业与小微企业共同发展的生态环境。充分利用现有的各类专家库资源,有针对性地筛选技术、财务、法律、金融等各方面的专业人才,不断完善我省创业导师库。积极整合创业导师资源和小微企业创业需求,搭建网络化的创业辅导平台,面向全省科技企业孵化器开放,促进孵化器与创业导师的有效对接。

7. 强化科技金融服务,构建多元化的投融资体系

（1）建立科技金融综合服务体系。组建全省科技金融联盟,搭建省级科技金融综合服务平台,支持南京市建设全省科技金融中心,鼓励有条件的市和高新区建设区域性科技金融服务平台或一站式服务中心,落实普惠金融各项政策措施。

（2）加快发展创业投资。发挥省科技成果转化引导基金作用,吸引国内外科技创投机构、大型企业和社会资本在我省发起设立或参与已有的投资基金,支持科技成果转化。发挥省级投资引导基金作用,通过政府资金出资引导并适当让利,吸引各类投资机构和社会资本向高新区和科技企业孵化器聚集,支持科技服务业企业创新发展。支持有条件的市或国家高新区出台和完善创业投资相关政策,积极设立创业投资引导基金。

（3）建立创新融资风险分担和损失补偿机制。建立融资担保代偿补偿机制,对担保机构发生的包括科技型企业在内的中小微企业贷款补偿损失,由担保机构、省再担保集团、合作银行和代偿补偿资金。建立科技成果转化贷款风险补偿机制,按照一定比例给予合作银行风险补偿,引导合作银行增加科技成果转化项目信贷投放。

（4）拓宽科技金融融合渠道。鼓励银行、担保机构等金融机构面向科技服务企业开展知识产权质押融资。鼓励各市、高新区设立相应扶持资金,为科技服务企业知识产权质押融资提供担保、贴息等方面的扶持。引入国内外知名的投行或商业财团,集知识产权收储、许可、转让、融资、产业化、作价入股、专利池集成运作等知识产权服务为一体,探索设立知识产权"银行",探索知识产权证券化,完善知识产权信用担保机制。探索开展投贷、投保联动、投债联动新模式,促进"互联网＋知识产权"融合发展。加快发展科技保险,鼓励有条件的地区对投保企业给予保费补贴,支持设立科技保险专营机构,创新科技保险产品和服务模式,推进专利保险试点。

（5）强化多层次资本市场对科技服务业的支持。积极推动符合条件的科技服务业企业到区域

股权交易市场、新三板市场挂牌,或到创业板、中小板、主板以及境外公开市场上市。推开互联网私募股权融资试点,争取开展股权众筹融资试点。支持科技服务业企业发行短期融资券、中期票据、中小企业集合票据、公司债、企业债等债务融资工具。加强与国内证券交易所的合作,加快布局建设具有不同专业特色的科技金融路演中心,以政府购买服务的方式,组织科技服务业企业进行科技项目路演,促进银企对接,拓宽融资渠道。

8.加强知识产权服务,有效提升知识产权对经济社会发展的支撑保障作用

(1)培育知识产权服务品牌机构。进一步开放专利、商标、版权等知识产权服务业市场,引导我省知识产权服务机构通过多种形式和渠道进行资源整合。引导和鼓励传统知识产权代理企业不断拓展服务领域,将经营重点从传统代理及初级咨询业务逐步向知识产权运用、知识产权分析预警、无形资产评估、企业知识产权战略布局等高端增值业务转移升级。积极引进国内外有影响、有实力的大型知识产权中介服务机构,引进国内外先进经营方式,促进我省知识产权服务业总体水平提升。开展知识产权服务品牌机构培育工作,有效运用财政资金"杠杆"的作用,支持知识产权服务机构做大做强,推动知识产权中介服务业从单一的代理申请服务向综合、全面、高端的知识产权中介服务转变。

(2)培育新兴知识产权服务业态。充分结合当前知识产权服务业中高端领域发展趋势,重点发展知识产权运营、知识产权金融、知识产权分析预警等新兴服务业态。综合运用项目试点、政策扶持等手段,引导知识产权服务业进一步与产业发展需求相结合。围绕知识产权成果转化实施,大力推动知识产权运营服务;围绕广大中小微企业资金需求促进知识产权金融服务,形成重点产业与知识产权服务业相互促进、互动发展的良好局面。

(3)加强知识产权公共服务平台建设。以国家知识产权局江苏分中心和现有的国家级专利专题数据库为依托,建设综合知识产权公共服务平台,构建布局合理、技术先进、功能完备、共享高效的知识产权信息公共服务体系。鼓励各商业银行设立特色机构,为区域企业、科研机构提供知识产权融资等服务。

9.深化区域和国际开放合作,拓展科技服务业发展空间

(1)鼓励龙头骨干企业通过海外并购、联合运营、独立设置研发机构等方式,整合国际高端科技服务资源,拓展国际科技服务市场。鼓励有条件的科技服务机构在海外建立分支机构,提供联合研发、技术转移、知识产权、产品推广等服务。

(2)支持承接境外科技服务业转移,积极吸引国内外知名机构参与我省科技服务业发展,在我省设立或共建研发中心、实验室、技术转移机构、科技合作基地等。引导外资企业在我省建立研发机构,开展产品设计、研发等高附加值创新活动,扩大技术溢出效应。

(3)通过多种渠道,推进科技成果转化与交流合作。鼓励有条件的科技企业孵化器、生产力促进中心等科技服务机构在海外建立分支机构,通过产业融合、市场开发和人力培训等多种途径,与国内外知名科技服务机构在信息、技术、创业、投融资等领域开展长期合作,提高我省科技服务业的发展水平。

10.加大对科技服务业政策扶持力度,营造科技服务业发展良好氛围

(1)主动顺应国家结构性减税杠杆引导,充分利用现有税收优惠政策,强化对科技服务活动的支持。符合非营利组织条件的国家大学科技园、科技企业孵化器的收入,按规定享受企业所得税优

惠政策。按照国家新修订的高新技术企业认定管理办法,培育一批科技服务业企业成长为高新技术企业,依法享受所得税减免优惠政策。积极发挥科技部门在研发项目鉴定方面的作用,落实研发费用加计扣除等有关政策。积极探索以政府购买服务方式支持公共科技服务业发展,将科技类公共服务项目纳入《政府向社会力量购买服务指导目录》范围,所需资金列入财政预算;编制政府购买服务计划,按照政府购买服务的有关规定组织实施。对暂不能实现有效竞争的科技服务领域,采取大额项目分包、新增项目另授等措施,有针对性地培育扶持一批科技类服务机构。

（2）围绕国家和省内出台的鼓励支持科技服务业发展的政策措施,组织对高校院所、科技服务业企业宣讲培训,发放科技政策明白纸、一览表。定期组织金融、管理等领域国内高水平专家对科技服务机构相关人员开展培训。各新闻媒体要大力宣传报道产生重大影响的科技服务成果及其案例,在全社会营造有利于科技服务业发展的良好氛围。

（3）鼓励生产力促进中心、科技企业孵化器等各类科技服务机构依照自愿、平等的原则,按相近的专业范围建立行业协会,充分发挥其在组织、协调、服务、监管等方面的作用,督促行业自律和诚信经营。支持具备条件的生产力促进中心、科技企业孵化器、检验检测认证等机构与行政部门脱钩、转企改制,培育一批科技服务骨干企业,提升科技服务市场化水平。加强指导,推动科技服务企业提高商标注册、运用、保护和管理水平。

【主要参考文献】

[1] 陈岩峰,余剑璋,周虹.香港科技服务业发展特征及对广东的启示[J].科技管理研究,2010(15).

[2] 韩鲁南,关峻,白玉,等.北京市科技服务业发展环境分析及对策研究[J].科技进步与对策,2013,30(06).

[3] 李松庆,孔莹.广东科技服务业发展现状水平评价及策略[J].科技管理研究,2013,33(10).

[4] 龙云凤,李栋亮.国外科技服务业政府管理模式及对广东的启示[J].科技管理研究,2011,31(19).

[5] 宁凌,李家道.美日英科技服务业激励政策的比较分析及启示[J].科技管理研究,2011,31(10).

[6] 钱福良,刘蔚然,张斌.江苏科技服务业发展研究[J].宏观经济管理,2015(03).

[7] 秦宪文,王惠玲.基于投入产出的中国科技服务业的国际比较分析[J].科技管理研究,2010(18).

[8] 邱荣华,王富贵,严军华.产业哲学视角下广东科技服务业发展的政策建议[J].科技管理研究,2014,34(08).

[9] 苏朝晖.加快福建科技服务业发展的政策研究[J].福建论坛:人文社会科学版,2013(05).

[10] 沈瑾秋.江苏省科技服务业发展现状及对策建议[J].江苏科技信息,2016(4).

[11] 唐守廉,徐嘉玮.中美科技服务业发展现状比较研究[J].科技进步与对策,2013,30(09).

[12] 田波.谈中国科技服务业发展的若干问题及其对策[J].科技管理研究,2013,33(01).

[13] 钟小平.广东科技服务业支持政策体系设计研究[J].科技管理研究,2014,34(03).

第五章　江苏省现代物流业发展报告

物流业,既是经济的组成部分,又是经济状况的晴雨表。2015 年江苏紧紧围绕降低物流成本、提高物流效率为重点任务,坚持以市场为导向、企业为主体、先进技术为支撑,坚持规模与质量并重、效率与效益并进,加快物流模式创新,着力促进产业融合,着力提升物流业规模化、集约化、国际化、现代化水平,着力构建标准化、一体化、智慧化、绿色化现代物流服务体系,促进产业结构调整和经济提质增效升级,为全省经济社会发展提供强大的物流体系支撑。2015 年全省物流业保持了平稳增长态势。2016 年,江苏省物流业确定的目标是:全社会物流总额力争增长 8.5% 以上,增加值增长 7.5% 以上;全社会物流总费用与 GDP 的比率下降 0.2 个百分点。

一、江苏省物流业的发展现状

(一)全省物流需求稳中有增,运行效率继续提高

社会物流总额同比增长超过 8%。全省社会物流总额实现 230955 亿元,同比增长 8.1%。其中工业品物流总额、进口物流总额、农产品物流总额、外省市商品购进额、单位与居民物品物流总额、再生资源物流总额分别占 81.8%、5.6%、1.2%、11.0%、0.2% 和 0.2%。"十二五"期间,社会物流总额年均增长 11.4%,低于"十一五"期间年均 16.9% 的增幅。

2015 年前三季度工农业物流需求增速平稳,工业品物流总额为 137763.39 亿元,同比增长 10%,比上年同期回落 0.4 个百分点,占社会物流总额比重为 74.1%;国际物流需求降幅有所收窄,进口货物物流总额为 9951.08 亿元,同比下降 4.2%,增速下降 6.6 个百分点,但比上半年上升了 4 个百分点;电子商务、快递业快速增长进一步拉升了消费物流需求,单位与居民物品物流总额继续保持高速增长态势,同比增长 47.8%,增速上升 17.9 个百分点,比上半年上升 12.6 个百分点;外省市商品购进额同比增长 13.5%,增速下降 2.9 个百分点,比上半年略有下降,占社会物流总额的比重为 19.3%。

2015 年前三季度,受大宗商品交易量和进出口贸易双双回落的影响,全省货运需求继续呈现增速放缓趋势。全省完成货运量 150619.4 万吨,同比增长 2.9%,货物周转量为 5386.8 亿吨公里,增长 4.6%。其中铁路货运量 3856.3 万吨,下降 15.6%,铁路货物周转量 229.1 亿吨公里,下降 10.6%;公路货运量 83749.0 万吨,增长 0.9%,公路货物周转量 1450.1 亿吨公里,增长 0.7%;水路货运量 53337.0 万吨,增长 7.1%,货物周转量 3238.5 亿吨公里,增长 7.5%;港口货物吞吐量 157568.6 万吨,增长 7.0%,增速上升 2 个百分点。

（二）物流运行效率稳步提升

2015 年江苏省社会物流总费用 10412 亿元,同比增长 5.4%。其中运输费用、保管费用、管理费用分别占 51.9%、37.6% 和 10.5%。社会物流总费用与 GDP 的比率为 14.8%,比 2014 年下降 0.3 个百分点。"十二五"期间,社会物流总费用年均增长 8.5%,社会物流总费用与 GDP 的比率累计下降 0.7 个百分点。其中 2015 年前三季度,运输费用为 3929.67 亿元,同比增长 9%,增速上升 1.2 个百分点;保管费用 2917.7 元,增长 12.3%,增速上升 2.8 个百分点,主要是受配送、包装和信息服务等费用增速较高带动;管理费用 796.99 亿元,增长 9.5%,增速上升 2.8 个百分点。运输费用、保管费用和管理费用占社会物流总费用的比重分别为 51.4%、38.2% 和 10.4%,物流增值业务比重继续呈上升趋势。

物流效率得以持续性的提升,一是物流企业加快了战略调整,持续推进战略性收缩,实施业务细分和客户聚焦;二是推进模式创新。物流企业与制造、商贸企业联动融合更加紧密,成为企业模式创新的重要源泉;三是加强内部管理。物流企业逐步从粗放式管理向集约化管理转型,从追求速度和价格向提升质量和效率转变;四是加大网点布局。受城镇化推进和内需市场拉动,快递、快运、城市配送等物流企业加快向农村地区延伸网点,向三、四级市场下沉网络;五是推动技术应用。物流企业加大信息化建设投资力度,信息服务平台与实体物流平台相结合。加大设施装备投入力度,逐步减少对人工的依赖,提高物流产出效率。

（三）物流业增加值继续保持增长

物流业增加值同比增长超过 8%,2015 年全省物流业增加值实现 4720 亿元,按可比价格计算同比增长 8.8%,占全省 GDP 的比重为 6.7%,占全省服务业增加值的比重为 13.8%。"十二五"期间,物流业增加值年均增长 10.5%,占 GDP 的比重累计提高了 0.2 个百分点,占服务业的比重累计下降了 2.1 个百分点。

（四）物流企业效益稳步增长

2015 年重点监测物流企业运营情况总体平稳,161 家省重点物流企业年平均物流业务收入为 30947 万元,同比增长 8.2%;平均业务成本为 28964 万元,同比增长 9.4%;平均业务利润额为 2217 万元,同比增长 5.9%,利润率为 7.7%;平均缴纳税金为 269 万元,同比下降 4.0%。7 家企业出现亏损,亏损面为 4.3%。虽然物流企业的平均效益有所增长,但是经营呈现两极分化态势,有近半数企业的收入和利润有所下降,亏损面略有放大。同时传统的煤炭、钢铁等大宗商品物流市场继续处于低迷状态,而快速消费品、食品、医药、汽车、家电、电子等与居民消费相关的物流市场则继续保持高速增长。

（五）物流经营活动延续活跃态势

2015 年全省物流业景气指数(LPI)平均值为 54%,反映物流经营活动比较活跃,物流经济运行总体平稳。第一季度物流景气指数均值为 52.5%,说明今年物流业开局平稳;第二季度为全年物流企业经营的黄金期,均值上升至 57%。第三季度均值为 53.1%,7 月份、8 月份和 9 月份的物流景气指数分别为 52.9%、51.1% 和 55.2%,呈现先低后高的走势。全年业务总量指数、新订单指数均明显回升,显示出市场的需求基础较为稳定;主营业务利润指数、主营业务成本指数有所回升,企业仍面临较高的运营成本压力,赢利能力整体偏弱;业务活动预期指数为 54.6%,说明物流企业对后期经营信心较强,预示着全省物流业运行态势总体趋好。

(六)物流企业继续做大做强

为贯彻落实国家物流业中长期发展规划和三年行动计划,江苏开展了智慧物流示范企业试点工作。研究了江苏智慧物流发展战略,提出了江苏智慧物流发展的基本思路、主要目标、重点方向和任务举措。计划围绕重点地区和重点行业,扶持和推进一批智能物流运营网络中心、管理调度中心、物流配送中心和公共信息平台等应用示范项目建设,为全省智慧物流建设做好典型示范,提升对重点制造业创新智造的支撑和保障。坚持培育规模骨干企业,是发展江苏省物流业的重要内容之一。江苏省坚持扶持省级重点物流基地载体平台建设,2015 年新认定 8 家省级重点物流基地,扶持惠隆港务集团等省级重点物流基地(园区)等物流运作载体平台建设,鼓励和吸引更多的骨干物流企业入驻基地(园区),促进供应链相关环节在物流基地(园区)内实现集聚、衔接和联动,全省物流基地综合服务能力进一步提升,集聚效应进一步显现。继续组织了省级重点物流企业、省级物流企业技术中心认定工作,引导扶持一批综合能力较强、行业影响较大的第三方物流企业上规模、上水平。新认定省级重点物流企业 21 家、省级物流企业技术中心 4 家,国家 4A 级以上物流企业达到 161 家,位列全国第一。

(七)物流发展的国内外经济环境变化

国内外经济、社会的发展变化,既为江苏现代物流业加快发展提供了重要机遇,也提出了更高的发展要求。

一是加速调整产业结构,为提升供应链管理服务带来了有利契机。物流业是重要的生产性服务业。国际金融危机后,全球产业结构发生深刻调整,物联网等战略新兴产业快速发展,生产方式加快向智能化方向变革,国内外跨地区产业转移和区域产业一体化进程加速,这些,为物流技术革新和拓展供应链管理服务空间带来了契机。因此,江苏必须加快提升供应链管理服务水平,促进制造产业转型升级,提高综合服务功能。

二是着力扩大消费需求,为物流服务模式创新创造了良好条件。物流业对满足消费需求起到基础保障作用。城市化进程加快和配套举措落实,扩大内需战略的政策效应明显发挥,居民消费规模持续快速扩大,网络购物等电子商务新型消费方式迅猛发展,这些,对通过改善运营方式来扩大物流规模创造了条件。因此,江苏必须加大物流服务模式创新力度,切实降低流通费用,更好地满足人民多样化、高质量、安全性的消费需求。

三是强化节能减排约束,对转变物流运行方式提出了迫切要求。传统运输、仓储等物流环节面临较大能耗和环保压力。外部环境约束及资源供给趋紧,发达国家逐步推行碳关税等绿色壁垒,我国逐步推进各领域合理使用能源消费总量方案,把节能减排作为硬约束,这些,对物流业发展向绿色低碳转型提出了迫切要求。因此江苏必须切实转变物流运行方式,节约集约利用物流资源,发展低碳物流。

四是推进增值税改革试点,对营造现代物流发展环境提出了明确任务。物流业健康发展离不开政策措施的完善。国务院高度重视物流业发展,出台了调整振兴规划和一系列配套政策措施,并选择江苏率先在交通运输业和部分现代服务业开展营业税改征增值税试点,这些,对江苏促进社会化、专业化物流发展提出了明确任务。因此,江苏必须大力营造符合现代物流发展的政策环境,理顺体制、机制、法制、税制,形成示范效应。

二、江苏省物流业发展的问题分析

(一)物流企业综合规模小,竞争能力弱

江苏的物流市场基本为大量的个体、私营运输业者所占据。物流市场呈现出企业散、小、弱的特征。同时,以供应链为基础的物流网络和企业联盟尚未形成,各类型物流企业之间信息沟通较少,彼此之间缺乏整合与协作。诚信缺失、缺乏相应的行业标准、竞争不规范,使得很多物流企业合作不和谐、继而采取不正当竞争、甚至非法经营,导致物流业整体效益不佳,严重的扰乱了物流业的市场秩序,也进一步加剧了物流市场的诚信危机。物流企业规模小,整体物流规划不够理想目前,我省物流企业规模较小,物流管理又比较分散,物流部门条块分割的现象比较严重,每个部门都自成体系,缺乏整体物流规划,加上大多数物流企业运营方式单一,综合性物流公司很少,使货物仓储、货物运输、货物配送无效作业环节的增加,物流速度的降低和物流成本的上升,造成物流环节上的浪费,管理成本加大,因而导致了我省物流业整体效益不佳,竞争力不强。我省相当多企业仍然保留着传统的经营组织方式,物流活动主要依靠企业内部组织的自我服务完成。这种以自我服务为主的物流活动模式在很大程度上限制和延迟了高效率专业化物流服务需求的产生和发展。在企业优化内部物流管理、提高物流效率的过程中,也存在着企业内部物流活动逐步社会化的发展趋势及其对社会化物流的潜在需求。但由于市场发育和现代企业制度改革的不完善,企业无法将其内部低效率的物流设施和组织实施有效的剥离。这就使得企业不得不继续沿用以往的物流方式。尽管我省已出现了一些专业化物流企业,但物流服务水平和效率还比较低。目前多数从事物流服务的企业只能简单地提供运输和仓储服务,而在流通加工、物流信息服务、库存管理、物流成本控制等增值服务方面,尤其在物流方案设计以及全程物流服务等更高层次的服务方面还没有全面展开。另外,物流企业经营管理水平较低,多数从事物流服务的企业缺乏必要的服务规范和内部管理规程,经营管理粗放,很难提供规范化的物流服务。

(二)物流管理机制和相关规章制度还不完善

目前我省物流业的管理基本上仍沿袭计划经济体制,物流业的管理权限分割为铁路、交通、民航、海关、商贸等部门。由于没有一个统一的主管部门进行宏观管理和协调,物流中横向联系被纵向的管理体制隔断。在这种体制下,若一个企业的物品想实现多式联运(一次委托,由两家以上运输企业或用两种以上运输方式将某一物品运送到目的地的运输方式)就相当困难。国家有关部门从各自的管理范围和专业特点出发制定了许多法规,例如,公路和水路各有不同的货物运输合同实施细则;工商、税务、海关、检验部门对物流企业的单证有不同的要求等。由于各个部门规定不统

一,不配套,从而使交接手续烦琐,不能保证物流的通畅运行。所有这些都会导致物流企业成本的增加。此外,物流的技术标准尚未建立起来。制造物流设备的厂家分属不同的部门,各个部门的标准不统一,致使物流设备,如汽车、包装容器、托盘、集装箱等标准不统一。又如海关、港航两个分中心的 EDI 应用系统均是各自封闭系统,相互之间不能联网,且技术标准不统一。非标准化造成无效作业增多,物流速度降低,物流事故增加,物流成本上升,降低了物流企业的效益。在物流业,我国实行的是按照不同运输方式划分的分部门管理体制,从中央到地方也有相应的管理部门和层次。这种条块分割式的管理体制使得全社会的物流过程分割开来,在相当程度上影响和制约了物流产业的发展。不同程度的政企不分现象,也影响着政府公正地行使政府职能和企业市场竞争能力的提高。在多头管理、分段管理的体制下,政策法规相互之间有矛盾且难以协调一致,也直接影响了各种物流服务的发展。

现代物流区别于传统物流的一个重要方面就是系统化、集成化思想。由于我省诸多物流基础设施资源都分散在铁路、公路、航空等相关行业,涉及多个部门,彼此只注重自身的物流设施与线路建设,各自规划自己的物流中心,对综合性的物流结点重视不够,造成资源浪费、重复建设、规模经济性低。从政府部门来看,缺少统一的具有权威的管理协调部门,弱化了社会化资源的配置效率。目前尚未出台有关的法律法规将物流管理的企业制度化,而且物流业涉及多个监管部门,且在管理方面存在重复交叉,难以划分各部门的责任,在有些管理方面又存在监管空白。如我省物流企业准入门槛低鱼龙混杂,无序竞争;物流企业代收款长期拖欠,不履行约定或卷款潜逃;物流商因赔偿不起货主的损失,关门逃避等。这些都给我省带来了巨大的经济损失。目前,江苏省的物流法律法规分散欠协调。物流立法上涉及交通、铁路、航空、海关、外贸等多个部门,由于各部门协调沟通不够,存在法律法规相互冲突现象,难以整合物流各环节和各功能之间的关系,不利于形成行业优势推动物流业的发展。

(三)物流信息化程度较低,物流信息平台较为缺乏

物流企业智慧化程度低。目前,有不少企业已经开始利用物联网技术构建智慧物流系统。但是,这些企业规模普遍不大,在全国范围内分布不平衡,且缺乏有效的管理措施,导致管理混乱,生产要素难以自由流动,资源配置得不到优化,难以形成统一、开放、有序的市场,特别是缺乏龙头企业带动,难以形成产业集群。大多数中小企业在物流信息化方面显得很吃力,由于缺乏相应的人才和资金,管理层对信息技术应用重视程度不够,即使引进了相关智慧物流技术,配套基础设备也跟不上,导致企业效益没有明显提高。

江苏省物流企业中,现代化的箱式货柜和集装箱及特种运输车辆、现代化立体自动化仓储设施(如具有冷藏、保鲜、气调功能的仓库)比例极低(70%是普通平房仓库,70%以上是普通车辆),且各种运输方式之间装备标准不统一,一定程度上影响了江苏出口贸易的发展;另外,江苏物流信息资源的整合能力尚未形成,缺乏必要的远程通信能力和决策功能。物流企业网站建设尚不普及,利用互联网开展电子商务、电子物流等仅在少数大型企业中应用。利用各种物流系统集成软件技术优化配置物流作业的企业还非常少。物流企业基础设施不配套,自动化网络化程度低传统物流企业在基础设施建设投入不足,自动化信息程度低,在仓储、运输各个环节仍然以手工作业为主,没有自动化信息网络,不能优化调度、有效配置,对客户不能提供查询、跟踪等服务。全省物流公共信息平

台尚未建成,物流信息化水平有待提高。企业间、和政府部门间信息不畅,无法实现信息交换,特别是横向政府体系和纵向政府体系间的协调,如一关三检部门信息在集装箱和外贸货物上一直无法实现数据交换,造成信息化断层,使得港口 EDI 信息化建设严重滞后,推进难度加大,制约了集装箱中转效率的提高。在物流过程中,多数企业难以做到在预定时间送货,并经常出现断货、对客户响应不及时等问题。从而造成物流组织效率低下,管理水平低,配送成本高,客户满意度差,盈利能力低,严重影响了物流行业的整体发展。

(四) 物流业高层次人才较为缺乏

随着物流业迅速发展而产生的人才需求问题在我国日益突出。智能物流人才匮乏已经成为制约我国物流业发展的瓶颈,目前我国物流人才缺口至少有 30 万人,绝大多数物流企业缺乏高素质的物流一线岗位技能人才和既懂物流管理业务,又懂计算机技术、网络技术、通信技术等相关知识,熟悉现代物流信息化运作规律的高层次复合型人才,高端人才和一线技能型人才培养规模仅占22.7%,现有物流管理人才中能真正满足物流企业实际需求的不到 1/10。大中专院校物流人才培养方案与企业实际需要相比还存在较大差距,培养智能物流合格人才的任务十分紧迫。江苏省的物流市场并不缺乏懂得运输、仓储等专业素质的物流人才,但十分缺乏通晓现代物流各环节运作和物流管理的复合型高素质人才,这已经成为制约江苏物流市场发展的障碍。现在我省挂牌的物流企业数以千计,但缺乏专业的物流人才,无法具备基本的物流服务能力和一定的软件和硬件条件。

据调查,当前我省物流人才培养存在两个亟待解决的问题:一是物流教学重课堂、轻实践,不能适应企业的发展。具体到教学中,往往理论讲得多,实习实践少。理论与实践的严重脱节是导致物流人才进入企业后不适应工作的主要原因。二是课程设置不科学。许多高校物流课程设置老化,授课内容与企业实际应用存在一定程度的脱节,课程偏重于解释和分析,缺乏对企业物流管理案例的分析,导致部分课程实用性较差,物流毕业生参加工作后不能很快进入角色。为此,应重视学生解决实际问题能力和动手操作能力的培养,构建一种产、学、研相结合,校内学习与企业实践相衔接,社会、企业、院校和培训机构互动的人才培养新模式,使学生做到既懂理论知识,又善实践操作,还能思考研究,满足社会和企业对物流人才的需要。高校培养物流人才是规模培养的主要途径,但我省学校物流专业设置较晚,学生毕业后通常有半年到一年的寻觅期,真正走上工作岗位需要一到两年稳定期,企业才会放心大胆培养,导致目前我省物流人才非常缺乏。对于现状,我省应该加大政策支持与引导力度,企业重视鼓励员工在职培训,高校加强培养学生的适应能力,加强专家指导与人才引进,建设物流实训基地,以便迎接现代物流的跨越式发展。物流业人才,是指参加过系统专业培训具有专科学历或具有物流业从业资格证书以上的物流业从业人员,分为高级、中级、初级物流人才和一般操作人员四类。从需求量来看,我省这几年经济发展很快,需要大量的物流人才。高校培养物流人才是规模培养的主要途径,从需求岗位来看,由于受机电、电子、服装等轻工业的影响,物流业的发展也侧重于港口和公路运输、仓储、采购、配送等方面。调查显示,江苏招聘的物流岗位也以采购运输仓储配送类居多,这类岗位对物流人才的实际操作能力比较看中,强调工作经验。从对各类物流人才的需求比例来看,高级人才占总需求的 10%,中级人才占 30%。初级人才和一般操作人员占 60%。首先,高校培养方面,目前在我省普通高等教育学校与高职高专类院校中,几乎都设立了物流专业,培养目标为中低端人才与操作人员,而培养中高端物流人才的院校几乎没有。其次,培训机构方面,物流行业尚没有形成接受再教育系统参加物流专业培训的热潮,培训机构也没有开设培养中高端物流人才的培训班。最后,社会物流行业方面,不管是制造企业、商贸流通企业、物流企业,还是其他企业,仅是对本企业的操作流程进行一般的上岗与在岗培训,没有培训企业员工的物流专业讲师,无力承担企业内部物流从业人员的继续教育;从业人员大多因上班时间与收入不高等原因,没有参加系统培训的合适条件。政府与企业对物流人才培养不够重视。我省物流教育与广大物流企业和企业物流部门的实际需要还存在较大差距。一是政府在物流人才培养方面规划和指引不足;二是企业领导不够重视。大多数企业领导本身自己对物流认识不到位,因此对物流人才培养没有重视,多数抱着招来就用,或者在实践中积累培养的观念,我省现有物流从业人员如果没有经过系统规范的学习和经验的积累很难达到现代物流的要求,而企业又不愿意付出培养的成本,所以导致了物流业人才的缺乏。

(五)物流成本上升较快,企业运营效率有待增强

物流企业运行成本不断上升,"营改增"后物流企业税负增加。企业运营成本大幅度攀升,随着人员工资、办公经费和土地使用税上涨,尤其是营改增实施后,物流企业盈利空间越来越小。物流企业在过去一年中,业务总量稳中见升,成本增速快于利润增速;税费负担依然较重,运输业务增税幅度较大;未来发展面临挑战,营商环境仍需改善。根据中国物流业协会统计,中国物流费用占GDP比例为18%,与美国、日本等海外发达国家相比,单位GDP中,我国的物流费用成本占比是其他国家的2—3倍,并且这一差值近些年来呈现逐步扩大的趋势。单位GDP物流系数保持持续攀升,社会总物流费用增速基本保持在10%以上的增速,虽然最近几年有所下滑,但是仍然处于增长较快的时点。调查显示,样本企业平均缴纳增值税比营业税体制下增长51%,其中运输型企业平均增长123.3%。物流企业普遍呼吁,尽快解决物流企业"营改增"后税负增加问题,完善增值税抵扣链条,减轻物流企业税收负担。对于未来三年阻碍企业发展的挑战,调查显示,第一位挑战是经济增长放缓,其次是劳动力成本上涨,第三是税收问题,第四是车辆通行问题,第五是用地问题,此外还面临吸引和留住人才、融资问题、法律法规不完善、缺乏合格的人才等挑战。这些问题的解决,一方面需要企业从战略上引起重视,加快模式创新,促进转型升级,适应新常态下经济社会发展的新趋势;另一方面需要政府有关部门制定和落实促进物流业发展的政策措施,切实减轻企业负担,为行业发展创造良好的营商环境。

(六)物流用地资源稀缺,土地供应量严重不足

在全国各地兴建物流园区的大潮下,物流企业用地的取得难度已大大降低。不过,有关机构调查显示,在物流园区、基地项目的建设过程中,征地困难已经成为困扰其发展的重要因素。例如项目往往受到土地出让方式调整和土地宏观政策的影响,使规划不得不一改再改;很多园区土地手续办理放缓,部分项目不能如期开工;后续土地储备不足,影响远期规划和发展等等。

土地置换政策不配套的问题较为突出。物流规划是在考虑一定区域现状及未来产业发展,居民生活和城市功能空间,城市在区域中的物流组织地位等因素基础上,进行综合布局的结果。为了不多占用土地,需要在规划的设施与既有不符合空间布局要求的设施之间进行土地置换。而实际情况中,用地政策制定与执行者和物流规划的制定与执行者,两者之间往往缺乏有效沟通和协调,

加之土地置换过程中涉及国家、地方、行业和企业等多方利益,因此有时经常在物流用地问题上无法达成一致。拓展用地、增大规模,往往缺乏资金,在用地政策上也时常受限。因此,物流企业更希望相关部门能够从政策方面给予扶持。现在的竞争不是单个企业的竞争,而是供应链的竞争,物流是供应链中一个重要的环节。可以说,它的发展状况关系到各行业的竞争与发展。物流业作为一个新兴的产业,很多企业特别是民营企业,成立时间短,实力薄弱,征地困难,企业的发展受到限制,发展缓慢,物流业的繁荣无从谈起,应留出一部分发展空地来支持物流企业的发展。与此同时,为避免给许多想做房地产开发的企业和个人以可乘之机,政府部门必须加大对土地的管理、审查力度,真正做到合理规划土地使用。

由于土地价格的提升,新建物流设施的使用成本往往要高于其他既有设施的平均成本,入驻企业要在物流服务过程中消化过高的建设成本,必定带来其客户成本的上升。这样,新建设施不仅无法降低成本,反而会提高社会物流成本。土地是物流业的重要生产要素,对物流用地性质的确定,关系到物流成本,关系到物流企业的准入门槛,关系到物流效率,关系到物流业的规模化和品牌化,特别是对大型商贸物流项目用地性质的确定,影响更为广泛和深远。因此,创新思路,把握经济社会形势的新变化新特点,科学界定大型商贸物流项目用地性质,是推动现代物流业制度创新,完善现代物流业政策体系,优化现代物流业发展环境的具体举措和必要环节。为促进大型商贸物流产业结构的升级和产业布局的优化,应进一步研究完善现代大型商贸物流企业用地的土地利用政策,从产业统计和土地管理等方面明确物流业类别,进一步确定物流业的产业地位。土地分类供应机制既要促进物流企业集约使用土地,又要满足现代大型商贸物流企业客观需要,积极推进物流业发展方式转变。随着城市扩容改造,原有物流用地不断被拆迁,而新增物流用地难以保障。对于开发区来讲,物流项目占地大,投入产出少,利税贡献与工业项目贡献差距较大,没有招商热情和积极性,对开发区而言更热衷于工业项目(占地小税收高),即使招商同意引入,后期物流项目办理工地手续时由于投资强度要求也受到制约,土地点供指标获得难度很大,影响项目建设进程。

三、江苏省现代物流业发展的对策建议

(一)总体思路

1.发展现代物流,千方百计降低物流总成本

在现代社会和全球化时代,产品不仅要被大规模地生产出来,还要尽可能以竞争性、低成本、高效率、快节奏的流通方式,"把产品输送到最应该去"的各个角落,即在更大规模、更大范围实现空间转移。于是,美国、欧洲和日本等许多国家便在传统运输、仓储业的基础上,产生了功能强大、横跨众多领域的复合型现代物流业。运用信息技术和系统化理念,优化整合商品、货物的产、供、销、储、运各种资源和流程,大幅度提高效率、降低成本,是这一现代服务业形态的突出特征和发展趋势。以此为依托展开"经济节奏的较量",正在成为新世纪最值得关注的新动向和新主题。从全球看,"成本挤压"的重点和注意力,正在从余地越来越有限的制造环节向空间广阔的流通环节转移。为商品、货物提供运输、仓储服务的传统货运业在我国历来存在,并正处于向现代物流业快速转变的重要阶段。从已经掌握的国内外趋势和动向来看,在"十三五"时期,加快发展这一产业,对于改造

提升我国传统制造业、壮大现代服务业、增加就业机会和大幅度节能降耗都具有全局性的战略意义。

在落实科学发展观和构建节约型、和谐型社会的大背景下,加快发展现代物流业的需求极为强烈、时机逐步成熟。目前,江苏经济总量持续、快速增长,不仅带来了资源、能源和环境方面的巨大压力,而且越来越无法容忍陈旧、低效、粗放、高耗的商品流程,发展现代物流业、改造传统货运业、降低物流成本在经济"总量块头"急剧增大的场合显得尤为迫切。据最新估算,我国社会物流总规模巨大,绝大部分来自采掘加工制造业,由此引起的货运、仓储和管理活动所付出的社会物流总成本多年居高不下,更远远高于发达国家 8—10 个百分点。这种局面使原来理解的产品生产时间和生产成本发生了新的结构性变化,即在越来越大的程度上被物流时间和物流成本所取代,并导致物流成本具体分摊在单位产品销售价格中所占比重,已平均达到 50%—70% 甚至更高,从而成了扩大内需、增进消费的新障碍。而多年以来一再发生煤炭、矿石等大宗工业生产资料成本推动、价格上涨,实际上也是其中所含物流成本居高不下所致。状况表明,物流产业落后、物流成本高昂,但降低成本的潜力巨大,只要在"十三五"期间对传统货运业向现代物流业的改造提升给予更多关注,并纳入国民经济节能降耗、提高质量"总盘子",寻求综合治理,就有望明显改观,并取得"立竿见影"的巨大实效。

2. 优化物流业流程,发展"第三方物流"

专门为企业用户之间提供物流系统化服务,被称作为"第三方物流"。"第三方物流"是现代物流业,从而是现代服务业的主要内容。工业企业"大而全、小而全"及其普遍,"自办物流"的低效格局远未扭转。在历年来的社会消费品零售总额和工业生产资料投资品销售总额中,工业企业自采自销比重高达 70%;在社会总产品中,工业生产资料产品占 75%,工业品物流总值占社会物流总值的 85% 以上,这些产品的市场流通,绝大部分是在工业企业之间直接进行的。而目前对工业企业为此而自设的传统式采购、库存、储运、销售机构所引发的巨额投入,以及成本和效率状况几乎胸中无数。这个深不见底的巨大黑洞正是中国物流产业落后,物流效率低下、粗放扩张、流程恶化的要害所在,也是潜力的所在。在我国的"重化工业阶段"尤其不能放任物流成本持续偏高的趋向。

根据国内有经验的物流供应商提供的保守估计显示,运用信息技术,向制造业提供专业化周到的"第三方物流"服务,优化整合潜力巨大的工业采购、库存、储运、销售的传统流程,可降低现有物流成本的 50%—60%,甚至更多。据测算,在现阶段,物流总成本占 GDP 的比重每降低 1%,则可以在货物运输、仓储方面节能降耗 1000 亿元以上;在此基础上,倘若中国逐步逼近工业化国家平均成本(即占 GDP 的 10%—12%),则可节约物流成本 8000 亿元,相当于每年 GDP 增量的 80%。因此,发展现代物流业,特别是"第三方物流"和"优化流程"有希望成为"十三五"时期难度较低、很有操作性,并将收获丰厚的政策思路,将切实促进国民经济从静态化、慢节奏、高成本、低效率到动态化、快节奏、低成本、高效率的重大转变。

3. 加快商品周转、降低库存积压

从各国的经验看,如果措施得当,运输成本通常经过大幅度降低后会趋于稳定,而凭借信息技术,整合流程、加快周转、降低库存则潜力无限。因此,在十三五期间,要统筹兼顾、科学规划,借助现代物流业,率先改善大宗货物的流量、流向,充分运用信息技术和现代储运技术,减少盲目性,讲求合理化,特别要注重铁路、公路、水路、海上、航空和管道等不同运输方式各个转换节点上的有效衔接(节点过多、转换迟滞、耽搁停顿是我国物流整体效率低下致命的"短板")。

在运输成本明显降低、并趋于稳定的基础上,要将发展现代物流业、节能降耗重点转向库存控制。为此,要对工业企业加快资本周转、降低物流成本、提高物流效率、消除库存积压、优化产品流程提出指导性意见和具体要求;要促进工业企业采购、销售、储运业务和流程的"外包",推动社会化"第三方物流"供应商的发展,改变工业企业"家家有仓库、户户有车队"的落后低效局面,提高企业物流的社会化、专业化、集约化、现代化水平。

4. 加强物流成本核算,控制物流总成本

随着产业分工的细化和产业链条的拉长,使得物流成本核算不仅越来越重要,而且越来越复杂,对物流成本状况,从而产品总成本的客观描述越来越困难。我国物流成本信息近年来虽已开始分析发布,但统计核算的基础工作与核算能力相当薄弱,统计口径、数据来源和解释评估能力含糊笼统,物流研究和信息数据分析处于一个"孤岛状态",准确性及其来龙去脉很难令人放心,监测调控更是严重缺失。倘若这种状况得不到率先改变,将会严重阻滞"十三五"期间发展现代物流业、节能降耗、降低成本的总进程。

我国迫切需要符合自己要求、经得住推敲的、可靠的物流成本核算体系和真实数据的支撑。这就需要,第一,理顺物流管理机构,对数据信息的发布要建立问责制,改变"数出多门、估计推测、随意发布、依据缺失"的状况。发布机构有责任、有义务对数据信息形成过程、统计框架、统计口径、来龙去脉以及缺失不足等等做出合乎逻辑的解释。第二,尽快统一我国微观物流成本的核算规则和方法。即建立协调机制,确定物流成本指标,统一核算方法,加紧数据搜寻,切实强化物流信息管理,充分发挥行业中介组织的作用。第三,加强对现行国民经济统计体系中的物流管理数据接口研究,同时改革企业会计准则,推进物流成本科目的试点。考虑到从物流成本核算到物流管理所产生的巨大经济效益,建议在企业会计科目中增设物流成本项目或者分立的运输成本、库存成本、物流管理成本项目。提出相应的数据剥离方案、专项补充调查和分析测算方法。第四,开展对物流成本分行业、分地区、分类别细化考察。以领先企业为基础确定标准化数据。第五,在具备科学可比性的前提下,加强物流成本实际状况的国际比较和国际交流,加强物流成本实际状况变动的实时跟踪监测,并从中不断提炼进一步降低物流成本的政策和措施。

（二）具体的对策建议

1. 发展和完善现代高效物流体系

一是打造高效物流服务体系。以传统运输为突破口,推广标准车型、规范管理、先进技术,提高车辆运输效率。深化铁路货运改革,优化运输组织结构。降低供应链库存成本,减少库存浪费。在工商企业中开展物流成本核算,降低产业链物流成本。

二是引导物流集约发展。鼓励物流平台发展,整合分散物流资源,提高市场相对集中度。设立物流产业发展基金,鼓励大型企业兼并重组。开展中小企业联盟培育计划,引导企业间建立合作标准和规范。利用绿色环保标准提高市场进入门槛,加快设备改造升级,培育优秀企业群体。

三是实现设施连通、网络连通、信息连通。支持多式联运企业主体,加强铁路与公路、水运、航空货运枢纽的规划衔接和网络对接,引导多种运输方式进入,实现多式联运无缝衔接。搭建国家物流信息平台,开放共享相关政府信息,提升企业信息化水平。

四是创新物流组织方式和运营模式。鼓励发展精益物流，优化重点产业供应链，促进物流业与相关产业联动融合。鼓励企业整合资源，健全农村和社区末端服务网络。推行多式联运、甩挂运输、无车承运等运输组织方式，努力降低社会物流成本。

五是统筹区域、国际、国内物流协调发展。编织国内物流服务网络，打通国际国内物流大通道，完善重要枢纽节点物流基础设施网络建设，补齐短板。配合"一带一路"战略，培育世界级跨国物流集团和专业化物流企业群体，鼓励国内企业开展国际产能合作，融入全球供应链体系。

2. 发展多模式多样化的物流配送

一是加强城市配送设施建设，完善城市配送体系。优化重要节点物流基础设施布局，完善城市三级配送网络建设。依托重要交通枢纽、物流集散地规划建设集运输、仓储、配送、信息交易为一体的综合物流服务基地，加强干线运输与城市配送的有效衔接。加强公用型城市配送节点建设，鼓励物流企业加强协作，整合资源，优化城市配送设施布局。支持社区、机关、学校、商务区末端配送点建设，大力发展智能快件箱，并纳入公共服务设施规划。鼓励商贸流通企业和连锁超市等开展共同配送，提高配送效率。

二是加强村镇末端配送设施建设，健全农村物流网络体系。鼓励地方政府加强农村物流设施网络规划和建设，整合利用现有邮政、供销、交通等物流资源，推动县级仓储配送中心、农村物流快递公共取送点建设，加快形成网络规模效应。鼓励电商企业与农产品生产加工企业联动发展，建立特色农产品电商物流标准和追溯标准。加强城乡互动的双向物流体系建设，畅通农产品进城和工业品下乡渠道。

三是加强农产品物流设施建设，提升农产品现代物流水平。研究公益性农产品市场体系建设的指导意见，加强公益性农产品批发市场建设，鼓励批发市场建立追溯体系，推动市场的专业化提升和精细化改造。支持集预冷、加工、冷藏、配送、追溯等功能于一体的农产品产地集配中心建设，鼓励企业构建覆盖主产区的产地集配体系和重要农产品追溯体系，提升产地预冷处理能力。鼓励建设节能环保型冷库或对老旧冷库进行技术改造，提高冷库安全、环保、节能水平。支持农产品流通企业建设具有储存、分拣、加工、包装、配送、追溯等功能的低温加工配送中心，开展农产品冷链流通标准化示范，提升农产品冷链物流水平。

四是加强多式联运转运设施建设，提升货物中转效率。依托物流大通道，在重要节点规划布局和建设一批具有多式联运服务功能的物流枢纽，完善不同运输方式之间的连接和转运设施，推进公、铁、水、民航等基础设施"最后一公里"的衔接。支持重要港口、枢纽机场加强集疏运体系建设，重点推动建设一批专用铁路、公路进港项目，提升港站集疏运能力和运行效率。支持公路物流园区引入铁路专用线，完善多式联运服务功能；支持铁路物流中心建设，加强与其他运输方式的衔接，提升综合运输服务能力和水平。组织开展多式联运示范工程，推广公、铁、水联运，提高多式联运比重。研究制定有关多式联运服务标准和规则，探索在重点行业领域实行"一票到底"的物流服务。

五是加强信息技术应用，促进物流新模式发展。研究制定"互联网＋"高效物流三年行动实施方案。加强物联网、云计算、大数据、移动互联等先进信息技术在物流领域的应用，改造传统业务模式和管理系统，优化物流资源配置，提升物流运作水平。结合现代物流创新发展城市试点，推动政府部门、企业和社会组织之间开展数据平台对接，促进物流信息的互联互通和开放共享。加快国家交通运输物流公共信息平台建设，积极推进物流园区之间的互联互通，鼓励依托互联网平台的"无车承运人"发展。推进快递服务制造业的示范工程,积极融入智能制造、个性化定制等制造业新领域。

六是加强物流标准衔接和制修订,提高物流服务效率。加强运输工具、物流设备等标准衔接,提高设施设备利用效率和物流服务运作效率。大力推广托盘、周转箱、集装箱等标准化装载单元循环共用,支持开展租赁、维修等延伸服务。抓紧修订出台《道路车辆外廓尺寸轴荷和质量限值》(GB1589),并做好宣贯和落实。抓紧研究出台快递配送专用电动车辆技术标准。

3. 打造智慧物流,提升物流发展之路

智能物流是利用集成智能化技术,使物流系统能模仿人的智能,具有思维、感知、学习、推理判断和自行解决物流中某些问题的能力。智能物流利用条形码、射频识别技术、传感器、全球定位系统等先进的物联网技术通过信息处理和网络通信技术平台广泛应用于物流业运输、仓储、配送、包装、装卸等基本活动环节,实现货物运输过程的自动化运作和高效率优化管理,提高物流行业的服务水平,降低成本,减少自然资源和社会资源消耗。物联网为物流业将传统物流技术与智能化系统运作管理相结合提供了一个很好的平台,能够更完善地实现智能物流的信息化、智能化、自动化、透明化、系统的运作模式。智能物流在实施的过程中强调的是物流过程数据智慧化、网络协同化和决策智慧化。在欧美等发达国家,智能物流已经成为国民经济发展的重要支柱产业,中国智能物流的发展与国外还存在一定差距。后金融危机时代,迫于竞争和运营成本的压力,国内各生产和销售企业对物流系统的重视程度也越来越高。2007—2014 年,中国智能物流行业整体保持较快的发展速度。2010 年,受金融危机影响,中国智能物流市场规模为 820 亿元,增长速度降至近十年来最低。2012 年,中国智能物流市场规模超过 1000 亿元,同比增长 13%。13—14 年,中国智能物流市场同比保持了高速增长。2014 年,中国智能物流市场规模中国超过 1800 亿元,同比增长 26%。

一是建立布局合理、运营高效的智慧物流园区(基地)。按市场需求科学规划、有序建设有较强辐射能力,可提供跨区域服务,信息化创新能力较强的智慧化物流园区(基地)。加快物流园区基础设施现代化建设,实现数据监控和物流流程监控,形成园区内部各个功能区之间的互联互通。加快先进物流技术和产业装备在园区企业运营中的应用,通过业务整体解决方案,推动园区企业有序竞争和互相合作,提高园区物流服务整体水平。鼓励智慧型物流企业落户园区,实现智慧物流产业孵化。通过信息化手段,统一园区内部管理和对外合作,建设服务于园区内外的电子商务平台和信息管理系统,实现公共管理和服务智能化。

二是建立深度感知的智慧化仓储管理系统。鼓励发展自动化物流仓储中心,支持企业利用信息化手段,将订单运营、分拣加工、客户服务等功能进行整合,建立智慧化仓储管理信息系统。利用二维码、无线射频识别(RFID)等感知技术,提高货物信息在仓库管理流程中数据录入的效率和准确性,确保企业及时准确地掌握货物流转情况,合理保持和控制企业库存。通过商品编码技术,提高各类订单需求的出入库处理能力,对库存货物的批次、保质期等进行管理,实现智能盘点。利用信息系统的库位管理功能,及时掌握所有库存货物所在位置,提升物品拣选、传送、识别等设备的自动化水平,推广高性能货物搬运设备和快速分拣技术,提高仓库管理工作效率。加强仓储管理系统与生产制造企业和终端零售企业信息系统有效衔接,促进供需信息精准对接,提高货物调度效率。

三是建立高效便捷的智慧化末端配送网络。支持物流、电子商务、快递等企业和专业化末端配送企业进行多方合作,通过信息化手段整合末端配送资源,实现末端物流配送的专业化、统一化,构

建基于互联网和移动互联网的末端物流配送体系。鼓励配送企业与社区服务机构、连锁商业网点、大型写字楼、机关事业单位、大学校园等单位开展广泛合作,设立物流末端配送站。大力发展以自助电子快递箱、智能快递站等为代表的智慧末端物流设施,提升自助设施的人性化体验和便捷性。

四是建立科学有序的智慧化物流分拨调配系统。提高分拨效率,促进物流园区、仓储中心、配送中心货物信息的精准对接,加强人员、货源、车源和物流服务信息的有效匹配。优化配送路线,利用大数据技术采集路况信息,建立交通状况模型,与智能交通系统对接,依据实时路况动态调整配送路线。实现自动调配,鼓励运用北斗等导航定位技术,实时记录配送车辆位置及状态信息,利用云计算技术,做好供应商、配送车辆、门店、用户等各环节的精准对接。加强流程控制,运用信息技术,加强对物流配送车辆、人员、环境及安全、温控等要素的实时监控和反馈。

五是建立互联互通的智慧化物流信息服务平台。支持通过物流信息服务平台,集聚整合物流供需资源,为用户提供采购、交易、运作、跟踪、管理和结算等全流程服务,加强平台间互联互通,实现全国全网联网调度,线下线上同步整合。通过物流信息服务平台,对物流业务分布热点、货源结构、流向分布以及车源结构等大数据进行挖掘分析,为客户提供个性化服务,提升用户管理、运作、决策和竞争能力,提高与物流业发展配套的金融、法律、咨询等服务的信息化水平。通过物流信息服务平台,推动制造、商贸企业与物流企业信息互通、联动发展,提高生产、流通和物流企业的及时响应能力,促进精益生产和服务,并带动产业链上下游协同联动。

六是提高物流配送标准化、单元化水平。加快研究、制订和推广物流信息技术、编码、安全、管理和服务等方面标准,推动物流信息化标准体系建设。深入开展物流标准化专项行动,支持行业协会、重点龙头企业、物流信息服务企业、高等院校、科研机构参与物流信息标准的制定和宣贯工作。以信息化为基础,对物流全流程进行监控,推动物品在起始地整合为规格化、标准化的货物单元,并且保持单元化状态直至终点,从而进一步提高物流效率。

七是提升物流企业信息管理和技术应用能力。鼓励企业在仓储、分拣、包装、配送等各环节采用先进适用的物流装备设施,提高作业自动化水平。积极推进物联网、云计算、大数据等新技术应用。重点支持电子标识、自动识别、信息交换、智能交通、物流经营管理、移动信息服务、可视化服务和位置服务等先进适用技术的应用。积极推进物流企业物流管理信息化,运用企业资源计划(ERP)和供应链管理(SCM)技术,促进信息技术在物流领域的推广应用。建立物流技术创新体制。鼓励企业技术改造和新技术研发推广,支持对重点领域关键技术的联合攻关。

4. 实施"三四五多"的发展战略

一是做实三大物流转运枢纽,编织江苏联通世界的物流网络。进一步加快物流市场对内对外开放步伐,坚持"引进来"和"走出去"相结合,发挥物流枢纽中心的服务功能。首先,要瞄准世界物流产业的发展趋势和物流构架,精准发力,全力加快海运、航空、铁路、公路等物流通道建设,对接"一带一路"沿线国家和区域的世界物流产业网络,实现互联互通,从源头上把握战略机遇。其次,要抢抓国内重点省区加快"一带一路"建设的契机,主动对接"一带一路"愿景规划中设计的省区和重要节点城市,南通珠三角物流网和长三角物流网,北接环渤海物流网,中部承接和联通中西部物流通道,力争在"十三五"期间实现与国内"一带一路"相关省区物流通道的无缝对接。再次,着力布局"十三五"江苏省内物流运输基础设施,重点完善江苏物流运输网络,外联内通,促进江苏物流产业的大发展。建议选择国内的西安、乌鲁木齐和波兰华沙三大城市作为江苏物流新亚欧大陆桥沿线国内段的节点物流运输转运枢纽,鼓励连云港、徐州、南京、苏州等地的物流企业,采取投资、入股或收购等形式,设立运营机构,建设无水港、物流产业园、大型物流基地或综合保税区等平台。

二是建设四大综合物流走廊,创建现代智能物流体系。首先以长江经济带、江苏沿海经济带、新亚欧大陆桥经济带和沪宁经济带建设为契机,抢抓先机,加快布局建设四大综合物流区域走廊,即沿江物流走廊、沿海物流走廊、沿新亚欧大陆桥物流走廊和沿沪宁物流走廊。其次创建现代智能物流体系,紧跟大数据时代物流产业的创新和创意,构建多级互通信息网络,增进物流服务精准化与智能化。选择物联网和电子商务为载体,搭建 P2P、O2O、O2P 等形式物流平台,大力发展"互联网+现代物流"。分步骤、分区域、分层次建设现代智能物流平台和信息化体系,逐步完善互联互通、服务世界的国际型物流信息服务平台。鼓励和支持企业广泛应用物流自动化技术和现代物流管理软件,实现物流作业的自动化和信息化、物流管理的专业化和高效化。

三是开辟五条城际物流通道,深耕江苏特色物流。首先加快实施苏州—上海、南通—上海、南京—镇江—扬州—泰州—上海、南京—马鞍山、徐州—连云港等五条城际物流主通道建设,加快承接上海自贸区的溢出效应,发挥南京、徐州、苏州辐射带动功能。其次深耕江苏特色物流,针对江苏现代农业发展的机遇,加快建设布局合理、设施先进、上下游衔接、标准健全的农产品冷链物流服务体系。针对江苏国际多式联运的运输发达特点,同步进出口市场培育,加快对接国际、国内两个市场,促进集装箱的功能集聚与整合,重点扶持集装箱物流。加快全省综合保税区的建设和资源整合,推动保税区、保税物流园区、物流加工区等特殊监管区域进行"功能整合、政策叠加"的试点,形成多点、发散式的保税物流基地网络。

四是打造多元物流产业平台,拓展产业发展,增强多方联动。一是继续推进中哈物流园、上合(国际)组织物流园建设,开启二期工程,尽快做大做强,示范全省,辐射新亚欧大陆桥交通走廊。二是以徐州无水港建设为契机,建设徐州国际物流园区和综合保税区,就地封关、检验检疫,实施"一带一路"运输东西双向便捷流动,打通新亚欧大陆桥江苏段物流运输的"最后一公里"。三是发挥"苏新欧"铁运班列的引领作用,采用综合保税区模式,建设苏州、南京国际保税物流园区,带动苏南和苏中,形成集疏运规模。四是加快苏中与"一带一路"沿线国家和地区的对接,发挥江海联运、航空直取的物流优势,布局适宜的特色国际物流产业,主动对接海外市场。五是加快发展以集装箱为主体的物流运输,发挥优势,扬长避短,搭建集装箱专业物流园区和基地。

五是深化物流行业管理改革,打造环江苏物流圈。要深化物流行业改革,首先应发挥政府公共服务职能,完善物流信息采集、交换、共享、开放机制,搭建物流业政务交流管理平台。其次充分发挥物流、仓储、交通运输、港口和国际货代等协会的桥梁和纽带作用,加强在调查研究、提供政策建议、做好服务企业、规范市场行为等方面的中介服务。再次进一步发挥行业组织的功能和作用,从物流产业标准制定、定价权、运营流程、技术管理认证等方面放权予民,还权予企业,调动市场机制,参与行业管理。在深化物流行业改革的基础上,打造环江苏物流圈,要充分发挥南京、苏州、徐州三大区域中心城市圈的优势,以城市为核心,依托 100 公里半径内的重点物流节点城市,建设以服务三大城市圈经济发展为目标的"点—轴"式区域物流网络体系。研究江苏周边省市物流通道现状,审时度势,主动对接,互联互通。加快实施国家"一带一路"愿景计划和《长江经济带综合立体交通走廊规划》,重点联通南京、苏州、南通、徐州、连云港等地的接壤物流通道,打通环江苏物流圈最后"一公里"。打造省际公共合作物流平台,助推物流产业的发展。

【主要参考文献】

［1］郭娟.浅谈物理管理的发展［J］.行业综述,2011(08).

［2］梅园.我国现代物理管理现状及对策分析［J］.物流管理,2011(08).

［3］杨中.我国现代物理业现状及发展的探讨［J］.财经与管理,2010(01).

［4］方维慰.江苏物流业转型升级的目标取向与发展策略［J］.现代管理科学,2013(3).

［5］蒲忠,廖建英,崔陈冬.我国第三方物流的发展现状、存在问题和发展策略刍议［J］.物流科技,2007,(7).

［6］何枭吟.我国物流产业现状、存在问题与发展趋势［J］.改革与战略,2007,(2).

［7］赵静.试析我国现代物流业发展中存在的问题及其对策［J］.经济问题探索,2006,(12).

［8］付岩.浅论物流产业及发展趋势［J］.黑龙江交通科技,2007,(8).

［9］孙晓梅.现代物理发展的国际化趋势［J］.商业经济.2011(02).

［10］宋则,荆林波.中国流通理论前沿［M］.北京:社会科学文献出版社,2008.

［11］张颢瀚.长三角一体化新背景下江苏省发展的定位［J］.杭州师范大学学报,2010(5).

［12］常士全,梁冠民.区域物流发展现状及其规划建设研究［J］.甘肃科技,2011(2).

［13］崔琳琳.江苏省物流业发展的实证分析［J］.江苏商论,2009(1).

［14］李兆磊.区域物流系统分析［J］.西安航空技术高等专科学校学报,2011(2).

［15］王福铭.江苏省港口物流业的发展和建议［J］.中国市场,2011(19).

［16］章敬东.江苏省物流发展战略规划研究［J］.商业营销,2009(10).

第六章 江苏省公共服务业发展报告

　　"十二五"时期是江苏全面建成小康社会的关键时期,在以人为本、服务为先的原则下,"十二五"规划纲要明确提出了"建立健全基本公共服务体系"的目标。加快发展公共服务业,提供丰富的公共服务和公共产品,促进公共服务均等化,是深入贯彻落实科学发展观的重大举措,对于江苏推进以改善民生为重点的和谐社会建设具有十分重要的意义。公共服务是指政府或公共组织为服务社会大众而提供的非盈利为目的的产品或服务。公共服务业是指为满足公共消费需求,提高公共福利,向公众提供公共产品和公共服务的相互关联的机构或企业的集合。公共服务业主要包含底线生存服务和公众发展服务两大领域以及基本环境服务的部分内容。在消费服务业和生产服务业快速发展的同时,加快发展公共服务业,形成较为完备的公共服务业体系,提供更多的公共服务和公共产品,可以更好地促进现代服务业健康协调发展,实现服务业产业内结构优化升级,适应新型工业化和居民消费结构升级的新形势。

　　对江苏省公共服务业发展现状、问题和对策的研究有助于公共服务业管理主体、供给主体及其利益相关者明确思路,采取有效的政策和措施,积极改善公共服务能力,促进公共服务业的协调发展,进而为促进第三产业的发展,引导江苏省产业结构优化升级,为全面建设小康社会奠定基础。依据《江苏省"十二五"规划纲要》确定的公共服务范围和重点,本文所界定的公共服务业主要包括国民经济行业分类(GB/T4754—2011)中,国民经济代码为 M(科学研究和技术服务)、N(水利、环境和公共设施管理业)、P(教育)、Q(卫生和社会工作)、R(文化、体育和娱乐业)、S(公共管理、社会保障和社会组织)的六个门类行业。

一、江苏省公共服务业发展现状

(一)公共服务业各行业发展成效显著

　　公共服务业是随着工业化、城市化不断发展而逐渐完善和发展起来的,并成为现代社会的重要组成部分。近年来,随着江苏经济的不断发展,符合省情、比较完整、覆盖城乡、可持续的基本公共服务体系不断建立与更加完善,公共服务的各行业得到了全面快速的发展,产值虽然增速波动较大,但规模持续扩大,对第三产业的贡献度愈发显著。

　　1. 科学研究和技术服务业

　　2015 年,江苏省的创新型省份建设迈出重要步伐,区域创新能力连续 7 年位居全国首位。全社会研发投入 1788 亿元,科技进步对经济增长贡献率达到 60%。高新技术产业产值比重达 40.1%,大中型企业研发机构建有率达 88%,高校协同创新成效明显,省产业技术研究院建设加快推进。万人发明专利拥有量突破 14 件。引进国家千人计划创业类人才占全国 1/3,高技能人才总量 293.2

万人。苏南国家自主创新示范区建设扎实推进。大众创业、万众创新取得明显成效。2015 年,江苏省高新技术产业较快发展。高新技术产业实现产值 61373.61 亿元,比去年同期增长 7.62%;完成出口交货值 12861.91 亿元,比去年同期增长-1.03%。全省高新技术产业主要分布在苏南及沿江地区,苏南五市高新技术产业产值 35405.76 亿元,占全省的 57.69%;苏中三市高新技术产业产值 14609.50 亿元,占全省的 23.80%;苏北五市高新技术产业产值 11358.35 亿元,占全省的 18.51%。

江苏省组织实施省重大科技成果转化专项资金项目 182 项,省资助资金投入 15.3 亿元,新增总投入 119 亿元。全省按国家新标准认定高新技术企业累计达 1 万家。新认定省级高新技术产品 9802 项,已建国家级高新技术特色产业基地 139 个。2015 年,江苏省科研投入比重提高。全社会研究与发展(R&D)活动经费 1788 亿元,占地区生产总值比重为 2.55%,比上年提高 0.05 个百分点。全省从事科技活动人员 120.3 万人,其中研究与发展(R&D)人员 74.6 万人。全省拥有中国科学院和中国工程院院士 96 人。全省各类科学研究与技术开发机构中,政府部门属独立研究与开发机构达 144 个。全省已建国家和省级重点实验室 97 个,科技服务平台 290 个,工程技术研究中心 2989 个,企业院士工作站 329 个,经国家认定的技术中心 95 家。2015 年,江苏省科技创新能力不断增强。区域创新能力连续七年保持全国第一。全省科技进步贡献率达 60%,比上年提高 1 个百分点。全年授权专利 25 万件,其中发明专利 3.6 万件。全年共签订各类技术合同 2.5 万项,技术合同成交额达 700 亿元,比上年增长 6.8%。全省企业共申请专利 27.5 万件。表 1 为 2010—2015 年江苏省科技活动的基本情况:

表 1　2010—2015 年江苏省科技活动基本情况

指　　标	2010 年	2011 年	2012 年	2013 年	2014 年	2015 年
科技机构数(个)	6798	9061	17776	19393	21844	23101
科研单位	135	148	148	143	144	142
规模以上工业企业	—	6518	16417	17996	20411	21542
♯大中型工业企业	2734	3166	7395	7231	7538	7432
高等院校	579	647	761	801	854	971
其他	3350	1748	450	453	435	446
科技活动人员数(万人)	73.69	81.62	98.23	109.46	115.00	111.99
♯大学本科及以上学历	25.54	32.72	44.96	49.09	53.61	54.84
研究与发展经费内部支出(亿元)	857.95	1071.96	1288.02	1450.00	1630.00	1801.23
R&D 经费支出占国内生产总值比重(%)	2.10	2.20	2.33	2.45	2.50	2.57
三种专利申请受理量(件)	235873	348381	472656	504500	421907	428337
♯发明专利申请受理量(件)	50298	84678	110091	141259	146660	154608
三种专利授权量(件)	138382	199814	269944	239645	200032	250290
♯发明专利授权量(件)	7210	11043	16242	16790	19671	36015

数据来源:江苏省统计局,历年《江苏统计年鉴》。

2. 水利、环境和公共设施管理业

2015 年以来,江苏省水利系统认真贯彻水利部和江苏省委、省政府的系列决策部署,创新体制机制,深化水利改革,系统的推进建设。江苏省水利服务方面在 2015 年有十大亮点,取得了丰硕成果。2015 年江苏省水利建设的十大亮点分别是:骆马湖水域全面禁采,成功抗御沿江苏南地区历史超强降雨袭击,太湖水环境综合治理新孟河延伸拓浚工程先导段开工建设,河湖管理等领域改革取得新进展,最严格水资源管理制度考核蝉联全国优秀,全省 85% 以上城市集中式引用水源地完成达标建设,江苏省率先建立法治水利建设指标体系并出台"两法衔接"标准,江苏水情教育走进 4825 所小学,水美乡村建成百镇千村,南京市实现水务一体化。

2015 年江苏省生态建设成效显著。制定生态文明建设规划,划定全省生态红线保护区域。年末全省设立自然保护区 31 个,其中国家级自然保护区 3 个,面积达 56.7 万公顷。深入开展工业废气、机动车尾气、城市扬尘等各类污染物综合治理,建立大气污染防治区域联防联控机制,实现燃煤大机组脱硫脱硝全覆盖,PM2.5 平均浓度同比下降 12.1%。深入开展重点流域治理,太湖流域水质持续改善,南水北调江苏段水质达标。加强绿色江苏建设,林木覆盖率提高到 22.5%,国家生态市(县、区)达到 35 个。全省节能减排顺利推进。大力实施节能减排重点工程,鼓励发展循环经济,严格控制高耗能项目,加快淘汰落后产能,推动重点耗能企业能效提升。全省电力行业关停小火电机组 52.6 万千瓦。单位 GDP 能耗下降、化学需氧量、二氧化硫、氨氮、氮氧化物排放削减均完成年度目标任务。

自"十二五"以来,江苏省就更加注重公共设施管理的建设,供水、供气、市政工程、公共交通、城市绿化等公共设施更加完善。2015 年江苏省强化惠民生发展理念,民生福祉不断增强。深入实施民生幸福工程,健全完善公共服务"六大体系",12 件 80 项为民办实事项目全面完成。完善城乡基础设施。加快太湖新城、锡东新城、惠山新城、马山国际旅游度假区等重点片区建设,完成古运河风光带核心段提升改造工程,西环线、北中路、广石路等一批城市道路建成通车,地铁 1 号线南延工程、3、4 号线一期、苏锡常南部高速公路前期工作扎实推进。居民出行更加便捷,行政村客运班车全覆盖,实现省辖市公交一卡通。

统筹实施老城区更新改造,整治改造棚户区(危旧房)、旧住宅区分别达 57.7 万、327 万平方米,竣工拆迁安置房 244.7 万平方米。市区拆除违法建筑 17.7 万平方米,完成 14 条主要道路包装出新和 42 条背街小巷综合改造,增设 1000 余家苏邮便民服务点和快递示范门店。加大电网建设投入,中心城区、太湖新城高可靠性供电示范区建设加快推进。提升城区排水防涝能力,成功经受去年夏天超历史极值水位的考验。提高民生保障水平。积极推进公交优先和绿色出行,新辟、优化调整公交线路 41 条,新增插电式新能源公交车 190 辆,地铁 1、2 号线运行平稳,客流量逐步增加。中心城市辐射功能明显增强,县域经济实力大幅提升,新农村建设扎实推进,所有行政村实现"七通"目标,新解决 1667 万农村人口饮水安全问题,新改建农村公路 2.37 万公里、桥梁 39424 座。区域协调发展新布局全面展开。苏南现代化建设示范区引领带动作用逐步显现,南京江北新区成功获批。加大对苏中苏北结合部经济相对薄弱地区支持力度,苏中融合发展特色发展加快推进。南北共建园区、苏北六项关键工程等成效明显,全面小康建设迈出坚实步伐。

3. 教育

教育现代化建设成效显著,学前教育全面普及,在全国率先实现县域义务教育基本均衡全覆盖,高中阶段毛入学率达到 99.1%,高等教育主要发展指标位居全国前列,职业教育创新发展持续推进,终身教育体系进一步完善。2015 年江苏省教育事业全面发展。全省共有普通高校 137 所。

普通高等教育本专科招生 44.9 万人,在校生 171.6 万人,毕业生 48.4 万人;研究生教育招生 5.1 万人,在校生 15.6 万人,毕业生 4.3 万人。高等教育毛入学率达 52.3%,比上年提高 1.3 个百分点。全省中等职业教育在校生达 68 万人(不含技工学校)。九年义务教育巩固率 100%,高中阶段教育毛入学率 99.1%,基本普及高中阶段教育。特殊教育招生 0.4 万人,在校生 2.3 万人。全省共有幼儿园 6759 所,比上年增加 1687 所;在园幼儿 250.7 万人,比上年增加 16.6 万人。

表 2　2015 年江苏省各类教育招生和在校生情况

类别	招生数		在校生数		毕业生数	
	绝对人数 (万)	比上年增长 (%)	绝对人数 (万)	比上年增长 (%)	绝对人数 (万)	比上年增长 (%)
研究生教育	5.1	3.9	15.56	3.3	4.28	2.6
普通高等教育	44.86	0.8	171.57	1	48.41	1.1
普通高中教育	31.95	—0.1	97.8	—5.4	36.88	—7
普通初中教育	63.43	2.7	186.72	0.8	61.21	—0.4
小学教育	91.96	3.5	499.64	6	64.69	4

数据来源:《2015 年江苏省国民经济和社会发展统计公报》。

4. 卫生和社会工作

2015 年,在省委省政府的领导下,江苏省着力推进医药卫生体制改革,加快完善基本医疗卫生体系,勇于争先,各项工作取得了显著的成效。优化医疗服务体系结构,提档升级建设社区卫生服务中心和卫生院 18 家。卫生事业加快发展。年末共有各类卫生机构 31925 个。其中,医院 1581 个,卫生院、社区服务中心 3817 个,疾病预防控制中心 120 个,妇幼卫生保健机构 109 个。各类卫生机构拥有病床 413612 张,医院拥有病床 328500 张,卫生院、社区服务中心拥有病床 75851 张。共有卫生技术人员 48.70 万人,其中执业医师、执业助理医师 18.92 万人,注册护士 20.4 万人,疾病预防控制中心卫生技术人员 6297 人,妇幼卫生保健机构卫生技术人员 9673 人。城乡基层卫生服务网络更加健全。村卫生室人员 49650 人,农村实现医疗点全覆盖。新型农村合作医疗人口覆盖率达 98% 以上。县级公立医院综合改革全面启动。医药卫生体制改革不断深化,卫生计生事业快速发展,新型农村合作医疗人均财政补助提高到 380 元,基本公共卫生服务免费项目增加到 12 类 45 项,医疗卫生服务能力明显增强。生育政策稳妥有序调整。

表 3　2008—2015 年江苏省卫生事业基本情况

项目	2008 年	2009 年	2010 年	2011 年	2012 年	2013 年	2014 年	2015 年
各类卫生机构总数(个)	13451	13388	30961	31680	31054	31001	32000	31925
医院、卫生院床位总数(张)	220882	234652	247416	296390	255888	368287	392293	4136612
卫生人员总数(人)	361322	377649	459290	481800	520200	551200	589598	618945
其中:卫生技术人员(人)	291557	306453	328387	350500	396100	429000	458534	487005
执业(助理)医师人数(人)	119695	123196	128998	134700	158000	169700	178551	189216
每万人拥有医师数(人)	15.6	15.9	16.4	17.1	19.9	21.4	22.4	23.72

数据来源:江苏省卫生厅,《江苏统计年鉴 2016》。

2015 年江苏省全面加强社会建设,社会福利业得到快速发展;继续实施居民收入倍增计划,2015 年江苏省城乡居民人均可支配收入分别达到 37173 元和 16257 元,同比增长 8.2％和 8.7％。积极扩大就业,五年城镇新增就业 681.6 万人,高校毕业生年末总体就业率稳定在 96％左右,失业人员再就业 369.8 万人,农村劳动力转移总量达 1875 万人。

5. 文化、体育和娱乐业

2015 年,江苏省公共文化服务水平提升。文化事业和文化产业加快发展,公共文化服务设施覆盖率达到 95％,文化产业增加值比重超过 5％。年末全省共有文化馆、群众艺术馆 287 个,公共图书馆 114 个,博物馆 301 个,美术馆 23 个,综合档案馆 118 个,向社会开放档案 43.1 万件。共有广播电台 14 座,中短波广播发射台和转播台 21 座,电视台 14 座,广播综合人口覆盖率和电视综合人口覆盖率均为 100％。有线电视用户 2285.5 万户,与上年基本持平。生产故事影剧片 19 部。全年报纸出版 26.8 亿份,杂志出版 1.2 亿册,图书出版 5.5 亿册。南京大屠杀死难者国家公祭活动成功举办。体育事业和体育产业协调发展,全民健身活动广泛开展,成功举办第二届青奥会、第二届亚青会、第 53 届世乒赛和第十八届省运会。

6. 公共管理、社会保障和社会组织

法治江苏、平安江苏建设取得明显成效,社会治安综合治理绩效考核保持全国领先,群众安全感和法治建设满意率进一步提升。社会信用体系不断完善。安全生产形势总体平稳。防汛抗旱工作扎实有效。食品药品安全工作得到加强。信访工作取得明显成效。国防动员、人民防空和后备力量建设稳步推进,军民融合发展步伐加快,军转安置、拥军优抚工作和军民共建等活动成绩显著。

2015 年江苏省加强和创新社会治理。居民低保、医疗、养老保障水平进一步提高。社会保障体系不断完善,主要险种参保率保持在 95％以上,城乡居民基本养老保险制度全面建立,大病保险制度实现全覆盖,机关事业单位养老保险制度改革顺利启动。江苏省组织实施全民参保登记,社会保障覆盖面进一步提高,"五险合一"公共服务标准化项目通过验收。46％的涉农县(市、区)实现城乡低保标准并轨。社会救助标准动态调整机制不断健全。社会养老服务体系初步建立。保障性安居工程建设有序推进,全省新开工保障性住房 29.22 万套,基本建成 31.78 万套,分别完成年度目标的 109.8％和 113.5％。扶贫开发扎实推进,农村 411 万低收入人口整体实现 4000 元脱贫目标。

民族、宗教、档案、史志、参事工作取得新进展,妇女、儿童、青少年、老龄、残疾人、红十字、慈善事业取得新进步,外事工作、对台事务、港澳工作、侨务工作取得新成效。

(二)公共服务业产值规模持续扩大

2005—2015 年间,江苏省公共服务业的总产值逐年增长,从 2005 年的 1591.72 亿元增加到 2015 年的 7933.52 亿元,增长了 398.42％,并且,公共服务业各行业的产值均呈增长态势:2015 年科学研究和技术服务产值达到 998.71 亿元,较上年增长 12.91％;水利、环境和公共设施管理业产值为 496.67 亿元,较上年增长 15.97％;教育产值为 2195.15 亿元,较上年增长 17.60％;卫生和社会工作产值为 1230.89 亿元,较上年增长 21.21％,是增速最快的公共服务业;文化、体育和娱乐业产值为 635.64 亿元,较上年增长 18.47％;公共管理、社会保障和社会组织产值为 2376.46 亿元,较上年增长 18.59％。江苏公共服务业发展呈现出蓬勃发展、整体推进的良好势头,进入了重要发展期,并且公共服务业总产值占第三产业的比重每年均维持在 20％以上,保持了平稳的增长。

表4　2010—2015年江苏省公共服务业发展情况 （单位:亿元）

项　　目	2005年	2010年	2011年	2012年	2013年	2014年	2015年
科学研究和技术服务业	124.08	365.17	496.42	612.53	774.22	884.50	998.71
水利、环境和公共设施管理业	86.83	215.34	280.76	321.98	382.91	428.27	496.67
教育	545.75	1022.72	1217.21	1420.47	1680.21	1866.58	2195.15
卫生和社会工作	207.17	500.72	664.54	731.58	887.94	1015.45	1230.89
文化、体育和娱乐业	96.01	220.80	268.01	302.99	418.85	536.56	635.64
公共管理、社会保障和社会组织	531.88	1251.57	1507.89	1691.85	1752.72	2003.97	2376.46
公共服务业总产值	1591.72	3576.32	4434.84	5081.40	5896.85	6735.33	7933.52
第三产业总产值	6612.22	17131.45	20842.21	23517.98	27197.43	30599.49	34085.88
公共服务业生产总值占第三产业的比重	24.07%	20.88%	21.28%	21.61%	21.68%	22.01%	23.28%

数据来源:根据历年《江苏统计年鉴》整理。

（三）公共服务业增速趋于稳定

2011—2015年间,江苏省公共服务业各行业产值的增长速度波动较大,几乎呈现出正的波浪形,并且各个行业的增长速度也表现出一定的差异性。2013年,文化、体育和娱乐业的增长速度达到38.24%,而公共管理和社会组织的增长速度才仅仅只有3.60%。而2014年,各细分行业的增速恢复到了10%以上。2015年,卫生和社会工作的增长速度再次突破20%,达到21.22%。其中,文化、娱乐和体育业增速保持了一贯的较高水平,成为近年来江苏公共服务业发展中的亮点。公共服务业增长速度的不稳定性在一定程度上表现出了江苏省公共服务业发展面临的经济社会环境依然错综复杂,可持续发展尚缺乏具有竞争力的有效依托,受政策变化等不确定因素的影响显著。然而这一趋势在2015年得到了一定的改观。

表5　2001—2015年江苏省公共服务业分行业增长速度

项　　目	2011年	2012年	2013年	2014年	2015年
科学研究和技术服务业	35.94%	23.39%	26.40%	14.24%	12.91%
水利、环境和公共设施管理业	30.38%	14.68%	18.92%	11.85%	15.97%
教育	19.02%	16.70%	18.29%	11.09%	17.60%
卫生和社会工作	32.72%	10.09%	21.37%	14.36%	21.22%
文化、体育和娱乐业	21.38%	13.05%	38.24%	28.10%	18.47%
公共管理、社会保障和社会组织	20.48%	12.20%	3.60%	14.33%	18.59%
公共服务业总产值	24.01%	14.58%	16.05%	14.22%	17.79%

数据来源:根据历年《江苏统计年鉴》整理。

二、江苏省公共服务业发展存在的问题

虽然公共服务业的发展在江苏取得了一定的进步,但是我们也要清醒地看到,当前江苏省公共服务业固定资产投资的比例仍然较低,农村公共服务业的发展还比较缓慢,地区发展不平衡,南北差距较大,市场化程度较低,人才就业公共服务管理体系有待完善以及财政制度不完善等等问题。我们应该在肯定成绩的时候,充分认识公共服务业发展的不足,以便更好地促进公共服务业的发展。

(一)公共服务业固定资产投资比例较低

2007—2015年,尽管江苏省公共服务业固定资产总额在不断增长,但是其所占的固定资产总额的比例却一直处于波动状态。2006—2008年,公共服务业固定资产投资在总投资中占比持续下降,由13.43%降低到10.98%,2009年公共服务业投资占比明显回升至13.05%,但随后又回落至2011年的10.63%,2011年起,公共服务业投资占固定资产投资总额的比重重新开始回升,2014年达到14.05%。但是到了2015年江苏省公共服务业固定资产总额占全省全行业固定资产总额的比例回落到13.91%,回升现象尚未成为明显的趋势。

表6　2007—2015年江苏省公共服务业固定资产投资　　　　　　　　(单位:亿元)

项　　　　目	2007年	2008年	2009年	2010年	2011年	2012年	2014年	2015年
科学研究、技术服务和地质勘查业	39.38	59.06	98.65	114.30	226.12	337.7	606.63	592.31
水利、环境和公共设施管理业	681.92	788.01	1210.76	1439.69	1737.39	2014.32	3541.34	3868.82
教育	134.56	162.36	201.54	185.94	218.82	326.90	479.78	543.29
卫生、社会保障和社会福利业	52.88	67.18	77.77	96.25	145.66	166.04	271.44	450.55
文化、体育和娱乐业	70.02	80.31	124.25	158.88	209.76	343.42	578.86	560.11
公共管理和社会组织	85.60	91.13	148.30	176.17	258.19	299.58	361.99	370.47
公共服务业	1064.36	1248.05	1861.27	2171.23	2795.94	3487.96	5840.04	6385.55
公共服务业固定资产投资占比(%)	11.62	10.98	13.05	12.47	10.63	11.00	14.05	13.91

资料来源:根据历年《江苏统计年鉴》整理。

(二)农村公共服务业发展仍然较缓慢

近年来,尽管江苏省农村公共服务业取得了较好的成绩,但是也面临着不少的问题。其主要为:首先城乡收入差距仍然较大。虽然从2010年以后,农村居民的人均收入增长率快于城镇居民人均可支配收入,但是其绝对收入差距仍然较大,并且具有递增的趋势。2006年农村居民人均可支配收入与城镇居民的人均可支配收入绝对收入差距为8271元,而2015年为20916元。其次农村公共服务业的发展理念和经营方式落后,规模小、专业化和社会化水平低、竞争能力弱。有些地方对农村公共服务业发展的需求导向还不够重视,疏于培育农村公共服务业对农村发展的引领、支撑和适应能力。还有一些地方,农村公共服务业的发展片面追求区域自成体系,不重视区域分工协作,组织模式的创新、管理方式的再造和经营业态的创新。除此之外,农村公共服务业的统筹规划不足,重复投资、重复建设和恶性竞争的问题较为严重。农村公共服务业的发展长期缺乏区域总体规划,处于自然发展的状态,从而导致了在区域内部,农村公共服务业不同行业之间缺乏协调整合,整体功能难以提高。

表7　2006—2015年江苏省城乡居民人均收入及增长率

项　　目	2006年	2007年	2008年	2009年	2010年	2011年	2012年	2013年	2014年	2015年
城镇居民家庭人均可支配收入(元)	14084	16378	18680	20552	22944	26341	29677	31585	34346	37173
增长率(%)	14.3	16.3	14.1	10.0	11.6	14.8	12.7	6.4	8.7	8.2
农村居民人均纯收入(元)	5813	6561	7357	8004	9118	10805	12202	13598	14958	16257
增长率(%)	10.2	12.9	12.1	8.8	13.9	18.5	12.9	11.4	10.0	8.7

资料来源:根据历年《江苏统计年鉴》、中经网统计数据库整理。

注:《江苏统计年鉴2016》所载的该项数据更新至2013年。2014年、2015年的城镇居民家庭人均可支配收入数据来自中经网统计数据库。2014年、2015年的农村居民人均纯收入由农村居民家庭人均可支配收入数据近似替代。

（三）地区发展不平衡,南北差距较大

区域发展不平衡是江苏经济社会发展的典型特征,苏南、苏中、苏北三大区域发展的差距不仅体现在经济发展的水平上,在公共服务发展的领域上也有所体现。从表8中公共服务业的各项指标来看,2015年苏中、苏北公共服务业的发展明显落后于苏南地区。从公共服务业的生产总值来看,2014年苏南地区的生产总值为41518.70亿元,超过苏中地区的3.00倍,苏北地区的2.51倍。在科技服务方面,苏南地区科技活动经费支出占地方财政支出的5.00%,而苏中、苏北地区仅分别占3.00%、2.81%。在教育方面,苏南地区的普通高校在校生总数为133.04万人,苏中地区为22.10万人,苏北地区为31.99万人;普通高校专任教师数苏南地区为7.67万人,苏中和苏北分别为1.27万人与1.77万人,从而可以看出苏南地区的教育明显高于苏中和苏北地区。公共卫生服务方面,每万人拥有医院、卫生院床位数以及卫生技术人员均表现为苏南地区高于苏中与苏北地区,卫生资源配置明显向苏南地区倾斜。文化体育方面,在文化体育与传媒经费支出的比重上,苏南地区为2.00%,苏中为1.78%,苏北为1.44%,苏南相比于苏中、苏北也具有比较优势。

表8　2015年江苏省三大区域社会基本情况和公共服务业差异比较

项　　目	苏南	苏中	苏北
年末常住人口(万人)	3324.08	1642.52	3009.70
地区生产总值(亿元)	41518.70	13853.14	16564.30
人均地区生产总值(元)	125002	84368	55127
第三产业增加值占生产总值的比重(%)	51.2	45.0	43.8
城镇化率(%)	75.2	62.4	59.1
科技活动经费支出占地方财政支出的比重(%)	4.9980372	3.0012641	2.808009
环境保护经费支出占地方财政支出的比重(%)	3.9929907	2.5640551	3.012375

项　　目	苏南	苏中	苏北
普通高校在校学生数(万人)	133.04	22.10	31.99
普通高校专任教师数(万人)	7.67	1.27	1.77
卫生机构床位数(万张)	18.22	7.80	15.34
卫生技术人员(万人)	22.66	8.96	17.08
文化体育与传媒经费支出占地方财政支出的比重(%)	1.9956677	1.7809022	1.444631

资料来源:《江苏统计年鉴2016》。

（四）公共服务业市场化程度低

目前,江苏省公共服务业在生产和提供方面仍然是以政府和事业单位为主导,而一些社会中介组织在公共服务资源配置方面的作用仍然是有限的。江苏省公共服务业市场化程度低的具体表现是:公共服务资源的配置方式目前多通过计划而非市场,价格也并不是主要依靠市场来提供。从总体来看,在多数公共服务的生产和提供领域,目前仍主要采取由政府和事业单位直接提供公共物品和服务的单一模式,市场机制在公共服务资源配置方面的作用仍然有限,导致从事公共产品生产的部门人员众多,但绩效低下。从总体格局上来说,公营部门仍然是江苏省公共服务业的主力军,尤其是在具有非营利性的公共服务业当中,如公共管理和社会组织的国有单位比重接近100%。公营部门的比重过大,政府包揽公共服务生产和提供的绝大多数领域和环节,一方面导致政府负担过重,公共投入不足;另一方面,政府对公共服务的垄断供给,阻碍了竞争,也影响了公共服务绩效和质量的改善。此外,公共服务产品的价格大多由政府制定和管理,这就造成了服务产品的定价不能市场化和合理化,进而不能通过市场竞争来刺激企业提高生产效率、提升服务质量、增加服务产品种类等方式来满足消费者的需求。近年来,公共医疗、教育等领域的市场化改革不尽如人意,城市公交特许大多由经营出现回潮,市场化面临着责难与质疑。因此,正确认识公共服务的市场化提供机制,是江苏公共服务业健康发展的一个核心问题。

（五）人才就业公共服务管理体系建设有待完善

人才就业公共服务是政府公共服务的重要组成部分。建立和完善人才就业公共服务体系,更好地发挥政府人事部门、政府所属人才服务机构的作用,充分调动社会各方面的力量,积极采取多种形式,不断满足人民群众日益增长的人才就业公共服务的需要,即使人才就业与人才市场发展的内在要求,也是政府转变职能、更好地履行政府公共职能的客观需要。近年来,尽管江苏政府已经意识到加强人才就业公共服务管理的重要性,在立法、质量管理、标准化管理、人才队伍建设等方面采取了很多富有成效的举措,但是与我国人才就业公共服务发展的要求相比还存在着亟待改善的地方,主要表现在立法与制度建设、规划、准入条件、标准化管理、监管和绩效管理等多个方面,其主要原因是政府职能转变尚未完成,政府人才就业公共服务职能界定不清,相关理论准备不足等。

（六）财政制度不完善,财力与事权不匹配

政府是实现公共服务均衡供给的主导力量。但是就目前而言,江苏省乃至全国都存在着财政

制度不完善,政府的财力和事权不匹配的问题。这是由于我国财税体制改革后,财权层层上移而事权逐级下放,中央政府与地方政府之间、地方不同层级政府之间的财权与事权不明确,省级以下政府的财政实力变得非常有限。省市县乡之间的财政关系尚未按照公共服务均等化的要求理顺,致使超越地方政府承担能力的事权安排加速了地区间公共服务供给的现实差距,这种省县财政之间非直接的关系削弱了省级财政保障基层公共服务供给的能力。虽然在服务型政府理念的指导下,江苏省财政体制也在向公共财政管理体制转型,目前以公共服务支出为主的财政支出框架已基本形成,但是江苏省的财政资金的支出仍不能保障公共服务供给均等化,具体问题体现在财政结构不对称,政府间财政关系不对称,转移支付制度不够完善,尤其是省级以下的财政转移支付制度建设较为落后。这极大地制约了我国公共服务的供给、普及和质量的提升。

三、江苏省公共服务业发展对策

总体上说,江苏的公共服务在渐趋改善,但是与区域经济社会发展的需要相比仍然很不适应,距离公共服务型政府目标较远。进一步打造现代公共服务型政府,更好提供政府公共服务,是江苏经济社会发展的内在要求。其基本思路如下:首先,要通过全面深化改革特别是全面深经济体制改革,切实简政放权,充分发挥市场机制对资源配置的决定性作用。其次,要把政府的公共服务做出两大部类的区分:一是政府的基本公共服务和政府的全部公共服务,二者各自包括哪些内容;二是政府提供的直接给居民家庭生活消费的公共服务、直接给生产者生产经营的公共服务以及共同提供给居民家庭生活消费和生产者生产经营的公共服务,这三种类型的公共服务各自包括哪些内容。在大体划分、界定这些政府公共服务事项的基础上,根据江苏省经济社会发展阶段的实际情况来研究制定未来五年政府公共服务计划。再次,更好地提供政府公共服务,可以分为三种情形:一种是已经有了公共服务,但效能低或不足,需要改善提高;一种是应该提供而没有提供即公共服务缺失,需要弥补或补齐;一种是根据经济社会发展未来需要研制开发提供新的公共服务事项,需要尽力而为之。第三,要科学合理确定规划期内公共服务的目标任务,"十三五"时期,江苏省的政府公共服务计划目标任务为政府基本公共服务在区域(省辖市)之间大致均等化,在城乡(省辖市内)之间均等化。最后,要认识到,政府公共服务主要靠政府组织本身发挥职能作用来提供、实现,但是有些公共服务也可以借助市场和企业甚至是其他社会中介组织机构来提供、实现,如政府购买公共服务、鼓励志愿者行动计划以及一些基础设施在严格管理下的特许建设与经营等。江苏省公共服务业发展对策如下:

(一)高度重视公共服务业发展,构架促进公共服务业发展的政策体系

江苏省政府部门应该及时更新观念、清楚认识发展公共服务业在经济社会发展中的"稳定剂"与"融合剂"的作用,是经济发展和谐的必然要求和结果。充分重视公共服务业相关的各项工作,进行科学规划,尤其是城乡公共服务均等化与一体化规划。由于江苏省公共服务业还是以政府计划投资管理为主体,进而需要政府制定相应的配套政策体系的支撑,具体包括财税政策、金融政策、投资政策、人才引进政策等。做好公共服务业,实现江苏省经济水平和社会福利水平提高,离不开政策的支持,各地区应加强研究,尽快出台相关意见,为江苏省公共服务业创造良好的政策环境。

（二）加强城乡公共服务业基础设施建设

公共服务业的基础设施建设状况和城乡居民的生活质量、幸福指数都有着密切的关联,具体包括科学领域的服务业、文化领域的服务业、教育领域的服务业、卫生、体育、通讯领域的服务业,以及广播电视领域的服务业等等。江苏省的城乡基础设施建设,要能够从改善人民生活质量出发,利用基础设施来提高整个城市公共服务业的水平,创新文化教育、提高公共安全、缩小不同地区之间的基础设施差距,健全城乡就业和社会福利体系;要尽量惠及民生,提高城市化的同时提高居民的幸福感;健全城乡文化教育经费的保障体制,增加教育经费投入,尤其是农村教育的投入,构建文化信息的共享平台,使城乡的文化教育能够共同发展,使江苏省公共服务业从业人员的教育水平得到全面提高。除此之外,还要注重基础交通设施发展建设,要加快对落后地区的投资力度,加快物流业的迅速发展,进而带动其他行业的发展。合理分配公车站点、设置公交车的行车时间,增设公车维修站点,从而提高城镇公交服务的水平。另外,在基础建设过程中要注意可持续性的发展,建设节能、环保的特色服务地区,利用低碳技术和可持续战略来发展循环经济;完善保护生态环境的政策措施,节能减排,尤其要处理好污水排放和垃圾回收处理,创建文明绿色的城市。此外,要保障城镇居民住房建设,推进就业均衡发展,促进城乡医疗水平协调发展,并积极发展与养老有关的老年人看护、钟点家政、住院陪护的服务,满足目前养老市场的巨大需求。

（三）推进农村地区公共服务业发展

农村地区是江苏省发展公共服务业的薄弱环节。就目前而言,江苏省农村地区的公共服务业的发展基本上仍处于自然发展状态,缺乏区域发展的长期规划,这导致江苏省内部公共服务业在城乡之间缺乏协调整合,因而公共服务业的整体功能难以得到提高。推进农村地区公共服务业发展的方法和思路如下:首先通过积极的政策引导和扶持吸引城市服务业对口支持农村服务业,扩展城市服务业在农村的市场和网点,积极组织和鼓励知识信息服务行业向基层农村倾斜发展,为农村服务业的健康发展培训本地人才,吸引人才,留住人才。其次要发挥市场对资源配置的基础性作用,打破部门和行业垄断,放宽第三产业市场准入条件,放开搞活农村金融市场,发展民营金融合作组织,解决农民发展产业的资金短缺问题。第三,大力发展多种所有制形式的第三产业,允许个体民营企业进入第三产业领域投资经营,积极发展合作制股份制的服务企业,对民营企业实行与其他所有制形式企业同等待遇,进一步改善投资软环境,简化办事程序,提高办事效率,为农村公共服务业发展创造良好环境。除此之外,还要使农村公共服务业的供给主体多元化,从而更好地促进公共服务业的发展。多元供给的本质是构建无数个以法律规范的、相对独立的公共服务供给主体,扩展公共服务消费者的选择集合,维护消费者的主权地位。农村公共服务供给的主体包括政府、市场和非营利性组织三种,在理清这三大主体在农村公共服务供给方面的关系的基础上,还要对各层级政府在农村公共服务供给上的职责进行规范。公共服务的内在属性要求政府通过财政支出来提供或参与公共服务的供给,依靠财政渠道是增加农村公共产品的有效途径。

（四）促进区域协调发展

江苏省存在区域条件差异,苏南、苏中、苏北三地经济发展显著不平衡的问题,因此江苏省公共服务业的发展要结合区域资源禀赋优势,因地制宜,统筹协调。苏南地区要根据工业化中后期城市化水平相对较高的特点,大力发展技术密集型与资金密集型的科学研究、技术服务,文化卫生教育等服务业,不断提高公共服务业的发展水平与质量。积极参与国际服务业分工的大格局,努力拓展国际服务贸易,使服务贸易与国际接轨,促使公共服务业的发展水平更上一个台阶。例如镇江可以深度挖掘自身特色与优势,在发展文化产业方面,依托七大名山、八大古寺、镇江博物馆、赛珍珠故居等历史资源,积极整合,深度挖掘特色文化内涵。苏中地区应根据特大工业企业集中的特点,以提高工业化水平来带动公共服务业的发展。例如扬州市可以通过大力发展文化产业来促进该市公共服务业的发展。苏北地区现阶段应根据第二产业还不发达、服务业发育程度较低的特点,在注重保持区域公共服务业协调发展的基础上,还要充分利用该区域城市的聚集与辐射效应,实现城市公共服务业向农村公共服务业的有效带动,促进农村公共服务业的发展。

(五)为公共服务业发展创造良好的市场环境,提高公共服务业的市场化程度

江苏省政府历年来对公共服务业实行的都是传统的政府直接管制,采用这种管制体制的结果就是成本高、效率低、效能低。现代的管理理论和实践证据表明,对公共服务业进行市场化管理能够大大提高政府公共服务的能力,不论其经济性还是服务的效率以及效能都会获得很大的提高。江苏省政府可以从以下几个方面着手建立起良好的市场发展环境:首先对公共服务业由政府主导转变为由市场主导,改革公共服务业的投融资体系,加快公共服务业的资源配置,实现要素在行业内的自由流动,鼓励其他新的市场主体参与到公共服务业的发展中来。除此之外,鼓励以服务外包、管理外包、政府购买、租赁、特许经营、投资补贴、区域间竞争、社会契约制、BOT/BOO 等市场运作方式参与到公共服务业的发展中来,推进公共服务业所有制结构的多元化。调整投资结构,吸引更多的外资投入到公共服务业中来,尤其是科技服务业,这样可以利用国际先进的技术与管理理念来促进江苏省公共服务业的国际化发展。在为公共服务业发展创造良好的市场环境条件下,通过强化公共服务市场化的政府责任,完善公共服务市场化的法律法规,强化对政府相关人员的监督和制约,避免因寻租而产生的腐败现象,增加政府公共服务支出,建设植根民众的公共服务融资体系,促进第三部门发展,选择符合地方情况的公共服务市场化范围和方式,以推进江苏省公共服务市场化进程。

(六)构建人才就业公共服务管理体系

构建人才就业公共服务管理体系的基本思路是借鉴国外特别是发达国家经验,加快人才就业公共服务立法与制度建设,重视人才就业公共服务规划,明确人才就业公共服务的准入条件与资质认定,推进人才就业公共服务标准化建设,实施人才就业公共服务的绩效管理,加强人才就业公共服务的监管。人才就业公共服务管理体系的设计与实施是由其所处的政策环境、设施条件、服务目的与项目等多因素共同决定的。科学合理的人才就业公共服务管理体系应该包含以下几个方面:(1)加快人才就业公共服务立法与制度建设。江苏省应通过加强立法工作,确定人才就业公共服务的运行规则,使人才就业公共服务做到有法可依、有章可循,为人才就业公共服务提供法律保障。(2)重视人才就业公共服务规划。江苏省应根据经济和社会发展状况,预测人才就业公共服务的需求状况,制定供给计划,并落实到政府所属人才服务机构。(3)明确人才就业公共服务的准入条

件与资质认定。江苏省应建立人才就业公共服务提供机构的市场准入制度,以防止资源配置低效或过度竞争。(4)推进人才就业公共服务标准化建设。江苏省应基于江苏省公共人才就业服务的现状,对影响人才服务质量的从业人员、注册资本、设施设备、业务范围和服务流程与环境等因素予以规范,促使其达到相应标准水平,更好满足人才服务行业和人才市场的发展与需求。(5)实施人才就业公共服务的绩效管理。江苏省应结合省情逐步建立科学的、系统的以结果为导向的人才就业公共服务绩效评估系统。(6)加强人才就业公共服务的监管。人才就业公共服务管理工作的重点要落在对江苏省人才就业服务机构的监督和评价之上,必要的时候可以借助社会力量,引入第三方评价机制。加强社会监督,实行政务分开,广泛听取相关利益群体的意见,增强社会成员的知情权和选择权。

(七)建立现代政府预算管理制度,加大财政对公共服务的扶持力度

要建立完整、规范、透明、高效的现代政府预算管理制度。具体来说,一是改进年度预算控制方式;二是建立跨年度预算平衡机制;三是清理规范重点支出挂钩机制;四是完善转移支付制度;五是建立政府性债务管理体系;六是实施全面规范的预算公开制度。同时,要建设有利于科学发展、社会公平、市场统一的税收制度体系。要健全中央和地方财力与事权相匹配的财政体制。需要完善中央地方事权和支出责任划分。具体来讲包括适度加强中央事权;明确中央和地方共同事权;区域性公共事务为地方事权;调整中央和地方的支出责任。还要进一步理顺中央和地方收入划分。

各级政府要进一步调整和优化财政支出结构,加大对公共服务领域的投入,将财政性资金重点投向"三农"和社会事业、社会保障等公共领域,以公共消费引导和拉动社会消费。同时,政府应该发掘有潜力做好提供公共服务的优质企业,给予财政优惠政策,壮大公共服务业的市场主体,为加速江苏省公共服务业市场化进程,确保江苏省公共服务业市场化水平稳步提高打下坚实基础。除此之外,政府还要加大投入和政策扶持力度。一是加大政策扶持力度,推动公共服务业加快发展。依据产业政策完善和细化公共服务业发展指导目录,从财税、信贷、土地和价格等方面进一步完善政策扶持体系。二是拓宽投融资渠道,加大对公共服务业的投入力度。重点支持公共服务业关键领域、薄弱环节发展和提高自主创新能力;积极调整政府投资结构,加大对社会资金投资公共服务业的引导;引导和鼓励金融机构对符合区域产业政策的公共服务企业予以信贷支持,在控制风险前提下,加快开发适应公共服务企业需要的金融产品;引进先进的服务理念、技术和管理经验,促进现代公共服务业的发展,提高公共服务业水平。

【主要参考文献】

[1] 江苏省统计局.2015年江苏省国民经济和社会发展统计公报[EB/OL].江苏省统计局网站,2015年.

[2] 江苏省科技厅.2015年江苏省高新技术产业主要数据统计公报[EB/OL].江苏省科技司网站,2016年.

[3] 江苏省政府.2016年政府工作报告[EB/OL].江苏省政府网站,2016年.

[4] 刘素姣.发达国家公共服务业的演变趋势及启示[J].经济问题,2013(7).

[5] 朱芬华.城镇化与我国公共服务业发展关系的实证分析[J].通化师范学院学报,2014(1).

[6] 陶然.制度创新与城市化——兼论我国城市基础设施和公共服务业建设[J].城市问题,1996.

[7] 陈建辉,孙一平.人才就业公共服务管理体系建设的问题和对策[J].中共天津市委党校学报,2008,10(1).

第七章　江苏省商务服务业发展研究

商务服务是指企业管理组织、市场管理组织、市场中介组织所从事的经营性事务活动,它直接为商业活动中的各种交易提供服务,是生产性服务业的重要组成部分,属于人力资本密集行业和高附加值行业,是与制造业关系最紧密的生产性服务业。商务服务业服务的主体是从事市场商业活动的企业与政府,服务的方式就是根据顾客的要求,为顾客提供解决问题的方法、方案,并对问题解决过程进行控制和评估。因此,商务服务业产业链构成是由下游企业与政府商务活动服务需求向上游延伸,并最终推动商务服务企业或组织提供适应服务、解决问题的过程。随着社会经济发展和产业分工的细化,出于其本身服务的特性,商务服务业的地位和作用日益凸显。一方面,商务服务业的发展能够增加服务业在国民经济中的比重,推动经济服务化;另一方面,商务服务业的发展还能够推动服务业内部结构的升级,加快服务业内部结构从传统的以劳动密集型为主转向以资本密集型为主,并进一步向技术、知识密集型为主。商务服务业本身具有知识密集型特征,是知识创新的源泉,也是知识导入制造业和其他行业的中介和桥梁。因此,商务服务业的发展,能够推动现代科学技术向传统产业渗透和融合,促进了传统产业向自动化、智能化发展,使传统产业在生产方向和内部生产技能方面向新兴工业转移,使传统产业对资金、能源的消耗转向对知识、技术的开发、创新,从而实现了传统工业的改造和升级,在一定程度上解决传统生产企业在价值链低端环节徘徊的困境。从投入产出视角看,商务服务业的发展将对许多相关产业产生巨大的乘数效应,促进与之相关联的产业发展进程。同时城市商务服务业的发展对相邻的、相对落后的区域有巨大的辐射作用,会加速这些区域的商务服务业及相关产业的发展。

随着经济的日益服务化和国际化,商务服务业发展速度加快,不但企业数量迅速增加,行业规模持续扩大,服务质量不断提高,服务内容也日益丰富。在当前江苏制造业产能过剩和后劲不足的背景下,商务服务业的发展逐渐成为江苏经济新的增长点。2015年,江苏服务业增加值为34084.8亿元,同比增长9.3%,比第二产业增长速度(8.4%)快0.9个百分点;占GDP比重为48.6%,比第二产业(45.7%)高2.9个百分点,形成了服务业占主导的产业结构。其中,商务服务业作为现代服务业的重要组成部分,在经济新常态的大背景下加速发展。2015年,租赁和商务服务业营业收入同比增长了22.1%,远远高于服务业的增长速度。随着江苏经济的逐步转型,以及供给侧改革的不断推进,商务服务业将在经济发展和结构优化中发挥更重要的作用。通过大力发展商务服务业,各个部门在提高生产效率的同时能够有效降低运营成本,进而促进各部门整体竞争力的提升,推动"十三五"时期江苏国民经济实现更好更快的良性发展。

专栏1　商务服务业的业态类型

关于商务服务业的业态类型,不同组织和国家,有不同的分类标准。国际上商务服务业通常采用大商务的概念,不仅包括我国统计意义上的商务服务业,还包括计算机与软件服务和科学研究、技术服务、研发服务等。如联合国统计司将人类全部经济活动分成21个类别,与我国商务服

务业统计门类标准行业分类重合的主要有法律和会计活动、总公司的活动和管理咨询活动、广告业和市场调研、出租和租赁活动、就业活动、旅行社、旅游业经营者预约服务及相关活动、保安和调查活动、办公室行政管理、办公支持和其他商业辅助活动等行业门类;WTO 将商务服务业具体细分为专业性服务(包括咨询)、计算机及相关服务、研究与开发服务、不动产服务、设备租赁服务、展览管理等其他服务;OECD 国家商务服务业又叫产业服务或企业服务,包括计算机软件与信息服务,研发与技术检验服务,经营组织服务(包括管理咨询与劳动录用服务)与人力资源开发服务;美国统计署将所有的经济活动分为 20 个门类,商务服务行业涉及专门知识与科技服务业、公司企业管理业、废弃物管理与处理服务业三个门类;我国统计口径的商务服务业基本上采用的是小商务的概念,按照我国 2002 年颁布的国民经济行业分类标准(GB/T4754—2002),商务服务业(含租赁业)主要包括十个方面:租赁业、企业管理服务、法律服务、咨询与调查、广告业、知识产权服务、职业中介服务、市场管理、旅行社、会展等其他商务服务。

表 1　商务服务业的业态类型

联合国统计司	法律和会计活动、总公司的活动和管理咨询活动、广告业和市场调研、出租和租赁活动、就业活动、旅行社、旅游业经营者、预约服务及相关活动、保安和调查活动、办公室行政管理、办公支持和其他商业辅助活动
WTO	专业性服务(包括咨询)、计算机及相关服务、研究与开发服务、不动产服务、设备租赁服务、展览管理等其他服务
OECD	计算机软件与信息服务,研发与技术检验服务,经营组织服务(包括管理咨询与劳动录用服务)与人力资源开发服务
美国统计署	公司和企业管理业、法律服务、会计税务账单工资服务、管理科学技术咨询服务、广告公关及相关服务、管理和支持服务业
中国国家统计局	租赁业、企业管理服务、法律服务、咨询与调查、广告业、知识产权服务、职业中介服务、市场管理、旅行社、其他商务服务

商务服务业行业门类较多,新产业不断涌现。但从大的类别看,可以分为专业服务、会展服务、租赁服务、市场管理和旅行社。其中专业服务在我国现行的商务服务统计范围中所占比重较高,至少在 60% 以上,专业服务具体又包括法律服务、会计审计、咨询服务、广告服务、企业管理服务、知识产权服务、职业中介服务。其中咨询服务又包括工程咨询、技术咨询、管理咨询、决策咨询、其他专业咨询五个领域。

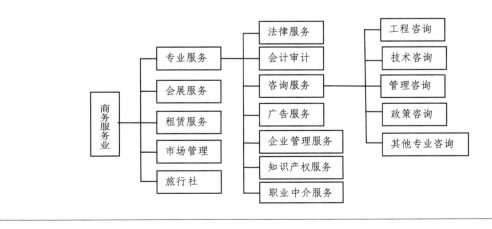

一、江苏省商务服务业发展的现状分析

(一)商务服务业的总体发展状况

"十二五"时期,江苏省商务服务业表现出强劲的发展态势,呈现出增加值占比不断提高、行业规模不断扩大、从业人员显著增加、对经济增长贡献明显增强的良好态势,形成了以企业管理服务、广告业、人力资源服务、咨询与调查、旅行社及相关服务等行业为主导,其他商务服务业有益补充的商务服务业发展体系。

1. 商务服务业规模及在国民经济中的地位

随着经济全球化的深入发展,世界经济由工业型向服务型转型趋势进一步加快,服务业占比不断提升,产业结构优化升级进程加快。商务服务业作为服务业尤其是现代服务业的重要组成部分,在产业结构优化升级,扩大就业渠道,集聚人力资源,提高社会资源利用效率等方面发挥着积极作用。2010年以来,全省商务服务业增加值呈总量不断攀升,占比不断提升的态势。2010年全省商务与租赁服务业增加值仅为868.34亿元,占全省地区生产总值的比重为1.6%;到2015年商务与租赁服务业增加值达2845.33亿元,占全省地区总增加值的比重为3.5%,同比增长15.22%,自2010年起年增幅稳步在15%以上。

2008年,商务服务业增加值占比居服务业各行业第8位,在服务业发展层次中属于第三档次,远低于具有悠久发展历史和庞大产业规模的批发和零售业;也低于发展基础较好,在服务业各行业占有重要地位的房地产业、交通运输仓储和邮政业及金融业。经过7年的发展,商务服务业占比从1.6%提高至4.0%,在服务业各行业中占比提高至第4位,占比仅次于批发零售、金融业和房地产业,显示出这几年间商务服务业迅速成长。从行业收入来看,2015年江苏省服务业大部分行业营业收入继续保持增长态势,商务服务业实现了24.4%的较快增长。税收贡献上看,商务服务业税收实现34.9%的较快增长,为服务业中第一位,高于第二位金融业12个百分点。作为现代服务业的代表行业和支柱行业,该行业未来还拥有巨大的发展潜力。

2. 商务服务业就业情况

2008年以来,租赁和商务服务业从业人数呈现逐年递增的良好态势。2008年,全省城镇单位商务服务业从业人员仅为10.0万人;到2015年增加到31.32万人,是2008年的3.1倍,年均增长25.6%。商务服务业从业人员工资水平稳步提升。2008年,城镇单位商务服务业从业人员平均工资为26326元,2015年提高到54677元,年均增长11.0%。

表2 2015年江苏省服务业城镇单位从业人员数和平均工资

	从业人员年末人数(万人)	在岗职工(万人)	其他从业人员(万人)	从业人员年平均工资(元)	在岗职工平均工资(元)	其他从业人员平均工资(元)
批发和零售业	58.6	56.47	2.14	63185	64090	39349
交通运输、仓储和邮政业	49.23	47.56	1.67	66981	67953	39654

	从业人员 年末人数 （万人）	在岗 职工 （万人）	其他从 业人员 （万人）	从业人员 年平均工资 （元）	在岗职工 平均工资 （元）	其他从业人 员平均工资 （元）
住宿和餐饮业	17.34	15.71	1.63	42391	43733	29612
信息传输、软件和信息技术服务业	28.26	27.75	0.51	117249	118329	59784
金融业	35.05	26.73	8.32	119198	142201	34947
房地产业	22.65	21.37	1.28	66686	68279	40568
租赁和商务服务业	31.32	30.07	1.25	54677	55174	43079
科学研究、技术服务业	21.77	20.96	0.8	91213	92176	66499
水利、环境和公共设施管理业	15.45	13.56	1.9	54062	57291	30956
居民服务、修理和其他服务业	3.35	3.25	0.1	54116	54671	36470
教育	95.98	91.41	4.56	78115	80079	37962
卫生和社会工作	47.93	43.45	4.48	81693	84800	51635
文化、体育和娱乐业	7.77	7.25	0.52	77468	80344	38071
公共管理、社会保障和社会组织	71.02	66.54	4.48	82372	85638	33803
总　　计	1552.08	1467.53	84.55	66196	67200	48186

数据来源：《江苏统计年鉴2016》。

3. 各地区商务服务业企业发展情况

从企业数看，2015年，全省租赁和商务服务业法人单位数146224个，较上年增长9496家。规模以上服务业单位中租赁和商务服务业单位数达到1350家，占全部规模以上服务业单位数的比重为8.2%。规模以上企业中，苏南地区占比50.7%，较2014年有所下降，苏中地区占比26.85%，苏北地区占比22.41%。分13个省辖市看，苏州市、南京市、南通市商务服务业规上单位数居全省前三位，分别为2756家、2674家和2031家。连云港市和宿迁市单位数低于600家，仅为570家和518家。从营业收入情况看，2015年苏南地区租赁和商务服务业营业收入7886亿元，占全省的68.15%；苏中地区实现营业收入2071.9亿元，占全省的13.94%；苏北地区实现营业收入1612.9亿元，占全省的17.91%。从13个省辖市情况看，2015年南京市租赁和商务服务业营业收入达4025.6亿元，总量居全省第一位，占全省的比重为34.8%；苏州市实现收入2070.3亿元，占全省的比重为17.89%；南通市商务服务业营业收入居第三位，实现营业收入903.9亿元，占全省比重的7.8%，但与南京和苏州在绝对量和占比方面有较大差距。

4. 商务服务业对外开放情况

在全球产业调整转移的背景下，随着我国对外开放的不断扩大，特别是服务业开放的不断扩大，服务业开放程度日渐增高，主要体现在吸引海外投资和本国企业的"走出去"。2015年江苏省商务服务业年末登记外商投资企业2823个，投资总额304.7亿美元，吸引外商投资项目282个，实际使用外资22.5亿美元，较2014年增长15.8%。江苏省近年来大力推动企业走出去，2015年江苏省新批境外投资项目129个，投资金额20.4亿美元，较2014年增加了12.7%。

表3 2015年末江苏省登记外商投资企业行业分布情况

行 业	企业数(个)	投资总额(万美元)	注册资本	
			(万美元)	♯外方
总 计	53551	78215363	42290126	35726614
批发和零售业	2737	416409	263240	228529
交通运输、仓储和邮政业	7915	3421762	2018125	1906461
住宿和餐饮业	1919	589682	356718	300706
信息传输、软件和信息技术服务业	929	2138817	1011727	802254
金融业	958	667519	506280	317081
房地产业	1796	7796088	5171809	4547980
租赁和商务服务业	2823	3046993	2527365	2125016
科学研究、技术服务业	3167	5111704	2789220	2081146
水利、环境和公共设施管理业	129	427235	261859	176258
居民服务和其他服务业	398	288740	166769	145720
教育	36	12665	7921	6049
卫生和社会工作	26	120055	61237	53983
文化、体育和娱乐业	234	166800	108698	90433
其他	11	7309	3879	3859

数据来源:《江苏统计年鉴2016》。

表4 2015年江苏省服务业境外投资情况

行 业	2014年		2015年	
	新批项目数(个)	中方协议投资(万美元)	新批项目数(个)	中方协议投资(万美元)
交通运输、仓储和邮政业	2	3007	16	14920
信息传输、计算机服务和软件业	25	9600	42	26370
批发和零售业	240	127719	263	214429
住宿和餐饮业	3	3762	8	2753
房地产业	30	99633	33	117456
租赁和商务服务业	111	182066	137	209296
科学研究、技术服务和地质勘查业	41	23639	41	18987
水利、环境和公共设施管理业	2	360	5	2250
居民服务和其他服务业	11	9460	17	23029
教育	1	36	2	1480
文化、体育和娱乐业	3	1541	9	3462

数据来源:《江苏统计年鉴2016》。

（二）商务服务业的重点领域发展状况

1. 广告业

广告业属于商业服务业的重要行业,对经济发展的拉动作用逐渐收到江苏政府的高度重视。早在 2012 年,江苏省的广告业"十二五"规划明确提出了要打造江苏广告企业的品牌形象,促进广告产业向着规模化、集团化发展,实现省内广告企业的快速提档升级,全面提升我省广告产业发展水平,提高我省广告企业的整体竞争力。作为全国首个将广告业对经济发展具有拉动作用明确写进规划中的江苏省,广告业对江苏省 GDP 的贡献和拉动更是明显。"十二五"期间,江苏广告产业实现全面、较快发展,取得了显著成就,服务经济创新发展和转型升级的功能作用日益突出。2015 年,江苏省广告经营额达到 682 亿元,广告经营单位 3.1 万户,广告从业人员 48.5 万人。其中,南京、无锡、常州国家广告产业园区和苏州国家广告产业试点园区共集聚了广告企业及广告关联企业 2400 余家,广告经营额达 251 余亿元。10 个广告业项目获 2015 年度江苏省广告业发展专项资金 550 万元扶持,2 个项目获中央文化产业发展专项资金 750 万元支持。据统计,"十二五"期间,江苏广告业平均增长率约为 26%,广告业对 GDP 的平均贡献率为 2.4%,对 GDP 的平均拉动率为 0.2%,江苏广告业对制造业的平均拉动率为 0.4%,对制造业的平均贡献率为 3.6%。相比于广告业对江苏 GDP 的贡献,广告业对江苏制造业的贡献率要高出 1 个百分点。

展望"十三五",省工商局正围绕广告新业态快速发展的新形势下广告业的行业界定、广告业的统计指标研究、广告产业园区发展、广告人才培育以及如何推动公益广告等方面任务,正积极谋划"十三五"期间广告业发展规划。

2. 会展业

2015 年,江苏会展业继续保持良好发展势头。产业规模不断扩大,经济效益明显好转;专业化、国际化、市场化程度进一步提高;标准体系、行业组织建设取得突破性进展;会展设施建设速度加快,大型化趋势更加明显;会展就业人数持续攀升,会展业对经济的带动作用不断增强。随着互联网和移动互联网的大潮来临,每一个传统行业都将被改写,会展业也不例外,基于"互联网＋会展"诞生的网络会展正极大的助力会展行业经济提速。会展业是物流、人流、资金流、信息流的高度聚合,由于会展具有举办期间资源多、时间短、参与者结构复杂等特点,传统数据处理方式无法深入开发。移动互联网重构了商业价值、变革了服务边界,提高了服务效率和质量,成为变革展览形式的重要手段。预计未来江苏会展业将加快运营机制的互联网流程再造,运用大数据发展平台化管理和运营,从而开创会展业发展新格局。

从会展数量上看,江苏 2015 年共举办 129 个展会,约占全国会展总数的 5%,位居全国第二位。从会展面积看,江苏 2015 年会展总面积为 345 万平方米,位居全国第五位,较 2014 年增加了 85 万平方米。作为江苏省会城市,南京会展业发展迅猛。2015 年南京共举办大中型展览会议项目数 2660 个,规模以上展览总面积 259 万平方米,大型特大型展览 41 个(全年目标 40 个),圆满完成了市政府下达给会展办的任务。南京分别荣获 2015 年度全国优秀会展城市和 2015 年度中国十大影响会展城市。例如第 93 届全国糖酒会,展会面积达 12 万多平方米,3000 多家厂商参展,参展客商达 30 万人,成交额 218.5 亿元,带来 25 亿元的产值,刷新了南京会展业的纪录。2015 台湾名品会也吸引了 600 家台湾企业参加,展出了 4 万件产品,达成采购意向 5.7 亿元。而南京自主品牌展会的影响力也进一步提升。例如2015软博会,有1147家厂商参展,展会面积达10万平方米,总投资额300亿元。南京国际服务外包大会也成为业内影响力最大的品牌展会。此外,去年南京的新办展会达到14个,首届服务机器人产业创新与高峰论坛等均取得了良好的经济和社会效果。

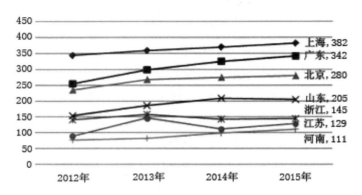

图1　2012—2015年全国主要会展省市会展数量(单位:个)
数据来源:《2015年中国展览经济发展报告》。

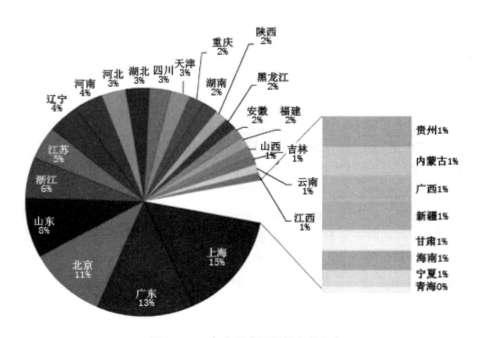

图2　2015年全国会展数量省份分布
数据来源:《2015年中国展览经济发展报告》。

3. 总部经济

2012年以来,江苏通过制定并大力落实外资总部经济鼓励政策,积极吸引跨国公司在江苏设立地区总部及研发、物流、销售、结算等功能性机构。2015年,江苏省政府办公厅转发了由省商务厅和省财政厅等部门修订的《关于鼓励跨国公司在我省设立地区总部和功能性机构的意见》,对跨国公司地区总部和功能性机构的认定标准作了部分调整,根据我省实际情况适当放宽了条件,扩大

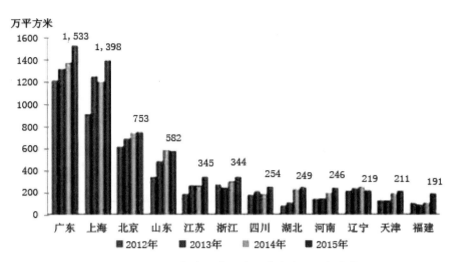

图3　2012—2015年全国主要会展省市会展面积变化图
数据来源:《2015年中国展览经济发展报告》。

认定范围;进一步细化充实了投资便利化措施,包括企业及其人员的出入境、居留、健康、教育、货物通关和资金管理等方面的优惠政策,并增强了可操作性;增加了促进外资企业转型升级的鼓励政策,特别是对原有的跨国公司功能性机构升级为地区总部给予鼓励措施;明确了各相关部门的管理职责,增强了部门间的协调配合。截至目前,江苏共认定162家跨国公司地区总部和功能性机构,其中地区总部86家,功能性机构76家。这些企业在江苏外资企业中起到引领和示范的作用,吸引更多的企业总部扎根江苏,为江苏提升利用外资水平,促进外资结构优化,推动经济转型升级做出了重要贡献。

江苏省商务厅《关于第五批认定跨国公司地区总部和功能性机构企业名单公式》的结果显示,认定江苏俊知技术有限公司等14家企业成为江苏省跨国公司地区总部,阿特拉斯科普柯(中国)矿山与建筑设备贸易有限公司等7家企业成为江苏省跨国公司功能性机构。名单中认定的跨国公司地区总部和功能性机构具有规模大、来源广、业态新、质量高等特点。地区总部的平均规模超过1.9亿美元,功能性机构的平均规模超过7000万美元,其中韩国浦项制铁公司投资的张家港浦项不锈钢有限公司(地区总部)规模最大,投资总额达9.7亿美元。来自美、欧、日等发达国家的跨国公司较多,共有10家,占比达47.6%。行业分布涵盖智能制造(光宝科技)、生物医药(卫才)、节能环保(首创)等先进制造业和商贸流通(乐天玛特)、融资租赁(裕融、台骏)等现代服务业,显示出江苏外资总部经济产业结构进一步优化、层次和水平进一步提升的良好态势。

表5　2015年江苏省跨国公司地区总部和功能性机构名单

跨国公司地区总部			跨国公司功能性机构		
序号	企业名称	所在市	序号	企业名称	所在市
1	江苏俊知技术有限公司	无锡	1	阿特拉斯科普柯(中国)矿山与建筑设备贸易有限公司	南京
2	张家港浦项不锈钢有限公司	苏州	2	唐纳森(中国)贸易有限公司	无锡

续　表

跨国公司地区总部			跨国公司功能性机构		
序号	企业名称	所在市	序号	企业名称	所在市
3	裕融租赁有限公司	苏州	3	阿科玛(常熟)氟化工有限公司	苏州
4	卫材(中国)投资有限公司	苏州	4	雷勃电气(常州)有限公司	常州
5	台骏国际租赁有限公司	苏州	5	森萨塔科技(常州)有限公司	常州
6	昆山元茂电子科技有限公司	苏州	6	特雷克斯(常州)机械有限公司	常州
7	依利安达电子(昆山)有限公司	苏州	7	道达尔润滑油(中国)有限公司	镇江
8	江苏荣成环保科技股份有限公司	苏州			
9	台玻长江玻璃有限公司	苏州			
10	倍科电器有限公司	常州			
11	光宝科技(江苏)有限公司	常州			
12	立达(中国)纺织仪器有限公司	常州			
13	江苏乐天玛特商业有限公司	南通			
14	扬州首创投资有限公司	扬州			

资料来源:江苏省商务厅《关于第五批江苏省跨国公司地区总部和功能性机构企业名单公示》。

二、江苏省商务服务业发展存在的问题

虽然近年来江苏商务服务业发展较快,但在国内外产业竞争日趋激烈的背景下,江苏商务服务业在企业规模、高端品牌建设等方面存在着诸多问题,这限制了整个产业竞争能力的提升及可持续发展。

(一)存在问题

1. 本土企业竞争力不强,品牌效应严重不足

江苏商务服务企业中本土企业虽然数量较多,但企业规模普遍较小,龙头企业严重缺失。与外资企业相比,在企业收益、人员管理、服务水平上存在明显的差距,在国际上叫得响亮的品牌寥寥无几。近年来,外资企业积极执行本土策略,从多角度满足客户的需求,区域内会计服务、管理咨询等大部分高端市场均被国外的相关企业抢占。纵观发达国家,在商务服务业中都形成具有一定品牌影响力的龙头企业,如咨询服务方面,美国有兰德(Research and Development,简称 RAND)、麦肯锡(Mckinsey & Company)等超级国际品牌,德国有罗兰贝格(Roland Berger),而江苏乃至中国的管理咨询企业到目前为止还没有一家成长为世界级的咨询公司;会计、审计及税务服务业方面,依据中国注册会计师协会发布《2015 年会计师事务所综合评价前百家信息》,排名靠前的会计师事务所普华永道(PWC)、安永(Ernst & Young)、毕马威(KPMG)、德勤(Deloitte & WEF)等国际巨头均来自海外,并在江苏商务服务业市场上占有绝对比重的市场份额,江苏本地只有天衡会计师事务所一家入围前二十名。江苏本地的相关企业在规模和创新上不仅无法与外资企业抗衡,与国内龙头企业也存在不小差距,因此只能在传统低端业务领域发展,难以形成品牌效应。

表 6　2015 年中国会计师事务所前 20 强

事务所名称	名次	事务所本身业务收入（万元）	事务所名称	名次	事务所本身业务收入（万元）
普华永道中天会计师事务所	1	371348.24	大华会计师事务所	11	127395.64
德勤华永会计师事务所	2	313092.45	大信会计师事务所	12	101638.46
安永华明会计师事务所	3	283323.15	中天运会计师事务所	13	66339.11
瑞华会计师事务所	4	306202.57	中汇会计师事务所	14	70111.29
立信会计师事务所	5	290695.72	北京兴华会计师事务所	15	62568.54
毕马威华振会计师事务所	6	235071.87	众环海华会计师事务所	16	67332.64
天健会计师事务所	7	150590.03	中审亚太会计师事务所	17	69320.35
信永中和会计师事务所	8	128288.93	中审华寅五洲会计师事务所	18	61851.76
天职国际会计师事务所	9	121705.73	**天衡会计师事务所**	**19**	**46622.58**
致同会计师事务所	10	119627.22	中兴财光华会计师事务所	20	43665.99

资料来源：中国注册会计师协会发布《2015 年会计师事务所综合评价前百家信息》。

2. 高端人才匮乏，专业化服务水平低

2015 年，江苏商务服务业从业人员大幅增加，薪酬水平不断提高，但与现代服务业以及全省的平均工资水平相比，存在一定的差距。服务业尤其是现代服务业的薪酬水平高于全省平均水平，但作为现代服务业重要组成部分的租赁和商务服务业，其薪酬水平低于全省平均水平。从统计数据可以看出，租赁和商务服务业的从业人员平均工资仅为 54677 元，在第三产业十四个行业中，排名第十一，而与第一名的金融业平均工资 119198 元，几乎是租赁和商务服务业的从业人员平均工资的两倍。可以看出商务服务业作为一个技术密集型的新兴行业，其行业工资水平并不能反映市场对该行业的需求情况，从业人员工资偏低，也反映了商务服务业从业人员的受教育水平和层次不高，该行业缺乏具有高学历的人才队伍。

江苏虽然作为我国的发达区域，吸引和集聚了一定规模的高素质商务服务从业人员，但和外资同行相比，高端人才仍然相当匮乏。一方面外资机构利用丰厚的薪资待遇和良好的工作环境等优势，从本土企业分流高端人才；另一方面，国内职业教育环节薄弱，培养的人才不能适应社会实际需求。作为典型的人力资本密集型服务业，人才的匮乏直接制约了本土商务服务企业专业化服务水平的提升，无法形成自己的优势领域，在与外资竞争中只能承接附加值较低的中低端服务业务。

表 7　2015 年城镇非私营单位、城镇私营单位分行业就业人员年平均工资　　　　　　　（单位：元）

行　　业	城镇非私营单位	城镇私营单位
总计	66196	43689
农、林、牧、渔业	33957	35768
采矿业	60418	38081
制造业	62731	44082

续　表

行　　业	城镇非私营单位	城镇私营单位
电力、热力、燃气及水生产和供应业	113893	39841
建筑业	55598	44776
批发和零售业	63185	39986
交通运输、仓储和邮政业	66981	43236
住宿和餐饮业	42391	35818
信息传输、软件和信息技术服务业	117249	52318
金融业	119198	43725
房地产业	66686	41083
租赁和商务服务业	**54677**	**43948**
科学研究、技术服务业	91213	46993
水利、环境和公共设施管理业	54062	45312
居民服务、修理和其他服务业	54116	41195
教育	78115	44600
卫生和社会工作	81693	41992
文化、体育和娱乐业	77468	39839
公共管理社会保障社会组织	82372	

数据来源:《江苏统计年鉴 2016》。

3. 信息化水平低,创新能力弱

目前江苏多数商务服务企业以传统的服务方式为主,领域狭窄,品种单调,服务手段落后,信息技术在商务服务领域应用还不够广泛,整体水平较低。在行业层面上,资源共享的信息平台还未搭建起来;在企业层面上,内部的管理信息系统(MIS)、客户关系管理系统(CRM)的应用还不普遍。这些滞后不仅使商务服务业本应提供的高附加值未能真正体现,也制约了商务服务知识的积累、共享和更新,其核心资源仅限于个人或小团队不可复制的知识能力,进一步制约了企业的创新能力。

4. 标准化体系建设滞后,难以开拓国内外市场

虽然从政府到协会,都在不断推进各类服务标准化体系建设,但在商务服务业方面,行业整体标准化程度仍然较低,如在成本核算标准、从业人员资格认定标准、市场准入与退出标准以及标准的相互认证、承认制度等方面都没有与国际标准接轨,使得国内企业服务得不到国际认可,无法承接高端业务,更无法开展国际业务。例如在会计审计行业,世界四大会计师事务所普华永道(PWC)、安永(Ernst & Young)、毕马威(KPMG)、德勤(Deloitte & WEF)凭借其拥有的国际标准资质,几乎垄断了我国上市公司的审计咨询业务。

5. 信用体系建设不健全,行业市场秩序不规范

作为一个新兴的服务业,商务服务业中企业信用信息体系尚未真正建立起来,行业协会也没有真正发挥监督和自律功能,导致行业内企业的失信行为大量存在,并在业务竞争中竞相压价。如一

些企业利用低收费或不收费手段抢占客户资源,有的企业甚至提供虚假信息等,破坏了商务服务业市场环境,在"逆向选择"的作用下,进一步降低了企业服务质量。

（二）发展机遇

在"十三五"期间,随着"中国制造2025"、"一带一路"等一系列国家战略的深入实施,江苏工业化、信息化、城镇化发展逐步深入,市场需求潜力不断释放,教育和科技水平大幅提升,这些机遇都推动着江苏商务服务业的快速发展。

1. "中国制造2025"战略的加快实施为江苏商务服务发展提供了广阔市场需求

在新一轮科技革命和产业变革背景下,为实现中国制造由大变强的战略任务,《中国制造2025》提出了制造业强国建设三个十年"三步走"的战略,并重点对第一个十年的目标、任务进行了部署。《中国制造2025》明确提出,要加快制造与服务的协同发展,推动商业模式创新和业态创新,促进生产型制造向服务型制造转变。在经济发展中,一方面,商务服务业通过外包的形式逐渐规模化、社会化,同时,一些大型制造业企业利用自身所积累的知识,逐步增加生产的服务性,由制造生产为主转向商务服务生产为主。如德国的西门子公司是世界上最大的电子和电气工程公司之一,主要从事电气产品的生产,同时西门子公司也提供能源转换解决方案,以及向医疗行业提供创新产品的服务与咨询的业务。IBM则沿着制造为主→制造外包→服务为主→放弃制造的轨迹,逐步由制造业为主转为服务业为主,现在IBM已经成功转型为提供咨询等服务在内的服务企业。

2015年,省委省政府出台《中国制造2025江苏行动纲要》,围绕产业发展的重大问题和江苏制造业迈向中高端的薄弱环节,以新一代信息技术与先进制造业深度融合为着力点,以智能制造为突破口,以重点产业领域、核心关键技术为主攻方向,为瞄准世界前沿作出了前瞻布局。因此,可以预计,随着"十三五"时期《中国制造2025江苏行动纲要》的深入实施,制造业服务化的需求更加强烈,这将为江苏商务服务业发展提供了更广阔的市场需求。

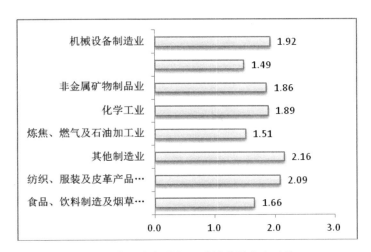

图4 我国商务服务业对制造影响力系数

数据来源:根据2010年全国投入产出表计算。

专栏 2 《中国制造 2025 江苏行动纲要》简介

为践行落实"中国制造 2025"战略部署,江苏省委省政府于 2015 年制定了《中国制造 2025 江苏行动纲要》,积极适应和引领新常态,努力保持经济中高速增长,不断促进产业向中高端迈进,进一步筑牢"迈上新台阶,建设新江苏"根基。梳理《江苏行动纲要》,可概括为"11588":围绕 1 个总目标、聚焦 15 个重点领域、落实 8 项主要任务、实施 8 大工程。

《江苏行动纲要》总目标是:到 2025 年建成国内领先、有国际影响力的制造强省。按照打造先进制造主干产业、做强国际竞争优势产业、培育战略必争产业的战略考量,立足江苏实际确定了 15 个重点领域。我省将重点推进集成电路及专用设备、网络通信设备、操作系统及工业软件、云计算大数据和物联网、智能制造装备、先进轨道交通装备、海洋工程装备和高端船舶、新型电力装备、航空航天装备、工程和农业机械、节能环保装备、节能型和新能源汽车、新能源、新材料、生物医药和医疗器械等产业。力争经过 10 年努力,让江苏制造业在"中国制造"中走在前列,若干重点行业和重要领域达到国内领先、世界先进水平。

《江苏行动纲要》聚焦重点领域,8 项主要任务是"施工图",分别是增强自主创新能力、推进两化深度融合、持续推进技术改造、加强质量品牌建设、推动业态模式创新、加强对外交流合作、加快产业结构调整、推进绿色生产制造。《江苏行动纲要》还以专栏形式诠释了 8 大工程,作为对 8 项任务的细化落实,包括高端装备创新、军民融合、制造业创新中心建设、智能制造、工业强基、质量品牌建设、制造业国际化、绿色制造。

《江苏行动纲要》还配套制定了"制造强省评价体系",包括创新能力、质量效益、两化融合、结构优化、绿色发展 5 个方面 17 项指标,在 2020 年和 2025 年两个时间节点评价,让制造强省可感可知。

2."一带一路"和服务业开放扩大国家战略的实施为江苏商务服务业发展带来了学习交流机会

改革开放 30 多年来,江苏通过发挥低成本优势,鼓励商品出口,初步具备了以货物为核心的国际竞争优势。金融危机以后,江苏国际竞争传统优势面临不断衰减的挑战。在新一轮开放背景下,扩大服务业开放成为江苏乃至全国转变经济增长方式最重要的着力点。"一带一路"建设将对江苏的会展、旅行社服务等行业产生重要促进作用,有力地提升商务服务业发展。作为一个综合性的战略,"一带一路"提供了市场、交通、人才等各个方面的政策红利,围绕"一带一路"战略,沿线城市可以举办各种主题的文化艺术博览会,也可以建设相关主题的会展活动,而旅游资源的开发、互联网平台的应用无疑给旅行社服务公司带来了新的发展机遇。商务服务企业可以将各种创新理念和现代传媒工具"一带一路"沿线的文化要素相结合,凭借"一带一路"的政策红利寻求新的市场空间。事实上,江苏诸多文化企业和地方政府已经着手利用"一带一路"战略的政策优势来发展壮大商务服务业。此外,从宏观的角度讲,"一带一路"战略也推动了江苏商务服务企业走出国门,加强与"一带一路"沿线的国家与地区的互联互通和交流合作。

随着经济全球化的推进,服务业全球化特征也日益明显,跨国公司的国际业务迅速增长。一是随着经济国际化程度的加深,加速了跨国公司资本、劳动和技术在中国范围内的优化配置,跨国企业业务模式日趋细分,为了提高其对中国的区域控制力,需要对散布于中国的生产基地、原材料基地、销售网络进行统一管理和协调,需要在中国设立亚太总部和适应性的研发基地、物流基地,由此便产生了对法律、会计、管理咨询、市场研究等专业服务方面的需求;二是随着国际国内市场的双向开放,加速了企业建立现代企业制度及改组、重组、境内外融资的步伐,增加了国内企业对国外东道国的投资环境、相关政策、市场需求等方面的咨询需求;三是随着国内市场国际化程度的不断提高,市场竞争更加激烈,市场的不确定性和信息的不对称性加强,对专业服务等咨询的需求增加。一些商务服务企业的分支机构遍布全世界,如普华永道是全球四大会计事务所之一,现有全球合伙人8979人,在全球有1183个办事机构,在中国大陆、香港及澳门拥有约5500名员工,并在北京、重庆、广州等内地城市设立办事处。"十三五"时期,国家将继续推动放宽投资准入、深化外资管理体制改革、优化外资区域布局、提高自贸试验区建设水平、创新国家级经济技术开发区体制机制,按照国际高标准改善投资环境,继续推动放宽金融、教育、文化等服务业领域外资准入限制,拓展服务业开放的深度和广度。在全球和全国服务业开放的背景下,江苏商务服务业外商直接投资无论量还是质都将会有较大的发展。

3. 国家创新型城市建设及区域经济一体化战略为江苏商务服务发展创造了良好发展环境

伴随这一轮科技变革,世界科技创新资源加快流动,全球化趋势日益凸显,科技产业竞争格局发生深刻变化。工业文明时代的竞争优势迅速弱化,网络信息数据等新兴战略资源成为决定未来的关键。在这个大背景下,城市格局将重构。沿海、内地差别在迅速改变,物理距离在网上被消除;传统产业发达的城市,优势在下降;新兴产业发达、生态环境好的城市迅速崛起。这为新兴城市赶超发达城市,提供了重大历史机遇。有鉴于此,国家发改委决定在推进深圳市创建国家创新型城市试点工作的基础上,扩大试点范围,围绕完善区域创新体系,增强可持续发展能力,加快实现创新驱动发展。目前,南京、苏州已成为国家创新型城市试点,力争在"十三五"时期建成一批有效满足大众创新创业需求、具有较强专业化服务能力的众创空间等新型创业服务平台,建成一批一流的产业科技创新中心和创新型经济发展高地。创新环境的不断优化,将为江苏商务服务业提供更多的创新要素和发展政策的支持,构筑适宜产业发展的环境生态圈。

"长江经济带"战略和《长江三角洲地区区域规划》的实施加快了长三角地区区域一体化进程,江苏省作为长三角重要发展极之一,可以依靠其优良的地理位置,最大程度的集聚资源,提高商务服务业的发展效率。另一方面,长三角其他地区商务服务业的快速发展,可以提高江苏省的产业竞争意识,促进商务服务业的共同发展。

三、江苏省商务服务业发展的建议与对策

(一)国内外发达国家和地区推动商务服务业发展的措施

发达国家和国内发达地区商务服务业的迅速发展和竞争力的不断提高,是市场竞争和创新的结果,但也离不开政府相关措施的积极支持。

1. 国外经验

在促进商务服务业发展方面,发达国家采取的措施主要集中在以下几个方面:

把商务服务业纳入产业发展战略。为促进现代服务业发展,很多国家都制定了相关战略和目标,从政策支持、法规完善等方面进行支持。在这些产业发展战略中,商务服务业都占有一席之地。

如新加坡政府在1985年提出将现代服务业与制造业作为经济发展的双引擎,并出台一系列产业促进政策支持商务服务、金融等现代服务业的发展;美国芝加哥市政府在1989年就提出"以服务业为中心的多元化经济"发展目标,到20世纪90年代中后期,政府又做出了新的战略决策促进现代服务业(包括商务服务业)发展,建立以服务业为主的多元经济体系。为促进会计服务业规范发展,通过了《管制公共会计师执业法案》,确立了注册会计师的地位,并通过美国注册会计师协会(AICPA)对注册会计师进行管理和监督。

为商务服务业发展创造良好的市场环境。 美国政府主要从两个方面入手,打造高效的商务服务业发展环境:一是建立知识产权保护机制,为企业提供知识产权组合分析、估价、交易,大力推动知识产权融资担保等,促进企业不断创新;二是设立专门的服务管理机构,在政府部门与企业及民间组织、立法机构之间建立有效协调机制,同时发挥中介组织的市场和政策咨询作用,为产业发展建立多层次的管理支持体系。日本则通过建立服务研究中心、完善行业统计制度、培训人力资源等措施,由产业界、学术界和政府相关部门共同推动商务服务部门生产效率的提高。

扶持商务服务业中小企业发展。 虽然发达国家商务服务业中有规模巨大的龙头企业,但从数量上看,发达国家商务服务业中中小企业仍然市场发展的主体,因此发达国家普遍重视对商务服务业中小企业的扶持。美国、英国、日本等都设有专门的中小企业管理机构,制定相关政策和从事对中小企业的专项支持。如美国各个州都有小企业办公室,在融资、人才培育、创造公平的竞争环境及建立政府与企业间通畅的沟通渠道等方面对中小企业提供全方位的支持。德国专门设立中小企业局,负责为中小企业提供信息和宣传资料、协助中小企业引进国际技术、为其提供低息贷款等。新加坡通过建立"瞪羚培育基金",对具有良好盈利与增长纪录和业务发展规划的成长型企业,组织公共和私人资金注入,并帮助其开拓市场。

支持商务服务企业开拓国际市场。 英国政府为鼓励咨询企业拓展海外咨询业务,由贸易部、环境部、海外开发署等部门积极协助收集世界咨询业资料,并及时将有关国家地区对咨询项目的需求情况汇报给国内咨询机构。另外,英国政府还设立专项基金和非官方咨询机构,构建情报信息网络,以此来扶持涉外咨询业务的发展。日本为接轨国际市场,消除行业进入壁垒,相继推进了会计准则以及一些相关法律制度的国际化改革,并在公司设立门槛、出入境和居留制度等方面作了相应的改善。

2.国内经验:上海陆家嘴CBD

上海陆家嘴CBD是全国商务服务的制高点,在国家政策和上海市政府的支持下,经过20多年发展,已经成为我国的金融商务中心和上海的象征。陆家嘴CBD发展主要经验有:

高起点规划,汇集全球智慧。 为了推进陆家嘴CBD的发展,1990年上海市人民政府浦东开发办公室、陆家嘴金融贸易区开发公司相继成立。之后,花费大量力气进行规划研究工作。根据分析,上海决定借鉴巴黎拉德方斯的政府推动经验,从1991年下半年由上海市政府和法国公共工程部联合组织了陆家嘴金融中心区的国际规划设计竞赛。1992年11月,经过挑选的中国上海联合设计小组、英国罗杰斯、法国贝罗、意大利福克萨斯、日本伊东丰雄共五个国家的著名设计大师提交了相关设计方案。在综合多方智慧的基础上,1993年8月,正式完成《上海陆家嘴中心区规划设计方案》编制工作,在充分听取上海市人大、政协的意见后,由上海市人民政府正式批复。科学的前期规划工作为后来陆家嘴中心区CBD的发展奠定了良好的基础,真正实现了高起点和高标准。

以金融集聚为主导,通过空间集聚实现产业效应集聚。陆家嘴金融贸易区是全国唯一以"金融贸易区"命名的开发区,主导产业为金融、保险和证券。金融业是陆家嘴CBD的灵魂,决定了陆家嘴CBD的性质和地位。在陆家嘴CBD的发展过程中,高效地集聚和整合了城市、区域的金融资源,实现了金融机构高度集聚、金融行业齐全、金融服务等级较高的目标。金融业的集聚和高品质的商务楼宇载体,吸引了众多跨国公司地区总部、贸易公司和现代中介服务机构落户,并带来会展经济、旅游经济等空间集聚效应。

功能组团相互促进,"中心—外围"结构明显。陆家嘴CBD不仅仅包括金融城中心区,还包括四个功能组团,构成了一个完整的"中心—外围"框架。这四个组团分别为:(1)新上海商业城,以商业为主,酒店、办公为辅;(2)竹园商贸区,以办公、酒店为主,商业为辅,成为国内大企业的总部聚集地,是陆家嘴辐射、带动长三角和全国发展的重要桥梁和阵地;(3)花木行政文化区,是上海科技馆、上海东方艺术中心、上海新国际博览中心、中国浦东干部学院等上海市标志性文化、科技、会展、博览场所以及上海三大金融管理机构、上海海事法院、上海出入境管理局、浦东新区主要管理机构的所在地;(4)塘东总部基地,定位于中石化等国内大企业总部集聚区,目前正在积极建设中。

开发模式多样化,资金来源多元化。借助浦东开发的有利形势,陆家嘴开发公司的经营模式也呈现多样化的特点,形成以国有资产为主体,集合国营开发公司、中外合资房地产开发企业、股份制上市公司等多种经济实体组合的组织模式,为CBD开发建设的不同需求提供了灵活、多样的组织保障机制。同时,成功推出A股、B股的发行、可转换债券的发行,有效顺应了多元化的投融资发展需要。

(二)借鉴国内外发达国家和地区经验,加快江苏商务服务业发展的对策

1. 加强行业标准化体系建设

行业标准化体系建设滞后已经明显制约了江苏商务服务业的发展,因此,积极借鉴国外和国内发达地区商务服务业现行标准化建设经验,建立和完善咨询与调查、广告、会展、职业中介服务、知识产权服务等重点商务服务领域的服务标准体系,尽快实现国际接轨,为商务服务业发展创造良好发展环境。不仅对已有的行业服务标准要及时、尽快地更新,加快与国际标准接轨,而且要大力发展标准检索咨询、质量认证等标准服务,培育本土检测、认证服务机构,建立健全商务服务业信息数据库,并加强各类信息资源的整合、开发与利用,为商务服务业企业提供所需的数据、信息资源。有效发挥黑名单制度的作用,对企业信用状况实行动态、实时监管,增强商务服务业的信用风险控制能力和自律能力。通过建立高标准的市场运行机制、健全的法律法规来规范商务服务企业的行为,维护高效、有序的市场环境。在行业主管部门的有效指导下,充分发挥行业自律协会的规范作用,努力解决解决市场无序、恶性竞争等问题,进而形成公平的市场环境,促进商务服务业市场化发展。相关行业主管部门要及时拟定并根据经济社会发展情况修改完善行业发展规划,指引商务服务业快速健康发展。

2. 依托制造业基础,融合化发展

充分发挥江苏省良好的制造业基础,通过政策鼓励和引导,推动传统制造业的升级发展,创造更多的中间需求,拉动商务服务业的发展。结合江苏省现状,首先应当进一步发展现代服务业,提升商务服务业整体实力。在信息平台完善的基础上,将商务服务业与制造业纳入统一的平台之内,

实现跨产业、跨行业的知识与信息整合。其次,建立高效交流渠道与合作机制,实现制造业企业与其所需的商务服务业企业的直接对话,降低搜寻成本,提高合作效率。再次,在此基础上,由政府牵头建立社会性的监督与激励体系,保证协同机制的良效运行。

3. 大力发展咨询会展业,创建品牌效应

会展业、咨询与调查业是重要的商务促进载体,对国民经济具有巨大的拉动效应。因此,"十三五"时期,江苏要大力发展咨询和会展业。对于咨询业来说,要强化政府科学决策意识,通过政府采购的方式支持商务服务业的发展。政府采购要更多地倾向省内咨询机构,给予他们足够的市场,这样可以引导省内咨询公司发展壮大。对于会展业,一方面要改变发展观念,借助"互联网+"和平台经济思维,加快运营机制的互联网流程再造,运用大数据发展平台化管理与运营,从而开创会展业发展新局面,实现会展产业的升级——线上+线下"O2O模式";另一方面要提高多功能的会展场馆利用率,充分利用各种媒介进行宣传,把江苏会展办成集展示、交易、项目招商、信息发布于一体的国际化、品牌化、标准化行业。目前,江苏还没有在全国有影响力的知名会展项目。对于经营业绩好、专业实力强、市场基础雄厚的商务服务机构,给予一定的资金和政策扶持,鼓励这些机构做大做强,培育一批支撑服务业发展的梯队企业,加快形成独具特色的江苏商务服务业品牌效应。

4. 创新总部经济发展模式,特色化发展

在行业领域方面,结合地方产业发展导向,强化对高新技术企业以及金融保险、航运物流、科技研发、专业知识服务等领域的现代生产性服务业总部企业的引进和培育,推动制造产业链向高端延伸。在总部类型方面,除国际性、全国性和大区域性的企业综合性(营运)总部外,注重吸引大型企业或企业集团的研发中心、销售中心、采购中心、结算中心、投资中心等功能型总部,集聚研发资源和税源。在区域分布方面,南京宜构建以跨国研发中心、国际金融总部带动为主的总部经济发展模式,苏、锡、常宜构建以制造业转型升级、战略新兴产业和生产性服务业带动为主的总部经济发展模式,昆山宜构建以开放度和区位优势带动为方向的总部经济发展模式,连云港、盐城、南通则宜构建以港口、物流、新能源等海洋经济为特色的总部经济发展模式。拓宽总部经济政策,鼓励国内企业总部入驻。目前江苏总部经济政策仅适用于外资跨国公司地区总部,对其他类型的总部企业尚缺乏相应的政策扶持。要研究制定针对国内企业特别是民营企业在苏设立总部、区域性总部的相关鼓励政策,增强总部经济政策的适用性和针对性,缩小内资和外资的差距,满足国内大企业尤其是民营企业总部入驻的需求。鼓励总部企业在苏开展实体性业务结算、营销、采购等。针对不同职能、不同类型、不同行业总部企业的特殊需求,制定富有针对性的政策措施,积极促进内资不同类型企业总部发展,努力培育一批产业带动性强、经济贡献影响力广的本土总部企业。例如,对初步具备发展总部经济的企业制定培育辅导程序;对实型的企业制定结构转型调整扶持项目;对通过并购整合发展总部经济的企业提供专项服务;对有能力通过"走出去"做大做强的企业给予资金、外部信息、优惠政策的支持。

5. 加快商务服务业创新人才引进和培养

高端人才和创新人才供给是商务服务业发展的基本保障。作为新兴的服务行业,传统教育模式培养的人才难以满足商务服务业发展需求,因此,我们要调整目前的教育方式,在正式教育和在职培训中都要注重商务服务业专业人才的引进和培养。一方面,加快人才国际化步伐,加大对高素质专业人才的引进力度。围绕商务服务业发展的高层次、专业化人才需求,在户籍管理、子女入学、

创业置业、医疗、教育、招商等方面,研究出台促进总部经济发展所需人才的引进激励政策。例如,针对商务服务企业及职能机构的高层管理人员和符合条件的专业人才,在户口、子女教育等方面予以优先解决;侧重企业需要的专业领域人才,放宽外籍退休年龄人员的赴任限制,为特定人才在国内工作开通绿色通道;对于商务服务企业急需的研发与专业技术人才,可给予其优先申请专项购房补贴、享受限价房福利、所缴工薪个人所得税地方留成部分奖励等优惠政策。另一方面要按照专业人才培养的要求有针对性的改进有关各级学校的教育,修订和设置各级教育课程,使其尽量与未来知识和技术的发展相一致;要优化继续教育与培训机制,通过财政、税收、信贷等方面的优惠政策鼓励企业加强员工的在职培训,提高员工素质和创造力;鼓励商务企业拓宽人才培养渠道,实施在职培训、定期培训制度。建设国际宜居城市,打造更多适合居住的国际社区、国际学校、国际医疗机构等,让来苏工作的外国人才及其子女在生活、学习和医疗方面更能适应。此外,对人才的奖励方面,建立完善与商务企业实际贡献环节相结合的奖励政策,兼顾企业营业收入和税收贡献情况,保障奖励措施的科学性和有效性;加大对企业高管和高级技术人才的奖励和支持力度,明确奖励办法,吸引鼓励各类人才推动总部企业加快发展。

6. 完善商务服务业市场秩序

首先要建立公开、公正、公平的商务服务业市场准入制度,允许各类所有制经济按照合理程序进入市场,进行平等竞争;其次要加快信用体系建设,按照国务院《社会信用体系建设规划纲要》(2014—2020年),深入推进商务诚信建设,规范和引导经营者价格行为,做好信息披露工作,推动实施奖惩制度;再次要严格执法,加强市场监管。开展商务服务机构年度检验,依法取缔违规机构,强化价格执法检查与反垄断执法,严厉惩处违规行为,直至吊销营业执照;最后要充分发挥行业协会在开拓市场、行业自律、技术服务、沟通企业、联系政府等方面的作用。

7. 优化中小商务服务企业发展环境

商务服务业的服务特性决定了市场结构中中小企业占主体的局面,而且中小企业也具有市场反应灵活、吸纳就业等方面的优势。因此,要充分利用国家支持中小企业发展的专项基金,对中小商务服务企业的创业、科技成果产业化、技术改造项目贴息等进行扶持。鼓励中小企业向专、精、特、新方向发展,形成自身的专业化服务特色。同时,鼓励各类风险投资机构和信用担保机构对发展前景好、吸纳就业多及运用新技术、专注新业态的中小商务服务企业进行融资支持。

8. 重视商务服务品牌建设

发达国家的经验表明,建立有影响力的服务品牌是提高商务服务业竞争力、占领国际高端市场的有效途径。因此,应通过建立特色商务服务集聚区、培育行业龙头企业、开展重大品牌活动等方式树立品牌。首先是鼓励企业采用新技术、新知识进行服务产品和服务业态创新,鼓励企业进行信息化改造,提高企业满足市场需求的能力和速度;其次是鼓励有一定竞争优势的本土企业通过兼并、联合、重组、上市等方式进行资本运作,扩大市场规模,实现品牌化经营,形成一批拥有自主知识产权和知名品牌、具有较强竞争力的大型服务企业集团;再次是强化企业的品牌意识,鼓励企业树立具有自身特色的价值观、经营理念和企业文化,加强品牌的建设、宣传和推广;最后是加强知识产权保护,维护公平竞争的市场环境,保护名牌企业的合法权益。简化知识产权审批程序,加快电子化知识产权审批系统建设,优化审批流程,提高审批速度和质量,降低企业知识产权保护的成本。

9.鼓励商务服务企业在开放中积累知识

首先要改善商务环境,积极引进国际知名商务服务业机构。对入驻的大型商务服务业企业,在工商登记、资金管理、出入境等方面简化手续,提高服务效率;其次是鼓励本省商务服务企业与国外同业进行多种形式的合作,建立战略联盟,学习其先进的服务理念、服务项目、服务技术、服务标准和管理模式;再次是扩大省内商务服务企业的国际服务外包业务。目前,大量跨国公司在我省开展业务,其发展在一定程度上需要寻求本地的专业咨询服务,因此,商务服务企业应加强与跨国企业的业务联系,调整业务流程和管理模式,开拓跨国公司外包市场,扩大外包业务;最后是支持省内有实力、具有竞争优势的商务服务企业"走出去",在财税、人才、信息服务、银行信贷、出入境管理等方面给予优惠和支持,鼓励开展国际业务的企业完善国际品牌营销与服务体系,打造国际品牌。

10.加快商务集聚区提档升级

商务企业集聚化发展是商务服务业壮大的必然路径,集聚区提档升级的着力点在于总部企业的广泛吸收。一是要依托现有产业园区、现代服务业集聚区和城市中央商务区等载体,培育总部企业集群。如城市中央商务区重点引进国内外银行、保险、证券、基金等金融企业和中央、外省市大企业总部;经济开发区和高新技术产业园重点引进国内外企业综合型总部和研发中心、结算中心、营销中心、投资中心等各类功能型总部;在部分城市、园区,尤其是苏中苏北总部经济尚不发达地区,规划建设成长型和中小型企业总部集聚区。二是要特别注意避免载体重复建设、土地资源浪费、省内恶性竞争的问题,强化全省总部集聚载体的资源整合和功能错位。如文化创意、服务外包等高端新兴服务业总部集聚园区的培育、成长和发展周期较长,投入需求较大,宜根据各地产业基础和实际财力,重点选择若干园区率先发展。

【主要参考文献】

[1] Markusen J R,Strand B. Adapting the Knowledge-capital Model of the Multinational Enterprise to Trade and Investment in Business Services[J]. World Economy,2009,32(1).

[2] 陈智国.国际商务服务业发展特点、趋势及其对我国的启示[J].科技创新与生产力,2011(7).

[3] 刘海波.我国现代商务服务业发展探析[J].现代经济信息,2016(6).

[4] 梁鹏,单林幸,曹丹丹.北京市商务服务业集聚区竞争力评价分析[J].商业时代,2014(28).

[5] 牛艳华.国际商务服务业发展特点及经验启示[J].科技情报开发与经济,2010,20(19).

[6] 施昱年,张秀智.服务业集聚与商务区楼宇生产效率关系评价研究——以北京市东二环交通商务区为例[J].财经论丛,2014(8).

[7] 王璐,李安渝.商务服务业对国民经济各部门的影响研究[J].中国经贸导刊,2016(8).

[8] 徐大丰.上海市商务服务业的产业关联与波及效应分析[J].华东经济管理,2011,25(10).

[9] 周志明,于立,崔森.江苏省租赁和商务服务业的发展预测——基于灰色理论[J].中国商贸,2014(23).

[10] 郑良,张祖贤,卞立群.南京市总部经济发展现状分析及相关建议[J].江苏科技信息,2013(22).

第八章 江苏省商贸流通业发展报告

流通行业是国民经济的先导性、基础性产业。当前我国经济增长进入了"新常态",国民经济发展站在一个新的历史起点上。作为国民经济的先导产业和实现生产到消费"惊险一跃"的商贸流通业,正进入一个全面变革的新时代。党的十八届三中全会通过的《中共中央关于全面深化改革若干重大问题的决定》中明确提出,要"推进国内贸易流通体制改革,建设法治化营商环境",还提出要"使市场在资源配置中起决定性作用,要让消费者自由选择、自主消费"。商务部落实供给侧改革的主要方向时已经明确,要立足搞活流通促消费,立足推动消费结构升级,核心在于通过发展现代流通、完善市场体系、改善消费环境、培育市场增长点,引导消费朝着智能、绿色、健康、安全的方向转变。扩大消费需求是系统工程,既包括扩大需求层面的消费能力、消费预期、消费意愿,也包括创新提高供给层面的商品及服务供给水平、消费环境等。党中央的上述指导思想和战略部署,对商贸流通业的发展提出了更高的要求。

"十二五"以来,江苏商贸流通进入了一个稳步提升期,商贸流通业发展的质和量都有明显提升,综合竞争力显著提高,在规模总量、主体培育、现代化水平、产业集聚等方面形成了一定的领先优势。2016 年江苏省政府在《推进国内贸易流通现代化建设法治化营商环境的实施意见》中指出,深化内贸流通体制,积极挖掘消费潜力,争取在 2020 年使江苏省内贸流通业总体规模位居全国前列,服务发展能力不断增强。同时也应看到,面对以互联网为代表的新生势力对传统商业模式和消费市场的颠覆性变革,陈旧的商业模式和不顺势而动的企业终将被淘汰,传统商贸流通的转型升级发展确实到了一个关键时刻。

一、江苏省商贸流通业发展的现状分析

(一)商务流通业的发展现状

1. 商贸流通业总体发展平稳

在过去几年中,江苏商贸流通业得到了快速发展,并取得了惊人的成绩。2015 年,江苏省有亿元以上商品交易市场 513 个,商品成交额达 15973.1 亿元,营业面积共计 3183.73 万平方千米。消费品市场交易日趋活跃,2015 年,江苏省全年累计社会消费品零售总额已经达到 25876.77 亿元,同比增长 10.3%,呈逐年下降的趋势,占全国社会消费品零售总额的 8.60%,位居全国第三。江苏流通经济高速发展,最终消费对国民经济的贡献率呈上升趋势。同时,随着江苏对外经济进一步开放,外资流通企业也迅速扩张。2015 年,江苏省批发和零售业外商直接投资 21.4 亿美元,与上一年基本持平,完成项目 767 个,比 2014 年增加了 33 个。

表 1　2006—2015 年江苏社会消费品零售额及构成

年份	社会消费品零售额（亿元）	增长率（%）	江苏社会消费品零售额占全国比重(%)	批发零售销售额（亿元）
2006	6706.19	16.9	8.8	5898.79
2007	7985.90	19.1	8.95	7023.48
2008	9905.10	24.0	9.1	8890.30
2009	11487.72	15.9	9.2	10312.81
2010	13606.34	18.5	8.7	12207.18
2011	16058.31	17.5	7.9	14320.87
2012	18411.11	15.7	8.7	16448.83
2013	20878.20	13.5	8.7	18694.85
2014	23458.07	12.4	7.9	21229.55
2015	25876.77	10.3	8.6	23414.30

资料来源:根据《江苏统计年鉴2016》中的数据整理计算而得。

按经营单位所在地分,城镇消费品零售额 23252.3 亿元,增长 10.2%;乡村消费品零售额 2624.5 亿元,增长 10.9%。按消费类型分,商品零售额 23456.7 亿元,增长 10.3%;餐饮收入额 2420.1 亿元,增长 10.5%。在限额以上企业商品零售额中,粮油、食品、饮料、烟酒类增长 9.5%,服装、鞋帽、针纺织品类增长 8.2%,金银珠宝类增长 5.6%,日用品类增长 6.7%,五金、电料类增长 10.6%,书报杂志类增长 11.1%,家用电器和音像器材类增长 9.5%,中西药品类增长 14.2%,通信器材类增长 18.1%,文化办公用品类增长 17.7%,家具类增长 14.5%,石油及制品类下降 2%,建筑及装潢材料类增长 19%,汽车类增长 4.7%。

表 2　2015 年各种运输方式完成运输量

	绝对数	比上年增长(%)		绝对数	比上年增长(%)
客运量总计(万人)	153942.6	−1.33	货运量总计(万吨)	211647.7	1.45
铁路	16115.9	4.83	铁路	5065.7	−16.82
公路	134553	−1.98	公路	113351	−0.96
水运	2392.1	−6.67	水运	80343	6.66
民用航空	881.6	8.97	民用航空	7	−1.41
			输油管道	12881	1.04
旅客周转量(亿人公里)	1566.4	1.02	货物周转量(亿吨公里)	8887.71	−19.41

数据来源:《江苏统计年鉴2016》。

交通运输业基本平稳。全年旅客运输量、货物运输量分别比上年增长 −1.3% 和 2.5%,旅客周转量、货物周转量分别增长 1.0% 和 5.0%。完成规模以上港口货物吞吐量 20.8 亿吨,比上年增长 3.1%,其中外贸货物吞吐量 4.0 亿吨,增长 4.7%;集装箱吞吐量 1605.5 万标准集装箱,增长 7.0%。年末全省公路里程 15.9 万公里,比上年新增 1283.8 公里。其中,高速公路里程 4539.1 公里,新增

50.8公里。铁路营业里程2679.2公里,铁路正线延展长度4569.7公里。年末民用汽车保有量1247.9万辆,净增143.9万辆,比上年末增长13.0％。年末个人汽车保有量1076.9万辆,净增141.2万辆,比上年末增长15.1％。其中,个人轿车保有量773.9万辆,净增108.2万辆,比上年末增长16.3％。

邮政电信业较快发展。全年邮政电信业务总量2280.6亿元,比上年增长35.7％。分业务类型看,邮政行业业务总量516亿元,增长43.7％;电信业务总量1764.6亿元,增长33.5％。邮政电信业务收入1244.3亿元,比上年增长7.9％。分类型看,邮政行业业务收入407.2亿元,增长36.0％;电信业务收入837.1亿元,下降2.0％。年末局用交换机总容量1758.8万门。年末固定电话用户1973万户,比上年末减少160.6万户。分城乡看,城市电话用户1218万户,乡村电话用户755万户。年末移动电话用户8227.3万户,比上年末增加156.9万户。年末电话普及率达128.1部/百人。长途光缆线路总长度3.9万公里,新增2591.8公里。年末互联网宽带接入用户1625.4万户,新增102万户。

2. 新型发展业态发展壮大,电子商务成为趋势

电商是商贸流通经济中出现的新生事物"也是调结构、促转型、稳增长"的重要内容,是商贸流通业创新的方向和革命性的变化。目前电商已经成为一种潮流和趋势。浙江的电商在全国一直处于前列,2015年江苏网络交易平台总交易规模达4939.45亿元。苏宁易购的移动端订单已经达到60％。网上虚拟市场的发展和强大逼使中国商贸流通业进行新的重组,进行资源、资金、人才等生产要素的再分配。可以说,谁掌握了电商的主动权谁就能在新常态中积聚新的生产要素优势,形成优势竞争力,从而在全国的商业竞争中胜出。

3. 三大流通商圈形成,竞争力得以提升

由于地理位置、政治因素以及历史文化等原因,南京、苏锡常、徐州这三个地区一直是江苏省的交通枢纽、生产基地和大型商品集散地,2011年出台的《江苏省流通业"十二五"发展纲要》更是将这三个地区纳入江苏省流通业重点发展地区。经过多年的发展,三地也逐渐形成了在省内甚至是全国范围内竞争力较强的三个商圈。新街口商圈核心区面积不到0.3平方公里,集中了近700家商店,1万平方米以上的大中型商业企业有30家,1600余户大小商家星罗棋布,营业额长期居中国各商业街区之首,商品以高端化、品牌化消费品为主。苏锡常商圈靠近上海,依托高度发达的农工业经济、保税物流政策优势,其商贸流通业发展水平一直处于全省前列。徐州是黄淮海地区的中心城市,其地理位置的优越性不言而喻,徐州商圈拥有亿元以上商品交易市场27个,营业面积236.92万平方米,商品以中低档为主,业态以批发市场为主。

4. 辐射带动力增强

(1)内部辐射

根据《江苏省城镇体系规划(2015—2030年)》,江苏省将结合全省城镇空间发展态势,引导中心城市差别发展,培育具有国际竞争力的专业化城市,对部分具有一体化发展态势的城市组群进行整体功能引导。江苏对13个直辖市和8个县、县级市进行了发展定位,这就是省政府"13＋8"中心城市(组群)规划。《规划》提出,江苏坚持"协调推进城镇化、区域发展差异化、建设模式集约化、城乡发展一体化"的新型城镇化道路,加快构建"一带二轴,三圈一极"(即沿江城市带、沿海城镇轴、沿东陇海城镇轴与南京、徐州、苏锡常三个都市圈,淮安增长极)城镇化空间格局,远期形成"带轴集聚、腹地开敞"的区域空间格局,构建特色鲜明、布局合理、生态良好、设施完善、城乡协调的城镇体系。

(2)外部辐射

南京、苏州、无锡、常州、徐州是江苏商贸流通业重点发展地区,也是江苏商贸流通业竞争最激烈的区域。强化三大商圈建设,提升苏锡常商圈。苏锡常地区靠近上海,依托高度发展的经济,商贸流通业发展水平一直雄居全省之冠。由于靠近上海,这一地区又受到上海先进流通业的影响和辐射。因此,苏锡常商圈建设应以现代化、特色化为主,减少上海流通业对本地区流通业的辐射,力保本地区商贸流通业竞争力的整体提高。建设徐州商圈。徐州是黄淮海地区的中心城市,它地处苏、鲁、豫、皖四省交界,东襟淮海,西按中原,南屏江淮,北遏齐鲁,素有"五省通衢"之称,是国家重要的综合交通枢纽。对苏北、皖北、鲁南、豫南的辐射和影响深远。因此,徐州商圈发挥其突出辐射功能,重点扩大对苏北地区、安徽北部、河南南部、山东南部的影响。

5. 农村市场不断开拓

商贸流通中一个很重要的媒介是农产品的流通,2005年开始的"万村千乡"市场工程的建设,也已经取得初步成效,现在江苏省的部分乡镇已经建立起高效的农产品集贸市场和批发市场。2013年,全省日用消费品和生产资料连锁农家店,已经实现乡镇全覆盖,村级覆盖率达90%。社区民生服务网络进一步得到优化,便利店、中小超市、社区菜店等社区商业加快发展,便民生活服务体系得到基本完善。

(二)江苏商贸流通业发展面临的新趋势

1. 发展速度有所降低

在趋势下,江苏省商贸流通业的发展不可能再像过去一样保持高速平稳的增长速度。从全省商贸流通业与全省国民经济发展的速度比较来看,2015年全省GDP为70116.38亿元,同比增长7.72%,与商贸流通业10.3%的增长相差2.58个百分点。按照这一差距进行比较,未来3到5年内全省GDP速度为6.5%—8%,而商贸流通业发展速度将稳定在8%—10%。这从进入新趋势的2015年商贸流通业发展速度上就能判断出来,虽然增长速度放缓,连续持续稳定增长已属不易,在稳定江苏省GDP的规模和速度中发挥了中坚作用。发端于"十二五"中后期的新常态将极大地影响到"十三五"规划的修订和落实,在筹划商贸流通业"十三五"规划时,需要我们充分考虑新常态的速度因素。

2. 发展质量将有所提高

就商贸流通业而言,所谓"调结构、促转型、稳增长",有三个方面的内容:

(1)行业结构的调整,这是战略调整。党的十七届五中全会提出扩大内需的要求,不是单纯地扩大消费,而是更广泛地要求展开商贸流通行业内的结构调整。商贸流通业属于现代服务业范畴,而新常态重点是改变三产比重,突出提升现代服务业。商贸流通业作为第三产业的重要组成部分必将得益于此,通过行业结构调整在国民经济中发挥更大地作用,其社会意义在于积极吸纳一二产业在新常态中产生的多余人员,保持较高的就业率;其行业内的意义在于提高运行质量,不断扩大内需。江苏省2014年三季度服务业产值已经超过一产和二产,达到47.6%,这就是新常态取得的初步成果。

（2）业态结构的调整，这是战役调整。改革开放前三十年江苏省商贸流通业的发展主要受益于传统商贸流通业态，如百货公司的发展。改革开放后的三十多年则得益于连锁超市等业态的发展。目前，传统的百货公司、连锁超市等商业业态受到困扰，电子商务、花园休闲购物等新型商业业态方兴未艾，正成为引领现代商贸流通业发展的主力军。可以预言，未来3—5年新常态中虚拟经济的发展将导致江苏省商贸流通业脱胎换骨，通过线下市场向线上市场转型、融合，极大地优化江苏省的商贸流通业态结构。

（3）商品结构的调整，这是战术调整。改革开放以来，商品结构已经历多次调整，从老三件到新三件再到新新三件，从百元级到千元级再到万元级，每一次调整都带来消费的大幅度升级。可以相信，经过这一轮的调整，低端消费品必将转型为高端消费品，使江苏省商贸流通业出现新的消费热点。另外，绿色商业的倡导也会对江苏省的商贸流通业产生巨大的影响。因此新趋势下虽然损失了一些速度，但是得到了更高地质量。

3. 发展地位将有所提升

新中国成立以来，由于卖方市场的存在，商贸流通业在国民经济中一直处于二流地位，成为工农业经济的蓄水池，形成工农业主导商业的格局。经过改革开放几十年的发展，卖方市场已经被买方市场所取代，放眼当前的消费品市场几乎没有供不应求的商品，大量的过剩商品和产能对国民经济形成了巨大的压力。因此，在买方市场的情况下，是商业引导工农业。在新趋势下这种引导体现在三个方面：信息引导，由于商贸流通企业掌握了大量地消费者信息、商品供求信息，将通过向生产企业反馈信息的方式引导生产企业进行定制生产、精准营销，推动企业发展；金融引导，商贸流通企业将通过融资、信贷和订货等方式对生产企业进行参股、控股，力求使生产企业制造出适销对路商品，满足社会需求；管理引导，商贸流通企业将通过电子商务创新生产、消费一体化管理新模式，将管理的触角向上下游延伸，整合资源，形成以商贸流通企业为核心的新型跨行业平台经济体。因此，在新趋势中，商贸流通业必将逐渐占据龙头、先导地位，必将成为解决江苏省经济发展中老问题和新矛盾的关键，这也是新常态中江苏省商贸流通企业发展的新方向，是"十三五"规划中需要重点关注的新领域。

4. 商贸流通产业整合创新与转型升级成为新趋势

进行整合与创新是当代我国流通产业区别于传统仓储行业和运输行业的主要特征，这也是流通产业的核心价值所在，流通产业中的领先企业通过各种方式，如联盟合作、兼并重组以及流程再造等，不断将流通整合的潜力挖掘出来，同时还在加快平台、信息、组织以及功能等方面进行了整合创新，将资源利用效率充分发挥出来，使我国流通产业发展的效率和质量得到有效提升。在现阶段，创新驱动已经逐渐成为我国流动产业的重要支撑，流通产业中的领先企业通过各种创新方式，如制度创新、模式创新、管理创新以及技术创新等，在战略竞争方面打造出了新优势。因此，不断的整合创新，已经成为流通产业未来发展的新趋势。

流通企业原有的发展模式难以为继。传统流通企业长期靠网点扩张、薄利多销，成长方式面临困境，实体店经营遭遇空前残酷的挑战，不少地区城市综合体已经饱和甚至过剩，企业经营效益出现不同程度的滑坡，需要创新。个性化、多样化、多层次消费渐成主流。模仿型排浪式消费阶段基本结束，个性化、多样化消费成为主流，这是中央经济工作会议对消费需求变化做出的重要判断。我们不仅要关注消费的个性化和多样化，还要关注消费的多层次特征。就处于不同发展阶段的各地区来说,区域差异越大,总体消费的层次越分明。因此,不断的转型升级,已经成为流通产业未来发展的新趋势。

5. 电子商务等新兴商业业态将成为现代商贸流通业主宰力

(1)互联网行业发展势头强劲。近年来,江苏省互联网行业发展十分迅猛,多项指标位居全国前列,为电子商务的成长壮大打下了坚实基础。截至 2015 年底,江苏省共有市场主体开办的网站 145992 家,共收集江苏省内的网店 248508 家。2015 年度,全省网络交易平台总交易额达到 4939.45 亿元。而在新闻的发布会上,省工商局网监处相关负责人表示,网店数量还在迅速增加中,根据截止到 2016 年 5 月底的最新统计数据,江苏的企业和个人开设的网店已经达到 29.8 万家。

(2)商贸流通业电子商务发展迅猛。江苏省将信息化提升作为推进流通业现代化的首要路径。商贸流通企业加大投入,依托实体经营加快发展电子商务。2015 年江苏电商网站和网店卖出去的总金额达到 4939.45 亿元。其中,B2B 总交易规模达到 3645.60 亿元。B2C 领域交易达 1290.05 亿元,同比增长了 168.18%。

(3)骨干电商企业成为行业发展的火车头。近年来,全省商贸流通领域的电子商务迅速壮大,并涌现出一批行业骨干企业。据支付宝平台统计,江苏网民 10 年来(2004—2015)共支出 2430 多亿,占全国 8.1%,列第五位。全国 53 家电子商务示范城市江苏占 5 个,苏宁易购、买卖宝、中国制造网、红豆商城、5R 网、宏图三胞、同程网等 7 家电商列入商务部 2013—2014 电子商务示范企业。

二、江苏省商贸流通业发展存在的问题

(一)存在问题

1. 受到周边商贸流通业发达地区的挑战

与同处长三角的上海、浙江等商贸流通业较为发达的地区相比,江苏省的商贸流通业并没有明显优势,甚至处于受制于它们的劣势。江苏省商业传统业态比重较高,连锁经营、第三方物流、电子商务等新型流通方式以及超市、大卖场、专卖店、保税区直营店等新型业态发展较为缓慢,商贸流通企业的规模经济效应有进一步提升的空间,且骨干龙头企业的引领作用也没有得到充分发挥。江苏的商贸流通企业,只有苏宁、苏果在全国具有较大的影响力,其他企业的营销范围基本限于本省。与上海百联集团、浙江的阿里巴巴等企业知名度相比,江苏企业与之发展差距较大。如果江苏省的商贸流通业不能充分发挥自己的优势,逐步缩小与上海、浙江的差距,将来会在市场规模、品牌档次、电子商务等方面受到近邻的挤压。

2. 诸多传统商业难以适应电子商务发展趋势

改革开放三十多年来,传统商业为江苏省国民经济的发展贡献了巨大的力量。江苏省从改革开放初期的年社零80多亿元跃升至今天的年社零25876.77多亿元,是全省两万商贸流通系统共同努力的结果。但从商贸流通企业自身建设来看,长期以来也是一个动态的过程,是一个自身不断完善和发展的过程,因此新常态带来了新的调整、盘整期。改革开放初期,江苏省与全国其他地区一样,基本上是百货公司唱主角,很少再有其他商业业态。改革开放后,江苏率先引进国外先进商贸流通企业,实施连锁经营、专卖店等先进的商业业态,使江苏商贸流通业发生了巨变,连锁经营占据全国领先地位。在历年的连锁经营全国 20 强中,江苏均占 4—5 个席位,江苏的苏宁公司一度占据全国零售第一的位置。但是进入新 10 年以来,蓬勃发展的电商给传统商业业态带来了巨大的压力,表现在产值减低、商店关闭、品种减少等方面。如果不能通过调整,找出新的前进方向,不能更主动地贴合经济变革的新形势、新要求,将会成为制约江苏经济发展的一大障碍。

3. 消费环境不便利,结构性不对称,城镇商业建设相对落后

(1) 消费环境不便利。近年来,虽然物流体系建设成效显著,但农村及小城镇等一些地区,由于物流与基础设施建设存在滞后情况,仍然存在不便消费的现象。一方面,在这些较为偏远的地区,市场发展缓慢,商品配套设施建设相对滞后,居民购买名牌、高档产品较为困难,产品售后服务脱节,影响了居民购买力的顺利实现。另一方面,由于生鲜农产品的供应方一般来自农村,而由于农村物流技术落后,流通成本高且渠道较为单一,导致生鲜农产品不能及时卖出从而贬值,农民收入不能有效提高,这又进一步限制了消费。

(2) 结构性不对称。主要表现在两个方面:城乡居民收入的结构失衡。2015 年江苏省城镇居民收入人均增加 8.23％,农村居民人均收入增加 8.68％,虽然农村居民人均收入在增加的比例上超过城镇居民,但城乡居民收入的绝对差额并没有缩小,而是继续加大,收入绝对差额的扩大,制约了总体消费水平的提升;由于历史原因,江苏被划分为苏南、苏中、苏北三个区域,多年的非均衡发展造成三个区域的经济发展水平极度不协调。从 GDP 来看,2015 年苏南(南京、苏州、无锡、常州、镇江)为 41518.70 亿元,苏中(南通、泰州、扬州)为 13853.14 亿元,苏北(徐州、连云港、淮安、宿迁、盐城)为 16564.3 亿元;人均 GDP 分别为苏南 125002 亿元、苏中 84368 亿元、苏北为 55127 亿元,苏南分别是苏中的约 1.5 倍,苏北的约 2.3 倍。社会消费品零售总额也存在差距,分别是苏南 15003.57 亿元,苏中 4618.06 亿元,苏北 6255.14 亿元。这样巨大的差距,突显了江苏各主要区域竞争力的差异性和不足之处,但同时在一定程度上也表明江苏流通业的发展具有很大的潜力。

4. 信用体系建设不完善,行业市场秩序缺乏监管

我国产生信用体系缺失的原因主要有以下几个方面:

(1) 相关法规制度不完善。在市场经济高度发达的当代社会,商业信用通过承诺的方式加以验证,人们相互交往中的失信行为实质上是不诚实和不兑现承诺。相关法律的缺失,法律惩罚力度的偏低,致使当事人宁愿违背承诺,随意违约去追逐更大的利益。

(2) 商业信用体系建设缓慢。商业信用体系建设的缺失直接导致了我国商业信用销售总规模较小,贷款提供机构单一。在各国经济高度信用化的今天,我国商业信用销售对消费增长的促进作用还远没有发挥出来。我国信用销售规模与 GDP 增长之间的作用关系尚未建立,也在一定程度上造成我国的内需不足、外销乏力的局面。由于信用体系不健全,导致企业赊销账款回收困难,形成了大量不良债务。80％的调查对象在 2015 年曾被买家逾期支付货款。21％的调查对象表示其应收账款平均逾期天数超过 90 天。坏账过高,拖欠成风和整个市场经济秩序紊乱,导致国民经济运行效率低下,严重制约了商业信用销售对经济增长的贡献的发挥。

(3) 企业信用管理水平较低,商业信用观念薄弱。美国经济学家瓦尔特·克奇曼将美国的商业信用体系喻为"美国经济活力的秘密成分"。发达国家较大企业中都有专门的信用管理部门,一方面负责评估客户的商业信用状况,一般不与没有资信记录的客户打交道,另一方面也随时关注自身的信用状况,避免在信用报告中出现负面信息。可见他们非常注重企业商业信用建设,视商业信

用为一种企业财富,以此向外界展示企业商业资质。比较来看,目前我国企业信用管理水平较低,尚不能满足经济发展以及社会生活的需要。主要表现在:缺乏信用管理意识,信用培育不够;财务报表不能按照国际通用准则制作,不愿意向其他机构公开本公司的信用资料;在交易过程中缺乏风险评估调查,客户信用档案不健全、更新缓慢,较少使用信用管理工具。

(4)商业信用信息得不到充分公开。一个国家的经济能否健康、迅速地发展,与有关的商业资信是否公开及公开的程度有相当大的关系。在一国范围内,能够快速、真实、完整、连续、合法、公开地获得有关商业资信资料,有助于经济活动主体进行全面的资信调查和做出正确的判断。在现行的商业信息管理体制下,目前经济活动主体主要是通过以下三种渠道获得相关企业商业信用数据的:一是通过新闻媒介等公开渠道获得;二是通过自己调查或者委托调查获得;三是通过政府部门和有关机构获得。总体上说,我国企业商业资信数据基本上处于相对封闭的状态,这使商业资信判断时搜集数据成本过高。因此,造成了很多企业因不能获得对方的商业资信资料而盲目行动导致受损,而有些不法分子也正是利用商业资信公开不充分进行诈骗等非法活动。

(5)商业信用服务业发展不充分。商业信用服务行业在广义上可以分为10个分支行业,即企业资信调查(企业征信)、消费者信用调查(个人征信)、财产征信、资信征信、商账追收、信用保险、保理服务、信用管理咨询、市场调查、利用电话查询票据等。世界经济巨头美国目前从事信用服务的企业主要分为消费者信用评估机构和为国家、企业以及机构信用评估机构两大类。对国家、企业以及机构进行信用评估的机构又可分为两类:一类是资本市场上的信用评估机构,即对国家、银行、证券公司、基金、债券及上市大企业的信用进行评级的公司;另一类是对中小企业资信进行评级的机构。通过这些机构作出的信用评估,已经成为美国企业的一种无形资产,是影响企业的生存与发展的重要因素。目前,在我国从事信用评估、信用征集、信用调查、信用保理等社会信用中介机构数量稀少,其中信用评估机构大多分布在沿海经济发达地区或者行政中心。这使商业资信判断时搜集数据成本过高。因此,造成了很多企业因不能获得对方的商业资信资料而盲目行动导致受损,而有些不法分子也正是利用商业资信公开不充分进行诈骗等非法活动。

据FCI(国际保理商联合会)统计,从2008年1月开始,中国出口双保理业务量跃居世界第一并一直保持至今。2010年,中国加入FCI的会员有23家;保理总金额达到1545.5亿欧元,其中,国内保理总金额为1199.6亿欧元,国际保理总金额为345.9亿欧元。从2001年到2009年,银行保理业务量增长了70倍。据中国银行业协会保理专业委员会统计,全国开展保理业务的银行有28家,2009年完成国际保理业务量250亿美元,国内保理业务量5709亿元人民币,在国际上已居于前列。银行保理和商业保理发展极不平衡,虽然国内保理行业发展迅速,但商业保理却发展缓慢。目前,除香港等地区外,国内的商业保理机构有24家,其中天津21家、北京1家、上海1家和河南1家。其中超过一半是外资公司,而且绝大多数保理公司只做国际贸易保理业务,真正做内贸保理的只有1—2家。上述商业保理机构年营业额只有数十亿人民币,部分业务领域几乎还是空白。从行业角度看,商业信用服务机构至今尚处于自发运作状态,发展缓慢。商业信用机构发展不全面,未形成完善的商业信用体系。时至今日也还没有出现业务规模覆盖全国、行业影响力大、处于优势地位的企业,导致了我国现阶段商业信用行业影响力较低,市场能动性差,未能发挥出商业信用自身的价值以及其对经济发展的促进作用。

5. 电子商务专业服务企业和专业人才队伍相对弱小,有待进一步发展壮大

金融英才网最新招聘数据显示,截至 6 月中旬,金融行业人才需求量与去年同期相比上涨 15.8％。职位方面,第三方支付产品经理、互联网金融产品经理与销售经理需求旺盛,招聘需求分别较去年同期上涨了 16.7％和 15％。《中国互联网金融人才体系建设研究报告》则指出,未来 5—10 年内,中国互联网金融行业人才缺口将达百万以上。目前,江苏网贷行业的人才流动性比较大,新产品研发、法律和风控方面的专业人才非常稀缺,很多公司也为招不到专业人才而苦恼。当下互联网金融最需要的是跨专业的复合型人才,既要掌握统计学、机器学习和自然语言处理等理论,又要熟悉计算机、数据模型搭建等技术,还要懂得风险评估与定价等金融常识,网贷是服务于实体经济的,所以还要懂些产业经济。企业求才若渴而专业人才队伍相对弱小,成为经济发展的制约因素之一。

(二)发展机遇

1. 国家战略层面发生变化

国家战略层面发生了重大变化,内贸流通工作要积极适应和配合。中央提出了"一带一路"、京津冀一体化、长江经济带区域发展战略,提出了自由贸易区发展战略,要在全球范围积极培育中国发展新优势,内贸流通工作应通过区域商业网络布局、流通设施投资和建设等,主动适应,有效配合。

2. 利用先发优势

江苏较早进行市场化改革,放开市场准入管制、实行对外开放,市场化程度深,市场竞争的公平性、有效性高,因而江苏流通业较早焕发了竞争活力,而且政府高度重视商贸流通业。2011 年,江苏率先在全国召开了"加快流通业现代化会议",省政府在全国率先发布了《关于加快发展现代流通业的意见》,为江苏商贸流通业增强竞争力提供了有力的政策保障。

3. 新一轮城镇建设

到 2020 年,苏州将构建起一个以名城保护为基础,以和谐苏州为主题的"青山清水,新天堂",实现"文化名城、高新基地、宜居城市、江南水乡"的城市定位。2016 年 8 月 2 日,确立了上述城市发展目标的《苏州市城市总体规划(2011—2020 年)》获得国务院批复。

根据总规划,苏州城市规划区总面积为 2597 平方公里,包括苏州市区的姑苏区、工业园区、高新区、吴中区、相城区,吴江区松陵、同里镇、横扇镇部分地区,昆山市巴城、张浦、锦溪、周庄镇和常熟市辛庄镇部分地区。

到 2020 年,苏州市域总人口规模为 1100 万人,市域基础设施按 1200 万人规模预留,其中中心城区城市人口规模 360 万人,市域城镇人口为 880 万人,城镇化水平达到 80％。同时,中心城区城市建设用地面积控制在 380 平方公里以内,人均建设用地面积为 105.6 平方米。

在空间布局上,规划形成"一心两区两片"构成的"T 型"城市空间结构,包括东西城市发展主轴和南北城市发展次轴。"一心"指以苏州古城为核心、老城为主体组成的城市中心区;"两区"即高新区城区和工业园区城区;"两片"为相城片和吴中片。东西城市发展主轴由北部高新技术产业带、中部公共设施服务 带和南部旅游及文化产业带组成;南北城市发展次轴以南北公共设施服务带为主体,串联古城城市中心、吴中片和相城片的城市副中心。

三、江苏省商贸流通业发展的建议与对策

(一)进行产业整合创新及转型升级

"一带一路"这个大背景下形成区域合作的新格局,首先是对内贸易流通和产业发展的带动,对国内的整个产业发展、产业布局以及产业结构的调整都带来了一些新变化。"一带一路"从国内发展出发是建立在区域合作新格局中寻找发展的着力点和突破点,我们知道产业开发往中西部转移,然后实现以点带面,以线带片这样一个大的战略。除了国际上的合作外,我们国家又进一步阐述了"一带一路"的发展战略,它对国内的带动,带动传统产业的转移和中西部产业的转型升级和东部的所谓的腾笼换鸟,都有巨大的作用,而且会引领不同的区域逐渐实现经济增长,利用这样一个世界上最长最具发展潜力的经济大走廊把国内的经济串起来。中国西部地区远离中西市场的局面也给扭过来,在这个大通道上有些西部的地区成为重要节点,它对中国发展的驱动力和拉动力会发挥非常大的作用。江苏省尤其是苏南地区,地理位置靠近上海。在上海自贸区建设和发展的背景下,江苏省流通业的发展应积极与之相适应,发展与自贸区相错位的流通业,做好自贸区经济腹地的支撑工作的同时,不断吸收自贸区带来的红利和溢出效应,积极拓展商贸流通业新的发展空间,加快构建完善的流通产业链和价值链,促进流通产业向专业化、规模化发展。争取实现流通业跨越式发展,全面提升江苏省流通业的核心竞争力。

(二)强化政策引导、人才培养和安全保障

(1)强化政策引导。加大对企业电商应用的扶持力度,重点支持电商平台经济发展;加大金融支持力度,推动省重点电子商务企业直接融资,鼓励电子商务企业以各种方式引入风险投资、战略投资,发行中小微企业债券,加快企业发展。

(2)强化人才培养。加大专业人才的培养与引进力度,积极营造电子商务产业的文化氛围。建立院校与企事业单位合作进行人才培养的机制,整合国内外高端资源,建立"江苏电子商务研究院"等相关机构。

(3)强化安全保障。开展电子商务信用体系建设,实现社会化对接和共享;研究制定电子商务地方标准,积极开展标准化试点和应用;构建可信交易环境,推进电子商务地方性立法;加强政府引导和监管职能,保证电子商务健康发展;建立商品质量信息追溯系统,完善电子商务纠纷处理、争议调解、法律咨询等综合服务体系。

(三)完善相关法规和商贸流通业运作机制,加强政府的引导和管理

1. 加强行业监管

确定商业信用行业主管部门,相关部门依照国家职权指导并监管商业信用服务行业发展与完善。成立信用服务行业协会,根据商业信用服务机构经营现状,在要求其提高行业自律性同时组建信用服务行业协会。制定信用行业服务标准,规范服务质量。明确行业主管部门有利于加强政府在商业信用服务行业的监督管理。健全有效的信用监管体系可以促进一个国家和地区的市场经济

交易手段从原始支付方式向信用方式过渡,实现转变;创造和规范发展市场经济的良好信用环境,不断扩大并创造市场需求,保持市场繁荣,促进经济持续增长;促进该国或地区的市场经济走向成熟,为市场经济健康、有序发展提供制度保障与社会基础。

2. 完善配套机制

完善商业信用配套机制应主要从两方面入手,主要包括商业信用体系的完善与专业商业信用人才的培养。首先,通过学习和借鉴发达国家完善我国商业信用制度及相关法律法规制度,加大因失信而带来的成本。其次,应建立完整的商业信用体系,具体包括:建立信用信息管理机构,如征信公司与数据库;发展专业化的信用评价机构,如信用评级公司;完善深层次的信用服务机构,如保理公司。以信用活动为基础,以公共部门、金融部门、企业为主要客户,以经营并销售信用信息与信用产品、提供专业化和社会化的信用服务为手段,立足于社会,成为现代经济活动的重要组成部分。再次,为保障商业信用行业的健康发展应大力开展专业商业信用从业人员培养。由于行业发展迟缓,商业信用人才非常缺乏,多数商业保理机构都是非专业人员尝试开展业务。目前,开设信用管理专业的高校仅 12 家,而且均为全日制课程,远远不能满足我国对保理人才的需求。今年,中央广播电视大学与天津广播电视大学联合开办信用管理专业的课程,丰富了行业内部从业人员获取知识的渠道,但受限于没有业内人士的指导,所谓的专业培训并未走上正轨。为顺应急需的商业领域信用平台建设,我国教育机构应设置与商业信用服务行业相对接的专业,大力开展从业人员职业教育和技术培训,不断提升从业人员专业素质和水平,巩固商业信用行业的发展基础,从而推动商业信用体系的建设,加快建设的整体速度,从基础做起全面提升行业的整体素质,为我国的商业信用体系储备优秀的专业人才。

3. 改善外部环境

改善我国商业信用外部环境,重点在于建立商业信用公开制度。我国已经建立了公民身份证管理制度和单位(法人)代码管理制度,可以在此制度的基础上建立公民社会代码和单位代码管理制度,将商业信用的有关信息纳入其中,并由专门的机关统一管理。这样就可以将有关缺乏商业信用的单位和个人的信息通过相应的途径备案乃至公布于众,让其无所遁形。可见,商业信用公开对于商业信用制度的建立具有十分重要的作用。目前我国的企业资信大多还处于封锁状态,个人资信更难以查实。有关工商管理、质检、劳动、金融机构、司法机关、公证等部门应联机形成一个检索平台,向社会开放有关企业和个人的资信信息,以便为建立良好的社会竞争秩序创造公平的条件。上海已经建立了"诚信档案"制度,各商家在工商、税务等部门都留有案底,有关部门随时抽查并依据一定的标准给其打分,一旦发现有诚信缺失现象,商家将会受到严厉的处罚。这种"诚信档案"制度已经起到一定的效果,今后应逐步推行。商业信用体系的建设问题已经成为当今社会所普遍关注的焦点,缺乏完善的商业信用体系对于我国整个社会的影响和冲击是十分广泛和严重的。我国必须尽早构建起适合我国国情、具有中国特色的商业信用制度,将商业信用规范化、制度化。

(四)贯彻落实长三角现代商贸流通业一体化发展的战略

1. 切实加强各省、市、区、县政府部门间的协调合作

贯彻区域一体化发展将包括江苏省在内的长三角地区打造成中国现代商贸流通业先导区、示范区和推进区是一个系统工程,需要国家商务部等经济领导部门的大力指导和协调,也需要江苏省

内各市、区、县政府的通力合作以及长三角其他地区的协调合作,这种合作应该是具体有效的合作,是共同发展的合作。一是要制订省内商贸流通业整体发展规划,通过规划确定发展的目标、方法、阶段、策略。二是要制订互相协作、对等合作的政策,在税收、资金、土地、人才、物流、水电等环节上大力支持省内商贸流通企业的合作发展,避免诸侯经济来人为地阻碍现代商贸流通经济的发展步伐。三是要建立协调机构,在区域一体化发展现代商贸流通经济中沟通上下左右的联系。四是要推进区域内要素市场的发展,建立统一的要素市场就是以现代经济发展模式促进商贸流通经济获取必要的资金、信息、人才、技术、市场份额和管理经验,五是要创新驱动发展,达到十八大报告所说的"着力构建以企业为主体、市场为导向、产学研相结合的技术创新体系",特别是要通过创新发展,提高江苏省现代商贸流通企业的技术含量。

2. 加强信息交流

信息化是商贸流通经济现代化发展的黏结剂和促进剂,没有信息化,商贸流通经济就不可能达到规模发展、集约发展、连锁发展和一体发展。因此,要高度重视信息化。一是根据《国务院关于深化流通体制改革加快流通产业发展的意见》,通过信息化建设,促进营销网、物流网、信息网三网融合,推动云计算、移动通信更大范围地应用于现代商贸流通领域。二是建立高效率地信息化中心,整合华东地区的商贸流通业发展信息。应以上海商业信息中心为龙头,建设服务于江苏省的长三角商业信息中心,达到信息共享、共用、共管的目的,各地即时将本地商贸流通业发展的信息传递到中心,中心在整理后再对各地会员开放。三是发挥信息的导向作用,通过信息整合调度长三角地区商贸流通业发展的方向、力度,调整资金、物流,发展电子商务,促进包括江苏省在内的长三角现代商贸流通业整体发展。四是加强商贸流通企业自身的信息化建设,装备现代化的信息工具,通过信息化加强企业管理,提高企业效率,增强经济效益,将信息化建设与商贸流通企业现代化建设相结合,做到发展江苏商贸流通业的同时共同促进长三角地区现代化建设。

3. 加强与上海自贸区的对接

自从2013年9月成立上海自贸区以来,上海自贸区已经取得了良好地发展成就:聚集1.6万多家投资企业、28万从业人员。习近平总书记在上海考察时指出:"上海自由贸易试验区是块大试验田,要播下良种,精心耕作,精心管护,期待有好收成,并且把培育良种的经验推广开来"。习总书记希望"试验区按照先行先试、风险可控、分步推进、逐步完善的原则,把扩大开放同改革体制结合起来,把培育功能同政策创新结合起来,大胆闯、大胆试、自主改"。江苏省的商贸流通企业要紧紧抓住上海自贸区发展的历史良机,积极对接上海自贸区。一是加强物流对接,通过物流对接扩大物流规模,提升物流技术,提高物流发展水平。二是加强商品流通对接,通过流通对接将本地区的商品自由地流出去,需要的商品流进来,扩大商品进出口规模,提高商品出口质量,大力度地走出去。三是通过对接上海自贸区,不断地提升本地区现代商贸流通业发展水平、管理能力和技术含量。四是通过对接上海自贸区,推进本地区的商贸流通政策创新,为长三角现代商贸流通业一体化发展奠定政策基础。

4. 加强商贸流通业体系建设

针对长三角地区商贸流通体系需要进一步完善的具体情况,应结合一体化推进和向导区、示范区、推进区建设,将现代商贸流通业体系建设作为长三角一体化建设的一项重要内容。一是充分落实发挥电子商务的主宰作用,首先,推进电子商务平台建设。实施专业型特色型平台龙头企业培育工程。结合我省产业结构和特点,培育特色平台龙头企业。鼓励发展专业型平台,增强实体产业发展活力和市场竞争力。实施移动电子商务完整产业链构建工程。重点推进移动电子商务在农业生产流通、企业管理、安全生产、环保监控、物流和旅游服务等方面的试点应用。推动移动电子商务产业链和各应用领域相关主体加强合作,加快社会化协作机制创新。着力推进电子商务运营服务。积极打造总部经济,发展有基础支撑的潜力领域,培育一批在全国具有重要影响力的面向不同行业、区域和消费者的电商服务平台。着力扶持和引导电子商务产业链快速发展,提升江苏在电商领域的地位和影响力。推进电子商务服务网络和服务园区建设。关注大中企业服务网络建设,围绕信息、科技、金融三大核心业务,积极降低企业运营成本,优化发展环境。推进电子商务产业基地和示范园区建设,着力打造引领电子商务服务创新的国家示范城市。其次,促进企业电子商务智慧化应用。实施大中型企业智慧化建设工程。推进电子商务深度应用,促进研发设计、生产、销售、管理等产业链条的智慧化建设,引领企业智慧化工程。提升现代服务业电子商务应用深度。积极推进金融、物流、商贸、旅游、科技、工业设计等现代服务业电子商务应用深度,大力培育和发展各类行业技术创新中心、信息服务中心、数据中心。强化优势行业信息化深度融合。推动信息化与工业研发设计的融合、推动信息化与生产过程控制的融合、推动信息化与经营管理的融合。在苏北优先推动企业的信息化硬件投资,重点推进信息化软件投资。

与此同时,加快电子商务产品、服务和商业模式创新。实施面向商业应用的大数据研发龙头企业培育工程。围绕大数据获取技术、大数据管理技术、大数据分析技术、大数据安全技术等,形成大数据领域的核心竞争力,加速大数据资源的开发利用,推进行业应用,培育数据技术链、产业链、价值链。鼓励商业模式创新,促进现代信息服务业发展。深化信息应用和网络融合,多层次推进智慧应用。注重移动商务与金融业的融合创新,推进本地化移动支付服务和移动金融服务;大力推进生产性服务业发展,积极培育新型服务业态;推动数字内容产业发展,发挥动漫基地优势。构建电子商务创新体系,推进产品和服务创新。围绕物联网、移动互联网、云计算、电商安全、信用管理和供应链与物流等关键技术,加快构建电子商务科技创新体系,积极推进电商相关技术创新研发及其产业化,形成一批具有自主知识产权的核心技术和创新产品。最后,还需要完善电子商务支撑服务体系。实施软件产业重点建设工程,支持具有自主知识产权的基础软件、嵌入式软件、应用软件及中间件产业化,加快建设南京中国软件名城、苏州嵌入式软件产业基地、无锡集成电路设计产业化基地、常州动漫游戏产业化基地等,加快打造沪宁线软件产业密集带,加快规模化发展步伐,形成一批龙头骨干企业和知名品牌。提升信息基础设施水平,推进宽带网络升级提速。提升和完善信息基础设施,推动新一代信息基础设施建设,形成以"宽带、无线、泛在、集成、融合"为特征的智慧化网络。大力发展新一代移动通信技术,推进无线网络建设。逐步构建以 4G＋3G＋WIFI 为主的多层次、广覆盖、多热点的无线宽带网络,逐步将主城区以及远郊区县(市)全部纳入覆盖范围,大力推进"无线江苏"建设。二是推动连锁经营发展。各地区要进一步促进现有连锁经营企业加强自身建设,提高企业覆盖度,通过规模经营取得较好地经济效益。特别要鼓励大型连锁经营企业实现横向联合,组成联合舰队,在长三角形成 1—2 个世界级的连锁经营企业。三是要用线上和线下的模式(O2O)改造传统的百货公司,使面临危机的百货公司通过技术改造摆脱地产经营模式,上升到一个新的发展阶段。四是要稳妥推进城市综合体、奥特莱斯、购物花园等新型商业业态建设,鼓励这些业态在长三角连锁发展、稳健发展。五是推动现代物流业发展,降低物流费用,使物流业与商业业态建设互相促进。通过现代商贸流通体系建设,使长三角的消费像珠三角一样超前,像海三角一样便捷,解决长三角各省市间的发展不平衡问题。

5. 加强小城镇商业建设

加强小城镇建设是党中央、国务院制定的新的经济发展战略,现代商贸流通业建设是这个大战略的重要组成部分。长三角的小城镇商业建设应与小城镇建设相结合,抓住重点:一是分类指导。长三角地区的小城镇商业除江南、浙北地区的小城镇建设做得比较好外,其他地区基本上还处于发展的初、中期,需要做大量的推进工作。因此,长三角地区的商务主管部门应制定标准,对这些小城镇商贸流通业进行分类,对于在商贸流通方面发展较好的小城镇重点在提升质量,对于发展比较差的重点在整顿治理中达标。二是鼓励大型商贸流通企业到小城镇去发展,通过建立分店、连锁店等方式将先进的管理经验传授给小城镇商贸流通业,促进小城镇商贸流通业在购物环境、服务理念、商品质量等方面上台阶,为小城镇居民提供现代化。三是注重小城镇商贸流通业发展规划的制定和落实,通过规划分阶段、有步骤地推进小城镇商贸流通业现代化建设。总之,通过小城镇商贸流通业现代化建设解决区域内城乡现代商贸流通经济发展两个不平衡之一的各省市内部发展不平衡的问题,推动长三角农村地区商业上升到一个新水平,成为长三角现代商贸流通经济发展的持续动力。

6. 加强区域内商业资源的整合

加强区域内商业资源的整合,建设一批特大、超大型的现代商贸流通企业是长三角一体化发展的关键之问题一,也是商贸流通业现代化先导区、示范区和推进区建设的保证。资源整合主要注重下列几方面:一是鼓励商贸流通企业横向发展,《国务院关于深化流通体制改革加快流通产业发展的意见》要求消除地区封锁和行业垄断,严禁阻碍、限制外地商品、服务和经营者进入本地市场,严厉查处经营者通过垄断协议等方式排除、限制竞争的行为。二是资金整合,通过股票交易市场或企业协商互相参股,促进企业之间交流,推动相关联企业共同发展,从而形成整个行业和地区的一体化发展。三是人员整合,通过共管、托管、代管等方式加强人员交流,实现企业文化和理念的交融。四是商品整合,在长三角地区率先推出联购、联修、联换、联退业务,净化消费环境,强化消费秩序,减少消费者的后顾之忧,并向全国推广经验,为全国的"四联"打下基础。五是品牌整合,倡导输出品牌、输出管理,以先进带后进的方式整体提升长三角商贸流通业的现代化发展水平。总之,通过区域内资源整合解决区域内各省市之间现代商贸流通经济发展的不平衡问题,提升长三角现代商贸流通业的核心竞争力。

7. 促进区域内商贸流通企业走出去

商贸流通业走向世界是中国商业经济发展的主要方向之一。通过走向世界可以进一步拓展生存空间,获取先进的商业经营理念和经验,提升整体竞争能力。目前长三角已经有苏宁、海尔等大型商贸流通和生产企业开始走出去,到中国香港地区、日本、美国、欧洲等地发展并取得较好的成果。为了扩大走出去的规模,区内企业还要加大走出去的力度。一是与海外开发区建设相结合、相配套,区内商贸流通企业利用各省市在外发展开发区的大好时机,跟随海外开发区一起走出去,以开发区为基地开拓所在国的商业市场。二是通过并购、联营、参股等方式到目的国开拓商业市场,建立分销中心、展示中心,通过输出管理、商品,提高所在国的就业水平和财税收入,达到共赢互利。三是利用现代海上丝绸之路和陆上丝绸之路带建设的国家政策,在国家的大力支持下进入"二带",

为"二带"的相关国家和地区发展创造新的机遇,同时也促进自己的发展。因此,在走出去方面,长三角也要摆脱局部发展的观念,倡导全行业、全地区内外贸一起捆绑式走出去,成为全国商贸流通业外向发展的先导、示范和推进力量。国务院在《关于深化流通体制改革加快流通产业发展的意见》中明确了全国现代商贸流通业发展的战略目标:到2020年,一是提高效率,降低成本。二是广泛应用信息技术,连锁化率达到22%左右,商品统一配送率达到75%左右。三是形成一批网络覆盖面广、主营业务突出、品牌知名度高、具有国际竞争力的大型流通企业。四是流通产业发展的政策、市场和法制环境更加优化,市场运行更加平稳规范,居民消费更加便捷安全,全国统一大市场基本形成。国务院的文件为长三角地区现代商贸流通业一体化发展指明了正确的方向,通过努力,长三角现代商贸流通业发展的速度可以更快一点,质量更高一点,辐射更广一点,时间更早一点。有理由相信,在新常态中,长三角现代商贸流通业一定会依靠国家的支持和自身的禀赋提前完成党中央、国务院赋予的战略任务,通过扩大内需、结构调整和转型,将长三角打造成为一体化发展的中国现代商贸流通经济的先行区、示范区和推进区,在全国现代商贸流通经济方面做出更大的贡献。

【主要参考文献】

[1] 雍媛媛.徐州市区域性商贸物流发展[J].产业经济,2014(36):29.

[2] 王波.新常态下商贸流通经济发展研究综述[J].江苏商论,2015(11):3—11.

[3] 周丽群.新常态下我国内贸流通发展特点与政策建议——全国内贸专家座谈会综述[J].中国流通经济,2015,(3).

[4] 紫石.新常态下商业经济的创新发展[J].商业经济研究,2015(1).

[5] 江苏省商务厅和江苏省商业经济学会联合课题组.国民经济新常态下江苏省商贸流通业发展的思考与对策[J].江苏商论,2015,(1).

[6] 仲锁林,倪海清.探索有江苏特色的电子商务发展模式[J].江苏商论,2013(1).

[7] 任保平.中国商贸流通业发展方式的评价及其转变的路径分析[J].商业经济与管理,2012(8).

[8] 张燕.我国商贸流通业产业链识别与优化研究[J].商,2016(22).

[9] 杨以文.江苏商贸流通业的发展现状、存在问题及发展重点研究[J].江苏教育学院学报(社会科学),2012(5).

第九章　江苏省金融业发展报告

2015年,面对错综复杂的宏观经济环境和艰巨繁重的改革发展任务,江苏省坚持稳中求进的工作总基调,主动适应经济发展新常态,妥善应对各种风险挑战,全省经济运行总体平稳、稳中有进、稳中有好;稳在速度总量,进在转型升级,好在质量效益。金融业总体运行稳健,货币信贷投放创历史新高,直接债务融资实现"四连冠",贷款利率持续下行,企业融资成本压力有所缓解。深化金融改革创新取得积极进展,金融基础设施不断完善。证券业实力明显提升,多层次资本市场发展实现新突破,保险业平稳较快发展。

一、江苏金融业发展现状研究

2015年,江苏省金融业平稳健康运行,社会融资规模增长适度,金融市场交易活跃。金融基础设施建设不断完善,金融生态环境持续优化。证券业实力明显提升,多层次资本市场建设迈上新台阶。保险业组织体系不断完善,保险资金运用取得新的突破。

(一)银行业规模稳步增长,新增贷款创历史新高

1. 机构规模稳步增长,组织体系更趋完备

2015年末,江苏省银行业金融机构资产总额达13万亿元,同比增长11%。机构数量稳步增加,年末地方法人金融机构数量达164家,比年初新增8家(见表1)。62家农合机构改制工作圆满收官,6家非银机构顺利筹建和开业,10家台资银行落户江苏。盈利增长趋缓,全年银行业金融机构实现税后净利润1450.8亿元,比上年下降4.5%。金融对实体经济支撑作用进一步增强,全年实现银行金融业增加值5332.9亿元,同比增长15.7%。

表1　2015年江苏省银行业金融机构情况

机 构 类 别	营业网点			法人机构(个)
	机构个数(个)	从业人数(人)	资产总额(亿元)	
一、大型商业银行	5178	112320	50403.5	0
二、国家开发银行和政策性银行	93	2331	6454.0	0
三、股份制商业银行	1183	39932	26420.5	0
四、城市商业银行	858	26047	25195.2	4
五、小型农村金融机构	3241	47736	19579.6	63
六、财务公司	13	360	682.9	11

机 构 类 别	营业网点			法人机构(个)
	机构个数(个)	从业人数(人)	资产总额(亿元)	
七、信托公司	4	428	196.1	4
八、邮政储蓄	2530	9409	5214.1	0
九、外资银行	78	2395	1175.5	6
十、新型农村金融机构	199	4162	654.2	72
十一、其他	4	385	472.6	4
合 计	13381	245505	136448.1	164

注:营业网点不包括国家开发银行和政策性银行、大型商业银行、股份制银行等金融机构总部数据;大型商业银行包括中国工商银行、中国农业银行、中国银行、中国建设银行和交通银行;小型农村金融机构包括农村商业银行;新型农村金融机构包括村镇银行、贷款公司和农村资金互助社;"其他"包含金融租赁公司、汽车金融公司、货币经纪公司、消费金融公司等。

数据来源:中国人民银行南京分行,江苏银监局。

2. 各项存款增长平稳,存款稳定性有所增强

2015 年末,全省金融机构本外币存款余额为 11.1 万亿元,同比增长 11.6%,增速比上年末提高 0.5 个百分点,比年初增加 12012.5 亿元,同比多增 2071.3 亿元。分币种看,人民币存款增加较多,全年新增人民币存款 11766 亿元,同比多增 2313.3 亿元(见图 1);外汇存款大幅少增,全年新增外汇存款 7.6 亿美元,同比少增 70.5 亿美元。外汇存款大幅少增,主要是因为在全球经济复苏缓慢的背景下,国内进出口企业盈利能力下降导致相应外汇存款减少。

受存款偏离度考核等因素影响,金融机构存款"季末冲高、季初回落"的现象有所改善。2015 年 7 月、10 月,全省人民币存款月环比分别仅减少 840 亿元和 356 亿元,明显低于历史同期 1000 亿元以上的月环比降幅。中小银行存款稳定性有所提高。《存款保险条例》实施以来,全省银行业金融机构经营秩序正常,各项存款平稳增长,并未出现中小银行机构存款搬家现象。2015 年,全省农村金融机构新增人民币存款 1877 亿元,同比多增 306 亿元;1 年 2 月末人民币存款余额同比增长 14.7%,高出总体存款增速 3.1 个百分点。

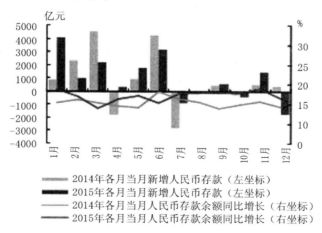

图 1 2014~2015 年江苏省金融机构人民币存款增长

数据来源:中国人民银行南京分行。

3. 贷款增长有所加快,新增贷款创历史新高

2015 年末,江苏省本外币贷款余额为 8.1 万亿元,同比增长 12.0%,增速比上年末提高 0.4 个百分点。全年新增本外币贷款 8669.2 亿元,同比多增 1325.7 亿元(见图 2)。全年新增贷款新增较多主要受三方面因素影响:一是在稳增长力度加码、地方政府融资平台在建项目融资约束放松,以及住房政策频出利好的背景下,基础设施和房地产相关领域贷款增加较多。二是 2015 年以来,央行适时运用公开市场操作、中期借贷便利、降准等货币政策工具,保持了市场流动性充裕,加之存贷比由法定监管指标转变为流动性监测指标、信贷资产证券化稳步推进以及地方政府债务置换等因素影响,商业银行信贷供给能力明显增强。三是在表外业务监管逐步规范的背景下,部分表外融资转入表内信贷,也推动了贷款的增长。

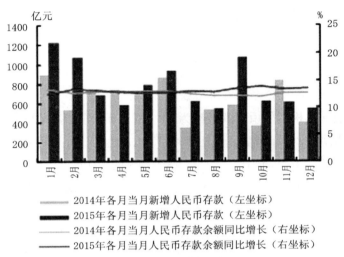

图 2 2014～2015 年江苏省金融机构人民币贷款增长
数据来源:中国人民银行南京分行。

从币种结构看,人民币贷款增长较快,全年新增人民币贷款 9285.1 亿元,同比多增 1784.0 亿元,新增额创历史新高(见图 2)。外汇贷款持续回落。受美联储加息以及人民币汇率预期变化等因素影响,经济主体倾向减少外币负债,外汇贷款全年减少较多。2015 年末,全省金融机构外汇贷款余额为 354.7 亿美元,同比下降 25.7%,增速创近三年新低,降幅比上年末扩大 20.2 个百分点。

从期限结构看,短期贷款与票据融资此消彼长,中长期贷款维持高位增长。2015 年,全省短期贷款保持低位增长,年末本外币短期贷款余额同比仅增长 2.9%,比年初增加 889.4 亿元,同比多增 294.9 亿元。票据融资增长较快,年末票据融资余额增速高达 47.9%,比年初增加 1545.5 亿元,同比多增 420.5 亿元。中长期贷款增长较多,年末全省本外币中长期贷款余额增速为 17.7%,比年初增加 5957.4 亿元,同比多增 382.6 亿元。

从贷款投向看,基础设施贷款维持高位增长,制造业信贷投放继续缩减,房地产贷款增势平稳。2015 年,全省金融机构本外币基础设施行业贷款余额为 1.2 万亿元,同比增长 13.6%,全年新增 1420.9 亿元,同比多增 33.6 亿元。受产能过剩、企业盈利能力下降等因素制约,制造业贷款继续缩减。2015 年末,全省制造业本外币贷款余额为 1.6 万亿元,较年初下降 434.5 亿元。分月看,自 7 月份开始,制造业贷款连续 6 个月增量为负。受保障房建设速度加快、新型城镇化建设力度加大和部

分城市房地产市场升温等因素影响,房地产行业贷款持续稳定增长。2015年末,全省金融机构本外币房地产贷款余额为2.1万亿元,同比增长19.4%,增速比上年末提高3.0个百分点。2015年,全省金融机构房地产贷款增加3322.4亿元,同比多增896.5亿元。

从政策导向看,信贷结构更加侧重于调结构、惠民生。在调结构方面,金融机构对现代服务业、科技、文化等新兴领域的支持力度不断加大,2015年末,全省服务业贷款余额占各行业贷款余额的60.5%,占比比上年末提高2.8个百分点,高新技术企业贷款余额3265亿元,推动当年工业技改投资同比增长25.6%,文化产业贷款余额1184亿元,同比增长22.6%,高出全部贷款增速10.6个百分点。在扶持薄弱环节方面,人民银行南京分行充分发挥再贷款、再贴现的结构引导功能,在全国率先探索开展县域银行业金融机构新增存款更多用于当地贷款评价工作,积极引导金融机构加大对"三农"、小微企业的支持力度,2015年末,全省金融机构本外币小微企业贷款(不含票据融资)余额为1.88万亿元,同比增长11.4%,增速比上年末上升1.2个百分点,本外币涉农贷款余额为2.6万亿元,扣除连云港赣榆撤县建区的影响,同比增长8.5%,增速比上年末上升1.8个百分点。

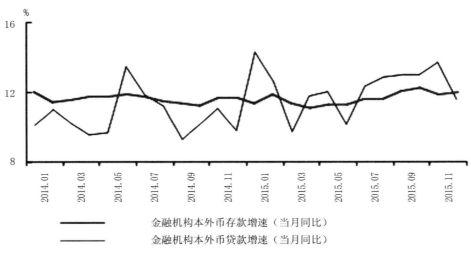

图3　2014～2015年江苏省金融机构本外币存、贷款增速变化
数据来源:中国人民银行南京分行。

4. 存贷款利率明显下降

在贷款基准利率多次下调以及政府相关部门多措并举降低企业融资成本的背景下,金融机构存贷款利率明显下降。2015年12月份,全省定期存款加权平均利率为1.8803%,分别比6月份、9月份下降85.0个基点和30.8个基点。1—4季度,全省金融机构新发放贷款加权平均利率分别为6.8040%、6.5147%、6.1025%和5.6756%,其中,12月加权平均利率为5.5620%,比上年同期12月下降122.9个基点。

利率市场化改革深入推进。省、市两级利率定价自律机制陆续建立并有序运转,在存款挂牌利率管理、差别化住房信贷政策落实等方面发挥了重要作用。市场化产品发行量不断扩大,全省48家地方法人机构通过合格审慎评估,累计备案同业存单1671亿元,实际发行2311亿元;备案大额存单399亿元,实际发行77亿元。

表 2　2015 年江苏省金融机构人民币贷款各利率区间占比　　　　　　　　　（单位：%）

月　　份		1 月	2 月	3 月	4 月	5 月	6 月
合　　计		100.0	100.0	100.0	100.0	100.0	100.0
下　　浮		4.7	4.8	6.1	6.8	9.5	6.8
基　　准		18.8	18.7	18.0	16.4	14.3	18.2
上浮	小计	76.5	76.5	75.9	76.8	76.2	75.0
	（1.0—1.1]	23.2	24.8	22.3	22.4	17.9	17.8
	（1.1—1.3]	35.3	32.4	29.8	30.3	31.0	30.1
	（1.3—1.5]	9.6	10.3	12.6	12.0	13.8	14.2
	（1.5—2.0]	5.8	6.3	7.8	8.6	9.9	9.8
	2.0 以上	2.6	2.7	3.4	3.5	3.6	3.1
月　　份		7 月	8 月	9 月	10 月	11 月	12 月
合　　计		100.0	100.0	100.0	100.0	100.0	100.0
下　　浮		6.2	7.2	6.7	6.5	7.3	6.7
基　　准		15.6	15.2	16.7	17.7	15.0	20.5
上浮	小计	78.2	77.6	76.6	75.8	77.7	72.8
	（1.0—1.1]	18.5	17.9	19.3	20.3	18.8	18.9
	（1.1—1.3]	29.6	30.1	28.3	25.9	28.3	27.5
	（1.3—1.5]	14.3	13.6	11.9	12.1	12.4	11.3
	（1.5—2.0]	11.6	11.3	12.7	12.5	13.2	11.4
	2.0 以上	4.2	4.7	4.4	5.0	5.0	3.7

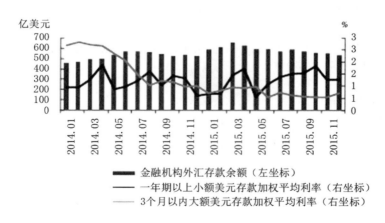

图 4　2014—2015 年江苏省金融机构外币存款余额及外币存款利率
数据来源：中国人民银行南京分行。

5. 银行业机构改革稳步推进

农业发展银行江苏省分行新设立客户四部和扶贫金融事业部，分别开展水利、农村公路、扶贫等相关业务工作，政策性职能得到充分发挥。大型商业银行改革进一步深化，工商银行江苏省分行进一步完善信贷经营管理体制,加强新增贷款准入管理,落实亚健康贷款、大额信贷客户、担保圈贷款等重点领域风险管控责任,风险管理水平持续提升。农业银行江苏省分行出台《关于进一步提升三农服务竞争能力的意见》,进一步完善工作机制,明确组建"三农"服务团队、建立"三农"信息联络员机制等重点工作,持续深化江苏省内"三农金融事业部"改革。中国银行江苏省分行将法律与合规部门统一更名为"内控与法律合规部",辖内11家二级分行单设"内控与法律合规部",从组织架构上保障了工作独立性。

农村金融改革稳步推进。银行改制基本完成,最后一家联社进入银行组建程序。普惠金融服务持续提升,辖内所有法人农商行均已实现小微企业转贷方式创新,2.36万个金融便民到村服务点覆盖全省所有自然村,布放自助设备14.2万台,代理发行社保卡745.8万张,农村金融服务站占全省金融机构的80%以上。

6. 银行业资产质量总体稳定,不良资产处置力度加大

2015年末,全省银行业金融机构不良贷款率为1.49%,比年初上升0.24个百分点。随着信贷资产质量持续下行,商业银行普遍加大了对不良贷款集中核销和清收处置的力度。2015年以来,江苏省银行业金融机构通过现金清收、以物抵债和核销等手段累计处置不良贷款总额达1027.3亿元,比上年增加224.4亿元。

7. 跨境人民币业务发展势头良好,服务涉外经济功能持续提升

2015年,江苏省实行跨境人民币收付金额8579.5亿元,同比增长21.8%。其中,经常项下收付金额5369.4亿元,同比增长29.7%,资本项下收付金额3210.1亿元,同比增长10.6%。跨境人民币业务创新试点持续推进。2015年,昆山深化两岸产业合作试验区获准开展区内台资企业向台湾地区银行借入跨境人民币贷款业务试点,已签订借款协议3.7亿元(数据来源:中国人民银行南京分行)。

(二)证券业实力明显提升,多层次资本市场建设迈上新台阶

1. 证券行业整体实力实现新提升,收入和利润水平大幅增加

2015年末,江苏省共有法人证券公司6家,其中,华泰证券和国联证券年内在香港上市。全省6家证券公司总资产近5000亿元,全年实现营业收入384.4亿元,同比增长114.8%;实现利润总额164.8亿元,同比增长140.3%。私募基金蓬勃发展,全省共有1115家私募基金管理人登记备案,管理基金规模突破两千亿元,为中小微企业早期健康发展、治理结构加速完善提供重要支持。

2. 资本市场总体规模继续位居全国前列

截至2015年末,江苏省共有沪深上市公司276家,较上年新增23家,上市公司总数和新增上市公司数都占全国的十分之一。拟上市公司190家,数量居全国第一。IPO融资在全国位居前列。2015年,全省上市公司首发融资107.7亿元、再融资1104.9亿元(见表3)。

3. 多层次资本市场建设迈上新台阶

全年新增新三板挂牌公司480家,总数达到651家,取得了"两年600家,一年翻一番"的佳绩。南京证券、东海证券、创元期货等一批金融企业加入新三板行列,提升了全省新三板挂牌公司整体质量。同时,在新三板通过多种方式进行融资的企业数量大幅增加,融资总额超过100亿元。区域性资本市场创新发展,省股权交易中心已有385家挂牌企业,累计为广大中小企业融资也超过100亿元。

表1　2015年江苏省证券业基本情况

项　　目	数　　量
总部设在辖内的证券公司数(家)	6
总部设在辖内的基金公司数(家)	0
总部设在辖内的期货公司数(家)	10
年末国内上市公司数(家)	276
当年国内股票(A股)筹资(亿元)	618.1
当年发行H股筹资(亿元)	307.8
当年国内债券筹资(亿元)	5294.8
其中:短期融资券筹资额(亿元)	791.1
中期票据筹资额(亿元)	853.3

数据来源:江苏证监局,江苏省金融办,中国人民银行南京分行。

(三)保险业组织体系不断完善,保险资金运用取得新突破

1. 市场体系不断完善,各项业务平稳增长

截至2015年末,江苏省共有法人保险机构5家,全年实现保费收入1989.9亿元,同比增长18.2%,赔付支出732.6亿元,同比增长18.8%。分险种看,财产险保费收入672.2亿元,同比增长10.9%,人身险保费收入1317.7亿元,同比增长22.3%(见表4)。

2. 保险资金运用取得大突破

保险资金投资力度进一步加大,资金投向更新丰富多元。截至2015年末,江苏省保险资金投资余额1867.9亿元,涉及保障房、城乡一体化建设、基础设施建设等一批重大项目。保险业共承办全省93个基本医保统筹区中75个统筹区的大病保险项目,统筹区覆盖率达81%,服务人口4853万人,赔付金额超过8亿元。

3. 服务"三农"取得新成效

全省主要种植物农业保险覆盖面均超过90%,累计开办了49个政策性农业保险险种,并开发了17个具有江苏特色的农产品保险。2015年,农险保费及农险基金达32亿元,支付赔款超过17.85亿元。

表2　2015年江苏省保险业基本情况

项　　目	数　　量
总部设在辖内的保险公司数(家)	5
其中:财产险经营主体(家)	2
寿险经营主体(家)	3
保险公司分支机构(家)	94
其中:财产险公司分支机构(家)	39

续　表

项　　目	数　　量
寿险公司分支机构(家)	55
保费收入(中外资,亿元)	1989.9
其中:财产险保费收入(中外资,亿元)	672.2
人身险保费收入(中外资,亿元)	1317.7
各类赔款给付(中外资,亿元)	732.6
保险密度(元/人)	2494.8
保险深度(%)	2.8

数据来源:江苏保监局。

(四)社会融资规模增长适度,金融市场交易总体活跃

1. 社会融资规模增长适度,融资结构明显变化

2015 年,江苏省社会融资规模增量为 11394.4 亿元,同比少增 1990.9 亿元,同比减少主要是受地方债置换因素影响。从融资结构看:一是对实体经济发放的人民币贷款大幅增加,人民币贷款占社会融资规模增量的 74.3%,占比比上年提高 19.7 个百分点。二是表外融资大幅减少,全年新增表外融资(包括委托贷款、信托贷款和银行承兑汇票净额)−568.5 亿元,比上年大幅减少 3398.6 亿元,其中,银行承兑汇票净额增量为−2042.5 亿元,同比少增 1983.9 亿元,主要是因为监管部门加大票贷比考核,要求各商业银行承兑汇票余额不超过贷款余额的 30%。三是直接融资占比有所上升,全年企业直接融资(包括企业债券融资和境内非金融企业股票融资)净额为 3125.2 亿元,同比多增 266.9 亿元,占同期社会融资规模增量的 27.4%,占比比上年提高 6.1 个百分点(见图5)。

直接债务融资工具发行实现"四连冠"。2015 年,江苏省共发行各类债务融资工具 4199.9 亿元,同比多增 1040.9 亿元,剔除央企后,连续 4 年保持全国第一。截至 2015 年末,全省债务融资工具余额达到 6278.9 亿元,较上年末增长 1748.7 亿元。

2. 金融市场创取得新突破

2015 年,江苏发行了全国第二只供应链债务融资工具,省内首只并购债成功落地,项目收益票据发行规模居全国首位,超短期融资券发行规模剔除央企后位居全国第二。法人机构主动负债能力不断增强。全年共有 8 家地方法人金融机构发行金融债 80 亿元,专项金融债券 5 亿元,二级资本债券 87 亿元,证券公司短期融资券 175 亿元;4 家法人机构共发行信贷资产证券化产品 80.98 亿元。

3. 银行间市场流动性总体宽裕

市场成员交易活跃,各项业务量均呈现加速发展的态势。2015 全年江苏省共有 61 家市场成员参与同业拆借交易,同比多增 18 家,累计拆借资金 3.2 万亿元,同比增长 111.2%,净拆入资金 9808.0 亿元,同比增长 95.3%。市场利率低位运行。2015 年,江苏省同业拆借加权平均利率为 2.1736%,比上年低 91.79 个基点。全年有 107 家市场成员参与质押式回购交易,累计成交 33.4 万亿元,同比增长 74.4%。共有 105 家市场成员参加现券交易,累计交易额 6.7 万亿元,同比增长 198.2%。

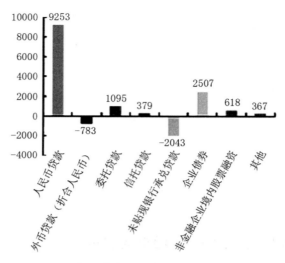

图1 2015年江苏省社会融资规模分布结构

4. 票据业务平稳发展,市场利率稳步下行

2015年,江苏省承兑汇票累计发生额2.9万亿元,票据贴现累计发生额10.3万亿元。受央行降准降息、再贴现利率引导贴现利率下行等因素影响下,票据市场利率总体下行。2015年1—4季度,全省票据贴现加权平均利率分别为5.5779%、4.2887%、4.0645%、3.533%;票据转贴现加权平均利率分别为5.4084%、3.7954%、3.5467%、3.4655%。其中,12月份全省票据贴现、转贴现加权平均利率分别为3.3409%、3.4758%,比上年同期分别下降2.32个百分点、2.11个百分点(见表5)。

表3 2015年江苏省金融机构票据业务量统计 (单位:亿元)

季度	银行承兑汇票承兑		贴 现			
			银行承兑汇票		商业承兑汇票	
	余额	累计发生额	余额	累计发生额	余额	累计发生额
1	16016.9	8995.4	2922.8	20365.1	194.9	1146.9
2	16695.3	16353.2	3758.6	46553.9	226.1	3305.8
3	14498.0	23144.1	4374.5	72642.1	218.7	4961.6
4	13743.4	29236.3	4504.3	97006.4	270.9	6306.6

数据来源:中国人民银行南京分行。

表4 2015年江苏省金融机构票据贴现、转贴现利率 (单位:%)

季度	贴 现		转贴现	
	银行承兑汇票	商业承兑汇票	票据买断	票据回购
1	5.45	6.33	5.43	5.34
2	4.12	5.50	3.82	3.71
3	3.95	5.39	3.60	3.34
4	3.38	4.72	3.50	3.36

数据来源:中国人民银行南京分行。

（五）金融基础设施不断完善，金融生态环境持续优化

金融基础设施不断完善。顺利完成第二代支付系统切换接入工作，实现所有商业银行"一点接入"，系统的安全性和运行效率明显提升。互联网支付和移动支付等新型支付工具进一步普及应用，支付服务的便捷性不断提升。征信服务不断改善。中小企业信用体系和农村信用体系建设持续推进，为江苏200多万户中小微企业、近290万农户、4300多户农村经济主体建立了信用档案。

金融消费权益保护工作不断完善。江苏辖区金融消费者投诉咨询热线受理投诉736件，办结率99.9%，组织开展金融消费权益保护专项检查93次、现场评估17次，督促金融机构切实维护消费者合法权益。

金融生态环境建设深入推进。组织修订县域金融生态环境综合评估指标体系，开展覆盖江苏全部69个设乡镇的县（市、区）的金融生态状况综合评估。深化"金融生态县"创建工作，首次对金融生态环境存在突出问题的9个县（市、区）提出风险警示，对金融生态创建工作推进不力的5个县（市、区）发出督办通知书，明显提高了基层党委政府对金融生态建设的重视程度。

二、江苏金融业发展的问题分析

（一）实体经济融资成本过高，金融资源配置失衡

从江苏银行业数据和企业反映情况来看，当前实体经济融资链条依然过长，融资成本依然较高。多数商业银行存贷款利差超过3.5%，农村金融机构甚至超过5%；企业贷款利率执行下浮的比例不足10%，多数企业贷款利率执行基准甚至上浮，中小企业贷款利率甚至上浮20%—30%左右。如果考虑到各种隐性成本（担保费、抵押费、财务顾问费、贷款承诺费），小微企业综合贷款成本可能超过8%，通过信托公司融资的成本普遍在12%以上。

金融资源大量投入到经营效率不高、但有政府信用担保的国有企业，对民营经济与个体经济支持不足；大量投入到实力雄厚、有资产抵押的大中型企业，对抵质押不充分的小微企业投入不足；大量投入到城市，对乡村和三农配置不足；大量投入对利率不敏感的政府融资平台和承受力强的房地产业，对制造业、服务业支持相对有限；大量投入到生产领域和投资品领域，对个人消费领域支持明显不足；大量投入到传统产业和过剩产业，对高科技产业和新兴产业支持相对不足。

（二）金融风险不断暴露

数据显示，近年来江苏社会融资规模呈明显上升态势，金融风险不断向银行体系聚集。一是钢铁、船舶、煤炭等产能过剩行业信贷风险先后暴露，并向上下游企业扩散；二是局部地区担保链风险频频爆发，且有不断蔓延迹象；三是中小企业信贷风险上升，并可能向大型企业蔓延；四是部分效益不佳企业占用大量银行资源，依靠外部融资借新还旧，债务规模越滚越大；五是受财政收入增速放缓的影响，地方政府融资平台债务风险进一步加大；六是部分金融机构经营风险较大，一些农村商业银行不良资产率高企，不少小贷公司、担保公司倒闭，个别地区甚至出现短暂的群众挤兑风波。

（三）不良贷款上升压力较大，信托风险有所扩大

截至 2015 年末，江苏银行业不良贷款余额 1212 亿元，比年初增加 301 亿元，同比多增 198 亿元，不良贷款率 1.49％，比年初上升 0.24 个百分点，连续四年"双升"。具体来说，一是关注类贷款增加明显；二是逾期贷款大幅增长；三是预警和贷款分类存在差异的客户大量增加；四是"僵尸企业"出清及去产能的影响不容小觑，例如截至 2015 年末，江苏辖内五大严重产能过剩行业（钢铁、船舶、水泥、电解铝、平板玻璃）贷款余额 975 亿元，比年初增加 36 亿元。房地产不良贷款呈现上升趋势。2015 年江苏房地产领域贷款风险上升 0.12 个百分点。截至 2015 年 11 月末，江苏省房地产贷款不良余额 103 亿元，比年初增加 35 亿元；不良率 0.51％，比年初上升 0.12 个百分点。主要风险一是商业性地产信贷风险上升，截至 2015 年 11 月末，江苏省商业用房开发贷款和商业用房贷款不良率分别为 2.01％和 1.93％，远高于同期房地产贷款平均不良率；二是房地产企业资金链脆弱，2015 江苏省房地产开发贷款新增 535 亿元，增量仅相当于去年同期的 58.7％；三是房地产风险向上下游传导，虽然当前房地产贷款不良率整体较低，但房地产企业借道融资、拖欠、担保等行为普遍，导致风险在上下游领域集中体现。随着去产能等重点工作的推进及"僵尸企业"的出清，银行贷款的风险管理将面临不少挑战。

在当前不良贷款处置中，一方面，由于核销难、成本高、通道少、诉讼滞等原因，商业银行不良贷款处置速度较慢；另一方面，为满足不良资产考核要求，部分银行通过与集团内子公司或外部特殊目的机构（SPV）合作，创新处置方式，但有的没有做到整体洁净转让，风险仍滞留在银行体系，相应的拨备计提、风险资产计算不到位。

（四）银行业净利润连续两年负增长

从盈利情况来看，2015 年辖内银行业累计实现净利润 1451 亿元，同比下降 4.51％，连续两年负增长。利润增速下滑主要与拨备计提增加、存贷利差收窄有关。随着利率市场化的推进，零售业务、投行业务利润贡献度不断上升，公司业务贡献度下降。2015 年前三季度，全省银行业投资收益同比增长 40％，占营业净收入的比重达 9.21％，同比提高 2.33 个百分点。

但江苏银监局表示，银行业风险抵御能力较强。一是资本充足率保持稳定，截至 2015 年 9 月末，辖内法人银行业金融机构资本充足率 12.76％，同比下降 0.02 个百分点。二是拨备水平较为充分，截至 2015 年 9 月末，辖内法人银行业金融机构拨备覆盖率为 223.7％，同比下降 9.51 个百分点；贷款拨备率为 4.01％，同比上升 0.2 个百分点。三是流动性水平总体充足，截至 2015 年 9 月末，辖内法人银行业金融机构流动性比比例为 61.39％，同比上升 3.94 个百分点。

（五）金融创新相对滞后，产业竞争力仍然不高

江苏地区金融创新意识和创新意愿总体不高，无法满足融资主体的多样化需求。有限的金融创新也多是传统业务的简单延伸，以规避金融监管为主。商业银行依然过分依靠存贷款利差和规模扩张来发展，表外业务、投行业务刚刚起步；银行贷款中多为抵押贷款或者担保贷款，纯信用类贷款很少，科技型企业往往无法满足其授信审批要求；风投融资体系发展缓慢，大量高成长性、具有广阔市场前景的高科技企业面临严重的资金瓶颈。

江苏金融业增加值稳步增长,金融业增加值对第三产业和国内生产总值的贡献度也在不断提升;然而通过与代表性省市的横向比较来看,江苏金融产业竞争力仍需不断提升。首先,江苏金融业规模贡献度不断提高,但仍落后于同处于长三角地区的上海、浙江两省市。2007—2015 年江苏省金融业增加值占地区生产总值的比重稳中有升,2014 年金融业增加值占比达到 5302.93 亿元,同比增长 12.3％,行业贡献和地位稳步提升。但若与代表性省市横向比较,特别是同处于长三角地区的浙江和上海两省市,江苏省金融业增加值占比则长期落后。2014 年浙江、上海两地金融业增加值占地区生产总值的比重达到 7.3％和 13.9％,另一方面,从 2007—2015 年间代表性省市金融业占地区生产总值比重的纵向变化趋势来看,仅有江苏实现持续上升,并逐渐缩小了与浙江的差距,但与上海的差距长期显著且未见缩小。这也说明江苏省金融产业比重仍面临巨大的提升空间,产业地位仍需不断巩固。

(六) 社会资本设立的 P2P 机构经营潜藏较大风险

从省内情况看,银行与互联网金融的融合日益深入。南京银行、江苏银行均成立了直销银行,南京银行"你好银行"目前有"鑫元宝"货币基金和"好享存"两款产品;江苏银行直销银行目前有"惠多存"、"开鑫盈"、"放心汇"、"容易付"等多款产品和业务。直销银行通过去网点化的经营模式、去个性化的标准产品、简捷的操作流程,降低了运营成本,为客户提供了便捷、低成本的金融服务及较高收益的理财产品。2015 年,苏州银行宣布与点融网共同搭建 P2P 网络借贷平台,探索将互联网信贷审核技术与传统银行的信贷审核方法相结合,成为继国开行、平安银行、招商银行等银行之后又一家布局 P2P 的银行机构。

随着互联网金融进一步发展,行业分化将有所加剧。从实际运行情况看,银行系 P2P 网贷平台风控措施比较到位,经营较为规范,但社会资本成立的 P2P 公司经营混乱情况较为突出。P2P 网贷公司频繁出现的风险事件,在很大程度上反映出该行业存在的不规范和巨大经营风险。据调查,在省内部分大型商场门口以及部分超市、银行门口,时常可见散发 P2P 理财广告或揽客销售情况。宜信等知名度较高的 P2P 公司官网上也在宣传理财产品。这些线下或者线上机构宣传的理财产品实际上是各类借贷项目,利用 P2P 互联网金融的名义吸引投资者的眼球,但实际运作与互联网金融的概念相去较远,隐藏较大风险。2014 年 9 月,江苏省互联网金融工作委员会成立,2014 年 12 月江苏省互联网金融行业协会成立,目前人民银行总行正在牵头制定互联网金融监管的指导意见,随着监管的逐步到位和协会的自律,互联网金融将逐步走向规范发展,但同时,一些难以达到监管门槛和规范要求的平台公司经营困难情况将更加突出,发生突发性风险事件的可能性将会增加。

三、江苏金融业发展的对策建议

(一) 总体路径

1. 切实降低实体经济融资成本

引导金融机构根据经济增长科学设定经营目标,加大对商业银行不规范经营和收费行为的查处力度,缩短企业融资链条,降低不合理融资成本;通过财政贴息、风险准备金等方式,降低小微企业融资成本;加大投资人风险警示教育力度,引导投资人树立"风险自担"意识,降低社会无风险收益水平。继续落实好解决倒贷问题的有关政策措施,制定完善小微企业续贷政策的实施细则,提高贷款期限与小微企业生产经营的匹配度。改进绩效考核,取消不合理的中间业务收入考核。加强存贷款定价管理,合理确定利率水平,继续严格落实"七不准"、"四公开"要求,清理不必要的资金"通道"和"过桥"环节,切实整治层层加码加价行为。进一步清理和规范收费项目。对于不服务只收费的,要坚决取消并查处;对于能在利差中补偿的,不再另外收费;对于必须保留的补偿成本性收费,要严格控制收费水平,能降低的尽可能降低;对于巧立名目,变相收费增加企业负担的,一律取消,并予处罚。

2. 稳增长和调结构并重

立足于实体经济的有效需求,在继续保持合理贷款增速的同时,进一步优化信贷结构,积极支持产业结构调整和优化升级。顺应产业结构升级变迁的要求,逐步减少对产能过剩行业及低效企业的金融支持,逐步提高对新兴产业的支持力度,积极支持培育经济发展中的新产业、新动能、新力量;要加快业务模式、机制、流程和产品创新,提供更多适应战略性新兴产业和新兴业态发展需求、更多与"互联网+"时代特征相契合的金融产品和服务;推动商业银行投贷联动机制研究,鼓励条件成熟的银行探索建立科技企业金融服务事业部,积极支持科技创业企业发展。大力推行绿色信贷,积极支持优质企业先进产能建设,推动化解过剩产能;发挥财政政策撬动作用,引导各级金融机构强化对实体经济、小微企业、民营经济的服务,为实体经济发展提供充足的资金支持;贯彻落实国家房地产调控政策,透明财政收支状况,约束政府借债冲动,促使金融资源向实体经济倾斜;通过建立科技专营机构、融资方式创新、政策贴息、风险补偿等方式,增加科技金融投入,扶植高科技产业发展,为创新驱动提供资金保障。

3. 提高金融创新水平,平衡金融普惠结构

在金融创新方面:优化审批流程,创新融资模式,针对借贷主体特征和业务特点,充分发挥有形资产抵押、无形资产抵押、担保、互保、联保、信用等多种信用方式在融资中的作用,全方位多层次满足借贷主体融资需求;顺应消费信贷和第三产业特点,积极研发"轻抵押重信用"信贷产品,稳步推进非耐用品的消费信贷、分期付款发展,加快发展消费金融、绿色金融、文化金融、科技金融、服务金融等;减少对金融机构经营的保护,引导金融机构树立忧患意识,逐步降低对传统存贷款业务的依赖,不断加大投行业务、新兴业务的开拓力度。在金融结构方面:一方面,开发性金融、政策性金融、商业性金融要在商业可持续、风险可控的前提下,协调一致、优势互补,主动对接重大国家战略实施和重大工程项目建设,提供综合性的金融服务。积极支持民生项目、重大交通项目、清洁能源及油气矿产资源保障项目等重大项目。积极支持消费领域建设。积极推动装备制造业"走出去"。同时,要继续大力发展普惠金融,进一步提升金融服务的覆盖面、可得性和便利度,推动信贷资源向小微、"三农"倾斜,努力实现小微企业贷款"三个不低于"的目标。大力发展民生金融业务,积极运用互联网、大数据、云计算等新技术,促进金融与互联网融合创新,为大众创业、万众创新提供多元化金融服务。

4. 防范与化解不良资产风险

金融机构要严格按照监管和宏观审慎管理要求,适当提高风险拨备水平和风险缓释金,同时要密切关注房地产、产能过剩行业、政府融资平台、僵尸企业的偿债风险;金融机构要通过核销、资产

证券化、转让、抵押品处置等方式,尽快压降已经形成的不良资产;引导金融机构严格审查企业互保、联保情况,密切跟踪担保圈企业经营状况,及时发现担保圈信贷风险苗头;在加大优质中小企业信贷支持的同时,通过引入风投、债权转让等方式,分散和化解中小企业信贷风险;大力发展股权融资,提高自有资本水平,提高经济体防范风险的能力。具体来说一是要进一步推进信贷资产证券化和信贷资产流转业务,扩大信贷资产证券化发起机构范围和基础资产范围;推进信贷资产流转业务集中登记,加快信贷资产流转。二是要加大不良资产处置核销力度,用足贷款核销等政策,加大不良资产处置力度;积极采用市场化手段,多渠道、批量化处置不良资产,为新增贷款腾出空间。三是要在加强风险防控的前提下,通过回收再贷、贷款重组,以及发放并购贷款推动低效企业兼并重组等方式,充分盘活沉淀在低效领域的信贷资源。

5. 完善区域金融组织体系

引导互联网金融健康发展,充分发挥互联网金融普惠、便捷以及弥补中小企业融资难的特点,尽快形成大、中、小金融机构并存、正规金融与民间金融并行发展、直接融资与间接融资齐头并进的多元化金融体系;拓宽企业融资渠道,引导并鼓励优质企业通过发债、上市、再融资、集合票据等方式直接融资,增强企业通过资本市场获取金融资源的能力;提高股权融资比例,加大对上市资源的辅导和培育,充分运用新三板、创业板和场外产权交易中心,推进股权融资发展,优化企业融资结构,降低企业杠杆率;放松创业投资限制,鼓励民间资本设立风投基金、种子基金、天使基金等,支持风险投资的发展;充分挖掘企业发债潜力,加大发债主体与债券市场的对接力度,推进各行各业公平发债。

6. 市场化竞争与政府作用双管齐下

合理划分地方金融监管职责,在"一行三会"的监管无法覆盖的领域,地方政府要充分发挥作用,提高监管的透明度和公信力;推进区域金融生态建设,打击恶意逃废债行为,完善跨部门跨行业信用信息,鼓励征信公司发展,打造诚信江苏,降低融资中的信息不对称程度;充分发挥担保公司的信用桥梁作用,加紧开展顶层设计工作,借鉴国外银保合作、政策性担保公司、担保资金注入、风险分担方面经验教训,尽快推进政府主导的担保公司建设,为弱势群体融资提供增信服务。

(二)具体的对策建议

1. 不断完善财政金融创新支持政策,为供给侧结构性改革提供有力支撑

一是扩大科技贷款风险补偿资金池规模,增强服务中小型科技企业发展的能力。修订《江苏省银行专项贷款风险补偿资金管理实施细则》,进一步完善科技型中小企业贷款风险补偿办法,扩大科技型中小企业贷款风险补偿资金池覆盖面,力争到2016年底,实现全省市、县全覆盖。对现有的46个市、县科技贷款资金池,凡达到规定的放大倍数的,省财政将加大投入规模,更好地发挥资金池的放大效应。

二是全面推进以"两无四有"为审贷标准的"小微创业贷"产品。"小微创业贷"是针对中小企业在创新、创业发展过程中,由于缺乏必要的担保、抵押物,而面临着融资难的困扰,由省财政厅牵头,会同省工商银行专门为中小企业量身定制打造的一款金融创新产品。自2015年在5个省辖市试点推广以来,深受广大中小企业欢迎和喜爱,为一大批有市场、有销路的中小企业解决了生产经营所急需的资金需求,取得了良好的经济和社会效益。为了更好地推动供给侧结构性改革,更好地支

持中小企业降低融资成本,省厅决定在巩固五个试点市改革成果的基础上,从2016年起,在全省全面推广,由省市财政出资10亿元,分五年到位,带动银行增加小微企业贷款规模100亿元,加上已试点的部分,总的新增贷款规模达到200亿元,为切实解决小微企业融资难、融资贵发挥财政作用。希望已试点的五市,进一步再动员、再宣传、再发动,确保按期完成目标任务。其余8市,要按照省厅的部署要求,及时汇报,筹集落实配套资金,制定具体实施方案,确保在年底前把相关任务和各项要求落实到位。

三是改革资金分配办法,提高资金使用绩效。进一步完善省级财政支持金融创新发展的各项政策措施,将对农商行、村镇银行、小额贷款公司、担保公司等县域机构的风险补偿资金按因素法实行以奖代补分配。对于以奖代补资金,由各地财政部门按省级财政支持金融发展的各项政策规定,自主审核,统筹使用管理,并开展监督检查和绩效评价。各地要按照省厅的具体文件要求,抓好贯彻落实,确保此项改革有序对接,平稳实施。

2.推动互联网金融不断发展,迈上新台阶

一是鼓励金融业务互联网化。鼓励银行、证券期货、保险金融机构融入互联网,运用互联网思维创新金融产品和服务,以客户为中心改善用户体验,畅通线上线下链接渠道,发展网络信贷、网络证券、互联网保险、网络基金销售、网络消费金融和互联网支付等业务。支持江苏地方法人金融机构设立主要从事互联网金融相关业务的子公司或功能性总部,打造在全国有影响力的互联网金融品牌。支持地方法人保险机构与互联网骨干企业申请发起设立互联网保险公司。鼓励江苏股权交易中心、小额贷款公司、融资性担保(再担保)公司、各类交易场所与优质网络借贷平台、电子商务平台、行业门户网站合作,创新金融服务模式。

二是支持网络借贷平台规范健康发展。网络借贷要坚持平台功能,为投资方和融资方提供信息交互、撮合、资信评估等中介服务,不得提供增信服务,不得非法集资;要服务实体经济,主要发展小微金融、消费金融、民生金融业务;要合理确定资金价格,降低企业融资成本。网络借贷平台要找准市场定位,细分市场,坚持差异化经营,打造具有生命力的市场品牌。鼓励网络借贷平台与我省各类电子商务平台合作,充分利用平台数据信息资源,研发新的金融产品和服务,拓展业务和发展新空间。支持"开鑫贷"等网络借贷平台加快发展,成为全国行业领军企业。

三是支持众筹规范创新发展。鼓励各地政府背景的创业投资机构依法合规开展众筹,培育我省新型股权投资文化,示范引领众筹业务发展,充实完善我省多层次资本市场体系。引导各类民间资本规范开展众筹业务,寻找优质投资项目,服务创新创业。支持科技创新、文化创意、大学生创业等企业依法申请发起股权众筹,支持电子商务平台等互联网企业规范开展预购式的实物众筹,支持民政部门或福利机构发起社会公益捐赠众筹。

四是支持互联网行业与金融跨界融合创新。鼓励产业龙头企业、电子商务平台、行业门户网站培育和利用客户圈、供应链、交易平台、信息平台等大数据优势,与金融机构、新型金融组织合作,提供消费金融、供应链金融、金融产品销售代理等延伸服务。鼓励符合条件的企业,发起或参与发起设立互联网科技小额贷款公司等新型金融组织。支持互联网企业依法合规设立互联网支付机构,开展互联网支付、移动支付业务。

3.优化农业保险政策,为农业现代化建设提供有力保障

一是优化完善并动态管理财政奖补农业保险险种。根据农业保险承保理赔情况,建议相关部

门动态调整农业保险费率、金额,适度控制农户负担,逐步增强风险保障水平,提高财政资金使用效益。制定出台《江苏省高效设施农业保险省级财政奖补险种目录管理暂行办法》,将经济社会效益好、农户投保积极性高的地方特色农业保险品种及时纳入省财政奖补范围。

二是落实好农业保险保费补贴政策。对主要种植业、养殖业按规定比例核拨补贴资金,适当降低产粮大县县级财政保费负担,持续发挥农业保险强农惠农作用。对高效设施农业保险实行以奖代补政策,重点支持经济社会效益显著、农户受益程度高的高效设施农业保险险种加快发展。继续落实好农机保险、渔业保险的保费补贴政策,支持试点推广农机综合保险等新险种。

三是加强农业保险补贴资金管理。规范农业保险保费资金的筹集和使用程序,严格专户账务管理,督导落实相关会计核算、国库集中支付等规定,确保专项管理、专账核算、专款专用。切实加强农业保险保费资金的监督检查与责任追究力度,加强补贴资金使用、结余和手续费计提使用管理,保证保费资金使用合理、管理规范、绩效明显。

4. 鼓励金融组织体系创新、服务创新和产品创新,增强金融业发展活力

一是发展壮大经济薄弱地区金融业规模,优化金融业布局结构。对在苏北、苏中地区设立的县级银行、保险业分支机构,省财政给予20万元奖励;对在苏北、苏中地区设立的县以下银行营业网点,给予10万元奖励,引导金融机构在网点布局上向苏北、苏中地区倾斜,扩大农村地区基础金融供给,促进区域金融协调发展。

二是大力支持新型金融组织发展,拓宽金融竞争领域,推动金融组织体系创新。鼓励民营资本进入金融领域。鼓励有实力的民营企业加快产融结合,发起设立自担风险的中小型民营银行以及金融租赁公司、消费金融公司等民营金融机构。支持开展专营式金融服务。鼓励境内外金融机构在省内组建科技银行、科技保险机构、科技小额贷款公司、小微企业融资服务中心等各类专营式金融服务机构,充分发挥专营机构业务流程简捷、信息渠道广泛、考核机制创新、团队服务专业等优势,更好地为我省小微企业与科技创新领域提供专业金融服务。支持村镇银行、农村小额贷款公司健康发展,引导其坚持服务"三农"、小微企业的市场定位。

三是鼓励金融机构积极开展金融产品和服务方式创新,不断推动金融模式转型。设立"省金融创新奖",会同省有关金融监管部门,制定具体实施办法,对金融机构在创新领域、创新产品、创新服务等方面进行综合评价,重点突出对包括农村金融、科技金融、文化金融、绿色金融、民生金融等方面的考核,并对获奖金融机构按年度予以表彰奖励。

5. 以"支小、支农、支科"为着力点,引导金融资源支持实体经济发展

一是建立贷款风险补偿机制,引导金融机构在做大信贷总量的基础上,增加对小微企业、涉农、科技等薄弱环节和重点发展领域的信贷投放。强化信贷导向,优化信贷结构。每年度对全省银行业金融机构(含非地方法人银行机构和省内城商行、农商行、农信社、村镇银行、金融租赁公司)的信贷投放情况进行考核,当其在省内投放的小微企业、涉农、科技三类贷款的增速高于全省全部贷款平均增速,省财政对增量贷款部分按不超过2.5‰的标准给予相应的贷款风险补偿。创新财政奖补方式,提升资金使用绩效。对非地方法人银行机构及省内城市商业银行符合奖补标准的,以省级机构为单位设立贷款风险补偿专项资金,存入专户管理,分银行专账核算,对银行发放的小微企业、涉农、科技类贷款出现逾期风险时按程序进行代偿,以降低相关贷款的不良率,提高银行机构发放相关贷款的积极性及风险容忍度。对农村商业银行、村镇银行等中小型地方法人银行机构采取直接

给予风险补偿方式。鼓励农村小额贷款公司、科技小额贷款等新型金融组织加大对小微企业、涉农、科技的贷款投放，充分发挥其组织层级少、决策链条短、授信时效快的服务优势，强化市场补充作用。省财政对农村及科技小额贷款公司发放的小微企业、涉农、科技型小微企业三类贷款，按其季均余额不高于 3‰ 的奖补标准给予直接风险补偿。

二是扩大科技型中小企业贷款风险补偿资金池覆盖面。围绕我省科技金融工作的开展和创新驱动战略实施，进一步加大省与市县财政共建风险补偿资金池力度，总结完善已建风险补偿资金池运作模式，逐步实现市县全覆盖。积极推进"银行＋政府＋担保（保险）"业务运作模式，变消耗性使用为可持续滚动使用，进一步放大财政资金的撬动作用，拓宽科技型中小企业融资渠道。

三是建立担保业务风险补偿机制，完善我省小微企业、涉农、科技信贷担保体系。对担保机构开展小微企业担保业务，省财政按担保金额给予不超过 2‰ 的风险补偿。重点加强并完善对涉农、科技贷款担保的政策扶持，按担保金额分别给予不超过 1% 的风险补偿。鼓励各地政府出资设立或参股政策性担保公司，执行优惠担保费率，帮助小微企业增信融资，省财政按当地政府新出资或增资资本的 2% 给予奖励。积极搭建合作平台，研究推动银行与担保机构业务合作及风险共担机制，鼓励进一步发展对小微企业信用担保机构的再担保业务。

四是建立保险业务风险补偿机制，促进银行、保险机构开展银保合作。鼓励保险公司为小微企业融资提供优惠费率的小额贷款保证保险、小微企业国内贸易信用保险等业务，省财政按其年度保费收入给予不超过 8% 的风险补偿，探索建立政府、银行和保险公司共担小微企业贷款风险的机制。

五是引导金融机构加大对沿海地区信贷投放，支持沿海开发战略实施。对银行业金融机构，以省级分行为单位，当年度投向南通、连云港、盐城三市的贷款增速超过全省全部贷款平均增速的，省财政按沿海三市新增贷款的 0.3‰ 给予奖励。

6.提高直接融资比重，支持建设多层次资本市场体系

一是继续推动直接债务融资加快发展。在做大总量的基础上，围绕实体经济，重点支持我省中小企业、涉农企业、科技企业、苏北苏中地区企业发行债务融资工具，支持发行中长期限产品和创新产品应用。通过财政奖补政策，降低企业直接债务融资的评级、担保、承销等成本和费用，提高直接债务融资比重，促进全省经济转型发展。

二是推动场外市场融资，打造区域性股权交易平台。支持省内企业在全国中小企业股份转让系统（"新三板"）挂牌，并推动挂牌企业与投资机构的对接，实现定向增资。促进我省的股权交易市场发展，为我省非上市企业提供股权登记、挂牌、规范辅导、报价交易等服务，为企业并购重组、股权流通、创投资本退出等提供交易平台。对省内企业在"新三板"成功挂牌的，省财政给予每家挂牌企业 30 万元奖励；对在江苏股权交易中心成功挂牌的前 200 家企业，省财政给予每家挂牌企业 20 万元奖励。

三是加快发展股权投资，引导投资基金支持创新型、创业型企业发展。通过财政引导资金，并利用我省在项目资源、科教水平和人才队伍等方面的优势，吸引境内外合格机构投资人以民营资本为主，在我省设立股权投资基金及基金管理公司，重点投向省内高新技术企业，支持我省企业加快科技创新步伐。对符合条件的基金管理公司，省财政按其投资省内中小高新技术企业的规模给予不超过 1% 的奖励。

四是鼓励资产证券化业务发展，提高金融资源配置效率。积极推动银行信贷资产证券化，实现

信贷体系与证券市场的对接,分散银行体系信贷风险,扩大银行信贷投放空间;鼓励我省证券公司积极开展企业专项资产证券化业务,积极拓宽企业融资渠道,优化金融市场融资结构。对金融机构承销并成功发行的银行信贷资产、企业专项资产等资产证券化项目,省财政按发行金额不超过1‰的比例结合相应期限给予奖励。

五是大力推广运用PPP(政府与社会资本合作)融资模式,深化公共服务基础设施建设投融资机制改革。通过运用PPP模式,引导社会资本参与公共服务基础设施建设和运营,拓宽企业的发展空间,缓解财政支出压力,提高公共产品供给效率,有效解决城镇化融资需求。省财政按项目落实情况,对列入省级以上试点的PPP项目,按融资规模给予适当费用补贴。

【主要参考文献】

[1]顾雷鸣.积极培育市场主体、加快推进金融创新[N].新华日报,2014-06-11(A01).

[2]江建平.深入推进金融改革、服务实体经济发展[J].群众,2013(7):59—60.

[3]江苏现代服务业研究院.《江苏省现代服务业发展研究报告(2013)》[C].南京:南京大学出版社,2013.

[4]江苏省人民政府金融工作办公室.江苏小贷行业云服务模式缘何受好评[EB/OL].http://www.jsjrb.gov.cn/s/21/t/1/a/583/info.jspy,2014-05-22.

第十章　江苏省文化创意业发展报告

　　文化创意产业(Cultural and Creative Industries)是一种在经济全球化背景下产生的以创造力为核心的新兴产业,是一种集文化、思想、精神、创意和知识等要素的新兴产业形态。文化创意产业强调一种主体文化或文化因素依靠个人或团体通过技术、创意和产业化的方式开发、营销知识产权的行业。文化创意产业主要包括广播影视、动漫、音像、传媒、视觉艺术、表演艺术、工艺与设计、雕塑、环境艺术、广告装潢、服装设计、软件和计算机服务等方面的创意群体。该产业的核心就是人的创造力以及最大限度地发挥人的创造力,是一种创意经济。在当今信息化的时代里,无论是电视影像这样的传统媒介产品,还是数码动漫等新兴产业,所有资本运作的基础就是优良的产品,而在竞争中脱颖而出的优良产品恰恰来源于人的丰富的创造力。因此,由原创激发的"差异"和"个性"是文化创意产业的根基和生命,文化创意产业的发展依靠人的创造力的释放和解放。

　　中共中央总书记习近平在就提高国家文化软实力方面,强调要弘扬社会主义先进文化,深化文化体制改革,推动社会主义文化大发展大繁荣,增强全民族文化创造力,推动文化事业全面繁荣、文化产业快速发展,不断丰富人民精神世界、增强人民精神力量,不断增强文化整体实力和竞争力,朝着建设社会主义文化强国的目标不断前进。中国文化创意产业要实现大发展大繁荣,企业就要走向产业联盟,依托中国创意产业联盟开展组织创新合作,整合资源,提高自身竞争力是必然趋势。中国创意产业联盟将确保合作各方的市场优势,寻求新的规模、标准、机能或定位,应对共同的竞争者或将业务推向新领域等目的,是企业和相关成员间结成的互相协作和资源整合的一种合作模式。这是中国文化创意产业形成核心凝聚力,增加文化自信力、形成国际竞争力等方面的关键所在。

　　由于全球化与信息化的快速发展,世界经济一体化和区域经济集团化的趋势日益明显,企业面临的市场环境因此发生了很大变化,企业之间的竞争逐渐从对抗走向合作。创意产业联盟作为一种双赢的战略模式,已经成为企业开展组织创新合作,整合资源,形成核心凝聚力,提高自身竞争力的重要手段和非常有效的创新组织形式。中国创意产业联盟身处首都北京,其处于全国经济社会迅速发展的大好环境,依托全国政协有关专委会、国家有关部委、联盟专家委,依托京津冀创意产业人才与应用市场相对集中的优势,成立以来,在文化创意产业领域引导产业集群创新、提升产业素质和市场竞争能力等方面作用日益突出。联盟秉持"创新的服务、友好的合作、联合的力量"原则,通过组织模式创新、体制创新和机制创新,汇聚产业资源,坚持联合创新发展,在长期难以真正实现的"官、产、学、研、资、用"有机结合方面取得了实质性突破和进展。中国创意产业联盟的宗旨是"创新、合作、发展、共赢",团结全国创意领域的团体和个人,达成共识,形成合力,共同努力推动中国创意产业的发展。联盟已成为沟通政府、产业、研发、资本之间的桥梁和纽带,已奠定作为我国创意产业核心联盟生力军的基础,具有广阔的发展前景。

　　江苏是中国经济的大省,也是经济强省,拥有雄厚的经济实力,特别是第三产业的快速稳定发展,为文化创意产业的发展奠定了坚实的经济基础。"十二五"时期是江苏全面建成小康社会并向基本实现现代化迈进的关键期,也是江苏文化建设大有作为的重要战略机遇期和发展黄金期。江苏省把创新作为经济发展的主要战略,要走创新经济之路,而文化创意产业的发展思路正符合江苏省产业结构的调整以及发展创新型经济的策略。2015年江苏省经济运行总体平稳,全年实现地区生产总值70116.4亿元,比上年增长8.5%。其中,第一产业增加值3988亿元,增长3.2%;第二产业增加值32043.6亿元,增长8.4%;第三产业增加值34084.8亿元,增长9.3%。全省人均生产总值87995元,比上年增长8.3%。全社会劳动生产率持续提高,全年平均每位从业人员创造的增加值达147314元,比上年增加10584元。产业结构加快调整,三次产业增加值比例调整为5.7:45.7:48.6,实现产业结构"三二一"标志性转变。

按照国家统计局颁布实施的《文化及相关产业分类(2012)》标准统计,2012年,江苏文化创意和设计服务业实现增加值409.7亿元,占全部增加值的19.6%,绝对量在文化产业十大类行业中仅次于文化用品生产,居于第二位。根据文化部2014年底发布的统计数据,江苏文化产业综合指数在全国排名由2013年第6名,跃升至第2名,位居全国前列。从国际经验看,人均GDP超过3000美元后,人们对文化创意产品的需求将开始加速增长,按此经验,江苏居民对文化创意产品和服务的需求异常迫切。随着人们生活水平的不断提高,以创意为内核、休闲娱乐性强、科技含量高、凸显消费个性的文化产品和服务自然成为现代人追求的目标。在巨大的消费需求下,网络文化业、文化旅游业、文娱休闲业等文化创意产业必然显得越发重要。同时,按照江苏省文化产业"十二五"规划,大力发展创意文化产业,对于促进江苏省经济结构调整,建设自主创新型省份,培育新的经济增长点,提高城市综合竞争力,巩固江苏在全国的经济强省地位,具有十分重要的现实意义。

一、江苏省文化创意业发展的现状

根据国家文化部和中国人民大学联合发布的"中国省市文化产业发展指数(2015)",自该指数开始编制以来,江苏文化产业在生产力、影响力和驱动力三个维度上总体保持稳定增长。2015年,江苏文化产业综合指数在全国排名由2014年的第2名,暂时退居第3名。生产力指数保持第2名。影响力指数从2014年的第2名,下降到第5名。驱动力指数则无缘前10名。2015各省市文化产业发展指数得分及排名情况如下表所示。

表1　中国省市文化产业发展指数(2015)得分及排名情况

排名	综合指数		生产力指数		影响力指数		驱动力指数	
1	上海	81.44	山东	82.14	北京	88.23	北京	82.47
2	北京	81.41	**江苏**	**81.29**	上海	87.67	上海	82.30
3	**江苏**	**79.76**	广东	80.37	浙江	83.56	福建	80.85
4	浙江	79.54	浙江	77.82	广东	82.03	辽宁	80.70
5	广东	79.49	四川	76.45	**江苏**	**81.72**	青海	80.20
6	山东	78.12	河北	75.04	山东	80.27	贵州	78.48
7	福建	76.24	江西	74.99	福建	75.97	海南	78.11

续　表

排名	综合指数		生产力指数		影响力指数		驱动力指数	
8	四川	75.86	河南	74.82	四川	74.81	浙江	77.25
9	湖南	75.18	上海	74.34	湖南	74.44	吉林	77.11
10	河北	74.69	湖南	74.10	河北	74.20	湖南	76.99

数据来源:2015中国省市文化产业发展指数报告。

在文化产业发展指数排名保持前列的背后,江苏省内一批优秀的文化创意城市、创意基地、创意企业正获得蓬勃发展,形成了以南京为中心、苏锡常为主体的创意城市群。18家文化科技产业园、23家重点文化产业园区、80家重点文化科技企业共同构成了江苏文化产业的第一方阵,此外,全省文化产业法人单位3万多家,其中,创意创新型企业占比达到了78%以上。

发展文化创意产业、提升文化产业的竞争力是实现江苏省率先发展、科学发展、和谐发展的重大举措。为了又快又好地推进"两个率先",加快江苏省由文化大省向文化强省跨越的步伐,全省紧紧围绕"十二五"经济发展总目标,积极培育具有自主知识产权的创新型文化企业,大力推动文化与科技紧密融合,加快建立以企业为主体、市场为导向、产学研相结合的文化产业创新体系。2015年是"十二五"规划收官之年,也是谋划"十三五"发展之年,2015年江苏省45个项目获中央文化产业发展专项资金1.479亿元支持,其中文化创意类项目占78%,214个项目获省级文化产业引导资金2.399亿元资助,其中文化创意类项目占80%。56个项目入选文化部文化产业重点项目库,3个项目入选文化部特色文化产业项目库,3件动漫产品及创意项目入围文化部"2015年度国家动漫品牌建设和保护计划",数量居全国前列。江苏省文化创意产业的发展速度加快,自主创新能力有显著的提高,文化成果也明显增多。根据江苏省文化厅以及统计局的数据显示,全省的文化创意产业发展呈现出以下一些特征:

(一)文化机构和文化从业人员构成情况总体明显增长

截至2014年底,全省文化及相关行业机构共计20263个,比上年增加1790个。从业人员167883人,比上年增加16305人。其中具有正高级职称的人员有1211人,具有副高级职称的人员有2595人,具有高级职称(含副高)的人员占从业人员的比重为2.27%。文化部门直属各类机构2388个,从业人员31346人。其中具有正高级职称的人员有769人,具有副高级职称的人员有2167人,具有高级职称(含副高)的人员占从业人员的比重为9.37%。表2所示为2015年全省机构和人员构成情况。

表2　2014—2015年全省文化机构和人员构成情况

单位类型	机构数(个)			从业人员数(人)		
	2014年	2015年	增减(%)	2014年	2015年	增减(%)
总计	18473	20263	9.69%	151578	167883	10.76%
艺术业	399	653	63.66%	11140	16441	47.59%
图书馆	114	114	0.00%	3034	3183	4.91%
群众文化服务	1395	1396	0.07%	7022	6980	−0.60%

单位类型	机构数（个）			从业人员数（人）		
	2014 年	2015 年	增减（％）	2014 年	2015 年	增减（％）
其中:文化站	1280	1281	0.08％	4927	4885	−0.85％
艺术教育业	14	14	0.00％	891	887	−0.45％
文化市场经营机构	15630	17240	10.30％	86299	96708	12.06％
文艺科研	9	9	0.00％	104	93	−10.58％
文物业	417	423	1.44％	7115	7406	4.09％
其他文化类	495	414	−16.36％	35973	36185	0.59％

数据来源:江苏省统计局,江苏省文化厅。

2015 年机构数和从业人员数的增长主要是加大文化市场的统计力度,拓宽统计口径,在机构和从业人员方面有明显的增长,特别是艺术业的机构数和从业人员数增长幅度最大,分别达到 63.66％、47.59％。此外,文化市场经营机构和从业人员数也得到了较大幅度的增长,分别实现 10.30％、12.06％。另外,文物业的机构数量和从业人数连续 4 年上升,从业人员数增幅超过了机构数增幅,反映出文物业是江苏文化创业产业的优势,对全省文化事业发展的贡献是持续性的。

（二）公共财政投入平稳上升

2015 年,全省文化（文物）行政事业单位财政拨款总额为 56.08 亿元,较上年增长 11.65％。全省人均文化事业费(不包括文物业和艺术教育业)50.58 元,全国排名 14 位,与上年同期保持一致。各级财政对艺术业(包含艺术表演团体、艺术表演场馆及艺术教育)、图书馆业、群众文化业、其他文化业(包含艺术展览创作机构、非物质文化遗产保护、其他文化事业机构及文化产业等)、文物业(包含博物馆、科研保护机构及其他文物机构等)的投入分别占总投入的 14.7％、14.7％、22.9％、24.2％、23.5％。表 3 所示为 2015 年全省各级财政分类投入情况。

表 3　2015 年全省各级财政分类投入情况

单位类型	财政投入（万元）	占财政投入比重
艺术类	82437.6	14.7％
图书馆业	82437.6	14.7％
群众文化业	128423.2	22.9％
其他文化业	135713.6	24.2％
文物业	131788	23.5％

数据来源:江苏省统计局,江苏省文化厅。

（三）艺术创作生产别开生面呈现新气象

2015 年是国家艺术基金第二个资助年度,江苏省共申报项目 175 项,申报数量排名全国第 8 位。根据《国家艺术基金 2015 年度资助项目立项公示名单》,国家艺术基金 2015 年度资助项目为 728 项,江苏占 31 项,排名第五,仅次于北京市、中央直属单位、上海市和山东省,位列全国第一方阵。锡剧《杨家碾坊》、越剧《丁香》、淮剧《小镇》、淮剧《半车老师》、话剧《民生巷 11 号》等 9 项作品入选国家艺术基金 2015 年度舞台艺术创作资助项目大型舞台剧和作品。淮剧小戏《良心》、江苏梆子小戏《叫你一声大姐》、歌曲《水的寓言》等 8 项作品入选国家艺术基金 2015 年度舞台艺术创作资助项目小型舞台剧（节）目和作品。其中，"大型舞台剧和作品"全国共计 196 项，我省 9 项，占比 4.59%；"小型舞台剧（节）目和作品"全国共 114 项，我省 8 项，占比 7%；"传播交流推广"全国共 107 项，我省 1 项，占比 0.93%；"艺术人才培养"全国共 99 项，我省 3 项，占比 3.03%；"青年艺术创作人才"全国共 212 人，我省 10 人，占比 4.72%。

此外，2015 年江苏省有 10 部剧目入选省舞台艺术精品工程，5 部剧目入选舞台艺术重点资助工程。成功举办第二届江苏艺术展演月，40 台舞台演出，11 个书画展览次第展开，评出第二届江苏省文华奖大奖 7 个，文华优秀剧（节）目奖 21 个，单项奖 54 个，文华美术奖 10 个及美术提名奖 19 个。苏州市精心实施的"第四次中国—中东欧国家领导人会晤"文艺演出获李克强总理批示。创办首届江苏省青年美术作品展览，举办"傅抱石双年展·2015 江苏中国画作品展"、纪念抗日战争胜利暨世界反法西斯战争胜利 70 周年江苏美术作品展、"新金陵画派"精品赴京展、"江南如画——中国油画作品展（2015）"等系列美术展，广受好评。

截至 2015 年底，全省共有艺术表演团体 309 个、艺术表演场馆 207 个（包括非公有制艺术表演团体、艺术表演场馆）；从业人员 15758 人，具有高级职称（含副高）人员 1208 人，占从业人员的 7.67%。原创首演剧目 117 个，与上年持平；国内艺术演出 9.6 万场次，比上年增长 22.3%；艺术观众 3112.57 万人次，比上年增长 75%。政府采购的公益演出 0.68 万场次，受众 514.14 万人次，同比分别增长 30%。2015 年演出收入占总收入比重的 28.01%，演出收入总体稳定，但演出收入占总收入的比重仍然很小，没有达到或超过 50%，艺术表演团体和剧场演出市场化经营能力有待提高。2015 年财政补贴占总收入比重的 24.95%，可见政府采购的公益文化产品受到市民喜爱。

（四）公共文化服务质量提升

1. 公共图书馆

截至 2015 年底，全省共有公共图书馆 114 个，其中少儿图书馆 9 个。从业人员 3183 人，其中高级职称（含副高 311 人）362 人。全省各级公共图书馆总藏量 6846.93 万册，电子图书 4353.46 万册（件、种）。本年新增藏量 477.69 万册，新增电子图书 519.53 万册（件、种）。发放借书证 1107.32 万个，因苏州市区市民卡自动开通借书证功能，全省有效借书证数较上年增长 110.61%。总流通人次 6001.25 万人次，其中书刊文献外借人次 2881.75 万人次，书刊文献外借 4979.84 万册次，为读者举办的各类活动 5943 个，受众 351.9 万人次。全省各级公共图书馆共有计算机 10291 台，供读者使用电子阅览室终端 5810 台，阅览室座席 50707 个，其中少儿阅览室座席 14329 个、盲人阅览室座席 1365 个。表 4 所示为全省各级公共图书馆主要业务指标的两年对比。可见公共图书馆主要业务指标均呈稳步上升趋势，2014—2015 年间图书总藏量、电子图书、总流通人次、举办各类活动、活动参加人次年增幅分别为 9.03%、15.10%、10.62%、5.56%、33.33%，增幅最大的是电子图书。走进图书馆借阅图书和参与各类活动已成市民休闲的好去处。

表4　2013—2014年公共图书馆主要业务指标对比

指标名称	单位	2014年	2015年	同比增长
总藏量	万册	6280	6847	9.03%
电子图书	万册	3782	4353	15.10%
总流通人次	万册次	5425	6001	10.62%
举办各类活动	个	5630	5943	5.56%
活动参与人次	万人次	264	352	33.33%

数据来源:江苏省统计局,江苏省文化厅。

2. 文化馆

截至2015年底,全省共有文化馆115个,从业人员2125人,其中高级职称(含副高210人)253人。品牌文化活动共计432个。全年组织文艺活动11364次,其中,为老年人组织专场2359次,为未成年人组织专场1210次,为残障人士组织专场338次,为农民工组织专场1035次。全年组织文艺活动参加人次达837.13万人次。全年举办训练班6377次、举办展览1412个、组织公益性讲座1909个,观众达243.9万人次。全省各级文化馆利用流动舞台车演出1444场次,观众达138.7万人次。表5所示为全省各级文化馆主要业务指标近两年的对比。

表5　2014—2015年文化馆主要业务指标对比

指标名称	单位	2014年	2015年	同比增长
组织文艺活动	次	9321	11364	21.92%
文艺活动观众人次	万人次	681.94	837	22.74%
举办培训班	次	5383	6377	18.47%
培训人次	万人次	38.38	37	−3.60%
举办展览	次	1261	1412	11.97%
参观人次	万人次	132.91	176	32.42%
组织公益性讲座	次	1792	1909	6.53%
参加人次	万人次	29.2	30	2.74%

数据来源:江苏省统计局,江苏省文化厅。

从表5中2014—2015年间文化馆主要业务指标情况可以看出,公共文化馆举办各类业务活动均有所增长,增幅最高的是举办展览观众人次年均增幅达到32.42%。2014—2015年间文化站组织文艺活动、文艺活动观众人次、举办训练班、训练班培训人次、举办展览、举办展览参观人次、组织公益性讲座、公益性讲座参加人次年均增长为21.92%、22,74%、18.47%、−3.60%、11.97%、32.42%、6.53%、2.74%。各级文化馆组织的文艺活动以及公益性讲座受到市民喜爱,在为老年人、未成年人、残障人士、农民工等群体提供公共文化服务方面优势明显。利用流动舞台车提供的文艺演出受到观众的喜爱,场均观众人次稳中有升。受多元化社会办学影响,市民参与培训班的人次增幅较低,特别是自办老年大学机构拥有率42.6%,仍属较低水平。目前除徐州外,其他各省辖市的县、市(区)已实现文化馆全覆盖。

3. 文化站

截至 2015 年底,全省共有文化站 1281 个,其中乡镇文化站 912 个。从业人员 4855 人,其中专业技术人员 1278 人。全年组织各类活动 6.73 万次,观众达 1554 万人次。文化站藏书 2840.6 万册,文化站建筑面积 282.8 万平方米,全省共有文化室 24912 个,其中社区文化活动室 8400 个、村文化活动室 16512 个。文化室建筑面积共计 510.46 万平方米。表 6 所示为全省各级文化站主要业务指标近两年的对比。

表 6　2014—2015 年文化站主要业务指标对比

指标名称	单位	2014 年	2015 年
组织文艺活动	次	39049	43934
文艺活动观众人次	万人次	1077	1118
举办培训班	次	15037	16348
培训人次	万人次	123	140
举办展览	次	6586	7055
参观人次	万人次	274	296

数据来源:江苏省统计局,江苏省文化厅。

文化站主要业务指标呈平稳增长趋势,因文化站是城乡基础性的文化场所,覆盖面广泛,开展业务活动的次数和参与人次较文化馆高,但在 2014—2015 年间年发展速度远低于文化馆的发展。

4. 美术馆

截至 2015 年底,全省共有独立建制美术馆 25 个,较上年增加 2 个,目前全部对外免费开放。全省各级美术馆从业人员共计 366 人,具有高级职称(含副高 56 人)96 人。全年举办展览 532 个(其中自主办展 348 个),参观人次 293 万人次,其中未成年人参观人次 70 万人次。2014 年各级美术馆举办展览和参观人次分别为 503 次、287 万人次。2015 年各级美术馆举办展览和参观人次分别为 532 次、297 万人次。美术馆举办展览的次数稳中有升,市民参观展览的热度逐年递增。

(五)非物质文化遗产保护不断加大

截至 2015 年底,全省共有各级非物质文化遗产保护机构 114 个。目前国家级非物质文化遗产名录 140 个,保护单位 136 个;省级非物质文化遗产名录 424 个,保护单位 354 个;市级非物质文化遗产名录 778 个,保护单位 1137 个;县级非物质文化遗产名录 2949 个,保护单位 1512 个。全年举办各类宣传展示活动共计 4045 个,参与人次达 479.12 万人次,同比分别增长 102.9%、40.4%,增长较大的原因是拓宽统计口径,首次把开展传承人群培训纳入统计范围。普查成果 20121 件(套、册),同比去年增加 5993 件(套、册)。目前,我省各类传承人共计 3277 人,学徒 6094 人。表 7 为 2014—2015 年间非物质文化遗产保护相关指标情况,可见非遗保护活动开展丰富,更多的观众参与各类活动。

表7　非物质文化遗产保护相关指标两年对比

指标名称	单位	2014 年	2015 年
国家级非物质文化遗产名录项目	个	143	140
省级非物质文化遗产名录项目	个	375	424
国家级代表性传承人	人	110	107
省级代表性传承人	人	394	382
举办各类活动	次	1994	4045
参与人次	万人次	341.27	479.12
项目资源总量	件	14128	20121

数据来源：江苏省统计局，江苏省文化厅。

（六）对外文化交流打开新局面

"精彩江苏"写进省委省政府《关于推动文化建设迈上新台阶的意见》。积极参与文化部"欢乐春节"活动，按照"品牌化、本土化、市场化"的工作方针，组织江苏最具代表性的节目赴丹麦、荷兰、俄罗斯、智利、以色列等国开展"欢乐春节·精彩江苏"活动，受到文化部领导的肯定。积极发挥江苏海外友城多的优势，组派江苏文博代表团赴加拿大安大略省，参加"庆祝江苏省—安大略省结好30周年系列人文经贸交流活动"。在米兰成功举办世博会江苏活动周文化艺术展演活动。举办"精彩江苏进剑桥"系列文化活动，省文化厅和剑桥大学达成合作协议。举办"精彩江苏·丝路情韵——中国江苏传统服饰秀"，庆祝中泰建交40周年。积极引进精品展览，南京博物院举办了"飞越欧洲的雄鹰——拿破仑文物特展"、"伦勃朗的时代——16至18世纪欧洲油画展"、"乔治王时代"展等系列特色展览，省美术馆举办了"胜利：1945—2015——纪念世界反法西斯战争胜利70周年俄罗斯美术作品巡展"。积极开展港澳台文化交流，承办2015"两岸文学对话"活动，组团参加第26届澳门艺术节、"2015台中元宵灯会"、香港"2015中国戏曲节"、"海峡两岸合唱节"等系列活动。南京图书馆联合台湾汉学研究中心等机构在台湾举办海峡两岸第二届玄览论坛。连云港民乐团获乌兹别克斯坦"东方旋律"音乐节特等奖。积极推动对外文化贸易，全省共有96家企业、28个项目入选商务部、文化部评选的国家文化出口重点企业和重点项目，数量居全国前列。

（七）文化产业发展步伐加快

出台《江苏省重点文化产业示范园区、重点文化产业示范基地认定管理办法》，开展首批省级重点文化产业示范园区（基地）的评选，全省33家园区（基地）入围参评，更加突出文化产业园区的产业集聚作用、项目孵化作用和示范引领作用。省政府召开全省文化金融合作推进会，省文化厅联合相关部门出台了《关于促进江苏省文化金融发展的指导意见》及《三年行动计划》。12个项目入选财政部、文化部做好"文化金融扶持计划"，入选数量在全国各省中名列第一。淮安市组建苏北首家文化银行，为文化企业放贷3065万元。文化创意与相关产业融合发展。全省45个项目获中央文化产业发展专项资金1.479亿元支持，其中文化创意类项目占78%；214个项目获省级文化产业引导资金2.399亿元资助，其中文化创意类项目占80%。56个项目入选文化部文化产业重点项目库，

3个项目入选文化部特色文化产业项目库。3件动漫产品及创意项目入围文化部"2015年度国家动漫品牌建设和保护计划",数量居全国前列。成功举办第四届中国苏州文化创意设计产业交易博览会、2015第十二届中国(常州)国际动漫艺术周、第五届中国(无锡)国际文化艺术产业博览交易会等文展活动,组织省内文化企业参加境外演艺交易会、艺术博览会、动漫游戏节等国际大型展会。表八为"十二五"文化部门文化产业增加值相关情况。表8为近年来文化部门文化产业增加值情况。

表8　近年来文化部门文化产业增加值情况

指 标 名 称	2011 年	2012 年	2013 年	2014 年	2015 年
文化部门文化产业增加值(亿元)	2.54	3.41	5.97	4.36	55.8
文化及相关产业文化增加值(亿元)	1793	2330	2701	3001	3500
文化部门文化产业增加值占文化及相关产业文化增加值的比重	0.14％	0.15％	0.22％	0.15％	1.59％

数据来源:江苏省统计局,江苏省文化厅。

(八)文化市场发展健康有序

截至2015年底,全省共有网络文化、娱乐、艺术品、演出等文化市场经营企业17586个,同2014年相比增加1219个。从业人员103343人,同比增加3911人。资产总计2889841.0万元、营业收入1563925.6万元、营业利润459271.4万元,同比增长分别为37.40％、34.07％、18.29％。

1. 网络文化市场

截至2015年底,全省共有互联网上网服务营业场所9230个,同比增加874个。从业人员27968人,同比增加1328人。资产总计555174.7万元、营业收入329548.0万元、营业利润112100.2万元,分别同比增长16.35％、－1.33％、－14.23％。随着信息网络迅速发展,许多传统经营模式的互联网上网服务营业场所生意跌入低谷,互联网上网服务行业发展进入转型调整期。很多传统经营模式的场所积极寻求出路,转型升级。目前一批以网咖、主题内容等形式的新型场所崭露头角,逐步发展成为适合不同消费群体、兼具上网服务、社交休闲、竞技娱乐、电子课堂、远程服务、电子商务等功能,在公众文化生活中起积极引领作用的社区信息服务平台和多功能文化活动场所。

全省共有经营性互联网文化单位164个,同比增加44个。从业人员12531人,同比增加3811人。资产总计887257.6万元、营业收入477722.4万元、营业利润159504.4万元,同比增长分别为93.64％、138.91％、89.01％。全省经营性互联网文化企业的数量和规模持续增长,规模化、专业化水平不断提高,逐步成为人们文化消费的重要组成部分,在满足人们日益增长的文化需求和推动精神文明建设中发挥了积极的作用。

2. 娱乐市场

截至2015年底,全省共有歌舞、游艺等娱乐场所7443个,同比增加198个。从业人员52517人,同比增加35人。资产总计947710.7万元、营业收入530626.8万元、营业利润144178.9万元,分别同比下降10.61％、0.16％、6.69％。随着人均收入和消费水平的提升,娱乐活动越来越多地占据人们的日常闲暇时间。随着多家娱乐场所落户江苏,全省娱乐市场得到进一步的竞争和整合,取得了良好的经济效益和社会效益。

3.艺术品市场

截至 2015 年底,全省共有艺术品经营机构 184 个,同比减少 75 个;从业人员 1057 人,同比增加 4 人;资产总计 96963.9 万元、营业收入 57967.5 万元、营业利润 19696.5 万元,分别同比增长 81.70%、8.41%、69.45%。近年来虽然艺术品市场经历起起伏伏,但市场总体还是在大幅上升。全省树立了一批经济效益与社会效益双赢、社会反映良好、无不良经营记录的艺术品经营单位典型,提升行业层次,引领行业健康有序发展。

4.演出市场

截至 2015 年底,全省共有演出经纪机构 219 个,从业人员 2635 人,资产总计 180047.3 万元,营业收入 101441.2 万元,营业利润-4916.5 万元。非公有制艺术表演团体 256 个,从业人员 4793 人,资产总计 173803.1 万元,营业收入 45567.2 万元,营业利润 23990.8 万元。从产品形态看,文化产品的表现形式日趋多样,使用周期缩短、更新频率加快。原来可视可触摸的产品扩展为实物与虚拟的多样化产品。虚拟现实和增强虚拟现实技术将成为新的大众应用。从产品进入市场的途径看,网络直销比例大幅增长,实体店销售的比例明显下降;文化产品生产与传播几乎同步进行,与消费者几乎是"零时差"见面。从市场主体形态看,平台企业大量增加,只见产品和服务不见供应方,以及非企业的个人销售、跨境销售已成常态。从市场业态看,传统文化行业转型升级,多业态融合经营成为新的趋势。新业态出现并形成产业的速度明显加快。电子竞技赛事、演唱会网络直播、网游竞技直播等发展迅速,正在成为新的产业。集上网服务、歌舞娱乐、游戏游艺、电子竞技等多种业态于一身的城市文化综合娱乐体开始出现。从消费人群和参与方式看,文化市场消费大众化、全年龄段化趋势明显。原来很小众的高消费场所开始面向大众,一些行业的消费人群开始从以年轻人为主扩展至全年龄段。特别是上网服务、歌舞娱乐、游戏游艺场所和家庭游戏等领域趋势更加明显。

二、江苏省文化创意业发展存在的问题

2015 年,江苏文化创意产业发展取得了显著成效,但与此同时,我们也应看到,在文化产业发展进程中,还存在一些亟待解决的问题,如文化产业内部结构仍不健全,富有特色的江苏知名文化品牌较少,企业长期面临融资难、融资贵的问题,优秀的文化人才比较匮乏,与国内外的科技文化合作与交流还不够等等,都在一定程度上抑制和影响了文化产业的健康发展。江苏省文化创意产业虽然走在全国的前列,但与发达国家相比,起点低、起步晚,仍然存在很多问题,需要在实践中不断摸索、不断前进,找到适合江苏文化产业发展的道路。

(一)地域文化相近性、城市文化同质化,缺乏特色创意元素

现今文化创意产业的发展在全国各省份之间、省份内部各城市地区之间的同质化现象比较严重,江苏也不例外。江苏是一个省级行政区域,它包含的范围是可以改变的,如 20 世纪 50 年代初,安徽的盱眙和泗洪划归江苏;50 年代末,江苏的松江专区划归上海等。而文化是人们长期劳动形成的产物,有着浓重的地域特色,并不会因为人为的行政划分而迁移。文化是具有地区性的,周边邻近地区的文化也会对当地文化产生影响和联系。地域文化的相近性以苏南地区的刺绣为例,各

城市都有自己的独特产品,例如南通的仿真绣、苏州的苏绣、无锡的锡绣、常州的乱针绣等。跨省市也是一样,以上海顾绣为例,顾绣使用的主要针法为套针,而套针就是苏绣的传统针法之一。城市文化的同质性,以动漫产业为例,目前,江苏有多个动漫基地,如南京软件园国家动漫产业基地、世界之窗文化产业园——紫金山动漫1号、南京数码动漫创业园、苏州国家动画产业基地、无锡国家动画产业基地、常州国家动画基地等。虽然江苏全省有一百多个文化创意产业园区,但大多数产业园区的个性不够鲜明,重点发展的产业基本相同,或是定位过高,脱离实际,企业间的聚合度不够。创意产业园区存在一定的同质化倾向,一些园区入驻了房地产等与文化创意产业无关的企业,制约了创意产业的规模化、品牌化发展。

(二)产业竞争力的区域差异明显,区域发展不平衡

江苏文化创意产业竞争力存在明显的南强北弱的阶梯状区域性差异,具体体现在以下几方面:(1)区位经济水平和优势存在差异。苏南的城镇化水平高于苏中、苏北,文化创意产业发展总体上呈现苏南高于苏中和苏北地区的态势。同时,苏南地区毗邻上海、浙江等文化创意产业发达的地区,能够有效利用外部经济和"溢出效应"。苏中地区毗邻苏锡常等发达地区,同样受到正外部性的影响。相比之下,苏北地区与安徽、鲁南等经济落后地区接壤,区位条件较差,不利于产业的发展。(2)区域间发展战略存在差异。根据产业生命周期理论,我国文化创意产业仍处于增长期,是在经济发展达到一定程度才有可能发展的产业。目前,苏南地区面临着产业结构升级,要大力发展第三产业,转移第二产业;苏北和苏中地区经济发展相对落后,需要通过承接苏南转移出来的制造业来振兴,而文化创意产业并未受到足够的重视。为了缩小苏南、苏北两地区的差异,江苏省政府近年加大了对苏北地区的政策支持力度,而苏中地区处于相对薄弱的境地,既没有政策的支持,又没有自身的相对优势,处境十分尴尬。(3)人才吸引力和信息集聚能力存在差异。优秀人才的智力支持,信息高效率地流通才能促进文化创意产业链的优化,从而降低协调、组织及运营成本。高素质专业人才在江苏省内分布尤为不均。

(三)企业规模偏小,龙头企业带动效应不明显。

虽然江苏省文化创意产业发展势头良好,但全省文化产业发展水平与国内外先进地区还有不小的差距。尤其是体现在以中小文化企业为主体的全市文化产业缺少龙头企业和上市企业,还没有整合形成较强的产业竞争力。江苏文化创意企业规模总体偏小,企业同构,过度竞争,跨行业、有较强带动力的龙头企业比较少。就产业结构而言,虽然以新闻、出版、广电、文化艺术等传统文化为主的"核心层"比重下降,以网络文化、休闲娱乐、旅游文化、广告、会展及文化商务代理等为主的新兴文化产业"外围层"地位显著提升,但总体来说,创意类文化产业地位尚未超越传统文化产业。江苏各地区相当一部分文化创意产业的链条延伸仅仅局限于基本环节,跨行业整合力度不够,高增值环节的开拓及行业合作还需要进一步探索。全省的文化企业绝大多数都是小微型企业,由于资产规模小、运营不规范、社会诚信体系建设滞后和缺乏实物抵押品等原因,普遍存在"融资难、融资贵"的问题。如何通过文化金融手段创新,促进文化企业的融资信息与金融服务间快速对接,加大金融支持文化产业发展、构建完整的文化产业投融资体系,已成为江苏省发展壮大文化产业、实现由文化大省向文化强省转变的重要一环。此外,除了由于产品本身创意不足,制作不精良等因素,很多

做工好的文化创意产品要么缺乏好的包装设计,要么是非知名品牌,因而文化创意产品没有引起广泛的消费关注。文化创意产品没有好销路,那么生产者会减产甚至停产,设计者的积极性就会受到严重打击,最终导致文化创意产品从市场上消失,产品承载的传统文化就丧失了发展和传递的机会。

(四)专项产业发展规划缺位,产业标准体系缺失

江苏文化创意产业发展已有一定的基础,省市各级政府部门也已编制了许多相关的规划,并出台了一些扶持政策。但从整体性、系统性、前瞻性的视角来看,急需从省级层面尽快编制专项产业发展规划,进一步明确文化创意产业园区发展思路、功能定位、空间布局和发展重点,研究制定全面系统的政策支撑体系,引导文化创意产业园区的有序快速发展。2015 年江苏省政府出台《江苏省重点文化产业示范园区、重点文化产业示范基地认定管理办法》,开展首批省级重点文化产业示范园区(基地)的评选,全省 33 家园区(基地)入围参评,更加突出文化产业园区的产业集聚作用、项目孵化作用和示范引领作用。江苏省目前已建成一大批文化创意产业园区,文化创意产业标准化的相关研究也取得了一些成绩,但仍存在一些问题。没有引领文化创意产业标准化发展的技术组织——江苏省文化创意产业标准化技术委员会,文化创意产业标准体系尚未建立,园区建设在创意保护、企业认定、项目扶持、园区规划方面仍显得比较盲目,缺乏相应的标准支撑。

(五)专业人才相对不足,高端创意人才匮乏

江苏省文化创意产业普遍存在人才缺乏的问题,其中以下三方面人才总体缺失情况严重:一是政府相关部门负责指导、统筹协调、科学管理全省文化创意产业发展的人才匮乏;二是文化创意产业链中的创意、技术、营销、经营等人才匮乏,能够达到高端要求的创意和经营的有效人才则更少。同时,北京、上海、深圳等一线城市对文化创意人才的吸引导致江苏省每年流失大量人才,这使得文化创意人才匮乏问题更为严重;三是从实践层面研究和探索加快发展文化创意产业的专业人才匮乏。由于高层次的管理人才、策划人才和运营人才缺乏,使得河南一批极具开发价值的文化创意资源未能得到很好的利用,使得江苏的文化创意旅游产品文化创意和经济效益的附加值较低,影响力不强,或者是投入大笔资金的项目,由于高级经营管理人才的缺乏而使项目运营不尽人意,甚至是惨淡经营、举步维艰,人才的匮乏是制约江苏文化创意产业与旅游产业有机融合的又一个突出问题。

三、江苏省文化创意业发展建议与对策

江苏经济基础雄厚,文化底蕴深厚,文化创意产业也已经初具规模,需要抓住文化创意产业发展的黄金时期,将发展要素整合起来,制定长远而又行之有效的规划,加快经济转型,推动文化创意产业的持久发展。总之,江苏文化创意产业的发展需要社会、政府、企业自身等多方的共同努力。政府方面,需要在未来的时间里进一步加大对文化创意产业的扶持力度,调整扶持方式,完善社会服务体系,使文化创意产业能够更快更好地发展。企业方面,要完善企业的管理制度,加强研发和原创能力,开发和创造出更多的为大众所喜闻乐见的文化创意产品,使自身能在激烈的市场竞争中

存活并发展。具体如下；

（一）协调区域经济发展水平，挖掘并发挥各地区文化比较优势

产业结构趋同问题已经成为江苏省文化创意产业园区发展中急需解决的问题之一。长三角地区是中国文化创意产业发展的先行地区，江苏省应紧随长三角地区的发展潮流，在把握长三角地区文化创意产业的总体发展趋势的同时，挖掘苏南、苏中和苏北的城市文化内涵，结合自身优势，确立自身的发展特色和方向。在传统产业内融入创意元素，并提高创意在传统中的贡献率，把传统产业升级为文化创意产业，实现产业的创意化。针对江苏省各地区文化创意产业发展的差异性问题，首先，协调苏南、苏中和苏北地区的经济发展.缩小地区间的经济发展水平，进而带动江苏文化创意产业总体竞争力的提升。其次，大力培育社会创新环境，重视文化创意人才培养。创新环境建设对于文化创意产业的发展起到至关重要的作用，一个好的创新环境必然少不了对于创新的保护制度，因此首要工作就是开发和完善知识产权保护制度。另外，文化创意产业是一个知识密集型的产业，归根结底人才是首要的生产要素，因此要从个人、家庭、学校和社会全方位地加大创新型人才的培养，注重培育青少年文化艺术方面的特长。最后，加强文化创意产业集群发展充分挖掘各地区的比较优势。文化创意产业集群发展要综合考虑各地的比较优势和竞争优势。综合竞争力较强的南京、苏州、无锡和常州等城市可优先发展影视和动漫制作、时尚设计等附加值较高的子产业；苏中、苏北地区可以将文化创意与旅游业相结合，大力发展创意旅游。提升传统旅游业的活力，还可以将文化创意产业与农业相结合发展生态农业、观光农业等。另外，江苏有着深厚的历史文化因此要充分挖掘传统文化的特色，例如"南京云锦"、"苏州刺绣"、"无锡泥人"、"扬州漆器"等地域特色文化资源。

（二）推动产业之间的融合，促进文化创意产业的跨越式发展

产业融合作为一种产业创新，日益成为提升产业竞争力的重要因素。在各种产业中，文化产业是综合性、渗透性、关联性比较突出的产业，与多个产业存在天然的耦合关系，具有融合的深厚基础和广阔空间。农业、制造业、服务业、科技、旅游等相关产业可以为文化的交流和传播提供平台，为文化资源的开发提供载体，实现文化产业的市场化和规模化。推动文化创意产业与相关产业融合，一方面可以为文化产业提供开发新产品、新服务、新业态等巨大商机，推动文化资源在更大范围内合理配置，进而促进文化产业跨越式发展；另一方面，可以使文化创意嵌于相关产业的研发、设计与品牌营销等高端价值链环节，提升相关产业附加值，推动相关产业升级。推进文化创意产业的发展，促进其与实体经济深度融合，是培育国民经济新的增长点、提升国家文化软实力的重大举措。在文化创意和工业的融合发展中，要推动设计服务与工业的纵向产业链延伸与横向服务链拓展，激发产业升级的动力；在文化创意与旅游业的融合发展中，要打造旅游魅力的智核，营造丰富的内容、多元的主体和动态发展的框架；在文化创意与农业的融合发展中，要结合中国农业发展的阶段性要求，以休闲农业项目为突破口，建立具有生态文化价值和现代服务业意义的农业形态。

（三）科学规划产业空间布局，完善相关产业政策体系

合理规划创意产业空间布局是文化创意产业发展的关键，把文化创意产业园区用地的选址纳入到地方总体规划中。通过市场调查和评估，制定城市文化创意产业园区总体规划布局方案，根据

文化创意产业的空间布局特征,制定空间发展战略,优化布局,推进产业梯度发展,动态把握产业发展态势。根据文化创意产业的分类特征,有步骤地实现产业集聚。布局的同时注意将创意产业融入江苏城市文脉。江苏的诸多城市都是历史文化名城,要实现文化遗产保护中的创新,就必须将创意产业融入江苏城市文脉,通过发展文化创意产业保护城市的文化遗存,延续城市文脉,通过历史与未来、传统与现代的交叉融汇,为江苏城市增添历史与现代交融的文化景观。政府方面需要研究制定全省创意产业发展中的重大战略和政策,统筹协调解决全省创意产业发展中的重大问题,协调推进重大项目发展。并要加紧研究建立符合江苏实际的文化创意产业统计评估体系,监测和评价江苏文化创意产业发展的情况。根据全省文化创意产业发展规划,明确产业导向和发展空间。最后由江苏省文化创意产业发展领导小组牵头研究制定并不断完善市场准入、土地税费优惠、投融资便利、出口支持、中小企业扶持、鼓励创业等各项政策,形成全面系统的产业政策体系。

（四）实施重大文化创意产业项目工程,搭建投融资平台,培育知名品牌和龙头企业

重大项目在推动产业发展中具有明显的示范效应和功能性作用。实施文化创意产业重大项目工程,以打造国家数字出版基地、国家网络视听产业基地、国家动漫游戏产业示范区为契机,加大对骨干企业、龙头企业的政策扶持力度,引导企业自主创新和高端突破,鼓励骨干企业、龙头企业在研发投入占比、研发机构规模等方面增加投资,充分发挥这些企业的行业辐射、带动作用,提升产业链整体技术水平。以"立足存量抓增量"为核心,鼓励支持创意性强、有实力的企业跨行业跨所有者并购重组,加快企业规模化、集团化发展步伐,培植若干个超百亿元、超十亿元的具有行业影响力的知名品牌和龙头企业,使其成为创意产业发展的中坚力量。搭建投融资平台,形成成多渠道多元化的投入机制对培育文化创意企业具有十分重要的作用。对此可以从三个方面着手:一是加快引进风投公司,组建创投公司、担保公司和小额贷款公司,提高扶持文化创意企业发展能力。二是开展融资洽谈活动,进一步拓展企业与金融机构的联系渠道,促进银企建立战略合作关系,为企业融资创造条件。三是设立创意产业发展基金,对列入国家及省各类资金补助的项目,按照国家和省有关规定予以优先配套支持。四是积极稳妥地开放文化市场,鼓励社会资本、境外资本进行文化创意产业领域里的投资,形成政府投入和社会投入相结合,国内外资本相融合,多元化、多渠道的文化创意产业投入机制。

（五）注重标准研究,构建标准化的实施平台

分类标准的制定,旨在为界定和规范江苏省文化创意产业提供标准,为开展文化创意产业研究、建立和完善文化创意产业统计制度奠定基础,为监测和评价江苏省文化创意产业发展提供依据。对此可以从四个方面着手:首先,制定标准化发展战略。江苏省文化创意产业标准化发展战略是指借助标准化这一技术支撑,加强政府对江苏省文化创意产业及园区的管理与扶持,促进江苏文化创意产业的健康、快速发展。由于文化创意产业标准化研究在国内处于起步阶段,因此,首先应制定江苏省文化创意产业园区标准化发展战略,对江苏省文化创意产业及园区标准化工作进行总体指导和宏观把握,保证江苏文化创意产业园区标准化工作的顺利实施。其次,成立标准化技术委员会。文化创意产业标准化工作机制的运行需要有专门的机构来负责,需要该机构来负责组织和

实施文化创意产业及园区相关标准的制定、修订和实施工作,指导和推动文化创意产业及园区的标准化工作。江苏省的文化创意产业标准化工作刚刚起步,尚没有专门的机构对其进行有效管理。因此,应成立江苏省文化创意产业标准化技术委员会,从文化创意产业标准的制修订和组织实施的角度,支撑文化创意产业的发展。再者,构建标准体系。尽管江苏省的文化创意产业园区在政策、资金、项目、人才方面政府都给予了大力支持,但是目前江苏省文化创意产业园区的发展在创意保护、企业认定、项目扶持、园区建设方面仍然显得比较盲目,缺少科学的评判依据,导致出现产业支持对象不明确、发展路径不清晰等问题,这归根结底是由于文化创意产业园区的发展缺乏相应的标准体系。因此,应加快文化创意产业标准体系的建立。最后,加快制定基础标准。通过调研江苏文化创意产业园区对各种标准需求,建议首先加快文化创意产业园区术语和定义、园区分类、园区评价等基础标准的制定。

(六)加快人才培育,强化智力支撑

创新是文化创意产业发展的关键,而人才是创新的来源,因此需要大量的专业人才。首先建设人才培训基地。文化创意产业园区与江苏高等院校互动,联合设立与文化创意产业相关的学院,建立文化创意产业人才培训基地,开设相关课程,着力加强对高端创意人才的教育和培养。其次,制定具有强大吸引力的优惠性人才引进政策。文化创意产业的发展需要高层次、高技能、通晓国际通行规则和熟悉现代管理的高级文化创意产业人才。为此应制定各种优惠政策,进行特殊扶持,吸引和留住高素质文化创意产业人才落户江苏,形成人才的集聚效应。最后要增强国际合作,开阔人才国际视野,在选派人员出国研修,培养具有世界水准的专业人才的同时,重视引进国外的优秀人才,提升和充实江苏省文化创意产业的人才队伍,包括引进一批海外专家和优秀团队来江苏工作。此外,要加强与海外文化创意机构的合作,开展人才培训与交流,进行项目合作和举办研讨会等。

四、江苏文化创意业发展典型案例——苏州文化产业与金融的融合

2010年3月,国务院九部委联合签发《关于金融支持文化创意产业振兴和发展繁荣的指导意见》,明确提出支持设立文化创意产业投资基金,鼓励金融资本依法参与,充分发挥上海文化产权交易所、深圳文化产权交易所等交易平台的作用,为文化产权交易提供专业化服务。2014年3月文化部等发布《关于深入推进文化金融合作的意见》,指出"文化金融合作已经成为我国文化创意产业发展的显著特点和重要成果"。苏州拥有非常丰富的文化艺术资源,历来就是一座不缺乏创意的城市,文化创意是这座城市延续数千年的传统。进入了工业化后期阶段,苏州正在通过创新创意,寻求经济、文化、社会的持续发展。文化创意产业是苏州产业转型升级的润滑剂、加速器,苏州文化创意产业正呈现大发展大繁荣的趋势。

(一)苏州文化创意产业与金融融合的现状

依托传统文化底蕴深厚的优势,苏州文化创意产业积极谋求与旅游、数字技术、制造业的对接,实现文化元素在新技术、新工艺、新材料上的设计应用,崛起了一批以原创动漫游戏、现代设计、数

字传媒等为代表的文化创新型企业群。文化创意产业正在由"要素驱动"、"投资驱动"向"创意驱动"、"政策驱动"、"融合驱动"转变,文化金融融合效应在文化创意产业领域得到了显现。目前苏州已经形成了以鼎盛丝绸、太湖雪等为代表的传统文化创新企业群,以苏州新海博、苏印总厂等为代表的数字出版创意企业群,以苏州创捷传媒、金诚传媒等为代表的数字传媒和现代设计企业群,以蜗牛电子、欧瑞动漫等为代表的动漫游戏企业群,以阳澄湖数字文创园、苏州国际科技园创意泵站等为代表的创意园群落。

(二)当前苏州文化创意产业与金融融合存在的问题

虽然苏州文化创意产业与金融融合正在蓬勃发展,但是仍然存在三方面的问题。

1. 文化创意产业与金融融合程度总体不高

在相关政策文件引导下,苏州文化创意产业与金融融合的状况有显著提升,但文创企业轻资产和盈利不稳等特点,导致真正涉足文化创意产业的金融机构数量较少、产品类型单一,仍然以银行借贷为主要形式。各商业银行在授信过程中,大都要求企业采用固定资产抵押的担保方式,还要求相对较高的利率收益,使得中小型文创企业难以达到贷款要求。以某银行苏州分行为例,2013 年文创类项目贷款 4.6 亿元,仅占该行全部贷款额的 0.87%,2014 年文创类项目贷款 14.1 亿元,仅占该行全部贷款余额的 2.41%,与文化创意产业占全市 GDP 比重相比,金融机构对文化创意产业的信贷投放量明显偏少。

2. 文化创意产业与金融融合的结构不平衡

在文化创意产业与金融融合的类别结构上,政府引导性资金主要投入企业规模或项目规模较大的项目,苏南地区风险补偿资金项目的注册资本均值为 2807 万元,众数为 1000 万元,扶持资金的项目投资规模众数为 5239 万元。在文化创意产业项目类别上,扶持资金和担保基金等引导资金还偏好于文艺服务业中的场馆、设施类的有形资产项目。在文化创意产业与金融融合的类别结构上,金融机构各类贷款更倾向于面向大型企业集团和传统资产型文化产业,文化艺术设施、文化旅游景点类项目,资金回笼快的文化会展项目以及设备采购的文化产品生产项目能够得到相应支持,但数字动漫游戏、教育培训、设计服务、传媒等中小文创类项目、新兴文创项目就难以通过信贷指标考核,较难获得相应的金融支持。以某银行苏州分行为例,2013 年文化艺术类项目和文化产品类项目占当年文创类项目贷款的 17.9% 和 22.3%,2014 年文化旅游类项目和文化产品类项目占当年文创类项目贷款的 72.8%11.1%。总的来看,在文化创意产业各个类别中,文化会展和文化旅游领域获得较多的金融支持,文化信息、设计服务、传媒类领域支持不足,金融机构对纯创意型行业介入很少。

3. 符合文化创意产业特点的金融产品和服务机制不多

各类金融机构普遍更加关注企业规模和有形资产,对文创企业拥有的著作权、知识产权、注册商标权等无形资产研究不足、认识不高,对开展无形资产抵押贷款条件严苛,也没有形成统一的无形资产价值评估标准,符合文创企业特点的金融产品稀缺,缺少服务机制,金融产品和服务创新不足,在融资渠道、金融产品的信息发布等方面还有待与文创企业进一步沟通。文创企业的诉求高度集中的改善贷款条件和增加贷款品种,还有待金融机构进一步创新。

（三）苏州文化创意产业与金融融合的对策

总体来说,文化创意产业与金融融合的困难是主体间信息不对称,融合中介服务不到位,各类政策不配套。其主要原因是文创企业资产形态主要表现为知识产权和品牌价值等无形资产,固定资产较少,资产价值不好评估,波动范围大。而各金融机构为规避风险往往要求贷款企业提供能够覆盖贷款风险的固定资产抵押,这就造成文创企业尤其是中小企业很难获得融资支持,进一步增加了文创企业与金融融合的难度。基于苏南文化创意产业与金融融合的现状及存在问题,适当借鉴国内外成功经验,在原有文化金融融合的基础上,应该突出"2个强化",即强化财政资金导向、强化文化金融服务;"2个引导",即引导金融产品与优质项目融合、引导资金与项目融合;"2个创新"即创新中介服务体系、创新金融服务体系;"2个推进",即推进要素资本化、推进金融示范区建设,以求进一步优化文化创意产业发展与金融融合的路径,完善文化创意产业发展的金融融合机制。

【主要参考文献】

[1] 江苏省统计局. 江苏统计年鉴 2016 [EB/OL]. 江苏省统计局网站,2016.

[2] 江苏省统计局. 2015 年江苏省国民经济和社会发展统计公报[EB/OL]. 江苏省统计局网站,2016.

[3] 江苏省文化厅. 江苏省"十二五"时期文化发展情况统计分析[EB/OL]. 江苏省文化厅网站,2016.

[4] 江苏省文化厅. 2015 年度全省文化发展相关统计报表[EB/OL]. 江苏省文化厅网站,2016.

[5] 彭翊. 2014 中国省市文化产业发展指数报告[M]. 中国人民大学出版社,2014.

[6] 马宁. 跨界发展:江苏文化创意产业的未来[J]. 唯实,2014(6).

[7] 张书,侯月丽,顾长青. 江苏省文化创意产业园区发展现状与对策研究[J]. 中国标准化,2013(12).

[8] 宣烨,盛丽丽. 江苏文化创意产业发展面临的问题及策略选择[J]. 江苏商论,2012(7).

[9] 程善兰,廖文杰. 苏南文化产业与金融融合的相关性研究——基于苏州文化创意产业[J]. 商业经济研究,2016(20).

集聚区篇

第一章　江苏省现代服务业集聚区发展分析

一、江苏省现代服务业集聚区总体情况

（一）集聚格局基本形成

江苏目前拥有 122 家省级现代服务业集聚区,300 余家市级现代服务业集聚区,现代服务业集聚区发展初具规模。目前,江苏拥有省级服务业集聚区共 122 个,其中苏南 74 个,苏中 23 个,苏北 25 个。在江苏 13 个城市中,拥有省级服务业集聚区最多的城市依次为南京(20 个)、苏州(19 个)和无锡(16 个);最少的为连云港(3 个)和宿迁(3 个)。可见,服务业集聚区省内分布不均匀,呈现苏南、苏北、苏中递减态势。按集聚区的类别来看,江苏省级服务业集聚区主要以现代物流为主,共有 36 个,占比 29.5%,其次为科技服务和产品交易市场,分别有 23 个和 19 个,占比 18.9% 和 15.6%。无论哪种类别的集聚区,苏南地区在个数上均拥有绝对的优势。如创业产业集聚区,苏南比例达到 75%;软件和信息服务集聚区,苏南比例为 66.7%。苏中地区在商务服务和现代物流集聚区占比较大,为 27% 与 25%。而苏北地区在产品交易市场和商务服务集聚区拥有较高比例。

（二）集聚规模继续扩大

2015 年江苏省级现代服务业集聚区合计实现营业收入超过 1 万亿元,实现营业利润突破 550 亿元,税收近 300 亿元,吸纳入区企业 7 万余家,就业人员 110 万人左右。截至 2015 年底,在 122 家省级现代服务业集聚区中,营业收入(交易市场类集聚区为成交额)超 1000 亿元的集聚区有 1 个,100 亿元以上的有 30 个,10 亿元以上的有 83 个,1—10 亿元的有 19 个。服务业投资是扩大有效投资的重要组成部分,现代服务业集聚区是服务业投入的重要平台。2015 年江苏全省服务业固定资产投资完成 22781.97 亿元,是 2010 年的 2.2 倍。122 个省级现代服务业集聚区完成投资超过 1500 亿元,其中投资额超 100 亿元的集聚区有 4 个,投资额超 10 亿元的集聚区达 36 个。昆山花桥国际商务城、苏州科技城、江苏三江现代物流中心、泰州高港综合物流园等集聚区投资力度不断加大,有效地拉动了地方投资增长,带动了区域经济增长。

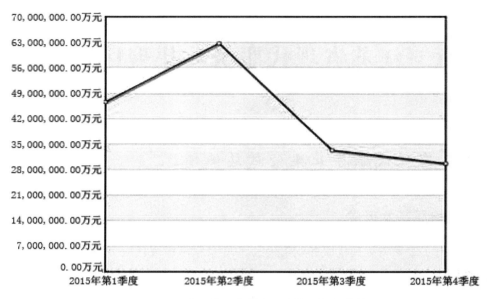

图1   2015年江苏现代服务业集聚区投资走势图

(三)集聚带动功能更加强劲

江苏现代服务业集聚区效益贡献不断提高,集聚辐射作用更加凸显,集聚带动作用不断增强。2015年,江苏省级现代服务业集聚区平均每平方米产出超过1.5万元,每亩完成年度投资399.51万元,主导产业营业收入占集聚区全部营业收入的79.13%。科技服务集聚区2015年共获得专利授权5826项,软件和信息服务集聚区获得CMMI认证企业数251家。

表1   江苏省省级现代服务业集聚区集聚效应情况表

	单位面积营业收入(万元/平方米)	单位面积投资(万元/亩)	营业收入占比(%)	新增专利授权数(项)	获得CMMI认证企业数(家)
2015 年	1.51	399.51	79.13	5826	251
2014 年	1.43	362.22	78.31	5614	240
2012 年	1.62	327.53	81.49	7464	249
2011 年	1.34	480.00	83.05	5548	240

资料来源:依据搜集的各省级现代服务业集聚区资料计算得到。

戴南不锈钢综合物流园、无锡(国家)工业设计园、南京新街口金融商务区、吴江汾湖商务服务业集聚区、昆山花桥国际商务城等入驻企业均达到数千家以上,江苏常熟招商城、中国南通家纺城等入驻商户超万家,大量同类及关联企业集聚,促进了主导产业集聚发展。以昆山花桥国际商务城为例,2014年,花桥总部经济、服务外包等主导产业展现了强有力的拉动作用,主导产业实现服务业增加值85.03亿元,比上年增长33.0%,占服务业增加值比重达69.7%,比去年同期提升2.4个百分点,拉动全区服务业增长22.2%。其中,总部经济实现增加值27.85亿元,比上年增长24.3%,占主导产业比重为32.8%。分企业看,12家企业营业收入超亿元,其中超10亿的有5家。恩斯克投资、哈森商贸、好孩子商贸等行业龙头企业,辐射带动作用不断增强。

表 2 江苏省省级现代服务业集聚区发展贡献度

主要指标	2012 年	2014 年	2015 年
税收收入占全省服务业税收收入比重	5.97%	5.95%	5.96%
从业人员占全省服务业从业人员比重	5.33%	5.96%	6.01%

资料来源:江苏省人民政府,《江苏统计年鉴》。

(三)产业带动更加凸显

江苏现代服务业集聚区建设顺应产业转型升级的发展需求,大力发展现代物流园、科技创业园、软件园、创意产业园和产品交易市场等的建设,在促进服务业集聚集约发展的同时,降低了农业、制造业的流通成本和商务成本,吸引了更多人才、资本、信息和技术集聚,促进三次产业融合发展,充分带动农业、制造业的转型升级。江苏凌家塘农副产品批发市场、南京农副产品物流中心(南京众彩)等的建设为提高现代农业产业化水平,建立农业综合服务体系,完善农产品流通,促进农产品附加值提升和农业产业链延伸发挥了重要的作用。无锡(国家)工业设计园、泰州医药科技创业园、张家港扬子江冶金物流园等的建设为制造业的转型升级提供研发、技术、资源、人才服务等要素支持,加快了制造业的产业功能提升和创新创业转型,推动了制造业量的扩张和质的提升。

(四)多种形态共同发展

江苏现代服务业集聚区主要发展中央商务区、创意产业园、科技创业园、软件园、现代物流园和产品交易市场 6 种形态,各集聚区形成错位发展的竞争格局。截止到 2015 年底,江苏现代服务业集聚区中有现代物流园 53 个,科技服务园区 53 个,软件园 26 个,创意产业园 32 个,商务服务区 30 个,产品交易市场 29 个和综合集聚区 36 个。

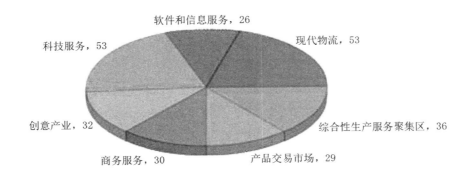

图 2 江苏现代服务业集聚区集聚形态分布图

资料来源:江苏省发展和改革委员会服务业处。

商务服务园区、现代物流园和软件园的集聚规模较大,三类集聚区实现的平均营业收入均超过百亿元,相比而言,科技创业园、创意产业园的规模则明显偏小,平均营业收入不足 40 亿元。从平均税收收入来看,商务服务园区纳税贡献最大,均值达到 10.25 亿元。从平均年度投资来看,中央商务区和综合集聚区平均年度投资较多,反映了上述形态集聚区快速扩张的态势。

表3　2015年江苏省省级现代服务业集聚区各形态运营情况表

	统计个数	平均营业收入		平均税收收入		平均年度投资	
		总量(亿元)	增速(%)	总量(亿元)	增速(%)	总量(亿元)	增速(%)
现代物流园区	53	121.45	47.60	2.96	38.42	11.03	48.95
科技服务园区	53	24.91	46.24	1.79	49.82	9.23	65.95
软件园	26	80.32	40.04	3.14	64.77	12.49	36.08
创意产业园区	32	11.10	67.94	0.49	133.15	5.92	24.42
商务服务园区	30	131.31	16.05	8.07	25.58	21.02	26.73
产品交易市场	29	205.75	17.36	1.76	28.86	4.86	24.03
综合集聚区	36	40.31	34.79	0.94	32.99	16.94	21.06

资料来源:依据搜集的各现代服务业集聚区资料计算得到。

对各形态现代服务业集聚区集聚效应进行对比分析(见表5),单位面积营业收入反映了各类集聚区的集聚效益,其中软件园的优势最为明显,为1.99万元/平方米,其次为现代物流园,为1.74万元/平方米。从单位面积投资来看,中央商务区的投资强度最大,其次为软件园和综合类。各类服务业集聚区的营业收入占比基本在72%—83%之间,主导产业在集聚区发展中优势明显。

表4　2015年江苏省省级现代服务业集聚区各形态集聚效应情况表

	统计个数	单位面积营业收入(万元/平方米)	单位面积投资(万元/平方米)	营业收入占比(%)
现代物流园区	53	1.74	0.3	79.57
科技服务园区	53	1.22	0.38	72
软件园	26	1.99	0.57	82.55
创意产业园区	32	1.31	0.38	79.8
商务服务园区	30	1.26	0.81	74.63
产品交易市场	29	1.5	0.91	72.89
综合集聚区	36	1.34	0.72	83.05

资料来源:依据搜集的各省级现代服务业集聚区资料计算得到。

(五)区域分布渐趋合理

由江苏区域经济发展特点决定,现代服务业集聚区的空间分布存在非均衡状态,苏南地区高端化领跑、集约化增长,比较优势显著;苏中、苏北发展相对落后,但后发优势也日益显现。苏南现有省级现代服务业集聚区69家,苏中有22家,苏北有22家,苏中、苏北是苏南的三分之一弱。在尊重苏南、苏北、苏中经济板块梯次分布的这一客观产业基础的同时,江苏在认定和扶持服务业集聚区时也兼顾到空间布局的优化,以更加合理地配置资源。

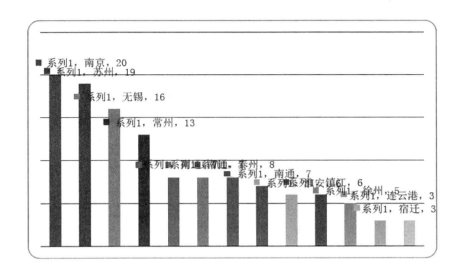

图3　江苏省级现代服务业集聚区区域分布图
资料来源:江苏省发展和改革委员会服务业处。

按照"优势互补、互惠互利,共同发展、实现双赢"的原则,苏南、苏中和苏北在现代服务业集聚区建设中优势对接,合作发展。南京、淮安两市政府于2012年开始共同规划建设宁淮现代服务业集聚区,总投资近300亿元,将南京的科教、现代服务业优势和淮安的市场优势等对接,吸引南京中央商场、雨润集团、金鹰国际等入驻淮安中心商业区。2014年,盐城和常州3个共建园区新开工亿元以上项目14个,总投资32.5亿元。无锡与徐州,苏州与宿迁的共建,也由制造业向教育卫生、科技农业、旅游等现代服务业领域延伸。

二、江苏省现代服务业集聚区竞争力评价

近年来,江苏省、市、县、集聚区等各级积极探索促进现代服务业集聚区开发建设的新思路、新模式、新举措,在规划引领、项目支撑、政策保障、平台服务、动态考核、体制创新六个方面的全面提升集聚区的服务功能。

(一)完善规划明思路

规划建设现代服务业集聚区,是新时期江苏推动服务业加快发展,着力建设现代服务业中心的重要举措,是促进江苏新一轮产业布局优化的重要载体。为促进现代服务业集聚区的合理布局和健康发展,江苏坚持规划先行,提升规划引导作用,目前全省已形成省、市、县(市、区)、集聚区各层面有效衔接的四级规划体系(见表5)。

为实现现代服务业集聚区的科学规划、合理布局,江苏注重深化细化适应本地发展特点的集聚区设计理念和路径。各级政府针对集聚区建设相继发布了明确的指导意见,制定了一系列建设标准高、业态定位高、可操作、可实施的实施方案。对现代服务业集聚区形态、发展原则、发展目标、发

展重点、空间布局、建设管理提出了明确的要求,做到先规划后建设,实现了服务业集聚区产业、功能、形态的三合一。

表5 部分现代服务业集聚区规划编制情况

	规划编制情况
省级层面	《关于加快建设现代服务业集聚区的意见》(苏发改服务发[2007]52号) 《江苏省现代服务业集聚区提升工程实施方案》 《江苏省省级现代服务业集聚区认定管理暂行办法》(苏发改服务发[2008]280号) 《江苏省省级现代服务业集聚区发展情况评价考核暂行办法》
市级层面	南京市:《南京市现代服务业集聚区发展意见》(宁政办发[2007]37号) 　　　《南京市现代服务业集聚区认定管理办法》(宁发改规字[2011]976号) 苏州市:《关于加快现代服务业集聚区建设的若干意见》(苏府[2007]115号) 　　　《苏州市现代服务业集聚区认定暂行办法》(宁发改服[2012]1号) 扬州市:《扬州市现代服务业集聚区发展意见》 　　　《扬州市市级现代服务业集聚区认定管理暂行办法》(扬府办发[2012]139号) 无锡市:《无锡市现代服务业集聚区提升工程实施方案》 　　　《2014年市级服务业集聚区考核实施方案》 南通市:《南通市现代服务业集聚区"十二五"发展规划》 　　　《关于加快现代服务业集聚区建设的实施意见》(通政发[2012]17号) 　　　《市政府关于加快南通市现代服务业集聚区发展的指导意见》(通政发[2014]19号) 盐城市:《关于加快推进现代服务业集聚区发展的指导意见》 宿迁市:《宿迁市现代服务业集聚区布局规划》(宿政办发[2008]147号) 镇江市:《镇江市服务业集聚区认定管理办法》 徐州市:《市政府办公室关于加快现代服务业集聚区提档升级的意见》(徐政办发[2011]127号) 　　　《徐州市市级现代服务业集聚区认定管理暂行办法》
县级层面	《如东县现代服务业集聚区发展规划(2014至2020)》云龙区《关于加快现代服务业集聚区建设的意见》 南通市通州区《关于加快现代服务业集聚区建设的实施意见》通政发[2012]17号 《2011年邳州市重点培育建设现代服务业集聚区的工作方案》
现代服务业 集聚区层面	总体规划:《花桥国际商务城总体规划(2005—2025)》、《南京徐庄软件园规划》、《中国雨花软件谷发展规划》、《徐州软件园发展规划》、《宜兴环保科技现代服务业集聚区发展规划》、《扬州市邗江区科技创业园总体规划》、《泰州医药高新技术产业园总体规划》、《无锡市锡山区通江物流园区总体规划》、《江苏里下河物流园区发展规划》 控制性规划:《太湖新城科教产业园控制性详细规划(修编)》、《常州软件园详细规划》、《苏州科技城控制性详细规划》、《昆山软件园控制性详细规划》 产业规划:《南京新城科技园"十二五"产业发展规划(2011—2015)》、《无锡太湖新城科教产业园产业发展规划》、《江苏省苏通科技产业园区产业区规划》、《无锡高新物流集聚区十二五产业发展规划》 概念规划:《北三环物流集聚区产业发展概念规划》、《江苏创意文化产业园概念规划设计》、《江苏奔牛港物流中心概念性规划》 行动计划:《南京高新区"二次创业"三年行动计划(2012.8—2015)》

更大程度地发挥各集聚区的主观能动性,一大批现代服务业集聚示范区组织编制了总体规划以及控制性详细规划、产业规划、概念规划、行动计划等专项规划。规划重点做到"六个明确",即明确发展主体、明确四至范围、明确发展目标、明确业态特色、明确功能定位、明确要素保障,为集聚区建设发展找准了思路、方向和抓手。省发改委还多次组织专家对集聚区建设规划评审论证,对服务业集聚区建设进行指导,优化全省服务业集聚区建设的导向和布局。

（二）招商引资抓项目

江苏在现代服务业集聚区建设中立足资源抓招商，立足项目抓投入。高度重视服务业招商引资工作，立足高起点招商选资，提升服务业集聚发展质量。着眼于服务业"新业态、新领域、新热点"，盯紧产业链、供应链和服务链，拓展对接渠道，全力推进服务业项目"定点"招商、精准招商。在组织的面向欧美、东南亚、中亚、港澳台等境外招商活动中以及面向上海、浙江等国内先进地区招商活动中重点组织集聚区开展专题招商，通过拓宽渠道、创新模式、优化环境、市场运作来促进招商引资，把单一的吸引外资向产业、人才、资本和市场等方面的资源共享与交流合作拓展。

现代服务业招商引资取得了明显成效，为集聚区建设吸引了一批投资规模大、投资强度高的重大项目，以重大项目建设引领服务业规模化、品牌化、高端化发展。2012年江苏首批重点推进120个"十百千"重大项目建设，共计完成年度投资1274亿元。2014年和2015年又进一步强调对新兴服务业和区域特色产业项目的引导和支持，经动态调整充实，省级层面重点推进江苏电信云计算示范与应用工程、昆山东部新城金融街、中关村软件园太湖分园二期、南京多式联运化工物流港中心项目等150个"十百千"重大项目，2015年实际完成投资1380亿元，2016年度计划投资1200亿元，一季度实际完成投资245亿元。南京市2015年建设服务业重点项目63个，项目总投资概算4035.3亿元，"十三五"期间计划投资5424.8亿元（见表6）。

表6 南京市"十三五"现代服务业重点项目分布

序号	产业类别	个数	总投资	"十三五"投资	在建和新开工项目			前期推进项目			策划储备项目	
					个数	总投资	"十三五"投资	个数	总投资	"十三五"投资	个数	总投资
一	金融及商贸商务	123	2681.2	1874.9	73	1903.6	1548.8	27	524.8	326.1	23	252.8
二	科技研发	56	560.2	344.5	32	411.5	278.7	11	77.8	65.8	13	71.0
三	软件和信息服务	25	361.5	307.0	13	293.0	278.5	3	28.5	28.5	9	40.0
四	文化创意	17	314.9	59.1	11	277.5	32.0	5	27.4	27.1	1	10.0
五	旅游休闲	50	1094.1	719.3	31	865.9	555.9	13	189.2	163.4	6	39.0
六	现代物流	32	412.8	322.4	20	259.4	224.5	9	101.9	97.9	3	51.5
	合计	303	5424.8	3627.2	180	4010.9	2918.4	68	949.6	708.8	55	464.3

资料来源：南京市现代服务业"十三五"规划。

（三）政策保障优扶持

政策保障是现代服务业集聚区建设得以顺利推进实施的关键。近年来，江苏认真落实省委省政府促进现代服务业加快发展的政策措施，围绕集聚区建设，从财政、金融、税费、用地、人才等方面制定了20条含金量高、操作性强的政策措施，已初步形成服务业发展支持政策体系，并取得了良好政策效应。比如，财政支持方面，目前省级现代服务业发展专项引导资金规模已从2005年的1亿元增加到了18.45亿元，资金使用采取投资补助、贷款贴息和奖励三种方式，现代服务业集聚区是其重点支持领域之一，主要用于服务业集聚区内公共平台、重大项目建设的补助和奖励服务业品牌企业。对省人民政府授牌的省级现代服务业示范区,由发展专项引导资金给予一次性奖励。用地保障方面,对集聚示范区建设项目供地安排上给予政策倾斜,对列入省级重大项目投资计划的服务业项目,允许与制造业项目一样采取"点供"方式,优先解决用地指标。税费优惠方面,对离岸服务外包、技术先进型服务业企业、技术转让、股权投资等加大支持力度,去年全省为相关服务业企业共减免营业税和企业所得税 2.24 亿元。

各市县也根据自身情况制定了相关的意见和政策支持,在完善管理机制、加大财政投入、强化要素支撑、建立激励机制、注重人才培养等方面的加大政策扶持力度(见表7),推动现代服务业集聚区的业态培育、项目推进和管理服务优化,促进集聚示范区高效平稳的发展。

表7 部分现代服务业集聚区扶持政策一览

	典 型 案 例
完善管理机制	建立完善省服务业发展领导小组、省各有关部门、各级地方政府齐抓共促服务业发展的工作机制。 南通市服务业发展领导小组统筹全市现代服务业集聚区建设、考评工作,建立集聚区发展联席会议制度,协调解决集聚区发展中的重大问题。市直各部门根据职能对应原则做好相关行业集聚区的指导推进、政策争取和协调服务工作。 苏州市采用政府与企业相结合的管理方式,各级发改部门负责现代服务业集聚区的建设和发展工作,集聚区经营以企业为主,实行企业化运作。
加大财政投入	省级现代服务业发展专项引导资金规模从 2005 年的 1 亿元增加到 2014 年的 18.45 亿元。 南京市服务业发展专项资金优先扶持现代服务业集聚区内重大项目,给予资金补助和贴息等政策措施。在安排每年服务业发展引导资金时,重点对现代服务业集聚区规划编制、公共平台建设等项目给予资金倾斜。 南通市级服务业发展专项资金重点支持市区集聚区发展规划、公共服务平台、重点企业和重点项目。对主管部门批复的集聚区发展规划,在规划开始实施时分别按实际编制合同费用的 40%、30% 由市级服务业引导资金予以一次性补助。对市级现代服务业集聚区内新建的公共服务平台,市级服务业引导资金按其实际投资额的 10%~30% 给予一次性补助;对新引进的大型数据中心等重大平台项目,按照一事一议的办法给予支持。
强化要素支撑	对列入省级重大项目投资计划的服务业项目,允许与制造业项目一样采取"点供"方式,优先解决用地指标。 南京市明确凡是入驻现代服务业集聚区的企业可享受一般工业企业在省级开发区的水、电、气价格;可优先纳入土地利用年度计划,优先办理农用地转(征)用报批手续; 南通市城市总体规划要充分考虑服务业发展空间,各地中心城区"退二进三"腾出的土地用于发展服务业。各地年度用地指标重点向市级现代服务业集聚区倾斜,生产性服务业集聚区按照规划确定的用途和指标确定土地价格。 苏州市现代服务业集聚区区内服务业企业投资项目用地享受市重点投资项目有关土地政策;区内服务业企业的水、气价格按开发区工业企业价格标准执行。
建立激励机制	对离岸服务外包、技术先进型服务业企业、技术转让、股权投资等加大税费优惠支持力度。 南通市对集聚区内新入驻的服务业新兴产业的法人企业,三年内其上缴地方财政的税收,按照 50% 的标准给予奖励。对在市级现代服务业集聚区内纳税的新入选全国服务业企业 500 强、江苏省服务业企业 100 强的服务业独立法人企业(集团),由市级服务业引导资金分别给予 200 万元、100 万元的一次性奖励。对新获认定的省级以上现代服务业集聚区和集聚示范区分别给予 100 万元、200 万元一次性奖励。 苏州市现代服务业集聚区区内服务业企业享受开发区工业企业相关的税费优惠。 南京高新区经认定的软件企业(研究开发机构)税收两免三减半;国家规划布局内的重点软件企业(研究开发机构),如当年未享受免税优惠的,减按 10% 的税率征收企业所得税。

典 型 案 例	
注重人才引培	设立服务业专业人才特别贡献奖；组织服务业人才培训、研修班。 南通市依托"江海英才计划"，制定年度人才开发目录，实施现代服务业人才招引工程，重点引进急需的高层次领军型人才。加强集聚区管理人员及集聚区内重点企业管理人员业务培训。 苏州给予现代服务业类的高职院校引导资金，用于实训基地建设；鼓励现代服务业类的高职院校创办企业，并给予土地、税收等优惠政策，促进高校提高人才培养质量。

资料来源：依据江苏省、市、集聚区文件整理。

（四）平台支撑强功能

公共服务平台是现代服务业集聚区建设必不可缺的基础条件。围绕集聚建设的资金流、信息流、人才流以及公共设施等需求，各集聚区都加强了基础设施、信息服务、资本智本等方面软硬件载体建设，初步形成了技术资源平台（包括研发设计、企业孵化、公共技术、专业技术服务平台）、人才资源平台（包括人才服务、教育培训平台），创业融资平台（包括创业创新服务平台、产业基金、科技贷款平台），管理服务平台（包含信息服务、展示交易、中介服务、合作交流、基础设施、行政管理服务平台）等四类典型的公共服务平台，为集聚区的健康快速发展提供了有力支撑。通过一批公共服务平台的建设，大大强化了集聚区的集聚功能，促进了集聚区的快速发展。

表 8　南通市"十二五"期间集聚区公共服务平台发展目标表

个　数 类　别	2010 年底已建	2011—2015 年新建
科技研发平台	4	4
信息服务平台	7	22
金融服务平台	2	1
专业技术服务平台	4	15
展示交易平台	1	3
中介服务平台	8	14
合　计	26	59

资料来源：南通市现代服务业集聚区"十二五"发展规划。

（五）动态考核增动力

按照统分结合、各负其责的原则，建立完善江苏省服务业发展领导小组、省各有关部门、各级地方政府齐抓共促服务业发展的工作机制。省服务业发展领导小组负责制定促进服务业发展的重大战略、规划计划和政策措施，并对各地、各部门工作进行督促检查和评价考核。考核评价可以全面了解集聚区入住企业、投资、税收以及水价、电价等方面情况，是推动集聚区建设的重要手段。依据《江苏省省级现代服务业集聚区发展情况评价考核暂行办法》，对总得分排名在前 10 位的集聚区，由省级服务业发展专项引导资金给予一次性奖励，对分类排名在前 3—5 位的集聚区，给予适当奖励；对排名在末 10 位的集聚区予以警告，对低于一定分值或连续两年警告的集聚区，直接摘牌。

（六）改革创新育市场

积极开展服务业综合改革试点,支持南京国家级试点单位和无锡滨湖区、张家港市等六个省级试点单位在服务业组织、产业发展、行政管理和要素保障等方面探索新机制和新模式。深入推进"营改增"改革试点,对包括交通运输业、铁路运输业、邮政业、电信业及部分现代服务业等11个行业陆续开展"营改增"试点。据测算,通过"营改增"试点,全省服务业比重提高了0.3个百分点。

进一步简政放权,加快行政审批制度和投资体制改革。放宽市场准入,所有鼓励类和允许类服务业项目均改为备案制,引导民间资本和其他社会资本投向现代服务业领域。从2014年开始,在淮安、泰州、宿迁开展工商登记制度改革试点,2014年出台《关于推进注册资本登记制度改革的实施意见》和《工商登记前置改后置审批事项目录》,全面推进工商注册制度便利化,减少了政府对市场的干预,营造了良好的创业环境,市场主体在改革中增量,激发了服务业发展动力和活力。

三、江苏省现代服务业集聚区竞争力的实证研究

（一）模型构建与变量选取

本书以2015年江苏省122个省级现代服务业集聚区为研究对象,实证研究现代服务业集聚区服务功能对其竞争力的影响。结合前述现代服务业集聚区服务功能影响竞争力的内在机理研究以及江苏省现代服务业集聚区建设的实际情况,建立以下实证模型:

$$Com_i = \alpha_0 + \alpha_1 Park\_service_i + \alpha_2 Government\_service_i + \beta_3 Lobar_i + \beta_4 Investment_i + \varepsilon_i$$

其中,β 为回归系数,ε 为误差项,i 代表现代服务业集聚区。因变量 Com_i 为现代服务业集聚区竞争力,分别采用现代服务业集聚区税收收入(Tax)和营业收入(Revenue)度量。自变量为现代服务业集聚区服务功能,服务功能在大类上可以从园区服务（Park_service）和政府服务（Government_service）两个方面评价。园区服务包括集聚区的规划编制、信息资料报送、管理机构设置以及公共服务平台建设情况四个指标;政府服务包含政府政策支持招商引资和政府干预能力三个指标。为了反映上述内容,分别构建园区服务指数和政府服务指数。考虑到劳动力投入和资本投入对集聚区竞争力的影响,用现代服务业集聚区就业人数(Labor)和年度投资(Investment)为控制变量。

（二）实证结果分析

表9以税收收入衡量集聚区竞争力,模型（1）表明江苏现代服务业集聚区的园区服务功能(Park_service)会对集聚区税收收入产生正向影响,且在5％的水平上显著。模型（2）结果也支持了现代服务业集聚区的政府服务功能(Government_service)与竞争力之间的显著正相关关系。在模型（3）中当园区服务和政府服务同时进入回归方程时,园区服务和政府服务均在10％的水平上显著。实证结果说明,集聚园区服务功能的完善有利于提高园区的税收收入水平。此外,集聚区就业人数和年度投资额也会对园区税收产生积极影响。

表9　江苏现代服务业集聚区服务功能与竞争力关系:税收收入

因变量:税收收入			
自变量	模型(1)	模型(2)	模型(3)
C	0.2330 (0.6333)	0.4148 (0.6347)	0.3665 (0.6298)
LABOR	0.0002*** (0.0000)	0.0002*** (0.0000)	0.0002*** (0.0000)
INVESTMENT	0.07585*** (0.0229)	0.0921*** (0.0222)	0.08161*** (0.0229)
PARK_SERVICE	1.1658** (0.5812)		0.9757* (0.5833)
GOVERNMENT_SERVICE		1.5000** (0.6926)	1.2954* (0.6972)
N	104	104	104
Adjusted R-Squared	0.4093	0.413028	0.4234
F-Statistic	24.7857	25.15895	19.9081

注:***,**,*分别代表1%,5%和10%的显著性水平。

表10以营业收入的对数衡量集聚区竞争力,模型(1)表明江苏现代服务业集聚区的园区服务功能(Park_service)与集聚区营业收入正相关,且在5%的水平上显著。模型(2)结果表明,江苏现代服务业集聚区的政府服务功能(Government_service)的系数为正,但是与营业收入不相关。在模型(3)中当园区服务和政府服务同时进入回归方程时,模型(1)和(2)中的服务功能的显著性没有发生变化。实证结果说明,现代服务业集聚园的园区服务功能因其作用的直接性和较强的针对性,更有利于提高园区的营业收入水平。相对而言,政府对集聚区提供的服务功能,可能因其作用的间接性,对现代服务业集聚区竞争力影响有待进一步强化。此外,集聚区就业人数和年度投资额的回归系数与表9一致,会对园区竞争力产生积极影响。

表10　江苏现代服务业集聚区服务功能与竞争力关系:营业收入

因变量:营业收入			
自变量	模型(1)	模型(2)	模型(3)
C	2.9818*** (0.1678)	2.9815*** (0.1729)	3.0006*** (0.1689)
LABOR	0.0000*** (0.0000)	0.0000*** (0.0000)	0.0000*** (0.0000)
INVESTMENT	0.0140** (0.0229)	0.0106* (0.0060)	0.0148** (0.0061)
PARK_SERVICE	0.3584** (0.1540)		0.3852** (0.1564)
GOVERNMENT_SERVICE		0.1016 (0.1887)	0.1824 (0.1870)

因变量：营业收入			
N	104	104	104
Adjusted R-Squared	0.3322	0.2981	0.3319
F-Statistic	18.0813	15.5796	13.7921

注：＊＊＊，＊＊，＊分别代表1%，5%和10%的显著性水平。

四、江苏省现代服务业集聚区服务功能优化方案与实施策略

运用上述理论分析和实证研究结论，结合江苏现代服务业集聚区的当前实际和未来服务业发展趋势，鼓励服务业集聚区结合自身情况突出改革重点和特色，从宏观层面和微观层面，区域层面和行业层面协调推进，完善集聚区服务功能，实现以集聚区服务功能优化促进服务业竞争力提升的目标。具体而言，江苏现代服务业集聚区应在以下五个方面展开完善服务功能的试验示范。

（一）推进服务业综合改革试点的试验示范

1. 深化服务业综合改革试点

在坚持发展与改革并重，以改革促发展的工作思路指引下，以继续推进服务业综合改革试点为主线和抓手，积极探索服务业体制突破和机制完善，创新服务业发展模式，力求在服务业重点领域和关键环节取得重大改革突破。加快推进南京国家服务业综合改革试点和深入实施张家港市、无锡市滨湖区、徐州市云龙区、常熟高新技术开发区、宿迁市湖滨新城和淮安现代商务集聚区六家省级服务业综合改革试点，及时沟通情况和宣传推广典型经验，探索服务业加快发展的新途径，制定出台一批可以广泛推广的促进服务业发展的具体政策。

2. 创新服务业体制机制

通过改革进一步释放创新需求。扎实推进"营改增"试点相关工作，密切跟踪试点对江苏省服务业企业的影响，及时研究解决相关问题。做好"营改增"试点企业的窗口指导，形成完整的增值税链条，切实减轻服务业企业重复征税情况，降低企业的财税负担。全技术创新的市场导向机制，充分发挥市场对需求引导、要素价格、技术研发、创新要素配置、科技成果转化、人才激励的导向作用，让市场真正成为配置创新资源的决定力量。同时发挥好政府的"推手"作用，更多地把精力放在完善创新激励政策、营造良好竞争环境上来，制定和完善以创新为内核的产业、科技、知识产权、贸易、财税、金融等政策。

3. 加大重点项目储备

全方位强化并不断完善"十百千"重大项目推进机制，建立完善"十百千"重大项目目标责任和信息管理体系。完善项目生成、推进和保障机制，按照"筹划一批、储备一批、建设一批"的滚动发展原则，建立"十百千"重大项目储备库，重点建设一批带动作用强、融合能力突出、辐射效应明显的服务业重大项目和转型升级项目。创新项目储备方式，抓好重大项目的论证、筛选、入库、调整等工作，提升项目储备层次。探索开展集聚区整体招商，积极推进产业链招商等多种形式的招商活动。

注重产业配套项目招商,着力引进战略投资者、积极引进世界 500 强和国内外知名企业。通过行动计划的全面实施,促进服务业产业结构,集聚区载体层次、企业创新能力、城市服务功能和居民消费水平的"五个提升"。

4. 完善服务业制度支撑

一是要加快服务业标准体系建设,支持行业协会、服务业龙头企业参与标准制定工作,提高物流、电信、邮政、快递、运输、旅游、体育、商贸、餐饮、社区服务等领域的标准化水平,通过标准化促进服务业规范、有序发展;二是要加快推进信用体系建设,完善信用体系法律法规,增强信用信息共享机制,规范信用服务机构发展,实施有效的信用奖惩机制,切实提高信用体系发展水平,降低服务业企业交易成本,提高发展质量;三是要将提高知识产权保护水平放在突出位置。积极推进集聚区企业自主创新能力的提升,构建知识产权专业服务平台以及加大专利权保护力度,拓宽园区企业知识产权质押融资渠道。

第二章 江苏现代服务业发展指数分析

一、研究背景

现代服务业发展指数是对服务业发展进行现实统计和客观评价的重要保障。服务业的发展客观上要求建立起一套能够与服务业发展要求相适应的完整的服务业统计评价指标体系,现行的服务业统计制度和指标体系远未达到这个要求。结合江苏现代服务业发展实际,构建符合江苏现代服务业发展方向的发展评价指标体系具有重要的理论和现实意义。本报告基于现代服务业发展理论,结合服务业发展特征,在现有统计指标体系和现代服务业发展数据的基础上,构建现代服务业发展评价指数指标体系,并据此对江苏各地区现代服务业发展指数进行测算。

科学的服务业发展指数指标体系能够从发展的规模、结构、质量和效益等不同角度揭示服务业发展的重要特征,使决策者能够准确把握区域服务业的发展状况,有针对性地发挥政府的引导作用。国内外服务业发展评价指标体系相关的研究主要分为三类。第一类是基于公司层面微观数据的评价指标体系,主要是针对服务业经营和管理进行指标设定及测算,代表性的主要有美国 ISM非制造业指数、中国财新服务业 PMI(原汇丰银行服务业 PMI)、中证服务业指数等,这些评价指数采集服务业企业运营数据进行服务业发展的评价测算,可以直观地反映服务业微观层面的发展情况,但是数据采集具有相当的难度,且不具备普遍适应性,对中宏观层面的政策指导意义不大;第二类是学术界研究者基于理论和统计数据设计指标体系进行的相关测算,代表性的有李江帆(1994)提出的服务业发展评价体系、中国人民大学竞争力与评价中心(2012)的服务业发展竞争力评价指标等,这些研究主要采用宏观统计数据进行服务业发展的测算,更多地注重服务业发展截面状态的评价,覆盖面和动态发展等方面的局限较为突出;第三类是政府服务业管理部门建立的指标体系,代表性的有 2002 年河北省邯郸市立项的服务业发展统计监测评价体系、2007 年山东省在考核各个地区服务业发展水平的内部文件中提出的服务业发展评价指标体系、2013 年浙江省发展改革委课题组设定的区域服务业发展评价体系等,这些评价指标体系更多地考虑政府进行服务业管理的需要,一般具有较强的指标考核倾向,往往较为简化。

上述服务业发展评价指标体系的存在为我们结合江苏现代服务业发展实际进行指数指标设计测算提供了良好的参考,本文在选择指标时不仅考虑了现代服务业发展的规模,而且考虑了服务业的发展质量和未来的发展潜力,不仅将现代服务业的静态发展状态纳入指标体系,而且将动态的环境发展指标也计算在内。在各项指标的权重设置方面,本报告并没有采取传统的单一赋值方法比如主成分分析法、层次分析法等,而是通过更加科学的计量方法为每个指标赋予权重,更加客观地反映现代服务业的发展水平。本报告采用权威部门发布的统计数据,制定现代服务业发展指数指标体系,对江苏省 13 个地市现代服务业发展情况进行测评。

二、发展指数指标体系设定

建立一套科学、实用的服务业评价体系的关键和目标是,要在充分考虑到现有的经济发展基础上,突出资源、产业和区位特征,促进现代服务业和现代制造业的有机融合,从而提升全社会的产出效率。为了客观、全面、科学地衡量不同行业和地区现代服务业发展状况,在设置发展评价指标体系时,在符合统计学的基本规范的基础上,为了保证监测评价指标体系能较为全面、准确地反映江苏服务业发展的现代化进程和水平,指标体系设计主要遵循以下基本原则:

——**科学性原则**。指标体系一定要建立在公认的科学理论和对现代服务业充分认识基础上,要能真实反映各子系统和指标间的相互联系,指标概念必须明确,并且有一定的科学内涵,能够科学、客观、真实地度量和反映现代服务业系统结构和功能的现状以及发展的趋势、发展潜力和目标的实现程度。

——**整体性原则**。指标体系是一个有机的整体,设置指标时,应能综合反映影响现代服务业可持续发展的各种主要因素。既要有反映人口、资源、环境、经济等各子系统发展的指标,又要有表征以上各子系统相互协调的指标。

——**可操作性原则**。指标的设立要注意实用性和操作性,指标内容要简单明了,要考虑指标量化和数据取得的难易程度等问题,指标要有明确的含义,要尽量选择那些有代表性的综合指标和主要指标。指标的设置要尽可能利用现有统计资料,数据易于获得,并具有可测性和可比性。

——**层次性原则**。现代服务业发展系统是一个多要素、多层次的复杂系统,应根据这一特性分出层次,选择一些概括性指标,越往下指标应越具体、细化。这样可以使指标体系结构明晰,便于使用。

——**简明性原则**。指标体系应简单、明了,要避免相同或相近的变量重复出现。否则,不仅会给指标体系的收集、整理带来困难,而且亦将给指标体系的评判带来不便。

——**动态性原则**。现代服务业的发展过程是一个动态过程,其发展的评价与衡量只有通过动态指标来描述,才能够对系统的可持续发展做出长期的动态评价。因此,应尽可能选择能够量化又能描述系统运行的动态变化值的指标。

——**协调性原则**。协调是两种或两种以上系统或系统要素之间一种良性的相互关联,是系统之间或系统内要素之间配合得当、和谐一致、良性循环的关系。繁荣的经济与优美的环境,即是协调的集中体现。

依据上述原则和设计思路,本报告对江苏现代服务业的发展进行指标体系设计。重点设计一套能够客观分析江苏现代服务业的发展评价指数指标体系,可以进行双维度、立体化测算比较,双维度是指时间维度和空间维度,既能够观察不同时期现代服务业发展的轨迹,又能够比较相同时期不同空间维度现代服务业发展的差异。

我们从现代服务业的发展基础、发展潜力、和发展环境等三个方面构建既符合现代服务业的基本内涵,又体现发展实际的现代服务业发展评价指标体系。现代服务业发展评价指数指标体系分为三级,一级指标 3 项(即三大模块),二级指标 7 项、三级指标 23 项(构建层次见表 1)。

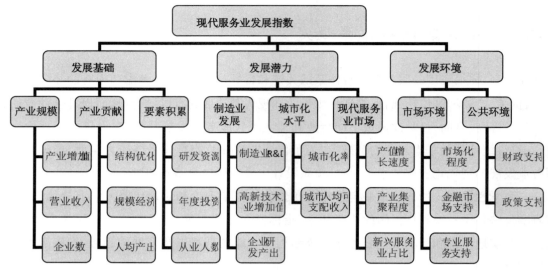

图1 现代服务业指数指标体系框架

表1 现代服务业发展评价指数指标构成

一级指标	二级指标	三级指标	数据采集依据
发展基础	产业规模	产业增加值	现代服务业增加值
		营业收入	现代服务业营业总收入
		企业数	现代服务业活动企业数
	产业贡献	结构优化	现代服务业增加值占 GDP 比重
		规模经济	现代服务业增加值/企业数
		人均产出	现代服务业增加值/从业人数
	要素积累	从业人数	现代服务业从业人数
		研发资源	现代服务业研发技术人员数
		年度投资	产业固定资产投资
发展潜力	制造业发展潜力	制造业 R&D 投入	规上工业企业 R&D 经费支出
		高新技术产业增加值	高新技术产业增加值
		企业研发产出	规上工业企业拥有专利数
	城市化水平	城市化率	城镇人口/总人口
		城市人口密度	城市人口/城市建成面积
		城市人均可支配收入	城市人均可支配收入
	现代服务业市场潜力	产值增长速度	现代服务业增加值增长率
		产业集聚程度	现代服务业区位商
		新兴服务业占比	新兴服务业增加值/现代服务业增加值
发展环境	市场环境	民营企业占比	民营企业数/企业总数
		服务业贷款力度	服务业贷款/银行总贷款额
		专业服务	会计、律师、金融机构总数
	公共环境	专项财政支持	现代服务业财政支出
		政策支持	政府现代服务业研发经费投入

（一）发展基础模块

反映江苏省现代服务业发展基础的综合情况，可细分为产业规模、产业贡献和要素积累三大子模块。

产业规模主要以总量指标为主，说明现代服务业发展总的成就及其主要行业的发展规模，主要表现服务业已有的经营主体、从业人员、增加值等的成果。因此所选取的三级指标分别为产业增加值，用以反映现代服务业在整体经济中发展的规模；营业收入，从微观企业营业总额观察江苏现代服务业的产出规模，以更全面和科学地衡量现代服务业的发展规模，数据为考察样本营业总额；年末企业数，表现江苏现代服务业微观主体数量规模，从而反映江苏引入和新增产业主体的进程，数据选取考察样本现代服务业活动单位数。

产业贡献用以表示现代服务业发展对国民经济结构、质量等各方面的改善效应，因此我们选取结构优化指标、规模经济指标和人均产出作为三级指标，反映江苏现代服务业主体发展的层次和质量及其对国民经济的贡献。结构优化指标选择现代服务业增加值占 GDP 比重，表明现代服务业对整体经济的贡献；规模经济指标则选取单位企业增加值，反映现代服务业经营主体的带动作用；人均产出主要反映现代服务业的生产效率，代表现代服务业对就业的带动。

要素积累是体现和测算人才、投资、科技、管理环境等影响现代服务业发展的重要因素，现代服务业的发展具有高度的人才集聚性、资金密集性和技术密集性，只有在人才、科教资源和产业链管理集中的地区，各类服务行业才有更好发展的基础。因此所选取的三级指标分别为从业人才资源，主要观察江苏现代服务业劳动要素积累的状况，数据采集依据为年末现代服务业就业人数，可以显示劳动要素总量储备的现状；研发资源，主要显示与现代服务业科技研发投入和未来技术储备的发展进程，本文采取的是年度数据采集测算方法，选择研发技术人员数量，主要表现现代服务业研发资源积累的现状，该项指标既可以反映专项高级知识要素发展的成果，也可以对要素积累进行质量的统计补充；年度投资指标，主要反映现代服务业资本要素积累的发展状况。高资本密集度是现代服务业无论是近期发展还是未来走向的重要特征，因此投资的完成额度和增长速度直接影响现代服务业的发展，数据采集考察样本固定资产投资。

（二）发展潜力模块

反映现代服务业发展综合潜力，可细分为制造业发展潜力、城市化水平与现代服务业市场潜力三大子模块。

制造业发展潜力主要以衡量制造业未来的发展趋势和程度，说明现代服务业发展依赖的产业基础和潜力背景，主要表现服务业发展所依赖的未来前景，在现代经济体系中制造业潜在的水平直接影响服务业转化、产业自身发展潜力等各方面。因此所选取的三级指标分别为制造业 R&D 投入，用以反映制造业对科研和创新投入的重视程度，数据选取规模以上工业企业 R&D 总支出经费；高新技术产品增加值，表示科技研发的成果和市场潜力，代表科技研发产业增加值的含金量和发展层次，数据选取高新技术产业增加值；企业研发产出，主要显示现代服务业微观主体在科研创新方面的发展及其潜力，虽然衡量科研创新能力的指标有很多，但是考虑到数据可得性和权威性，本文选取的仍然是统计数据相对比较明确的专利数据，取规模以上工业企业拥有专利数。

城市化水平反映现代服务业发展所在城市环境对产业发展的能力支撑,是衡量和测算现代服务业发展潜力的重要方面,主要表现现代服务业赖以生存和发展的城市化环境和能力。因此选择的三级指标分别为城市化率指标,衡量城市化发展程度,选取城市人口比重,即用城镇人口/总人口;城市人口密度,反映市场消费者集聚程度和消费者群体的规模,未来消费是拉动和影响现代服务业发展的重要因素,因此该项指标可以作为市场潜力发展衡量的重要指标,数据则选择城市人口与城市建成面积的比值,即单位城市建成面积的人口密度;城市人均可支配收入,反映城市需求者的支出和消费能力,收入水平的高低对现代服务业未来发展具有重要的决定意义。

现代服务业市场潜力衡量市场增长、产业集聚度和新兴服务业等各方面影响现代服务业市场发展的因素指标,用以测算现代服务业发展潜力在市场方面的潜力表现。选择的三级指标分别为产值增长速度,反映市场容量扩张和增长的效率,主要体现在产业增加值方面,在数据处理上,我们选择现代服务业增加值增长率这一既能反映静态增长又能表示动态趋势的指标;产业集聚程度指标,产业集聚是现代经济发展过程中最常见的现象之一,既可以表现考察对象产业发展达到的程度,也可以反映考察对象相关配套企业和产业链的完整程度,对市场发展的影响巨大。能够衡量产业集聚度的指标同样有很多,包括区位基尼系数、区位商等都可以表示产业集聚程度,本书选择区位商表示;新兴服务业占比,反映现代服务业新兴业态的市场容量扩张和增长的效率,数据取新兴服务业产业增加值与现代服务业增加值的比值,在数据采集范围上,新兴服务业主要选取了金融服务业、计算机软件和信息服务业、现代物流业、科技服务业和体育娱乐业等行业。

(三)发展环境模块

反映现代服务业发展环境的综合情况,可细分为市场环境、公共环境两个方面。

市场环境主要以微观企业发展的市场环境指标为主,说明现代服务业发展的市场竞争环境、市场结构环境及市场规模等,主要表现现阶段服务业市场经济的完善程度,微观企业在现代经济体系内的结构地位等。因此所选取的三级指标分别为民营企业占比指标,反映市场中企业主体的结构组成。由于中国经济发展的特殊国情,企业的性质往往对市场环境的发展产生重要的影响,国有企业、民营企业、外资企业等在市场中具有截然不同的地位和影响力,改革开放以后,随着我国市场经济改革的推进,民营企业的数量比例逐渐上升,已经成为代替市场经济发展程度的一项重要指标。因此,本书以民营企业的比例反映市场环境,数据则选择民营企业数与总企业数量的比值;服务业贷款力度指标,作为代表现代服务业金融市场环境发展环境的指标衡量,现代服务业未来的发展在表现为越来越多地技术依赖的同时,也正在朝着高资本密集度的趋势转变,因此金融环境的发展完善程度尤其是对现代服务业的配套支持也是衡量现代服务业发展环境的重要指标,因此本文的数据处理则选择服务业贷款占银行总贷款额的比值,取静态与动态相结合的相对量指标作为发展指标;专业服务中介机构数量指标,反映专业市场发展程度,也用以衡量以现代服务业为主要表现形式的专业化进程,我们在前面分析现代服务业发展的内涵时,指出了服务业发展的隐秘性和转化性,而越来越明显的服务业消费趋势则体现为这两项性质的印证和互换,因此现代服务业的专业化机构的独立和业务发展则是衡量现代服务业发展市场环境的重要指标,因此本文选择采用专业服务中介的数量表示市场发展环境的指标之一。数据则选取专业金融机构、律师事务所、会计师事务所的数量。

公共环境指标主要以政策发展环境为主要衡量。公共政策的制定和实施无疑是现代服务业发展重要的外在环境,反映政府引导和支持对现代服务业的影响。该项指标虽然重要,但是在作为指数体系组成测算可能会存在两方面的问题。一是数量统计的单一性问题,政府制定的规划文件、政策规章不会存在明显的数量规律,各年度颁布文件数量的不同也不能反映该时段重视的程度,因为政策不同于经济增长,具有偶然性、常态性和持久性等特点,比如一个政策颁布实施,其期限可能是五年、十年甚至是更长,那么未来几年就不会有该数据的统计;而是政策效果的模糊性问题,政策数量的多少并不能代表其产生的效果,而且政策效果的体现也具有相当长的时间延迟性。尽管如此,我们还是将公共环境指标纳入现代服务业发展指标体系内,为了保证数据的可获得性及可更新性,处理方法主要采取了数量与质量相结合综合评判。三级指标则由专项财政支持、政策支持组成。专项财政支持表示政府对现代服务业的专项资金投入,能够反映政策支持的直接效果,数据则选取年度现代服务业财政支出;政策支持方面则采用县市级以上政府用于现代服务业的科技研发经费投入的数据进行综合测算。

与其他同类指标体系相比,我们在构建江苏现代服务业发展指标体系时,突出了以下几个方面:

第一,内容的完备性。我们选取租赁和商务服务业(商务服务业)、交通运输、仓储和邮政业(现代物流)、科学研究、技术服务和地质勘查业(科技服务)、文化、体育和娱乐业(创意产业)、信息传输、计算机服务和软件业(软件和信息服务)、住宿餐饮业、居民服务和其他服务业(综合服务)、批发和零售业(交易市场)、金融业、房地产业、教育等现代服务行业的23个指标,充分涵盖了以上内容,并且从总体发展水平、基础设施投入、现代化程度、服务能力等多角度对上述领域的发展动态进行监测,内容相对完整。

第二,体现现代服务业的核心特征。现代服务业的核心是生产性服务,其基本特征是信息化、金融化、知识化,它是由那些科技含量高、劳动效率高的服务行为构成的产业集合。本研究正是围绕这一主题,展开指标的设计与选取。

第三,可操作性、可比性强。对一个指标评价体系来说,如果设定的指标无法取得相应的数据,难以实际操作,那么再好的指标体系也仅是理论上的价值,难以满足政府和各部门制定发展规划的需求,也就失去了指导实际工作的意义。我们选取的指标基本来自两个部分:各地区出版的《统计年鉴》、具有官方统一的统计口径和对比标准的数据库平台。因此,我们构建的指标体系,既能够对现阶段的服务业发展进行纵向监测,又能在不同区域之间进行横向水平对比,具有较强的可操作性和可比性。

三、指标处理与测算方法

(一)发展指数模型

现代服务业发展状况如何是一个模糊概念,在量上没有确定的界限,适合采用模糊语言变量来描述。采用模糊数学模型对其进行定性和定量评估不仅可以得到各地区现代服务业发展所处的等级和综合得分情况,而且也能较真实地反映各地区现代服务业发展水平,达到比较满意的效果。评价模型具体设计如下：

1. 确定评价因素集

由于是多级评价指标，宜采用多级模糊综合评判。第一层为评价准则层 $U=(U_1,U_2,\cdots,U_N)$，称为评价因素，这是综合评价最终所要达到的目标；第二层为评价要素层 $U_i=(U_{i1},U_{i2},\cdots,U_{in})$，称为评价要素，它是对总目标的主要因素进行分解；第三层为指标层 $U_{ik}=(U_{ik1},U_{ik2},\cdots,U_{ikm})$，称为评价指标，它由反映评价目标的各方面的统计指标所构成。

2. 评价等级的确定

针对现代服务业发展的特点，为了能够较好地区分现代服务业发展状况，本文根据发展评价指数指标的数值进行聚类分析进行地区等级的评定，并进行分类归纳和总结。在聚类方法上，选择组间连接法（Between-groups Linkage），即当两类合并为一类后，使所有的两两项之间的平均距离最小。在间距测度变量（Interval Valuables）方面，采用欧式距离（EuclideanDistance）。设有 n 个样本，每个样本有 p 个指标，设 x_{ij} 为第 i 个样本的第 j 个指标，用 d_{ij} 表示样本 i 和样本 j 之间的距离，欧式距离的计算公式为：$d_{ij}=\sqrt{\sum_{k=1}^{p}(x_{ik}-x_{jk})^2}$。同时，运用标准差标准化方法（Z-Scores），把数值标准化到 Z 分布，标准化后变量均值为 0，标准差为 1，标准差标准化的计算公式为：

$$x_{ij}^{*}=\frac{x_{ij}-\bar{x}_{ij}}{s_j}，i=1,2,\cdots,n;j=1,2,\cdots,p。$$

3. 权重确定

现行现代服务业发展评价指标权重的确定不仅会受到主观因素的影响，而且无法剔除指标间的重叠信息，采用层次分析和因子分析法对现代服务业发展进行综合评价恰好能够解决这些问题，从而可以提高其结果的真实性。二级和三级指标权重的确定采用因子分析法。先通过因子分析法提炼总体现状、各行业水平、发展潜力这三层内各自的主因子，并将得到的原始指标对应其每个主因子的载荷向量单位化，即可得到指标体系中三级指标的权重向量；然后，把提取出的主因子作为指标体系的二级指标并将各主因子对其上级指标的贡献度向量单位化，即可得到二级指标权重向量。一级指标的权重采用层次分析法。

每一层次权向量的符号表示为：第一层即 U 层的权重相应的记为 $A=(a_1,a_2,\cdots,a_N)$；第二层相对应的权重为 $A_i=(a_{i1},a_{i2},\cdots,a_{in})$；第三层的权重相应的记为 $A_{ik}=(a_{ik1},a_{ik2},\cdots,a_{ikm})$。其中满足 $0<a_i,a_{ik},a_{ikj}<1$。

且

$$\sum_{i=1}^{N}a_i=\sum_{i=1}^{n}a_{ik}=\sum_{i=1}^{m}a_{ikj}=1$$

4. 确定单因素评判矩阵

单因素评判即对单个因素 U_{ikj} 的评判，得到 V 上的模糊集 $(r_{ikj1},r_{ikj2},\ldots,r_{ikjp})$，它是一个从 U 到 V 的模糊映射。针对以上的第三层指标可以得到相应的评判矩阵如下：

$$R_{ik}=\begin{bmatrix} r_{ik11} & r_{ik12} & \cdots & r_{ik1p} \\ r_{ik21} & r_{ik22} & \cdots & r_{ik2p} \\ \vdots & \vdots & \vdots & \vdots \\ r_{ikm1} & r_{ikm2} & \cdots & r_{ikmp} \end{bmatrix}$$

5. 综合评判

综合评判是一个多级评价过程。初级综合评8价是对每个 $U_{ik}=(U_{ik1},U_{ik2},\cdots,U_{ikm})$ 的 m 个因素根据初始模型作综合评价,得到 U_{ik} 的隶属度向量 $B_{ik}:B_{jk}=A_{ij}$, $R_{ik}=(b_{ik1},b_{ik2},\cdots,b_{ikp})$ 。 考虑到加权平均模型 $M(\cdot,+)$ 的优点,采用此运算得到总目标的隶属度向量。

二级评价是用第二层指标 U_{ik} 的隶属度向量 B_{ik} 对 $U_i=(U_{i1},U_{i2},\cdots,U_{in})$ 的 n 个因素进行二级评价,从而得到第一层指标 U_i 的隶属度向量 $B_i:B_i=A_i$. $R_i=(b_{i1},b_{i2},\cdots,b_{ip})$ 。

三级评价是用上述方法得到因素集 $U=(U_1,U_2,\cdots,U_N)$ 的总目标隶属度向量 $B:B=A\cdot R=$

$$A\cdot\begin{bmatrix}B_1\\B_2\\\vdots\\B_p\end{bmatrix}=(b_1\quad b_2\quad\cdots\quad b_p)$$

6. 计算总得分

为了能对不同地区现代服务业发展进行比较,可以给每个评判等级赋以实数值,从而可得某地区现代服务业发展评估的总得分。

(二)测算方法

现代服务业发展评价指数由 23 个三级分项指数构成,每个三级分项指数的得分表示该项目在该领域发展程度的相对位置。

1. 基期年份指标计算方法

首先设定单项指标在基期年份的得分,单项指标在基期年份的分值最小值和最大值分别为 0 和 100。在基期年份,最小值 0 代表该地区在该项指标上发展最差,最大值 100 代表该地区在该项指标上发展最好。每项指标得分的计算方法如下:

$$第\ i\ 个指标得分=\frac{x_i-x_{\min}}{x_{\max}-x_{\min}}\times100$$

其中, x_i 为某计算项目(在行业计算中为相对应的行业,服务业集聚区发展评价指数计算中则对应各服务业集聚区)第 i 个指标的指标值, $x_{\min}$ 为各地区基期第 i 个指标的最小指标值, $x_{\max}$ 为最大指标值。然后,将同一类别的二级分项指数加权计算成发展分指数,现代服务业发展的三项项分指数再加权计算得出总指数。由于各项目分指数与总指数都是由每个指标加权计算而得,因此各项指数也在 0 到 100 范围之内。

2. 非基期年份指标计算方法

非基期年份指标可以反映现代服务业发展状况的时间轨迹。对于非基期年份的各项指标的计算,采取如下的计算方法:

$$第\ i\ 个指标\ t\ 年得分=\frac{x_{i(t)}-x_{\min(0)}}{x_{\max(0)}-x_{\min(0)}}\times100$$

非基期年份指标值的最小值可以小于 0,最大值可以大于 100。

四、江苏现代服务业发展指数

自 2011 年起,课题组依托江苏现代服务业研究院,在江苏省发展和改革委员会的支持下,充分研究与总结国内外现代服务业发展评价指标等相关理论与实践成果,结合江苏省内外现代服务业发展现实,构建了现代服务业发展的监测指标体系和指数测算体系,即"江苏现代服务业发展指数",以测度江苏省现代服务业发展状况、监测服务业发展进展。迄今为止,课题组已经完成了连续五年的《江苏现代服务业发展指数报告》(2011—2015),测算了 2010—2014 年江苏省 13 个地市现代服务业发展指数,并且在全国首次测算了 2014 年中国 31 个省市的现代服务业发展指数。本报告重点展示 2014 年江苏现代服务业发展指数和 2014 年中国现代服务业发展指数的相关结果。

(一)数据来源

为了保证现代服务业发展评价指数的客观、真实、准确,充分考虑所需数据的可行性与易得性,在计算发展指标时,本部分的数据主要来源于《江苏统计年鉴》(2015 年)、江苏省 13 地市统计年鉴(2015 年),数据不足部分根据江苏统计局、各地市统计局和江苏现代服务业发展研究院相关数据进行补齐。同时,考虑到数据的时效性和完整程度,本部分汇报的结果是 2014 年江苏省 13 地市现代服务业发展指数,为了便于对比,表格里给出了 2011—2014 年的结果。

(二)指数结果

根据现代服务业发展指数模型,将采集的数据进行一系列处理之后,我们测算了 2014 年江苏省 13 个地市的现代服务业发展指数。

表 2　江苏现代服务业分地市发展指数(2011—2014 年)指标权重

一级指标	二级指标	三级指标	数据采集依据	权重(%)			
				2011 年	2012 年	2013 年	2014 年
发展基础	产业规模	产业增加值	现代服务业增加值	6	6	5	6
		营业收入	现代服务业营业总收入	4	4	5	5
		企业数	现代服务业活动企业数	4	5	5	4
	产业贡献	结构优化	现代服务业增加值占 GDP 比重	4	5	4	5
		规模经济	现代服务业增加值/企业数	5	5	5	4
		人均产出	现代服务业增加值/从业人数	5	5	4	5
	要素积累	从业人数	现代服务业从业人数	4	3	4	3
		研发资源	现代服务业研发技术人员数	5	4	4	5
		年度投资	产业固定资产投资	5	4	5	4

一级指标	二级指标	三级指标	数据采集依据	权重（%）			
				2011 年	2012 年	2013 年	2014 年
发展潜力	制造业发展潜力	制造业 R&D 投入	规上工业企业 R&D 经费支出	5	4	4	5
		高新技术产业增加值	高新技术产业增加值	6	4	5	4
		企业研发产出	规上工业企业拥有专利数	6	5	6	5
	城市化水平	城市化率	城镇人口/总人口	6	5	5	6
		城市人口密度	城市人口/城市建成面积	5	5	5	5
		城市人均可支配收入	城市人均可支配收入	5	4	4	4
	现代服务业市场潜力	产值增长速度	现代服务业增加值增长率	5	4	4	5
		产业集聚程度	现代服务业区位商	5	3	4	4
		新兴服务业占比	新兴服务业增加值/现代服务业增加值	3	6	5	5
发展环境	市场环境	民营企业占比	民营企业数/企业总数	3	3	3	3
		服务业贷款力度	服务业贷款/银行总贷款额	3	6	5	5
		专业服务	会计、律师、金融机构总数	2	5	4	4
	公共环境	专项财政支持	现代服务业财政支出	2	3	2	2
		政策支持	政府现代服务业研发经费投入	2	2	3	2

1. 现代服务业发展综合指数

2014 年,江苏省现代服务业发展综合指数为 71.92,与 2013 年相比上升 2.52,各地市现代服务业发展指数标准差为 12.92,较 2013 年的 11.51 有所上升,各地市现代服务业发展差距稍有扩大。

从省内地市排名来看,2014 年江苏现代服务业综合发展指数前三强的分别是苏州、南京、无锡,第 4—10 位分别为南通、徐州、常州、盐城、扬州、泰州和淮安。

表 3　2011—2014 年度江苏省 13 地市现代服务业发展综合指数及排名

排名	2011 年		2012 年		2013 年		2014 年	
	地　区	综合指数	地　区	综合指数	地　区	综合指数	地　区	综合指数
—	江苏省	61.87	江苏省	65.35	江苏省	69.40	江苏省	71.92
1	苏　州	85.45	苏　州	88.78	苏　州	90.07	苏　州	91.43
2	南　京	80.04	南　京	83.44	南　京	86.79	南　京	90.01
3	无　锡	78.05	南　通	74.13	无　锡	80.28	无　锡	82.69
4	南　通	67.70	无　锡	73.44	南　通	75.75	南　通	79.59
5	常　州	65.15	徐　州	69.72	徐　州	72.87	徐　州	75.58
6	徐　州	63.29	常　州	68.11	常　州	69.14	常　州	73.75
7	泰　州	60.65	盐　城	63.77	盐　城	68.43	盐　城	64.85
8	扬　州	59.24	泰　州	61.07	扬　州	64.53	扬　州	60.20

续　表

排名	2011年		2012年		2013年		2014年	
	地　区	综合指数	地　区	综合指数	地　区	综合指数	地　区	综合指数
9	镇　江	57.80	扬　州	57.37	泰　州	58.55	泰　州	59.52
10	盐　城	56.87	镇　江	56.41	镇　江	58.12	淮　安	58.47
11	连云港	55.87	淮　安	56.07	淮　安	56.14	镇　江	56.88
12	淮　安	54.73	连云港	52.93	连云港	55.70	连云港	55.13
13	宿　迁	50.74	宿　迁	50.68	宿　迁	55.49	宿　迁	54.19

2. 现代服务业发展基础指数

2014年,江苏省现代服务业发展基础指数为70.64,较2013年显著提升。各地市现代服务业发展基础指数平均增幅达到12.7%,各地市现代服务业发展势头良好。

从省内地市排名来看,2014年江苏现代服务业发展基础指数排名榜首的是苏州,南京和无锡紧随其后排名第二和第三。南通、常州、徐州、扬州、盐城、镇江、泰州分列第4—10位。

表4　2011—2014年江苏省13地市现代服务业发展基础指数及排名

排名	2011年		2012年		2013年		2014年	
	地　区	基础指数	地　区	基础指数	地　区	基础指数	地　区	基础指数
—	江苏省	60.04	江苏省	64.88	江苏省	66.62	江苏省	70.64
1	苏　州	89.58	苏　州	91.64	苏　州	92.87	苏　州	94.88
2	无　锡	84.14	南　京	89.40	南　京	90.96	南　京	92.93
3	南　京	79.86	无　锡	84.30	无　锡	86.45	无　锡	88.19
4	南　通	66.67	南　通	67.41	南　通	70.22	南　通	77.65
5	常　州	62.41	常　州	64.83	常　州	68.75	常　州	76.15
6	扬　州	60.07	徐　州	64.32	徐　州	67.27	徐　州	72.60
7	镇　江	59.11	盐　城	61.37	盐　城	63.66	扬　州	64.82
8	连云港	58.33	扬　州	58.81	扬　州	60.29	盐　城	61.38
9	泰　州	56.35	镇　江	57.65	镇　江	57.71	镇　江	58.74
10	徐　州	55.68	泰　州	57.39	泰　州	57.47	泰　州	58.50
11	盐　城	54.07	淮　安	55.75	淮　安	56.53	淮　安	57.54
12	淮　安	54.07	连云港	52.43	连云港	53.69	连云港	54.64
13	宿　迁	50.07	宿　迁	50.18	宿　迁	52.48	宿　迁	53.40

3. 现代服务业发展潜力指数

2014年,江苏省现代服务业发展潜力指数为70.93,各地市现代服务业发展潜力指数间的差距相对较小且得分均较高,各地市现代服务业普遍具有较大的发展潜力。

从省内地市排名来看,2014年江苏现代服务业发展潜力指数位列三甲的分别是南京、苏州和南通,第4到第10位分别是徐州、无锡、常州、盐城、淮安、连云港和泰州。

表5 2011—2014年江苏省13地市现代服务业发展潜力指数及排名

排名	2011 年		2012 年		2013 年		2014 年	
	地 区	潜力指数	地 区	潜力指数	地 区	潜力指数	地 区	潜力指数
—	江苏省	66.35	江苏省	68.13	江苏省	70.62	江苏省	70.93
1	苏 州	83.96	苏 州	83.90	南 京	90.24	南 京	89.09
2	南 京	78.35	南 京	79.22	南 通	83.39	苏 州	87.26
3	无 锡	77.44	南 通	77.38	苏 州	76.90	南 通	82.81
4	常 州	72.61	常 州	72.31	徐 州	73.64	徐 州	72.91
5	南 通	71.78	扬 州	69.99	盐 城	71.17	无 锡	71.50
6	徐 州	69.64	无 锡	67.78	无 锡	69.18	常 州	68.17
7	扬 州	65.09	徐 州	66.25	常 州	67.96	盐 城	60.86
8	镇 江	62.09	盐 城	65.84	连云港	67.12	淮 安	57.63
9	泰 州	61.22	泰 州	64.72	淮 安	75.05	连云港	55.15
10	盐 城	58.09	连云港	62.47	宿 迁	62.83	泰 州	54.93
11	连云港	56.87	镇 江	60.86	泰 州	60.96	宿 迁	54.03
12	淮 安	54.26	淮 安	56.82	镇 江	57.13	扬 州	51.31
13	宿 迁	52.09	宿 迁	56.39	扬 州	56.22	镇 江	50.14

4. 现代服务业发展环境指数

2014 年,江苏省现代服务业发展环境指数为 76.19,比 2013 年提高 0.97,各地市现代服务业发展环境指数得分大多在 70 分以上,反映出江苏各地市现代服务业发展环境有着明显改善。

从省内地市排名来看,2014 年江苏现代服务业发展环境指数得分最高的是南京,徐州和南通紧随其后排名第二和第三。苏州、无锡、盐城、淮安、宿迁、连云港和常州分列第 4—10 位。

表6 2011—2014年江苏省13地市现代服务业发展环境指数及排名

排名	2011 年		2012 年		2013 年		2014 年	
	地 区	环境指数	地 区	环境指数	地 区	环境指数	地 区	环境指数
—	江苏省	62.05	江苏省	63.77	江苏省	75.26	江苏省	76.19
1	南 京	82.19	南 通	87.97	南 京	87.63	南 京	89.93
2	苏 州	76.41	徐 州	86.95	徐 州	86.34	徐 州	85.82
3	徐 州	76.32	苏 州	86.36	南 通	82.17	南 通	81.33
4	泰 州	71.02	南 京	72.49	苏 州	81.21	苏 州	80.35
5	南 通	66.23	常 州	72.24	盐 城	77.82	无 锡	79.87
6	常 州	64.66	盐 城	67.82	无 锡	75.67	盐 城	77.66
7	无 锡	63.14	泰 州	66.80	淮 安	74.37	淮 安	76.33

续　表

排名	2011 年		2012 年		2013 年		2014 年	
	地　区	环境指数	地　区	环境指数	地　区	环境指数	地　区	环境指数
8	淮　安	62.05	连云港	58.94	常　州	71.29	宿　迁	73.24
9	连云港	53.17	淮　安	57.70	宿　迁	67.78	常　州	69.56
10	盐　城	53.04	无　锡	51.47	泰　州	58.89	连云港	60.62
11	扬　州	51.26	宿　迁	46.25	连云港	49.41	泰　州	54.71
12	宿　迁	51.09	扬　州	41.07	镇　江	48.18	扬　州	49.45
13	镇　江	50.18	镇　江	32.98	扬　州	45.48	镇　江	46.68

五、中国现代服务业发展指数

（一）数据来源

在对全国 31 个省市的现代服务业发展状况进行测评的过程中,本报告所使用的数据主要来源于《中国统计年鉴 2015》、各省市 2015 年统计年鉴,数据缺失部分通过中经网统计数据库、国研网统计数据库进行补齐。同时,考虑到数据的时效性和完整程度,本部分测算的是 2014 年全国 31 个地市现代服务业发展指数。

（二）结果分析

根据现代服务业发展指数模型,将采集的数据进行一系列处理之后,我们测算了 2014 年全国 31 个地市的现代服务业发展指数,各项指标动态赋值的权重如表 7 所示。

表 7　中国 31 省市现代服务业发展指数(2014 年)指标权重

一级指标	二级指标	三级指标	数据采集依据	权重(%)
发展基础	产业规模	产业增加值	现代服务业增加值	6
		营业收入	现代服务业营业总收入	5
		企业数	现代服务业活动企业数	5
	产业贡献	结构优化	现代服务业增加值占 GDP 比重	5
		规模经济	现代服务业增加值/企业数	4
		人均产出	现代服务业增加值/从业人数	5
	要素积累	从业人数	现代服务业从业人数	5
		研发资源	现代服务业研发技术人员数	4
		年度投资	产业固定资产投资	5

一级指标	二级指标	三级指标	数据采集依据	权重（%）
发展潜力	制造业发展潜力	制造业 R&D 投入	规上工业企业 R&D 经费支出	4
		高新技术产业增加值	高新技术产业增加值	5
		企业研发产出	规上工业企业拥有专利数	6
	城市化水平	城市化率	城镇人口/总人口	6
		城市人口密度	城市人口/城市建成面积	5
		城市人均可支配收入	城市人均可支配收入	5
	现代服务业市场潜力	产值增长速度	现代服务业增加值增长率	4
		产业集聚程度	现代服务业区位商	4
		新兴服务业占比	新兴服务业增加值/现代服务业增加值	4
发展环境	市场环境	民营企业占比	民营企业数/企业总数	3
		服务业贷款力度	服务业贷款/银行总贷款额	4
		专业服务	会计、律师、金融机构总数	2
	公共环境	专项财政支持	现代服务业财政支出	2
		政策支持	政府现代服务业研发经费投入	2

本报告测算了 2014 年全国 31 个省市的现代服务业发展指数，结果分析如下：

1. 综合指数

2014 年，中国现代服务业发展综合指数为 60.59，各省市现代服务业发展指数标准差为 9.82，地区间现代服务业的发展水平具有一定的差距。

从各省市排名来看，广东名列榜首，江苏和浙江分列第二和第三位，山东、上海、北京、湖南、四川、辽宁和安徽分列第 4—10 位。分区域来看，服务业综合发展指数排名前 10 位中有 7 个省市位于东部沿海地区，有 3 个省市来自中西部地区。

2. 基础指数分析

2014 年，中国现代服务业发展基础指数为 51.26，广东、江苏、山东、浙江、北京和上海是现代服务业发展基础较领先的地区。分区域来看，东部地区有 7 个省份进入前 10 名，中部地区的河南、湖北，西部地区的四川分别位列第 7、第 9 和第 10。

3. 潜力指数分析

就发展潜力而言，广东、江苏、上海分列三强，浙江和山东紧随其后，北京、安徽、湖南、天津和四川分列第 6—10 位。分区域看，东部地区有 7 个省份进入前 10 名，中部地区的安徽、湖南，西部地区的四川分别位列第 7、第 8 和第 10。西部地区的陕西、重庆、贵州、广西和云南现代服务业的发展潜力表现相对较为突出。

4. 发展环境分析

就发展环境而言,省级行政区中前十强分别为浙江、上海、江苏、广东、新疆、山东、北京、重庆、湖南和天津。分区域看,西部地区发展现代服务业的环境改善较为明显,新疆、重庆的排名进入全国前10位。西部地区的西藏、青海、贵州和云南等省份的环境指数排名相对较高,中部地区省份湖南、安徽和山西的现代服务业发展环境指数得分高于全国平均水平。

表8　中国31省市现代服务业发展指数(2014年)

排名	地 区	综合指数	地 区	基础指数	地 区	潜力指数	地 区	环境指数
—	全 国	60.59	全 国	51.26	全 国	55.83	全 国	73.66
1	广 东	84.78	广 东	91.95	广 东	87.76	浙 江	85.80
2	江 苏	81.90	江 苏	88.72	江 苏	80.64	上 海	85.20
3	浙 江	81.47	山 东	81.96	上 海	84.61	江 苏	84.93
4	山 东	79.48	浙 江	77.55	浙 江	79.62	广 东	82.86
5	上 海	78.95	北 京	72.63	山 东	73.41	新 疆	80.96
6	北 京	73.20	上 海	66.72	北 京	72.19	山 东	80.84
7	湖 南	68.77	河 南	63.95	安 徽	69.48	北 京	80.21
8	四 川	65.81	辽 宁	61.26	湖 南	67.38	重 庆	77.76
9	辽 宁	65.48	四 川	59.31	天 津	65.76	湖 南	77.36
10	安 徽	65.32	湖 北	58.82	四 川	64.02	天 津	76.56
11	湖 北	65.20	湖 南	58.71	湖 北	62.45	西 藏	76.33
12	天 津	63.22	河 北	56.45	福 建	60.64	宁 夏	75.11
13	河 南	62.90	福 建	53.92	河 南	59.81	安 徽	74.89
14	河 北	62.86	安 徽	50.03	重 庆	58.43	青 海	74.89
15	福 建	62.84	天 津	49.51	辽 宁	57.54	辽 宁	74.59
16	重 庆	62.27	陕 西	47.91	陕 西	56.71	山 西	74.39
17	广 西	61.64	重 庆	47.56	河 北	55.69	贵 州	73.39
18	山 西	59.56	内蒙古	46.82	贵 州	54.85	河 北	72.99
19	陕 西	59.21	黑龙江	45.84	江 西	53.66	江 西	72.40
20	新 疆	58.12	云 南	44.74	新 疆	52.65	福 建	72.13
21	江 西	58.00	广 西	44.26	黑龙江	51.47	云 南	71.99
22	贵 州	56.70	山 西	43.87	甘 肃	50.78	四 川	70.81
23	云 南	56.51	江 西	43.14	广 西	50.73	广 西	69.97
24	内蒙古	54.79	贵 州	41.04	海 南	50.71	吉 林	69.35
25	黑龙江	54.55	吉 林	39.71	西 藏	48.98	内蒙古	66.46
26	吉 林	54.25	新 疆	37.93	云 南	47.65	湖 北	66.20
27	甘 肃	52.54	甘 肃	36.32	山 西	46.55	甘 肃	66.02

排名	地　区	综合指数	地　区	基础指数	地　区	潜力指数	地　区	环境指数
28	西　藏	52.48	海　南	34.06	内蒙古	46.39	黑龙江	63.99
29	青　海	52.15	宁　夏	30.65	青　海	45.2	陕　西	63.28
30	宁　夏	51.20	西　藏	30.06	吉　林	42.77	河　南	62.87
31	海　南	49.47	青　海	28.79	宁　夏	39.86	海　南	60.10

附录：

附1　现代服务业发展指数评价体系主要指标解释

1. 发展基础：反映江苏省现代服务业发展综合情况，细分为产业规模、产业贡献和要素积累三大指标。计算公式为在层次分析和因子分析法确定二三级指标权重的基础上结合单因素评判矩阵、多级评价方程与总目标隶属度向量相结合进行的动态计算。一级、二级和三级指标的指标处理、测算过程及思想详见计算方法附录。

2. 发展潜力：反映现代服务业发展综合潜力，细分为制造业发展潜在水平、城市化水平与现代服务业市场潜力三大模块。

3. 发展环境：反映现代服务业发展环境的综合情况，细分为市场环境、公共环境两个方面。

4. 产业规模：说明现代服务业发展总的成就及其主要行业的发展规模，主要表现服务业取得的产值成果及其在现代经济体系内的结构地位。选取的三级指标分为产业增加值、人均产业增加值、年末企业数和营业收入。

5. 产业贡献：表示现代服务业发展对国民经济结构、质量等各方面的改善效应，选取结构优化指标、规模经济指标和总部经济企业数作为三级指标，反映江苏现代服务业主体发展的层次和质量及其对国民经济的贡献。

6. 要素积累：体现和测算人才、投资、科技、管理环境等影响现代服务业发展的重要因素，选取的三级指标分别为从业人员资源、研发资源和服务业投资额。

7. 制造业发展潜在水平：主要以衡量制造业未来的发展趋势和程度，说明现代服务业发展依赖的产业基础和潜力背景，主要表现服务业发展所依赖的未来前景，选取的三级指标分别为制造业R&D投入，高新技术产品增加值和企业研发机构申请专利数。

8. 城市化水平：反映现代服务业发展所在城市环境，主要表现现代服务业来一生存和发展的城市化环境。因此选择的三级指标分别为城市化率指标和城市人口密度。

9. 现代服务业市场潜力：衡量市场增长、产业集聚度和消费群体密度等各方面影响市场发展的因素指标，是测算现代服务业发展潜力在市场方面表现的重要方向。选择的三级指标分别为产值增长速度、产业集聚程度指标和现代服务业增长潜力。

10. 市场环境：主要以微观企业发展的市场环境指标为主，说明现代服务业发展的市场竞争环境、市场结构环境及市场规模等，主要表现现阶段服务业市场经济的完善程度，微观企业在现代经济体系内的结构地位等。因此所选取的三级指标分别为民营企业占企业总数比例、服务业金融支持力度和专业服务中介机构数量。

11. 公共环境指标主要以政策发展环境为主要衡量。公共政策的制定和实施无疑是现代服务业发展重要的外在环境,反映政府引导和支持对现代服务业的影响。三级指标则由专项财政支持、政策支持和公共服务平台组成。

12. 产业增加值:指在一定时期内(一年)现代服务业产业增加值,用以反映现代服务业在整体经济中发展的产值增加量。计算公式:

产业增加值=本年度现代服务业产值—上年度现代服务业产值(亿元)

13. 人均产业增加值:表示现代服务业产出附加值的含金量,也可以代表该行业的劳动生产的效率,数据测算方法为考察年度考察行业或地区产业增加值与就业人数的比值。计算公式:

人均产业增加值=现代服务业增加值/年末从业人数(万元/人)

14. 年末企业数:表现江苏现代服务业微观主体数量规模,从而反映江苏引入和新增产业主体的进程,数据选取考察年份考察行业或地区工商部门登记的规模以上企业数。计算公式:

年末企业数=现代服务业规模以上企业数(个)

15. 营业收入:从微观企业营业总额观察江苏现代服务业的产出规模,以更全面和科学的衡量现代服务业的发展规模,数据取现代服务业年末营业总收入。计算公式:

营业收入=现代服务业年末经营总收入(亿元)

16. 结构优化指标:表示现代服务业发展对国民经济结构方面的改善效应,数据取服务业增加值占GDP比重,一般以百分比(%)表示。计算公式:

结构优化=现代服务业增加值/GDP

17. 规模经济指标:表示现代服务业微观企业主体的发展质量,一般而言企业平均产值越大,越容易实现规模经济。计算公式:

规模经济指标=产业增加值/规模以上企业数量

18. 总部经济企业数:总部经济的发达程度是体现某一地区在参与全球产业链生产分工中的地位的重要指标,反映江苏现代服务业参与全球化的进展程度。直接采用总部企业总量数据。计算公式:

总部经济企业数=年末现代服务业总部企业数(个)

19. 从业人员资源:主要观察江苏现代服务业劳动要素积累的状况,数据采集依据为年末现代服务业就业人数,可以显示劳动要素总量储备的现状。计算公式:

从业人员资源=年末现代服务业从业人数(万人)

20. 研发资源:主要显示与现代服务业科技研发投入和未来技术储备的发展进程,本文采取的是年度数据采集测算方法,选择研发技术人员数量,主要表现现代服务业研发资源积累的现状,该项指标既可以反映专项高级知识要素发展的成果,也可以对要素积累进行质量的统计补充。计算公式:

研发资源=年末现代服务业研发技术人员数(万人)

21. 服务业投资额:主要反映现代服务业资本要素积累的发展状况。高资本密集度是现代服务业无论是近期发展还是未来走向的重要特征,因此投资的完成额度和增长速度直接影响现代服务业的发展,数据采集考察年份考察行业或地区年末投资额。计算公式:

服务业投资额＝年末现代服务业固定资产投资额（亿元）

22. 制造业 R&D 投入：用以反映制造业对科研和创新投入的重视程度，数据选取制造业年度 R&D 投资总额。计算公式：

制造业 R&D 投入＝年度制造业 R&D 投资总额

23. 高新技术产业增加值：表示科技研发的成果和市场潜力，代表科技研发产业增加值的含金量和发展层次，数据选取年度高新技术产品增加值。计算公式：

高新技术产业增加值＝年度高新技术产业产值－上年度高新技术产业产值（亿元）

24. 企业研发机构专利数：主要显示现代服务业微观主体在科研创新方面的发展及其潜力，虽然衡量科研创新能力的指标有很多，但是考虑到数据可得性和权威性，选取统计数据相对比较明确的专利数据，取企业年度拥有专利数。计算公式：

企业研发机构专利数＝年度现代服务业企业授权专利数（个）

25. 城市化率：衡量城市化发展程度的数量指标，一般用一定地域内城市人口占总人口比例来表示。计算公式：

城市化率＝城市常住人口/年末总人口

26. 城市人口密度：反映市场消费者集聚程度和消费者群体的规模，数据则选择城市人口与城市建成面积的比值，也即是单位城市建成面积的人口密度。计算公式：

城市人口密度＝城市常住人口/城市建成区面积

27. 产值增长速度：反映市场容量扩张和增长的效率，主要体现在产业增加值方面，在数据处理上，选择产值年度增长率（%）。计算公式：

产值增长速度＝（现代服务业增加值－上年度现代服务业增加值）/上年度现代服务业增加值

28. 产业集聚程度：产业集聚是现代经济发展过程中最常见的现象之一，既可以表现考察对象产业发展达到的程度，也可以反映考察对象相关配套企业和产业链的完整程度。数据选取规模以上企业产值占全部市场服务业增加值的比重。计算公式：

产业集聚程度＝规模以上企业产值/现代服务业增加值

29. 现代服务业增长潜力：反映现代服务业未来市场的增长趋势和持续发展能力，选取现代服务业中营利性服务业增加值占全部服务业增加值的比重。计算公式：

现代服务业增长潜力＝营利性服务业增加值/服务业增加值

30. 民营企业占企业总数比例：反映市场中企业主体的结构组成。由于中国经济发展的特殊国情，企业的性质往往对市场环境的发展产生重要的影响，国有企业、民营企业、外资企业等在市场中具有截然不同的地位和影响力，改革开放以后，随着我国市场经济改革的推进，民营企业的数量比例逐渐上升，已经成为能够代替市场经济发展程度的一项重要指标，因此本文以民营企业的比例反映市场环境。计算公式：

民营企业占企业总数比例＝年末工商登记的民营企业数/年末总企业数

31. 服务业金融支持力度：作为代表现代服务业金融市场环境发展环境的指标衡量，如前文所述，现代服务业未来的发展在表现为越来越高的技术依赖的同时，也正在朝着高资本密集度的趋势转变，因此金融环境的发展完善程度尤其是对现代服务业的配套支持也是衡量现代服务业发展环

境的重要指标。计算公式:

$$静态支持力度指标＝服务业贷款/银行总贷款额$$

$$动态支持力度指标＝服务业贷款增长速度/银行总贷款额增长速度$$

32. 专业服务中介机构数量:反映专业市场发展程度,也用以衡量以现代服务业为主要表现形式的专业化进程,我们在前面分析现代服务业发展的内涵时,指出了服务业发展的隐秘性和转化性,而越来越明显的服务业消费趋势则体现为这两项性质的印证和互换,因此现代服务业的专业化机构的独立和业务发展则是衡量现代服务业发展市场环境的重要指标,因此本文选择采用专业服务中介的数量表示市场发展环境的指标之一。数据则选取专业金融机构、律师事务所、会计师事务所的数量。计算公式:

$$专业服务中介机构数量＝金融机构数＋律师事务所数＋会计师事务所数(个)$$

33. 专项财政支持:专项财政支持表示政府对现代服务业的专项资金投入,能够反映政策支持的直接效果,数据则选取年度财政支出。计算公式:

$$专项财政支持＝年度现代服务业财政支出(亿元)$$

34. 政策支持:采用县市级以上政府针对现代服务业发展的专项支持资金增长速度、专项考核力度等综合指标。计算公式:

$$政策支持＝现代服务业发展的专项支持资金增长速度＊专项考核力度$$

35. 公共服务平台:显示现代服务业信息化建设和支持程度,包括专项网站、行业协会等的发展均可反映现代服务业公共环境的改善和进步,因此本文选取专业网站和行业协会总数作为指标计算的依据。计算公式:

$$公共服务平台＝现代服务业专业网站数＋现代服务业行业协会数（个）$$

第三章 江苏省现代服务业集聚区典型案例

一、南京新街口金融商务集聚区

（一）基本情况

新街口金融商务区位于南京市核心区域,有着金融发展的区位、资源、产业优势和丰厚的历史积淀。近年来,特别是区划调整以来,秦淮区全力推进新街口金融商务区建设,形成了独特的比较优势。

1. *深厚的金融历史文脉*

秦淮区金融业发展历史悠久,近代以来一直是南京都市圈重要的金融中心。民国时期,中南银行南京分行、上海商业储蓄银行南京分行等重要的民国金融机构均落户在秦淮区。新中国成立后,特别是近些年来,各级各类金融机构纷纷首选秦淮设立法人机构和区域总部机构,并加快在新街口集聚步伐。漫步洪武路—中山南路金融街区,各类金融机构鳞次栉比,集聚了人民银行南京分行、江苏省银监局、江苏省证监局、江苏省保监局等全部省级金融业监管机构;江苏银行、华泰证券、弘业期货等 5 家金融法人机构,占全市 35.7%;工商银行、农业银行、中国银行、建设银行的江苏省分行,进出口银行江苏省分行、东亚银行南京分行等 13 家银行业区域性总部机构,占全市 30.9%,以及 27 家保险机构省级分公司,占全市 31.4%;设有金融机构营业网点 200 余家(约占全市的 1/4),形成了金融产业明显的"扎堆效应",金融资源集中度和金融服务功能首位度位居全省前列。

2. *丰富的产业资源禀赋*

新街口金融商务区独特的地理区位优势极大地促进了金融集聚的产生。作为全市金融业发展的主导功能区,新街口金融商务集聚区是全省唯一的具备金融功能的省级现代服务业集聚区,云集了新百商店、中央商场、东方商城、金鹰国际购物中心等大型百货零售企业,苏宁、五星、国美等家电行业企业,沃尔玛等连锁行业企业,天丰大酒店、金鹰国际酒店等四星、五星级高档酒店。在配套设施上,新街口是全市商品流、信息流、人才流最富吸引力的"集聚地";在产业支撑上,新街口是适宜金融业发展的"产业高地",具有规模最大、门类最齐全的现代服务业体系,拥有庞大的产业集聚基础,优越的城市中心区位,良好的营运环境条件,具备金融和产业互动发展的经济形态。此外,秦淮区内拥有 13 所高等院校,以及 28 所、55 所等 37 家科研机构,中国云计算中心落户于秦淮区高新园区,为金融业发展提供了充足的人才和技术支撑。从崇尚商业文明的人文背景与金融悠久的历史底蕴来看,新街口无疑是南京发展金融业的重要区域,在国内外金融行业投资者中具有较高的认同度。依借城市吸引力、金融向心力、商业凝聚力三重强劲吸附力,新街口金融商务区汇聚了无可限量的发展价值。

3. 突出的产业发展架构

区划调整后，秦淮区区委、区政府将发展现代金融作为全区建设"三中心、一高地"发展战略之一，明确将新街口金融商务区打造成为国际金融商务先导区、金融创新试验区、区域金融营运中心。在政策扶持上，出台了《秦淮区新街口金融商务区创新发展实施意见》《秦淮区促进金融业发展优惠政策》《秦淮区关于促进互联网金融集聚发展的扶持政策》等一系列加快金融业发展政策。在载体建设上，依托江苏银行总部大厦、弘业大厦等金融总部楼宇，引导华泰证券大厦、电线电缆厂等楼宇进行产业置换，大力培育新金融业态，打造小微金融服务中心、消费金融中心、财富管理中心、金融服务外包中心等一批金融特色楼宇，促进了金融产业的集聚发展，为区域经济的发展提供了强劲的支撑。2014 年上半年，秦淮区金融业增加值 47.4 亿元，占全区 GDP 的 17.5%；占全区服务业增加值的 19.8%；占全市金融业增加值的 10.4%。另外，南京市市委已明确把"加快建设泛长三角区域金融中心，提升河西金融集聚区和新街口金融商务区能级"作为全市金融业发展的战略目标，确立了新街口金融商务区在南京区域金融中心的主导功能区地位。

（二）新街口金融商务区发展面临的问题

1. 新街口金融商务区面临的现实挑战

一是在外部环境方面，金融资源争夺日益激烈。近年来国内各大城市对金融业发展的重视空前提高，金融业在城市产业体系中的重要性已成为广泛共识。全国有多个大城市在筹划建立国内区域性或全国性甚至国际性金融中心，金融资源的争夺正在日趋白热化。二是在功能定位方面，秦淮区不再是金融核心功能区。《南京区域金融中心建设规划（2011—2020）》提出到 2020 年，要把南京打造成承接上海、覆盖江苏、辐射皖赣的泛长三角区域金融中心城市。提出聚焦河西金融城，打造"核心功能区"，强化了河西金融集聚区在南京金融产业布局中的核心地位。三是在政策导向方面，根据南京市政府《关于全面支持南京（河西）金融集聚区发展的实施办法》《南京（河西）金融集聚区发展专项扶持政策实施细则》，明确规定全市新建金融机构必须向河西金融集聚区集中，并将河西金融产业发展专项资金额度由原来每年 6000 万元扩充至每年 1 亿元，补助新入驻河西金融集聚区的金融机构。两大新政的出台，进一步提升了河西金融集聚区发展的聚焦力度。而秦淮区金融业发展的相关财政扶持政策，不具备与河西金融集聚区相抗衡的实力。四是在空间布局方面，新街口金融商务区地处主城核心区，空间布局上已形成既有模式，突破现有格局、重新布局金融业态难度较大。这一地区交通拥堵严重，现有载体老旧，停车设施落后，环境秩序不佳，总部型金融企业发展所需的高端商务楼宇欠缺，在一定程度上削弱了新街口发展金融业的竞争优势。由于发展空间受制等原因，华泰证券、中信银行总部等部分金融机构已从这里撤离。

2. 存在的主要问题

一是缺乏统一而有力的规划与引导。对建设现代金融服务中心和新街口金融商务区发展缺少规划方面的支撑。二是缺乏一个完善的金融政策体系。现有的政府专项扶持政策以单一的财政扶持为主要手段，产业培育能力薄弱，对金融机构内生动力推进不足。三是金融业的集聚发展与经济贡献度不相匹配。根据现行的财政分配体制，银行、证券、保险等传统金融机构的税收基本上属于省、市级以上收入，难以客观体现金融业发展的在地贡献度。四是金融专业人才紧缺。国际化金融人才不足，金融人才发展的综合环境有待优化；部门和街道熟悉现代金融业的专业管理和招商团队不足,对金融相关机构的风险、税收贡献的评判和管控,缺乏足够而准确的认识。五是缺少政府与银企信息互通平台。政府、金融机构、企业之间的需求信息不对称。

(三) 加快新街口金融商务区建设路径思考

鉴于目前新街口金融商务区发展面临的诸多挑战和存在的问题,迫切需要科学谋划金融发展战略定位和发展部署,找准工作着力点,并借鉴国内外其他城市金融业发展的成功经验,加快推动新街口金融商务区的发展能级。

1. 坚持规划引领,强化新街口金融商务区功能定位

要按照南京市建设泛长三角区域金融中心城市的战略和部署,坚持高端化、国际化取向,结合正在启动的全区国民经济和社会发展"十三五"规划编制工作,高起点制定全区金融战略规划,加强对金融产业发展的顶层设计,构建集聚发展的空间布局。一是注重在空间结构上重构。以洪武路—中山南路金融街区为中心,积极推进金融核心区地理空间向周边扩展,为金融核心区持续建设、金融业未来发展留足空间;实现洪武路、中山南路金融业务的全面对接,使其成为秦淮区乃至南京金融服务发展的核心动力轴。二是注重在产业联盟上整合。对新街口整个区域范围内产业进行有效引导,围绕"金融街"所形成的金融中心,形成整个新街口的"大金融"概念。加快发展太平南路金融关联产业,通过黄金、珠宝、钻石三大专业空间的构建,延伸金融产业链,拓展新的经济增长空间。三是注重在品质上提升。将新街口厚重的金融业历史底蕴和现代金融产业巧妙融合,通过现代与历史的联动,凸显城市的文化品位,促进金融产业再升级。

2. 发挥比较优势,提升金融产业核心竞争力

要广泛聚集金融资源,形成与河西地区错位互补、协同发展的格局,在新的竞争格局中争取有利地位。一是着力推动金融业和商贸业互动发展。金融作为现代服务业需要广阔的产业腹地作为支撑,而秦淮区现代服务业、高新技术产业和文化产业三大产业繁荣发达,为金融服务业提供了充足的发展空间。要充分利用新街口凸显的商务商贸中心城区优势,促进产业间相互整合、相互影响和促进。金融业要主动对接传统商贸业的转型升级,延伸服务内涵,拓展服务领域,提升服务品质,推动新街口金融商务区重点积聚消费金融、民生金融、财富管理、小微金融等新型金融服务业态,提升整体金融服务功能。二是强力推动金融和互联网融合发展。以南京互联网金融中心落户秦淮区为契机,加快互联网金融示范区的建设进度,引导和鼓励金融机构通过互联网金融开展业务创新,加强与电子商务、云计算等互联网企业合作,提高金融服务效率和便利水平,形成一批行业领先、运营规范、创新突出的互联网金融企业,建成在国内有影响力的互联网金融产业示范基地。三是全力推动金融业创新发展。依托新街口金融机构集聚的优势,挖掘秦淮区"文化+金融"、"科技+金融"的资源禀赋,探索文化金融、科技金融新的服务模式,搭建区域性小微企业综合金融服务平台,加大政策支持、完善服务体系、鼓励金融创新,着力化解小微企业增信服务和信息服务的难题,为小微企业提供一站式、多样化的融资选择和融资服务。

3. 创新工作机制,优化金融服务保障水平

要采取更加积极主动的举措,全面优化金融服务。一是尽快成立全面深化金融改革创新暨新街口金融商务区建设领导小组。研究决策金融商务区建设中的重大事宜,密切加强与省、市金融监管部门和相关职能部门的沟通联系,积极争取市级层面的规划和政策支持。二是尽快建立基础信

息数据库。健全在地持牌金融机构和衍生金融机构的统计监测制度,实施动态采集,及时进行更新。三是建立政府、金融机构和企业的联席会议制度。搭建信息沟通和相互合作的有效平台,聚精英、集智慧,共同研究解决金融业改革发展中的各种问题和市场热点问题,定期召开会议,加强沟通协调,加快金融服务平台建设,及时发布金融服务信息或企业需求信息,实现政、银、企三方信息互通共享。四是强化金融招商工作。坚持效益性和功能性并重,有选择地大力发展对区域贡献大的金融业态,积极引进小额贷款公司、金融租赁公司等非传统范畴的金融机构和金融中介服务、创业投资基金等新型金融组织,提高新型金融产业对我区税收的贡献度。五是强力推进高端金融载体建设。金融机构的用地需求要优先考虑,采取盘活存量资源,推动增量拓展的方法,提高楼宇品质,满足金融业高端需求。

4.打造政策高地,推动金融生态环境建设

金融业的发展离不开成熟健全的金融生态,新街口金融商务区发展迫切需要加快提升人才、政策、环境的最佳软实力。一是"立信"。要进一步加大金融监管力度,发挥区公安分局、法院和检察院等部门打击金融领域违法犯罪、维护金融市场公平和正义的职能,不断增强协助金融机构防范和抵御金融风险的能力,创建优良的金融法制环境。二是"育才"。加强对金融人才的培养投入,提高人才培养质量和层次。同时,积极落实人才政策,形成高端金融人才向秦淮区集聚效应,为新街口金融产业发展提供强有力的人才支撑。三是"扶持"。加强金融政策引导和抓好各项扶持政策的落实,不仅对新迁入、新注册的金融企业予以支持,对长期在区内发展并为区域经济作出突出贡献的金融企业给予不同形式的资金扶持,提高金融政策的竞争力和可持续发展力。四是"强基"。进一步改造优化新街口金融商务区基础设施和周边环境,建立与金融业相配套的各种配套服务设施,解决停车难等问题,构筑完整的工作、休闲、生活三位一体的金融产业硬件模式,全面提高对金融资源的吸引力和承载力,为新街口金融商务区建设营造一流的发展环境。

二、海安现代商贸物流集聚区

（一）基本情况

海安现代商贸物流集聚区位于海安主城区东北方向,紧邻海安火车站,连接沿海高速的221省道、连接江海高速的老204国道以及通榆运河穿境而过,公铁水交通条件十分优越。集聚区总规划面积17.8平方公里,其中,现代物流园区规划面积12.4平方公里,专业市场园区规划面积5.4平方公里。海安现代商贸物流集聚区是海安"建设大市场,发展大商贸,实现大流通"最重要的载体。目前,集聚区已建成和在建的投资亿元以上项目有苏中医药物流中心、泓润达钢材市场、天赋力现代综合物流园、南通义乌国际商贸城、海安粮食物流中心、日月汽车城、奥华国际装饰城、建材大市场、农副产品批发市场、华中五金机电城、沿海大市场、苏海汽车城、丰源食品城、合成物流、海鼎机电城、苏中不锈钢市场、盈佳模具城等近20个重大项目。"十二五"期间,海安现代商贸物流集聚区计划总投资100亿元。"十二五"末,年市场成交额达100亿元,营业收入41.17亿元,龙头企业达30家,从业人员万人以上。目标定位为:依托海安交通枢纽,全力打造区域性商贸物流中心,逐步实现"枢纽海安,市场天下"。

（二）发展优势

近年来，集聚区紧紧围绕"枢纽海安、物流天下"发展目标，积极顺应"动车时代、节点城市"新优势，不断优化产业集聚空间布局，吸引优质项目和资源，全力打造江苏东部"公铁水"无缝对接的商贸物流高地。2013年，集聚区被认定为省级现代服务业集聚区、省重点物流基地。

突出商贸物流重点，不断增强集聚区吸附力。大力实施服务业集聚区行动计划，2014年，实现营业收入168.5亿元，同比增长126.2%；实现税收7.9亿元，同比增长92.4%；新落户亿元项目14个，落户物流园区、专业市场的企业和商户达2600余家，市场开业率达80%以上。大力发展现代物流业，实现营业收入24.5亿元，完成货运量5310万吨，货运周转量42.9亿吨公里。获评市级现代服务业集聚示范区。

强化载体平台支撑，不断增强产业发展承载力。注重功能性平台打造，着力构建物资集散基地，推动先进制造业与现代服务业深度融合。精心打造第四方物流、期货交割库群等"六大功能平台"，开通运营亚太亿发等三大新型物流信息平台，正元、润安获批物流保税仓库，天成、汇益成为大连商品交易所鸡蛋指定交割仓库。全面加快公路、铁路、水运码头建设，铁路一号线基本建成，凤山内河集装箱码头开工建设。着力推进家具、五金机电等"十大物资中心"建设，新建综合仓储总面积达30万平方米。推动现代家具、纺织、丝绸等全产业链发展，东部全球家具采购中心、广汇家居材料市场等一批产业链项目加快推进。

推动重大项目建设，不断增强龙头企业带动力。狠抓服务业招商引资和项目建设，每月举办"物流周"活动，2014年，集中签约项目92个，总投资170多亿元，引进市级以上总代理、总经销、厂家直销239家。每月主持召开服务业重点工作点评会，全力推进重点工作、重大项目，新开工亿元项目37个，面积达248万平方米。完成规模以上投入158.3亿元，同比增长31.4%。入选省"十百千"重点企业、项目2个。新认定3A、4A级物流企业15家，保有量达20家。新增省重点物流企业1家，总数达5家。集聚区现有销售超50亿元企业1家、超20亿元企业1家、超10亿元企业2家，龙头型服务业企业的带动效应进一步增强。

（三）发展举措

海安商贸物流园区将着力突出功能完善、量质并举、转型升级，集中精力抓好三项工作。

一是突出功能完善，促进集聚发展。围绕"苏中领先、全省示范、全国有影响"目标，抢抓大宗物资物流园列入省、市2015年重大项目投资计划的新机遇，继续推进"六大功能平台""十大物资集散中心"建设，推动全产业链发展，加快商贸物流集聚区建设，全面提升商贸物流业发展水平。

二是突出量质并举，促进融合发展。积极对接应用"互联网＋"模式，坚持农业、工业、服务业有机融合，全面推进电子商务发展，大力培育服务业新的增长点。实施阿里巴巴·海安产业带、电子商务进农村工程，积极开拓跨境贸易电子商务，加快培育电子商务企业，力争100家，其中大型跨境电商企业2家，农产品电商企业10家，启动海晟慧谷科创园、凤凰传媒图书物流等项目建设，争创国家电子商务示范基地。

三是突出转型升级，促进竞相发展。坚持以项目为抓手，丰富"物流周"活动，全年新招引服务业亿元以上项目18个、现货贸易企业60家。推动传统服务业转型升级，优化商业网点布局，打造城市消费服务功能集中区。积极发展新兴供应链管理、服务外包、技术研发等新兴服务业,促进发展水平加快提升。

三、江苏省东海水晶市场现代服务业集聚区

(一)基本情况

江苏省东海水晶市场现代服务业集聚区,规划总占地面积为 270650 平方米,规划总建筑面积为 408500 万平方米,建设以"两城一街十中心,市场广场博物馆"为基本框架的"省级服务业集聚区"。东海水晶市场是东海水晶市场现代服务业集聚区的核心所在,市场主要以水晶原料、水晶工艺品及相关产品批发零售为主,兼有产品加工、产品研发、物流配送、旅游会展、电子商务、信息交流等功能。在此基础上,市场不断延伸水晶物流、会展、咨询、检测等经营服务功能,着力打造以中国水晶工艺礼品城、曲阳水晶街为龙头的国际知名商贸品牌市场,力争将市场建设成为全国最大的水晶集散中心、水晶工艺品交易中心、水晶旅游目的地和国际水晶制品的重要集散基地。"省级现代服务业集聚区"的成功申领,进一步巩固了以东海水晶城为核心,"两城一街十中心、市场广场博物馆"为基本构架的发展态势。随着这些基本框架的完善,东海水晶产业存在的市场建设分散,流通网络欠优化等问题将会得到很大的改善,在引导生产、促进消费、增加就业、促进东海县水晶产业和现代服务业的快速发展等方面发挥着重要作用。

(二)发展目标

东海水晶市场近年来围绕打造"国内最大的水晶专业市场和世界重要的水晶交易集散地"发展目标,通过着力建设水晶文化品牌、原料供应、产品销售、信息交流、技术研发、人才培养"六大平台",加快水晶产业向"品牌集聚化、销售连锁化、产业规模化、服务提升化"方向发展,推动了全县水晶产业转型升级。去年,东海水晶市场年销售收入突破 50 亿元,实现利税 3000 万元,跨入省现代服务业集聚区行列。

面对全县水晶从业人员多达 20 万人、水晶商户多达 3000 多户、水晶加工企业达 3000 余家、东海水晶遍布全球、服务管理模式较单一粗放等现状,拥有全国文明市场、全国最具品牌价值商品市场 50 强、全国珠宝玉石首饰特色产业基地等 50 多个荣誉称号的东海水晶市场,积极探索构建提升水晶市场服务新机制和水晶产业转型发展的新路径。

"经过探索和研究,我们主要在创建水晶品牌、拓展销售渠道、强化产品研发、培育名师人才等六个方面打造公共服务平台,完善配套服务功能,全力推动东海水晶产业转型升级,实现水晶经济跨越式发展。"东海县供销合作总社主任许兴江如是说。

在推动产业转型升级上,东海水晶市场首先着力打造品牌创建平台,通过开展省级现代服务集聚区创建,投资 1.2 亿元扩建水晶市场,确保水晶市场通过 ISO9001 质量管理体系认证,确保"东海水晶"获批"国家地理标志保护产品"、国家工商总局注册"证明商标",并于近年培育出 3 件水晶产品获批省著名商标,30 多件水晶制品获批市知名商标、700 余件产品被列入版权保护登记。其次,着力打造水晶原料供应平台,通过组建矿产品进出口公司、成立国外水晶珠宝行业协会等机构,组

织 6000 多人长年奔赴世界各水晶出产国,采购天然水晶原料,确保东海水晶市场水晶加工生产需求。

同时,他们还着力打造信息交流、新技术新产品研发与推广、工艺人才培养三大平台,通过举办信息发布会、精品研讨会、工艺品大奖赛等活动拓展东海水晶对外交流合作渠道;通过大力推广新技术、新工艺、新设备应用,推动水晶产品结构调整;通过与水晶工艺美术学校合作,培育水晶雕刻、设计专业人才,为水晶产业提供可持续发展动力。目前,东海水晶市场拥有省、市级工艺美术大师30 多人。

(三)发展举措

东海县以打造"国际知名的水晶之都"为目的,积极发展水晶产业,在促进产业升级、弘扬水晶文化、提升产业的知名度和美誉度、招商引资等方面取得较好的成绩。全县水晶产业年交易额超百亿元,其中东海水晶市场年交易额达 35 亿元,年接待国内外客商 41 万人次,并先后获得"江苏省五星级文明诚信市场"、"江苏省工业品百强市场"等荣誉称号。

1. 打造节会平台,展示晶都形象

第十届中国·东海国际水晶节举办之年,东海成功举办了千名客商看东海、第三届江苏省"晶城杯"水晶工艺品大奖赛暨第二届"东海之子"新人新作东海水晶工艺品大赛、第十届中国·东海国际水晶节走进北京及"东海水晶日"活动,"千年叹水晶书画名家邀请展"、"东海情·水晶心"十佳水晶商户评选、精品水晶藏品拍卖会、中国(世界)首枚"东海水晶"邮票发行仪式等活动。本届水晶节有 1000 多名中外客商参加,共签约项目 104 个,累计突破百亿元,为提升东海产业化水平,加快水晶产业基地跨越发展注入了新的动力与活力。

2. 组团参与大型展会,大力弘扬水晶文化

东海水晶组团参加扬州、常州、南京、杭州及北京中国国际珠宝展和天工奖展评等大型活动,都取得了较好的效果。为大力弘扬水晶文化,强化水晶作品研究、创新、制作的可持续发展能力,成立了东海水晶版权代理登记办公室,制定了"东海水晶"国家地理标志保护使用方法,中央电视台拍摄并播放了《东海水晶传奇》专题片,在第十届水晶节期间有 40 余家省级电视台对东海水晶及水晶节进行了采访和报道。邀请了国家珠宝玉石质量监督检验中心、国检珠宝培训中心来东海开办《珠宝首饰营销员培训班》,经考核约 110 人获得了由主办机构颁发的职业技能证书,并出版发行了《水晶知识面面观》、《中国现代天然水晶艺术珍品集》(上卷)等水晶类书籍。

3. 编制水晶产业发展战略,实现可持续发展

实现可持续发展是东海县始终追求的目标,虽然东海县水晶石英资源丰富,但任何自然资源都是有限的。近年来,东海县大力倡导资源有限意识、资源保护意识、资源合理利用意识,反对急功近利,反对资源浪费。不论是制定发展规划,还是制定行业规则,都充分体现这一点。通过制定水晶产业的发展规划及行业规则,以明确发展的目标与方向,调整人们的投资及经营行为,制定优惠政策,加强保护与扶持,同时取缔不正当竞争,切实保护资源,实现可持续发展。县政府委托专业的咨询公司编制《东海水晶产业发展战略规划》,对水晶产业基地的现状进行了纵向、横向的分析比较,并从战略性的层面对全县水晶产业的现有资源进行整体规划整合,提供了基地的近期及中、长期科学发展规划,对基地的可持续发展具有重大意义。

在下一步发展中,东海水晶产业基地将致力于打造以东海水晶城为核心的现代服务业集聚区和全国最大的水晶商业交易中心,使东海成为集科研创新、文化传播、博览拍卖、生产加工、设计制作、商务会展、人才培养等于一体的完整的大型水晶产业基地。

四、中国丹阳眼镜城

(一)基本情况

中国(丹阳)眼镜城坐落于素有"中国眼镜之乡"美誉的丹阳市,是长三角地区最具特色的轻工业休闲类旅游景区,旅游资源丰富,人文特色鲜明,观赏游憩价值高,初步具备综合类旅游景区的功能。

眼镜产业是丹阳的支柱产业,眼镜是丹阳的城市名片和对外窗口。拥有眼镜生产企业1000多家,从业人员达6万余人,销售额120亿元左右。年产眼镜架近1.2亿副,占全国1/3强;光学玻璃及树脂镜片2.5亿副,占全国生产总量70%以上,约占世界总产量的40%左右。合金架、全钛架、玻璃镜片、树脂镜片、隐形眼镜已形成系列化。产品60%远销日本、东南亚、欧美等国家和地区,年出口创汇近1.6亿美元。近年来,丹阳眼镜产业一直保持着20%左右的增长率持续发展。丹阳已成为世界最大的镜片生产基地、亚洲最大的眼镜产品集散地和中国眼镜生产基地,也是"中国百佳产业集群""百强市场""丹阳眼镜产业集群品牌培育基地""全国文明集贸市场"。

丹阳眼镜起步于20世纪70年代的集体创业,兴起于20世纪80年代,1986年车站、双庙两个村在火车站附近建起了全国最早的专门用于眼镜交易的"华阳眼镜市场"和"云阳眼镜市场",组成了最初的丹阳眼镜城,到20世纪末,经过四期改造,两个市场连成一片,占地25亩,建筑面积32000平方米,拥有门面房400多间,摊位500多个,拥有眼镜经营户600多户,经营眼镜架、镜片、成品眼镜、眼镜专用工具、眼镜零配件等几千个品种,交易量超过了10亿元,成为全国最大的眼镜交易批发市场,并开始走出国门。

新世纪初,丹阳市委市政府出台了《关于加快丹阳眼镜产业发展的若干意见》,制定了《丹阳市眼镜产业发展规划》,开始着手进行扩建改造眼镜城。2003年中国(丹阳)眼镜城建设项目启动,于2006年完成一期工程,总投资达1.5亿元,占地27亩,建筑面积为37000平方米,商铺600余间。

2006年,国家眼镜产品质量监督检验中心在丹阳成立,眼镜检测项目覆盖了所有眼镜产品相关的国家标准、行业标准,以及ISO、EN、ANSI、DIN等相关标准。不仅使丹阳生产的镜架合格率达到90%,镜片合格率100%,大幅提高了科研开发水平,从某种意义上来说,中心设立在丹阳就意味着丹阳的眼镜产业代表着中国眼镜产业,加快丹阳乃至我国眼镜产业与国际接轨,参与国际标准的修改和制定,化解贸易摩擦,进一步扩大丹阳乃至我国眼镜产品的出口。

2007年,中国(丹阳)眼镜城被江苏省列为发展现代服务业的重点扶持项目,批准为"中国(丹阳)眼镜城服务业集聚区",奠定了省级专业市场地位,目前集聚区的面积达5平方公里。2010年,中国(丹阳)眼镜城定位"国内知名休闲购物主题旅游区",把"配丹阳眼镜"做成旅游品牌,吸引更多的游客来丹阳"配镜游",成功创建国家3A级旅游区。目前景区规模和档次均为全国之最,丹阳眼镜市场成为年成交额达50亿的全国大型专业市场。

丹阳眼镜业经过持续快速发展,质量意识不断强化,现已走上质量兴业之路。丹阳眼镜市场经营眼镜的有注册商标 230 个,拥有全国眼镜行业唯一的中国驰名商标 1 个(万新),并还拥有中国知名品牌 1 个(明月),江苏省名牌 3 项、江苏省著名商标数项,如东方、万达、亚太、鸿晨、东湖镜盒、东宝、康美达、金目等,拥有省级以上高新技术企业 4 家,省级以上高新技术产品 5 项。世界光学镜片巨头依视路、隐形眼镜企业海昌等企业均坐落于丹阳。

正在开工建设的眼镜城二期项目——中国丹阳国际眼镜城占地面积 64 亩,建筑面积 14 万平方米,总投资达 5 亿元人民币,将按照国家 4A 级旅游景区打造,规划建设成集贸易研发、商务会展、旅游购物、美食物流、金融服务等功能齐全的国内唯一、国际一流的现代化的综合型眼镜城。

中国(丹阳)眼镜城市场管理办公室于 2009 年 5 月正式开始省级眼镜科技服务标准化试点的创建工作,经过两年多的服务标准化试点工作,在中国(丹阳)眼镜城市场管理办公室的全体人员的努力下,基本完成了本机构的标准体系的建设工作。开展集聚标准化试点,目的是为了进一步规范这一特色产业,充分整合资源优势,解决眼镜城行业缺失标准的状况,达到有标可依。强化行业的品牌效应,扩大眼镜城的影响力和竞争力,挖掘市场新的潜力,增添企业新的活力,使中国(丹阳)眼镜行业做大做强,让中国(丹阳)眼镜这"中国丹阳地方名片"更加辉煌灿烂。

(二)发展优势

目前丹阳年产镜片 2.5 亿副,占全国生产总量的 70% 以上,世界的 40% 以上,年产镜架数量占全国 1/3 强,在资源、区位等并不占优的情况下,丹阳却成为中国眼镜产业的生产基地和出口基地。在丹阳的支柱产业中,眼镜产业年产值并不靠前,去年 70 多亿元的总销售额,远低于汽车零部件、五金工具等产业。新世纪之初,丹阳就将眼镜作为该市的"第一产业",出台了多个"发展意见"和"发展规划",给予优先投入和发展。记者查阅近年丹阳"政府报告"发现,眼镜产业总是被列于该市传统优势产业中的首位,给予重点扶持,使得"丹阳眼镜"连年保持 20% 左右的增长速度。产业性质决定了眼镜企业不可能做大,但它的高规格集群发展,在提升整个丹阳城市形象上,却有着难以估量的价值。丹阳市政府就投入 350 多万元,在中央电视台等全国主要媒体上对丹阳眼镜产业进行整体推介、宣传造势,眼镜产业已成为丹阳对外的一张"烫金名片"。

1. 完整的产业链条

丹阳是不折不扣的"眼镜之乡",仅中国(丹阳)眼镜产业园就有眼镜生产企业 720 余家,从业人员 5 万多人,年产镜架近 1.2 亿副,占全国生产总量 1/3 强;年产光学玻璃及树脂镜片 2.5 亿副,占全国生产总量 70% 以上、世界总产量 40% 以上。

产业园分工精细,协作配套健全,眼镜生产所需的各种原辅材料及配件,基本可以就地取材,形成了眼镜原料配件、镜架制造及电镀、镜片生产、眼镜机械、印刷包装等完整的产业链。特别是年成交额 30 亿元以上、位列全国三大眼镜专业市场之一的中国(丹阳)眼镜城,为产业发展提供了畅通的市场渠道和信息桥梁。完善发达的产业链条,为丹阳眼镜产业加速运转提供不竭动力。

2. 完善的创新体系

丹阳眼镜产业集聚发展的另一显著特征是其拥有完善的创新体系。产业园拥有各类眼镜科研机构 15 家、专业技术人员 2022 人;182 家企业通过了 ISO9000 认证,38 家企业通过了 ISO14000 认证,并自行建立了产品质量检测与研发中心。面向中小企业的各类公共技术服务平台更是不断涌现。产业园拥有国家眼镜产品质量监督检验中心,获得了眼镜标准的制定权和眼镜质量的监督检验权;拥有省行业特色网站、国内眼镜行业最大的行业门户之一的中国眼镜网,致力打造行业资讯平台;拥有江苏省中小企业技术服务示范平台——丹阳市精通眼镜技术创新服务中心,为广大中小视光学企业提供了坚强的技术和创新支持。

3. 多层次的品牌优势

早在 20 世纪 80 年代,丹阳便赢得了"中国眼镜之乡"的美誉,拥有多项"第一":全国第一家眼镜研究所在丹阳诞生,第一家省、部眼镜产品质量检验监督站建在丹阳……经过多年发展,丹阳眼镜已先后获得"中国百佳产业集群"、"中国眼镜生产基地"、"中国眼镜出口基地"等荣誉,真正成为丹阳市的"烫金名片"。骨干企业更是表现不俗:拥有中国驰名商标 3 个、江苏省著名商标 3 个、镇江市知名商标 38 个。镇江万新光学眼镜有限公司已成为亚洲最大的树脂镜片生产企业之一,在行业内首个获得行政认定的"中国驰名商标"、首个获得眼镜生产许可证,并参与了眼镜行业标准制定;海昌隐形有限公司在中国隐形眼镜行业连续两年排名第一,是国内唯一拥有从研发、成品制造到销售完整隐形眼镜生产链的企业;江苏淘镜有限公司成为中国网络销售出口成镜排名第一企业。为提升产业多层次品牌优势,近年来丹阳市专门出台了《关于加快眼镜产业发展的若干意见》,加快眼镜产业园、眼镜市场等重点项目建设,并组织业内企业参加上海、北京、香港、米兰、大邱等眼镜专业博览会,进一步创新求变,打响"丹阳眼镜"品牌。

4. 江苏丹阳眼镜产业发展的载体优势

丹阳市眼镜产业载体建设连续获得重大突破:继今年被省发改委列为"省级现代服务业集聚区"之后,有关集聚区总体发展规划又于近日编制完成,并通过省级评审。这标志着丹阳眼镜产业载体日臻完善,并具有得天独厚的竞争优势,它将为丹阳眼镜产业现代化升级发挥重要作用。建设现代服务业集聚区目前在全国尚属新课题,也是全省现阶段服务业发展的重点。今年三月,通过严格评审,丹阳市成功被省发改委授予"中国(丹阳)眼镜城服务业集聚区"的省级专业市场地位。评选省级现代服务业集聚区的门槛很高,最终成功入选的 47 家服务业园区中,绝大部分分布在苏锡常地区,其中包括江苏工业设计园、苏州软件园、常熟招商城等鼎鼎有名的园区;镇江市只有两家入选,另一家为镇江高新技术创业服务中心。省发改委将对所有入选园区给予全方位的指导、扶持和奖励。在此基础上,丹阳市又全力加速集聚区建设推进进度,着力编制完成集聚区总体发展规划,并于近日成功通过省级评审。依照规划,丹阳市将围绕交易、创新、物流、会展、商务、旅游这六大功能区,最终将中国(丹阳)眼镜城服务业集聚区建成为中国一流的眼镜产品贸易区、有重大国际影响力的眼镜研发基地。这其中,交易功能区主要指目前在建中的中国眼镜城一、二期工程,创新功能区将包括研发大厦、眼镜检测中心和信息中心,物流功能区将建设物流中心,会展功能区主要建设眼镜万国博览交易中心大楼,商务功能区主要建设中央商务中心,为客户提供金融、法律等服务,旅游功能区主要包括眼镜博物馆、运河风光带、科普展示厅等。上述建设工程,目前有许多正处于实施推进之中。

(三)发展战略与发展举措

深入贯彻落实科学发展观,实施"把眼镜产业打造成丹阳第一产业"的发展战略。建设中国(丹阳)眼镜城服务业集聚区须遵循六个基本原则:统一规划、分步实施,产业聚集、资源集约,服务生产、服务生活,政府引导、企业运作,科技创新、持久发展,服务外包、延伸发展。全面提升丹阳眼镜产品的档次和品牌,将中国丹阳市建设成为"立足全国、面向全球"的健康型、时尚性、国际化的"眼镜之都"。

1. 确定产业发展方向

(1)镜片。巩固发展 CR－39 树脂加硬、加膜镜片外,抓紧 CR－39 高折射镜片的推广,以人为本,开发研制更加适合人们佩戴的各种高折射树脂镜片等主流产品。抓紧开发渐进多焦点、非球面镜片模具的开发。鼓励企业购制世界最先进的镜片加工设备和加硬镀膜设备,提高产品的科技含量。(2)镜架。重点发展高档镜架,及与之相配套的高档零配件生产使之与丹阳镜片生产水平能力相适应。在完善全框、半框、无框、混合架等品种的基础上,着重在时尚镜架设计、高档电镀、镜架新材料开发等方面予以鼓励。(3)成镜。在重点发展光学眼镜的同时,大力引进、开发太阳镜及各种专用眼镜,如钓鱼镜、运动用护镜、潜水镜、射击镜等。依靠科技进步,在成镜方面力创名牌产品。(4)眼镜制造机械。重点引进眼镜专用新型电镀机械、焊接机械、镜片加工及镀膜机械、镜架制造机械等设备。

2. 塑造丹阳眼镜地区品牌

建立丹阳眼镜产业整体解说交流系统。一是完善丹阳眼镜网站,让用户一次点击可在网上总览丹阳眼镜产业全貌;积极进行中国眼镜生产基地的申报。二是在中央电视台、核心重点专业期刊及重要交通枢纽等进行丹阳眼镜区域整体形象广告宣传;三是精心印制丹阳眼镜产业刊物,以此"塑造丹阳眼镜地区整体形象,擦亮丹阳眼镜这块金字招牌"。积极筹建"中国眼镜博物馆"。争取国务院办公厅尽早核批丹阳筹建"中国眼镜博物馆",同时以全国重要眼镜基地的优势条件边审批边筹建。中国眼镜博物馆规划由丹阳为主筹建并坐落在丹阳,是对全国的贡献,也强化了丹阳眼镜产业在全球同行业中的地位,还将带动丹阳眼镜旅游购物,为丹阳眼镜产业发展聚集人气,扩大影响。

鼓励丹阳眼镜企业有组织地参加国内外眼镜专业博览会。发挥龙头企业带头作用,组织并鼓励中小企业正面宣传自己的企业位于丹阳,在国内外眼镜市场上使得"丹阳制造"取得应有地位。

3. 加强行业整合,提高丹阳眼镜产业竞争力

充分重视丹阳眼镜行业商会的地位。尊重并充分发挥眼镜商会在行业自律、联系政府、信息传递、人才培训、参会参展、企业维权、产业规划、项目预算、服务会员等方面的作用。规范竞争秩序。对内建立正常的产业信息、技术交流机制,遏制、打击侵犯知识产权行为;对外树立和提高行业维权意识,不侵犯别人的眼镜产业知识产权,同时注重运用合法手段,不被他人侵犯自身知识产权。实施品牌带动战略。鼓励有条件企业积极创立和申报省级知名品牌和著名商标、中国著名品牌和中国驰名商标,取得省级知名品牌或商标的奖励 10 万元,取得中国驰名商标或著名商标的奖励 30 万元。同时在招商引资时采取特殊政策,重点引进国际眼镜品牌企业落户丹阳,并鼓励中小企业挂靠知名企业贴牌生产,使得丹阳成为名牌眼镜集群基地。引导和强化资产重组。引导和鼓励丹阳眼镜企业在丹阳眼镜的关键产业和符合丹阳眼镜产业发展方向的重要领域,通过股份化的形式快速成长,同时鼓励企业之间建立以产权为核心的企业集团,以此带动产业结构调整,实行产业内部合理分工,使各个产业链上都能产生一批龙头骨干企业。

4.加强载体建设,夯实丹阳眼镜产业发展基础

加快(中国)丹阳眼镜产业聚集区和丹阳经济开发区眼镜工业集中区建设。坚持高起点规划,高标准建设,一站式服务,物业化管理的原则。对进入园区投资建设的眼镜企业的用地指标在全市优先安排。制定符合丹阳眼镜产业发展方向的招商引资指导目录,以使眼镜园区建设对丹阳眼镜产业结构调整起到更好地推动作用。将成立专门的园区管理委员会,赋予其一定的职能,并引入市场化运行机制。加快中国(丹阳)眼镜城建设。今年中国(丹阳)眼镜城被省发改委列为"省级现代服务业集聚区"之后,有关集聚区总体发展规划又于近日编制完成,并通过省级评审。依照规划,丹阳市将围绕交易、创新、物流、会展、商务、旅游这六大功能区,最终将中国(丹阳)眼镜城服务业集聚区建成为中国一流的眼镜产品贸易区、有重大国际影响力的眼镜研发基地。这标志着丹阳眼镜产业载体日臻完善,并具有得天独厚的竞争优势,它将为丹阳眼镜产业现代化升级发挥重要作用。创新市场管理与服务,由市专业市场管理办公室组建中国眼镜城管理委员会,负责市场的建设和日常运营管理,下设运输、质量检测、工商投诉、报关、公用事业、金融服务等机构,其他任何部门和单位不得干预市场的管理事务,不得随意进入市场检查、收费。政策强力扶持。实行"一票收费制",并对新进市场的经营户实行三年内零费制,各相关部门的应收费用,根据测算确定合理标准由丹阳市财政予以代缴;对市场投资商出租门市、摊位的租金收益,其税费征收予以优惠,以鼓励投资商保留一定比例的营业用房以出租形式投入运营,从而方便眼镜城的管理,防止中国(丹阳)眼镜城门市房被恶意炒作,确保中国(丹阳)眼镜城的持续繁荣。

5.加强眼镜的销售业态的创新

大力发展和扶持丹阳销售品牌企业,鼓励其发展连锁经营市场、配送市场等新型营销方式,打响丹阳眼镜销售区域品牌。加大眼镜产业员工的培训力度,企业的培训费用可按实例列入成本;每年全市的教育费附加中,用于职工培训的一块,优先用于眼镜产业员工的岗前、岗中培训。对从事外贸的眼镜企业,税务部门将优先安排出口退税资金,同时放宽对有涉外经营权的眼镜企业经营项目、境外投资的外汇管制。眼镜企业新产品、新技术的研发经费,可按实例列入管理费用,不受比例限制;被认定为省级以上高新技术产品的眼镜企业,三年内增值税地方留成部分由财政部门给予补助。对全市眼镜重点技改项目、招商引资中的重点知名品牌的眼镜项目,其基本建设过程中的相关政府基金予以减免,重大项目的收费,可一事一议。推动各类金融机构大力改善对眼镜企业的信贷服务,开发适合其特点的融资服务项目。

政　策　篇

省政府关于印发江苏省企业互联网化提升计划的通知

苏政发〔2016〕10 号

各市、县(市、区)人民政府,省各委办厅局,省各直属单位:

现将《江苏省企业互联网化提升计划》印发给你们,请认真组织实施。

江苏省人民政府

2016 年 2 月 1 日

江苏省企业互联网化提升计划

为贯彻实施《中国制造 2025 江苏行动纲要》和《关于加快发展互联网经济的意见》，引导企业深化互联网融合创新，加快企业互联网化进程，提升工业经济核心竞争力，特制定本计划。

一、总体要求

（一）指导思想。深入贯彻十八届五中全会精神和习近平总书记对江苏工作的新要求，践行创新、协调、绿色、开放、共享五大发展理念，落实省委十二届十一次全会决策部署，围绕制造强省和智慧江苏建设目标，深刻把握"互联网＋"大融合、大变革趋势，充分发挥互联网在企业生产组织、资源配置、产品形态和商业模式的优化集成作用，促进新一代信息技术向研发设计、生产管控、供应链管理、市场服务等环节渗透融合，推动生产方式向柔性、智能、精细转变，增强企业创新能力，支撑产业向中高端迈进、经济保持中高速增长。

（二）基本原则。

——市场主导。突出企业主体地位，发挥市场机制作用，优化资源配置，完善监管服务方式，营造宽松环境。加大政策支持力度，引导企业运用互联网等信息技术重构生产组织、创新方式、商业模式，打造转型升级新优势。

——融合创新。促进信息技术在企业生产经营各环节的深度融合和广泛应用，引导企业加快跨界融合，开展基于互联网的各类创新，推动发展模式变革，使互联网成为增强企业核心竞争力的重要手段。

——开放共享。发挥互联网在促进产业升级、企业两化深度融合中的平台作用，引导企业全面整合优势资源，加快形成以开放共享为特征的互联网化运行模式，建立优势互补、合作共赢的开放型产业生态体系。

——安全可控。加强重要领域工业控制系统安全保障体系建设，构建有效的预警和管理机制，完善行业标准和规范，增强企业互联网化发展的安全防护和自主可控能力。

（三）主要目标。按照智能管控、跨界融合、协同创新、提质增效的要求，推进企业网络化、智能化、集成化、协同化。到"十三五"末，规模以上企业研发设计、生产管理、营销服务等关键环节互联网应用覆盖率达到 60％，关键管控软件普及率达到 65％，重点管控系统集成覆盖率达到 45％；大中型企业互联网应用及关键管控软件应用实现全覆盖，重点管控系统集成覆盖率达到 65％。建成 100 个面向重点行业有影响力的互联网化服务平台。2016 年，规模以上企业互联网应用覆盖率和关键管控软件应用普及率均达到 50％，重点管控系统集成覆盖率达到 25％；大中型企业互联网应用覆盖率和关键管控软件应用普及率均达到 65％，重点管控系统集成覆盖率达到 35％。创建 30 个重点互联网化服务平台。

二、重点任务

（一）推进研发设计协同化。实施"互联网＋研发设计推进计划"。重点培育发展协同式研发设计模式。支持企业完善产品研发设计数字化网络化环境，建立及时响应、持续改进、全流程创新的产品研发设计创新体系，发展众创设计、众包设计、用户参与设计等新型研发设计模式，培育一批基于互联网实现设计与生产联动、产学研异地协同研发的示范企业。鼓励企业开放研发设计资源。支持大中型企业在线实时发布研发设计资源，建立虚拟化产品开发网络和面向全社会的研发设计服务平台，为中小企业新产品开发提供工业设计、研发测试、创业孵化、技术转移等开放服务，鼓励有条件的企业发展创客空间、创新工厂，推动研发设计服务领域延伸和服务模式升级。重点支持面向行业协同研发创新平台建设。发挥国家级和省级各类企业研发机构作用，建立装备制造、电子信息、纺织服装、生物医药和轻工等行业开放创新交互平台、在线设计中心，提升重点行业互联网协同研发设计水平。

（二）推进生产管控集成化。实施"重点管控软件普及推广计划"。推进大中型企业关键管控软件一体化规划设计及全覆盖应用，支持企业信息化升级改造，促进企业资源计划（ERP）、制造执行系统（MES）、供应链管理（SCM）、产品数据管理（PDM/PLM）、客户关系管理（CRM）等关键管控软件的普及推广应用。推进中小企业应用信息化公共服务平台共享软件资源。实施"企业生产管控集成互联计划"。加快生产设备、装备的互联互通（M2M），集成运用传感网、智能终端、智能控制系统，提升端到端集成水平。加快自动化生产单元推广应用，推动工业网络、智能机器等集成应用，实现生产单元之间的互动协同。加速自动化生产线研发和推广应用，推进生产设备、制造单元、生产线的系统集成和智能对接，建立智能工厂（车间）与柔性化制造系统。加快企业"人机物务"（人员机器、物料设备、生产服务）的互联互通，推进行业信息物理系统（CPS）的关键技术研发和产业化，实现设备联网、远程实时监控、生产过程协同、故障智能诊断、决策支持和安全生产监管等功能。实施"企业两化融合管理体系贯标推进计划"。全面开展两化融合管理体系贯标评估，加快培育两化融合咨询服务机构，建立市场化贯标模式和机制。制定两化融合管理体系行业标准，重点建设百家贯标示范企业、千家贯标试点企业，组织万家企业对标评估。在大中型企业普及首席信息官（CIO）制度，制定企业互联网化发展规划，推动企业信息流、物流、资金流协同管控，加快互联网环境下的业务创新和组织变革。

（三）推进购销经营平台化。实施"企业电商拓市提升计划"。推进企业电商普及应用。支持规模以上企业自建电商平台或应用第三方平台，开展线上购销、供应链管理和创新服务，鼓励发展以销定产、个性化定制等产品销售模式。支持大中型企业构建与上下游企业对接的互联网＋供应链管理系统，优化供应链管理服务，推广零库存管理模式。发展重点行业电商服务平台。积极培育钢铁、化工、工程机械、医药、有色金属、纺织面料、纸浆等重点细分行业垂直电商平台，大力发展省内有产业优势的大宗产品电子交易平台，鼓励企业建设再制造、再生资源等行业专业交易平台，带动关联产业发展。发展以撮合货源和运力配对为主的第四方物流网络平台，提高物流效率，降低物流成本。集中建设30家重点行业B2B平台，培育20家大宗商品交易平台，打造百家细分行业特色平台。

（四）推进制造服务网络化。实施"企企通"工程。加强工业信息基础设施建设规划与布局,完善"网＋云＋端"(工业宽带、工业云、工业智能终端)的工业信息基础设施,建设低时延、高可靠、广覆盖的工业互联网。推广重点工业企业及生产性服务企业高带宽专线服务,加快推进宽带网络进企业、入车间、联设备,提升大中型企业高速宽带接入能力。实施"企业云平台建设计划"。完善工业云、企业云、中小企业"e企云",建设工业大数据中心,集聚资源支持建设面向重点行业重点地区的云服务平台,鼓励重点企业优质信息资源上平台、引导中小企业用平台。加强工业云平台对中小企业的服务能力建设,提供面向中小企业的研发设计、优化控制、设备管理、质量监控与挖掘分析等软件应用服务。实施"产品网络化服务创新计划"。推进物联网、人工智能、多媒体技术融入新产品开发,通过在装备和产品中嵌入传感器、数控装置及软件系统,增强产品的信息获取、处理和自适应能力,提高产品的数字化、网络化、智能化水平。发展大规模个性化定制,引导企业运用移动O2O(线上线下)、云计算、大数据等打造用户聚合平台、多元社交平台,开展基于个性化产品的服务模式创新。加快互联网与工业融合创新。支持企业内部及企业之间生产要素资源共享协同的生产组织创新、服务模式创新和业态模式创新。引导大型数控成套装备、风电、电梯、智能终端等行业企业基于互联网开展远程维护、质量控制、故障预警、过程优化等在线增值服务,培育一批总集成总承包、协同生产、远程服务、定制服务等融合创新应用典型。

（五）加快技术支撑自主化。实施企业互联网应用解决方案提升计划。支持制造企业、软件和信息服务企业、互联网企业、系统集成企业建立协作机制,开展智能芯片、工控软件、工业大数据、系统集成、协同制造等联合攻关,形成一批企业互联网化关键核心技术;面向重点行业智能制造单元、智能生产线、智能车间、智能工厂建设,提升工业自动化、信息技术等集成服务企业的架构设计、综合集成和解决方案能力。提升互联网信息服务支撑能力。推动软件和信息服务企业深度参与工业企业研发设计和生产制造过程,提供工业咨询设计、数据挖掘分析、流程优化重组、设备能源管理等服务;推进电商服务企业能力提升,支持省内重点电商平台为企业提供电商应用解决方案,选择行业龙头或应用成熟度较高的企业开展试点示范;加快重点行业工业大数据、工业云平台的推广应用,提升"云计算＋大数据"综合支撑能力。推进工业互联网发展部署。加快智能车间、智能工厂等领域标准化建设,引导企业开展工业互联网、工业大数据、工业软件和信息物理系统(CPS)等技术标准的研制、评估、试点及推广。推进工业互联网技术研发及产业化,建立企业主导的产学研协同创新体系,组织开展工业互联网关键资源管理平台和关键技术试验验证平台建设,攻关解决智能控制、系统自治、人机交互、物理仿真等共性关键技术。加快基于IPv6、5G、软件定义网络(SDN)等新型技术的工业互联网部署,支持有条件的大中型企业开展工业互联网创新应用示范。

三、2016年重点工作

（一）研发设计环节。推进大中型企业研发设计互联网化建设,推动行业重点企业完善产品研发设计数字化、网络化环境,开放研发设计资源,支持重点企业建立协同研发设计云服务平台、开放创新交互平台、在线设计中心,培育100家协同研发设计示范企业,新增15家以互联网协同设计为特色的省级工业设计中心。推进互联网协同设计供需合作,举办对接交流活动。

（二）生产管控环节。大规模推进管控系统普及集成,以大中型企业为实施重点向规模以上企业拓展,支持千家大中型企业关键管控系统普及推广应用、500 家大中型企业生产管控系统集成互联。全面开展两化融合贯标行动,组织 100 家企业实施两化融合贯标试点,培育 10 家两化融合咨询服务机构,开展万家规上企业对标评估诊断,启动两化深度融合行业标准制定工作。推进数字企业示范建设,组建数字企业创建咨询专家库,组织专家开展数字企业创建咨询诊断活动,认定一批数字企业。

(三)购销经营环节。发展壮大重点行业 B2B 平台,在装备制造、冶金、化工、电子信息、新医药、新材料、纺织、轻工等领域培育百家行业特色平台。深化规上企业电商普及应用,将电商拓市工程延伸向规上企业,引导全省 4 万余家规上企业融入重点电商平台生态体系。支持 30 家重点平台企业服务全省企业电商应用,将电商拓市环省行活动深化拓展至细分行业和工业集聚区,扩大服务规模、提升服务实效。

(四)制造服务环节。启动全省企业互联网化"企企通"工程试点建设和示范推广,组织制定"企企通"重点行业信息化解决方案。完成全省国家级开发区、高新技术产业园区 G 级宽带接入和500 家工业企业和生产性服务企业高速宽带接入。优化和应用推广江苏工业云平台,启动工业大数据中心建设,完善企业云、中小企业"e 企云"等信息服务平台服务功能。推进众包服务、个性化定制、智能协同制造、O2O 市场服务模式等应用推广,培育一批互联网平台企业和融合创新示范企业。

(五)支撑能力建设。在重点行业组织龙头骨干企业开展工业互联网、工业大数据、信息物理系统(CPS)共性技术联合攻关,打造一批网络化制造服务平台,推出一批企业互联网化整体解决方案。加快培育智能制造系统服务集成商,组织省内软件与信息技术服务企业和行业骨干企业对接,推动工业互联网、工业软件、工业大数据、工控安全系统等集成应用。组织开展智能制造示范试点,形成 20 个智能制造系统解决方案。在重点领域研制若干工业互联网和大数据标准,建设工业大数据服务中心,创建 10 项"互联网＋云计算""互联网＋大数据"应用示范。组织 30 家电商服务企业针对各细分行业,制定解决方案,形成可复制可推广的建设应用模式。

四、保障措施

(一)加大政策支持。认真贯彻落实国家和省发展互联网经济、生产性服务业的财税优惠政策。省工业和信息产业投资基金积极投向企业互联网化提升。优化工业和信息产业转型升级、战略性新兴产业等省级专项资金使用结构,加大省级财政对企业互联网化提升的支持力度。对企业研发设计协同化、生产管控集成化、购销经营平台化、制造服务网络化等重点环节提升项目按投资额或固定资产贷款额给予一定比例补助或贴息支持;对企业互联网化支撑体系建设重大技术攻关、企业互联网化专业化服务、企业互联网化示范应用等项目按研发投入或新增销售额给予适当奖补,具体细则由省财政厅会省经济和信息化委等有关部门制定。

(二)培养创新人才。以高层次、领军型人才培养为重点,实施企业互联网化人才培养计划,培养一批高端领军人才,发掘一批创新创业团队,建立多层次、全方位、宽领域的企业互联网化人才培养、引进和融合服务体系。对通过"互联网＋专家服务"推进企业互联网化做出突出贡献的人才给予一定奖补。支持和鼓励各类创新创业机构开展互联网创业培训,在达到一定标准的高等院校、技师学院和培训机构建立人才培训基地。

（三）提升服务保障。充分发挥各类中介服务机构的桥梁纽带作用,提升省企业信息化协会、互联网创新联盟、互联网众创联盟等行业机构的服务功能,建设省级互联网融合创新服务平台,创建一批省级互联网产业园、众创园,培育一批为企业互联网化提升提供软件服务和系统解决方案的咨询服务机构。开展网络安全应用示范,提高工业互联网安全核心技术和产品水平。加强企业互联网化关键领域重要信息系统的安全保障,建设完善网络安全监测评估、监督管理、标准认证和创新能力体系。引导企业建立合理的知识产权权利归属和利益分配机制,促进研发协同创新健康有序发展。

（四）强化统筹协调。在制造强省建设领导小组统一领导下,建立协同联动机制,协调省有关部门和市、县共同推进企业互联网化提升,每年制定推进方案,细化目标任务,明确工作责任,建立监测体系,加强督促检查和考评。

省政府关于促进展览业改革发展的实施意见

苏政发〔2016〕12号

各市、县(市、区)人民政府,省各委办厅局,省各直属单位:

为贯彻落实《国务院关于进一步促进展览业改革发展的若干意见》(国发〔2015〕15号)精神,进一步促进全省展览业健康有序发展,现提出如下实施意见。

一、总体要求

(一)指导思想。深入贯彻党的十八大和十八届三中、四中、五中全会精神,按照党中央、国务院和省委、省政府决策部署,加强改革创新,完善体制机制,充分发挥市场在资源配置中的决定性作用,更好发挥政府作用,加快推进展览业市场化进程,坚持专业化、国际化、品牌化、信息化方向,倡导低碳、环保、绿色理念,推动展览业转型升级,不断提高我省展览业的整体水平和国际竞争力。

(二)总体目标。到2020年,全省展览设施布局优化、功能完善,展览业规模显著扩大,整体实力实现跃升,发展环境进一步改善,经济功能和社会效益日益显现。政府和市场的关系进一步厘清,形成行政管理与行业自律相结合的管理模式;影响市场公平竞争和行业健康发展的体制机制障碍逐步消除,形成平等参与、竞争有序的市场环境。做大做强10—15个境内专业品牌展会,搞好搞活3—5个具有国际影响力的境外展会;形成一批规模较大、办展能力强、国际化程度高的本土品牌展览企业;依托苏南、苏中、苏北地区重点展览城市的辐射功能,打造3—5个区域性重点展览城市及其核心展馆。

二、主要任务

(一)健全管理体制。完善展览业管理体制和机制,建立省商务主管部门牵头,发展改革、教育、科技、公安、财政、地税、工商、质监、统计、知识产权、贸促、国税、海关、检验检疫等部门和单位共同参与的省展览业改革发展联席会议制度,协调解决展览业改革发展中遇到的重大问题。加强展览业发展战略、规划、政策、标准等制订实施,加强事中事后监管,优化公共服务体系。

(二)进一步简政放权。改革行政审批管理模式,按照属地化原则,履行法定程序,逐步将对外经济技术展会行政审批权限分级下放至展会举办地所在的省辖市和部分县(市)商务主管部门。深入开展先试先行,除政府主办的展会需严格履行审批手续外,市场主体主办展会的报批制度逐步由审批制调整为备案制。运用互联网等现代信息技术,实行网上备案审批,提高行政许可效率和便利化水平。

（三）推进市场化进程。严格规范各级政府办展行为，减少财政出资和行政参与，逐步加大政府向社会购买服务的力度，建立政府办展退出机制。放宽市场准入条件，着力培育市场主体，加强专业化分工，拓展展览业市场空间。

（四）加快国际化步伐。引进一批国内外知名品牌展会落户江苏，进一步提升本土展会的国际化水平。鼓励本土大型展会提升办展质量，形成品牌优势。支持部分具备条件的本土品牌展会打造国家级国际经贸展会，支持一批具有核心竞争力的中小型国际专业展会加快发展。加大对"一带一路"相关展会的支持力度。

（五）提升展览企业竞争力。鼓励企事业单位公平参与竞争，引导国内外展览行业组织和大型骨干展览企业通过收购、兼并、控股、参股、联合等形式组建国际展览集团或在我省设立分支机构。鼓励省内大型展览企业积极打造具有先进办展理念、管理经验和专业技能的行业龙头企业。

（六）拓展展馆服务功能。科学布局大型场馆建设，避免展会资源恶性竞争。推进展馆管理体制改革和运营机制创新，制订公开透明和非歧视的场馆使用规则。加强展馆信息管理，推动馆展互动、信息互通，提高场馆设施的使用率。鼓励大型展览场馆提能升级，拓展承接国际大型展览的能力和水平；改造提升中小型展览场馆设施，适应专业化展览需求。

（七）深化信息技术应用。引导企业运用现代信息技术，开展服务创新、管理创新、市场创新和商业模式创新，发展新兴展览业态。借助电子商务平台举办网络展会，支持中小企业电子商务推广与应用，促进电子商务交易、网络零售、电子商务服务业等发展，形成线上线下展会互动的新模式。推动云计算、大数据、物联网、移动互联等在展览业的推广应用。

（八）健全展览产业链。坚持多行业融合与业态创新相结合，建设以展览业为核心的公共信息服务平台，拓展展览业经济辐射能力。在会议、展览协同发展的基础上，以交通、物流、通信、金融、旅游、餐饮、住宿等为支撑，策划、广告、印刷、设计、安装、租赁、现场服务等为配套，通过与节事活动、会奖旅游和商业、文化、娱乐、演艺、体育等相关行业融合，形成行业配套、产业联动、运行高效的展览业服务体系，增强产业链上下游企业协同能力，带动各类展览服务企业发展壮大。

（九）发挥中介组织作用。按照社会化、市场化、专业化原则，积极发展规范运作、独立公正的专业化行业组织。完善展览行业协会功能，充分发挥展览业协会等行业组织服务、协调、自律作用。鼓励上下游展览企业建立展览业联合体制机制。鼓励行业协会开展展览业发展规律和趋势研究，并充分发挥贸促机构等经贸组织的功能与作用，向企业提供经济信息、市场预测、技术指导、法律咨询、人员培训等服务，提高行业自律水平。

（十）规范展会场馆安全管理。加强对展会场馆及设施的维护，保证展会场所、设施及施工符合国家相关安全标准和安全技术规范。场馆与展会主办单位要对所举办的展会签订安全责任书，共同承担展会的公共安全责任。对在场馆内发现的各类不安全因素应及时向所在地有关部门反映，并立即开展应急处置，对未取得合法手续的展会应拒绝提供场馆租赁服务。

三、政策措施

（一）落实财税政策。充分发挥省级商务发展专项资金的引导作用，积极推进政府购买服务支持各项展览业市场化改革措施，引导展览业公共服务职能拓展以及相关资源和服务整合，支持企业参加重点展会开拓国际市场,鼓励展会服务商境外办展参展为中小企业提供服务。落实小微企业税收优惠政策,促进展览企业及相关配套服务企业健康发展。

（二）改善金融服务。鼓励商业银行、保险、信托等金融机构在现有业务范围内,按照风险可控、商业可持续原则,创新适合展览业发展特点的金融产品和信贷模式,推动开展展会知识产权质押等多种方式融资,进一步拓宽办展机构、展览服务企业和参展企业的融资渠道。完善融资性担保体系,加大担保机构对展览业企业的融资担保支持力度。

（三）提高便利化水平。进一步优化展品出入境监管方式方法,提高展品出入境通关效率。引导、培育展览业重点企业成为海关高信用企业,适用海关通关便利措施。简化符合我国出入境检验检疫要求的展品通关手续,依法规范未获得检验检疫准入展品的管理。

（四）健全行业标准和统计制度。积极采用国际和国外展馆管理、经营服务、节能环保、安全运营等标准,逐步形成面向市场、服务产业、主次分明、科学合理的展览业标准化框架体系。建立健全展览业统计调查制度,定期发布相关监测分析情况,完善监测分析制度,建立综合性信息发布平台。

（五）加大知识产权保护力度。支持和鼓励展览企业通过专利申请、商标注册等方式,开发利用展会名称、标志、商誉等无形资产,提升对展会知识产权的创造、运用和保护水平。扩大展会知识产权基础资源共享范围,建立信息平台为展览企业提供服务。把打击侵犯知识产权和制售假冒伪劣商品列入展会总体方案和应急处置预案,完善重点参展产品追溯制度,推动落实参展企业质量承诺制度,加强展会维权援助举报投诉处置能力建设。

（六）加强诚信体系建设。建立展览企业诚信经营承诺制度,加快建立覆盖展览场馆、办展机构和参展企业的展览业信用体系,推广信用服务和产品的应用。建立信用档案和违法违规单位信息"黑名单"制度,推动部门间监管信息的共享和公开,褒扬诚信,惩戒失信,实现信用分类监管。

（七）强化人才支撑。鼓励高职院校按照市场需求设置专业课程,培养适应展览业发展需要的技能型、应用型和复合型专门人才。创新人才培养机制,鼓励中介机构、行业协会与相关院校和培训机构联合培养、培训展览专门人才。探索实施展览业从业人员分类管理制度,研究加强专业人才队伍建设办法,全面提升展览业人才整体水平。各地、各有关部门和单位要充分认识进一步促进展览业改革发展的重要意义,加强组织领导,健全工作机制,强化协同配合,结合本地区、本部门实际,按照本意见确定的目标任务,明确职责分工,细化政策措施,确保各项任务落实到位,努力推动展览业又好又快发展。

江苏省人民政府
2016 年 2 月 2 日

省政府关于降低实体经济企业成本的意见

苏政发〔2016〕26 号

各市、县(市、区)人民政府,省各委办厅局,省各直属单位:

为深入推进供给侧结构性改革,切实降低实体经济企业成本,进一步优化发展环境,提升企业盈利能力,根据中央有关部署要求,结合我省实际,现提出以下意见。

一、合理降低企业用工、物流成本

(一)在继续实施现有降低失业、工伤、生育保险费率基础上,2016—2018 年再降低失业保险缴费比例 0.5 个百分点。困难企业暂时无力缴纳社会保险费的,在提供有效缴费担保后,经批准可缓缴除基本医疗保险费之外的社会保险费,缓缴期最长可达 6 个月。(省人力资源社会保障厅牵头,省财政厅、经济和信息化委、地税局等参与)

(二)合理调整最低工资标准。(省人力资源社会保障厅牵头,省经济和信息化委、总工会、工商联等参与)

(三)落实援企稳岗等补贴政策,支持企业通过转型转产、多种经营、主辅分离、辅业改制、培训转岗等方式,多渠道分流安置富余人员,鼓励企业少裁员、不裁员。(省人力资源社会保障厅牵头,省财政厅等参与)

(四)加大对企业职工培训的补贴力度。企业在依法提取和使用职工教育经费后,职工技能培训费用不足部分,由地方财政部门在其缴纳的地方教育附加费额度内予以补助。各级财政安排专项资金加大对企业职工培训的支持力度。(省人力资源社会保障厅牵头,省经济和信息化委、财政厅等参与)

(五)规范港口、机场、铁路经营服务性收费,落实国家和省"绿色通道"及取消船舶港务费相关政策,推进城市配送车辆进城、通行、停靠便利化政策落实,规范通行证审批,优化通行环境。(省经济和信息化委牵头,省发展改革委、省公安厅、省交通运输厅、省物价局、江苏交通控股有限公司等参与)

二、进一步降低用能、用地成本

(一)从 2016 年起一般工商业及其他用电类别价格下调 3.12 分/千瓦时。(省经济和信息化委牵头,省物价局、江苏能源监管办、省电力公司等参与)

(二)优化能源发展结构,扩大电力降价空间。扩大电力用户与发电企业直接交易规模。采取双边协商与集中交易平台竞价相结合的模式,2016 年安排直接交易电量 500 亿千瓦时,降低骨干企业用电成本。(省经济和信息化委牵头,省发展改革委、省物价局、江苏能源监管办、省电力公司参与)

（三）开展大用户优化用电服务,免费为企业提供优化用电建议书,合理配置变压器容量,充分利用谷时段低电价,降低用电成本支出。(省经济和信息化委牵头,省物价局、江苏能源监管办、省电力公司等参与)

（四）实行有保有控的产业用地政策,重点保障年度重大项目中的先进制造业和现代服务业等产业项目用地,对工业用地鼓励采取长期租赁、先租后让、租让结合、弹性出让等方式供应。在符合相关规划的前提下,经市、县人民政府批准,利用现有房屋和土地,兴办文化创意、科研、健康养老、房屋租赁、工业旅游、众创空间、现代服务业、"互联网＋"等新业态的,可实行继续按原用途和土地权利类型使用土地的过渡期政策。过渡期为 5 年,过渡期满后需按新用途办理用地手续且符合划拨用地目录的,可以划拨方式供地。(省国土资源厅牵头,省发展改革委、经济和信息化委、科技厅、住房城乡建设厅等参与)

（五）在满足基础设施、公共设施、公益事业等配套设施用地的前提下,将低效产业用地通过政府主导再开发、市场主体实施再开发、综合整治提升改造等多种方式进行再开发利用,提高土地利用效率,降低企业用地成本。在不改变现有工业用地用途的前提下,对工矿厂房、仓储用房进行改建、扩建及利用地下空间,提高容积率的,可不再补缴土地价款差额。(省国土资源厅牵头,省发展改革委、经济和信息化委、住房城乡建设厅等参与)

三、有效降低企业融资成本

（一）加强商业银行业务窗口指导。充分发挥江苏市场利率定价自律机制作用,加强银行业金融机构行为自律,维护存贷款利率定价秩序,落实国家降息政策。支持有条件的银行试点探索投贷联动融资服务,优化科技创新创业企业融资结构,降低融资成本。合理确定贷款审批门槛。继续扩大续贷政策适用范围,深入开展小微企业转贷方式创新,对市场前景好、暂时遇到困难的企业不断贷、不抽贷。鼓励金融机构开展并购贷款业务。(人民银行南京分行牵头,省经济和信息化委、省金融办、江苏银监局等参与)

（二）用足用好央行再贷款再贴现政策,发挥好货币政策工具投向与价格"双引导"作用。鼓励商业银行对符合条件的小微企业贷款给予优惠利率支持。商业银行要按照小微企业贷款增速不低于各项贷款平均增速的目标,年初单列全年小微信贷计划,不得挤占、挪用。支持符合条件的银行发行小微金融债。(人民银行南京分行牵头,省金融办、江苏银监局等参与)

（三）鼓励和支持地方建立科技金融风险补偿资金池,省地联动构建科技信贷风险补偿机制,支持金融机构加大对科技型中小企业的信贷投放。2016 年全省资金池规模不低于 20 亿元。(省科技厅牵头,省财政厅、省金融办、人民银行南京分行、江苏银监局等参与)

（四）严格落实"七不准""四公开"和小微企业金融服务"两禁两限"要求,清理不必要的资金"通道"和"过桥"环节,切实整治层层加码加价行为。进一步规范企业融资过程中担保、评估、登记、审计、保险等中介机构收费行为。鼓励金融机构清理服务收费项目及价格,列出收费目录清单,并向社会公布。组织开展银行收费专项检查。(江苏银监局牵头,省物价局、省金融办、人民银行南京分行等参与)

（五）进一步充实政策性担保、再担保机构资本金。建立政府、银行和融资担保机构之间的风险共担机制。鼓励引导金融机构扩大对担保机构的准入,降低担保费率;提高信用良好企业的抵押物折扣率;担保机构对小微企业的担保费率在一定比例内的,省财政给予一定补贴。鼓励金融机构对风险控制能力强、社会效益好的融资担保机构提供减免保证金、适当提高放大倍数、控制贷款利率上浮幅度等支持措施,不随意收缩正常付息企业的担保额度。2016 年省级财政安排 10.5 亿元"促进金融业创新发展专项资金"。(省财政厅牵头,省经济和信息化委、省金融办、人民银行南京分行、江苏银监局等参与)

(六)支持发展区域性股权市场,规范发展要素市场,积极开拓债券市场,培育引导私募市场。鼓励并推动企业在境内外资本市场上市挂牌融资和再融资。支持利用各类债务融资工具,鼓励符合条件的企业发行债券和上市交易,积极对接各类保险资金运用。扩大省天使投资引导资金规模,支持省级以上科技企业孵化器建立天使投资(种子)资金(基金),引导天使投资支持种子期、初创期科技型小微企业。继续在苏州等试点地区推进跨境人民币贷款试点、外债宏观审慎管理试点,合理引导企业利用境外低成本资金。(省金融办牵头,省科技厅、人民银行南京分行、江苏银监局、江苏证监局、江苏保监局等参与)

四、切实减轻企业税费负担

(一)从 2016 年起暂停征收防洪保安资金。(省财政厅牵头)

(二)取消网络计量检测费、粮油储存品质鉴定检验费等行政事业性收费。停止向水泥生产企业征收散装水泥专项资金。对符合条件的小微企业按有关规定免征教育费附加、地方教育附加、水利建设基金、文化事业建设费、残疾人就业保障金等政府性基金。(省财政厅牵头,省地税局、物价局等参与)

(三)进一步清理和规范城市市政公用设施等政府定价管理的经营服务性收费项目。开放高校国家级产品检验检测实验室。(省物价局牵头,省教育厅、地税局等参与)

(四)加快发展众创空间等新型孵化机构,鼓励和支持地方对众创空间的用房、用水、用能、宽带接入费用和用于创业服务的公共软件、开发工具等给予适当补贴。(省科技厅牵头,省财政厅等参与)

(五)制定《江苏省工业企业技术改造综合奖补实施细则》,对省内实施技术改造的规模以上工业企业,依据企业技术改造投入和新增税收贡献情况,给予一定比例资金奖补。"十三五"期间省财政安排 20 亿元,调动企业加强技术改造的积极性。(省经济和信息化委牵头,省财政厅、地税局、统计局、国税局等参与)

(六)积极落实引进技术设备免征关税、重大技术装备进口关键原材料和零部件免征进口关税和进口环节增值税、企业购置固定资产抵扣增值税、固定资产加速折旧等优惠政策,降低企业投资成本。(省经济和信息化委牵头,省财政厅、省地税局、省国税局、南京海关等参与)

(七)进一步落实部分劳动密集型和高技术含量、高附加值产品出口退税政策,提高企业产品竞争力。(省国税局牵头,南京海关等参与)

(八)指导和支持企业设置研发费用辅助账,简化对研发费用的归集和核算管理,放宽研发活动范围,简化备案资料,全面落实研发费用加计扣除政策。(省科技厅牵头,省财政厅、地税局、国税

局等参与）

（九）简化认定流程，放宽认定条件，扩充重点支持的高新技术领域，鼓励和支持更多企业申报高新技术企业，享受相应税收优惠政策。（省科技厅牵头，省财政厅、地税局、国税局等参与）

（十）继续落实软件企业和软件产品税收优惠政策，鼓励软件产业发展。进一步落实资源综合利用企业及其产品税收优惠政策，提高绿色制造水平。（省经济和信息化委牵头，省财政厅、地税局、国税局等参与）

（十一）全面落实小微企业税收优惠政策。对非货币资产投资应缴纳的个人所得税可延期至第五年缴纳。个别纳税人按规定缴纳房产税确有困难，需要给予临时性减税或免税照顾的，由市、县人民政府批准，定期减征或免征房产税。对缴纳土地使用税确有困难且符合减免税条件的纳税人，按规定享受相关优惠。（省地税局牵头，省财政厅、国税局等参与）

（十二）根据国家部署，把"营改增"试点范围扩展至建筑业、房地产业、金融业和生活性服务业，实现增值税全面替代营业税。（省财政厅牵头，省地税局、国税局等参与）

（十三）制定相应标准，对符合产业政策、有较好发展前景、一时遇到较大困难的企业，在合法合规的前提下，在一定期限内实行税费缓收政策，帮助企业渡过难关。（省财政厅牵头，省地税局、国税局等参与）

五、着力降低制度性交易成本

（一）在创办企业、投资办项目等重点领域再取消下放一批行政审批事项。着力做好相对集中行政许可权改革试点工作，力争实现全省范围内企业投资建设项目从立项到开工 50 日获批。建立健全行政审批监管长效机制，落实"双随机"抽查机制，加快形成权界清晰、分工合理、权责一致、运转高效、法治保障的地方政府机构职能体系。（省编办牵头，省发展改革委等参与）

（二）全面清理中介服务事项，法定中介服务事项实施目录清单管理，省以下部门擅自扩权增设的一律取消，收费过高的大幅降低收费标准。（省编办牵头，省物价局等参与）

（三）加强知识产权保护，加大对企业专利申请的资助力度，2016 年省财政安排知识产权专项资金 2 亿元左右。省专利运营基金争取扩大至 5 亿元，降低专利技术的市场化运作成本。（省知识产权局牵头，省财政厅等参与）

各地、各有关部门和单位要充分认识降低实体经济企业成本的重要意义，明确职责，主动作为，密切配合，狠抓落实。各地要结合实际，抓紧制订出台本地降低实体经济企业成本的意见。省各有关部门和单位要尽快制定具体工作方案，细化各项政策措施，确保不折不扣地执行到位，形成降低实体经济企业成本的强大合力。对国家和省明确取消或停止征收的涉企收费项目，不得以任何理由拖延或拒绝执行，不得转为经营性收费，不得以其他名目变相继续收取。国家及国家有关部门有新政策出台的，一律按新政策执行。省政府将把降低实体经济企业成本作为督查重要内容，定期组织专项督查，建立健全降低实体经济企业成本的长效机制，努力在全社会营造关注发展、关爱实体经济的良好氛围。

江苏省人民政府

2016 年 2 月 26 日

省政府关于加快推进"互联网＋"行动的实施意见

苏政发〔2016〕46 号

各市、县(市、区)人民政府,省各委办厅局,省各直属单位:

为贯彻落实《国务院关于积极推进"互联网＋"行动的指导意见》(国发〔2015〕40 号)精神,促进互联网与经济社会各领域深度融合,积极培育经济发展新动能,现结合我省实际,就加快推进"互联网＋"行动提出以下意见。

一、总体要求

(一)总体思路

全面贯彻党的十八大和十八届三中、四中、五中全会精神,深入落实习近平总书记系列重要讲话特别是视察江苏重要讲话精神,牢固树立和贯彻落实创新、协调、绿色、开放、共享发展理念,主动适应经济发展新常态,积极顺应国际"互联网＋"发展趋势,抢抓新一轮科技革命和产业变革历史机遇,充分发挥互联网在资源要素配置中的优化集成作用,推动互联网与经济社会各领域深度融合,释放发展潜力和活力,促进产业转型升级,创新政府服务模式,提升政务服务效能,完善社会治理方式,提高民生保障水平。坚持改革创新和市场需求导向,突出企业主体地位,打造"互联网＋"产业融合新模式,营造大众创业、万众创新浓厚氛围,积极培育基于互联网的新技术、新产品、新服务和新业态,增强各行业创新能力和竞争力,加快构建经济社会发展新优势,为"迈上新台阶、建设新江苏"提供有力支撑。

(二)基本原则

融合创新,开放共享。以"互联网＋"作为实施创新驱动的关键举措,以更加包容的态度、更加宽松的环境、更加积极的政策,加快培育基于互联网的新技术、新产品、新服务和新业态,构建互联网与经济社会协同发展新生态。将互联网作为生产生活要素的共享平台,在全球范围、全要素领域优化资源配置,加快形成开放共享的经济社会运行新模式。

转型升级,引领跨越。鼓励和支持传统产业积极应用互联网技术,优化流程和管理,打造产业智慧服务系统,打通研发、制造、流通、服务等关键环节,提高生产效率,促进传统产业焕发新优势。加强互联网重点领域的前瞻布局,培育壮大以互联网融合创新为突破口的新兴产业,抢占产业制高点,实现跨越式发展。

突出重点,示范带动。重点围绕协同化研发、智能化生产、网络化供应、产业间融合等关键环节,着力打造互联网技术应用与服务支撑平台,加快培育在全球范围内有影响力的互联网龙头企业,增强产业国际竞争力。通过典型引领、示范带动,引导要素资源向实体经济集聚,推动互联网向经济社会各领域加速渗透,促进生产方式与发展模式变革。

强化基础,确保安全。推进"宽带江苏"等新一代信息基础设施建设,大幅提升宽带网速,加快建设泛在普惠、人人共享、安全可信的信息网络。完善互联网融合标准规范和法律法规,构建保护公平竞争、防止行业壁垒的制度体系。健全网络安全保障机制,完善科学有效的市场监管方式,促进市场有序发展。

（三）发展目标

到2020年,网络化、智能化、服务化、协同化的"互联网＋"产业生态体系和社会治理模式基本形成,互联网经济发展水平显著提升,政府服务能力明显增强,"互联网＋"成为全省经济社会创新发展的重要驱动力量。

——形成转型发展新动力。互联网与工业、农业、服务业等融合发展进一步深化,基于互联网的实体经济创新能力明显增强。互联网在促进经济提质增效、产业转型升级等方面取得积极成效,互联网与实体经济协同互动发展的格局基本形成。基于互联网的新业态不断涌现,智能制造、电子商务、互联网金融、数字创意等快速发展,形成经济发展新动力。

——打造公共服务新模式。互联网成为提升社会治理和民生服务能力的重要手段,公共信息资源开放共享机制基本形成,基于互联网的文化教育、医疗卫生、健康养老、交通出行、休闲旅游等公共服务水平不断提高,公共服务产品供给能力有效提升。公平优质、便捷高效、精准服务、多方协作、上下联动的民生服务和社会治理新模式基本建立。

——构建产业支撑新基础。高速畅通、覆盖城乡的"宽带、融合、共享、泛在、安全"的网络设施得到有效巩固和完善,信息基础设施应用支撑和安全保障能力大幅提升。新一代信息技术产业加快发展,物联网、云计算、大数据、下一代互联网、人工智能等技术水平明显提高,产业支撑能力显著增强。

——营造创新发展新环境。有效破除互联网融合发展面临的体制机制障碍,相关标准规范、信用体系和法律法规逐步完善,基于互联网的创业创新政策体系和服务体系更加健全。推动资源集聚和开放共享,形成开放包容的创新创业浓厚氛围。"互联网＋"发展基础资源支撑不断增强,制度、资本、文化等要素不断健全,形成"互联网＋"产业发展新生态。

二、重点行动

（一）"互联网＋"创业创新

充分发挥互联网的平台作用,促进各类创新要素和创业资源聚集、开放和共享,打造新型众创空间,完善创业创新服务体系,探索创业创新新模式,引导和推动全省形成大众创业、万众创新的社会氛围和良好环境,形成经济发展新引擎。到2020年,建设国内一流、特色鲜明的众创空间和新型创业创新服务平台100家以上,国家和省级小企业创业基地、大学生创业园、留学人员创业园等重点创业载体 150 家以上，省级以上高新区、经济开发区实现众创空间等创业创新载体全覆盖，为将我省打造成为具有全球影响力的产业科技创新中心和创业高地提供有效支撑。（省科技厅、发展改革委、经济和信息化委、商务厅、人力资源社会保障厅、金融办、工商局、质监局、知识产权局、版权局、通信管理局等负责）

1. 发展互联网众创空间。有效发挥互联网开放创新优势，大力推广创客空间、创新工场、创客咖啡等新型孵化模式，促进形成创新创业热潮。支持高新园区、经济开发区以及高校、科研机构、大企业等不断完善互联网技术服务平台，建设一批特色鲜明的创新与创业、线上与线下、孵化与投资相结合的专业孵化器和综合孵化器，构建集工作、网络、社交和资源共享于一体的互联网众创空间，为创新创业者提供场地和试验、检测、融资、市场推广等服务。依托苏南国家自主创新示范区，加快实施"创业中国"苏南创新创业示范工程和"双创"三年行动计划，支持各类市场主体建设低成本、便利化、全要素、开放式的新型创新创业服务平台，打造一批示范带动作用强的创新创业示范基地，实现国家和省级高新区众创空间全覆盖。

2. 完善创业创新服务体系。完善我省面向创业创新的科技服务、知识产权服务、人才服务、社会保障服务、金融服务等基于互联网的各类公共服务平台，建立健全协同机制，切实提升服务效能。支持众创空间为创业创新团队提供"一站式"集约服务，加快发展众创、众包、众扶、众筹等新模式，引导和鼓励风险投资、创业投资、天使投资等社会资本、金融资本支持创新创业活动。支持各类创业创新服务平台聘请创业成功者、天使投资人、知名专家担任创业导师，为创业创新者提供指导和培训。打造省互联网知识产权运营平台，建设江苏（国际）知识产权交易中心，创建国家级版权贸易基地，为创业创新提供知识产权服务。加快构建电信运营商、互联网内容提供商与各类用户间的信用支撑平台，为创业创新者提供信用服务。

3. 培育创新创业新生态。以企业为主体，在互联网、物联网、云计算、大数据等领域布局建设若干国家级和省级企业技术中心、工程（技术）研究中心、工程实验室等创新载体，支持建设跨界交叉领域的创新平台，构建产学研用相结合的"互联网＋"创新体系，加快形成协同创新创业新业态。优先支持我省十大战略性新兴产业重点领域开展基于互联网的研发设计与集成、个性化定制、生产管理、品牌经营、供应链管理等创新创业活动，促进形成产业高端发展新模式。依托长三角区域合作和苏南苏北联动发展机制，聚焦产业转移、投资融资、科技合作、人才流动等关键环节，推动跨区域、跨领域的技术成果转移和协同创新，培育共享共赢、开放合作新机制。吸引集聚国际互联网创新资源，通过灵活多样合作方式在我省建设国际化创新创业服务机构，带动本土创新创业，形成国际合作新亮点。

（二）"互联网＋"先进制造

加快互联网与制造业深度融合，以智能制造为主攻方向，引导企业在研发设计、智能生产、供应链协作、营销服务等全生产流程的互联网化转型，全面促进制造业管理信息化、生产自动化、产品智能化、商务电子化，打造具有国际竞争力的先进制造业基地。到 2020 年，新一代信息技术在制造业重点领域应用取得明显进展，两化融合发展水平总指数达到 98。规模以上企业运用互联网开展研发设计、生产管理、营销服务等的比例达到 60% 以上，建成 1000 个智能车间（工厂），大中型企业主要生产工序基本实现智能生产。（省经济和信息化委、发展改革委、科技厅、质监局、通信管理局等

负责）

1. 推动协同研发设计网络化。实施"互联网＋"研发设计发展计划,支持企业建设互联网型研发设计机构,发展研发设计资源网上共享、网络协同设计、虚拟仿真、三维(3D)在线打印等互联网研发设计新技术,建设产业技术协同研发平台,推动企业研发设计互联网化。鼓励装备制造、电子信息、纺织服装、生物医药、轻工建材等制造业企业建设开放交互平台、在线设计中心,提升重点行业研发设计水平。大力发展基于互联网的众创设计、众包设计、众筹设计、云设计、用户参与设计等新型研发设计模式,引导制造企业与电商企业开展新产品预售体验、消费行为分析,推动建立基于互联网实现产学研合作、异地同步、个性化定制服务、及时响应、持续改进、全流程创新的研发设计体系,促进研发设计水平与制造水平同步提升。

2. 推动生产制造智能化。加强大数据、云计算、物联网、人工智能等新技术在生产过程中的应用,推进生产装备智能化升级、工艺流程智慧化改造和基础数据网络化共享,建设智能车间(工厂),提高生产制造数字化、网络化、智能化水平。以敏捷制造为方向,加快突破新型智能控制系统、新型传感器等核心技术,大力发展数控机床、工业机器人、无人飞行器、无人汽车、增材制造等智能装备,提升智能制造装备水平。实施智能制造示范工程,重点围绕机械、船舶、电子、汽车、轻工、食品等行业开展机器人应用和工业互联网开发,实现互联互通和综合集成,提高精准制造、敏捷制造、柔性制造能力。实施企业管控智能化提升计划,推广应用产品全生命周期管理、客户关系管理、供应链管理等信息系统,实现智能管控。

3. 推动制造业服务化。引导和支持制造业企业建立与客户对接的网络化服务平台,鼓励企业基于互联网开展在线检测、故障预警、质量诊断、远程维护、状态维保等在线增值服务,延伸产业链,实现从制造向"制造＋服务"的转型升级。实施企业云平台建设计划,完善"工业云"、"企业云"、中小企业"e企云"等公共服务平台,建设工业大数据中心,重点在机械、汽车、石化、电子信息等行业开展大数据应用,形成面向生产组织全过程的决策信息,为产品优化升级提供数据支撑。支持家电、医疗、服装、食品、家居等企业广泛运用互联网技术,推广基于用户需求的线上线下客户服务个性化定制新模式,提高产品智能化水平,提升产品附加值。引导大中型企业协同各类供应商将成熟的智能生产体系及系统解决方案标准化,实现从提供产品向提供总集成、总承包服务转型。

（三）"互联网＋"现代农业

围绕江苏现代农业发展需要,按照生产技术先进、经营规模适度、市场竞争力强、生态环境可持续的要求,加强互联网技术在农业生产、经营、管理和服务等环节广泛应用,加快完善农业生产经营互联网新体系,推进现代智慧农业发展,促进农业现代化水平明显提升。到2020年,建成一批智能农业示范基地,实现全省规模设施智能农业面积占比达20%以上;加大信息进村入户试点力度,实现100%县(市、涉农区)全覆盖;加快农业信息服务网络化平台建设,实现对农业市场主体信息服务100%全覆盖。加快农业行政管理业务系统建设,基本实现行政管理100%网络化。(省农委、发展改革委、经济和信息化委、科技厅、商务厅、质监局、食品药品监管局、通信管理局等负责)

1. 提升农村信息化水平。进一步加强农村信息基础设施建设,实现农村信息网络全覆盖。整合全省农业、林业、水利、土壤、气象等涉农信息资源,促进信息资源在农业应急指挥调度、灾害预警、执法监管、远程视频诊断等方面的应用。完善省、市、县、镇、村五级农业信息化服务体系,加快推进镇村信息服务站点建设,解决农业信息化服务"最后一公里"问题。创新信息资源共享机制,利用网站、微博、微信、12316惠农短信及热线等方式为农民提供政策、科技、市场等信息,提升涉农信息的服务水平。加强"互联网＋"现代农业的创业培训和辅导,引进和培育具备农业和信息技术复合基础的"新农人"。

2.大力发展智慧农业。推进物联网、云计算、大数据、移动互联等新一代信息技术在畜禽养殖、水产养殖、温室大棚和露地农作物栽培等领域的示范应用,实现动植物生长环境远程监控可视化、管理决策智能化、生产控制自动化、农产品质量监督管理全程化。在大田种植领域,重点研发推广应用水稻、小麦等主要农作物及花木、桑茶果的宏观尺度精准监测、精量施肥、灌溉、病虫测报和自动防霜等信息技术系统。在园艺生产领域,重点研发推广应用温室大棚肥水一体化自动喷滴灌、生产环境监控和病虫害预警系统及食用菌工厂化生产智能监控系统。在畜禽养殖领域,重点研发推广应用畜禽养殖环境调控、定量饲喂、疫情监测、防疫标识、废弃物处理等环节个性化、智能化、精准化控制系统。在水产养殖领域,重点研发推广应用高附加值水产品养殖水体溶解氧智能控制、鱼类病害监测预警、养殖尾水监测和饵料自动精准投喂系统。在农产品加工领域,重点推进智能车间建设,实现生产加工环境控制、产品搬运自动化、管理数字化。在农产品流通领域,重点研发推广应用产品标识化和监控技术,健全农产品质量安全追溯体系,保障农产品质量安全。在农机作业、林木管护等领域,积极利用3S及传感技术,推进农机耕作及调度、森林防火及病虫害监测精准化和智能化。

3.推动管理服务网络化。利用互联网特别是移动互联网加快构建新型工作信息平台,提高农业管理服务网络化水平。重点建设农产品质量安全监管、农业执法、生猪屠宰、粮食生产监测、农业资金管理、土地承包经营权确权登记、农业生产环境监测、高标准农田建设和江苏农业风险补偿基金管理等行政业务信息管理平台,完善省、市、县协同办公系统,推进视频系统延伸至农业生产监控点和农产品检验检测点,构建省、市、县一体的实时化、网络化、智能化农业综合管理平台。完善江苏农业网、江苏为农服务网、江苏农村经济信息网、江苏农村科技服务超市网等各类为农服务平台,提升为农服务能力。结合农业部推进农业农村大数据发展的实施意见,加快开发应用各类农业大数据资源,建立国家涉农大数据江苏分中心,为农业宏观决策、市场引导、行政管理及农业生产经营主体等提供服务。

（四）"互联网＋"普惠金融

立足长三角区域金融协调发展战略布局,推动互联网与金融快速融合,加快金融改革创新步伐,促进金融运营创新,培育互联网金融平台,加快互联网金融配套产业发展,形成互联网金融领域竞相创新发展的格局。到2020年,实现互联网金融持续健康发展,服务实体经济作用明显增强,形成在全国有影响力的互联网金融集聚区,打造一批在全国有影响力的互联网金融品牌,培育一批知名互联网金融企业、互联网金融设备供应和软件研发骨干企业。（省金融办、省网信办、人民银行南京分行、江苏银监局、江苏证监局、江苏保监局等负责）

1.推动金融业务互联网化。鼓励银行、证券、保险、信托、基金等金融机构与互联网企业的融合创新,创新金融产品和服务,全面提升"互联网＋"金融服务能力和普惠水平。稳健推进江苏股权交易中心、小额贷款公司、融资性担保(再担保)公司、各类交易场所与优质网络借贷平台、电子商务平

台、行业门户网站合作,创新金融服务模式。支持江苏地方法人金融机构设立主要从事互联网金融相关业务的子公司或功能性总部,打造在全国有影响力的互联网金融品牌。加强金融风险防控,健全互联网金融风险的评估和监测机制,加大对互联网金融风险的处置力度。

2. 建设互联网金融平台。鼓励金融企业、互联网企业、云计算技术提供商等建设具有网上支付、保险、融资和创投等多种功能的金融服务云平台。支持金融机构和互联网企业依法合规开展网络借贷、网络证券、网络保险、网络基金销售等业务。鼓励非金融机构在符合法律法规规定的条件下自建和完善线上金融服务体系,扩大供应链金融业务,拓展普惠金融的广度和深度。引导网络借贷平台和众筹平台规范健康发展,鼓励符合条件的企业开展股权众筹试点,服务实体经济。鼓励符合条件的企业,发起或参与发起设立互联网科技小额贷款公司等新型金融组织,支持"开鑫贷"等网络借贷平台加快发展,成为全国行业领军企业。支持互联网企业依法合规设立互联网支付机构,开展互联网支付、移动支付业务。

3. 发展互联网金融配套产业。鼓励发展与互联网金融配套服务的技术装备业和服务外包产业。支持会计、审计、法律、咨询等专业中介机构增强服务互联网金融水平。提高互联网金融产业软硬件自主创新能力,支持大数据存储、网络与信息安全维护等技术领域基础设施建设。加快构建金融信用体系,鼓励从业机构依法建立信用信息共享平台,允许有条件的从业机构依法申请征信业务许可,支持具备资质的信用中介组织开展互联网企业信用评级,增强市场信息透明度。

(五)"互联网+"电子商务

大力发展电子商务平台经济,积极开展商业模式与业态创新,加快应用领域拓展,支持新型电子商务企业跨越式发展,构建具有鲜明特色的电子商务发展新格局。到 2020 年,基本实现电子商务对相关产业的深度渗透,构建宽松有序、充满活力、良性循环的电子商务生态环境。全省电子商务交易额超过 4.5 万亿元,其中,网络零售额超过 1.4 万亿元,大中型企业电子商务应用实现全覆盖,规模以上企业应用电子商务比例达 80%,形成一批在全国具有较高知名度和影响力的电子商务综合性平台和龙头企业。(省商务厅、发展改革委、经济和信息化委、农委、交通运输厅、质监局、食品药品监管局、国税局、地税局,南京海关等负责)

1. 加快发展农村电子商务。支持新型农业经营主体和农产品、农资企业应用电子商务,推动农产品流通及产销模式创新,培育一批扎根农村的电子商务企业。支持电子商务企业渠道下沉,开展面向农村的电子商务综合服务平台、网络、渠道建设,畅通"工业品下乡、农产品进城"的双向流通渠道。开展农民用网推广活动,鼓励相关培训机构以大学生村官、农村创业青年、返乡大学生和农民工为重点,开展电子商务应用培训、实操培训,培育一批农村电子商务创业致富带头人。实施农村电子商务发展行动计划,打造一批农村电子商务示范县、示范镇和示范村,完善农业电子商务线上线下公共服务体系,加快农产品冷链基础设施建设,强化农产品电子商务质量安全监管,促进网销农产品的品牌建设。

2. 加快发展行业电子商务。实施企业电商拓市提升计划,鼓励制造企业探索电子商务营销模式,通过自建或借助第三方电商平台,拓宽营销渠道,扩大销售规模。支持全省重点商圈、专业市场等传统零售和服务业,依托现有门店资源、品牌影响及客户优势等,运用线上线下、微营销等模式,加快线上线下融合发展。鼓励工业 B2B 平台发展,依托我省产业集群和特色园区,打造一批集网上信息发布、交易支付、商品体验展示、物流售后服务、价格发现、品牌推广及行情监测等功能为一体的跨区域商品现货交易平台。推动第三方平台汇聚国际国内资源,提升信息整合分析能力,拓展信息发布渠道,向社会提供精准专业的信息化服务。

3. 加快发展跨境电子商务。以促进产业发展为重点,以跨境电商 B2B 为主要方向,进出兼顾,以出为主,积极推进(苏州)跨境电子商务综合试验区建设,鼓励南京、无锡争创试点,建设一批集保税展示、物流、交易、服务于一体的跨境电子商务产业园区,完善跨境电子商务配套产业链,引导传统贸易企业应用跨境电子商务开展进出口业务,加快转型升级。创新跨境贸易电子商务试点省内联动通关模式,推进跨境电子商务综合服务体系建设,依托省电子口岸平台等建设全省跨境电子商务综合服务平台和离岸数据中心,形成"一点接入、信息共享、联合监管、便捷服务"的工作机制。创新符合跨境电子商务发展的检验检疫监管模式,依托企业信用管理平台,推动建立跨境电子商务企业信用数据库,实现企业信用等级与分类监管相结合。简化电子商务企业境外直接投资审批流程,支持建设跨境电子商务公共海外仓,加强国际合作和经营交流,完善海外营销服务网络和物流体系。

4. 推进电子商务试点示范。推进电子商务示范城市建设,实施电子商务进园区"双百工程",创建一批电子商务示范企业、电子商务创客中心、电子商务示范基地。推动示范基地招引优质电商企业入驻,设立总部或区域性总部。积极发挥创客中心电商孵化功能,大力培育电子商务经营主体,打造电子商务平台经济集聚区。建立健全电子商务平台经营安全监督体系,强化电子商务数据安全保障。建立电子商务产品质量追溯机制,解决消费者维权难、退货难、产品责任追溯难等问题。加快电子商务信用体系建设,实现社会化对接和共享,构建诚信交易环境。推动成立电子商务协会、电子商务专家咨询委员会等行业中介组织,提高行业发展服务水平。

(六)"互联网十"便捷交通

加强互联网等现代信息技术与交通运输业的深度融合,通过基础设施、运输工具、运行信息等互联网化,加快交通运输转型升级步伐。汇聚整合各类交通运输信息资源,建设综合交通信息服务平台,向社会提供多层次、多样化的智慧交通服务。到 2020 年,全省交通信息服务系统实现系统内数据共享,跨地域、跨类型的交通运输信息感知和信息服务体系基本建立。公共出行服务品质和行业监管治理能力大幅提高,交通基础设施和城市交通智能化水平显著提升。(省交通运输厅、发展改革委、公安厅、住房城乡建设厅、商务厅、经济和信息化委,南京海关等负责)

1. 完善交通信息服务系统。以江苏智慧交通信息化系统总体设计架构为指导,加强公路、水路、铁路、民航、客货运枢纽和城市交通等交通网络设施运行状态和通行信息的采集,建设省、市两级交通运输综合数据中心与基础平台,推动跨地域、跨类型交通信息互联互通。完善空间地理信息服务平台,推广车联网、船联网等智能化技术应用,基本建成全面覆盖、泛在互联的智能交通感知网络,实现全省交通行业业务应用一张图,形成更加完善的交通运输信息感知和信息服务体系。加快智慧交通行业信息平台建设,优化江苏交通出行网,完善公众出行综合信息服务体系。

2. 提升公共出行服务品质。加快路网智能化运行服务平台建设,优化智能终端在各类交通基础设施网络的布局与应用,整合公路、水路、城市公共交通、民航、铁路等出行信息,完善和推广掌上公交、公交智能调度系统、出租车管理与服务系统等应用,加强公交、轨道交通、长途客运、公共自行车等运输方式运行信息、换乘信息及各类停车场车位信息的整合共享与服务。推进全省交通"一卡通"县级应用联网,提供基于互联网的便捷化、个性化公共交通服务。推广电子不停车收费、公共交通一卡通、移动支付、电子客票和电子检票,提升交通支付智能化水平。开展汽车维修配件追溯试点和"汽车电子健康档案"系统建设,鼓励O2O汽车维修服务或连锁经营等"互联网+汽修"模式创新。

3. 增强行业监管治理能力。推动交通运输大数据应用,将交通运输服务性数据资源向社会有序开放,为优化交通设施建设、安全运行控制、运输管理决策提供支撑。推进基于互联网的交通行政许可办理、综合执法、市场监管、安全应急处置等交通监管新模式向基层延伸。建立全省综合运输公共管理信息服务大数据平台,推进公路、水路、民航、铁路等监管系统联网。推进交通、公安、住建、海关、海事、环保、质监等部门的数据交换和监管联动,实现对车辆、船舶等运载装备运行状态的实时监测。推进省、市、县三级执法信息网络的互联互通,加强对交通运输违章违规行为的智能化监管,提高交通运输治理能力。

(七)"互联网+"高效物流

深化物联网、云计算、大数据等在物流领域的应用,以省级重点物流基地(园区)和重点物流企业为基础,加强智慧物流企业培育,推动物流企业效率提升和物流产业向价值链高端延伸。加快物流信息服务平台、智能仓储和智能配送体系建设,提高物流供需信息对接和使用效率,促进智慧物流与智慧交通运输、电子商务等新型业态的融合互动发展。到2020年,基本建成物流信息共享互通、仓储系统智能高效、配送体系智慧便捷、成本大幅下降的网络化、自动化、智能化的现代物流体系。(省经济和信息化委、发展改革委、交通运输厅、商务厅、邮政管理局,南京海关等负责)

1. 建设智慧物流信息平台。围绕汽车、钢铁、医药、农产品等重点行业,积极整合行业物流信息资源,加快建成一批提供全程供应链服务的行业物流专业信息平台。加快推进具有品牌效应、规模优势、区域影响力的物流资源交易平台建设,优化交易方式,创新运营模式,实现社会物流资源的高效配置。加快推进物流枢纽城市多式联运信息平台、口岸物流信息平台的建设。加快推进物流园区数据分析应用中心和智慧公共服务平台建设,打造一批具备信息发布、交易、支付结算、企业管理、方案咨询等功能的公共信息平台,形成一批涵盖交通、税务、电子报关、安防、应急调度等功能的政务服务平台。

2. 推进多式联运智能化。加快推进物流公共服务平台和企业物流管理平台交互对接,实现对运输车辆、船舶、司机资质、信用、服务水平、营运状况等方面的跟踪分析和智能化管理。推进以铁水联运为重点的"货运一单制"建设,实现与口岸查验监管部门相关系统及各地电子口岸的平台对接。建设"一带一路、长江经济带"多式联运信息通道,提升多式联运全程信息跟踪追溯服务能力,将南京、连云港、苏州等打造成在全国具有重要地位的国际化智能化多式联运中心。整合物流产业链,完善运输信息采集、交换、共享、开放机制,实现物流运输联网管理,为货主和运输方提供公开透明的供需信息和综合解决方案。

3. 完善智能仓储系统。鼓励国际国内大企业在我省建设智能化物流仓储基地和货物集散中心等,引导区域中心城市、交通枢纽城市等加快仓储中心、商贸中心的网络化改造,优化资源配置,提升智能化服务水平,提高辐射带动能力。在各级仓储单元积极推广应用二维码、无线射频识别等物联网感知技术和大数据技术,实现仓储设施与货物的实时跟踪、网络化管理以及库存信息的高度共享,提高货物调度效率。推动移动云仓储技术的研发和应用,整合物流网络中分散的仓储资源,打造虚拟仓库和网络管理系统,对供应链上原材料、产成品库存进行动态化监管,实现供应链动态化监管和集成化管理。鼓励各类仓储机构运用智能物流装备,提升仓储、运输、分拣、包装等作业效率,提高各类复杂订单的出货处理能力,破解货物囤积停滞等难题,提升仓储运管水平和效率。加快仓储数据集成和开放步伐,提供大数据平台接入口,实现仓储数据的高效应用。

4. 优化智能物流配送体系。进一步优化物流流程,加快建设省际互通、城乡互联、标准规范、开放共享的配送信息网络,鼓励统一配送和共同配送,实现交通物流、产地物流和城市配送物流无缝衔接,形成高效的物流运作网络。加快推进货运车联网、船联网与物流园区、仓储设施、配送网点等信息互联,促进人员、货源、车源等信息高效匹配,有效降低货车空驶率,提高配送效率。鼓励发展社区自提柜、冷链储藏柜、代收服务点等新型社区化配送模式,结合构建物流信息互联网络,加快推进县到村的物流配送网络和村级配送网点建设,解决物流配送"最后一公里"问题。推广配送终端的信息识别,对配送信息实现智能化收集和处理,为高效实时配送提供大数据分析支撑。

（八）"互联网+"智慧能源

加快互联网技术在能源生产、能源供应和能源消费等领域的应用,推动发电设施、用电设施和电网的智能化改造,构建智慧能源体系,提高能源系统的安全性、可靠性。加强分布式能源网络建设,提高可再生能源的消费比重,优化能源结构,推进能源消费变革,促进节能减排。到2020年,多元化、规模化的能源互联网发展成效明显,能源互联网产业体系和市场机制基本建立。开放共享的能源互联网生态环境基本形成,能源综合利用效率明显改善,可再生能源消费占比稳步提升,化石能源清洁高效利用取得积极进展,有力支撑能源生产和消费革命。（省发展改革委、能源局、经济和信息化委等负责）

1. 推进能源生产智能化。依托能源生产运行的监测、管理和调度信息公共服务网络,建立基于互联网的能源生产调度信息公共平台,加强能源生产关键环节的信息采集、共享与分析。结合国家新能源综合示范区、新能源示范城市、绿色能源示范县和微电网区域示范等建设,综合利用太阳能、风能、生物质能、地热能等新能源资源,建设多能源协调互补的能源互联网。鼓励能源企业通过物联网、云计算和大数据技术对设备状态、电能负载等数据进行分析挖掘与预测,开展精准调度、故障判断和预测性维护,提高能源生产效率。

2. 促进电网智慧化。大力发展智能电网,进一步提升电网接纳、优化和配置多种能源的能力,实现能源供应的综合调配,提升输配电网络柔性控制能力。推进基于太阳能、风能等分布式可再生能源的能源互联网试点,突破分布式发电、智能微网等关键技术,重点开展基于光电、风电预测预报的电力运行调度体系建设,选择适宜地区,推进分布式新能源渗透率较高或多能互补的微电网建设,促进新能源电力与常规电力协调运行。实施电网基础设施和电力终端的双向通信和智能调控,促进分布式电源、新能源汽车等发电用电终端的协同发展。

3. 创新能源消费模式。探索多样化的市场化交易模式,健全交易规则和工作机制,推进能源生产和消费协调匹配,实时发布能源供应和消费信息,发展用户端能源共享经济和能源自由交易。进一步深化电力需求侧管理,加快电能管理公共服务平台建设,鼓励引导用户实现电能在线监测并积极参与需求响应,实现用电与电网互连互通互动。推广智能采集控制技术与产品应用,将智能化用电管理与生产自动化相结合,推进智能小区和智能园区试点。面向高能耗行业,建设工业在线能耗监测、能源交易信息平台。实施城镇新能源综合应用示范,重点开展分布式能源示范区、城镇新能源清洁供暖以及与生产生活相结合的新能源综合应用示范,提高新能源在终端能源中的比重。

(九)"互联网+"绿色生态

坚持以改善生态环境为核心,推动互联网与生态文明建设深度融合,构建市场化绿色生态服务体系。利用物联网、云计算、大数据技术开展生态信息共享和环保大数据挖掘利用,实现生态环境和污染源的自动实时监测。加快逆向物流回收体系建设,促进资源循环再利用,推动生产生活方式绿色化。到 2020 年,全省智能化生态环境保护监管体系和覆盖主要生态要素的资源环境承载能力动态监测网络基本形成,实现全省重点污染物排放和重点用能单位能耗在线监测。建成若干特色鲜明的资源循环利用产业集聚区。(省环保厅、发展改革委、经济和信息化委、国土资源厅、农委、商务厅、气象局等负责)

1. 完善智能化资源环境监测。以推进生态文明建设为目标,建设水、气、土壤、自然资源、生态状况和污染源智能监管体系。优化监测站点布局,充分利用传感技术、射频技术、遥感技术等在线监测技术,构建"天地一体化"立体监控系统,实现对生态环境和污染源的全天候、多层次的智能多源监测。利用多维地理信息系统、智慧地图等技术,开展地理国情变化监测与统计分析,实现对全省土地利用、生态环境、重点污染源、地质资源和灾害、垃圾处理等领域的动态监测、自动采集、自动分析、网络传输和精准锁定。建设全省环保政务一体化管理云平台,统一监测标准和精确度,规范数据交换标准,推动资源环境动态监测信息互联共享,实现规范化、高效率环保监管和跨区域协同联动监管。

2. 大力发展智慧环保。建设完善省、市、县三级环境信息网络平台和省环境大数据资源中心,整合优化现有的业务子系统,实现环境管理业务与环境信息化的集约管理。整合数据资源,大力音养预测性分析能力,建立科学的事件模型,为环境预警提供数据支持,提升环保决策管理智能化、科学化水平。运用信息技术推动火电、钢铁、建材、石化、纺织等高能耗、高物耗和高污染行业改造,建立重点行业、重点企业能源和主要污染物排放监测信息系统,加快对主要耗能、耗材设备和工艺流程的智能化改造,促进节能增效和安全、清洁生产。推广智能电表、智能水表、智能燃气表和供热计量器具,形成智能电力、水资源和燃气等控制网络,开展基于物联网模式的区域性工业环境监测与管理平台建设,实现企业生产网络化环保控制。通过网络或移动 APP 实现面向公众的在线查询和定制推送,保障公众的环境知情权,提升公众参与环境保护积极性。

3. 鼓励资源循环利用。开展信息采集、数据分析、流向监测,优化逆向物流网点布局。利用电子标签、二维码等物联网技术对可再生资源进行识别、回收、压缩、分类、流向跟踪和费用结算,实现一级回收、分拣中心、再利用企业的全面互联,指导支撑回收业务创新。鼓励互联网企业积极参与各类产业园区废弃物信息平台建设,推动现有骨干再生资源交易市场向线上线下结合转型升级,逐步形成行业性、区域性、全国性的产业废弃物和再生资源在线交易系统。完善线上信用评价和供应链融资体系,开展在线竞价,发布价格交易指数,提高稳定供给能力,增强主要再生资源品种的定价权。

4. 推进环保信息公开。推动互联网技术与环境管理的结合,推进企业环境行为信息公开,将企业的污染排放情况、污染治理情况、造成环境损失情况等环境行为信息通过互联网向社会公布,置于公众监督之下,使环保工作从有限的行政监督转化为无所不在的社会监督,建立新型"政府—社会—企业"管理模式。构建公众通过互联网参与环境保护的平台,拓展公众参与环境保护的渠道,有效发挥公众的监督作用,提高公众的环保意识,调动公众参与环保的积极性。推进环境保护管制性政策向管制性、引导性相结合的政策转化,建立激励机制,强化政策导向,引入市场机制,研究建立"一企一档"基础数据采集体系、排污总量交易体系和环境价格体系,开展企业绿色等级评定,发展企业环境信用体系,推动绿色发展。

(十)"互联网十"政务服务

加快互联网与政务服务的深度融合,推动电子政务数据的集中、开放、共享,实现政务和民生信息的互联互通和管理协同,促进社会治理创新,为公众提供优质、规范、透明、高效的公共服务。到2020年,全面建成统一规范的全省电子政务网络,网络信息安全保障能力显著增强,信息共享、业务协同和数据开放能力明显提升,政府网上公共服务进一步普及。"互联网十"政务服务成为各级政府部门加强能力建设,提升决策、管理和公共服务水平不可或缺的重要支撑。(省政府办公厅、网信办、编办,省政府各部门等负责)

1. 推进建设"网上政府"。推动实体行政服务中心向网上迁移,逐步建立贯通省、市、县、镇(乡)、村各级的网上政务服务体系,丰富政务服务渠道,打造"网上政府"。建设标准统一、覆盖全省、纵横联动、线上线下互为补充的高效、便捷、智能、透明的政务服务平台,开展全覆盖、全联通、全方位、全天候和全过程服务。在政务平台支撑下,结合各地实际情况,推进省、市统一架构、纵横联动的二级数据处理中心建设,逐步建立政务数据信息在省、市二级的集中存储、集中处理和集中管理的数据处理机制,便捷政务服务,提高行政效能。进一步完善便民服务网,实现行政权力网上运行与部门核心业务工作、政务服务中心、行政绩效管理的"三个融合"。建立多部门网上项目并联审批平台,加强政府部门资源共享、业务协同,通过"线上预约、线下办理""线上一站式办理""全流程电子化办理"提高办事效率,为公众带来更优的服务体验。探索移动化政务服务模式,完善移动政府应用,实现全业务办理在线化和移动化。

2. 强化政务数据共建共享。建设全省统一的政务大数据中心和政务云平台,完善人口、法人单位、自然资源、空间地理和宏观经济等基础数据库,以及就业、社保、国土、商务、工商、税务、统计、信用等重要领域信息资源,统一和规范信息资源云汇聚交换接口,推动部门数据向云平台汇聚对接。建立政务信息资源开放标准和共享机制,促进跨地区、跨部门、跨行业的数据交换和开放共享。强化政务数据服务以及政务数据与相关资源数据的关联分析和融合利用,切实将各类实时动态数据转化为政府引导经济运行动态监测、产业安全预测预警、实施社会治理服务民生等方面的决策依据,提高经济运行和社会治理的科学性和预见性。

3. 提升民生保障服务水平。按照"大服务、大数据、大平台"的总体要求,着力推进"智慧人社"建设,加快建设全省人力资源和社会保障统一集中服务对象基础数据库和业务资源信息库、一体化公共服务平台和统一高效的数据监控平台,促进社保、就业、劳动监察、健康等信息资源共享和业务协作。建设全省统一的人力资源社会保障业务网上办理平台和APP,积极开展网上社保办理、个人社保权益查询、跨地区医保结算等应用。利用互联网开展政策宣传、信息发布、参保信息查询、参保缴费、业务办理、远程招聘、社保关系转移、个性化信息推送等新业务。借助大数据分析，探索开展就业形势预测、失业监测预警、病种结算分析、基金预警分析、政策法规仿真与执行情况评估等服务。

（十一）"互联网＋"教育服务

推动互联网技术与教育教学深度融合，全面推进教育信息化，构建网络化、数字化、个性化、终身化教育体系。加强省级优质教育资源公共平台建设，促进教育资源聚合、开放、共享，加快建设省级教育管理公共服务平台和教学信息服务系统，为实现教育现代化和构建学习型社会提供有力支撑。到 2020 年，基本实现优质数字教育资源全面覆盖省内各级各类学校，并向社会开放共享，全省教育信息化水平位居全国前列。（省教育厅、人才办、人力资源社会保障厅、发展改革委、科技厅等负责）

1. 推进数字教育资源共建共享。以"三通两平台"（宽带网络校校通、数字资源班班通、学习空间人人通和教学资源公共服务平台、教育管理公共服务平台）建设为抓手，推动省级数字教育云平台建设，建立省级数字教育资源技术标准和规范，健全政府引导、多方参与的数字教育资源共享共建和师资互动合作机制，推进基础教育资源库、公益性教育资源库、特色职业教育资源库、高校精品课程库建设，完善数字教育资源云服务体系，实现优质教育资源开放共享，提升教育资源公共服务水平和能力。鼓励企业和社会机构参与个性化数字教育资源的研发，提供开放式在线课程，丰富在线教育产品。推动高校数字图书馆向全省大学生开放、优质在线课程资源面向社会开放共享。

2. 探索网络化教育新模式。充分利用信息技术手段改革教学模式、创新学习方式，以"云平台＋优质资源库＋移动应用"实现多元化的信息化基础教育。加快向农村教学点推送优质数字教育资源，探索远程教育、在线教育、移动教育等网络化教育教学模式，切实提升农村教育教学质量。加快高等院校课程教学数字化改造，推动互联网环境下科学研究与人才培养的融合创新，增强学生的自主学习、自主管理、自主服务的意识和能力。鼓励社会培训机构建设网络培训平台，推进实名制网络学习空间在教育教学中深入应用，推广微课、慕课、翻转课堂等新型教学模式，大幅提升网络学习应用覆盖面，降低教育信息获取门槛以及教学成本。

3. 加快智慧校园建设。建设面向全省的教育管理公共服务平台，整合优化省级教育管理应用系统，集成推送各种优质教育资源，实现教学科研、管理服务和文化建设的数字化、网络化、智能化，为提高教育管理水平、提升教育治理能力提供保障。建设纵向贯通、横向关联、全省统一的教育基础数据库和教育管理信息系统，实现对教育质量、招考信息、学生流动、毕业就业等状况的有效管理。推广智能身份识别、位置感应、全景监控、远程视频、无线监控、大数据分析等技术应用于校园安全管理，对接公安、教育等部门，形成报警联动机制，打造平安校园。

（十二）"互联网＋"文化创意

充分发挥互联网的资源集成和优化效应，推动文化内容数字化、文化传媒网络化、文化创意产业化。加快整合网上文化资源平台，优化规范数字创意、数字设计、数字出版、数字影视、数字媒体等发展环境，引导支持互联网文化产业基地建设，建设文化、出版、广电大数据产业平台，加速产业集聚发展,全面提高文化创意产业发展水平。到 2020 年,文化创意和设计服务增加值占文化产业增加值比重超过 25％,把江苏建设成为创意设计强省。(省委宣传部,省网信办、文化厅、新闻出版广电局、发展改革委、经济和信息化委、科技厅等负责)

1. 推动文化内容数字化。深入实施江苏文化科技融合发展行动计划,加快文化数字内容系统支撑平台建设和关键技术开发,着力推进一批数字化、网络化的文化内容产业重点项目建设,提升重点企业的数字影视制作能力和服务水平。加强动漫游戏虚拟仿真技术的集成应用和多媒体动漫、游戏软件等开发设计,鼓励对舞台剧目、音乐、美术、文化遗产的数字化转化,支持开发适合互联网移动终端的数字化产品,丰富数字文化内容和产品。支持建设基于互联网的数字内容生产、集成和服务平台,发展线上展示与线下实地体验相结合的文化资源服务模式,加快优秀传统文化数字化进程。

2. 促进文化传播网络化。支持传统文化单位和企业发展网络视听、数字出版、新媒体广告、移动多媒体等互联网新媒体,加快内容集成和数字传输综合平台建设,推动传统媒体和新兴媒体融合发展。引导和推动凤凰出版传媒集团、新华报业传媒集团、江苏广播电视总台(集团)、江苏广电有线信息网络股份有限公司等一批骨干数字文化企业发展,加快推进国家级数字出版基地、国家级数字电影产业园和国家级动漫游戏产业基地等建设。促进网台、网刊、网报联动互补,构建有线无线全覆盖的现代媒体传播体系。充分利用微博、微信、APP 等互联网新媒体,让优秀传统文化走进市民生活,推动数字文化产业快速发展。

3. 加快创意设计产业化。推动建设一批涵盖公共技术支撑、投融资服务、信息发布、培训交流、资源共享等功能的创意设计公共综合服务平台,为创意设计产业规模化、集约化、专业化发展创造条件。鼓励和促进传统创意设计企业加快技术改造,充分利用众包设计、虚拟仿真、3D 打印等互联网新技术、新模式,提升创意设计水平。加强重点文化创意设计园区建设,建成一批"互联网＋"创意设计产业基地和专业市场,完善产业链,增强集聚优势。积极发展基于互联网的工业设计,加快形成具有江苏特色的工业设计创新体系,将江苏打造成为全国一流的工业设计中心。

(十三)"互联网＋"健康医疗

充分利用互联网、物联网、云计算等新技术,加快推进医疗资源和服务共享,积极推广在线医疗健康服务模式,缓解城乡和区域间医疗资源不均衡问题,大力发展智慧健康养老产业,为城乡居民提供高效化、便捷化、智能化的健康保障与服务。到 2020 年,全省人口健康信息服务平台实现互联互通,惠及民生的"互联网＋"健康医疗服务普遍开展,初步形成覆盖城乡的医养融合养老服务网络体系。(省卫生计生委、发展改革委、食品药品监管局、民政厅、经济和信息化委、科技厅等负责)

1. 推进医疗资源和服务共享。建立省、市、县三级人口健康信息平台和大数据中心,实现医疗健康数据的互联互通和信息共享。实施基于全员人口、服务资源、电子健康档案、电子病历、健康知识数据库的智慧健康服务工程,完善覆盖公共卫生、计生服务、医疗服务、医疗保障、药品供应保障和综合管理等领域的业务应用信息系统。建立跨医院的医疗数据共享交换标准体系,推动医学影像、健康档案、检验报告、电子病历等医疗信息在跨地区、跨层级医疗机构间的开放共享。支持和推动各级医疗机构加快内部诊疗信息管理系统建设,实现在线预约挂号、候诊提醒、划价缴费、诊疗报告及医疗档案查询等服务功能,提升居民就医效率。鼓励医院与第三方合作,建立和利用医疗信息共享服务平台,借助互联网、大数据、基因工程和细胞诊断等技术手段,辅助医生开展医疗检测诊断,提高诊疗服务的及时性和准确性。

2. 发展在线医疗卫生服务。支持发展基于互联网的医疗卫生服务,建立基层医疗卫生机构与二、三级医院相连的医疗远程协作体系,引导医疗机构面向基层、农村开展远程影像诊断、远程监护、移动医疗、视频会诊等远程医疗服务。推动预约诊疗、双向转诊、慢性病管理等业务协同新模式,探索互联网延伸医嘱、电子处方等网络医疗服务应用,提高基层医院诊疗质量,促进医疗资源优化配置和分级诊疗制度建立。支持和鼓励上级医疗机构依托医疗远程协作体系,对基层医院开展远程指导、专业课程培训,提高基层医疗机构医生相关医疗业务水平。加强区域医疗卫生服务资源整合,充分利用公共医疗卫生信息化平台,提高重大疾病和突发公共卫生事件监测预警和防控处置能力。

3. 开展智慧健康养老服务试点。鼓励龙头企业和慈善机构带动普及智能化家居设备、老年人便携式检测设备的使用,运用智能呼叫、生命体征监测等手段和远程监测系统,实现实时定位、无缝化健康监控、远程化医疗诊断,构建完善的互联网养老服务体系。以"智慧社区"为依托,完善基层养老信息服务平台,构建覆盖城乡社区的养老服务信息化网络,提供护理看护、健康管理、紧急救助、健康照料等居家养老服务。依托"省级开发、四级使用"的全省养老服务信息管理平台,充分运用智能穿戴设备和无线射频等物联网技术采集居民健康信息,实现养老信息与医疗信息的互通,促进老年人的健康信息动态管理,提高养老服务水平。

(十四)"互联网+"智慧旅游

加强互联网技术在旅游资源利用、旅游管理、旅游服务、旅游体验等方面的应用,进一步促进旅游领域网络化、数字化、智能化。打造智慧景区,培育在线旅游新业态,丰富旅游产品,提供更加优质、高效、便捷的旅游服务。到 2020 年,建成全省统一的旅游公共服务平台,形成一批智慧景区,江苏成为全国旅游消费便捷化、信息传播网络化、旅游服务优质化、运行管理智能化的先行区和示范区。(省旅游局、住房城乡建设厅、交通运输厅、发展改革委、经济和信息化委、国土资源厅等负责)

1. 完善旅游信息服务平台。建设完善"江苏 e 旅游"省级旅游资讯公众服务平台,制定数据采集交换标准规范,促进旅游资源和服务数据的开放共享。加快推进景区、景点、旅游集散地、机场、车站、宾馆饭店、"美丽乡村"等重点场所的无线上网环境建设,普及旅游信息智能互动终端,提升旅游公共信息服务能力。加快建设涵盖在线办事、行政审批、资质评定、行业监管、游客流量监测、投诉处理等内容的旅游产业运行管理系统,提高产业管理效能。

2. 建设智慧景区。加快制定江苏智慧旅游景区标准,梳理全省景区智能化现状,开展智慧景区试点示范。构建包括云闸机系统、自动售票系统、视频监控系统、智能停车场、手机 APP、可穿戴设备等在内的智慧旅游基础设施,增强游客智慧体验。利用大数据、网络支付以及地理信息系统等技术,实现在线预订、电子门票、智能导游、电子讲解、信息快捷发布、安全管理,提高景区服务水平。建立景区拥挤程度预测机制及游客实时动态评价机制,提高景区管理水平。

3. 培育在线旅游新业态。进一步加强在线旅游资源开发、创新在线旅游服务模式,引导旅游企业依托互联网平台,发展旅游、休闲、美食、购物、运动、健康等关联产业,推动旅游业跨界融合,延伸在线旅游产业链。整合闲置房产、私人导游等社会资源,规范发展在线旅游租车和在线度假租赁平台等互联网在线旅游新业态，积极推动途牛、同程等在线旅游企业做大做强。完善在线旅游购物和餐饮服务平台，积极推广"线上下单、线下购物"的在线旅游购物模式和手机餐厅服务模式。发展虚拟旅游，利用互联网、虚拟现实技术或其他载体，实现景区的数字再现，打造足不出户即可实现畅游江苏的旅游方式。

三、保障措施

（一）加强组织实施。由省政府办公厅、发展改革委、经济和信息化委、科技厅，各市、县（市、区）人民政府等负责。

1. 完善工作机制。建立省推进"互联网＋"行动工作联席会议制度，统筹协调解决重大问题，切实推进行动的贯彻落实。联席会议办公室设在省发展改革委，负责具体工作的组织推进。成立跨领域、跨行业的"互联网＋"行动专家咨询委员会，为科学决策提供建议。各地、各部门要结合本地实际和部门职责，围绕本实施意见确定的重点行动，研究制定相应的"互联网＋"行动落实方案，因地制宜、合理定位、科学组织实施，加强评估督查与绩效评价，确保各项任务落到实处。

2. 推进试点示范。对接国家"互联网＋"重大工程包，在重点行业和领域组织开展"互联网＋"示范工程。重点支持苏南国家自主创新示范区、国家自主创新试点城市、国家信息惠民试点城市、国家智慧城市试点城市、国家现代农业试点城市、国家新型城市化试点城市、国家跨境电子商务综合试验区等，针对国家赋予的试点目标任务，创新体制机制，破除行业准入、数据开放、市场监管等方面的政策障碍，建立多层次、宽领域试点示范推广体系。鼓励各地政府结合本地实际开展试点示范。

（二）夯实产业基础。由省发展改革委、通信管理局、经济和信息化委、网信办、新闻出版广电局、公安厅、科技厅、住房城乡建设厅，各市、县（市、区）人民政府等负责。

1. 提升网络基础。加快实施"宽带江苏"战略，大力推进骨干网、城域网扩容提速工程，优化网络结构和性能，充分发挥南京国家级互联网骨干直联点作用，提升网络间交换能力和智能调度能力，建设"宽带、融合、泛在、安全"的信息网络。加快实施"光网城市""光网乡村"等光纤宽带网络建设工程，统筹促进城乡信息通信基础设施一体化发展。加强工业互联网基础设施建设，实施"企企通"工程，满足企业宽带服务需求。加快全省第四代移动通信网络的设施建设与应用，在主要公共区域加快部署无线局域网热点，形成"4G＋WLAN"城乡无线网络全覆盖格局。加快下一代互联网（IPv6）建设，全面提升IPv6用户普及率和网络接入覆盖率。推进三网融合普及，加快国家广电骨干网江苏核心枢纽建设，基于数字化和双向化改造的下一代广播电视网络全面建成。推动国家级数据服务中心、呼叫中心、云计算中心等功能性平台落户江苏，提升全省信息数据存储和服务能力。

2. 强化产业支撑。加快发展互联网、物联网、云计算、大数据、下一代移动通信和未来网络等新一代信息技术产业，增强互联网发展核心驱动力。着力突破集成电路、高端服务器、智能终端、高端网络设备、高端传感器等关键技术，加快推进云操作系统、工业控制操作系统、智能终端操作系统和中间件等自主可控技术的开发应用。推动高端软件加快发展，促进软件产业向服务化、网络化、平台化转型，构建新型信息服务体系。实施工业互联网、能源互联网、人工智能等重大专项工程，支持企业开展跨界融合创新，培育具有国际竞争力的企业集群，构建先进自主的产业体系，为"互联

＋"提供强力支撑。

3. 保障信息安全。落实风险评估、等级保护、安全测评、应急管理等监管制度和国家标准,完善信息安全保障体系和安全管理机制,提升关键信息基础设施安全自主可控水平。健全电子政务信息系统、基础信息网络以及涉及国计民生的重要应用系统等关键信息系统分级保护、动态调整的安全防护体系。统筹网络保障基础设施和灾备设施建设,加强认证服务、授权管理、电子签章、可信时间、分布式访问控制和接入控制等系统建设。组织开展网络安全应用试点示范工程,提高"互联网＋"国产化安全技术、产品和服务水平。加强信息安全风险评估与测评,提高评估检测技术装备水平,提升风险隐患发现、监测预警和突发事件处置能力。加强数据安全保护,规范数据资源的采集、传输、管理、存储、开放、利用等行为,打击数据滥用、侵犯个人隐私等行为。

(三)突出创新驱动。由省科技厅、发展改革委、经济和信息化委、工商局、质监局、法制办、知识产权局、版权局等负责。

1. 加强创新能力建设。构建以企业为主体、产学研合作的"互联网＋"创新体系,建立各类"互联网＋"创新联盟,强化联盟在协同研发、技术推广、交流合作等方面的作用。依托骨干企业在互联网领域布局建设一批国家级和省级创新平台,支持跨界融合构建创新网络,创新组织形式、研发模式和管理方式,打造一批国际先进、国内一流的企业研发机构。鼓励重大科研基础设施和大型科研仪器、国家级和省级创新平台向中小企业开放,增强中小企业创新活力。加强互联网科技孵化器和公共服务平台建设,健全"创业孵化、创新支撑、金融支持"的服务体系。实施"互联网＋"协同创新行动计划,整合产业链创新资源,打造合作共赢协同创新的生态系统。

2. 构建融合标准体系。加快互联网与传统行业跨界融合的标准规范制定,鼓励企业积极参与国家标准、行业标准、地方标准和社团标准的研究与制定工作,同步推进国际国内相关标准的贯标工作,不断完善"互联网＋"融合标准体系。研究制定线上线下服务体系标准规范,制定重点行业领域的第三方线下服务体系管理标准和针对互联网融合创新业务的规范。引导工业互联网、智慧农业、智慧城市、智能电网等领域基础共性标准、关键技术标准的研制及推广。加快推进与互联网融合应用的工控系统、智能装备、智慧交通、智能物流、安防系统等细分领域的标准化工作。推动制定网络安全、电子商务、个人信息保护、信用征集等法律规范,营造有利于"互联网＋"创业创新的公平竞争环境。

3. 强化知识产权保护。加强融合领域关键环节专利导航,开展知识产权资源布局试点,实施严格的知识产权保护制度,提升知识产权服务附加值。加快推进专利基础信息资源开放共享,支持在线知识产权服务平台建设,鼓励服务模式创新。加大网络知识产权执法力度,严厉打击侵权假冒违法行为,健全多元化知识产权纠纷解决机制,切实解决知识产权侵权易、维权难问题,促进在线创意、研发成果申请知识产权保护。增强企业知识产权意识和管理能力,推动建立"互联网＋"知识产权保护联盟,加大对新业态、新模式等创新成果的保护力度。

4. 推进体制机制创新。加强行业部门协调,破除行业壁垒,放宽融合性产品和服务的市场准入限制,研究制定互联网市场准入负面清单制度,健全各类互联网主体依法平等进入相关行业和领域,引导企业和用户依法依规开展相关业务和服务。完善信用支撑体系建设,推进各类信息平台对接,加强信息披露与共享。建立新型市场监管机制,加强跨部门、跨地区协同监管,建立健全事中事后监管体系。

（四）优化发展环境。由省发展改革委、商务厅、经济和信息化委、网信办、科技厅、工商局、法制办、知识产权局、通信管理局等负责。

1. 促进开放合作。对接"一带一路"等国家重大战略，鼓励具有竞争优势的企业整合国内外资源，积极拓展海外市场，面向全球提供大数据、云计算和供应链管理等网络服务，构建跨境产业链，提升品牌效应，增强国际竞争力。支持企业开展跨国兼并重组、设立海外研发中心和生产基地，推动形成一批具有全球化经营能力和资源配置能力的互联网龙头企业。完善国际先进技术转化机制，搭建互联网企业展示和产品展销平台，形成江苏"互联网＋"品牌效应，吸引一批国内外大型互联网企业、行业龙头企业、知名品牌企业来我省设立区域总部和研发中心，提升国际合作水平。

2. 完善信用支撑体系。加快社会征信体系建设，推进全省法人、自然人信用信息平台建设和无缝对接，打破信用信息孤岛，加强信用记录、风险预警、违法失信行为等信息的在线披露和共享，为经营者提供信用信息查询和企业网上身份认证等服务。建立信用信息标准和失信联合惩戒机制，完善现有征信体系。支持信用服务机构基于大数据开发信用产品，提供信用评估等服务。深化个人、企业征信信息互动共用，强化信用监测警示，为市场监管、社会治理和公共服务提供有力支撑。

3. 推进数据开放共享。推动各级政府、行业部门优先开放非涉密、非敏感的民生、城市综合管理、行业应用等相关数据资源，并逐步扩大开放范围，加速数据流动。引导企业、行业协会、研究机构及社会组织主动采集并开放数据，探索建立信息资源资产交易市场。培育大数据应用服务企业，鼓励科研院所、咨询服务机构开发满足社会需求的数据深加工、分析、预测、分享等大数据应用产品和服务，培育大数据增值应用新业态。

（五）强化智力支撑。由省人才办、教育厅、人力资源社会保障厅、发展改革委、经济和信息化委、科技厅等负责。

1. 引进高端领军人才。健全"互联网＋"人才引进工作体系，创新政府与企业人才引进方式，充分利用国家"千人计划"、省"双创人才"等人才引进计划，引进一批"互联网＋"领域具有国际影响力的学术带头人和高、精、尖领军人才。增强企业主要负责人互联网意识，实施政府和企业首席信息官（CIO）制度，重点引进和培养一批融通互联网思维与实体经济规律的复合型人才。健全激励和保障机制，对"省互联网双创团队"省财政给予一定的资金资助，对团队研发和产业化项目给予优先立项支持，对团队核心成员家属就业、子女入学、落户等方面提供绿色通道。

2. 培育专业技术人才。加强互联网技术带头人、职业经理人、金融资本运作人等人才的培养，鼓励高等院校、研究机构与互联网企业合作培养人才，鼓励各类资本、企业与教育机构、科研机构联合建立"互联网＋"教育实训基地。鼓励高校和职业院校，积极开展融合学科布局调整，培养"互联网＋"亟须的科研和技能人才。鼓励行业协会、人才服务机构设立就业人才综合创新服务平台，促进"互联网＋"人才供需对接。

3. 加强人力资源服务。统筹规划、统一框架，建设全省人力资源公共信息服务平台和人力资源数据库，为"互联网＋"人力资源服务提供支撑。加快推进人力资源服务机构和企业转型升级，重点培育与互联网技术深度融合的人力资源服务品牌企业，积极引进国际知名人力资源服务机构，推动人力资源服务管理创新、模式创新和产品创新，打造多层次、多元化的人力资源服务网络，提供满足市场需求的信息化、专业化、多样化、便利化的人力资源服务。

（六）完善投入机制。由省财政厅、省国税局、省地税局、人民银行南京分行、江苏银监局、江苏证监局、江苏保监局、省发展改革委、省经济和信息化委、省科技厅等负责。

1. 加大财税支持力度。面向重点领域,加大对互联网融合创新的财政投入力度,统筹利用现有财政专项资金,支持"互联网＋"相关平台建设。发挥财政资金杠杆作用,通过市场机制引导社会资本和金融资本支持"互联网＋"的发展。省政府投资基金、新兴产业投资基金、工业和信息产业投资基金等对互联网行动中符合条件的项目优先列入投资划。综合运用股权投资、贷款贴息、事前审核事后补助等方式,建立无偿与有偿并行、事前与事后结合,覆盖产业链、创新链的多元化投入机制。全面落实国家支持互联网服务的相关税收优惠政策,加大政府采购云计算、大数据服务力度,探索政务信息化建设运营新机制。

2. 强化融资服务能力。鼓励天使投资、创业投资参与"互联网＋"行动。鼓励处于不同成长阶段的"互联网＋"企业,积极参与主板、中小板、创业板、新三板、地方股权交易市场等多层次资本市场,通过发行股票、公司债、项目收益债等方式筹措资金。积极发展知识产权质押融资、信用保险保单融资增信等服务。引导银行开发"互联网＋"贷款产品,促进银行对企业发展"互联网＋"的贷款支持。推动商业银行和政策性银行创新信贷产品和金融服务,对创新能力强,示范效应明显的"互联网＋"企业给予定向支持。

江苏省人民政府

2016 年 3 月 31 日

省政府关于推进国内贸易流通现代化
建设法治化营商环境的实施意见

苏政发〔2016〕62号

各市、县（市、区）人民政府，省各委办厅局，省各直属单位：

为贯彻落实《国务院关于推进国内贸易流通现代化建设法治化营商环境的意见》（国发〔2015〕49号）精神，进一步深化内贸流通体制改革，创新现代流通方式，完善城乡流通网络，积极挖掘消费潜力，建设法治化营商环境，增强消费对经济增长的拉动作用，结合我省实际，现提出如下实施意见。

一、总体要求

（一）指导思想

深入贯彻党的十八大和十八届三中、四中、五中全会精神，主动适应和引领经济发展新常态，顺应"互联网＋"发展趋势，遵循创新、协调、绿色、开放、共享的发展理念，以市场化改革为方向，以转变政府职能为核心，以建设法治化营商环境为主线，转变内贸流通发展方式，加快建设流通强省，为全省经济社会发展提供有力支撑。

（二）主要目标

到2020年，内贸流通业总体规模位居全国前列，体制机制逐步完善，服务发展能力不断增强，基本形成规则健全、统一开放、竞争有序、监管有力、畅通高效的内贸流通体系和比较完善的法治化营商环境，内贸流通业在经济社会发展全局中地位和作用更加突出。

二、统筹规划城乡流通体系建设

（一）加强流通领域基础设施建设

将内贸流通纳入同级国民经济和社会发展规划编制内容，做好流通规划与当地土地利用总体规划和城乡规划的衔接，确保依法依规推进流通设施项目建设。各地制订相关规划时应充分征求流通主管部门的意见。按照节约集约、保障重点和有序安排的原则，在土地利用规划、交通基础设施规划中对公益性农产品批发市场、商贸物流项目、快递产业园区及流通基础设施建设用地予以支持。落实新建社区商业和综合服务设施面积占社区总建筑面积的比例不得低于10％的政策，优先保障农贸市场、社区菜市场、城乡社区服务中心和家政、养老、再生资源回收等设施用地需求。

（二）构建城乡一体的现代流通网络

推进区域市场一体化,推动我省沿江地区形成若干区域性商贸物流中心,打造长江商贸走廊。依托交通枢纽、生产基地、中心城市和大型商品集散地,构建体系完备的全省骨干流通网络,建设一批辐射带动能力强的商贸中心、专业市场,以及全国性、区域性配送中心。依据城镇总体规划开展优化商业网点规划工作,统筹规划城乡商业网点的功能和布局,推进城乡流通网络一体化,引导大型流通企业进农村,提升供销社沟通城乡、服务"三农"的辐射带动能力,深入实施"新网工程",培育一批集零售、餐饮、文化、生活、配送于一体的多功能乡镇商贸中心。加强城市社区和农村地区商业网点建设,保障居民生活需求和消费需要。

（三）推进现代商圈建设

大力支持南京商圈特别是新街口核心商圈向高端化、品牌化发展,增强对周边地区的辐射力和影响力。推进苏锡常商圈的现代化、特色化建设,提升苏南板块流通业的区域竞争优势。鼓励徐州商圈集聚流通资源、健全服务功能、提升发展水平,巩固和发展徐州作为淮海经济区中心城市的地位。以上述商圈为示范,引领区域性、多层级的板块商业集聚发展,提升内贸流通业的整体素质和发展水平。

三、推动现代流通业加快发展

（一）加快发展电子商务

积极实施"互联网＋商贸"专项行动,推动互联网与商贸融合创新。促进电子商务进农村,加快村级信息服务站建设,加快信息进村入户步伐。开展"千村百乡"电子商务进农村综合示范活动,加快培育省级"电商县""电商镇"和"电商村",带动农村经济转型升级。引导有实力的大型电子商务企业深入拓展农村市场,支持新型农业经营主体对接电子商务平台,推动农产品线上营销与线下流通融合发展,支持各地打造具有特色的农产品电子商务产业链,推广拍卖、电子交易等农产品交易方式。促进电子商务进社区,建设社区电子商务平台和移动客户端,推动便利消费进社区、便民服务进家庭。促进电子商务进开发园区和企业,稳步推进电子商务示范城市、示范基地(园区)和示范企业创建工作。促进电子商务进专业市场,推动大市场与电商企业的业务对接和发展融合。推动第三方电子商务平台等企业开放数据资源,建立数据交换交易的规范与标准,规范数据交易行为。培育壮大电子商务培训(实训)基地,支持大学生、农民工和退役士兵等开展电子商务创新创业活动。省供销社要发挥在全省农村电子商务综合服务网络建设中的牵头作用,加快对各类农村经营网点的信息化改造,推动线上线下融合发展。

（二）健全物流配送体系

大力发展第三方物流和智慧物流,鼓励物联网等技术在仓储系统中的应用,加快智慧物流配送体系建设,提升物流业综合服务能力。健全城市共同配送体系,鼓励推广共同配送、统一配送、集中配送等模式,建立城市物流配送货车通行证管理制度,推动城市配送车辆统一标识管理,对快递专用车辆城市通行和临时停靠作业提供便利,允许符合标准的非机动快递车辆从事社区配送,支持发展智能快件箱等终端服务设施,完善城市"最后一公里"终端配送网络。支持南京、徐州市开展国家物流标准化试点,完善物流标准化体系,形成可复制经验在全省推广。以标准托盘使用为切入点,鼓励托盘租赁运营企业、大型商贸连锁企业、托盘生产企业和商贸物流园区、第三方物流企业在消费品、农副产品、药品等领域,率先开展标准托盘应用推广及循环利用。鼓励各类物流信息服务平台、第三方物流企业为物流供需双方提供标准化服务,促进供需双方的标准对接和设施设备匹配。推广应用企业间信息交换、数据传输、通用接口、用户管理等方面标准,以市场化手段完成跨企业、跨区域对接,提升物流组织化、标准化水平,完善乡镇和村级农村物流服务站点。积极发展电商物流和冷链物流,支持南京、昆山等地开展两岸冷链物流产业合作试点。

（三）加快商品交易市场转型升级

充分发挥市场配置资源的决定性作用,推动各地商品交易市场优化结构、改善设施、拓展功能、培育品牌、强化特色,逐步实现由传统交易场所型向现代综合服务平台型转变。以环境综合整治、片区建设改造等为契机,对不符合规划、同质化严重和难以形成交易规模的市场,依法关闭或实施搬迁、整合。推动产地型市场特别是全国性批发市场向采购配送中心转型,推动发展基础较好的销地型市场向购物中心或商业街转型。鼓励实体市场发展电子商务,培育和引进网商,打造网商采购平台和实物体验平台。鼓励和支持有实力的大市场发展海外分市场,开展跨境电子商务,构建国际配销网络。支持批发市场建设物流中心、会展中心、检验检测中心、研发设计创意中心、教育培训中心、融资服务中心以及商品信息、商品价格等公共服务平台。

（四）推动内贸流通绿色发展

鼓励绿色商品消费,引导流通企业扩大绿色商品采购和销售,推行绿色包装和绿色物流。推广内贸流通领域节能节水和环保技术、产品、设备目录,开展节能产品进商场活动,创建一批集门店节能改造、节能产品销售、废弃物回收于一体的绿色商场。鼓励流通企业运用绿色低碳节能设备设施,推动建筑、照明、空调、电梯、冷藏等耗能关键领域的技术改造。研究建立废弃商品回收的生产者、销售者、消费者责任机制,加快推进再生资源回收与垃圾清运处理网络体系融合。规范旧货市场发展,促进二手商品流通。推动报废机动车回收行业发展,鼓励相关企业加快升级改造,提高报废汽车回收资源综合利用率。

（五）鼓励引导流通企业改革创新

鼓励和引导流通企业兼并重组,推进混合所有制发展,鼓励非公有资本和国有资本交叉持股,形成若干具有国际竞争力的大型零售商、批发商、物流服务商。鼓励零售企业改变引厂进店、出租柜台等经营模式,通过集中采购、买断经营、开发自有品牌等方式,提高自营比例。推动流通企业利用信息技术加强供应链管理,鼓励向设计、研发、生产环节延伸。引导流通企业利用大数据技术推进市场拓展、精准营销和优化服务,带动商业模式创新。积极促进出口企业实现内外销"同线同标同质"，缩小乃至消除内外销产品质量差距，改善质量供给。引导帮助企业内销外贸联动，以外贸促内销。引导企业开发适销对路产品，开展个性化定制、柔性化生产，增加高质量、高水平有效供给，满足个性化、多样化消费需求。

（六）推进国内外贸易开放融合

加快大型商贸流通企业"走出去"步伐，鼓励有条件的龙头企业到境外、国外开设分店。鼓励老字号企业到国外设立分号，进一步放大品牌效应。支持企业建设境外营销、支付结算和仓储物流网络，推动国内流通渠道向境外延伸，打造一批竞争力强、内外贸一体化经营的跨国流通企业，培育一批经营模式、交易模式与国际接轨的商品交易市场，建设一批内外贸结合、具有较强国际影响力的大型会展平台，发展一批连接国际国内市场、运行规范有序的跨境贸易电子商务综合服务平台。鼓励外资投向共同配送、连锁配送以及鲜活农产品配送等现代物流服务领域，进一步提高内贸流通领域对外开放水平。

四、完善民生消费供给机制

（一）提升大众消费供给水平

以便民、利民为宗旨，推动生活服务业连锁化、品牌化、规范化发展，支持餐饮、家政、洗染等品牌企业拓展社区连锁网店，方便居民生活，满足广大人民群众多元化、多层次的服务消费需求。加快推进生活服务业线上线下融合发展，形成一批具有较强专业化服务能力的服务平台。加强老字号行业发展、品牌宣传、展会组织等工作，促进老字号传承保护与创新发展，扩大江苏老字号品牌影响力。大力发展大众化餐饮，扶持餐饮老字号、农家乐等地方特色美食发展，促进餐旅融合发展。

（二）构建主要生活消费品质量追溯体系

在已开展的肉类、蔬菜、乳制品、食品添加剂等追溯体系建设基础上，优化追溯模式，逐步向其他食用农产品、食品、药品以及其他对消费者生命健康有较大影响的重要商品拓展。创新优化追溯体系建设思路，积极应用现代信息技术，建设来源可追、去向可查、责任可究的信息追溯体系。强化部门协调配合，建立开放合作、多方参与共同建设追溯体系的工作机制，实现跨部门、跨地区追溯体系对接和信息共享。建立完善重要商品追溯大数据分析与智能化应用机制。建立健全商品追溯系统与公共信用信息系统互联共享机制。

（三）完善市场应急调控机制

按照统一协调、分级负责、快速响应的原则，健全市场应急保供管理制度和协调机制，应对全省范围内和跨区域市场异常波动由省有关部门负责，应对区域性市场异常波动主要由地方各级人民政府负责。建立省级储备与各地储备、政府储备与商业储备相结合的商品应急储备体系。调整优化应急商品储备企业，及时更新应急商品信息。建立健全储备商品定期检查检验制度。各地要完善商品应急储备体系，创新商业储备模式，推进商业储备市场化和储备主体多元化。依托各地大型保供企业、大型农批市场、大型农副产品基地,共同组成市场保供体系。及时调整补充应急商品数据库企业,掌握相关应急商品产销和库存情况。实施应急保供重点联系企业动态管理,保持合理库存水平,增强投放能力,合理规划设置应急商品集散地和投放网点。探索利用商业保险稳定生活必需品供应机制,推动重要生活必需品生产流通保险产品创新。

五、进一步优化内贸流通发展环境

(一)深化商务综合行政执法体制改革

创新监管执法机制,大力推进信息共享、社会参与、信用监管、随机抽查、执法监督和责任追究等机制在商务监管执法中的运用,完善跨区域、跨层级执法协同,增强联合执法与刑事打击效力。推进监管执法信息化,建立信息共享、案情通报和案件移送制度,完善案件移送标准和程序,相关工作纳入行政执法与刑事司法衔接信息共享平台。加强县(市、区)商务综合执法力量建设,构建权责统一、权威高效的商务综合执法体制,提升商务监管执法效能。建设全省联通的商务综合行政执法和商务诚信公众服务信息平台。积极运用移动执法、新媒体监管服务等信息化手段,提升流通领域市场监管效能。

(二)加快商务信用体系建设

建设省、市、县三级商务主管部门共享,覆盖商协会、商圈以及线上和线下商贸企业的商贸信用公众服务平台。建立健全商务诚信规范标准,形成商务信用监管与服务保障机制。依法依规发布行政许可和行政处罚"双公示"信息及严重失信企业"黑名单"。建立行政管理信用信息共享机制、市场化综合评价机制和第三方信用评价机制。鼓励流通企业利用内贸信用保险,降低信用销售风险,扩大内贸信用销售规模。鼓励有条件的零售企业直接面向消费者开展赊销,培育新的消费增长点。规范发展单用途预付卡市场,支持融资租赁、商业保理等信用服务业发展。开展企业、市场诚信文明经营示范创建活动,发挥示范引领作用。开展诚信文明文化宣传教育,积极营造诚信经营文化氛围。

(三)创造公平竞争的市场环境

推动制订内贸流通领域的地方性法规。对内贸流通领域与经济社会发展需要不相适应的规范性文件,及时予以修改或废止。实施降低流通成本、提高流通效率行动计划,对涉企行政事业性收费、政府性基金和实施政府定价或指导价的经营服务性收费实行目录清单管理,完善公示制度,加大对违规收费的查处力度。规范银行卡业务市场,促进收单机构合规经营,切实落实银行卡刷卡手续费定价相关规定。着力破除各类市场壁垒,消除地区封锁、打破行业垄断。健全举报投诉办理和违法行为曝光机制,依法惩处经营者各类不正当竞争行为。加强内贸流通知识产权保护力度,健全知识产权维权援助体系。依法打击严重危害民生和社会公共安全的知识产权侵权假冒违法犯罪活动。深入开展"正版正货"承诺活动。完善网络商品的监督抽查、风险监测、源头追溯、质量担保、损害赔偿、联合办案等制度。

六、增强推动内贸流通发展的保障能力

（一）加强内贸流通组织领导

各地要加强内贸流通领域发展战略、规划、政策、标准的制订和实施,强化本地整顿和规范市场秩序、信用建设、公共服务、应急保供等职责。商务主管部门要切实履行内贸流通工作综合统筹职责,加强与有关部门沟通协调,完善工作机制,形成发展合力。鼓励有条件的地方整合和优化内贸流通管理职责,加强对电子商务、商贸物流、农产品市场建设等重点领域规划和政策的统筹协调,探索建立大流通工作机制。夯实内贸流通统计基层基础,完善行业统计监测制度,推进部门间信息共享和信息资源开放,建立政府与社会紧密互动的大数据采集机制,利用大数据加强对市场运行的监测分析和预测预警,形成高效率的内贸流通综合数据平台。

（二）推进流通标准化建设

加快构建国家标准、行业标准、团体标准、地方标准和企业标准相互配套、相互补充的内贸流通标准体系,扩大标准覆盖面、增强适用性,加强商贸物流、电子商务、农产品流通、居民生活服务等重点领域标准的制修订工作,开展内贸流通标准化试点工作。推动建立经营场所服务标准公开公示制度,倡导流通企业以标准为依据,规范服务、交易和管理行为。加快内贸流通标准管理信息化建设,建立重点标准实施监督和评价制度,加强标准在认证认可、检验检测、市场准入、执法监督等行政管理中的使用。

（三）加大财税金融支持力度

用好中央财政促进服务业发展专项资金,确定资金使用方向,强化绩效考核,提高资金使用效益。加大省级财政对内贸流通发展的支持力度。支持发展创业投资基金、天使投资群体,引导社会资金和金融资本加大对流通创新领域的投资。大力推进直接融资,支持流通企业上市或到"新三板"和江苏股权交易中心挂牌,鼓励流通企业发行公司债等各类债券和短期融资券、中期票据等各类债务融资工具。创新流通企业融资模式,推广知识产权质押融资,依法合规开展股权众筹融资试点,支持创业担保贷款积极扶持符合条件的中小流通企业。按照国家财税体制改革的统一部署,推进生活服务业"营改增"。充分发挥税收职能作用,扶持小微企业发展。

全省各地、各有关部门要充分认识推进内贸流通现代化、建设法治化营商环境的重要意义,结合本地区、本部门实际,制订实施方案,明确责任分工,抓好各项政策措施的落实。省商务厅会同有关部门负责对本意见落实工作的统筹协调、跟踪了解、督促检查,确保各项任务措施落实到位。

江苏省人民政府
2016 年 5 月 4 日

省政府印发关于加快推进产业科技创新中心和创新型省份建设若干政策措施的通知

苏政发〔2016〕107 号

各市、县(市、区)人民政府,省各委办厅局,省各直属单位:

现将《关于加快推进产业科技创新中心和创新型省份建设的若干政策措施》印发给你们,请认真贯彻执行。

江苏省人民政府

2016 年 8 月 15 日

关于加快推进产业科技创新中心和创新型省份建设的若干政策措施

为深入贯彻习近平总书记系列重要讲话精神，全面落实新发展理念，按照全国科技创新大会部署，大力实施创新驱动发展战略，加快推进具有全球影响力的产业科技创新中心和创新型省份建设，充分发挥科技创新在供给侧结构性改革和经济转型升级中的关键作用，着力构筑现代产业发展新高地，制定以下政策措施。

一、完善创新型企业培育机制

1. 加大高新技术企业培育扶持力度。实施高新技术企业培育"小升高"计划，省建立高新技术企业培育库，对纳入培育库的企业，根据其销售、成本、利润等因素，由省、市、县财政给予培育奖励，原则上不超过3年，支持开展新产品、新技术、新工艺、新业态创新。集聚资源、集中力量，加快培育和打造一批占据主导地位、具备先发优势的创新型领军企业。

2. 支持企业增强自主研发能力。深入实施企业研发机构建设"百企示范、千企试点、万企行动"计划，支持企业加快建设高水平研发机构，布局建设省级企业重点实验室，提高技术自给率。支持承担国家重点实验室、国家技术创新中心、国家工程（技术）研究中心、国家企业技术中心、国家工程实验室、国家制造业创新中心、国家企业重点实验室等平台建设任务，可在省级相关专项中给予不超过3000万元支持。支持骨干企业、民营企业或新型研发机构牵头组建产业技术创新战略联盟，牵头承担各类科技计划和工程建设项目，符合条件的可以登记为独立法人。支持企业大力推进技术创新与商业模式创新、品牌创新的融合，创造更多新产品、新服务、新业态。

3. 强化国有企业的创新导向。落实国有企业技术开发投入视同利润的鼓励政策，将其从管理费中单列，不受管理费总额限制。对建立重点实验室、工程技术（研究）中心、企业技术中心、博士后工作站、并购境外研发中心和营销网络、研究开发费用和引进高端人才费用，考核时视同实现利润。允许国有企业按规定以协议方式转让技术类无形资产。鼓励通过入股或并购方式购买中小企业创新成果并实现产业化。

4. 建立鼓励企业创新的普惠机制。加快建立覆盖企业初创、成长、发展等不同阶段的政策支持体系，提高对企业技术创新的支撑服务能力。落实国家新修订的研发费用加计扣除政策，探索鼓励和促进研究开发、科研成果转化的便利化措施，科技创新奖励支出和学科带头人、核心研发人员、科研协作辅助人员薪酬可在企业研发预算中予以单列。引导激励企业加大研发投入，省财政根据税务部门提供的企业研发投入情况，给予5%—10%的普惠性财政奖励。

5. 鼓励企业开放创新。对国有企事业单位技术和管理人员参与国际创新合作交流活动，根据实际需要，适当放宽因公出境的批次、公示、时限等限制。拓展省产业专项资金使用范围，允许用于支持企业以获取新技术、知识产权、研发机构、高端人才和团队为目标的境外投资并购活动。鼓励企业在海外设立研发机构,支持雇佣外籍专家和研究人员。简化企业研发用途设备和样本样品进出口、研发及管理人员出入境等手续,优化非贸付汇的办理流程。鼓励外资企业在苏建立研发机构或研发中心,探索支持参与承担各类科技计划和平台建设。

二、大力推进简政放权

1. 扩大科研院所、高等院校自主权。推进科研院所、高等院校取消行政级别。科研院所、高等院校所属院系所及内设机构坚持从事科研工作的领导人员,根据工作需要和实际情况,经批准可以科技人员身份参与创新活动,享受相应的政策待遇。探索建立科研院所理事会管理制度,推行绩效拨款试点,建立以绩效为导向的财政支持制度。扩大高等教育办学自主权。推广省属和部属高等院校综合预算管理制度试点,由高等院校自主统筹经费使用和分配。合理扩大科研院所、高等院校基建项目自主权,简化用地、环评、能评等手续,缩短审批周期,将利用自有资金、不申请政府投资的项目由审批改为备案。完善和落实股权激励政策,建立科研财务助理等制度,精简各类检查评审。鼓励科技人员自主选择科研方向、组建科研团队,开展原创性基础研究和面向需求的应用研发。

2. 保障和落实用人主体自主权。有序下放专业技术岗位设置自主权,科研院所、高等院校在核定的岗位总量内自主确定岗位结构比例和岗位标准,自主聘用人员,聘用结果报上级主管部门和人力资源社会保障部门备案。建立政府人才管理服务权力清单和责任清单,清理和规范人才招聘、评价、流动等环节中的行政审批和收费事项。创新事业单位编制管理方式,对符合条件的公益二类事业单位实行备案制管理。改进事业单位岗位管理模式,建立动态调整机制。积极培育各类专业社会组织和人才中介服务机构,有序承接政府转移的人才培养、评价、流动、激励等职能。发挥科研院所、高等院校、企业在博士后研究人员招收培养中的主体作用,有条件的博士后科研工作站可独立招收博士后研究人员。放宽人才服务业准入限制,大力发展专业性、行业性人才市场,鼓励发展高端人才猎头等专业化服务机构。

3. 改革科研项目经费管理机制。减少对创新项目实施的直接干预,赋予创新人才和团队更大人财物支配权、技术路线决策权。简化各级财政科研项目预算编制,在项目总预算不变的情况下,将直接费用中多数科目预算调剂权下放给项目承担单位。间接费用核定比例可以提高到不超过直接费用扣除设备购置费的一定比例:500万元以下的部分为20%,500万元至1000万元的部分为15%,1000万元以上的部分为13%,且间接费用的绩效支出纳入项目承担单位绩效工资总量管理,不计入项目承担单位绩效工资总额基数。加大对科研人员的激励力度,取消绩效支出比例限制,科研院所、高等院校在内部绩效工资分配时重点向一线科研人员倾斜,突出工作实绩,体现人才价值。对劳务费不设比例限制,参与项目的研究生、博士后、访问学者及聘用的研究人员、科研辅助人员等均可参照当地科学研究和技术服务业从业人员平均工资水平,根据其在项目研究中承担的工作任务确定劳务费,其社会保险补助纳入劳务费科目列支。项目实施期间,年度剩余资金可结转下一年度使用。项目完成任务目标并通过验收后,结余资金按规定留归项目承担单位使用,在2年内由项目承担单位统筹安排用于科研活动的直接支出,2年后未使用完的按规定收回。完善差旅会议管理,科研院所、高等院校可根据工作需要,合理研究制定差旅费管理办法,确定业务性会议规模和开支标准等。简化科研仪器设备采购管理,科研院所、高等院校对集中采购目录内的项目可自行采购和选择评审专家。对进口仪器设备实行备案制。科研院所、高等院校以市场委托方式取得的横向经费,纳入单位财务统一管理,由项目承担单位按照委托方要求或合同约定管理使用。

4. 着力清除创新创业障碍。继续深化行政审批改革,最大限度降低大众创业万众创新市场准入门槛,所有行政审批事项严格按法定时限做到"零超时"。建立职业资格目录清单管理制度,清理减少准入类职业资格并严格管理。持续推进商事制度改革,在全面实施企业"三证合一"基础上,再整合社会保险登记证和统计登记证,实现"五证合一、一照一码",降低创业准入的制度成本。在苏南国家自主创新示范区争取开展"证照分离"改革。建设"双创"综合服务平台和示范基地,探索组建省科技创新服务联盟,大力发展技术转移转化、检验检测、科技咨询、知识产权服务等高技术服务业,提供点对点、全方位服务。按照精简、合并、取消、下放要求,深入推进项目评审、人才评价、机构评估改革。

5. 改进新技术新产品新商业模式的准入管理。完善行业归类规则和经营范围的管理方式,调整不适应"互联网+"等新兴产业特点的市场准入要求。贯彻落实国家药品审评审批制度改革要求,简化和改进药物研究及药品临床试验核查程序,强化申请人、临床试验机构及伦理委员会保护受试者的责任。开展药品上市许可持有人制度改革试点,允许药品研发机构和科研人员取得药品批准文号,并对药品质量承担责任。开展药用辅料、药品包装材料与药品关联审评审批改革。推进仿制药质量与疗效一致性评价,简化研究用药品一次性进口审核。

6. 实行严格的知识产权保护制度。支持高新技术企业贯彻知识产权管理规范。加强知识产权专业审判庭建设,探索建立知识产权法院。完善知识产权审理和审判工作机制。推动知识产权信用监管体系建设,将知识产权侵权案件信息录入公共信用信息系统,并对重大和严重知识产权侵权案件予以公布。健全知识产权维权援助体系,建设苏南国家自主创新示范区知识产权快速维权中心,支持企业开展知识产权维权。建立海外知识产权风险预警和快速应对机制。支持企业申请注册国(境)外知识产权。

三、打通科技成果转移转化通道

1. 下放科研院所和高等院校科技成果的使用权、处置权和收益权。由科研院所、高等院校自主实施科技成果转移转化,主管部门和财政部门不再审批或备案,成果转化收益全部留归单位,不再上缴国库。对科研院所、高等院校由财政资金支持形成的、不涉及国家安全的科技成果,明确转化责任和时限,选择转化主体实施转化,在合理期限内未能转化的,依法强制许可实施。

2. 提高科技人员科技成果转化收益。在利用财政资金设立的科研院所和高等院校中,职务发明成果转让收益用于奖励研发团队的比例提高到不低于50%,计入当年本单位工资总额,但不受当年本单位工资总额限制,不纳入本单位工资总额基数,不计入绩效工资。高等院校、科研院所可与研发团队以合同形式明确各方收益分配比例,并授权研发团队全权处理科技成果转化事宜,具体方式由成果完成人或研发团队按照公开透明的原则自行确定。建立覆盖科技人员的政府购买法律服务机制,对因参与科技成果转化而产生纠纷的科技工作者提供法律服务。

3. 完善股权激励相关制度。允许转制科研院所、高新技术企业、科技服务型企业的管理层和核心骨干持股,且持股比例上限放宽至 30%。支持国有企业提高研发团队及重要贡献人员分享科技成果转化或转让收益比例,具体由双方事先协商确定,骨干团队和主要发明人的收益比例不低于成果转化奖励金额的 50%。

4. 改革高校院所领导干部科技成果转化收益管理办法。科研院所、高等院校正职和所属单位中担任法人代表的正职领导,是科技成果的主要完成人或者对科技成果转化作出重要贡献的,可以按照促进科技成果转化法的规定获得现金奖励,原则上不得获取股权激励;领导班子其他成员、所属院系所和内设机构领导人员的科技成果转化,可以获得现金奖励或股权激励,但获得股权激励的领导人员不得利用职权为所持股权的企业谋取利益。科研院所、高等院校正职和所属单位中担任法人代表的正职领导,在担任现职前因科技成果转化获得的股权,可在任现职后及时予以转让,转让股权的完成时间原则上不超过 3 个月;股权非特殊原因逾期未转让的,应在任现职期间限制交易;限制股权交易的,不得利用职权为所持股权的企业谋取利益,在本人不担任上述职务 1 年后解除限制。试点开展科研院所、高等院校领导干部科技成果转化尽职免责制度。

5. 完善高校院所科技成果转化个人奖励约定政策。对符合条件科研院所、高等院校等事业单位以科技成果作价入股的企业,依规实施股权和分红激励政策。对以股份或出资比例等股权形式给予个人奖励约定,可进行股权确认。财政、国有资产管理、知识产权、版权、工商等部门对上述约定的股权奖励和确认应当予以承认,根据职责权限落实国有资产确权和变更、知识产权、注册登记等相关事项。鼓励符合条件的转制科研院所、高新技术企业和科技服务机构等按照国有科技型企业股权和分红激励相关规定,采取股权出售、股权奖励、股权期权、项目收益分红和岗位分红等多种方式开展股权和分红激励。

6. 健全促进科技成果转移转化的激励机制。实施股权激励递延纳税试点政策,对高新技术企业和科技型中小企业转化科技成果给予个人的股权奖励,递延至取得股权分红或转让股权时纳税。对注册为独立法人并经省级备案的技术转移机构,自备案之日起,省财政连续 3 年给予开办经费及办公经费补助,每年分类资助 30—50 万元;3 年后纳入省级技术转移机构绩效考评管理序列。

7. 完善科技成果转移转化市场体系。建立科技成果项目库和信息发布系统,及时动态发布符合产业升级方向、投资规模与产业带动作用大的科技成果包。建立网上技术需求及技术创新供给市场服务平台。充分发挥市场配置创新资源的决定性作用,加快建设省技术交易中心,通过集聚技术资源、建立市场化定价机制,打造辐射长三角的技术资源交易平台。加快建设江苏(国际)知识产权交易中心、中国高校知识产权运营交易平台、苏南国家技术转移中心、国家知识产权服务业集聚发展实验区、国家版权贸易基地等一批综合性平台,探索建设网上技术交易平台,促进科技成果规范有序交易流转。

四、造就适应创新发展要求的人才队伍

1. 建立具有国际竞争力的人才引进制度。整合外国专家来华工作许可和外国人入境就业许可,实行外国人人才分类管理,提供不同层次的管理和服务。实行外籍高层次人才绩效激励政策,各级人民政府按照个人贡献程度给予奖励。推进外籍高层次人才永久居留政策与子女入学、社会保障等有效衔接,探索建立国际医疗保险境内使用机制,扩大国际医疗保险定点结算医院范围。积

极推动苏南国家自主创新示范区内的县级公安机关出入境管理机构外国人签证证件审批权下放，缩短审批期限；对在苏南国家自主创新示范区开展创新活动、符合条件的外籍高层次人才及其随迁外籍配偶和未满18周岁未婚子女，可直接申请办理《外国人永久居留证》，对尚未获得《外国人永久居留证》、需多次临时出入境的，为其办理2—5年有效期的外国人居留许可或多次往返签证；对符合条件的外籍人才提供办理口岸签证、工作许可和长期居留许可的便利。积极争取江苏外国留学生毕业后直接留苏就业试点。支持企业加大高层次人才引进力度，放宽年龄限制，允许符合条件的外籍人士担任国有企业部分高层管理职务。探索外籍科学家参与承担政府科技计划项目。

2. 畅通人才双向流动通道。探索科研院所、高等院校等聘用外籍人才的方法和认定标准，研究制定事业单位招聘外籍人才的认定标准。科研院所、高等院校聘用高层次人才和具有创新实践成果的科研人员，可自主公开招聘，探索建立协议工资、项目工资等符合人才特点和市场规律、有竞争优势的薪酬制度。落实科研人员兼职兼薪管理政策。支持部分高等院校推进"长聘教职制度"，实施"非升即走"、"非升即转"或"任满即走"的用人机制。建立完善岗位流动制度，公益一、二类事业单位科研人员可按规定交流。允许科研院所、高等院校设立一定比例的流动岗位，吸引具有创新实践经验的企业家、科技人才兼职。

3. 完善人才分类评价和支持机制。完善职称评价办法，向具备条件的地区和用人单位下放职称评审权，进一步畅通非公有制经济组织和社会组织人才申报参加职称评审渠道。完善符合高校教师和科研人员岗位特点的分类评价机制，增加技术创新、专利发明、成果转化、技术推广、标准制定等评价指标的权重，将科研成果转化取得的经济效益和社会效益作为职称评审的重要条件。探索实行高层次人才、急需紧缺人才职称直聘办法。按照市场化、社会化的要求，将水平评价类职业资格的具体认定工作转由符合条件的协会、学会等社会组织承接。对科研院所、高等院校从事基础研究和前沿技术研究的科研人员，弱化中短期目标考核，建立持续稳定的财政支持机制。实施管理、技术"双通道"的国企晋升制度，鼓励设立首席研究员、首席科学家等高级技术岗位，给予其与同级别管理岗位相一致的地位和薪酬待遇。充分发挥企业家在把握创新方向、凝聚创新人才、筹措创新投入、创造新组织等方面的重要作用，依法保护其财产权益和创新收益，进一步激发企业家创新动力。

4. 鼓励专业技术人员离岗创业。科研院所、高等院校专业技术人员经批准可离岗创业，离岗期不超过3年。离岗期间，保留人事关系、职称，人事档案由原单位管理，原单位在离岗创业人员离岗期内应停发各项工资福利待遇，按规定参加社会保险。离岗创业人员等同为在岗人员参加专业技术职务评聘和岗位等级晋升，离岗创业期间取得的科技开发和转化成果，作为其职称评聘的重要依据。强化青年人才创业支持，探索建立弹性学制，允许在校学生休学创业。

五、加强科技创新载体平台建设

1. 推动各类开发区特别是高新区创新发展争先进位。推进开发区组织领导机构建设，出台、落实《江苏省省级以上开发区机构编制管理暂行办法》，加强和规范开发区党工委、管委会及其职能机构设置和人员编制、领导职数配备。赋予国家级开发区与设区市同等的经济、社会等行政管理权限，赋予通过主管部门考核的省级开发区与县（市、区）同等的行政管理权限。支持开发区依法依规调整区域范围,优先保障开发区重大创新项目用地需求,加大创新力度,提高创新效率。进一步明确高新区发展定位,鼓励地方政府将各类高端创新资源优先在高新区内布局集聚,省级各类科技计划优先支持高新区创新发展。发挥苏南国家自主创新示范区辐射带动作用,扩大苏南国家自主创新示范区建设专项高新区奖励资金规模。建立高新区创新驱动发展综合评价指标体系和统计制度,实施创新绩效综合评价和奖励,定期通报重要创新指标并加强动态管理。

2. 完善创业载体建设推进机制。扩大省科技型创业企业孵育计划资金规模,探索建立科技企业孵化器绩效奖励制度,强化对中小型科技企业的孵育,对运行成效突出且地方财政给予资金安排的科技企业孵化器,省财政按因素法给予一定比例奖励。省各类政府投资引导基金,允许采取参股方式,引导众创空间、科技企业孵化器、民间投资机构等共同组建孵化投资基金,通过"孵化+创投"的服务模式,对在孵创业项目进行天使投资,完善双创载体投融资功能。对符合土地利用总体规划和产业规划的孵化器新建及扩建项目,在土地利用计划指标中优先安排建设用地。创业苗圃、孵化器、加速器项目用地按照工业用地供地政策管理。在不改变土地用途和土地有偿使用合同约定投入产出等条件的前提下,科技企业孵化器使用的高标准厂房可以按幢、层等有固定界限的部分为基本单元分割登记、转让。创新孵化机制,推动国有科技企业孵化器股份制改造或委托专业团队管理运行。

3. 加快省产业技术研究院(以下简称产研院)改革发展。进一步创新体制机制,研究制定江苏省产业技术研究院管理暂行办法,建立完善以理事会及其领导下的院长负责制为主要架构的法人治理结构,在经费使用、成果处置、人员聘用、薪酬分配等方面赋予产研院更大的自主权。支持产研院开展跨领域、跨学科的产业重大关键技术集成攻关,鼓励技术成果到产研院进行二次开发、转移转化,省各类科技计划项目、专项资金建立专门渠道给予优先支持。企业用于研发活动而购买的产研院技术成果或委托产研院进行技术研发所发生的支出,纳入企业研发费用加计扣除政策支持范围。支持产研院建立完善首席科学家制度,自主聘任专业技术职务。对产研院引进人才和团队开辟特事特办直通车。

4. 支持新型研发机构发展。新型研发机构在政府项目承担、职称评审、人才引进、建设用地、投融资等方面可享受国有科研机构待遇。省级重点建设和扶持发展的科研项目,缴纳房产税、城镇土地使用税确有困难的,可分别向当地政府、主管地税机关申请给予减税或免税。对符合条件的新型研发机构进口科研用品免征进口关税和进口环节增值税、消费税;从事科技研发的社会服务机构,允许发展国有资本和民间资本共同参与的非营利性新型产业技术研发组织。支持新型研发机构开展研发创新活动,具备独立法人条件的,对其上年度非财政经费支持的研发经费支出额度给予不超过20%的奖励(单个机构奖励不超过1000万元),已享受其他各级财政研发费用补助的机构不重复奖励。

六、强化对科技型中小企业的金融支持

1. 加大多层次资本市场对科技型中小企业的支持力度。支持科技创新企业通过发行债券融资,支持担保机构为中小科技创新企业发债提供担保,支持地方财政提供贴息。在江苏股权交易中心设立科技创新专门板块,在符合国家规定的前提下,探索创新相关制度,为挂牌企业提供股权融

资、股份转让、债券融资等科技创新服务。

2. 创新和完善科技型中小微企业融资服务体系。落实省科技成果转化风险补偿政策，支持各市、县（市、区）、国家级和省级高新区建立科技金融风险补偿资金池，实现市、县（市、区）全覆盖。鼓励银行业金融机构设立科技金融专营机构，支持银行业金融机构在苏南国家自主创新示范区设立分支机构。鼓励银行业金融机构加强差异化信贷管理，适当提高对科技型小微企业不良贷款比率的容忍度。建设区域性科技金融服务中心，完善科技金融"一站式"公共服务平台。

3. 推进投贷联动试点。按照国家部署和试点要求，积极开展投贷联动试点，鼓励符合条件的银行业金融机构在依法合规、风险可控前提下，与创业投资、股权投资机构等实现投贷联动，大力支持科技创新型企业发展。

4. 完善信用担保机制。鼓励设立信用担保基金，通过融资担保、再担保和股权投资等形式，与现有政府性融资担保机构、商业性融资担保机构合作，为科技型中小企业提供信用增进服务。完善相关考核机制，不进行营利性指标考核，并设置一定代偿损失容忍度。

5. 加快发展科技保险。鼓励保险业金融机构完善科技保险产品和服务，试点科技保险奖补机制，推动科技型中小微企业利用科技保险融资增信和分担创新风险，加快推进各类知识产权保险。积极争取在苏南国家自主创新示范区开展全国专利保险试点，推动常态化实施专利执行保险、侵犯专利权责任保险，探索知识产权综合责任保险、知识产权海外侵权责任保险和专利代理人执业保险等专利保险新险种。

6. 完善创业投资引导机制。落实省天使投资引导资金政策，对出现投资损失的项目，省及地方财政按照实际发生损失额的一定比例分别给予支持。整合和完善各类创业投资引导基金，健全向社会资本适度让利的基金收益分配机制。对符合条件的创投企业采取股权投资方式投资未上市的中小高新技术企业，按照国家有关规定落实税收优惠政策。

7. 加快创业企业上市步伐。对接国家股票发行制度改革，研究特殊股权结构类创业企业到创业板上市的制度设计，推动符合条件的互联网企业和科技型企业到创业板发行上市。支持科技型中小企业到新三板挂牌。

8. 简化境内外创新投资管理。争取在苏南国家自主创新示范区开展合格境内有限合伙人、"限额内可兑换"外汇改革、境外并购外汇管理等试点。对开展国际研发合作项目所需付汇，探索实行研发单位事先承诺、事后并联监管制度。探索设立境外股权投资企业试点工作，支持省内重点金融机构、资本运营公司、企业直接到境外设立基金，或与境外知名投资机构合作组建国际科技创新基金、并购基金，开展创新投资。

七、加大政府引导和支持力度

1. 实行积极的财税政策。省财政从 2016 年起 3 年内统筹安排省级各类资金和基金超过 1000 亿元，支持"一中心、一基地"建设。强化战略导向，实施省前瞻性产业技术创新专项和科技成果转化专项。加大绩效评价力度，提高政策和资金的效益。鼓励知名科学家、海外高层次人才创新创业团队、国际著名科研机构和高等院校、国家重点科研院所和高等院校在苏发起设立专业性、公益性、开放性的新型研发机构，最高可给予 1 亿元的财政支持。中央直属企业、国内行业龙头企业、知名跨国公司在苏设立独立法人资格、符合江苏产业发展方向的研发机构和研发总部,引入核心技术并配置核心研发团队的,最高可给予3000万元的财政支持。对基础性、公益性的科技基础条件平台、工程技术研究中心等,省、市财政根据情况给予经费支持。鼓励和引导社会力量通过捐资捐助支持省属高等院校发展。进一步加大生命健康、资源环境、公共安全等社会事业领域科技创新投入力度,优化完善农业科技创新的财税支持方式,启动建设江苏现代农业产业技术创新园区,增加民生科技供给,提高科技惠民水平。

2. 完善基础研究长期稳定支持机制。加大对基础前沿类科学研究持续稳定的财政支持力度,关注影响长远发展和产业变革的重大原创性科学问题,强化对非共识、变革性、颠覆性创新研究的扶持,抢占科学制高点。改革创新基础研究经费使用和管理方式,省自然科学基金继续加大对青年科技人员的支持力度,更多资助处于起步阶段、35周岁以下未承担过省级课题、在科研院所、高等院校、企业工作的博士,支持其自主选题、自由申报、自由探索,发挥科研"第一桶金"作用。优化完善优秀青年科学基金、杰出青年科学基金评审和管理机制,为重要科技领域实现跨越发展奠定坚实基础。

3. 建立创新产品推广使用机制。改革以单向支持为主的政府专项资金支持方式,建立健全符合国际规则、支持采购创新产品和服务的政策体系,加强对创新产品研制企业和用户方的双向支持,通过实施新技术新产品示范应用工程,促进产业、技术与应用协同发展。通过预留份额、评审优惠和合同分包等方式提高中小企业政府采购比例。探索建立面向全国的新技术新产品(服务)采购平台,深化首台(套)重大技术装备试验和示范项目、推广应用以及远期采购合约等采购机制,委托第三方机构向社会发布远期购买需求。探索建立"首购首用"风险补偿机制,对经认定的首台(套)重大技术装备产业化示范应用项目进行奖补,对参与省重大装备保险试点的产品,在生产企业投保"首台套综合保险"时给予奖励。

4. 健全创新政策审查和评议制度。对新制订政策是否制约创新进行审查。及时废止或修改有违创新规律、阻碍新兴产业和新兴业态发展的政策条款。建立省重大经济科技活动知识产权评议制度,对政府重大投资活动、公共财政支持的科研项目开展知识产权评议。

5. 强化创新驱动发展鲜明导向。聚焦具有全球影响力的产业科技创新中心和创新型省份建设,建立创新驱动发展考核指标体系,重点考核创新投入、创新能力、创新产出、创新绩效、创新环境、知识产权保护、高新技术产业投资增速等内容,系统评价创新驱动发展水平,定期公布评价结果,并纳入市、县党政领导干部工作考核范围。在国有企业领导人员任期考核中加大科技创新指标权重,将研发投入、成果产出等指标纳入国有企业业绩考核。对竞争类国有企业,实施以创新体系和重点项目建设为主要内容的任期创新转型专项评价,评价结果与任期激励挂钩。

6. 构建科技创新社会化评价机制。探索发布江苏产业科技创新指数。从科技创新资源、科技创新环境、科技创新投入、前瞻性产业培育、产业国际竞争力等方面,综合评价实施创新驱动发展战略的总体情况,引导各地牢固树立和践行新发展理念,加快培育发展新动能,努力塑造更多依靠创新驱动的引领性发展。

上述政策措施自发布之日起执行,此前与本文件有关规定不一致的,按照本文件执行。各地、各部门和单位要结合实际,制定具体配套措施和实施细则,确保各项政策全面落地落实。

2016年8月16日

省政府关于印发江苏省大数据
发展行动计划的通知

苏政发〔2016〕113号

各市、县(市、区)人民政府,省各委办厅局,省各直属单位:
  现将《江苏省大数据发展行动计划》印发给你们,请认真组织实施。

江苏省人民政府
2016年8月19日

江苏省大数据发展行动计划

为贯彻落实《国务院关于印发促进大数据发展行动纲要的通知》(国发〔2015〕50号)和《国务院办公厅关于运用大数据加强对市场主体服务和监管的若干意见》(国办发〔2015〕51号)精神,加快我省大数据产业发展,推动政府治理和公共服务能力现代化,促进经济社会转型升级,制定本行动计划。

一、总体要求

(一)指导思想

深入贯彻党的十八大和十八届三中、四中、五中全会精神,牢固树立创新、协调、绿色、开放、共享的发展理念,科学规划大数据产业布局,加强关键技术研发攻关,加快科技成果转化,加快紧缺人才培养和引进,完善相关法规制度和标准体系,培育大数据发展新模式、新业态,规范和深化大数据应用,助力"互联网＋"行动,服务智慧江苏建设,不断提升政府在社会治理、市场监管、商事与民生等方面的服务与监管能力,争创全国领先、特色明显的国家大数据综合试验区,为建设"强、富、美、高"新江苏提供有力支撑。

(二)基本原则

1. 统筹规划、全面推进。统筹规划江苏大数据发展主体框架和产业布局,建立大数据发展共享协调机制。充分发挥政府在大数据发展中的引导推动作用,完善大数据发展政策措施、规范标准、投融资体系、创新创业环境、安全保障以及公共服务体系,建立健全政、产、学、研、金、用联合推进机制,形成大数据资源、技术、产品、应用、安全、交易六位一体、全面推进的良好局面。

2. 政府带头、开放共享。大力推动政府数据开放共享,建立全省政府数据统一共享交换平台,结合信息惠民工程实施和智慧江苏建设,在依法加强安全保障和保护隐私的前提下,稳步推动公共数据资源开放。充分发挥市场配置资源的决定性作用,加强社会信息资源共享,构建政府和社会互动的信息采集、共享和应用机制。

3. 融合创新、应用示范。加强大数据基础研究和关键技术研发,推动大数据技术产品、应用模式、商业模式创新发展,培育和挖掘大数据应用新业态、新模式。坚持以应用需求为导向,推动大数据与经济社会各领域深度融合,鼓励满足市场需求的各类大数据开发利用,实施一批大数据示范工程,支持重点领域和特色产业大数据应用。

4. 自主可控、安全可信。推进大数据标准体系建设,支持发展有自主知识产权的信息安全产品和服务。制定和完善数据采集、存储、传输、应用及开放共享法规,建立跨部门、跨行业协同监管机制,加强政府、社会、企业、个人信息安全保护。建立政府信息系统建设监理制度,加强信息安全审计,落实安全审查制度,开展政府和社会云计算中心和云平台安全评估,消除大数据应用安全隐患。

（三）发展目标

1. 完善大数据产业生态。在数据采集、整理、分析、发掘、展现、应用等领域突破关键技术,制定发布一批大数据技术标准和应用规范。建立政、产、学、研、金、用联动,大中小企业协调发展的大数据产业体系和公共服务支撑体系,带动相关产业产值超过1万亿元。到2020年,全省大数据产品和服务广泛应用,企业集聚度和创新研发能力显著提高,形成较为完善的大数据生态产业链。建成10个省级大数据产业园,建成一批大数据产业（交易）中心,引进培养100名大数据领军人才,60%的软件企业实现服务化转型,培育5家业务收入超100亿元、50家业务收入超10亿元的大数据龙头企业。

2. 丰富大数据示范应用。以智能制造为主攻方向,在装备、冶金、纺织、化工等传统优势领域全面推动工业大数据示范应用,建设具有国际竞争力的先进制造业基地。充分运用大数据加强对经济运行的监测、分析、预测、预警,提升宏观调控、产业发展、市场监管、信用体系等方面的管理效能。围绕智慧江苏建设,在公用事业、城乡环境、健康医疗、减灾救灾、社会保障、交通旅游等领域形成一批大数据典型应用。到2020年,工业大数据应用全国领先、政府和社会数据开放共享格局基本形成、互动整合机制进一步完善。

3. 提升社会治理能力。将大数据作为提升政府治理能力的重要手段,提升政府服务水平和监管效率,增强乡村社会治理能力,推动简政放权和政府职能转变,推动商事制度改革,促进政府监管和社会监督有机结合。2017年底前,建成全省政府数据统一开放平台,形成省、市两级以及跨部门数据资源共建共享和开发利用机制;2020年底前,逐步、安全、规范地推动社会治理相关领域的政府数据向社会开放,打通政府部门、企事业单位之间的数据壁垒,基于数据共享和部门协同全面提升各级政府治理和公共服务能力。

二、主要任务

（一）夯实信息网络基础,促进数据资源共建共享

1. 统筹信息基础设施建设。以提升大数据获取、传输、存储、处理能力为目标,加快宽带江苏、无线江苏、高清江苏等信息基础设施工程建设,推进三网融合普及。支持具备条件的高新区、开发区及大中型骨干企业建设基于"云＋网＋端"（工业云、工业互联网、工业信息终端）三级构架的工业信息基础设施,支持电信运营商、IT企业和工业企业开展"企企通"工程建设与合作。加快建设城市传感网络,支持传感器、智能可穿戴设备等数据采集设备的应用推广。制定城市交通、环保、地下管网、隧道桥梁等基础信息及社区家庭水、电、煤气等数据采集和接口规范。（责任单位:省经济和信息化委、省新闻出版广电局、省通信管理局、省质监局等）

2. 构建统一数据资源中心。完善自然资源和空间地理、宏观经济、公共信用、人口等基础信息资源库以及健康、就业、社会保障、能源、统计、质量、国土资源、环境保护、农业、安全监管、城乡建

设、企业登记、旅游、食品药品监管、公共安全、交通运输、教育科研等重要领域信息资源库。建立信息资源共享服务平台和公共数据中心,逐步实现区域性信息系统集约化建设和统一运营维护管理。统筹协调数据中心项目建设,充分发挥已建项目和在建的经济社会发展数据中心作用,严格控制政务部门新建数据中心,避免盲目建设和重复投资。鼓励有条件的地区和行业部门集约建设大数据基础设施,整合构建区域性、行业性数据汇聚平台,逐步实现设施集中、应用整合、数据共享、管理统一。(责任单位:省政府办公厅和省有关部门,市、县人民政府)

3. 提升数据中心服务能力。支持建设全国或区域性数据中心,推进无锡国家云计算服务创新发展试点和国家超级计算无锡中心建设,吸引国家级数据服务中心、云计算中心等功能性平台落户江苏,建设一批公共服务、重点行业、大型企业云计算数据中心和灾备中心。支持通信运营商和地区大数据中心增强高性能计算、海量数据存储、大数据分析能力,拓展大数据服务。鼓励有条件的地区和行业部门在确保安全的情况下向社会购买数据托管服务。(责任单位:省政府办公厅、省经济和信息化委、省通信管理局、省发展改革委,市、县人民政府)

(二)推动创新发展,培育新兴业态

1. 突破大数据关键技术。鼓励省内企业、高校、科研机构参与国内外大数据标准化建设和关键技术研发,集成创新资源开展前瞻性、先导性、关键共性技术研究,重点突破虚拟化、并行计算、海量信息处理、大数据存储、数据挖掘、分析算法、建模融合、机器学习等一批关键核心技术。加强科技成果转化,加快推动核心芯片、高性能安全可控服务器、海量存储等大数据产品和设备研发及产业化,推进云操作系统、工业控制实时操作系统、智能终端操作系统以及高端传感器、工业控制系统、人机交互等软硬件基础产品的研发和应用。(责任单位:省经济和信息化委、省发展改革委、省科技厅等)

2. 统筹大数据产业布局。支持地方政务大数据、经济大数据、生态文明大数据、民生服务大数据以及大数据公共服务平台、大数据产业(交易)中心建设,鼓励各地结合实际发展大数据特色产业,建设一批特色鲜明的大数据产业园。加快打造数据获取、数据存储、数据处理与分析及数据应用的大数据技术产业链,构建技术研发、设备制造、存储服务、融合应用等大数据关联产业的协同生态体系。选择数据资源共享开放、大数据产业发展、数据应用创新和数据安全保障等方面基础较好的城市创建大数据示范城市。(责任单位:省经济和信息化委、省发展改革委、省通信管理局)

3. 培育大数据新兴业态。推动大数据与云计算、物联网、移动互联网等新一代信息技术融合发展,探索大数据与传统产业协同发展的新业态、新模式,促进传统产业转型升级和新兴产业加快发展,培育新的经济增长点。重点扶持国产实时数据库、地理信息处理、海量视频处理、大数据可视化工具等大数据系统和应用软件,形成一批可满足大数据重大应用需求的产品、系统和解决方案。强化我省在电网大数据、电信大数据、交通大数据、旅游大数据等行业应用领域国内市场的领先地位,加大智慧城市大数据、政务大数据、工业大数据、大数据安全等领域产品与服务的开发应用力度。(责任单位:省经济和信息化委、省发展改革委、省通信管理局)

4. 促进软件企业转型。加快软件企业网络化、平台化、融合化、服务化转型发展,形成面向行业应用、公共服务、社会治理等领域的自主大数据产品与服务体系。促进软件企业利用大数据推动信息化与工业化深度融合,拓展大数据在研发设计、生产制造、经营管理、市场营销、售后服务等产业

链各环节的应用,提升对传统企业互联网化转型的服务支撑能力。推动软件企业深入挖掘公共服务数据,利用大数据在健康医疗、社会保障、交通旅游、文化教育等公共服务领域和社会信用、环境保护、食品药品监管、舆情监控等社会治理领域创新服务模式,打造一批特色产品和服务。(责任单位:省经济和信息化委和省有关部门)

5. 推动大数据创业创新。坚持创新驱动发展战略,实施大数据创新行动计划,鼓励企业和公众开发应用政府和社会数据资源,激发创新创业活力。鼓励互联网企业、征信机构以及掌握社会和行业数据资源的企事业单位,深入挖掘大数据商业价值,助力产业转型升级。鼓励交通运输、工商、环保等部门主动提供行业数据,发布大数据应用需求,激发相关企业和创新团队创新创业热情。继续办好"中国软件杯"大学生软件设计大赛、"i 创杯"互联网创新创业大赛、江苏科技创业大赛等活动,打通创新创业大赛与企业发展的通道,不断发现人才、培养人才,推动万众创新、开放创新和协同创新。(责任单位:省经济和信息化委、省发展改革委、省科技厅、省工商局、省交通运输厅、省环保厅等)

(三)实施重点工程,推广典型应用

1. 工业大数据。全面落实《中国制造 2025 江苏行动纲要》,深入实施企业互联网化提升计划,促进大数据在工业行业深度应用。加强制造业大数据关键技术研发,着力在工业控制系统、智能感知元器件、操作系统和工业软件等核心环节取得突破。建设一批高质量的工业云服务平台和面向不同行业、不同环节的工业大数据聚合分析应用平台,促进软件与服务、设计与制造资源、关键技术与标准的开放共享。推动工业企业与互联网跨界融合,促进物联网、大数据、云计算、3D 打印等技术在全产业链的集成应用,推动智能车间(工厂)建设和制造模式变革。加强工业大数据在产品全生命周期、产业链各环节的应用,分析感知用户需求,发展个性化定制、众包设计、云制造等新兴制造模式,鼓励企业利用大数据技术开展故障预警、远程维护、质量诊断等在线增值服务,拓展产品价值空间,有效支撑制造业智能化、服务化转型,构建开放、共享、协作的智能制造产业生态。(责任单位:省经济和信息化委)

2. 金融大数据。鼓励银行、证券、保险、基金等金融机构利用大数据技术加强风险和营销管理,创新金融产品和服务,发展消费信贷、金融租赁等业务。支持金融机构与互联网企业合作开展金融服务,共享社交网络、电子商务、终端媒体产生的数据,把握客户消费习惯、风险收益偏好等行为特征,为用户提供多样化、个性化、精准化的金融产品和服务,切实解决中小企业融资难题。(责任单位:人民银行南京分行、江苏银监局、江苏证监局、江苏保监局等)

3. 电网大数据。研究智能电网发输变配用调各环节大数据体系架构、营配调融合、多源异构数据集成、存储、处理、分析及可视化技术。开展客户行为大数据分析,绘制全省"电力地图",实现中长期负荷预测,实现电网规划与城乡规划、市政规划有机衔接。建立融合电网、气候、经济等信息的多维度用电影响模型,研究节电用电预测与需求侧管理。研究开发充电桩智能供用电系统、新能源发储用与电能质量的统一调控体系,促进新能源、电动汽车充换电设施健康有序发展。(责任单位:省经济和信息化委、江苏能源监管办等)

4. 电子商务大数据。建立江苏省电子商务大数据研究机构,加强数据分析和价值挖掘,提升企业精准营销能力,推进电子商务经营模式创新。统一电子商务与快递企业信息交换标准,加强电子商务与物流快递信息对接。完善安全认证体系,强化电子商务数据安全保障,推动数字证书互认兼容。建立健全电子商务平台经营产品质量安全监督体系,建设电子商务售后服务质量检测云平台,加大对在线交易产品的监管力度,提升消费安全感和满意度。建设跨境电子商务综合服务平台,实现监管部门与电商企业、物流企业之间数据共享交换和"一站式"服务。推进电子商务信用体系建设,实现社会化对接和共享,构建可信交易环境。依托省电子口岸平台,加快"大通关"建设,实现信息共享。(责任单位:省商务厅、省经济和信息化委、省工商局、省质监局、南京海关、江苏检验检疫局等)

5. 物流大数据。积极推广应用二维码、无线射频识别等物联网感知技术,实现仓储设施与货物的实时跟踪、网络化管理以及库存信息的共享,提高货物调度效率。聚合各类物流信息资源,整合仓储、运输和配送信息,开展物流全程监测、预警,提高物流安全、环保和诚信水平,统筹优化社会物流资源配置。构建互通省际、下达市县、兼顾乡村的物流信息互联网络,建立各类可开放数据的对接机制,完善物流信息交换开放标准体系,促进物流信息充分共享与互联互通。(责任单位:省经济和信息化委等)

6. 现代农业大数据。积极实施"互联网+"现代农业行动,加快国家涉农大数据省级分中心和各类农业实用数据库建设,强化数据采集、分析,利用大数据提升农业生产、经营、管理和服务水平,培育一批网络化、智能化、精准化的现代农业生产新模式,积极发展智能农业、感知农业、精准农业。支持新型农业生产经营主体利用大数据技术对生产经营过程实行精细化、信息化管理。逐步建立农副产品、农资质量安全追溯体系,建立农产品生产的生态环境、生产资料、生产过程、市场流通、加工储藏、检验检测等数据共享机制,与农产品电子商务等交易平台互联,实现种子、农药、化肥等信息可追溯,为生产者、消费者、监管者提供农产品质量安全信息服务。建立农业信息监测体系,为灾害预警、耕地质量监测、重大动植物疫病疫情防控、市场波动预测、经营决策等提供服务。(责任单位:省农委、省科技厅)

7. 税费大数据。健全政府部门税费信息共享机制,保障国税、地税部门及时获取第三方税费信息,解决征纳双方信息不对称问题。建设统一的税费数据公共服务平台,加强重点行业、重点项目、重点企业及重点人群的投资建设、生产经营、收入财产等涉税(费)信息的归集。发挥税费大数据优势,加强数据增值应用,在提高征管效能和纳税服务水平的同时,更深刻地反映经济运行情况,服务经济社会管理和宏观决策,为增强政府治理能力提供有力支撑。(责任单位:省地税局、省国税局、省财政厅)

8. 经济运行大数据。加快推进省经济社会发展数据中心项目建设,构建覆盖省、市、县三级经济部门以及重点领域、重点行业、重点企业的大数据支撑服务平台,建立企业、项目、专家等信息资源库,与信用等数据库互联,加强重点行业和企业经济运行监测,动态分析产业发展情况,强化重点项目管理,提升综合研判与决策分析能力。(责任单位:省统计局、省经济和信息化委)

9. 健康医疗大数据。加强基于电子病历的医院信息平台和基于电子健康档案的区域健康信息平台建设,实现医疗服务、公共卫生服务、医疗保障、药品供应保障、卫生计生监管、健康管理等信息共享,支持健康医疗大数据应用。充分利用大数据开展疾病监测以及健康危害因素相关监测预警,探索个性化医疗、精准医疗和大数据健康管理,提供有针对性的疾病防治和连续性的健康服务。依托互联网资源和社会力量搭建养老信息服务网络平台,支持开展社区、居家养老和

康复服务,提高老年人、慢性病患者等重点人群健康保障水平。(责任单位:省卫生计生委、省民政厅、省科技厅)

10.交通旅游大数据。推广车联网、船联网等智能化技术应用,形成完善的交通运输感知体系。加强与互联网公司的政企合作,强化交通运输信息综合分析应用,利用大数据平台挖掘分析都市圈交通联系度、公众出行需求、枢纽客流规模、车辆船舶行驶特征等,为优化交通运输设施规划与建设、安全运行控制、交通运输管理决策提供支撑。建立省级旅游数据中心,搭建旅游产业综合管理与服务平台,实现旅游基础数据的共建共享。完善游客行为分析平台,实时掌握游客流量等重点数据,合理引导游客消费,提升旅游舒适度。建立旅游市场信息化监管平台,实时接受游客投诉,开展游客满意度评价,提升旅游服务质量。利用数据挖掘、分布式处理等技术汇集旅游、园林、气象、交通运输等部门的食、住、行、游、购、娱等数据资源,推动旅游资源与相关数据资源的深度融合与开发。(责任单位:省交通运输厅、省公安厅、省旅游局等)

11.教育服务大数据。建设省级教育数据中心,搭建覆盖全省各级各类学校的教育管理公共服务平台、优质教育资源公共服务平台,实现全省教育管理、教育教学和科研信息的共建共享。依托省教育和科研计算机网建设省教育专网,实现省、市、县、校四级网络高速互联,进一步提升宽带网络校校通、优质资源班班通、网络学习空间人人通建设水平,构建网络化、数字化、个性化、终身化的教育体系,建设"人人皆学、时时能学、处处可学"的学习型社会。基于教育大数据推进智慧校园、智慧课堂、智慧管理和智慧决策建设,提升课堂教学、教师教研、学生学习、管理评价、家校互动、学校管理、教育决策的智能化、科学化水平。(责任单位:省教育厅)

12.人力资源社会保障大数据。建立全省统一的服务对象(人员、单位、社会保障卡)基础信息库,全面整合就业、社保、人才、人事等业务资源信息,加强与公安、工商、税务、教育等部门的信息交换,建立全省集中的人社业务资源信息库,为各级、各地、各业务系统提供综合查询、分类比对、分析挖掘、监测指挥等信息服务,以大数据技术创新管理服务模式,推进人社业务的源头化、精确化、智能化管理。建立数据共享利用平台,提升全民参保登记、高校毕业生就业服务、劳动保障监察等业务应用的数据综合利用水平。(责任单位:省人力资源社会保障厅)

13.信用大数据。加快建立和完善"诚信江苏"网、省社会法人信用基础数据库、省自然人信用基础数据库、省金融信用信息基础数据库和公共信用信息服务平台等"一网三库一平台",进一步提高"诚信江苏"网建设和服务水平。加强设区市和县(市、区)信用信息系统建设,实现省、市两级信用信息的交换、共享和应用,逐步实现信用信息归集交换全覆盖。建立和完善覆盖全社会的公共信用信息系统,提高信用信息归集质量,推进信用信息和信用产品的广泛应用,建立以信用为核心的新型市场监管体制,提高政府行政效能。建立行政执法与司法、金融、旅游环境等信息共享机制,运用大数据技术增强联合执法能力。(责任单位:省经济和信息化委、省工商局、省质监局等)

14.食品药品大数据。建设覆盖省、市、县、乡四级食品药品监管部门、统一的信息网络和智能移动监管平台,提升对重点食品药品的质量安全监管能力,提高风险预警和突发事件应急处置能力。建立食品药品安全风险监控监测中心,探索对生产经营高风险环节的重点部位、重点场所和重点品种开展信息化监管。健全食品药品安全追溯体系,整合食品药品监管、商务、农业等部门的电子追溯资源,实现追溯信息互通共享,保障食品药品安全。建设省级食品药品监管云数据中心,整合监管信息资源,实现食品药品安全监管信息共享与业务协同。(责任单位:省食品药品监管局、省

商务厅、省农委）

15. 环境保护大数据。结合互联网大数据分析，优化监测站点布局，扩大动态监控范围，构建资源环境承载能力立体监控系统，完善污染物排放在线监测系统，建立环境信息数据共享机制，统一数据交换标准，逐步实现各级政府资源环境动态监测信息互联共享，推进区域污染物排放、空气环境质量、水环境质量等信息公开。（责任单位：省环保厅等）

16. 国土资源大数据。建设完善国土资源"一库三平台"（"一张图"核心数据库、政务管理平台、综合监管平台、信息服务平台），加快推进"国土云"建设，集聚各类国土资源数据、融合经济等领域的相关数据，服务国土资源节约集约"双提升"，面向全社会提供专业化、高效能的国土资源信息服务。（责任单位：省国土资源厅）

17. 舆情分析大数据。建设网络舆情大数据基础平台，加强关联舆情信息分析和预测。通过构建模型预测舆情走向，通过挖掘、分析舆情关联数据，加强对舆情产生、传导、影响、反馈、处理、引导的动态跟踪和综合治理，将监测目标时间节点提前到敏感消息传播初期。运用大数据创新社会舆情管理，快速准确地划分舆情级别，确定应对措施，做到科学研判、快速处置。（责任单位：省网信办、省公安厅、省安全厅、省通信管理局、省保密局等）

18. 警务、反恐大数据。充分整合公安机关内部、社会单位、互联网等不同来源的信息资源，开展基于大数据、云计算技术的警务数据智能化挖掘分析和研判应用，建设反恐大数据预警分析平台，增强对涉恐事件或重点人群的分析和预测能力，为维稳反恐、侦查办案、治安管理、服务群众等工作提供主动型、预警型、精确化的数据支撑，不断增强公众安全感、满意度。（责任单位：省网信办、省公安厅、省安全厅、省科技厅等）

（四）加快数据共享开放，提升政府治理能力

1. 深化政府数据共享交换。统筹规划建设省级和市级电子政务内外网，鼓励、支持基层电子政务集中统一开发和建设，依托电子政务平台普遍开展县级政府政务公开和政务服务。完善省、市政府数据共享交换平台，建立信息资源共享目录，明确共享信息的内容、来源、范围、更新要求和使用权限，推动信息资源跨地区、跨层级、跨部门共享。通过开放数据接口、制定共享目录、签订共享协议等方式，实现省市之间、各部门之间的数据共享交换。（责任单位：省政府办公厅、省经济和信息化委、省政务服务管理办公室，市、县人民政府）

2. 推动数据资源共享开放。强化对数据资源建设以及数据共享开放、数据质量和安全的审计监督，研究编制数据资源特许使用管理办法，明确数据安全要求和责任界面，建立政府数据采集、质量保障和安全管理标准，建立政府数据开放平台和标准体系。加快建立政府数据资源目录清单，制定政府数据开放计划，明确各部门数据开放的时间节点和路线图，促进政府数据在风险可控原则下向社会开放。引导企业、行业协会、科研机构、社会组织等主动采集并开放数据，加强政府数据与社会大数据的汇聚整合和关联分析。（责任单位：省政府办公厅、省经济和信息化委，市、县人民政府）

3. 推进阳光政务商事服务便捷化。加快省政务服务中心网上平台建设，打造集行政审批、便民服务、政务公开、效能监察等为一体的网上办事大厅，实现对权力运行的全程、实时监控。加快建立项目并联审批平台，形成网上审批大数据资源库，实现跨部门、跨层级项目审批、核准、备案的统一受理、同步审查、信息共享、透明公开。整合工程建设项目招投标、土地使用权和矿业权出让、国有

产权交易、政府采购等平台,建立健全统一规范、上下衔接的公共资源交易平台。建立行政许可审批信息、工商登记信息、行政处罚信息、企业年度报告信息的共享机制,依托全省统一市场监管信息平台实现市场主体信息的互联共享,依托省企业信用信息公示系统和省公共信用信息平台推进市场主体信息公示。鼓励政府部门高效采集、有效整合并充分运用政府数据和社会数据,掌握企业需求,推动行政管理流程优化再造,在注册登记、市场准入等商事服务中提供更加便捷有效、更有针对性的服务。(责任单位:省政府办公厅、省政务服务管理办公室、省经济和信息化委,市、县人民政府)

(五)强化安全保障,促进健康发展

1. 强化信息资源保护。加强地理、人口、法人、统计等基础信息资源的保护和管理,促进部门间信息系统互联互通,保障信息资源共享安全。明确敏感信息保护要求,强化企业、机构在网络经济活动中保护用户数据和国家基础数据的责任,严格规范企业、机构在我国境内收集数据的行为。在软件服务外包、信息技术服务、电子商务、电子政务等领域开展个人信息保护试点。加强个人信息保护管理办法研究,加强个人信息安全防护知识宣传和普及,保障个人信息安全。(责任单位:省网信办、省公安厅、省安全厅、省保密局等)

2. 夯实网络信息安全基础。推动信息安全风险评估和重点领域网络与信息安全检查等基础性工作制度化、规范化、常态化、自动化。切实落实信息安全等级保护制度,做好信息系统定级备案、安全建设整改、等级测评和监督检查等工作,加强部门网络与信息安全事件应急预案备案管理和效能评估。建设省级信息安全应急指挥平台,提升政务网站及重要信息系统安全监测预警平台的监测预警能力,完善信息安全攻防实验室,扩大容灾备份规模。建设全省 IP 地址和域名基础资源库。加强基础通信网和公共互联网统一管控平台建设。(责任单位:省网信办、省经济与信息化委、省公安厅、省安全厅、省保密局、省通信管理局等)

3. 加强网络信息安全监管。加强网络与信息安全专家队伍、专业骨干队伍和应急技术支撑队伍建设,提高评估检测技术装备水平,提升风险隐患发现、监测预警和突发事件处置能力。建立健全网络与信息安全信息通报机制,及时发现、预警、通报、报告重大网络与信息安全突发事件和漏洞隐患,加大对网络违法犯罪活动的打击力度。进一步完善监管体制,充实监管力量,倡导行业自律,充分发挥社会组织和广大网民的监督作用。(责任单位:省网信办、省经济与信息化委、省公安厅、省安全厅、省通信管理局、省保密局等)

4. 加强信息安全技术攻关。加大网络与信息安全技术研发力度,加强对大数据、云计算、物联网、移动互联网、下一代互联网等方面的信息安全技术研究。加大信息安全产业发展扶持力度,积极培育信息安全品牌和骨干企业,重点培育发展安全咨询、测评认证、风险评估等第三方服务机构。建设江苏信息安全产业基地以及工业控制系统安全互联网监测等公共服务平台。完善信息安全政府采购政策措施和管理制度,加强国产自主安全可控产品的推广应用。(责任单位:省经济和信息化委、省通信管理局、省公安厅等)

三、保障措施

（一）建立协调机制

在省信息化工作领导小组领导下，设立大数据发展办公室，负责拟定并组织实施大数据发展规划、计划和政策措施，统筹推进全省大数据发展。办公室设在省经济和信息化委，省经济和信息化委会同省发展改革委承担办公室的日常工作。成立省大数据发展专家咨询委员会，加强发展战略和重大问题研究，为全省大数据发展提供决策支持。各市、县（市、区）要将大数据发展纳入本地区经济社会和城镇化发展规划，建立相应的工作推进机制，突出区域特色，强化责任落实，共同推动全省大数据持续健康发展。（责任单位：省经济和信息化委、省发展改革委、省网信办、省科技厅、省安全厅、省通信管理局等）

（二）完善法规制度

推进公共数据共享开放地方立法工作，明确政府统筹利用市场主体大数据的权限及范围，实现对数据资源采集、传输、存储、利用、开放的规范管理。修订《江苏省政府信息公开暂行办法》。制定政府数据共享开放目录与指南，建立政府部门数据资源统筹管理和共享复用制度，促进政府数据在风险可控原则下最大程度开放。推行信用承诺、信用报告、信用审查制度，建立跨部门、跨地区、跨行业的失信行为联合惩戒制度。研究推动网上个人信息保护立法工作，界定个人信息采集应用的范围和方式，明确相关主体的权利、责任和义务，加强对滥用数据、侵犯个人隐私等行为的管理和惩戒。（责任单位：省政府办公厅、省法制办、省经济和信息化委、省公安厅、省安全厅，市、县人民政府）

（三）制定标准规范

推进大数据产业标准体系建设，加快建立政府部门、事业单位等公共机构的数据标准和统计标准体系，制定和实施数据采集、政府数据开放、指标口径、分类目录、交换接口、访问接口、数据质量、数据交易、技术产品、安全保密等关键共性标准。鼓励企业、产业技术联盟和相关机构参与国际标准、国家标准和行业标准的研究和制定。加快推进社会统一信用代码，建立大数据市场交易行业规范和标准体系。开展标准验证和应用试点示范，建立标准符合性评估体系，充分发挥标准在培育服务市场、提升服务能力、支撑行业管理等方面的作用。（责任单位：省经济和信息化委、省质监局、省科技厅等）

（四）加强政策扶持

完善大数据政策环境，在城市规划、土地使用、行业准入、规费减免等方面加大支持力度。引导各类风险投资机构投资大数据产业，鼓励设立一批投向大数据产业的创业投资基金。鼓励金融机构加强和改进金融服务，开发符合大数据企业的金融产品，支持大数据企业创新发展。省级专项资金引导集中力量支持大数据核心关键技术攻关、产业链构建、重大应用示范、标准规范制定和公共服务平台建设等,加大对政府部门和企业合作开发大数据的支持力度。完善政府采购大数据服务的配套政策,将购买大数据服务纳入政府购买服务指导目录。(责任单位:省财政厅、省发展改革委、省经济和信息化委、省科技厅、江苏银监局等)

(五)优化发展环境

鼓励社会信用服务机构、互联网企业等依照国家相关法律法规和市场信用需求,建立信用信息数据库,依法向客户提供方便、快捷、高效的信用信息服务。制定政府部门和公用事业单位大数据应用采购目录,引导重点行业、重点领域的企业和机构将非核心的大数据应用业务外包,培育和壮大大数据应用市场与企业。加强省市共建大数据产业园区,完善配套设施与服务,促进重大项目落地,对关键技术研发、公共服务平台、重大应用示范和国家级大数据平台等项目建设优先保障用地。(责任单位:省经济和信息化委、省政府办公厅、省发展改革委、省科技厅、省国土资源厅、省质监局等,市、县人民政府)

(六)强化智力支撑

创新人才培养模式,建立健全多层次、多类型的大数据人才培养体系。鼓励高校设立数据科学和数据工程相关专业,重点培养数据工程师等大数据专业人才,鼓励多渠道、多方式培养实用型人才、综合型人才、复合型人才。支持各类大数据众创空间建设,鼓励大数据人才创业。继续实施"333"高层次人才培养工程、"双创计划"、"育鹰计划"、产业人才高峰行动计划等省级重点人才工程,加强大数据高端人才的引进和培养,落实人才配套政策,吸引海内外大数据领域高层次人才来江苏创新创业。(责任单位:省人才办、省教育厅、省科技厅、省经济和信息化委、省人力资源社会保障厅等)

2016 年 8 月 19 日印发

省政府关于金融支持制造业发展的若干意见

苏政发〔2016〕122 号

各市、县(市、区)人民政府,省各委办厅局,省各直属单位:

我省是制造业大省,加大金融对制造业的信贷投放,关系到全省经济持续健康发展。为贯彻落实《国务院办公厅关于金融支持经济结构调整和转型升级的指导意见》(国办发〔2013〕67 号)、人民银行等八部委《关于金融支持工业稳增长调结构增效益的若干意见》(银发〔2016〕42 号),加大金融对供给侧结构性改革的支持力度,有效增加制造业信贷投放,促进金融支持制造业发展,推动江苏建设具有国际竞争力的先进制造业基地,现提出以下意见。

一、进一步加大制造业信贷投放力度

1. 保持制造业信贷合理稳定增长。银行业金融机构要始终坚持服务实体经济的经营理念,把服务制造业发展作为金融服务的重中之重。大力调整信贷投向和信贷结构,合理配置信贷资源,努力向制造业信贷需求倾斜。逐步提高制造业贷款占全部贷款比例,逐步提高工业转型升级项目贷款占全部工业贷款比例。(江苏银监局、人民银行南京分行、省金融办)

2. 创新制造业企业融资产品。完善不动产融资抵押登记服务,对金融机构和小额贷款、融资担保、典当行等地方金融组织开展抵押融资业务,需要办理土地、房产等登记手续的,不动产登记机构要依法高效办理有关事项。大力发展动产抵质押贷款业务,探索建立集中统一的动产、权益抵质押登记服务平台,支持抵质押资产在区域性金融资产交易中心托管、流转和处置。鼓励金融机构探索开展排污权、碳排放权质押贷款等绿色金融业务,提升绿色金融产品和服务创新能力。鼓励保险机构开展制造业贷款保证保险业务,为缺乏抵押担保手段的制造业中小企业提供贷款增信服务。支持商业保理公司与各类银行业金融机构合作,开展应收账款、存货、仓单等权益类质押融资。大力发展融资租赁业务,为制造业企业技术改造、扩建生产线提供重点设备租赁服务。支持符合条件的重点城市和重点企业开展产融合作试点,积极开展信用贷款、融资租赁、质押担保等金融产品和金融服务。支持大型企业与各类金融机构合作,创新发展应付款保函、小微企业私募债等供应链金融产品。(省经济和信息化委、省国土资源厅、省住房城乡建设厅、省商务厅、省金融办、人民银行南京分行、江苏银监局、江苏保监局)

3. 落实差别化制造业信贷政策。引导银行业金融机构加大对战略性新兴产业、高新技术、传统产业技术改造和转型升级等企业的支持力度,重点加大中长期贷款投入。坚持区别对待、有扶有控的原则,对传统行业中的优质企业,特别是有品牌、有订单、有效益但暂时出现流动性紧张的企业,继续给予信贷支持,帮助企业化解危机、渡过难关;对"三高一低"企业要限制贷款,促使其加强节能减排,提高发展质量和效益;对产能严重过剩行业未取得合法手续的新增产能建设项目,一律不得给予授信;对无市场、无效益、失去清偿能力的"僵尸企业",坚决压缩退出相关贷款,逐户制定风险化解方案,切实维护银行信贷资产权益。(省发展改革委、省经济和信息化委、省国资委、省金融办、省科技厅、江苏银监局)

4. 推动投贷联动业务试点。支持各类商业银行特别是地方法人城市商业银行、农村商业银行,通过设立投资子公司、建立投贷合作联盟、开发类信贷产品等多种方式,对科技型创新创业企业开展股权投资和信贷支持。按照银监会投贷联动业务试点政策,研究制定我省支持商业银行投贷联动的政策措施。(省金融办、省发展改革委、省财政厅、省科技厅、江苏银监局)

二、着力提高制造业企业直接融资比重

1. 扩大债券发行规模。支持各类制造业企业利用直接融资工具,发行企业债券、公司债、短期融资券、中期票据、中小企业集合票据等,替代其他高成本融资方式。扩大公司信用类债券发行规模,拓展可交换债券、可转换债券市场。支持制造业企业通过发行债券置换贷款或用长期债券置换短期债券。积极发展绿色债券、高收益债券、项目收益债券、专项债券、绿色资产证券化等创新金融工具。主动跟进制造业企业"融资替代"后的配套金融需求,高效提供市场操作、资金管理、结算办理、财务顾问、风险监控等金融服务。(省发展改革委、人民银行南京分行、江苏证监局)

2. 拓宽股权融资方式。支持符合"中国制造 2025"和战略性新兴产业方向的制造业企业,通过IPO、新三板挂牌、区域性股权交易市场交易等方式,在各层次资本市场进行股权融资。积极发挥财政政策对企业上市、挂牌融资、直接债务融资等方面的引导支持作用。大力发展创业投资等各类股权投资基金,吸引更多社会资本投资制造业企业。加快发展天使投资,引导天使投资机构对种子期、初创期的制造业企业进行股权投资。创新保险资金运用方式支持制造业发展,鼓励保险资金设立成长基金、并购基金、新兴战略产业基金、产业投资基金等私募股权投资基金。支持有条件的大企业设立产业创投基金,为产业链上下游企业提供股权融资。(省财政厅、省发展改革委、省经济和信息化委、省科技厅、省金融办、江苏证监局)

3. 提高企业证券化水平。支持和引导上市公司通过整体上市、定向增发、资产收购等形式,促进行业整合和产业升级,提高优势企业证券化水平。积极支持符合条件的金融机构开展不良贷款证券化试点,加快推进应收账款证券化业务发展,盘活制造业企业存量资产。(省国资委、省发展改革委、省经济和信息化委、江苏银监局、江苏证监局、人民银行南京分行)

三、充分挖掘制造业企业有效信贷需求

1. 建立企业信贷专员制度。制造业企业主办银行应建立企业信贷专员制度,明确企业信贷专员职责;企业信贷专员应深入企业调查研究,及时了解企业信贷需求,主动指导企业开展多渠道融资,协助解决企业融资过程中的困难和问题。推动银行业金融机构建立科学、务实的企业信贷专员尽职免责制度和激励制度,适当提高制造业信贷风险容忍度。对非因信贷专员道德风险、重大过失造成的相关不良贷款,免于追究信贷专员责任。(江苏银监局、人民银行南京分行、省金融办)

2. 重点加大技术改造类项目贷款投放。引导银行业金融机构突出信贷投放重点,进一步加大对重大技术改造项目的信贷支持,继续加大对传统产业改造升级项目的信贷支持。引导银行业金融机构调整完善信贷准入标准,提高技术改造类项目中长期贷款比重。对企业制造装备升级类项目和互联网化提升类项目,凡符合信贷条件和风控要求的,原则上要做到应贷尽贷,申贷获得率应保持在90%以上。鼓励保险公司推广重大装备首台套保险业务,支持制造业企业应用国产重大装备提升技术改造水平。(省经济和信息化委、省发展改革委、江苏银监局)

3. 支持工业企业"走出去"。鼓励金融机构开展跨境人民币业务,支持制造业企业使用人民币进行国际结算,鼓励制造业企业人民币对外投资。积极开展内保外贷、贸易融资、买方信贷、卖方信贷等国际金融业务,支持优质外贸企业扩大出口,支持优势制造业企业投资并购国际先进装备制造业等高技术产业,并通过"走出去"与"引进来"相结合,提升我省技术水平,优化我省产业结构。支持上市公司参与海外并购。支持"走出去"企业以境外资产和股权、矿权等权益为抵押获得贷款。鼓励境内制造业企业利用境外市场发行股票、债券和资产证券化产品。发挥出口信用保险保障功能,加大出口信用保险对自主品牌、自主知识产权、战略性新兴产业的支持力度,充分发挥小微企业统保平台作用,支持参保企业扩大出口规模,提高中长期出口信用保险覆盖面,对大型成套设备出口融资项目应保尽保。(省商务厅、人民银行南京分行、江苏银监局、江苏证监局、江苏保监局)

4. 支持制造业企业兼并重组。鼓励金融机构开展并购贷款业务,进一步扩大并购贷款规模,合理确定贷款期限。发挥债权人委员会工作机制,推动金融机构对兼并重组制造业企业实行综合授信。允许符合条件的制造业企业通过发行优先股、企业债券、可转换债券等筹集兼并重组资金,有效降低兼并重组企业债务负担和杠杆率。鼓励证券公司、资产管理公司、股权投资基金以及产业投资基金等参与企业兼并重组。发挥市场在兼并重组中的决定性作用,引导金融机构与企业自主协商、妥善解决工业企业兼并重组中的金融债务重组问题,切实维护债权人合法权益。(江苏银监局、人民银行南京分行、省发展改革委、省经济和信息化委、省金融办、省国资委)

四、切实减轻制造业企业融资成本

1. 完善制造业企业转贷应急机制。继续深化小微企业转贷方式创新。拓宽商业银行企业转贷试点覆盖面,支持符合信贷条件的制造业企业"比例还贷""循环贷"或无还本续贷。原则上,市县都要建立企业转贷应急机制,引导国有资本、社会资本共同建立小微企业转贷基金,重点支持制造业企业500万以下"过桥"转贷,有效缓解企业融资难融资贵问题。鼓励采用政府购买服务的方式,授权或委托专业机构对转贷基金进行管理和运作。省财政对小微企业转贷基金按一定比例给予风险补偿。进一步推进利率市场化,发挥市场利率定价自律组织作用,合理确定资金价格,切实防止定价偏高、互相攀比、恶性竞争等行为。(省金融办、省经济和信息化委、省财政厅、人民银行南京分行、江苏银监局)

2. 推广建立信贷风险分担机制。引导银行业金融机构改进信贷管理制度,逐步建立银行、担保机构风险分担的信贷机制,在有效管控风险的基础上,减少对担保、抵押物的依赖,切实降低制造业企业融资成本。发挥各级国有担保、再担保机构增信作用,加大对制造业贷款的担保力度,提高制造业企业申贷获得率。(省经济和信息化委、省金融办、江苏银监局)

3. 全面开展贷款业务专项检查。落实银监会开展的民营企业融资难融资贵问题专项检查工作。坚持问题导向,针对制造业企业反映突出的申请贷款中间环节多、收费高、难度大等问题和一些银行惜贷、压贷、抽贷、断贷等现象,重点对民营企业特别是民营制造业企业贷款业务进行专项检查。严格执行"七不准""四公开"等收费规定,对以贷转存、存贷挂钩、借贷搭售、转嫁成本等变相提高利率、加重企业负担的行为,以及只收费不服务、强制收费等行为,坚决严肃查处。检查结果年底前以适当方式在全省进行通报。(江苏银监局、省物价局、省金融办、人民银行南京分行)

五、统筹发挥财政资金对金融资源的撬动作用

1. 充分发挥财政资金撬动作用。继续发挥江苏省政府投资基金作为省级综合性母基金和新兴产业创业投资引导基金等专项基金的作用,吸引社会资本、金融机构共同参与,放大财政资金引导作用和杠杆效应,支持先进制造业发展。切实履行财政部门作为政府出资人的职责,规范和完善政府参与各类投资基金的投资决策机制、激励机制和退出机制,重点支持传统产业重大技术改造和战略性新兴产业培育发展项目,以及重点行业制造业企业转型升级。(省财政厅、省发展改革委、省经济和信息化委、省科技厅)

2. 整合放大财政资金引导作用。统筹使用财政引导资金支持制造业融资,充实扩大小微创业融资基金,将风险补偿资金池扩大到 20 亿元,撬动 200 亿元"小微创业贷"融资规模,重点投向制造业企业。实施"科技资金池"省内全覆盖,"科技资金池"数量要达到 60 个以上,每年撬动科技型企业融资 100 亿元以上,支持制造业发展和转型升级。进一步完善风险补偿资金池的管理办法,对符合条件的制造业逾期贷款,按一定比例由风险补偿资金池代偿。鼓励各地参照设立支持制造业发展的贷款风险补偿资金池。进一步扩大科技金融风险补偿资金池的规模和覆盖面,加大"苏科贷"对制造业企业的支持力度。(省财政厅、省经济和信息化委、省科技厅、省金融办、江苏银监局)

六、积极营造制造业企业良好融资环境

1. 多形式开展政银企融资对接。各级经济和信息化部门、金融管理部门应积极发挥桥梁作用,推动银企信息沟通,疏通资金对接渠道。组织编制重点工业投资、"双百工程"(100 项重大工业建设项目、100 项重大工业技术改造项目)等各类项目计划,通过定期发布企业融资信息、举办融资洽谈活动等方式,推动政银企融资对接。鼓励有条件的地区探索开展产融合作试点、金融支持制造业发展专项改革试点,建立制造业金融服务长效机制。(省经济和信息化委、人民银行南京分行、江苏银监局、省金融办)

2. 探索"破圈解链"新方式。研究制定"破圈解链"指导性意见,建立政银企合作机制,加强重点领域金融风险预警,联动处置区域金融风险。综合运用"授信总额联合管理办法",发挥重点企业债权人委员会作用,强化牵头银行协调处置责任,坚持事前预防,实施动态监测。对重大担保圈、互保链核心企业,实行"一企一策"、灵活处置的方式,通过调整担保人、置换抵质押物等债务平移方式,有效降低企业担保贷款占比,以时间换空间逐步破圈、解链,缓解区域金融风险压力。对符合政策规定的制造业呆账贷款应核尽核,逐步降低制造业整体不良贷款水平。进一步增强省金融资产管

理公司处置能力,积极推动设立苏州金融资产管理公司。(省金融办、省财政厅、省国税局、人民银行南京分行、江苏银监局)

3.建立金融案件处置绿色通道。统一金融纠纷案件法律适用标准。推行金融案件审判程序繁简分流,加大简易程序适用力度。开辟金融案件快立、快审、快判、快执"一站式通道",支持有条件的地方设立金融审判庭。开展联合清理金融积案专项行动。对2014年以来立案的金融案件进行集中清理,尽快扭转金融案件处置周期长、受偿率低、执行难的局面,为化解金融风险、盘活信贷存量提供有力保障。充分运用仲裁方式解决金融纠纷。加强司法、执法部门与金融监管机构的沟通合作,切实加大对金融犯罪案件的追诉、制裁和打击力度,有效维护金融管理秩序。(省法院、省检察院、省公安厅)

4.构建银企互信的信用环境。探索建立省级层面的综合金融服务平台,整合金融产品、融资需求、信息查询、公共信用信息、信息中介服务等资源,实现网络化、一站式、高效率的融资对接。开发建设全省企业地方征信平台,整合现有公共信用信息系统、企业信用信息公示系统等资源,实现企业信用信息采集、数据处理和综合运用,提高企业信用水平和信用资源利用效率。加强银政企互动协调,引导金融机构理性对待困难企业信贷业务,不随意压贷、抽贷,引导制造业企业珍惜信用,不恶意欠息、不逃废债务。加强社会信用体系建设,继续深入开展金融生态环境创建活动,积极营造良好的区域信用环境。(省金融办、省经济和信息化委、省工商局、人民银行南京分行、江苏银监局)

江苏省人民政府

2016年9月5日

省政府办公厅关于促进智能电网发展的实施意见

苏政办发〔2016〕14号

各市、县(市、区)人民政府,省各委办厅局,省各直属单位:

为加快建设安全可靠、开放兼容、互联互动、清洁环保、经济高效的智能电网,推动能源生产、消费、技术和体制革命,现就促进我省智能电网建设提出如下实施意见。

一、提高认识

智能电网是在传统电力系统基础上,通过集成新能源、新材料、新设备和传感、信息、控制、储能等新技术,形成的新一代电力系统,具有高度信息化、自动化、互动化等特征,可以更好地实现电网安全、可靠、经济、高效运行。智能电网是实现能源生产、消费、技术和体制革命的重要手段,是发展能源互联网的重要基础。

发展智能电网,有利于进一步提高电网接纳和优化配置多种能源的能力,推动改革创新,实现能源生产和消费的综合调配;有利于推动清洁能源、分布式能源的科学利用,深化低碳发展,促进智能互联,落实创新、协调、绿色、开放、共享发展新理念,全面构建安全、高效、清洁的现代能源保障体系;有利于支撑新型工业化和新型城镇化建设,满足用电需求,提高用电品质,提高民生服务水平;有利于带动上下游产业转型升级,实现能源科技和装备水平的全面提升,促进商业模式创新,培育新的经济增长点,扩大有效投资。各地、各有关部门要进一步深化认识、转变观念,强化责任意识,加大工作力度,以开拓创新的精神和求真务实的作风,大力科学推进智能电网建设。

二、总体要求

(一)指导思想

深入贯彻落实推进能源生产和消费革命、建设生态文明的战略部署,坚持统筹规划、因地制宜、先进高效、清洁环保、开放互动、服务民生,全面体现节能减排和环境保护要求,加强统筹协调,推广应用新技术、新设备和新材料,全面提升电力系统智能化水平,实现清洁能源充分开发完全消纳,构建开放友好的综合服务平台,实现电力工业可持续发展,为"迈上新台阶、建设新江苏"提供有力保障。

（二）基本原则

坚持科学规划。从能源科学发展、网源协调发展的全局高度进行整体谋划,统筹协调,科学确定智能电网战略规划,发挥电力企业、装备制造企业、用户等市场主体的积极性,合力推动智能电网发展。

坚持集散并重。根据我省经济大省、资源小省的实际情况,充分发挥电网资源优化配置平台作用,提升电网消纳区内各类能源特别是清洁能源、承接区外来电能力,提高输电网智能化水平,加快发展智能配电网,促进分布式电源发展和清洁能源就地利用。

坚持有序实施。各地要综合考虑经济发展水平、能源资源赋存、基础条件,因地制宜,新老结合,统筹推进本地智能电网发展,做到功能性、经济性、实用性有机统一。

坚持市场运作。加强政府引导,加大政策支持力度,营造促进社会广泛参与的良好发展环境,充分发挥市场在资源配置中的决定性作用。推进电力体制改革,创新投资运营模式,促进社会资本进入,激发市场活力。

（三）发展目标

到 2020 年,全面建成安全可靠、开放兼容、双向互动、高效经济、清洁环保的智能电网,满足电源开发和用户需求,全面支撑现代能源体系建设,推动能源生产、消费、技术和体制革命,带动战略性新兴产业发展,形成有国际竞争力的智能电网装备体系。

电网安全可靠。在稳步构建特高压骨干网架、有序强化 500 千伏输电网的同时,着力优化 220 千伏供电分区,重点提升 110 千伏及以下配电网结构可靠性、灵活性,使电网安全性、可靠性达到国内领先水平,南京、苏州等城市高可靠性示范区达到国际先进水平。

系统开放兼容。加速推广充分适应新能源、多种负荷、储能设备接入的电网结构模式,提升电网接入友好性,推广新能源发电功率预测与智能调度运行控制技术,有效提升电网运行控制水平,高度协同各类型电源与负荷的有序运行。

服务双向互动。依托"互联网＋"平台和现代信息技术,建立并应用供需互动用电系统,提升需求侧管理水平,方便用户节约能源,实现电力节约和移峰填谷,适应分布式电源、电动汽车、储能等多元化负荷及时接入,打造清洁、安全、便捷、有序的互动用电服务平台。

运行经济高效。提高电网智能调控、经济运行、安全防御能力,示范应用大规模多方式储能系统及柔性输电技术,显著增强电网在高比例清洁能源和多元负荷接入条件下的运行安全性、控制灵活性、调控精确性、供电稳定性,有效抵御各种严重故障,实现电网整体经济高效运行。

电能清洁环保。构建安全高效的输电网和可靠灵活的主动配电网,实现风能、太阳能等可再生能源全额接入和消纳,推动分布式光伏、微燃机、余热余压余气综合利用等多种分布式能源系统的广泛接入,实现能源资源优化配置和能源结构持续调整。

三、重点任务

（一）加强能源互联互补。以建设苏州主动配电网技术创新示范工程等项目为契机,加快源-

网-荷感知及协调控制、能源与信息基础设施一体化设备、分布式能源管理等关键技术研发,探索构建多种能源优化互补的综合能源供应体系,实现能源、信息双向流动,逐步构建以电力流为核心的能源公共服务平台。鼓励在可再生能源富集地区推进风能、光伏、储能优化协调运行,在集中供热地区开展清洁能源与可控负荷协调运行等示范工程。鼓励在城市工业园区(商业园区)等区域,开展能源综合利用工程示范,以光伏发电、燃气冷热电三联供系统为基础,应用储能、热泵等技术,构建多种能源综合利用体系。完善煤、电、油、气领域信息资源共享机制,探索水、气、电集采集抄,建设跨行业能源运行动态数据集成平台,促进能源与信息基础设施共建共享复用。

(二)积极接纳清洁能源。积极推进新能源和可再生能源发电与其他电源、电网的有效衔接,依照规划认真落实可再生能源发电保障性收购制度,解决好无歧视、无障碍上网问题,提高系统消纳能力和能源利用效率。推广新能源发电功率预测及调度运行控制技术,推广分布式能源、储能系统与电网协调优化运行技术,增强服务和技术支撑,平抑新能源波动性。推广具有即插即用、友好并网特点的并网设备,满足新能源、分布式电源广泛接入要求。加强新能源优化调度与评价管理,提高新能源电站试验检测与安全运行能力。鼓励在集中式风电场、光伏电站配置一定比例储能系统,鼓励因地制宜开展基于灵活电价的商业模式示范。健全广域分布式电源运营管理体系,完善分布式电源调度运行管理模式,实现风电、光伏等可再生能源持续全额消纳。

(三)构建智能互动体系。积极利用互联网、信息通信和智能控制技术,探索云计算、大数据、物联网、移动通信等新应用,逐步构建"互联网+"智能电网系统,促进电力流、信息流与业务流的深度融合,满足电网广泛互联、信息开放互动需求。构建一体化信息通信系统和适应海量数据的计算分析和决策平台,整合智能电网数据资源,挖掘信息和数据资源价值,全面提升电力系统信息处理和智能决策能力。推广智能计量技术应用,以智能电表为载体,建设智能计量系统,完善多元化计量模式和互动功能,引导分时有序用电,打造智能服务平台,提供定制电力、能效管理等增值服务,全面支撑用户信息互动、分布式电源接入、电动汽车充放电、港口岸电、电采暖等业务,推广区域性自动需求响应系统、智能小区、智能园区以及虚拟电厂定制化工程方案,加快电力需求侧管理平台建设,鼓励用户参与电网削峰填谷,实现与电网协调互动。建立健全需求响应工作机制和交易规则,探索灵活多样的市场化交易模式,鼓励用户参与需求响应,实现与电网协调互动。

(四)确保电网安全稳定。密切关注电网大规模交直流混联发展态势,深入分析特高压外来电对全省电网电源布局优化的影响,加强调峰调频经济性、运行模式安全性、电网运营效率以及混联电网稳定控制技术研究,明确交直流混联电网的稳定控制策略与举措,建设大区互联电网智能保护控制系统,实现特高压电网的故障感知、优化决策和协同控制。加强新型材料在输变电设备中的应用,加快建设智能变电站,合理布局灵活交流、柔性直流输电等设施,推广国际先进的统一潮流控制器(UPFC)等技术,提高动态输电能力和系统运行灵活性。推广应用输变电设备状态诊断、智能巡检技术,建立电网对冰灾、山火、雷电、台风等自然灾害的自动识别、应急、防御和恢复系统。提升电源侧智能化水平,建立健全网源协调发展和运营机制,实现电源与电网信息高效互通,进一步提升网源协调发展水平。

(五)有效落实节能减排。加快实施电能替代,通过实施"以电代煤、以电代油",倡导能源消费新模式,优化终端能源消费结构。加快推广港口岸电技术,部署新型船舶岸电供电设施,推进空港陆电、油机改电等新兴项目建设,鼓励在新能源富集地区开展大型电采暖替代燃煤锅炉、大型蓄冷

(热)、集中供冷(热)站示范工程。推广低压变频、绿色照明、企业配电网管理等成熟电能替代和节能技术,推广电动汽车有序充电、电动汽车入网及充放储一体化运营技术。加快建设电动汽车智能充电服务网络,建设车网融合模式下电动汽车充放电智能互动综合示范工程,鼓励动力电池梯次利用示范应用。

(六)满足用电多元需求。积极运用配网柔性化、智能测控等电网新技术,满足分布式能源和储能设备接入,促进多元化电源、负荷与电网协调发展。建设以用电信息采集、需求响应、分布式电源、储能、电动汽车充电、智能家居为特征的智能小区、智能楼宇、智能园区,探索光伏发电等在新型城镇化和农业现代化建设中的应用,推动用户侧储能应用试点。推进居住区智能电网建设,由供电公司统筹管理新建居住区内供配电设施、智能家居和水、电、气集采集抄设施的标准化建设、运维、抢修及更新改造等工作;对于老旧居住区项目,供电公司负责改造并接受供配电设施,结合实际情况推广建设充换电设施、智能家居、分布式电源、集采集抄等智能电网设备。建立面向智慧城市的智慧能源综合体系,建设智能电网综合能量信息管理平台,支撑"新城镇、新能源、新生活"建设行动计划。

四、保障措施

(一)加强组织协调

以智能化作为电网建设的主攻方向,纳入全省能源和电力发展规划,统筹安排,扎实推进。各地、各有关部门要建立组织协调机制,密切合作,高效联动,适应智能电网建设系统性、综合性和创新性的要求,研究落实支持智能电网发展的财税、科技、人才等扶持政策,定期研究和协调解决智能电网建设重大问题,督导电网企业落实责任,营造高效顺畅的建设改造环境,并按照有关规定加强监管。组织开展智能电网省级试点示范工作,抓好试点地区和示范项目建设,充分发挥示范引领作用,总结形成可复制、可推广的发展经验,加快智能电网的普及。建立科技创新机制,充分发挥政府、企业和高校科研机构的作用,加强顶层设计,建立开放共享的智能电网科技创新体系。

(二)加大投资力度

拓宽智能电网建设资金渠道,发挥各级政府财政资金的杠杆作用,带动企业与社会资金投入,扩大投资规模,形成支持智能电网发展的长效机制。积极争取智能电网中央预算内投资专项支持力度,探索设立省级智能电网发展专项资金,支持储能、智能用电、"互联网+"智慧能源等重点领域示范项目和产业发展,对电动汽车充换电设施、分布式电源接入配套电网工程给予适当补贴,促进智能电网新技术的应用。促进形成多元化投融资体制,鼓励金融机构拓展适合智能电网发展的融资方式和配套金融服务,支持智能电网相关企业通过发行企业债券等多种手段拓展融资渠道。

(三)完善配套政策

结合不同地区智能电网综合示范项目,鼓励探索灵活电价机制,提供能反映成本和供需关系的电价信号,引导用电方、供电方及第三方主动参与电力需求侧管理。发挥政府组织作用和协会、商会桥梁纽带作用,促进形成统一规范的技术和产品标准,实现智能电网关键技术突破,加快核心设备国产化,推动智能电网产业健康快速发展。鼓励智能电网商业模式创新,依托示范工程开展电动汽车智能充电服务、可再生能源发电与储能协调运行、智能用电一站式服务、虚拟电厂等领域的商业模式创新,探索互联网与能源领域结合的模式和路径,鼓励将用户主导、线上线下结合、平台化思维、大数据等互联网理念与智能电网增值服务结合,构建多方共赢的市场运作模式。

江苏省人民政府办公厅

2016 年 2 月 14 日

省政府办公厅关于印发江苏省互联网金融风险专项整治工作实施方案的通知

苏政办发〔2016〕53号

各市、县（市、区）人民政府，省各委办厅局，省各直属单位：

《江苏省互联网金融风险专项整治工作实施方案》已经省人民政府同意，现印发给你们，请认真组织实施。

江苏省人民政府办公厅

2016年5月18日

江苏省互联网金融风险
专项整治工作实施方案

为贯彻落实党中央、国务院关于开展互联网金融专项整治决策部署,鼓励和保护真正有价值的互联网金融创新,整治违法违规行为,切实防范化解风险,建立监管长效机制,促进互联网金融规范有序发展,根据《国务院办公厅关于印发互联网金融风险专项整治工作实施方案的通知》(国办发〔2016〕21 号,以下简称《实施方案》)及中国人民银行等十部委出台的《关于促进互联网金融健康发展的指导意见》(银发〔2015〕221 号,以下简称《指导意见》)有关精神,结合本省实际,制定本方案。

一、工作目标和原则

(一)工作目标

落实《实施方案》和《指导意见》有关要求,规范各类互联网金融业态,优化市场竞争环境,扭转互联网金融某些业态偏离正确创新方向的局面,遏制互联网金融风险高发频发势头,提高投资者风险防范意识,建立和完善适应互联网金融发展特点的监管长效机制,实现规范与发展并举、创新与防范风险并重,促进行业健康可持续发展,切实发挥互联网金融支持大众创业、万众创新的积极作用。

(二)工作原则

打击非法,保护合法。明确各项业务合法与非法、合规与违规的边界,守好法律和风险底线。对合法合规行为予以保护支持,对违法违规行为予以坚决打击。同时坚持公平公正开展整治,不搞例外。

积极稳妥,有序化解。工作稳扎稳打,讲究方法步骤,针对不同风险领域,根据违法违规情节轻重和社会危害程度区别对待,做好风险评估,依法、有序、稳妥处置风险,防范处置风险引发的次生风险。加强政策解读及舆论引导,鼓励互联网金融在依法合规的前提下创新发展。统一把握宣传口径,加强舆情监测,强化媒体责任,维护金融市场运行稳定。

区别对待,分类施策。对持有金融业务牌照、合法合规经营但风险较大的,要及时整改,加强风险管控;对持有金融业务牌照、但出现违规经营活动的,应停止业务,限期整改;对持有金融牌照、但业务实质与牌照资质不符的,应停业整改,回归原资质业务;对没有金融牌照、风险较小的,采取多种方式,逐步化解;对没有金融业务牌照、业务极不规范、有意逃避金融监管的,要坚决予以取缔;对没有金融牌照、涉嫌恶意欺诈、严重违法违规行为,要予以严厉打击,绝不姑息迁就。

明确分工,强化协作。按照《指导意见》和《实施方案》明确的分工要求和部门职责,采取"穿透式"监管办法,根据业务实质明确责任。坚持问题导向,集中力量对当前互联网金融主要风险领域开展整治,有效整治各类违法违规活动。充分考虑互联网金融活动特点,加强跨部门、跨区域协作,共同承担整治任务,共同落实整治责任。

远近结合,边整边改。立足当前,切实防范化解互联网金融领域存在的风险,对违法违规行为形成有效震慑。着眼长远,以专项整治为契机,及时总结经验,形成制度规则,建立健全互联网金融监管长效机制。

二、工作重点和要求

(一)P2P网络借贷业务

1. P2P网络借贷平台应守住法律底线和政策红线,落实信息中介性质,不得设立资金池,不得发放贷款,不得非法集资,不得自融自保、代替客户承诺保息、期限错配、期限拆分、虚假宣传、虚构标的,不得通过虚构、夸大融资项目收益前景等方法误导出借人,除信用信息采集核实、贷后跟踪、抵质押管理等业务外,不得从事线下营销。

2. P2P网络借贷平台未经批准不得从事资产管理、债券或股权转让、高风险证券市场配资等金融业务。P2P网络借贷平台客户资金与自有资金应分账管理,遵循专业化运营原则,严格落实客户资金第三方存管要求,选择符合条件的银行业金融机构作为资金存管机构,保护客户资金安全,不得挪用或占用客户资金。

3. 房地产开发企业、房地产中介机构和互联网金融从业机构未取得相关金融资质,不得利用P2P网络借贷平台从事房地产金融业务;取得相关金融资质的,不得违规开展房地产金融相关业务。

(二)通过互联网开展资产管理及跨界从事金融业务

1. 互联网企业未取得相关金融业务资质不得依托互联网开展相应业务,开展业务的实质应符合取得的业务资质。互联网企业和传统金融企业平等竞争,行为规范和监管要求保持一致。采取"穿透式"监管方法,根据业务实质认定业务属性。

2. 未经相关部门批准,不得将私募发行的多类金融产品通过打包、拆分等形式向公众销售。采取"穿透式"监管方法,根据业务本质属性执行相应的监管规定。销售金融产品应严格执行投资者适当性制度标准,披露信息和提示风险,不得将产品销售给与风险承受能力不相匹配的客户。

3. 金融机构不得依托互联网通过各类资产管理产品嵌套开展资产管理业务、规避监管要求。应综合资金来源、中间环节与最终投向等全流程信息,采取"穿透式"监管方法,透过表面判定业务本质属性、监管职责和应遵循的行为规范与监管要求。

4. 同一集团内取得多项金融业务资质的,不得违反关联交易等相关业务规范。按照与传统金融企业一致的监管规则,要求集团建立"防火墙"制度,遵循关联交易等方面的监管规定,切实防范风险交叉传染。

（三）第三方支付业务

1. 非银行支付机构不得挪用、占用客户备付金，客户备付金账户应开立在人民银行或符合要求的商业银行。人民银行或商业银行不向非银行支付机构备付金账户计付利息，防止支付机构以"吃利差"为主要盈利模式，理顺支付机构业务发展激励机制，引导非银行支付机构回归提供小额、快捷、便民小微支付服务的宗旨。

2. 非银行支付机构不得连接多家银行系统，变相开展跨行清算业务。非银行支付机构开展跨行支付业务应通过人民银行跨行清算系统或者具有合法资质的清算机构进行。

3. 开展支付业务的机构应依法取得相应业务资质，不得无证经营支付业务，开展商户资金结算、个人 POS 机收付款、发行多用途预付卡、网络支付等业务。

（四）互联网金融领域广告等行为

互联网金融领域广告等宣传行为应依法合规、真实准确，不得对金融产品和业务进行不当宣传。未取得相关金融业务资质的从业机构，不得对金融业务或公司形象进行宣传。取得相关业务资质的，宣传内容应符合相关法律法规规定，需经有权部门许可的，应当与许可的内容相符合，不得进行误导性、虚假违法宣传。

（五）股权众筹业务

1. 股权众筹平台不得发布虚假标的，不得自筹，不得"明股实债"或变相乱集资，应强化对投资者、股权众筹平台的信息披露业务和股东权益保护要求，不得进行虚假陈述和误导性宣传。

2. 股权众筹平台未经批准不得从事资产管理、债券或股权转让、高风险证券市场配资等金融业务。股权众筹平台客户资金与自有资金应分账管理，遵循专业化运营原则，严格落实客户资金第三方存管要求，选择符合条件的银行业金融机构作为资金存管机构，保护客户资金安全，不得挪用或占用客户资金。

3. 房地产开发企业、房地产中介机构和互联网金融从业机构未取得相关金融资质，不得利用股权众筹平台从事房地产金融业务；取得相关金融资质的，不得违规开展房地产金融相关业务。规范互联网"众筹买房"等行为，严禁各类机构开展"首付贷"性质的业务。

（六）互联网保险业务

保险公司开展互联网保险业务，应遵循安全性、保密性和稳定性原则，加强风险管理，完善内控系统，确保交易安全、信息安全和资金安全。专业互联网保险公司应当坚持服务互联网经济活动的基本定位，提供有针对性的保险服务。保险公司应建立对所属电子商务公司等非保险类子公司的管理制度，建立必要的防火墙。保险公司通过互联网销售保险产品，不得进行不实陈述、片面或夸大宣传过往业绩、违规承诺收益或者承担损失等误导性描述。

（七）各类交易场所业务

各类交易场所应严格遵守国家及我省有关规定，不得违规开展业务。未经批准，不得设立各类交易场所;省内、外各类交易场所不得在我省擅自设立分支机构;未通过清理整顿各类交易场所部际联席会议验收的有关省份交易场所发展的会员单位,及未取得注册地省人民政府或授权部门批准文件交易场所发展的会员单位,不得在我省开展业务。

(八)民间投融资机构活动。

投资理财、非融资性担保、第三方理财、财富管理等各类民间投融资机构不得开展金融业务,不得从事非法集资活动。

P2P网络借贷平台、各类交易场所专项整治和民间投融资机构专项调查是我省此次工作的重点。

三、综合施策,标本兼治

(一)严格准入管理

设立金融机构、从事金融活动,必须依法接受准入管理。未经相关有权部门批准或备案从事金融活动的,由金融管理部门会同工商部门予以认定和查处,情节严重的,予以取缔。工商部门根据金融管理部门的认定意见,依法吊销营业执照;涉嫌犯罪的,公安机关依法查处。非金融机构、不从事金融活动的企业,在注册名称和经营范围中原则上不得使用"交易所""交易中心""金融""资产管理""理财""基金""基金管理""投资管理""财富管理""股权投资基金""网贷""网络借贷""P2P""股权众筹""互联网保险""支付"等字样。凡在名称和经营范围中选择上述字样的企业(包括存量企业),工商部门将注册信息及时告知金融管理部门,金融管理部门、工商部门予以持续关注,并列入重点监管对象,加强协调沟通,及时发现识别企业擅自从事金融活动的风险,视情采取整治措施。

(二)强化资金监测

加强互联网金融从业机构资金账户及跨行清算的集中管理,对互联网金融从业机构的资金账户、股东身份、资金来源和资金运用等情况进行全面监测,依靠对账户的严格管理和对资金的集中监测,构建对互联网金融活动的常态化监测和有效监管的长效机制。严格要求互联网金融从业机构落实客户资金第三方存管制度,存管银行要加强对相关资金账户的监督。在整治过程中,特别要做好对客户资金的保护工作。

(三)建立举报和"重奖重罚"制度

针对互联网金融违法违规活动隐蔽性强的特点,各级人民政府应发挥社会监督作用,建立举报制度,出台举报规则,设立举报平台,为整治工作提供线索。推行"重奖重罚"制度,按照违法违规经营数额的一定比例进行处罚,提高违法成本,对提供线索的举报人给予奖励,奖励资金列入各级财政预算,强化正面激励。加强失信、投诉和举报信息共享。

（四）加大整治不正当竞争工作力度

对互联网金融从业机构为抢占市场份额,向客户提供显失合理的超高回报率以及变相补贴等不正当竞争行为予以清理规范。高风险高收益金融产品应严格执行投资者适当性标准,强化信息披露要求。明确互联网金融从业机构不得以显性或隐性方式,通过自有资金补贴、交叉补贴或使用其他客户资金向客户提供高回报金融产品。高度关注互联网金融产品承诺或实际收益水平显著高于项目回报率或行业水平相关情况。省互联网金融协会建立专家评审委员会,商相关部门对互联网金融不正当竞争行为进行评估认定,并将结果移交相关部门作为惩处依据。

（五）加强内控管理

由"一行三会"和地方人民政府有关部门批准设立并监管的机构应当对机构自身与互联网平台合作开展的业务进行清理排查,严格内控管理要求,不得违反相关法律法规,不得与未取得相应金融业务资质的互联网企业开展合作,不得通过互联网开展跨界金融活动进行监管套利。各有关部门在分领域、分地区整治中,应对由其监管的机构与互联网企业合作开展业务的情况进行清理整顿。

（六）用好技术手段

利用互联网思维做好互联网金融监管工作。研究建立互联网金融监管技术支持系统,通过网上巡查、网站对接、数据分析等技术手段,摸底互联网金融总体情况,采集和报送相关舆情信息,及时向相关单位预警可能出现的群体性事件,及时发现互联网金融异常事件和可疑网站,提供互联网金融平台安全防护服务。

四、健全机制,落实责任

（一）组织领导

成立省互联网金融风险专项整治工作领导小组,省政府分管领导任组长,分管副秘书长及省金融办、人民银行南京分行主要负责同志任副组长,省法院、省检察院、省委宣传部、省网信办、省信访局、省发展改革委、省经济和信息化委、省商务厅、省公安厅、省维稳办、省教育厅、省财政厅、省住房城乡建设厅、省工商局、省法制办、省通信管理局、江苏银监局、江苏证监局、江苏保监局等部门和单位主要负责同志或分管负责同志及省金融办、人民银行南京分行分管负责同志为领导小组成员,相关处室负责同志为联络员。领导小组办公室设在省金融办,从相关单位抽调人员集中办公,省金融办分管负责同志任办公室主任。

（二）部门统筹

按照《实施方案》要求,成立六个联合办公室,负责国家确定的六个分领域的专项整治工作。结合我省实际,增设全省投资理财类机构普查联合办公室和全省各类交易场所整治联合办公室,与互联网金融专项整治线上线下联动，同步开展工作。八个联合办公室的牵头部门分别为：省金融办、江苏银监局牵头负责P2P领域的专项整治，人民银行南京分行牵头负责第三方支付领域的专项整治，江苏证监局、省金融办牵头负责股权众筹领域的专项整治，江苏保监局牵头负责互联网保险领域的专项整治，省金融办牵头负责资产管理及跨界从事金融业务领域的专项整治，省金融办牵头负责各类交易场所领域的专项整治，省工商局牵头负责互联网金融广告的专项整治，省维稳办牵头负责全省投资理财类机构的普查工作。牵头部门统筹全省范围内相应领域的专项整治工作，督促各市按照统一部署做好工作。

对于交叉嵌套领域、企业和业务的专项整治责任，由领导小组根据"穿透式"监管要求，研判本质属性，确定责任部门，切实扫除监管盲区，确保专项整治及以后的日常监管、长效管理全覆盖。加强部门间信息共享，建立预警信息传递、核查、处置快速反应机制。

（三）属地负责

各市人民政府为专项整治工作第一责任人，各县（市、区）人民政府为落地单位。各市、县（市、区）人民政府负责对注册在本辖区内各类互联网金融平台开展专项整治，承担组织协调、风险处置、维护稳定等各项工作职责，守住不发生系统性区域性金融风险的底线。各市可结合实际，确定本地区专项整治的重点，建立相关领导和工作机制。

（四）协调配合

加强省各有关部门之间的协调配合，八个分领域联合办公室的牵头部门如提出需要其他部门配合的，有关部门应予以支持；原则上，公安、工商两部门要参与各个分领域联合办公室。加强省级部门与地方人民政府之间的协调配合，条线管理单位要指导各市派驻机构服从当地人民政府的统一领导。

（五）督促指导

省金融办负责制订全省实施方案，各牵头单位负责制订相应领域工作方案，指导各地做好工作，适时开展督查。强化上下沟通、左右衔接，定期将工作动态报省领导小组，重要情况及时报送。

五、稳步推进，有序开展

专项整治工作分为五个阶段：

（一）准备部署阶段（5月5日—5月20日）

5月15日前制订我省总体实施方案和八个专项工作实施方案，并召开领导小组会议讨论通过；5月20日前将总体方案报中国人民银行，并召开各市和领导小组成员单位参加的全省电视电话会议，部署专项整治工作。

（二）摸底排查阶段（5 月 21 日—7 月 31 日）

各市和省各有关部门对各类互联网金融平台进行全面排查，摸清底数，建立档案。根据调查摸底情况，制订清理整顿方案。各地、各部门于 7 月 20 日前将工作情况、风险状况和清理整顿方案报省领导小组办公室，汇总后，7 月 31 日前报中国人民银行和省领导小组。

（三）清理整顿阶段（8 月 1 日—10 月 31 日）

各市、省各有关部门对本地、牵头领域的互联网金融从业机构和业务活动开展集中整治。向违规机构出具整改意见，对违规情节较轻的，要求限期整改；拒不整改或违规情节较重的，依法依规予以关闭或取缔；涉嫌犯罪的，移送相关司法机关。同时，各市、省各有关部门对前一阶段的专项整治工作分别组织自查，省领导小组对重点领域和重点地区组织开展督查和中期评估。各地、各部门于 10 月 20 日前将清理整顿情况报省领导小组办公室，汇总后，10 月 30 日前报中国人民银行和省领导小组。

（四）整章建制阶段（11 月 1 日—11 月 30 日）

针对专项整治中暴露出的问题，各地、各部门研究制订相关政策和监管规则。

（五）验收总结阶段（12 月 1 日—2017 年 1 月 31 日）

省领导小组组织对各市、各领域清理整顿情况进行验收。各市、各部门形成本地、牵头领域的整治工作总结报告，2017 年 1 月 10 日前报省领导小组办公室，汇总后，于 2017 年 1 月底前报中国人民银行和省领导小组。

江苏省生产性服务业百企升级引领工程实施方案

为深入贯彻落实《国务院关于加快发展生产性服务业促进产业结构调整升级的指导意见》（国发[2014]26号）和《省政府关于加快发展生产性服务业促进产业结构调整升级的实施意见》（苏政发[2015]41号，以下简称《实施意见》）精神，充分发挥企业市场主体作用，促进生产性服务业企业加快转变发展方式，大幅提升自主创新能力，努力抢占竞争制高点，推动我省现代服务业产业结构优化、提质增效升级，现启动实施"江苏省生产性服务业百企升级引领工程"，特制定如下实施方案。

一、总体要求

全面贯彻党的十八大和十八届三中、四中、五中全会精神，深入落实习近平总书记系列重要讲话特别是视察江苏重要讲话精神，牢固树立并自觉践行创新、协调、绿色、开放、共享的发展理念，遵循供给侧结构性改革的指导方针，按照"市场导向、分类指导、创新驱动、示范带动"的原则，紧扣生产性服务业重点领域和发展方向，引导生产性服务业企业全面树立先进服务理念，积极运用现代科技信息手段，加大技术创新、模式创新和管理创新，提高运营效能和服务品质，通过行业领军企业的认定培育，形成以点带面、示范引领作用，带动重点领域生产性服务业企业加快高效化、规模化、集聚化、国际化发展，进一步优化整合全产业链，引导相关行业向价值链高端攀升，争先发展一批在全国具有导向性、示范性、开拓性的生产性服务业优势产业和新兴业态，为推动我省产业结构调整和经济转型升级提供有力支撑。

二、主要目标

围绕《实施意见》提出的"十三五"时期生产性服务业发展的"六大六小"重点产业和细分行业领域，努力打造百家引领行业质态提升、具有国际竞争力的生产性服务业领军企业。其中，在科技服务、信息技术服务、金融服务、现代物流、商务服务、服务外包等六大重点服务产业领域，各培育领军企业10家左右；在电子商务、节能环保服务、检验检测、售后服务、人力资源服务、品牌和标准化等6个服务业细分领域和行业，各培育领军企业8家左右。至2020年，百家领军企业户企营业收入增速明显高于同行业平均水平，户企税收贡献年均增长15%左右，力争户企平均年度利税达到千万元。在生产性服务业前沿技术、高端产品和细分市场领域取得重大突破，其中，20—30家领军企业进入全国服务业企业500强或成为全国生产性服务业行业龙头企业，力争10家以上领军企业的市场占有率进入行业细分领域全国前三位。

三、重点任务

（一）强化创新发展导向，提升增长源动力。**加大关键技术研发和应用。**支持生产性服务业企业建设研究院、重点实验室、技术研究中心等研发机构，搭建产学研合作平台，提高企业研发投入占销售收入总额的比例，大力开发拥有自主知识产权和市场竞争力的服务新产品和新技术，大幅度提高专利申请量及授权量，并注重先进技术应用，推动创新成果向现实生产力转化，在服务业关键技术革新、重大产品创新或升级方面取得突破性进展。**创新商业模式和服务业态。**积极适应消费需求升级，科学细分市场，运用网络信息技术和现代经营管理理念，以产品、营销、服务为中心积极推动商业模式创新，拓展服务新领域，开发服务新产品，培植服务新业态。**变革服务方式和产品供给。**强调供给侧结构性改革导向，促进服务手段智慧化和服务形式特色化，加快传统服务方式向全过程、多层次、综合性服务转变，大力发展供应链管理、企业流程再造和精益服务，重点培育一批理念新、水平高、市场前景好的定制服务提供商、技术服务运营商和整体方案解决商。

（二）增强辐射带动功能，提升行业引领力。**引领行业加快质态提升。**指导生产性服务业领军企业根据自身战略定位和发展特点，按照一企一策要求，编制领军企业"升级引领规划"，重点推进一批行业特色鲜明、带动作用明显的行业示范项目，牵头建设若干行业公共服务平台。生产性服务业领军企业要立足共性服务技术与关键技术的自主创新，行业标准的主导或参与创制，生产性服务业产业链的完善升级，区域产业结构的优化提升，国际化进程的高效推进等，以创新规划为引领，以项目载体建设为依托，有计划、可操作、富实效地发挥其行业龙头示范作用。**促进产业深度跨界融合。**充分发挥信息技术服务、金融服务、现代物流、商务服务、电子商务、节能环保服务、检验检测等生产性服务业对制造业的支撑作用，推动制造业服务化、工业互联网服务专业化，促进现代服务业与先进制造业深度融合互动发展。

（三）夯实产业要素支撑，提升规模影响力。**强化多方位资本运作。**鼓励生产性服务业企业通过兼并重组、股份制改造、融资运营等资本运作方式，不断优化企业内部治理结构、提高企业整体经营效率和盈利能力。**拓展多元化经营模式。**运用连锁经营、特许经营、合同管理、战略联盟等新兴组织形式，更加高效集约的实现市场资源要素配置，实现生产性服务业企业的规模化网络化扩张。**构筑高层次人才集聚高地。**坚持人才优先发展战略，尤其是强化高层次人才智力的支撑引领作用，通过深入推进生产性服务业海内外人才引培行动，吸引更多海内外高端人才能够带项目、带技术、带团队入驻江苏，增强企业的可持续发展能力。

（四）优化服务品质内涵，提升市场开拓力。**力推自主品牌创建与运营。**积极推动服务业企业自主品牌创建，重点培育金融、现代物流、商务服务等生产性服务业品牌，创建电子商务、云计算、物联网等新兴服务业品牌，形成一批在全国乃至国际范围内有影响力的江苏服务业品牌企业和江苏服务业区域品牌。重点支持技术先进型生产服务业企业和省级服务外包基地完善商标战略规划、创建知名品牌。引导企业增强品牌营销意识，构建高品位营销理念，完善商标战略规划，支持企业举办品牌展会、开展特许加盟和连锁经营等，通过打造品牌个性形象、拓展品牌传播渠道、创新品牌销售手段、优化品牌管理模式，提高品牌附加值，提升企业形象和市场影响力。**加强服务业标准制定与推广。**大力开展"标准提升服务质量行动"，突出抓好信息、物流、金融、科技、商务服务、电子商务等重点领域和新型业态服务标准的制（修）订、实施与推广，积极推进国家级、省级生产性服务业标准化示范项目，建设一批生产性服务业标准化试点示范单位，加大相关标准的推广应用力度。

（五）加快对外开放步伐，提升国际竞争力。**挖掘"引进来"潜力。**引导生产性服务业内资企业加强与国内先进外资企业的合作力度，通过竞争效应、示范和模仿效应、人员培训和流动效应以及水平、前向和后向关联效应等渠道，学习吸纳外资企业的先进经验、技术与管理模式，促进提质增效。**推行"走出去"战略。**按照市场导向和企业自主决策原则，引导内资生产性服务业企业有序开展境外投资合作，支持在境外开展技术研发投资合作，创建国际化营销网络和知名品牌，培育我省生产性服务业大型跨国公司和跨国金融机构，提高国际化经营水平和影响力。推进境外投资项目备案和企业备案单一窗口模式试点，进一步提高生产性服务业境外投资的便利化程度。鼓励企业利用电子商务开拓国际营销渠道，积极争取跨境电子商务通关试点。鼓励设立境外投资贸易服务机构，做好境外投资需求的规模、领域和国别研究，提供对外投资准确信息，为企业"走出去"提供咨询服务。进一步扩大与有关国家和地区的服务业交流与合作，完善服务业"走出去"综合服务体系建设，加强对生产性服务业企业"走出去"的制度保障，在更大范围、更广领域、更高层次上参与服务业国际合作与竞争。

四、支持措施

（一）**优化财税支持方式。**根据生产性服务业产业融合度高等特点，整合完善并加大落实促进生产性服务业企业发展的税收政策。支持符合条件的集团型物流企业总分机构实行增值税合并纳税，支持符合条件的科技型、创新型生产性服务业企业申请高新技术企业认定，经认定为高新技术企业的享受15％的企业所得税优惠税率。落实企业研究开发费用加计扣除政策，对生产性服务业企业发生的符合规定的研发费用，未形成无形资产计入当期损益的，在按规定据实扣除的基础上，按研发费用的50％加计扣除；形成无形资产的，按照无形资产成本的150％摊销。充分发挥省级服务业发展专项引导资金作用，对入选百企升级引领工程的生产性服务业领军企业，给予一次性100万元资助，以支持企业实施升级引领规划。创新引导资金支持方式，加大对生产性服务业领军企业实施示范项目、建设行业公共服务平台等的支持力度。省服务业融资增信和股权投资基金重点支持百企升级引领工程的推进实施，吸引各类社会投资和金融机构加大对生产性服务业企业和项目的支持力度。

（二）**强化人才引培力度。**建立健全有特色、有实效、有活力的生产性服务业人才培养和引进机制，区别行业特点实施差别化人才政策，紧扣人才需求营造能留住人才、激励人才的良好环境。建设大型专业人才服务平台，增强人才供需衔接，重点培养和引进三个"一批"生产性服务业紧缺人才，即一批具备行业领军水平和国际市场开拓能力的高层次创新创业人才，一批既通晓先进技术又擅长现代经营管理的复合型高级管理人才，以及一批专业化、高素质、适应生产性服务业行业发展需要的实用型高技能人才，各地可结合实际对相关紧缺人才引进和培训给予适当补助。面向百企升级引领工程入选企业的高层次管理和技术人才，制定专项境内外人才培训计划。促进江苏省服务业专业人才特别贡献奖、现代服务业海内外引才行动计划以及省高层次创新创业人才引进计划专项资金加大对百企升级引领工程的支持力度。加快建立人才国际化政策体系，在海外人才落户、住房安排、社会保障、子女入学、配偶安置、重大科技项目承担、参与国家标准制定等方面优先予以支持。

（三）**放大示范引领效应**。指导生产性服务业领军企业立足升级引领规划的制定和实施，重点推进一批行业示范项目，符合条件的，优先推荐列入省服务业重大项目。通过组织编写生产性服务业升级引领工程典型案例，开展多种形式的分行业推进专题活动，在新华日报"江苏服务"专刊开辟专栏宣传报道等方式，加大推广生产性服务业企业创新创优、转型升级的典型经验和先进模式，全面提升我省生产性服务业领域关键技术、自主品牌和服务产品在全国范围内的知名度和影响力。

五、组织实施

"江苏省生产性服务业百企升级引领工程"采取地方培育、省级命名、分批认定、联动推进的方式实施。省发展改革委会同各省辖市发展改革委开展前期培育、推荐申报工作，根据各市地方培育和推荐情况，负责组织评审、认定和管理，同时充分发挥服务业各行业主管部门、各级发展改革部门和行业协会的作用，上下联动、协力齐推，在全省范围内形成共同推动生产性服务业企业创新创优、转型发展的良好局面。

（一）地方培育。围绕贯彻落实《实施意见》精神，省辖市发展改革委结合本地生产性服务业发展实际，制定领军服务业培育方案和配套政策，在"十百千"重点培育企业库的基础上，突出围绕"六大六小"重点行业，补充选拔出一批行业特色鲜明、发展基础较好、带动作用明显的优秀骨干企业，区分行业建立生产性服务业重点企业动态培育库。紧扣工程相关建设任务，指导入库企业完善升级引领规划，加大创新发展投入，树立示范项目，全面推进生产性服务业领军企业的前期培育工作。省发展改革委会同各地、各有关部门及行业协会对企业动态培育库实施统筹分类管理，加强规范性指导和滚动式更新，完善措施支持和政策保障，加大项目、资金、人才和教育培训等方面的扶持力度。

（二）推荐申报。各省辖市发展改革委在会同行业主管部门及行业协会意见的基础上，针对各行业入库企业的发展实绩以及前期培育情况、工作成效进行综合评价，组织初步遴选，择优推荐企业申报"江苏省生产性服务业百企升级引领工程"。各省辖市发展改革委统一出具推荐意见，连同企业申报材料一并提交省发展改革委。省发展改革委分年度制定指标计划，定期组织各地进行集中申报。

（三）评审认定。省发展改革委编制申报指南和评审办法，组织开展评审和认定工作，评审结果向社会公示。根据公示结果，予以正式授牌。

（四）绩效管理。省发展改革委对纳入"生产性服务业百企升级引领工程"的服务业企业加强创新引导，实施分类指导，会同各地及省有关部门指导、督促和保障生产性服务业领军企业制定年度发展目标，细化分解年度发展计划和措施，高效稳步地实施升级引领规划和行业示范项目；围绕资金、项目、人才等资源要素持续强化支持力度，落实相关政策；开展生产性服务业企业信息采集样本点建设，组织相关企业按要求定期填报重点经营指标、指标预测及发展情况，并定期组织考核评估，实行动态绩效管理。对百企升级引领工程实施过程中发现不符合条件，或连续两年达不成发展目标任务的，将撤销授牌并予以公告。

江苏省生产性服务业百区提升示范工程实施方案

为深入贯彻落实《国务院关于加快发展生产性服务业促进产业结构调整升级的指导意见》(国发〔2014〕26 号)和《省政府关于加快发展生产性服务业促进产业结构调整升级的实施意见》(苏政发〔2015〕41 号)精神,加快重点领域生产性服务业集聚发展,提升全省生产性服务业综合竞争力和集聚发展水平,为推动我省产业结构调整和经济转型升级提供有力支撑,特制定如下实施方案。

一、总体要求

全面贯彻党的十八大和十八届三中、四中、五中全会精神,深入落实习近平总书记系列重要讲话特别是视察江苏重要讲话精神,牢固树立并自觉践行创新、协调、绿色、开放、共享的发展理念,遵循供给侧结构性改革的指导方针,按照"市场导向、科学规划、优化存量、培育增量、创新驱动、突出重点"的原则,围绕生产性服务业重点领域和发展方向,以构建完整产业链和提升价值链为目标,推动生产性服务业创新发展和集聚发展,进一步完善园区配套服务功能,增强其要素吸附能力、产业支撑能力和辐射带动能力,引导以生产性服务业为主体的集聚区进一步明确方向、突出重点,加强规划设计和公共服务平台建设,形成主导产业鲜明、集聚协作紧密、要素生产率高的生产性服务业集聚示范区。

二、目标任务

引导生产性服务业集聚示范区围绕某一或某些服务产业,以信息化和交通枢纽为依托,将资源、产业、服务集中整合,合理地布局在某一相对集中的空间,形成功能完善、设施配套、环境友好、服务集成、经营管理科学的服务产业集群区域,实现资源共享,取得集聚效应。重点实施"生产性服务业百区提升示范工程",从提高产业集聚度、优化产业链条、促进企业融合发展等方面采取切实有效地措施推动生产性服务业集聚区提升发展,培育形成 100 家在全国有较强影响力和示范作用的生产性服务业集聚示范区。到 2020 年,营业收入超 1000 亿元的服务业集聚区 5—6 家,超 500 亿元的 10—12 家。

1. 强化规划引导,突出主导产业。服务业集聚区发展规划对集聚区发展具有重要的引导和引领作用,各地要根据经济发展基础和资源禀赋优势,明确集聚区发展定位和发展重点,面对新形势、新任务和新要求,做好新一轮集聚区产业发展规划修编工作,明确 1—2 个主导产业,围绕产业链培育创新链,围绕创新链打造价值链,迅速提升产业集聚度,快速壮大主导产业规模。通过主导产业形成较强的吸引力、集聚互动能力和辐射带动能力,入驻企业可以是同类企业,也可以是处于产业链不同位置的相关企业,以及有关配套服务企业或机构,不属于主导产业链范围的企业要加大调整整合力度,给集聚区后续发展提供空间。

2. 加强技术创新,夯实发展基础。企业是集聚区的发展主体,加快发展以企业为主体、以市场为导向、产学研相结合的技术创新体系,对于提升现代服务业集聚区的综合竞争力具有重要的意义和作用。对此,一方面要深度实施江苏服务业创新百企示范工程,引导企业开展技术创新、业态创新和品牌创新,推进创新示范企业和新兴服务业企业进一步做大做强做优,全面提升微观市场主体竞争力。另一方面,要加大现代服务业集聚区研发投入,努力形成研发投入刚性增长机制,并借此提高投入产出效率和产业技术供给率以及技术进步贡献率,力争在三到五年内,培育一批拥有自主知识产权和自主品牌的创新型企业,推进一批富含原始创新和集成创新并能注重应用技术研发和先进技术应用的大型项目,以此推动江苏服务业集聚区在人才、技术和资本、市场等方面形成有效对接,进而促进更多的技术成果能够转化为现实生产力。

3. 搭建平台,增强服务能力。在集聚区发展过程中平台建设是重要的手段,是服务业快速发展的有效支撑。服务功能强大的公共平台可以有效降低企业经营成本,扩大企业间信息交流,是实现科学可持续发展的必要条件。一是积极创建平台。根据发展主体和主导产业搭建各种平台,如信息平台、统计平台、电子商务平台、科技研发平台、服务外包跟踪平台等等,让入驻企业享受到专业化、高质量的公共服务。二是强化资源整合。鼓励运用市场手段搭建集聚区公共服务平台,让企业成为平台建设的投资、运营、管理和受益主体。要想方设法帮助企业解决初期创建遇到的各种困难,优化整合各方面资源,让服务平台更好地为企业服务。三是注重培育高端平台。高端平台可以迅速提高客户的产品档次和品质,会大大提高集聚区整体发展的层次,提高知名度和美誉度。

4. 创新发展,创立品牌。江苏具有发展现代服务业集聚区的良好基础,在经济发展新常态下,更应该通过创新将此优势做实做强。一是要坚持生产性服务业率先发展的思路,对省内各类集聚区实行分类指导和错位发展,坚持走"人无我有、人有我优"的特色化发展之路,并以此为基础,加快推进企业和产品向高端化和品牌化方向发展,努力打造一批在省内外有影响力的优质产业集群。二是要支持各类服务业集聚区重点建设一批集研发设计、科技创新、展示交易等于一体的公共服务体系,以此提升集聚区的要素资源吸附、产业创新和辐射带动能力,促进集聚区全面发展。三是要积极引导集聚区围绕主导产业有的放矢地进行招商引资和整合资源,有重点有选择地引进龙头旗舰企业和基地型项目,以此加快培育现代服务业示范区的步伐。四是要以服务业国际化加速发展为契机,通过引进高端外商投资企业、主动融入全球分工网络与积极汲取外部先进技术和管理经验等,提升服务业集聚区的对外开放水平、创新能力和发展质量。

5. 突出要素,招才引智。江苏具有优良的科教和人才资源,这对于发展和提升现代服务业集聚区的综合竞争力具有十分重要的作用。为此,一方面要引导省内高校和科研院所主动对接企业技术需求,加快形成以项目为纽带,以利益共享和风险共担为内涵的技术创新战略联盟,扩大创新成果向现实生产力快速转化的渠道,努力把江苏的科教优势转化为创新优势和竞争优势。另一方面,要坚持人才优先发展战略,尤其是要强化高层次人才智力的支撑作用,通过深入实施现代服务业高层次人才引培工程,继续推进境内外现代服务业培训计划、现代服务业双创团队引进计划、服务业科技企业家培育计划等,吸引更多海内外高端人才能够带项目、带技术、带团队入驻江苏服务业集聚区,以智力高地建设带动产业高地和创新高地建设。

6. 强化制度创新,改善发展环境。正确处理好"政府"和"市场"的关系是十八届三中全会的核心议题，也是提升江苏服务业集聚区核心竞争力的关键所在。为此，一方面要着重理顺政府、企业和市场这三者之间的关系，通过制度创新，努力改善服务业集聚区的发展环境。对此，一是要以实施省级服务业综合改革试点为契机，深入探索"一区一策"管理模式，大胆鼓励先行先试。二是要加快落实服务业投资体制改革，通过减少行政审批事项和推进服务型政府建设，激发服务业集聚区自我发展、自我强化的内生动力。三是要建立和完善现代服务业集聚区评价与监测系统，优化政策效果，规避市场失灵。

三、保障措施

1. 加强组织领导。建立健全与生产性服务业集聚区发展新任务、新要求相适应的工作体系和推进机制，各集聚区要成立专门的管理机构，配备相关内设机构和管理人员，集聚区管理机构负责园区规划编制和实施、园区招商引资，做好入区企业日常管理和相关服务工作，制定园区发展目标和具体推进措施，协调企业做好集聚区统计工作，确保各项目标任务完成。

2. 创新支持方式。充分发挥省级服务业发展专项引导资金作用，重点支持生产性服务业"双百工程"的服务平台、集聚区载体建设和企业创新发展。创新引导资金支持方式，对生产性服务业集聚区载体建设、公共服务平台给予相应奖励。积极推荐集聚区内生产性服务业企业和百企升级企业给合作银行和股权投资机构，寻求融资增信和股权投资基金支持。

3. 完善土地和价格政策。强化生产性服务业用地保障，对省级生产性服务业集聚区内实施的重大项目，列入省重大项目投资计划的，可由省国土资源部门给予优先保障，其他重点项目的用地指标由各地给予优先保障。鼓励工业企业以利用自有工业用地或提高容积率等方式，兴办促进企业转型升级的自营生产性服务业，经依法批准，对提高自有工业用地容积率用于自营生产性服务业的工业企业，可按新用途办理相关手续。

4. 强化统计分析。完善升级现代服务业集聚区发展季度报表制度，各省级现代服务业集聚区要按照规定时间及时上报季度统计数据和集聚区发展情况，保证数据的真实性、完整性和及时性，其结果作为年终考评的重要依据。同时，要加强集聚区发展成果的宣传和发展形势的研判，为全省服务业集聚发展提供经验和建议。

5. 注重考核，优胜劣汰。加强集聚区的考核管理。通过考核规范各地集聚区的建设，突出聚合与辐射效应，突出效益与服务并重，建立统计直报制度，实行动态监测按季度分析各地建设情况。对发展前景好、示范带动作用强的省级现代服务业集聚区给予表彰奖励，优先支持其申报省级生产性服务业集聚示范区。对考核排名靠后、管理机制不规范不健全、不能按时报送发展情况的集聚区将予以摘牌。

数据篇

2015 年全国按三次产业分地区生产总值

地 区	地区生产总值（亿元）	第一产业	第二产业	第三产业	＃工业	人均地区生产总值（元）
全 国	676708	60863	274278	341567	228974	49351
北 京	22968.59	140.21	4526.44	18301.94	3662.88	106284
天 津	16538.19	208.76	7688.69	8640.74	6981.27	107960
河 北	29806.11	3439.45	14387.97	11978.69	12626.17	40255
山 西	12802.58	788.14	5224.26	6790.18	4389.60	35017
内蒙古	18032.79	1618.70	9200.58	7213.51	7939.18	71903
辽 宁	28743.39	2384.03	13382.56	12976.80	11637.29	65524
吉 林	14274.11	1596.28	7337.06	5340.77	6439.76	51852
黑龙江	15083.67	2633.50	4798.08	7652.09	4053.77	39462
上 海	24964.99	109.78	7940.69	16914.52	7109.94	103141
江 苏	70116.38	3986.05	32044.45	34085.88	27996.43	87995
浙 江	42886.49	1832.80	19707.09	21346.60	17209.38	77644
安 徽	22005.60	2456.69	11342.31	8206.60	9659.82	35997
福 建	25979.82	2117.65	13218.67	10643.50	10974.42	67966
江 西	16723.78	1772.98	8487.30	6463.50	6987.03	36724
山 东	63002.33	4979.08	29485.90	28537.35	25910.75	64168
河 南	37010.25	4209.56	18189.36	14611.33	16100.92	39131
湖 北	29550.19	3309.84	13503.56	12736.79	11532.63	50654
湖 南	29047.21	3331.62	12955.39	12760.20	11090.81	42968
广 东	72812.55	3344.82	32511.49	36956.24	30137.46	67503
广 西	16803.12	2565.97	7694.74	6542.41	6338.28	35190
海 南	3702.76	855.82	875.13	1971.81	485.85	40818
重 庆	15719.72	1150.15	7071.82	7497.75	5557.52	52330
四 川	30103.10	3677.30	14293.24	12132.56	12084.88	36836
贵 州	10502.56	1640.62	4146.94	4715.00	3315.58	29847
云 南	13717.88	2055.71	5492.76	6169.41	3925.18	29015
西 藏	1026.39	96.89	376.19	553.31	69.88	31999
陕 西	18171.86	1597.63	9360.30	7213.93	7634.19	48023
甘 肃	6790.32	954.54	2494.77	3341.01	1778.10	26165
青 海	2417.05	208.93	1207.31	1000.81	893.87	41252
宁 夏	2911.77	238.47	1379.04	1294.26	979.72	43805
新 疆	9324.80	1559.09	3564.99	4200.72	2690.04	40036

注：地区生产总值为初步核算数。

2015 年全国各地区生产总值构成及增速

地　区	地区生产总值构成（%）	第一产业	第二产业	第三产业	♯工业	地区生产总值比上年增长（%）
全　国	**100.0**	**9.0**	**40.5**	**50.5**	**33.8**	**7.4**
北　京	100.0	0.6	19.7	79.7	15.9	6.9
天　津	100.0	1.3	46.5	52.2	42.2	9.3
河　北	100.0	11.5	48.3	40.2	42.4	6.8
山　西	100.0	6.2	40.8	53.0	34.3	3.1
内蒙古	100.0	9.0	51.0	40.0	44.0	7.7
辽　宁	100.0	8.3	46.6	45.1	40.5	3.0
吉　林	100.0	11.2	51.4	37.4	45.1	6.5
黑龙江	100.0	17.5	31.8	50.7	26.9	5.7
上　海	100.0	0.4	31.8	67.8	28.5	6.9
江　苏	**100.0**	**5.7**	**45.7**	**48.6**	**39.9**	**8.5**
浙　江	100.0	4.3	46.0	49.8	40.1	8.0
安　徽	100.0	11.2	51.5	37.3	43.9	8.7
福　建	100.0	8.2	50.9	41.0	42.2	9.0
江　西	100.0	10.6	50.7	38.6	41.8	9.1
山　东	100.0	7.9	46.8	45.3	41.1	8.0
河　南	100.0	11.4	49.1	39.5	43.5	8.3
湖　北	100.0	11.2	45.7	43.1	39.0	8.9
湖　南	100.0	11.5	44.6	43.9	38.2	8.6
广　东	100.0	4.6	44.7	50.8	41.4	8.0
广　西	100.0	15.3	45.8	38.9	37.7	8.1
海　南	100.0	23.1	23.6	53.3	13.1	7.8
重　庆	100.0	7.3	45.0	47.7	35.4	11.0
四　川	100.0	12.2	47.5	40.3	40.1	7.9
贵　州	100.0	15.6	39.5	44.9	31.6	10.7
云　南	100.0	15.0	40.0	45.0	28.6	8.7
西　藏	100.0	9.4	36.7	53.9	6.8	11.0
陕　西	100.0	8.8	51.5	39.7	42.0	8.0
甘　肃	100.0	14.1	36.7	49.2	26.2	8.1
青　海	100.0	8.6	49.9	41.4	37.0	8.2
宁　夏	100.0	8.2	47.4	44.4	33.6	8.0
新　疆	100.0	16.7	38.2	45.0	28.8	8.8

2015 年江苏省各市（县）地区生产总值

市　县	地区生产总值（亿元）	第一产业	第二产业	第三产业	＃工业	人均地区生产总值（元）
南京市	9720.77	232.39	3916.77	5571.61	3395.26	118171
无锡市	8518.26	137.72	4197.43	4183.11	3837.28	130938
江阴市	2880.86	46.28	1584.42	1250.16	1515.18	176119
宜兴市	1285.66	50.34	659.05	576.27	559.96	102652
徐州市	5319.88	504.76	2355.06	2460.07	1976.57	61511
丰　县	370.33	69.53	160.32	140.48	122.89	39124
沛　县	605.84	85.59	277.91	242.34	217.06	54394
睢宁县	451.89	77.51	192.72	181.66	151.79	44210
新沂市	507.63	61.93	212.36	233.34	180.99	55891
邳州市	731.71	104.59	313.59	313.53	271.77	51015
常州市	5273.15	146.55	2516.04	2610.56	2269.99	112221
溧阳市	738.15	46.32	367.07	324.76	311.86	97055
苏州市	14504.07	215.71	7045.12	7243.24	6490.44	136702
常熟市	2044.88	40.76	1064.27	939.85	1011.88	135431
张家港市	2229.82	30.34	1190.76	1008.72	1132.68	177987
昆山市	3080.01	28.88	1695.68	1355.45	1597.62	186582
太仓市	1100.08	37.21	564.53	498.34	529.25	155159
南通市	6148.40	354.90	2977.53	2815.97	2453.38	84236
海安县	680.44	53.77	323.18	303.49	261.35	78551
如东县	672.69	64.97	314.83	292.90	262.62	68506
启东市	803.14	65.45	389.13	348.56	306.70	84099
如皋市	812.46	60.47	401.57	350.41	333.43	64761
海门市	915.02	51.80	471.59	391.63	390.45	101298
连云港市	2160.64	282.69	959.00	918.95	767.27	48416
东海县	393.54	61.89	173.71	157.94	150.82	40947
灌云县	300.13	59.81	133.52	106.80	101.23	37542
灌南县	281.63	48.23	136.86	96.54	118.56	44682
淮安市	2745.09	307.67	1176.66	1260.76	985.66	56460
涟水县	340.87	53.14	132.51	155.22	107.49	40290
洪泽县	230.81	31.58	95.46	103.77	81.49	68459
盱眙县	320.13	51.98	128.57	139.58	102.39	49145

续　表

市　县	地　区生产总值（亿元）	第一产业	第二产业	第三产业	♯工业	人均地区生产总值（元）
金 湖 县	216.53	30.94	83.31	102.28	73.23	65476
盐 城 市	**4212.50**	**516.53**	**1923.47**	**1772.50**	**1653.90**	**58299**
响 水 县	244.30	40.35	113.68	90.27	99.46	48646
滨 海 县	361.30	55.97	148.98	156.35	128.24	38359
阜 宁 县	363.20	52.97	159.27	150.95	118.42	43315
射 阳 县	407.61	78.41	147.61	181.59	139.38	45737
建 湖 县	431.05	45.19	189.25	196.61	161.61	58483
东 台 市	670.23	87.92	279.21	303.10	243.49	67916
扬 州 市	**4016.84**	**241.86**	**2012.10**	**1762.88**	**1749.58**	**89647**
宝 应 县	458.02	65.63	204.00	188.39	165.96	60669
仪 征 市	408.19	21.69	186.44	200.06	157.12	76792
高 邮 市	483.86	66.34	215.53	201.98	177.86	65420
镇 江 市	**3502.48**	**132.89**	**1726.96**	**1642.63**	**1588.95**	**110351**
丹 阳 市	1070.25	50.94	540.95	478.36	518.22	109276
扬 中 市	475.80	11.87	249.82	214.11	240.57	139184
句 容 市	468.50	41.32	223.85	203.33	200.51	75020
泰 州 市	**3687.90**	**218.93**	**1811.04**	**1657.93**	**1565.28**	**79479**
兴 化 市	667.40	93.62	268.49	305.29	230.97	53186
靖 江 市	748.32	20.55	384.08	343.69	344.89	108973
泰 兴 市	740.77	49.10	357.97	333.70	311.06	68768
宿 迁 市	**2126.19**	**258.11**	**1031.33**	**836.75**	**873.04**	**43853**
沭 阳 县	630.13	81.68	293.28	255.17	260.29	40719
泗 阳 县	362.24	52.74	185.31	124.19	154.09	43072
泗 洪 县	361.32	55.38	154.91	151.03	129.25	40394

2015 年江苏省各市（县）地区生产总值构成

市　县	地区生产总值指数（上年＝100）	三次产业占 GDP 比重（％）			一般公共预算收入占 GDP 比重（％）	外贸依存度（％）
		第一产业	第二产业	第三产业		
南 京 市	109.3	2.4	40.3	57.3	10.5	34.1
无 锡 市	107.1	1.6	49.3	49.1	9.7	50.1
江 阴 市	107.4	1.6	55.0	43.4	7.6	43.9
宜 兴 市	107.2	3.9	51.3	44.8	8.0	18.5
徐 州 市	109.5	9.5	44.3	46.2	10.0	6.3
丰 县	110.4	18.8	43.3	37.9	11.6	1.7
沛 县	110.5	14.1	45.9	40.0	9.8	3.3
睢 宁 县	110.5	17.2	42.6	40.2	9.7	7.7
新 沂 市	110.6	12.2	41.8	46.0	10.1	5.0
邳 州 市	110.4	14.3	42.9	42.8	8.5	8.1
常 州 市	109.2	2.8	47.7	49.5	8.8	33.1
溧 阳 市	103.1	6.3	49.7	44.0	7.6	7.0
苏 州 市	107.5	1.5	48.6	49.9	10.8	131.1
常 熟 市	107.2	2.0	52.0	46.0	7.7	67.5
张家港市	107.1	1.4	53.4	45.2	7.8	81.8
昆 山 市	107.5	0.9	55.1	44.0	9.2	168.8
太 仓 市	107.1	3.4	51.3	45.3	10.4	72.1
南 通 市	109.6	5.8	48.4	45.8	10.2	32.0
海 安 县	109.9	7.9	47.5	44.6	9.1	14.8
如 东 县	110.0	9.7	46.8	43.5	8.7	22.6
启 东 市	109.8	8.1	48.5	43.4	9.6	23.8
如 皋 市	109.8	7.4	49.4	43.1	9.5	23.4
海 门 市	109.8	5.7	51.5	42.8	8.6	15.3
连云港市	110.8	13.1	44.4	42.5	13.5	23.2
东 海 县	111.2	15.7	44.1	40.1	10.4	5.8
灌 云 县	110.6	19.9	44.5	35.6	13.1	4.1
灌 南 县	110.7	17.1	48.6	34.3	13.8	5.5
淮 安 市	110.3	11.2	42.9	45.9	12.8	9.4
涟 水 县	111.1	15.6	38.9	45.5	9.8	6.8
洪 泽 县	110.8	13.7	41.4	45.0	10.9	5.7
盱 眙 县	110.0	16.2	40.2	43.6	10.9	5.3
金 湖 县	110.8	14.3	38.5	47.2	11.0	9.9

续　表

市　县	地区生产总值指数（上年＝100）	三次产业占GDP比重(%)			一般公共预算收入占GDP比重(%)	外贸依存度(%)
		第一产业	第二产业	第三产业		
盐城市	**110.5**	**12.3**	**45.7**	**42.1**	**11.3**	**12.0**
响水县	110.5	16.5	46.5	37.0	13.3	11.1
滨海县	110.5	15.5	41.2	43.3	10.7	6.6
阜宁县	110.5	14.6	43.9	41.6	10.8	3.7
射阳县	110.5	19.2	36.2	44.5	5.0	4.7
建湖县	110.3	10.5	43.9	45.6	11.7	4.6
东台市	110.7	13.1	41.7	45.2	10.7	6.6
扬州市	**110.3**	**6.0**	**50.1**	**43.9**	**8.4**	**16.0**
宝应县	110.7	14.3	44.5	41.1	6.7	12.1
仪征市	110.6	5.3	45.7	49.0	9.7	5.7
高邮市	110.5	13.7	44.5	41.7	6.9	5.7
镇江市	**109.6**	**3.8**	**49.3**	**46.9**	**8.6**	**17.9**
丹阳市	109.2	4.8	50.5	44.7	6.3	16.3
扬中市	110.3	2.5	52.5	45.0	7.2	7.4
句容市	110.0	8.8	47.8	43.4	8.5	7.0
泰州市	**110.2**	**5.9**	**49.1**	**45.0**	**8.6**	**17.3**
兴化市	110.0	14.0	40.2	45.7	6.1	5.0
靖江市	108.5	2.7	51.3	45.9	8.2	24.9
泰兴市	111.1	6.6	48.3	45.0	7.1	20.5
宿迁市	**110.0**	**12.1**	**48.5**	**39.4**	**11.1**	**7.6**
沭阳县	109.9	13.0	46.5	40.5	11.4	5.7
泗阳县	110.1	14.6	51.2	34.3	9.3	5.6
泗洪县	110.2	15.3	42.9	41.8	8.7	2.4

2015 年末江苏省各市（县）地区从业人员　（单位：万人）

市　县	从　业人　员	第一产业	第二产业	第三产业	私营企业从业人员	个　体从业人员
南 京 市	455.00	46.70	148.60	259.70	263.43	83.23
无 锡 市	390.00	17.60	219.40	153.00	245.54	54.13
江 阴 市	99.76	5.00	62.20	32.56	64.12	14.98
宜 兴 市	74.49	8.87	41.09	24.53	55.22	8.20
徐 州 市	482.10	152.80	155.60	173.70	121.79	53.34
丰 县	56.36	26.12	15.75	14.49	9.79	4.37
沛 县	66.67	23.97	23.97	18.73	12.85	4.02
睢 宁 县	60.11	17.21	22.79	20.11	13.64	5.18
新 沂 市	54.31	23.57	15.17	15.57	17.19	5.47
邳 州 市	77.63	31.96	22.66	23.01	15.78	10.47
常 州 市	281.00	30.70	143.50	106.80	160.04	49.63
溧 阳 市	49.42	11.56	25.41	12.45	21.08	6.88
苏 州 市	691.40	23.80	414.50	253.10	403.39	112.11
常 熟 市	104.72	4.00	64.64	36.08	47.87	15.87
张家港市	77.39	4.47	46.85	26.07	54.36	12.37
昆 山 市	116.08	1.75	74.72	39.61	61.67	19.43
太 仓 市	45.83	2.63	26.96	16.24	23.06	5.69
南 通 市	460.00	97.20	214.50	148.30	218.10	69.34
海 安 县	54.40	11.40	28.70	14.30	30.93	9.29
如 东 县	62.20	13.50	30.80	17.90	28.52	5.71
启 东 市	67.40	18.50	29.40	19.50	19.12	5.35
如 皋 市	74.50	19.50	34.80	20.20	31.18	8.68
海 门 市	65.20	16.70	31.50	17.00	31.22	6.93
连云港市	250.30	78.90	80.50	90.90	43.61	22.48
东 海 县	56.54	18.69	17.76	20.08	7.12	5.12
灌 云 县	47.83	18.54	12.88	16.40	4.96	4.04
灌 南 县	36.41	15.13	10.94	10.35	4.33	3.10
淮 安 市	282.50	79.20	88.60	114.70	72.76	40.23
涟 水 县	48.73	17.38	11.78	19.57	10.22	4.48
洪 泽 县	20.17	5.89	6.94	7.34	7.79	3.96
盱 眙 县	38.33	11.87	12.71	13.75	7.66	4.60

市 县	从 业 人 员	第一产业	第二产业	第三产业	私营企业 从业人员	个 体 从业人员
金 湖 县	19.20	5.55	6.62	7.03	6.59	3.03
盐 城 市	**445.70**	**114.70**	**156.90**	**174.10**	**136.78**	**47.70**
响 水 县	28.71	8.51	9.81	10.39	5.39	3.19
滨 海 县	56.37	17.37	18.46	20.54	11.90	4.48
阜 宁 县	51.39	15.88	17.10	18.41	20.54	5.08
射 阳 县	56.98	16.48	19.27	21.23	8.40	5.05
建 湖 县	44.15	11.30	16.80	16.05	13.32	4.39
东 台 市	65.14	16.90	22.84	25.40	23.67	5.48
扬 州 市	**264.50**	**48.20**	**117.90**	**98.40**	**126.03**	**45.52**
宝 应 县	41.73	12.29	17.58	11.86	14.77	5.67
仪 征 市	39.34	8.86	18.09	12.39	12.86	5.48
高 邮 市	45.71	12.64	19.19	13.88	21.73	6.32
镇 江 市	**193.10**	**22.90**	**88.90**	**81.30**	**88.93**	**33.72**
丹 阳 市	63.13	5.96	33.96	23.21	30.23	10.50
扬 中 市	21.58	1.37	11.79	8.42	15.37	2.34
句 容 市	39.04	9.87	15.67	13.50	10.26	5.69
泰 州 市	**281.30**	**63.20**	**118.00**	**100.10**	**107.24**	**45.10**
兴 化 市	76.12	22.95	29.49	23.68	17.33	10.81
靖 江 市	41.59	7.40	20.77	13.42	18.65	6.04
泰 兴 市	65.37	17.32	26.34	21.71	21.29	11.00
宿 迁 市	**281.60**	**99.60**	**99.30**	**82.70**	**85.79**	**41.43**
沭 阳 县	90.22	32.90	30.25	27.07	44.47	9.06
泗 阳 县	49.13	18.41	16.91	13.81	11.37	7.55
泗 洪 县	52.33	20.27	17.67	14.39	11.53	6.90

2015 年江苏各市（县）地区财政收支 （单位:亿元）

市 县	一般公共预算收入	税收收入	一般公共预算支出	年末金融机构存款余额	住户存款	年末金融机构贷款余额
南 京 市	1020.03	838.67	1045.57	25887.77	5535.53	18217.80
无 锡 市	830.00	668.18	821.86	12710.45	4639.66	9332.27
江 阴 市	218.92	180.31	205.35	2954.56	1027.51	2396.17
宜 兴 市	102.50	86.87	109.11	1821.70	909.83	1373.06
徐 州 市	530.68	429.13	752.46	4747.01	2780.60	3069.90
丰 县	43.09	37.32	74.72	297.36	225.12	147.50
沛 县	59.30	49.68	92.35	378.88	289.38	187.39
睢 宁 县	43.68	38.37	78.89	329.98	251.69	192.61
新 沂 市	51.33	43.56	82.50	265.82	192.61	221.85
邳 州 市	62.38	53.29	103.43	411.79	302.15	319.57
常 州 市	466.28	373.70	485.33	7438.68	3193.77	5354.58
溧 阳 市	56.19	46.08	61.38	866.37	462.65	698.72
苏 州 市	1560.76	1338.61	1527.17	23659.10	7358.04	19200.10
常 熟 市	157.70	128.40	155.26	2418.40	1104.60	1930.91
张家港市	174.22	143.64	171.34	2372.21	958.77	1824.69
昆 山 市	284.76	251.85	255.36	3062.60	1046.03	2174.54
太 仓 市	114.54	97.78	109.07	1269.17	486.49	1139.46
南 通 市	625.64	521.08	748.97	9659.15	5115.51	5997.24
海 安 县	62.06	53.51	84.40	1104.37	634.40	752.65
如 东 县	58.54	49.34	93.82	843.70	543.95	419.66
启 东 市	76.86	63.44	86.24	1073.30	715.85	644.85
如 皋 市	77.10	63.63	101.02	980.91	649.64	602.88
海 门 市	78.40	65.04	85.55	1169.05	699.66	688.40
连云港市	291.77	237.55	425.92	2128.22	1048.27	1781.05
东 海 县	41.02	35.52	68.72	269.90	186.69	210.18
灌 云 县	39.32	34.67	61.80	216.82	132.21	165.91
灌 南 县	38.85	34.11	60.91	146.83	94.02	116.82
淮 安 市	350.31	284.05	512.47	2328.63	1183.92	1864.76
涟 水 县	33.32	28.45	62.85	275.77	160.93	182.69
洪 泽 县	25.21	21.31	47.78	179.32	78.94	132.34
盱 眙 县	34.98	29.19	57.52	218.90	139.65	206.20
金 湖 县	23.91	21.00	41.14	186.24	114.86	148.60

续 表

市 县	一般公共预算收入	税收收入	一般公共预算支出	年末金融机构存款余额	住户存款	年末金融机构贷款余额
盐 城 市	477.50	384.31	746.31	4363.99	2397.52	3045.50
响 水 县	32.54	26.83	50.82	134.23	76.75	121.35
滨 海 县	38.65	31.64	69.45	233.83	153.17	184.67
阜 宁 县	39.17	32.55	71.51	318.38	228.03	213.57
射 阳 县	20.56	17.48	59.38	334.53	239.44	217.36
建 湖 县	50.61	42.33	83.64	365.00	258.21	265.99
东 台 市	71.55	60.85	101.72	631.03	480.02	347.76
扬 州 市	336.75	274.67	442.78	4719.40	2376.68	3095.77
宝 应 县	30.49	25.31	53.02	406.05	262.60	259.49
仪 征 市	39.44	33.95	46.83	501.92	273.21	306.22
高 邮 市	33.24	27.36	53.62	453.80	309.85	278.44
镇 江 市	302.85	245.40	348.73	3969.11	1741.48	2982.60
丹 阳 市	67.06	57.58	80.07	885.13	508.40	858.08
扬 中 市	34.03	29.22	38.53	471.92	260.03	384.11
句 容 市	40.01	33.62	49.49	473.28	265.69	371.86
泰 州 市	316.56	256.89	429.90	4441.70	2242.46	3228.08
兴 化 市	40.85	33.52	82.50	580.79	430.57	392.98
靖 江 市	61.61	50.83	69.95	823.68	433.87	615.11
泰 兴 市	52.79	43.81	67.45	754.29	428.60	502.24
宿 迁 市	235.67	196.95	405.78	1819.81	949.51	1696.70
沭 阳 县	71.75	58.85	112.69	394.83	281.04	338.74
泗 阳 县	33.68	28.27	69.46	263.26	174.11	269.13
泗 洪 县	31.59	26.72	66.96	250.02	168.40	265.86